张昭军　孙燕京　主编

A CULTURAL HISTORY OF MODERN CHINA

中国近代文化史

罗哲文题

图书在版编目(CIP)数据

中国近代文化史/张昭军,孙燕京主编. —北京:中华书局,2018.10(2019.11 重印)
ISBN 978-7-101-13438-4

Ⅰ.中… Ⅱ.①张…②孙… Ⅲ.文化史-中国-近代
Ⅳ.K250.3

中国版本图书馆 CIP 数据核字(2018)第 210986 号

书　　名　中国近代文化史
主　　编　张昭军　孙燕京
责任编辑　欧阳红
出版发行　中华书局
(北京市丰台区太平桥西里 38 号　100073)
http://www.zhbc.com.cn
E-mail:zhbc@zhbc.com.cn
印　　刷　北京瑞古冠中印刷厂
版　　次　2018 年 10 月北京第 1 版
2019 年 11 月北京第 2 次印刷
规　　格　开本/700×1000 毫米　1/16
印张 27¾　插页 2　字数 47 千字
印　　数　2001-3500 册
国际书号　ISBN 978-7-101-13438-4
定　　价　69.00 元

目　　录

导　言

中国近代文化史是中国近代文化形成、发展和变化的历史。作为专史，中国近代文化史以 1826—1956 年间的中国文化为研究对象，重在考察中国文化现代化的历史过程，阐述近代新文化生长和嬗变的轨迹，探求中华民族文化精神在近代的蜕变与新生，通过认识过去，以把握现在、启发未来。

一、概念界定

中国近代文化史作为历史学门类下的专史，其最为核心的概念是“文化”。什么是文化？人们经常采取广、狭两种定义。广义的文化，指人类社会的全部成果，既有精神成果，又含物质成果。狭义的文化，主要指精神成果，也就是观念形态的文化。本书不可能囊括近代中国所有的文化事象，从历史研究的实际出发，我们把文化理解为：一个社会相对普遍的价值观念、精神气质、思想、道德、知识、艺术、生活习性、风俗习惯等的整合体及其制度化的过程。大体说来，可分为三个层次：一是价值层面，诸如思想、观念、道德、伦理、宗教等；二是知识层面，诸如文字、历史、科学等；三是制度层面，诸如教育、法律、政策等。其中，价值观念居于文化的核心，决定着文化的性质；知识是文化的重要载体；制度体现文化与社会、政治、经济等的多面一体，突显文化的社会性和实践性。文化是复杂的统一的整体，很难分割，把文化划分为具体的时段、领域和层次不过是出于认识和研究的需要。

“近代”一词也具有多重内涵①。本书首先是从历史分期的角度使用的，

① 史学界目前对“近代”、“现代”的使用较为混乱。本书为行文方便，当用作具体的时间概念，多用“近代”表示；特指社会特质、状态等时，一般用“现代性”、“现代化”表示。

指继古代(或传统)文化之后的时段,即1826—1956年。就内在属性而言,“近代”与“现代性(modernity)”相关联,表征是经济市场化、政治民主化、知识科学化、人的个体化等社会结构特质。现代性以启蒙理性为基础,以人的主体性为核心,以人的自由为普遍价值,以获取关于世界的永恒真理和实现人类的普遍解放为最高理想。简言之,即以自由、民主、科学为理性追求。

“中国”既是一个地理概念,又属于文化范畴。近代以来,作为地理空间的中国有所萎缩。据《清史稿·地理志》,清代疆域“东极三姓所属库页岛,西极新疆疏勒,至于葱岭,北极外兴安岭,南极广东琼州之崖山”。鸦片战争以降,国力衰落,领土领海屡遭侵蚀。中华人民共和国成立后,中国政府先后与缅甸、尼泊尔、蒙古、巴基斯坦、阿富汗等邻邦签订边界条约,至此,中国的疆域基本稳定。

作为文化范畴的中国,其主体是中华民族。在近代,由于外国殖民势力的侵入,中国境内各族增进和强化了政治、经济和文化等方面的整体意识,形成了统一的民族观念,“中华民族”遂成为中国境内全体民族的共同称谓。在世界范围内,“凡遇一他族而立刻有‘我中国人’之一观念浮于其脑际者,此人即中华民族之一员也”[①]。中国近代文化是中华民族在强敌入侵的境遇下进行文化更新的产物,凝结着全体中国人的智慧。

中国近代文化史可以从两方面来理解。一是指近代这一历史时期存在的各种文化,一是指现代性新文化发生、发展的历史。我们认为,近代文化之别于古代文化,在于文化性质的不同,在于它的现代性。因此,本书所界定的中国近代文化史,以前者立根基,以后者为主干,着重阐述近代新文化产生、发展的历史,兼顾近代历史上的其他文化。而这恰恰切合新史学的使命,美国史家巴恩斯指出:“新史学的主要任务有二:(1)把过去重要时代的文化整体重新复原;(2)研究现代文化与制度的起源。”[②]

二、内容组织

近代中国社会变动剧烈,古今中西文化空前交汇,不同的文化形态、文化类型、文化流派、文化思潮、文化运动,竞相登场。其中,既有君主专制主义旧

① 梁启超:《中国历史上民族之研究》,《饮冰室合集》专集之四十二,中华书局1989年版,第1—2页。

② [美]巴恩斯:《论新史学》,见鲁滨孙著、齐思和等译:《新史学》附录,商务印书馆1964年版,第187—188页。

文化，又有资本主义新文化；既有本土的民族文化，又有舶来的西洋文化；既有上层的精英文化，又有中下层的市井文化；既有城市的摩登文化，又有农村的乡土文化；既有偏重历史传承的民俗文化，又有伴随新式工商业产生的报刊、电影等大众文化。

中国近代文化内容丰富、多样、驳杂，缺乏条理，但有一条是共同的，即从不同角度回答一个根本性命题：中国向何处去，中国文化向何处去？显然，自由、民主、科学代表了时代前进方向，民族独立、民权自由、民生幸福代表了近代国人的崇高理想和价值选择。因此，民族的、科学的、民主的、大众的文化理应成为本书着力表达的主题。

撰述中国近代文化史，应该力求层次分明，错落有致，整体与具体兼顾。在体裁上，可以采取纵断的专题式，也可以采取横断的历史叙述。相对于古代文化而言，中国近代文化的历史短，变化快，没有形成稳定、统一的形态。鉴于近代文化史的实际，本书以动态、历史地展示为主，强调文化的整体性，突出不同时段文化的变化和特色。

本书把整个中国近代文化史视作由旧趋新的历史过程，有两条基本线索：一是中国传统文化在近代的蜕变与新生，一是西方近代文化在中国的播植和生发。值得注意的是，这两条线索如同双螺旋般地相互缠绕为一体，不能绝对分离，从而共同构成了近代文化的主脉。换言之，本书以传统文化的蜕变为基础，重在探讨中国近代新文化的生成与发展。

我们认为，近代文化史的分期既要考虑文化自身的发展变化，又要参酌政治形势和社会经济因素。文化史虽不是政治史，但不可能离开政治而谈文化，对于中国近代文化史而言，尤其如此。政治性是中国近代文化的一个突出特点。近代史上的一些重大历史事件不仅仅属于政治范畴，同样具有重要的文化意义。由是，诸如大规模战争、政权更替、政治运动等，一定程度上也构成了近代文化史分期的界标。

根据近代文化的历史特点，结合重大历史事件，本书把中国近代文化史划分为三个阶段。第一阶段，从 1826 年到 1895 年，传统文化居于统治地位，“变器不变道”，即所谓“中学为体，西学为用”，是为中国近代资本主义新文化的准备期；第二阶段，从 1895 年到 1927 年，传统文化急速衰退，道器皆变，“民主”与“科学”成为旗帜，是为近代新文化的奠基期；第三阶段，从 1927 年到 1956 年，为近代新文化的建设和发展期，各种类型的新文化有合作也有竞争。先是，南京国民政府建立后，开展文化建设运动，并取得一定成绩；经过抗战，中国文化困厄更生，强化了新文化的民族性，提升了民族文化精神；最终，中国共产党领导下的新民主主义文化取得了在全国的主导地位。1956 年，中国进入社会主义时代，新民主主义文化退出历史舞台，近代文化史结束。这三个阶段具体化作九章。

第一章“传统与求变”，阐述 19 世纪 20—50 年代的中国文化。这一段起自道光初年，迄于咸丰末年。历史是连续的，历史分期是出于学习和研究的需要。中国近代文化史从何时开始？我们赞同，鸦片战争具有重要的文化象征意义。从消极方面说，鸦片战争前后西力东来，近代殖民文化开始大规模侵入古老的中国大地，改变了中国文化的固有结构和性质；从积极方面说，中国人“开眼看世界”，开始主动认识和学习西方近代文化。自此，中国文化的环境、构成、性质、趋向等逐渐发生明显变化。进而考虑到，道光初年是传统文化递嬗的一大节点。传统学术自身已有较大调整，经世学风兴起，汉学有所衰落，宋学、今文经学出现复兴之势。传统思想内部已激荡着一股经世致用、寻求变革的思潮，中国文化仍有一定活力。而且，任何历史事件都绝不会是无因之果，鸦片战争前后文化的变动，近代新文化的生成，与经世思潮的兴起存在着较密切的关系。因此，本书将中国近代文化的历史上溯至道光初年，具体以经世思潮兴起的标志——1826 年《皇朝经世文编》的问世作为起点。

第二章“中西体用之间”，阐述 19 世纪 60—90 年代中期的中国文化。这一段始自第二次鸦片战争后，终于甲午战争。这一时期，一方面国内农民起义进入低潮，清政府得以重整文化秩序，加强文化专制，程朱理学呈现“复兴”局面。另一方面，鉴于第二次鸦片战争的教训，清政府不得不采取变革之法，学习西方，兴办洋务运动。于是，“中体西用”渐成思潮，清政府开始兴办近代新式学堂，并派学生出洋留学。就整个近代文化的演变历程来看，到甲午战争之前，占据主导的仍是传统文化，近代新文化尚处于准备阶段。

第三章“戊戌新文化”，阐述 1895—1900 年间的中国文化。甲午战败，创巨痛深，一些士大夫醒悟过来，开始奋起学习西方，试图较全面地引进西方文化，从而出现了戊戌变法运动。这场运动已涉及思想观念、文学艺术等的变革，因此也可视作是一场新文化运动。自此，资本主义新文化在中国正式生根发芽，呈现不可阻挡之势。戊戌维新，恰似清末十年新政的揭幕或预演，这两个阶段一定程度上具有内在连贯性，可合而观之。

第四章“清末十年的文化变局”，阐述 1900—1912 年间的中国文化。1900

年以后，中国人的价值观念发生根本性变化，戊戌时期少数精英人物的思想主张，化为普通民众的文化观念；大规模的盲目排外运动从此终结，天朝上国意识被近代民族主义观念所取代；文化论争虽在继续，但权势转移，抱残守阙的守旧心理为人不齿，如何变法、如何学习西方成为论争的主题。清政府实行新政，废科举，兴学堂，倡导游学，从文化制度上为新旧时代划了一个界限。文化人的主体开始由士人向新式知识分子过渡，知识分子群体走向独立、形成阶层。清末新政，既是新文化激荡的产物，反过来又推动了新文化的传播。报刊、学校、社团大量涌现，文明开化成为不可阻抑的潮流。

第五章"五四新文化运动"，阐述1912—1927年间的中国文化。中华民国建立，《临时约法》颁布，"帝制"转为"民治"，这是中国政治史和文化史上的重要事件。至少从制度上，民主共和已具有合法性，此后任何集团和个人，都已无力改变近代文化前进的大方向。五四新文化运动，标志着中国文化的全面觉醒。"外争国权"的民族独立意识，自由、民主、科学的理念，借运动的东风，深入人心。文学革命、白话文运动、国语运动、新式教育改革，潜移默化地改变着民族的思维方式。科学与玄学之争，意味着中国知识界已触及现代哲学的前沿。

第六章"南京国民政府时期的文化建设与文化运动"，阐述1927—1937年的中国文化。南京国民政府初步实现国家的统一，它所实行的一系列制度、政策和举措，诸如三民主义教育、新生活运动、科学化运动等，改变了国人固有的文化观念和价值取向。而高等院校的发展和中央研究院的建立，为中国造就了一批大师级学者。中国社会性质和社会史论战，从文化上指明了中国社会的前进方向。

第七章"抗战时期的文化"，阐述1931—1945年中国抗日战争时期的文化。日本对华的军事侵略和文化殖民，极大地破坏了中华民族宝贵的历史文化遗产，延缓了中国近代文化前进的步伐。空前的灾难激发了中国人的斗志，促进了民族团结，焕发了民族精神。国民政府发起国民精神总动员运动，知识界掀起民族文化救国思潮，抗日根据地的文化建设也搞得红红火火。高等院校西迁，文艺社团壮大，文化救亡运动如火如荼，显示了中国文化生生不息的生命力。抗日战争强化了近代新文化的民族性。

第八章"新民主主义文化"，专门阐述新民主主义文化的历史。新民主主义文化是近代新文化的历史归宿和最后阶段。马克思主义在中国的传播，改变了中国人的世界观，为中国人提供了有力的思想武器。以中国的革命实践为基础，1940 年，毛泽东发表了《新民主主义的政治与新民主主义的文化》，系统提出了新民主主义文化理论，指明了中国文化的未来发展方向，标志着中国共产党人探索出一条指引中国革命前进的道路。通过文化论战、整风运动、政策引导等方式，新民主主义文化逐步占据中国文化的主导地位。1949 年中华人民共和国的成立，标志着新民主主义文化取得决定性胜利。直至 1956 年社会主义制度在全国确立之前，新民主主义的社会性质并没有改变，中国在文化上实行的也依旧是新民主主义文化。因此，本书把中国近代文化史的下限定在1956 年。

第九章“学术与社会文化”，是前八章的扩展和补充。该章采用专题式，对一些重要的文化事象予以归纳和提炼，列有“历史学”、“文学艺术”、“宗教”、“社会文化”等四节。这些文化事象，各有自己的专属学科，相对独立，但又是中国近代文化史不可或缺的重要组成部分，故提玄钩要，殿于最后。

还需稍作说明，前八章采取历史叙述的方式，起伏变化，但变中有常，各章论题大体一致，包括文化政策、文化改革、文化思潮、文化运动、文化教育、文化论争等方面。之所以如此裁决，第一，是从一般文化的概念出发，考虑到文化的整体性和群体性，试图予以整合，尽可能避免丛脞破碎，把文化史割裂为思想史、学术史、宗教史、文学史、艺术史、民俗史等更为细化的专史。因为，文化史绝不是这些学科的简单相加。第二，文化史是类文化的历史，以民族、国家等共同体为主体。官方的文化政策、文化改革属于制度层面，借助国家权力，直接影响民众的文化观念。文化思潮、文化教育也具有群体性特征，而且对近代民族文化的培育发挥了关键性作用。文化运动是中国近代文化最具特色、最有效力的表现形式，是文化与社会实践相结合的产物。文化论争虽限于知识精英，但往往能从理论上回应时代课题，或为文化发展指明方向，可视为一个历史时期群体智慧的浓缩。第三，文化并非仅是一定的政治、经济在观念形态上的反映，并非仅是客观世界和主观世界的简单呈现。文化更重要的意义在于面对现实，积极主动地认识自然、改造社会，以及对人自身进行反思性批判，从而推动社会前进。只有这样的文化才是活的文化，才富有创造、生机勃勃，随着社会历史的演变而不断进步。与传统文化不同，中国近代新文化的火种由知识精英采集自西方，由上而下播撒到神州大地。在这一过程中，士人、学者、思想家以及广大知识分子前赴后继，顽强求索，扮演了不可替代的主角，堪称民族的脊梁。可以说，一部中国近代文化史，就是志士仁人反对外来侵略和专制统治、争取民族独立和民权自由的奋斗史。他们的思想、学说和事迹，理应成为中国近代文化史重点展示的对象。

三、学科简史

作为史学门类之一，文化史在中国的历史并不太长。20 世纪初期，伴随西方新史学的东来，文化史传入中国。二三十年代，从事文化史研究的学人已不罕见，梁启超、柳诒徵、陈登原、钱穆等都是这一领域的著名专家。他们的文化史著作，以中国古代史为主，有的已涉及五四新文化运动等近代文化。

1949 年之后的 30 年间，中国内地的文化史教学和研究，与文化学、社会学等学科一起，被强行中止。尽管文化史的相关学科——文学史、哲学史、宗教史、艺术史等，在不同程度上有所进展，但从根本上说，它们并不能代替文化史的地位。

改革开放后，中外文化交流增多，深刻认识中外文化的历史与现状成为社会发展的迫切需要，文化史研究再度兴起。1978 年冬，复旦大学历史系成立中国思想文化史研究室。次年春，中国社会科学院近代史研究所设置文化史研究室。这两个机构规模虽小，但却从组织上为专门研究文化史奠定了基础。中国文化史的复兴，直接带动了近代文化史研究的开展。

1983 年 5 月，长沙召开的全国历史学科“六五”规划会议，明确把中国文化史、中国近代文化史研究纳入议事日程，并议定分别编辑出版“中国文化史丛书”和“中华近代文化史丛书”。这次会议初步确立了中国近代文化史的学科地位，并对全国中国近代文化史的学科建设产生了深远影响。

1984 年，中国近代文化史研究与教学全面铺开。北京市史学会编《中国近代文化史研究专辑》、中华书局版“中华近代文化史丛书”先后付梓。11 月，“中华近代文化史丛书”编委会和河南省有关单位联合发起，在郑州召开了首次全国性的中国近代文化史学术讨论会。与会代表就中国近代文化史研究的意义、对象、范围，中国近代文化的特点、作用、历史地位等问题，展开了热烈讨论，积极推动了中国近代文化史研究在全国的展开。同年，北京师范大学成立中国近代文化史研究室，这是全国高等院校成立的首家专门研究机构。北京师范大学等高校还把中国近代文化史列为大学必修课程，并招收以近代文化为方向的研究生。

1986 年 1 月，首届中国文化国际学术讨论会在上海复旦大学举行，中国近代文化成为这次会议的核心议题之一。学者提交的论文中，近代文化史占据相当大比例。1987 年，华中地区召开“中国走向近代的文化历程”学术讨论会。同年,“中华近代文化史丛书”编委会和湖南省有关单位联合发起,在长沙召开第二次中国近代文化史学术讨论会。这一系列会议的召开表明,中国近代文化史研究已越来越引起学界的重视。

80年代中后期,中国出现了“文化热”,学界围绕中国文化危机、传统文化与现代化等问题展开了热烈讨论。同时,西方的文化理论、现代化理论大量输入中国,活跃了学术气氛。不少学者主张不能仅以政治标准研究近代文化,还应当充分注意文化的特性。龚书铎的《近代中国文化结构的变化》(《历史研究》1985年第1期)、庞朴的《文化结构与近代中国》(《中国社会科学》1986年第5期)和《文化的民族性与时代性》(中国和平出版社1988年版)等,结合文化的结构、性质来研究近代历史,拓宽了学术路径,有力地推进了近代文化史研究。一批具有开拓性的文化史著作,如龚书铎著《中国近代文化探索》(北京师范大学出版社1988年版)、李侃著《近代传统与思想文化》(文化艺术出版社1990年版)、史全生主编《中华民国文化史》(吉林文史出版社1990年版)等,相继问世。研究范围广泛,涉及政治思想、道德伦理、文学、艺术、史学、佛学、科技、教育等近代文化研究各领域。

进入90年代后,中国出现了“国学热”、“儒学热”等说法,也有人称之为第二次“文化热”。中国近代文化史研究进一步深化,整体说,有几个大的变化。

首先是研究取向有所调整。确如学者所说:“大致以1989年为分水岭,呈现出两种趋势。前一个阶段否定传统、呼唤西化比较多。后一个阶段肯定传统、再造传统比较多。”①不少学者对西方学者提出的“冲击—反应”等说法提出质疑,对中国固有文化传统认同的成分增多。与此相应,研究重心发生转移,学术史研究重新进入主流,涌现出一批优秀的学术史研究著作。与近代民族主义或保守主义相关的思潮、学派、人物引起众多研究者的兴趣。

其次,在理论方法上,注重吸收相关学科的研究方法。社会史对近代文化史研究影响明显,社会中下层的思想文化受到重视,社会思潮史和社会文化史研究出现高潮。其中,葛兆光著两卷本《中国思想史》(复旦大学出版社1998年版)把“一般知识、思想与信仰的世界”作为思想史的重点考察对象,在写法上颇有特色。他认为,过去的思想史是思想家的思想史或经典的思想史,而人们生活的实际的世界中,还有一种近乎平均值的知识、思想与信仰,作为底色或基石而存在,在真正地起着作用。一些学者还把社会思潮史与文化史结合

---

① 肖海鹰:《庞朴的新文化论语》,《深圳商报》1994年4月24日。

起来，提出文化思潮史的概念。郑师渠《晚清国粹派文化思想研究》（北京师范大学出版社 1992 年版）从思潮与学派的关系切入，熊月之《西学东渐与晚清社会》（上海人民出版社 1994 年版）、桑兵《晚清学堂学生与社会变迁》（学林出版社 1996 年版）、罗志田《权势转移——近代中国的思想、社会与学术》（湖北人民出版社 1999 年版）也不限于精英人物的思想文化研究，而在文化史、社会史、学术史之间寻找契合点。在社会文化史方面，1992 年，由中国社会科学院近代史研究所发起召开“社会文化史研讨会”，就社会文化史的基本内涵、研究对象与方法等问题进行了初步讨论。刘志琴主持编写了三卷本《近代中国社会文化变迁录》（浙江人民出版社 1998 年版），采用编年方式，就 1840—1921 年的社会文化做史料整理和简要评述。社会文化史研究的兴起，拓宽了近代文化史的研究道路。

进入 21 世纪后，学科建设明显增强，学科规划、学术交流受到重视。2004 年，北京师范大学成立中国近代文化研究中心，并邀请在京近代文化史专家学者 50 余人，举行“中国近代文化的回顾与前瞻”学术座谈会，积极谋划今后文化史学科的发展问题。2007 年夏，北京师范大学组织召开“近代文化与近代中国”学术研讨会，全国重要高等院校和科研机构 70 余人参加会议。这次会议是继长沙会议后召开的又一次全国性中国近代文化史学术会议，反映了学界最新研究水平。中国社会科学院近代史研究所联合有关单位，发起成立中国近代思想史研究中心，先后召开“中国近代思想史上的民族主义”、“传统思想的近代转换”等系列学术会议，推动了思想文化史研究。为方便学术交流，北京师范大学还创办了学术专刊《近代文化研究》。

21 世纪的文化史研究表现出多元发展取向和强烈的求新意识。

研究领域多样，学术史、思想史、观念史、知识史、社会文化史、中外文化交流史等，异彩纷呈。学术史方面，龚书铎主编的三卷本《清代理学史》（广东教育出版社 2007 年版），首次就清代理学做专门系统研究，被认为是这一领域的标志性成果。桑兵主编的“近代中国知识与制度转型丛书”，对政治学、社会学等近代新学科的知识脉络作了认真分梳。汪晖《现代中国思想的兴起》（三联书店 2004 年版）、罗志田《国家与学术——清季民初关于“国学”的思想论争》（三联书店 2003 年版）等，切实推进了 20 世纪前期的思想观念史研究。耿云志主编的“近代中国文化转型研究丛书”（四川人民出版社 2008 年版），把鸦片战争至五四新文化运动作为基本的考察时段，强调文化转型与社会变迁的关联，关注外来文化的刺激与影响。

理论方法推陈出新，一些学者注意借鉴海外新文化史、后现代主义史学的理论方法，更新治史理念，丰富研究手段。欧美新文化史家彼得·伯克、林·亨特等人的著作受到不少年轻学者青睐。相较而言，后现代主义思潮对中国史学界影响稍迟，此期也受到一帮年轻学者的热议。知识考古、文化霸权理论、文化建构论、话语分析方法等治史理念和方法，启发人们重新思考中国近代文化史诸问题。

以此来看，中国近代文化史研究与西方理论方法的引进、当代中国社会思潮的变动，存在较为密切的联系。

有人说，在历史的长河里，过去不是已经彻底消逝的东西，而是依然生存于现在和未来之中。这句话对于近代文化史而言，尤具适用性。中国近代文化史并不遥远，它是推动当代文化建设、激励国人奋进的一种力量，一种极为宝贵的精神力量。

历史文献

1. 梁启超：《什么是文化》，《饮冰室合集》文集之三十九（原载《学灯》1922年12月9日），中华书局1989年版。

2. 梁启超：《研究中国文化史的几个重要问题》，《饮冰室合集》文集之四十。

论著选读

1.［英］雷蒙·威廉斯：《文化》，《关键词：文化与社会的词汇》，刘建基译，三联书店2005年版。

2.［英］彼得·伯克：《什么是文化史》，蔡玉辉译，北京大学出版社2009年版。

3. 龚书铎主编：《中国近代文化概论》，中华书局1997年版。

4. 黄兴涛：《晚清民初现代“文明”和“文化”概念的形成》，载《近代史研究》2006年第6期。

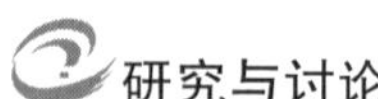

研究与讨论

什么是文化史？

第一章　传统与求变

中国传统文化源远流长，富有顽强的生命力，虽间有盛衰，但未尝中绝。19世纪中叶，西力东侵，内外交扰，面临亘古未有之奇变，中国文化被迫改变既有的节奏和进路。儒学内部格局发生变化，经世思潮蔚然兴起。有识之士主动关注西方，学习西学。由此，中国文化开启了近代历程。

第一节　中国传统文化的兴盛与危机

近代以前，中国文化自成一系，始终以独特的方式蜕变。但是，这种方式在近代西方文化的冲击下发生了根本的改变。鸦片战争前后，国本动摇、国力衰弱，打破了中国士大夫的自信，中国传统文化面临着前所未有的危机。

一、历史悠久的中国文化

中国是个多民族融合的国家，历史悠久，文化底蕴深厚。中国文化从孕育发生，到恢宏壮大，有一个漫长而曲折的历程。1965年，考古学家在云南省元谋县发现了距今约170万年前的猿人化石，命名为元谋猿人。这是中国境内发现的最早的人类活动的证据。有了人，就有了人类的历史，也就有了文化。

中国文化的发生，一开始即呈现出多元状态。在广袤的中国土地上，黄河流域、长江流域、珠江流域，乃至东北、西北地区，都有旧石器及新石器时代文化遗存的发现。基于考古史迹，学者们提出了中国文化多元发生的观点。据研究，中国人的远祖主要由华夏、东夷、苗蛮三大文化族群组成，经连年征战，华夏族群取得最终胜利，从而确立了在中国民族大家庭和多元文化格局中的主流地位，华夏文化由此得名。

夏、商、周三代，奠定中国文化的原初性格。夏文化尚忠，近人事而远鬼神。商文化带有浓郁的宗教气质，有尊神、事鬼、敬天之习。《诗经》说："周虽旧邦，其命维新。"周文化以人为本，取代以神为本的殷商文化，对于中国文化来说，这具有决定文化模式转换的意义。周人以殷亡为鉴，提出"天命靡常，惟德是辅"、"以德配天"、"敬德保民"等重要思想。中国文化的"德治"、"民本"、"天人合一"等传统，皆开启于此。周人建立了宗法制度、分封制度，以"尊尊亲亲"为原则，把伦常秩序与国家政治制度结合在一起。中国文化所具有的宗法特征，即肇始于此。尤为重要的是，周代以"礼"为核心，形成了一套渗透到政治、经济、社会、家庭生活等方方面面的行为规范和道德准则。"周之文化，以礼为渊海，集前古之大成，开后来之政教。"①以礼义、礼制、礼仪、礼俗、礼治为具体内涵的礼文化传统，是中国文化最为重要的内在规定性之一。

春秋战国时代，社会的剧变激发了思想家的创造活力，诸子蜂起，学派林立，形成了百家争鸣的文化盛景。由孔子开创的儒家学派，把周代的文化精神发扬光大，以"仁"、"礼"学说为核心，重视道德修养和伦理秩序，设计出一套修身治国的方案，成为当时的"显学"。以老子、庄子为代表的道家学派，尚"清静"、"自然"，主张在政治上"无为而无不为"，与儒家相辅相成，对中国人的文化观念、人生态度和政治哲学都有着深远的影响。墨家主张"尚同"、"兼爱"、"节用"，也是当时的显学。此外，还有法家、名家、纵横家、阴阳家，等等。这些学派议论纵横八极，绚烂多姿，极大地显示了中国文化的博大与深沉。由诸子百家言论结集而成的诸子之学，与《诗》、《书》、《礼》、《易》、《春秋》等经典著作一起，构成了中国文化取之不尽的智慧源泉。

秦皇汉武以前无古人的开拓进取精神，通过惨烈的战争建立起世界性的帝国。战争对文化而言是一把双刃剑，秦汉统治者建立的一统帝国，以及他们所实行的系列文化一统政策，意在专制，客观上却增进了版图内各地人民群众在文化上的交流、认同和融合。无论是君主专制主义，还是大一统思想，都为中华文化共同体的最终形成奠定了基础，并对后世产生了难以磨灭的影响。

自汉代起，中国文化进入经学时代。董仲舒抛弃李斯"以吏为师"的主张，

---

① 柳诒徵:《中国文化史》上册，上海古籍出版社 2001 年版，第 138 页。

高举“崇儒更化”的旗帜，找到了儒学这一便于实行君主专制、稳固宗法社会的文化形态。董仲舒提出的尊奉儒学的主张，被汉武帝所采纳，儒家典籍《诗》、《书》、《礼》、《易》、《春秋》被正式尊为“五经”。到了东汉，增加《孝经》、《论语》，变成“七经”。汉代“以经取士”，立“五经博士”，传经、注经、解经成为专门学问，自此，经学长期作为官方哲学。

在汉代，经学内部因学派不同，而有今、古文经之分。所谓“今文经”，即搜集私淑口口相授的儒家著作而写成的定本。由于这些经书多是使用当时流行的文字（隶书或小篆）记录而成，遂称之为“今文经”。所谓“古文经”，系从鲁共王刘余、北平侯张苍、河间献王刘德等处发现的经书。因这些经书多用古籀文写成，遂称之为“古文经”。今古文经在文字、篇数、内容等方面存在差异。今文经学在西汉被立为官学正统。西汉末年开始，今古文经学派从各自的立场、观点和方法出发，展开了激烈争论。粗略地说，今文经学近乎政治学，重在发挥微言大义，羼杂阴阳、谶纬学说。古文经学近于历史学，偏于文字训诂、典章制度的考证，重视挖掘经书文本的含义。王莽改立新朝，曾借助古文经学。进入东汉后，古文经学取得长足发展，贾逵、马融、服虔、许慎、郑玄是当时著名的学者；今文经学衰落，知名者仅有何休等数人。

东汉末年，外戚专政、宦官当权轮番上演，中国进入乱世。魏晋南北朝时期，经学在武力面前显得软弱无力，沦为繁琐而枯燥的学问。中国文化再次呈现出多元化倾向。关注个体生命价值的玄学一度活跃，中国本土宗教——道教勃然兴起，佛教由南亚传入中国。儒、玄、佛、道二学二教，加上胡、汉文化，相互冲突、融合，焕发出一股强健而清新的文化精神。

隋唐大帝国的建立，为中国传统文化的繁荣提供了广阔舞台。以强盛的国力为物质基础，以朝气蓬勃的士大夫为主体，唐文化表现出兼容并包的宏大气势。孔颖达的经学，玄奘的佛学，李白、杜甫的诗篇，韩愈、柳宗元等人的散文，颜真卿、柳公权的书法，吴道子的绘画，宫廷的乐舞，一时间宽容、开放、热烈、浪漫，光彩熠熠，风情万千。

继博大、开放的盛唐文化，精致、内省的两宋文化悄然兴起。婉约高雅的词、瘦劲冷香的诗，细腻恬静的画，神韵超然的瓷，显示出宋代贵族文化达到了高超的艺术境界。张择端的杰作《清明上河图》，则揭示了熙熙攘攘、热闹非凡的市民文化场景。文化的繁盛伴随科学技术的显达，创造出一批技术性成果，如指南针、印刷术、火药等。陈寅恪说：“华夏民族之文化，历数千载之演进，造极于赵宋之世。”[①]李唐、赵宋，代表了中国传统文化的巅峰时期。

宋代文化成熟的重要标志之一是理学的诞生。北宋结束了唐末、五代以来的藩镇割据，急于重整纲常，建立统一、稳定的社会秩序。为解决人口繁衍与财富不足的矛盾，以及辽、夏、金等北方民族屡屡入侵的问题，统治者既要唤起士人以天下为己任的斗志，又要加强民众的道德自律，防止内乱、变节。以此为背景，周敦颐、张载、程颢、程颐、朱熹等人一反汉唐经学末流的空疏、琐碎之风，以《四书》为核心，吸收道、释二家而创成了新儒学。新儒学多以阐释义理、天道、心性为主，故称理学（又常被人称作“宋学”、“道学”、“义理之学”）。在修养方法上，理学创制出一套从“格物”、“致知”、“正心”、“诚意”，到“修身”、“齐家”、“治国”、“平天下”的精致学说，其实质是要通过道德的自律和人格的完善，实现建功立业的政治理想。理学是中国古代社会后半期的理论体系，影响至深至巨。从科举考试到人伦日用，无不以理学为价值评判的准绳。理学家标榜的“存理去欲”、“重义轻利”等文化观念，强化了中华民族注重气节和德操的文化传统，也含有束缚人的个性、轻视功利的一面。

明清两代，中国文化依然达到相当的高度。大型类书《永乐大典》、《古今图书集成》，大型字典《康熙字典》，大型丛书《四库全书》等的编纂完成，是中国传统文化成熟的重要表征。《水浒传》、《三国演义》、《金瓶梅》、《儒林外史》、《红楼梦》等小说的问世，将古典现实主义文学推向高峰。王阳明继承和发展了南宋陆九渊的学说，建立起“致良知”的心学体系，使宋明理学又向前迈进了一步。明清之际，王夫之、黄宗羲、顾炎武怀民族之大义，潜心学术，不忘经世。他们的学问、人格、思想深为后世所敬重。乾嘉年间，惠栋、戴震、钱大昕等学术大师，在古典文献的整理和研究方面做出了不可磨灭的贡献。

总体而言，到明清时期，中国的传统文化盛极而衰。王阳明提出的“人人同具良知”、“满街都是圣人”等说法，客观上否定了经典和权威，远离了他成贤成圣的人生理想和明德亲民的政治信念，陷入了自相矛盾的困境。阳明心学得不到时人的理解和认同，不少人视之为异端邪说，甚至视之为明朝灭亡的祸首，排斥打击不遗余力。程朱理学被明清统治者立为正统，推为至尊。实际上，他们剔除了程朱理学的理论思辨，只讲纲常名教，完全使之沦为了钳制思想、统治民众的工具。明清统治者厉行严酷的文化专制政策，大兴文字狱，制

① 陈寅恪：《邓广铭宋史职官志考证序》，《金明馆丛稿二编》，上海古籍出版社 1980 年版，第 245 页。

造恐怖，剪除异端，严重束缚了中国文化的生机和活力。

二、中西文化交流与中国传统文化的危机

中国与西方较大规模的文化交流始于明朝后期(16 世纪中叶)。当时，欧洲早已进入大航海时代，文艺复兴运动正高歌猛进，如火如荼。发端于 14 世纪的意大利文艺复兴运动，揭橥人文主义旗帜，空前地张扬了人的个性，解放了人的思想，激发了人的进取精神、创造精神和科学实验精神。它被看作是继希腊、罗马之后欧洲文化史上的第二个高峰，代表了欧洲资本主义文明的崛起。就是在这样一个朝气蓬勃、活力迸发的大时代，欧洲传教士来到了中国。

客观地说，来华的耶稣会士并不是先进文化的代表。在文艺复兴运动的促动下，16 世纪的新教改革家通过对基督教经典的重新解释，对天主教会土地和财产的没收，打破了教皇、教会在欧洲的精神独裁和对于世俗权力的控制。代之而起的是享有主权的民族国家和独立的民族教会。为了与新教抗衡，争取信众，以扶助教皇为宗旨的耶稣会派遣博学的传教士远赴美洲、非洲和亚洲发展势力。1552 年，沙勿略由印度来到广东上川岛，不久病死，这是西洋教士直接进入中国的开始。1553 年，耶稣会士利玛窦和罗明坚进入广东肇庆，建立传教据点。此后，耶稣会士龙华民、高一志、艾儒略、毕方济、庞迪我、汤若望、邓玉涵、南怀仁等联袂东来。耶稣会是罗马教廷派往中国的主要传教团体，直到 1775 年，在中国接获教皇指令正式解散。

利玛窦、汤若望等人为了在中国传教，采取“合儒”策略，主动顺应中国礼俗，“儒服华冠”，学习汉文，尽可能避免引起中西文化的正面冲突。为了叩开中国之门，他们推行“学术传教”，通过介绍西洋科学、哲学、艺术，引起士大夫的注意和敬重，以此扩大耶稣会的影响。方豪称：“利玛窦实为明季沟通中西文化之第一人。自利氏入华，迄于乾嘉厉行禁教之时为止，中西文化之交流蔚为巨观。西洋近代天文、历法、数学、物理、医学、哲学、地理、水利诸学，建筑、音乐、绘画等艺术，无不在此时期传入。”①耶稣会士来华，虽意在传教，却带来了比宗教更为先进的欧洲文化。在天文学方面，利玛窦的《乾坤体义》首次向中国人展示了托勒密——亚里士多德的宇宙理论；《西洋新法历书》(即《崇祯历书》，清入关后改为《新法历书》)从实践上说明，西洋历法优于中国旧历。数学方面，利玛窦编述的《几何原本》、《测量法义》等著作，给许多中国人带来了

---

① 方豪：《中西交通史》下卷，岳麓书社 1987 年版，第 692 页。

前所未闻的知识，促进了中国历法的修订；《律历渊学》集西方数学之成，被中国人称为“从古未有之书”。地理学方面，利玛窦绘制的“万国舆图”，引进了地圆的概念，并以经纬度划分球面，在中国先后被翻刻12次之多；艾儒略的《职方外纪》详细地介绍了世界各地的地理和风俗，对中国传统地理观念形成了猛烈冲击。邓玉函口授、王徵笔录的《远西奇器图说录最》是第一部向中国介绍西方物理学的著作。亚里士多德、托马斯·阿奎那等人的哲学也被系统地传入了中国。同时，西方的自鸣钟、地图、天象仪器、三棱镜，也被他们带到了中国，扩大了中国士大夫的见闻。

传教士来华与西学的输入，吸引了部分士人的兴趣。明代的礼部尚书徐光启、光禄寺少卿李之藻、山东佥事王徵等深为西学的务实精神和科技水平之高所动，在中国历史上第一次兴起了介绍和学习西方文化的风气。入清以后，顺治帝赞同借鉴和运用西洋的天文历算之学。康熙帝也积极引进西学。他曾专门派耶稣会士白晋远赴西洋，引进科学家和科技书籍。他还把传教士召进宫中，专门讲授几何、测量、天文、物理、乐理、解剖学等方面的知识。受康熙帝影响，士大夫中一度出现了附庸西学之风，并涌现出梅文鼎那样有真才实学的科学家。随着对西方认识的加深，个别好学深思之士已敏感地领悟到西方社会的发展水平高于中国。循着这样的思路，在当时中西双方政治地位对等的条件下，中国存在着更为广泛地吸收和接纳西方文化的可能。

然而，中西之间存在一条难以消弭的巨大鸿沟。利玛窦等人来华的任务在于传播宗教。他们借助于“合儒”策略和西方科技，博得了中国士大夫的信赖，也扩大了在华的传教规模。明末清初五十多年中，天主教广泛吸收信徒，人数快速增加。据统计，明末全国十五省除云南、贵州外，都有传教士和信徒。天主教信徒人数，1664年达到16.4万人。而清朝皇帝和臣子们所信仰的是程朱理学及纲常名教，他们所优容的，仅仅是西方的“器”、“术”，充其量可用作挽救时艰、富国强兵的手段。作为文化信仰，程朱理学与天主教义没有差别，都具有排他性。作为政治文化，中国没有“政教合一”的传统，“君权独尊”与“神权至上”互不相容，皇权绝不允许教权凌驾在上。因此，二者之间的矛盾冲突可想而知。进入18世纪后，利玛窦所制定的天主教中国化策略被教廷否定。1704年，罗马教皇发布禁约，禁止中国教区的教徒敬天、祀孔、祭祖，并要求中国政府服从。康熙帝得知后十分反感，专门派耶稣会士到教廷，要求教皇收回成命，遭到否决。1717年，清政府正式下令，禁止天主教在华传播。礼仪之争最终导致了天主教在华陷入绝境，而对于中国来说，则失去了一次与西方平等交往的机会，尤其是民族觉醒和文化自觉的时机。

中西文化相遇，意义非凡。梁启超说："凡天下事，必比较然后见其真，无比较则非惟不能知己之所短，并不能知己之所长。"[①]西方文化为重新认识和评价中国文化提供了重要参考，较比西方，中国文化在明清时期进展迟缓。14—19世纪，西方相继进行了文艺复兴运动、工业革命、启蒙运动、资产阶级革命，实现了伟大的飞跃；而此期的中国人依然自以为是"天朝上国"，鹅行鸭步，田园牧歌。即便同样付出血与火的代价，性质也截然不同。1644年，农民起义领袖李自成宣布登极，国号大顺，年号永昌。与此同时，克伦威尔发动了英国资产阶级革命。相比之下，克伦威尔的革命不是因饥寒交迫而起，也不是为了争夺王位，而是要改变政治制度，建立一个自由、民权的国家。1789年，法国爆发资产阶级革命，革命党人攻克巴士底狱，通过《人权宣言》，为资产阶级的自由平等和法治精神而赴汤蹈火。此时中国的白莲教徒，却念着"反清复明"的咒语，与清政府顽抗。由此观之，乾隆帝在给英王的敕书中声称天朝"无所不有"，"从不贵奇妙"，乾隆的臣子、著名学者俞正燮以"翻夷书，刺夷情"为"坐以通番"，视西方科技为"鬼工"，也就不足为奇了。事实上，鸦片战争的失败不是因，而是果，是中国民族危机和文化危机的总爆发。

中国传统文化的核心是儒学，它自汉代确立了独尊地位后，一直是中国的官方哲学和社会意识形态，是中国人用力最深的学问。两千多年间，虽然以儒学为核心的传统文化也多次顿挫，但最终都化险为夷，渡过了难关。魏晋时期，雄居两汉达四百年的经学变得专断、繁琐、僵化，玄学、佛教、道教乘虚而入，儒家学说陷入前所未有的困境。但它并没有沉沦下去，通过一段时间的调整，吸收道、佛二家之说，更生创化，至宋朝又形成了适应当时社会发展要求的理学。就其神髓、特点和社会地位而言，理学与经学别无二致，并没有从根本上改变其文化性质。明、清易主，汉族士大夫的民族危机感和文化危机感交织在了一起。但这种文化危机感不是出于对儒学价值的怀疑，而是源自对文化落后民族的恐惧，因此，随着清政府儒化政策的推行，文化危机感也就不复存在，甚至在某种程度上强化了他们的儒学本位主义。事实上也是如此，面对满洲"外夷"，像黄宗羲、顾炎武、王夫之这样的"遗民"，他们的儒学优越感和对儒家文化的信念从未丧失过。他们对圣人之道笃信不疑，认为明朝灭亡的原因

① 梁启超：《论中国学术思想变迁之大势》，《饮冰室合集》文集之七，中华书局1989年版，第2页。

是没有很好地落实儒家的精神，在他们看来，一切问题都可以在圣人那里找到解决方案。随着对历史经验的不断总结，儒学也就愈能自圆其说。这样，儒学又有陷入相对封闭和自我满足的可能。简言之，儒家文化自身难以产生否定自我的新文化。

历史表明，鸦片战争前后，面对社会弊窦丛生和严峻的民族危机，儒家士大夫智慧匮乏，根本拿不出什么好的救时良策。

"康乾盛世"过后，清朝统治由盛而衰。嘉道时期，官僚体制已腐败不堪。当时几乎到了无官不贿、无官不贪的地步，廉与不廉的区别仅仅在于"廉者有所择而受之，不廉者百方罗致，结拜师生、兄弟以要之"①。各级官吏层层盘剥，正所谓"督抚司道等则取之州县，州县则取之百姓，层层朘削，无非苦累良民，罄竭脂膏，破家荡产"②。贪墨之风，直接导致政务废弛。作为清代三大要政的漕运、盐政、河工，弊端重重。钱粮的亏空与积欠，全国各地比比皆是。1839 年，全国田赋税课的积欠已达2 940余万两之多，差不多相当于当时全国一年的田赋收入总额。

嘉道年间，占据经济主导地位的依旧是落后的小农经济。人口的快速增长使生产与需求之间的矛盾激化。据资料显示，1741 年，清朝人口约为 1.4 亿，但到 1834 年就超过 4 亿。至道光年间，每年粮食缺额都在1 000多万石，几乎是储藏额的一半。粮食的短缺，流民的增加，加大了清政府对基层社会控制的难度，整个社会日趋动荡。从 1796 年至 1840 年的 45 年间，规模较大的农民起义就有十余起。1813 年，天理教在河南滑县起义，一度打进北京的皇宫。

更为严重的是烟毒泛滥。据不完全统计，在 1800—1821 年，外国平均每年向中国输入鸦片4 000多箱。到 1838 年，年输入则高达 3.5 万箱。1835 年前后，全国吸食鸦片的人数达 200 万之众，"上自官府缙绅，下至工商优吏，以及妇女、僧尼、道士，随在吸食"③。面对鸦片巨祸大患，清政府虽连年"严禁"，但根本拿不出好的计策。由于政治的腐败，本来正义的虎门销烟，却成为殖民者发动鸦片战争的导火索。

社会陷入危机，儒家士大夫义当挺身而出，再图振作。事实却适得其反，占据要津的各级官员，多"以模棱为晓事，以软弱为良图，以钻营为取进之阶，

---

① 冯桂芬：《厚养廉议》，《校邠庐抗议》卷上，光绪二十四年重刻本。

② 《清仁宗实录》卷 75，中华书局 1985 年版，第 1013 页。

③ 黄爵滋：《请严塞漏卮以培国本折》，《鸦片战争档案史料》第 1 册，上海人民出版社 1987 年版，第 255 页。

以苟且为服官之计”[①]。曹振镛奉行“多磕头，少说话”的为官之道，却被称作乾、嘉、道三朝元老。曹振镛无德无能，照理说是儒家的败类，却引领士林，可见儒家文化的衰落。

因此，从广义文化的角度来看，中国的社会危机和民族危机其实也是一种文化危机。

鸦片战争以后，中国开始沦为半殖民地国家。强势的西方文化冲毁了中国传统文化的稳定性和自足性，中国文化已无法按照原来的轨道行进，被迫发生转变。从此，中国文化开始了蜕变与新生并存的近代历程。

第二节 19世纪中期儒学的变化

儒家文化的衰落是一个缓慢而曲折的过程。鸦片战争前后，尽管西学东来，对中国传统文化形成了强有力挑战，但很长时间之内，儒学仍旧是中国文化的核心。与清代前期相比，道咸以后，儒学的内部格局发生了变化，汉学趋于衰落，理学有所振作，今文经学重新兴起，呈现出汉学、理学、今文经学并立的局面。

一、汉学的延续与衰落

汉学是清代特有的儒家学术派别[②]。惠栋的经学著作《易汉学》，正式标举“汉学”旗帜，此后，“汉学”成为乾嘉考据学派的共同名称。清代汉学在乾嘉时期取得了辉煌的学术成就，成为显学。它改变了宋明以来崇尚心性玄辩的学风，注重考据，并扩大了治学的范围。虽然从社会群体来看，乾嘉汉学家作为儒家知识分子，并不缺乏对现实生活的关注，但从学术形态上看，汉学与社会现实问题距离较远。更进一步说，乾嘉汉学的大多数代表人物过分拘泥于训诂考证，汉学成了繁琐的代名词，致使汉学本身陷于难以突破的境地。

与清代中叶相比，汉学在晚清时期有所衰落，那种“家家许郑，人人贾马”，独占学界势力的局面不复存在。嘉道之际，汉学的弊端日益凸显。一方面，汉学末流泥古、琐碎、空疏、无用，脱离现实，愔然无生气；另一方面，整个社会嗜考据成风，以厕身汉学为荣，一些黠猾下流之辈甚至以汉学为趋炎附势、猎取

① 《清史稿》卷356，中华书局1977年版，第11309页。

② “汉学”这一称谓是从考据学派的治学范围和意旨而言，因为治汉学者崇尚两汉经学，尤其是东汉古文经学。就其治学重实证的学术风格而言，则称为“朴学”。因其方法以考证训诂为主，又称为“考据学”。

名利的工具。道光以后,社会危机四伏,亟需寻找解决方案,而汉学末流琐碎拘执,专事考据,脱离现实,根本不能满足这一现实要求。再加上经世之学、程朱理学、今文经学的兴起,尤其是西方文化的传入,进一步削弱了古文经学的影响,降低了它的社会地位。

汉学盛极而衰,流风余韵在一定时间内犹在。嘉、道时期,汉学依然有一定影响。当时不仅成果丰厚,而且名家众多。像王念孙、郝懿行、徐养原、姚文田、王引之、阮元、顾广圻、梁章钜、胡培翚等人,或为清学"正统派之中坚",或是汉学集大成者,或学有专长、领时代风骚。在传统学术格局中,汉学仍然拥有广泛的社会基础,并随着时间的推移,取得了新的成就。

就地域而言,汉学继续向周边辐射和传播,涉及的范围有所扩大。中国是个幅员辽阔的国家,社会文化发展很不平衡。乾隆年间,以苏州、徽州为中心,形成了著名的吴、皖两派,惠栋、戴震及其弟子,把汉学研究推向高潮;而此时的边远省份,汉学名家却比较少见。道光朝以后,汉学的中心苏、皖地区的境况不如从前,而福建、湖南、广东、贵州、四川等地则出现了兼采汉学的现象,甚至出现了一些专门研治汉学的学者。

福建乃朱熹理学渊薮,朱子学长期占有统治地位。嘉道之际,闽县学者陈寿祺主讲福建清源、鳌峰书院,于理学之外,加课经史考据,促成闽省学风由尊崇朱子之学转变为兼采汉学。湖湘地区也出现了一些德行宗宋学、治经宗汉学的名儒,其中较为知名者有邹汉勋、罗汝怀等人。岭南地区的汉学在清代中叶并不发达。嘉道之际,阮元督两广,建学海堂,以经古之学课士,扭转了当地不讲汉学的风气。同时,他招募全国人才,开局编纂《广东通志》、《皇清经解》,很快使广东成为汉学重镇之一。在贵州地区,莫与俦是较早研治汉学的学者。他在京城为官时受纪昀、阮元、王引之等人的影响,开始接触汉学,道光初年,任遵义府学教授,以倡导汉学为己任,于当地学风影响较大。其学传之门人郑珍与五子莫友芝。郑珍师从莫与俦、程恩泽,精研《说文》,博综三《礼》,著有多种经学著作。莫友芝治学兴趣广泛,尤长于汉学与版本目录学。曾国藩称此二人在莫与俦的教导下,"遂通许、郑之学,充然西南硕儒矣"①。

作为清代汉学的发祥地,安徽、江苏等地区在晚清时期虽趋衰落,但汉学人才众多,仍是全国的中坚。段玉裁的弟子有龚丽正、沈涛、马寿龄、陈奂等。

---

① 曾国藩:《翰林院庶吉士遵义府学教授莫君墓表》,《曾国藩全集·诗文》,岳麓书社 1995 年版,第 263 页。

陈奂还曾从江沅、王念孙父子问学，治学专攻《毛传》，也培育了一批汉学人才，其中知名者有陈倬、马钊、戴望、李善兰等。戴震高弟卢文弨传弟子臧庸、丁履恒、李兆洛等。李兆洛有弟子蒋彤、薛子衡、夏炜如等。绩溪胡培翚承祖父胡匡衷之学，又师从凌廷堪，长于治《礼》。惠栋的再传弟子朱骏声、雷浚长于小学，于《说文》多有发明。扬州地区的汉学研究异常活跃。仪征刘文淇、刘毓崧、刘寿曾、刘师培祖孙四代，在《春秋左氏传》研究方面成就斐然。宝应刘氏亦以汉学传家，继乾嘉时期刘台拱、刘履恂之后，刘宝树、刘宝楠兄弟及宝楠次子刘恭冕精研经训，《论语》研究集前人之大成。浙江地区则涌现出黄式三、黄以周父子，钱仪吉、钱泰吉兄弟，以及俞樾等一批著名学者。清末，孙诒让、章太炎、刘师培等人，光大汉学精义，又援经论治，使古文经学有所振兴。

苏、皖、浙与全国各地学者一道，承继乾嘉汉学的薪火，在一些学术领域取得了新的成就。如《诗经》研究方面，有马瑞辰的《毛诗传笺通释》、陈奂的《诗毛氏传疏》；《礼》经研究方面，有胡培翚的《仪礼正义》、郑珍的《仪礼私笺》；《春秋》研究方面，有刘文淇的《左传旧疏考证》；《周易》研究方面，有朱骏声的《六十四卦经解》、丁晏的《周易述传》及其子丁寿昌的《读〈易〉会通》等；小学研究方面，有王筠的《说文释例》和《说文句读》、朱骏声的《说文通训定声》、丁履恒的《说文形声类编》、江有诰的《诗经韵读》，等等。

道光以后，汉学之所以能够延续并有所进展，主要是沿袭和继承了乾嘉汉学的学术传统和学术成果。此外还因为，第一，汉学拥有广泛的学术基础。当时以程朱理学晋身的士人并不完全以理学“问学”，相当多的士人转而以汉学作为“藏之名山”的事业。第二，嘉庆以后，出现了一批不课制艺、专事经古之学的书院，拓宽了汉学的传播渠道。如浙江的诂经精舍、广东的学海堂等，均不好帖括之学，而以汉学为主。这些书院为晚清汉学培养了学术后劲，注入了新生力量。第三，嘉道之后，经世之学兴起，汉学家开始反思乾嘉学术的弊端，注重吸收宋学善于说理的长处，兼采宋学，从而丰富了汉学的思想内容。不过，就总体态势而言，汉学已大为衰落了。

二、程朱理学趋于活跃

清代自康熙朝开始，理学作为官方意识形态，在维护统治秩序和伦理纲常方面发挥了重大作用。乾嘉时期，考据学如日中天，理学虽居官方哲学的统治地位，但实际社会地位却明显降低。据《啸亭杂录》记载，当时士人以株守考订、訾议宋儒为习，“遂将濂、洛、关、闽之书，束之高阁，无读之者”[①]。嘉道之际，有人把社会衰落的原因归结到汉学身上，转而提倡程朱理学。于是，从道光末年到光绪初年，程朱理学一度出现了所谓的“复兴”。

道光皇帝鉴于当时世道人心的衰落，多次谕令正学术以敦士习，敦士习以端民风。1835年，道光帝发布上谕称：“从来民风之纯朴，由于士习之端谨。凡有教士之责者，不徒课以文艺，务在敦崇实行，严为旌别，以树风声。”[②]要求各督抚、府尹、学政严饬地方官暨各教职，务须随时训诫，认真稽查。1839年，道光帝诏告各级官吏，切实采取措施，广为宣传《圣谕广训》，以导民向善。此外，清政府还通过从祀孔庙、修建学宫等举措来强化崇儒重道政策，强化和提高程朱理学的社会地位。

从道光朝开始，宗奉理学的学者活跃起来。尤其是在理学传统较深的湖南、河南、陕西、安徽、福建等地区，宗理学者声气相通，结成群体，其规模和声势均非乾嘉年间可比。湖南受汉学影响较小，多数士大夫奉理学为尊，诸如陶澍、贺长龄、贺熙龄、唐鉴、胡达源、罗泽南、曾国藩、左宗棠、胡林翼等，均好理学。河南以理学知名者有刘廷诏、苏源生、李棠阶、王检心、王涤心等。关中地区，朝邑的李元春、周至的路德、三原的贺瑞麟等人尊奉理学，又通过讲课授徒，培养了大批理学后进。安徽地区以桐城为中坚，拥有方东树、姚莹、方宗诚、方潜等一批笃守程朱之道的学者，而霍山的吴廷栋、六安的涂宗瀛、当涂的夏炘和夏炯兄弟等也以理学闻名。继清初理学家李光地、蔡世远之后，福建的刘存仁、林春溥、郑星驷等人在学术上也首重程朱理学。

在这期间，出现了几部较有影响的理学著作。其中，以方东树《汉学商兑》、罗泽南《姚江学辨》、唐鉴《国朝学案小识》比较知名。

方东树（1772—1851），字植之，晚年自号仪卫老人。他一生著述丰富，计有《汉学商兑》、《书林扬觯》、《仪卫轩文集》等十余种。方东树与姚莹、管同、梅曾亮、刘开等同为姚鼐高足，以文辞为宗。在学术方面，他恪守程朱理学，以维护圣人之道自任，论著以《汉学商兑》影响为大。

《汉学商兑》刊行于1826年，共分三卷。方东树写作此书的目的在于维护程朱之道，直接针对的是江藩的《汉学师承记》。1817年，江藩著《汉学师承记》，从汉学立场出发，扬汉抑宋，批评程朱理学。方东树遂作《汉学商兑》，对

---

① 昭梿：《啸亭杂录》，中华书局1980年版，第317页。

② 刘锦藻编：《学校》四，《皇朝续文献通考》卷九十七，光绪年间刻本。

江藩的观点予以系统反驳和批评。该书上卷主要就《宋史》在《儒学传》之外另立《道学传》所引起的非议进行辩护；中卷对汉学家的小学成就和义理学说予以批判；下卷就江藩《国朝经师经义目录》中所标榜的“纯正”汉学家的观点进行批驳，并总结汉学家种种罪状。梁启超认为，此书的影响不在于理论上对程朱理学的建设，而在于痛砭汉学流弊、转移学术风气：“方东树之《汉学商兑》，却为清代一极有价值之书。其书成于嘉庆间，正值正统派炙手可热之时，奋然与抗，亦一种革命事业也。其书为宋学辩护处，固多迂旧，其针砭汉学家处，却多切中其病。”[①]《汉学商兑》是第一部对清代汉学进行全面系统批评的著作，它打破了汉学专制的局面，不少关心现实的学者受此吸引，加入到反思和批判汉学的阵营，一定程度上提高了程朱理学的地位。

罗泽南(1808—1856)，字仲岳，号罗山，湖南湘乡人。他从1836年究心程朱理学，至咸丰初年率军与太平军作战，著书讲学未曾间断。他治学以程朱为宗，主于性理，讲求经世，著有《西铭讲义》、《太极衍义》、《姚江学辨》等。

《姚江学辨》成书于1844年。顾名思义，罗泽南撰写此书，意在捍卫程朱理学的正统地位，排击阳明心学。该书仿照朱熹《杂学辨》的体例，引文辨文相间而行，先摘引阳明原文于前，后跟以作者的辨文。全书围绕辨王申朱的宗旨，分为上下两卷。上卷从本体论入手，主要是以程朱的“性”、“理”学说驳阳明学说的心性论之非；下卷从工夫论入手，主要是用朱熹的“格物致知”说否定阳明的“致良知”和“知行合一”说。《姚江学辨》扬朱抑王，对于维护程朱理学的正统地位发挥了重要作用。同光时期理学名儒贺瑞麟称：“《姚江学辨》一编，真足为吾道干城。”[②]

唐鉴(1778—1861)，字栗生，号敬楷，又号镜海，湖南善化人。1809年进士，选翰林院庶吉士。道光年间，曾任广西平乐府知府、贵州按察使、浙江布政使、江宁布政使、太常寺卿等职。晚年历主金陵、尊经、钟山、白鹿洞诸书院讲席。唐鉴为学崇程、朱，辟阳明，不好为调停之说。晚清时期，宗理学者多，但能以理学成名者少，唐鉴当可称为理学名家之一。他恪守理学道统，著述丰富，弟子众多，对晚清理学产生了相当大的影响。

《国朝学案小识》是唐鉴的代表性作品，全书凡十五卷，收录清代前中期约200年间学者凡256人。该书推崇孔孟程朱之道，贬低乾嘉汉学和陆王心学，各学案的次序排列、篇幅长短及传主详略等方面均以程朱理学为中心。《国朝学

---

① 梁启超：《清代学术概论》，上海古籍出版社1998年版，第69页。

② 贺瑞麟：《重刻小学韵语序》，《清麓文集》卷二，光绪二十五年刘传经堂刻本。

案小识》虽在编纂体例、传主选择以及叙述方面，充满了学术派性和主观色彩，但对于当时程朱理学的“复兴”却起了导向作用，受到曾国藩、倭仁等人的推崇。

咏　怀

唐　鉴

太极一团团，乃是天人理。
一气大流行，两仪定纲纪。
人生天地间，惟理为足恃。
充之即为仁，体之即为礼。
顺之即为孝，和之即为弟。
完其所自来，亦曰理而已。
始知一团中，万化由此起。

（选自唐鉴:《唐确慎公集》卷八，光绪乙亥刻本）

1840年，唐鉴入京供职，积极提倡程朱理学。不久，在他身边聚集了倭仁、吴廷栋、曾国藩、何桂珍、吕贤基、窦垿等一批理学名士。倭仁等人不但师从唐鉴“讲道问业”，而且定期“会课”，相互交流心得“日录”，切磋心性修养工夫。这样，在京师士大夫中就结成一个讲究程朱理学的学术群体，崇尚程朱理学逐渐成为士林的一种风气。至道光末年，从地方到中央，从民间到朝堂，理学在全国已具有一定声势。

三、今文经学的复兴

道光朝以后，汉学走向衰落，而今文经学与程朱理学作为清代重要的学术派别，均有所“复兴”。不过，这二者的情况有所不同。程朱理学是清王朝的官方哲学，虽然乾、嘉时期受汉学冲击趋于式微，但其官方正统地位并没有动摇，因此，从某种程度上说，程朱理学在晚清的复兴只不过是相对于清代中叶理学的状况而言的。而清代今文经学则是自汉代以降历经千年沉寂之后的再次兴复。

论清代今文经学，当以常州为大宗，其创始者为乾隆年间的庄存与。庄存与（1719—1788），字方耕，号养恬，江苏武进人。他的多数著述不分汉、宋，兼采今、古。在汉学考据盛行的背景下，他别开体例，师法西汉今文经学，发挥“微言大义”，主要体现在《春秋正辞》一书中。该书主要探讨了公羊学的“内外”也就是“夷夏”问题，将宋儒的“华夷大防”观念进行改造，赞同“夷狄进中国则中国之”的说法，以为清政府服务。但今文经学在当时并未产生多大影响。庄存与及常州学派的成名在很大程度上得益于庄的后人特别是其外甥刘逢禄、宋翔凤的发扬光大。其中，刘逢禄是承前启后、张大今文经学的关键人物。

刘逢禄(1776—1829)，字申受，江苏武进人。1814年进士，历任礼部主事、仪制司主事，著有《春秋公羊何氏释例》、《公羊何氏解诂笺》、《论语述何》等。刘逢禄治学推崇今文，贬斥古文，尤其有志于《春秋》，先后撰写研究《春秋》的著作达十一种。刘逢禄治学取法何休，重视阐发微言大义，明确揭出“三统”“三世”说，并主张以公羊学的思维方法去研究《四书》、《五经》，从而开启了今文经学的全面研究。

道光朝以后，今文经学传播开来，社会影响有所扩大。龚自珍、魏源虽不是常州(武进)人，但系直接承续清中叶庄存与、刘逢禄的学脉而来。

龚自珍、魏源为刘逢禄门生。他们“以经术作政论”[①]，把经学研究与讨论时务结合起来，救裨当世，具有强烈的经世致用精神，把清代学术推进到一个新的阶段。龚、魏开启的新学风，是晚清时期今文经学最为突出的学术特点之一。

龚自珍(1792—1841)，字瑟人，号定庵，浙江仁和人，著名汉学大师段玉裁的外孙。1819年，龚自珍识刘逢禄后，由汉学改习今文经学。与前人不同的是，龚自珍并未曾对《公羊春秋》本身加以注疏或条例，而是直接发挥前辈所提出的微言大义，作为建言的理论基础，应用于实际政治。如他的《乙丙之际著议》将“三世”解释为“治世、乱世、衰世”，并把历史的治乱与人才问题结合在一起；《五经大义终始论》、《五经大义终始答问》则径直将“三世”说等《公羊传》的观点附会扩大为《五经》的大义，以《公羊春秋》来统摄《五经》，并将“三世”说上升为一种史观。论学方面，龚自珍提出了有影响的学术观点，如《大誓答问第二十四》提出以音读来解释今、古文的不同。《说中古文》驳斥古文经学的中古文之说。这些说法，不仅加固了今文经学的壁垒，方便了他援经论政，而且影响了康有为、梁启超、皮锡瑞等人的学术思想。梁启超《清代学术概论》称：龚自珍“往往引《公羊》义讥切时政，诋排专制”，“光绪间所谓新学家者，大率人人皆经过崇拜龚氏之一时期。初读《定庵文集》，若受电然，稍进乃厌其浅薄。然今文学派之开拓，实自龚氏。”[②]

---

① 梁启超：《清代学术概论》，上海古籍出版社1998年版，第77页。

② 梁启超：《清代学术概论》，上海古籍出版社1998年版，第75页。

魏　源

魏源（1794—1857），字默深，湖南邵阳人。魏源思想的经世色彩浓厚，他关心现实政治，主动了解西方，曾助贺长龄编《皇朝经世文编》，著有《圣武记》、《海国图志》等著作。在经学方面，他早年究心学、汉学，受刘逢禄影响转而致力于今文经学研究，并著有《诗古微》、《书古微》、《董子春秋发微》等。魏源治经除继承了前人借“三统”说以言变革外，还明显表现了自己的特点。他不满意刘逢禄等人止于为东汉何休等拾遗补缺的做法，主张直求经文，并将研究的重点，由东汉的典章制度之学，进于西汉的微言大义，贯经术、政事、文章于一体。为此，他专作《春秋繁露注》十二卷、《董子春秋发微》七卷，标举董仲舒，发挥西汉今文经学的微言大义。同时，他不满足于今文经学者辨析今、古文家法异同的做法，转而猛烈攻击古文经之伪，造成了今、古文经学的鲜明对垒。他的《诗古微》、《书古微》就是这方面的作品，被收入《皇清经解续编》。前者重在“发挥齐、鲁、韩三家《诗》之微言大谊”，“以豁除《毛诗》美、刺、正、变之滞例，而揭周公、孔子制礼正乐之用心于来世也”[①]；后者意在发明西汉《尚书》今文之微言大义，而辟东汉马、郑古文之凿空无师传。这样，古文经学推崇的《毛诗》，东汉马、郑的古文学说，受到了严重质疑。

咸丰年间，邵懿辰以治《礼经》闻名。邵懿辰（1810—1861），字位西，浙江仁和人。他所著《礼经通论》一书，不相信古文经学的《逸礼》三十九篇之说，认为《仪礼》并非残经，今存十七篇为完经，即《礼经》，大戴本编次可据，而古文学派所崇奉的《周礼》则为“后王所附益”。该书还指出，与《礼》相并提的《乐》本无经。这些观点，对当时古文经学派盛行的经秦火后《礼经》残阙、《乐经》亡佚的说法形成了有力冲击。廖平称：“邵氏《礼经通论》以经本为全，石破天惊，理

① 魏源：《诗古微·序》，《魏源全集》第1册，岳麓书社2004年版，第99页。

至平易，超前绝后，为二千年未有之奇书。”①

至此，清代今文经学的风格、局面已基本奠定：由东汉古文经学的名物训诂、典章制度，进而求西汉今文经学的微言大义；由重点比较今、古文家法的异同，发展到对古文群经的全面辨伪。不过从总体上看，今文经学虽有较快发展，但其学术队伍、社会基础、影响地域都无法与汉学、程朱理学相比。

值得注意的是，道光以后，不仅学术格局出现了变化，而且在儒学各学派之间，特别是汉学与宋学之间，出现了息争、调和的倾向。研治汉学者，主张宗汉而不废宋，承认宋学在义理和道德修养方面的贡献。治宋学者，主张尊宋而采汉，即在坚持程朱理学的指导下，对汉学的学术方法和成就适当予以采纳。汉宋调和，体现了传统学术通过自调整以应对时势的一面。

综上，19 世纪中期，缘于社会危机和清政府文化政策的调整，儒学内部也发生了重大变化：盛极一时的乾嘉汉学走向衰落，但仍然在学术上取得了一定的成就。此前饱受汉学批评和排斥的程朱理学，初步复兴。而沉寂千年之久的今文经学则借助社会的因缘变化，应时而出，援经论政，直接将经学与现实密切关联，走上了一条与汉学、宋学不同的道路。儒学的这种分合变化，虽然多姿多彩，但由于各学派都难以跳出经学思维的束缚，理论创新乏力，在急剧变动的社会形势下，整体走向衰落已成必然。

第三节　经世思潮

道咸年间，清朝进入衰乱之世。社会危机全面爆发，农民起义此起彼伏，西方列强连樯东进。一些有识之士不甘沉沦，主张学以致用，倡导经世入世，解决社会现实问题。到鸦片战争前后，倡导经世思想者大为增多，从而演变为一种颇具影响的社会思潮。

一、经世思潮的兴起

所谓“经世”，大意在关心社会现实问题，通过深究古今治乱得失，探寻家国天下治安之计，从而达到济世利民的目的。“经世”，又有“经世致用”、“通经致用”、“明体达用”、“经邦济世”等不同表述。

具体说来，“经世”一词，至少包括以下三层含义：在价值取向上，直面社会

① 廖平：《知圣篇撮要》，《家学树坊》上卷，《廖平选集》下册，巴蜀书社 1998 年版，第 619 页。

人生,反对避世、逃世。在政治上,追求经邦治国,建功立业,以“治国平天下”为人生价值的实现路径和表现手段。在学术上,注重经世之学的研究与实践。

经世观念由来已久。从先秦诸子开始,中国士人就以关怀社会,参与政治,服务人生为自己学业价值的最高体现。西汉独尊儒术以后,历代士大夫以通经致用作为读书治学的目标和抱负,经世观念演变为儒家文化的一种传统。数千年来,经世传统一直绵延不绝,只是随历史条件变化略有起伏而已。一般来讲,在社会面临变革的关键时刻,经世思想往往一时凸显,而社会承平稳定之时,经世思想往往表现得比较内敛。清初,受明清鼎革的强烈刺激,以顾炎武、黄宗羲、王夫之为代表的清初思想家,怀着对社会的深切关怀,深刻反思明末以来的各种社会现象,从政治到学术提出了一系列改革措施,从而促发了清初经世思想的勃发。康乾时期,社会相对稳定,加上文网严密,士人学者皆不敢妄谈时政,纷纷转向故纸堆,潜心名物训诂、典章考据,经世意识逐渐淡薄。而嘉、道、咸时期,受王朝由盛转衰和外敌侵略的刺激,经世思想再次活跃。

《皇朝经世文编》

晚清经世思潮兴起的标志是1826年《皇朝经世文编》的问世。该书由时任江苏布政使的贺长龄主持,魏源编辑完成。此书仿《明经世文编》和清中期陆燿的《切问斋文钞》,明确表明经世宗旨。该书自叙全书编辑原则有四:一曰“事必本夫心”,二曰“法必本夫人”,三曰“今必本夫古”,四曰“物必本夫我”①。可见,崇尚实用、实功并服务现实,是《皇朝经世文编》的核心理念。

《皇朝经世文编》凡140卷,前6卷论学术,次8卷讲治体,其余106卷,按吏、户、礼、兵、刑、工六部分类,

① 魏源:《皇朝经世文编叙》,《皇朝经世文编》卷首,收入《魏源全集》第13册,岳麓书社2004年版,第1页。

讨论社会政治问题。全书汇编了从清初到道光初年凡702人共计2 236篇文章。魏源从解决现实问题出发，依据经世致用的标准，无论"硕公庞儒，俊士畸民"，凡符合要求者一律选录。全书正文之前，列有《姓名总目》，分别介绍作者700多人的简历和专集，便于读者进一步检索。该书出版后，影响颇大，前后多次翻印。可以说，《皇朝经世文编》是鸦片战争时期知识界提倡经世致用风气的开篇，有力地促进了"务实"、"改革"思潮的兴起。

道咸时期，经世思潮蔚为壮观，其代表人物主要有：阮元、李兆洛、陈寿祺、包世臣、陶澍、徐松、张穆、贺长龄、林则徐、姚莹、周济、龚自珍、黄爵滋、金应麟、魏源、陈庆镛、徐继畬、梁廷枏、沈垚、张际亮、夏燮、汤鹏、陈金城、吴嘉宾、鲁一同、何秋涛、杨士达、林昌彝等[①]。这些人士身份复杂，地位不等，既有封疆大吏、朝廷重臣，也有寄人篱下的幕僚；学术派别不拘一格，他们或宗汉，或宗宋，或治今文经学；他们具体的思想主张也多有不同，或侧重于抨击时弊，或极力倡言变革，或积极施行实政，或注重边疆史地研究，或关注夷情、倡导西学；他们付诸实践的程度也不一样，或重于言，或重于行，但都没有超越"治国""平天下"的范围，都以匡济时艰为职志。参与人员成分复杂，表现形式多样，体现了经世思潮的丰富内涵和广泛的社会基础，也说明在当时保守、窳败的大氛围下自我调节、自我拯救渐已成为潮流和趋势。

二、经世思潮的内容

道、咸时期经世思潮内容广泛，但从总体上看，主要有以下几个方面。

1. 批判现实

鸦片战争前后，经世思潮的代表人物对社会现实的批判，在深度、广度和历史影响上，超过了以往任何时代的社会批判思想。他们对当时社会的官僚制度、科举制度、学术风气等，都进行了冷静的审视和深刻的剖析。

政治上，经世派严厉声讨吏风败坏，抨击官场盛行的贪赃枉法、投机钻营、结党营私、阿谀逢迎等丑恶行径，斥责那些当权官僚士大夫都是习于媮、谄、媚的无耻之流。在严重的社会危机下，他们粉饰太平，征逐歌舞，却不关心水旱灾害下百姓的死活，由此造成了整个社会风气的败坏。经世派还把矛头指向专制统治。龚自珍揭发专制帝王利用柔性和刚性两种手段，以达到"一夫为

① 参见吴雁南等主编：《中国近代社会思潮(1840—1949)》，第1册，湖南教育出版社1998年版，第70—72页。

刚，万夫为柔”的独断统治。在这样的专制统治下，人才被摧锄殆尽，整个官僚政治体制毫无生气。经济上，经世派指出，由于土地兼并造成贫富不均日益严重，“无田者半天下”。“自京师始，概乎四方，太抵富户变贫户，贫户变饿者”[①]，可清政府还不断地开捐加赋，真无异于自啖己肉，自取灭亡。文化教育方面，经世学者将抨击的矛头集中在科举制度上。他们认为科举文章千篇一律，毫无用处，仅仅成为知识分子猎取功名的工具，由此造成了人才匮乏。

可以说，经世派以忧国忧民之情，对清政府统治下的社会积弊沉疴进行了尖锐的批评。他们深刻揭露了吏治败坏、经济凋零、军备废弛、道德沦丧的黑暗现实。他们指出，道光时期已是“日之将夕，悲风骤至”的昏时衰世。张穆更把当时的社会比成五官犹存而官窍不灵的垂危病人，指出“方今良法美意，事事有名无实。譬之于人，五官犹是，手足犹是，而关窍不灵，运动皆滞，是以当极盛之时，而不及四期，已败坏至此。”[②]总体上看，鸦片战争前后经世派对社会现实的批判不仅全面而且尖锐深刻，他们希望藉此唤醒统治者，促成社会变革。

2. 改革弊政

经世派积极探讨解决弊政的方法和途径。他们根据传统的变易观念，主张通过“变法”来达到兴利除弊的目的。龚自珍大声疾呼：“一祖之法无不弊，千夫之议无不靡，与其赠来者以劲改革，孰若自改革？”[③]魏源强调，“变古愈尽，便民愈甚。”[④]

经世派的改革主张，首先集中在与国计民生息息相关的实际政务，特别是问题较为严重的漕运、盐法、河工、农业诸大政身上。

清代的漕运，主要是通过大运河来进行南粮北运。由于负责漕运的各级机构在征收、运输和入库等各个环节上反复转手，层层盘剥，使南粮北运耗费惊人，成为清代的一大苛政。经世派为了改变漕运的种种弊端，积极倡导以海运来代替河运。早在嘉庆末年，包世臣在《海运南漕议》一文中就曾提出，改河运为海运，改官运为商运，并主张在北方“置官屯”种水稻，改变南粮北运的局面。林则徐在《畿辅水利议》中也主张在直隶推广水稻，从根本上杜绝漕弊。

---

① 龚自珍：《西域置行省议》，《龚自珍全集》，上海古籍出版社 1999 年版，第 106 页。

② 张穆：《海疆善后宜重守令论》，《㞐斋文集》卷二，咸丰八年刻本。

③ 龚自珍：《乙丙之际箸议第七》，《龚自珍全集》，上海古籍出版社 1999 年版，第 6 页。

④ 魏源：《默觚下·治篇五》，《古微堂内集》卷二，《魏源全集》第 12 册，岳麓书社 2004 年版，第 49 页。

1824年,时任江苏巡抚的陶澍再次提出海运之议。魏源在1825年和1827年先后写成《筹漕篇上》和《筹漕篇下》,并代江苏布政使贺长龄撰写《海运全案序》、《海运全案跋》、《道光丙戌海运说》、《复魏制府询海运书》、《复蒋中堂论南漕书》等文,积极赞成海运。后来,清政府根据这些建议,改河运为海运,大大地节省了清政府的财政开支。

清代盐法承袭明制,食盐由政府和专利商人共同经营。由于盐业有大利可图,结果盐官和盐商互相勾结,一面哄抬盐价盘剥民众,一面以私盐逃避缴税,使国家盐税锐减。鉴于此,经世派纷纷著书立说,倡言改革办法。其主要措施是:取消盐引法,实行盐票法,认票不认商,打破世袭盐商垄断;实行食盐自由运销,政府从中抽税。其中,魏源不仅撰写了《筹鹾篇》等多篇文章,揭露盐引法的弊端,阐述盐票法的好处,而且还协助两江总督陶澍在两淮地区实行盐法改革,以手续简便的"票盐"代替"引盐",结果,盐价逐渐下降,盐政弊端减少,方便了百姓,也使清政府增加了收入。

河工主要是针对治理黄河而言。如何治理黄河,一直是困扰清政府的棘手问题。为治理黄河,清政府每年都拨出巨额银两,但收效甚微。针对这一问题,经世派认为,是官僚们的贪赃和愚蠢致使黄河水害愈演愈烈,难以治理。他们主张以治为主,以防为辅,提出了御坝、浚淤并举的办法。魏源还主张黄河应改行北道,从大清河入海,并预言"人力纵不改,河亦必自改之"①。1855年,黄河自行改道,从大清河入海,证明了魏源的远见。

中国是典型的农耕社会,农业问题复杂。鸦片战争时期的经世思想家们倡言变革,也多带有重农倾向。包世臣深研"农家利病",反复申述天下之富在农业的道理,认为"治平之枢在郡县,而郡县之治首农桑",地方长官的职责就是"兴利除弊,劝课农桑"②。魏源指出,由于政府对农民的过度征税,致使农田荒废现象比较严重。因此,必须减轻人民负担。龚自珍的《农宗》、《平均篇》,吴铤的《因时论》,汤鹏的《浮邱子·医贫》等,都提出了各具特色的"均田"、"限田"主张,以期缓和愈演愈烈的土地兼并问题。龚自珍主张实行"农宗"之法,按宗法关系来分配土地,以解决耕者无田的问题;同时,建议"用东南北之众,开拓西边"③,把内地无田之民集中到西域拓荒。他认为此举既可解

---

① 魏源:《筹河篇中》,《古微堂外集》卷六,《魏源全集》第12册,岳麓书社2004年版,第350页。

② 包世臣:《农政》,《齐民四术》卷1,《安吴四种》卷25,同治十一年刊本。

③ 龚自珍:《西域置行省议》,《龚自珍全集》,上海古籍出版社1999年版,第105页。

决农民无地之苦，又可开发边远地区，实乃一举两得之好办法。

改变吏风士习，造就有用人才，也是经世派的重要主张。经世派认为，士习衰恶，吏风不正，廉耻颓丧，人才危机是清朝面临的严重问题。为改变吏风士习，造就人才，他们普遍主张正人心，挽风俗，明乎义利之辨，提倡廉耻之心。魏源将“人心之寐”和“人才之虚”视为官僚士大夫中的两大弊病，提出以去伪饰、去畏难、去养痈、去营窟以除“寐”，以实事和实功互相关联以去“虚”。龚自珍更是大声疾呼：“我劝天公重抖擞，不拘一格降人才。”姚莹也认为得人之法，重点在于因材善使，不拘常理和小节。

为了培养和选拔有用的人才，经世派还主张对书院和科举考试制度进行改革。他们强调，书院诸生除了读经史外，还要兼习天文律例和诸子百家学说，并能征诸实用。科举考试要重新制定取士的方法，废除八股文，试以经义、史论和时务策，使士子不再以八股、楷法为进身之阶，而以能明儒家经义，熟悉历代治乱得失，通于时务为尚。

综上，经世派针对当时的社会弊端，在许多方面都提出了行之有效的改革办法，体现出他们敢于面对现实，积极入世、经世的精神。

3. 研究边疆史地

随着俄罗斯逐渐强大，西北边疆问题开始显露出来。为了寻求安定边疆的计策，从嘉庆年间起，怀抱经世志向的知识分子掀起了研究边疆史地的热潮。新疆、青海、西藏、蒙古等地，成为他们关注的焦点。一大批对边疆史地、特别是对西北史地造诣较深的学者涌现出来，他们撰写了一大批富有学术价值的边疆史地著作，如祁韵士的《藩部要略》、《西垂要略》、《西域释地》，松筠的《绥服纪略图诗》，徐松的《西域水道记》、《新疆赋》、《新疆识略》，沈垚的《六镇释》、《西游记金山以东释》、《西北地名杂考》、《元史西北地蠡测》、《水经注地名释》，姚莹的《康辅纪行》，张穆的《蒙古游牧记》，何秋涛的《校正元圣武帝亲征录》、《朔方备乘》等，数量可观。

在西南边疆史地研究方面，姚莹颇具代表。鸦片战争时期，姚莹任台湾兵备道，领导当地军民抗击英军侵略，取得过辉煌战果。《南京条约》签订后，他受诬陷被贬四川，后又发往西藏。在颠沛流离的生活环境中，他以满腔爱国热忱，致力于对西南边疆史地的考察，写成《康辅纪行》一书。此书记述了西藏的山川地势、宗教源流、民俗世风，考录了英国、俄国、印度和尼泊尔诸国情形，对西南边防提供了参考依据。

在蒙古史地研究方面，张穆的《蒙古游牧记》最有代表性。该书根据蒙古族“以畜牧为主，不常厥居”的生活特点，考虑到历来“译语多歧，无从考证”，在撰写体例上突破一般方志的局限，采取“因其部落而分纪之”[①]的方法。这部书较详实地考证了蒙古地区古今舆地及山川城镇的沿革，记载了各部落的历史发展，研究了各蒙旗、各部落的分别、成因、相互关系及当时的社会现实，可以说做到了“既陈古义，又论今事”。这种贯通古今的研究方法，体现了作者面向现实、经世致用的治学目的。

在北部边疆史地研究方面，何秋涛的《朔方备乘》最为著名。该书并不局限于蒙古及西北史地，而是北至与俄罗斯接壤各地，叙及东北边疆。对俄罗斯西伯利亚及中亚东欧各地俱有考证，对唐、辽、金、元历代北徼用兵、清初中俄交涉均有记述。作者在该书凡例中明确指出，“是书备用之处有八：一曰宣圣德以服远人，二曰述武功以著韬略，三曰明曲直以示威信，四曰志险要以昭边禁，五曰列中国镇戍以固封圉，六曰详遐荒地理以备出奇，七曰征前事以具法戒，八曰集夷务以烛情伪。”[②]可见，作者编著此书的主要意图是通过称颂清初诸帝武功，激励统治者认清边疆形势，以总结经验教训，抵御外来侵略。

龚自珍对边疆史地也提出了不少卓见。他先后撰写了《蒙古水地志序》、《青海志序》、《乌梁海志序》等文，整理了《最录平定罗刹方略》、《最录西藏志》等边疆史地资料，并着手撰写《蒙古图志》。1820 年，他撰写了《西域置行省议》，主张在新疆设置行省，加强管理，移民实边，促进开发。这一主张当时未被采纳，但却具有重要意义。1884 年，新疆正式建省。

此外，鸦片战争时期，由于外国资本主义侵略加深，东南沿海门户被逐步打开，经世派人士对世界史地的认知和研究也逐渐开展起来。魏源的《海国图志》、姚莹的《康辅纪行》、梁廷枏的《海国四说》、徐继畬的《瀛环志略》是其代表性著作。

4. 纂修当代史

经世派坚持史学经世的取向，力图改变当时专注于考证古史的学风，注重编纂和总结当代历史。这一时期，关于当代史研究方面的著作主要有魏源的《圣武记》和《道光洋艘征抚记》、梁廷枏的《夷氛闻记》、夏燮的《中西纪事》、梁松年的《英夷人粤纪略》等。

鸦片战争失败后，魏源为纠正当时士大夫疏于掌故、贻误家国的现状，写

① 张穆：《〈蒙古游牧记〉自序》，《月斋文集》卷三，咸丰八年刻本。

② 何秋涛：《朔方备乘・凡例》，光绪七年刊本。

成《圣武记》一书。该书成于 1842 年，采用纪事本末体。前十卷叙事，分述清初建国、平定三藩、绥服蒙古、勘定回疆、抚绥西藏、勘定金川等历史事件的始末，后四卷议论，探讨练兵之方、整军之策、筹饷之法、应敌之略等。魏源希望通过此书激发统治者振作起来，加强武备，改进军队管理方法。

《道光洋艘征抚记》刊刻于 1846 年，分为上下两篇，主要记述鸦片战争的历史经过。书中揭露了英国走私鸦片、发动鸦片战争、侵略中国的种种罪行，赞扬了林则徐、邓廷桢等人的坚决抵抗和三元里人民的抗英斗争。同时，对清廷昏聩、官兵腐败，特别是琦善、奕山割地赔款、卑怯求和的丑行，也依据事实，秉笔直书。该书不仅较详细地记录了鸦片战争的历史，而且积极推动了当代历史的纂修。

经世派纂修当代史，涉及一些与现实政治、经济、军事密切相关的历史课题的研究，体现了学术研究面对现实的经世取向。

“师夷长技以制夷”是这一时期经世思潮不可或缺的重要内容。这一部分内容将在下一节讨论。

经世思潮是基于传统思维框架下的一种观念形态，其目标在于巩固清政权的统治。道咸时期，由于所处历史环境发生了巨大变化，促使其自身产生了某些新的因素，使得这一时期的经世思潮焕发出别样的光彩，在近代思想文化史上具有重要的历史地位。

首先，经世思潮以“求变”、“务实”为特征，具有进步性。道咸时期，大多数经世学者的救国治国方案，目的是要解决当时的漕、河、盐、农诸大政以及研究边疆史地问题，其最大特点是讲求实事、实功、实效。从根本上说，它并没有超出传统儒学的范围，但它敢于面对现实，揭露积弊，抨击时政，批判顽固守旧、食古不化的陈腐观念，宣扬变易进化思想，倡言“更法”与“改革”，对处于专制主义禁锢下的人们来说，无疑具有思想启发意义。

其次，在经世观念导引下，“师夷制夷”思想成为西学传入中国的中介和桥梁，进而扩大了士人的眼界，追求西学、追求新知的新学风在士人中兴起。面对西方的入侵和鸦片战争失败的结局，经世思想家们能够正视现实，破除夷夏观念的束缚，力求知己知彼，探讨抵抗侵略的办法，从而顺理成章地提出了“师夷长技以制夷”的思想。随即，中国知识界就出现了一批研究世界史地和西方坚船利炮的著作，逐渐汇集成了学习西方的潮流。

鸦片战争后，经世思潮并没有衰落下去。同光时期，一些学者仿照贺长龄、魏源所编《皇朝经世文编》的体例，陆续编辑出版了《经世文续编》、三编、四编、五编、新编、新续编等，继续探寻经邦济世之道。第二次鸦片战争后出现的洋务思潮、早期维新思潮，某种程度上也可视作经世思潮的延续和发展。

第四节　“开眼看世界”

第一次鸦片战争前后，中国士大夫中出现了主动了解和认识西方的趋向。林则徐、魏源、徐继畬等较系统地对西方社会予以关注和研究。

一、了解夷情

鸦片战争之前的很长一段时间，中国对西方世界没有多少了解。虽然当时在沿海地区，已经有少数有识之士开始关注外部世界，并留下了一些介绍西方世界的著述，如叶钟进的《英吉利国夷情纪略》、颜斯综的《海防余论》、谢清高的《海录》、萧令裕的《记英吉利》、俞正燮的《俄罗斯事辑》、王大海的《海岛逸志》、汤彝的《英吉利兵船记》、何大庚的《英吉利说》等。但总体上看，这些记载对西方世界的介绍仍然是零散而模糊的。

从18世纪开始，西方主要资本主义国家迅速崛起并向全球扩张，拓展了资本市场。受“天朝上国”观念和闭关自守政策的影响，清政府对于外部世界发生的这一重大变化并不清楚。即便西方国家纷纷来华要求扩大贸易时，清政府仍然显示出不以为然的虚骄状态和对世界大势的无知。

1793年和1816年，英国先后派出马嘎尔尼使团和阿美士德使团来华，提出允许英国使臣进驻北京、开辟通商口岸、割让岛屿等要求，被清政府拒绝。在清政府看来，中国并不需要与外国进行贸易往来，正如乾隆所说：“天朝物产丰盈，无所不有，原不藉外夷货物以通有无。”[①]清朝官员以为，外国之所以要求贸易，是因为大黄、茶叶等货物乃是外国必不可少之物，缺少了就无以为命。于是他们把终止大黄、茶叶贸易看成是给英国照会中最有威慑力的措辞。当鸦片战争打响时，还有大臣顽固地坚持“严断茶黄”的对策，主张用“封关禁海”的办法断绝中外贸易，以此来制服外国。

严酷的现实成了最好的教科书。通过与外国打交道，使以林则徐为代表的一部分士大夫开始意识到，西方殖民者绝不是朝贡体系下的蛮夷小邦。第

---

① 戴逸、李文海主编：《清通鉴》卷150，山西人民出版社2000年版，第4686页。

一次鸦片战争过程中凸显的双方实力的差距，战后一系列不平等条约的签订，清政府割地赔款，丧失领事裁判权和关税自主权，这些残酷的现实刺激着一批有识之士以经世的眼光考量中外关系，积极主张"洞悉夷情"，迈出了近代中国认识和了解西方的第一步。

作为近代开眼看世界的第一人，林则徐对西方的认知经历了一个由浅入深、由窄到宽的过程。为了更好地执行禁烟，林则徐初到广东任上，就立即着手"细察夷情"，这相对于当时朝中大多数颟顸大臣来说，已经是相当明智、积极之举了。但即使如此，这时候的林则徐对于英国还是存在着很多道听途说的错误认识。他以为英国人离开同中国的贸易就会断绝生计；相信英国兵腿脚僵直，不善陆战；也相信美国没有国主，只是在全国分置了二十四位头人，等等。但是，在不断搜集西方情报过程中，林则徐对西方的了解和认识也不断深入。在广东禁烟期间，林则徐打破清政府高级官员不与外国人往来的惯例，直接与外国人接触，通过他们认识西方世界。1839 年 6 月 15 日，虎门销烟过程中，美国第一个来华传教士裨治文请求见林则徐，林则徐当即应允，并询问他为什么英国人全都离开了内河？同英国女王通讯以什么方式最好？林则徐还询问了各种鸦片的名称与价格、英国汽船与海军情况。林则徐在广州亲眼目睹了英国舰只的快速与灵活，深感中国水师的落后，设想建立一支"船炮水师"，即一支由军舰和新式火炮武装起来的近代海军，以此来抵御外国侵略，保卫海疆。为此，他开始留心收集各种类型的外国船只资料。

为了解夷情，掌握侵略者动态，他在梁廷枏等人的协助下，组织人力，探访夷情，翻译书报，举凡新闻动态、对华评论、历史地理、经济律例、军事技术、科学文化，无不在搜求编译之列。他还专门组织人员编译了《澳门新闻纸》、《澳门月报》、《华事夷言》、《各国律例》和《四洲志》(即英国人穆瑞所著的《世界地理大全》)。其中，对后世影响最大的是《四洲志》。该书简要介绍了亚、欧、非、南美、北美五大洲 30 多个国家的历史地理，比此前刊刻的《海录》等书的内容更丰富，介绍的国家更多，被梁启超称作"新地志之嚆矢"。《四洲志》还向中国人介绍了英、美等国的议会政治和美国的总统选举制，令人耳目一新。后来，林则徐将《四洲志》抄本及有关资料转交给好友魏源，为魏源编著《海国图志》提供了方便。

鸦片战争的失败及屈辱结局，使有识之士看到了与西方的巨大差距，为抵御外辱，"洞悉夷情"成为共识。魏源在《圣武记》中强调说："制驭外夷者，必先洞夷情”，并且提出了设馆“专译夷书夷史”的主张[①]。在台湾亲自主持过抗击英军侵略的姚莹，力陈必须改变“儒者习于所见，皆以侈谈异域为戒”[②]的风气，否则将以拘迂之见，贻误天下国家。继林则徐《四洲志》之后，魏源的《海国图志》、梁廷枏的《海国四说》、姚莹的《康辅纪行》、徐继畬的《瀛环志略》等著作相继问世，反复阐述了解西方的重要性。

迫于情势，清政府也开始注意搜求了解“夷情”之人。1842 年，清廷在一份廷寄中，就著令两广总督等各就所属文武弁员中访察“洞悉夷情、深通韬略者，随时酌量海疆地方，何人与何地相宜，不拘资格，即行奏请升调，候朕擢用”[③]。

二、魏源与《海国图志》

魏源是接续林则徐并光大其事业的第一人。在鸦片战争期间，魏源曾经参加浙东抗英斗争，后退而著述。1841 年，他接受已被贬黜的林则徐的嘱托，在《四洲志》的基础上增补了大量中外资料，于次年冬写成著名的《海国图志》50 卷。后又不断修订、增补，扩充到 60 卷（1852 年增补为 100 卷）。魏源在序言中直陈写作此书的目的：“是书何以作？曰：为以夷攻夷而作，为以夷款夷而作，为师夷长技以制夷而作。”[④]要达到上述目的，必须要了解夷情。在内容上，《海国图志》首列《筹海篇》，从防守、议和、贸易、外交等方面探讨制敌之策。该书用大量篇幅对各国地理、历史、

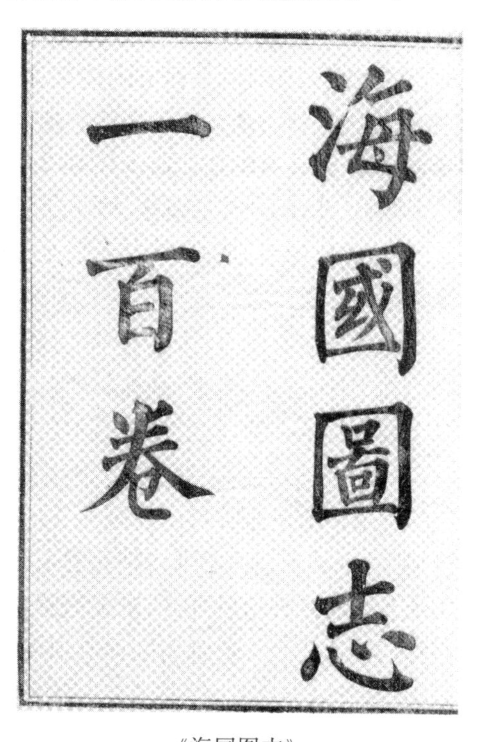

《海国图志》

① 魏源：《武事余记·掌故考证》，《圣武记》附录卷 12，《魏源全集》第 3 册，岳麓书社 2004 年版，第 517 页。

② 姚莹：《外夷留心中国文字》，《康辅纪行》卷 12，《康辅纪行·东槎纪略》，黄山书社 1990 年版，第 358 页。

③ 《筹办洋务始末（道光朝）》卷 57，《续修四库全书》第 415 册，上海古籍出版社 2001 年版，第 440 页。

④ 魏源：《〈海国图志〉原叙》，《海国图志》卷首，《魏源全集》第 4 册，岳麓书社 2004 年版，第 1 页。

政情、风俗做了介绍，其中对英国、俄罗斯、美国、法国等欧美强国的介绍最为详细。《海国图志》还附有大量的图表，主要涉及世界及各大洲地图、西洋各种船、炮、枪械的制造图说及中西历法、纪年对照表，为开拓人们眼界提供了直观资料。

“师夷长技以制夷”的主张最能代表魏源向西方学习的思想。他认为，要抵御外侮，首先必须“洞悉夷情”，了解世界，承认西方国家有值得中国学习的“长技”。他指出：“夷之长技三：一、战舰，二、火器，三、养兵、练兵之法。”①在《筹海篇・议战》中，他建议在广东虎门的沙角和大角两处设造船厂和火器局，请美国和法国工匠技师教造船只、炮械及行船、演炮之法，同时选送福建、广东两省的工匠和士兵学习西方的铸造、驾驶、作战等技术。这样，通过向外国人学习，中国人就逐渐掌握了造船等技术。他还建议广译西书，改革科举考试制度，培养新式人材。他期待这样可以使西方“长技”尽为中国所得。魏源提出的“师夷长技以制夷”的观点，在思想文化界产生了长远的影响。

在《海国图志》中，魏源对西方民主政体表现出一定的向往。在《外大西洋墨里加洲总叙》中，他认为美国总统制是“一变古今官家之局，而人心翕然”，甚为公正；议院“议事听讼，选官举贤，皆自下始，众可可之，众否否之，众好好之，众恶恶之，三占从二，舍独徇同，即在下预议之人亦先由公举，可不谓周乎！”②对于瑞士的议会制，魏源也赞叹不已，称瑞士为“西土桃花源”。

魏源的《海国图志》在当时受到了一些有识之士的赞赏。著名学者陈澧虽认为此书一些策略有可以商榷之处，但仍认为它是一本“罗列荒远之国，指掌形势”的奇书。而姚莹则盛赞此书有助于了解各国情势，也是对西方“每笑中国无人留心海外事者”的回击。随着近代中国向西方学习的深入，洋务派、维新派的很多代表人物都高度评价魏源和《海国图志》。张之洞认为：“近人若邵阳魏源，于道光之季，译外国各书各新闻报，为《海国图志》，是为中国知西政之始。”③早期维新思想家王韬中肯地评价“师夷长技以制夷”的开创意义：“当默深先生之时，与洋人交际未深，未能洞见其肺腑，然‘师长’一说，实倡先声。”④

---

① 魏源：《筹海篇三・议战》，《海国图志》卷二，《魏源全集》第4册，岳麓书社2004年版，第27页。

② 魏源：《外大西洋墨利加洲总叙》，《海国图志》卷59，《魏源全集》第6册，岳麓书社2004年版，第1585页。

③ 张之洞：《劝学篇》，中州古籍出版社1998年版，第127页。

④ 王韬：《漫游随录・扶桑游记》，湖南人民出版社1982年版，第202页。

后来《海国图志》流传到日本，在1854—1856年间竟然有20多种翻刻本，成为日本了解外国的重要媒介。

《海国图志》原叙

魏　源

《海国图志》六十卷，何所据？一据前两广总督林尚书所译西夷之《四洲志》，再据历代史志及明以来岛志，及近日夷图、夷语，钩稽贯串，创榛辟莽，前驱先路。大都东南洋、西南洋增于原书者十之八，大、小西洋、北洋、外大西洋增于原书者十之六。又图以经之，表以纬之，博参群议以发挥之。

何以异于昔人海图之书？曰：彼皆以中土人谭西洋，此则以西洋人谭西洋也。

是书何以作？曰：为以夷攻夷而作，为以夷款夷而作，为师夷长技以制夷而作。

《易》曰："爱恶相攻而吉凶生，远近相取而悔吝生，情伪相感而利害生。"故同一御敌，而知其形与不知其形，利害相百焉；同一款敌，而知其情与不知其情，利害相百焉。古之驭外夷者，诹以敌形，形同几席；诹以敌情，情同寝馈。

然则执此书即可驭外夷乎？曰：唯唯，否否！此兵机也，非兵本也；有形之兵也，非无形之兵也。明臣有言："欲平海上之倭患，先平人心之积患。"人心之积患如之何？非水，非火，非刃，非金，非沿海之奸民，非吸烟贩烟之莠民。故君子读《云汉》、《车攻》，先于《常武》、《江汉》，而知《二雅》诗人之所发愤；玩卦爻内外消息，而知大《易》作者之所忧患。愤与忧，天道所以倾否而之泰也，人心所以违寐而之觉也，人才所以革虚而之实也。

昔准噶尔跳踉于康熙、雍正之两朝，而电扫于乾隆之中叶。夷烟流毒，罪万准夷。吾皇仁勤，上符列祖。天时人事，倚伏相乘。何患攘剔之无期，何患奋武之无会？此凡有血气者所宜愤悱，凡有耳目心知者所宜讲画也。去伪、去饰、去畏难、去养痈、去营窟，则人心之寐患祛，其一；以实事程实功，以实功程实事，艾三年而蓄之，网临渊而结之，毋冯河，毋画饼，则人材之虚患祛，其二。寐患去而天日昌，虚患去而风雷行。《传》曰：孰荒于门，孰治于田；四海既均，越裳是臣。叙《海国图志》。

（选自魏源：《魏源全集》第4册，岳麓书社2004年版，第1—2页）

三、徐继畬与《瀛环志略》

徐继畬(1795—1873),字健男,号松龛,山西五台人,道光进士。鸦片战争前后,徐继畬先后任福建延津邵道和汀漳龙道道台、广东盐运使、广东按察使、福建布政使和福建巡抚,亲自参与了抵御英军侵略的厦门防御战,主持处理战后福建地区通商事务,对中外情势有较为清醒的认识。

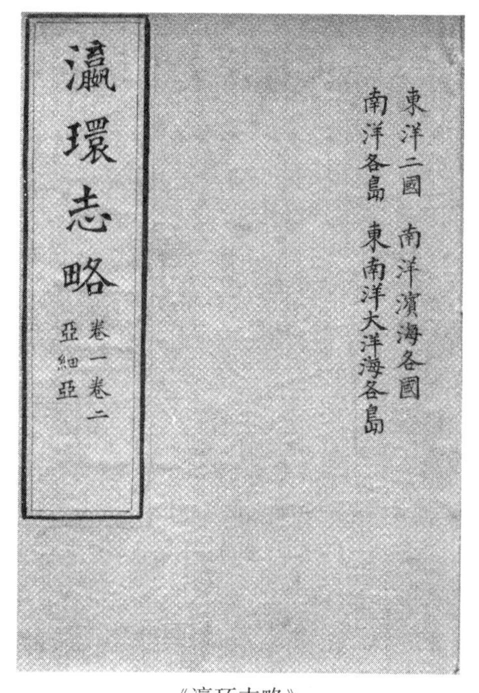

《瀛环志略》

受鸦片战争失败的刺激,徐继畬在福建布政使任内即开始留心外务,收集资料。与魏源不同,徐继畬在搜集资料过程中,还得到了一些外国传教士和外交官的帮助,得以对资料进行反复考证。在与美国传教士雅裨理、英国传教士及驻福州领事李太郭、英国外交官阿礼国等人的交往过程中,徐继畬始终保持着对域外新知的渴求。徐继畬在《瀛环志略》自序中记述成书过程说:“每晤泰西人,辄披册子考证之。于域外诸国地形时势,稍稍得其涯略,乃依图立说,采诸书之可信者,衍之为篇,久之积成卷帙。每得一书,或有新闻,辄窜改增补,稿凡数十易。自癸卯至今,五阅寒暑,公事之余,惟以此为消遣,未尝一日辍也。”①1848年,《瀛环志略》在福州完成初刻版。

《瀛环志略》全书共10卷,约25万字,图42幅。它概述了地球形状、经纬度划分、两半球、南北极等知识,按照五大洲分别介绍了世界近80个国家和地区的地理位置、历史变迁、人口状况、经济、文化、风土人情、宗教等情况。全书近一半的篇幅叙及欧美国家尤其是英国和美国的情况,介绍了西方资本主义政治制度、科技文化、经济发展情况以及殖民情况。其中,对美国政治制度的介绍以及对华盛顿的评论,尤其引人瞩目。他说:“华盛顿,异人也。起事勇于

① 徐继畬:《瀛环志略·自序》,上海书店出版社2001年版,第6页。

胜、广，割据雄于曹、刘，既已提三尺剑，开疆万里，乃不僭位号，不传子孙，而创为推举之法，几于天下为公，骎骎乎三代之遗意。其治国崇让善俗，不尚武功，亦迥与诸国异。余尝见其画像，气貌雄毅绝伦。呜呼！可不谓人杰矣哉。”①“米利坚合众国以为国，幅员万里，不设王侯之号，不循世及之规，公器付之公论，创古今未有之局，一何奇也，泰西古今人物能不以华盛顿为称首哉。”②另外值得注意的是，在《瀛环志略》中，徐继畬对西方的称呼不再是“夷”，而是“泰西”，这体现了由“华夷之辨”到中外平等观念的转变。

《瀛环志略》作为完整、系统介绍世界地理大势、探求域外新知的著作，在近代之初具有重要意义。王韬对《瀛环志略》评价很高，认为该书“纲举目张，条分缕析，综古今之沿革，详形势之变迁，凡列国之强弱盛衰，治乱理忽，俾于尺幅中，无不朗然如烛照而眉晰，则中丞之书尤为言核而意赅也。”③但是，由于徐继畬在处理英国人进入福州城事件中受到攻击，《瀛环志略》中有一些称颂西人的语句，致使该书在当时并没有引起足够的关注，直到 1866 年总理衙门重印，才为世人所重。从对西方介绍的详细及精确度来讲，该书的价值超越了魏源的《海国图志》。美国学者德雷克将徐继畬誉为“东方的伽利略”，认为他“由于履行公职之故开始面向大海，而正是从这大海上，吹来了信息与思想的新风。正像近年来首次从太空俯瞰地球改变了我们的观念一样，徐继畬用西方的地图，使他对世界的看法得到根本改变。对新世界的接受和如实的记载，使徐继畬成为 19 世纪第一批引进西方知识的中国人之一。”④

英吉利国（节选）

徐继畬

英国之制，相二人，一专司国内之政，一专司外国之务。此外大臣，一管帑藏、一管出纳、一管贸易、一管讼狱、一管玺印、一管印度事务、一管水师事务，各有佐属襄助。都城有公会所，内分两所，一曰爵房、一曰乡绅房。爵房者，有爵位贵人及西教师处之；乡绅房者，由庶民推择有才识学术者处之。国有大事，王谕相，相告爵房聚众公议，参以条例，决其可否，复转告乡绅房，

① 徐继畬：《瀛环志略》，上海书店出版社 2001 年版，第 277 页。

② 徐继畬：《瀛环志略》，上海书店出版社 2001 年版，第 291 页。

③ 王韬：《〈瀛环志略〉跋》，《弢园文录外编》，上海书店出版社 2002 年版，第 226 页。

④ ［美］德雷克：《徐继畬及其〈瀛环志略〉》，任复兴译，文津出版社 1990 年版，第 149 页。

必乡绅大众允诺而后行，否则寝其事勿论。其民间有利病欲兴除者，先陈说于乡绅房，乡绅酌核，上之爵房，爵房酌议，可行则上之相而闻于王，否则报罢。民间有控诉者，亦赴乡绅房具状，乡绅斟酌拟批，上之爵房核定。乡绅有罪，令众乡绅议治之，不与庶民同囚禁。大约刑赏、征伐、条例诸事，有爵者主议；增减课税，筹办帑饷，则全由乡绅主议。此制欧罗巴诸国皆从同，不独英吉利也。又英国听讼之制，有证据则拿解到官，将讯，先于齐民中选派有声望者六人，又令犯罪者自选六人。此十二人会同讯问，辨其曲直，然后闻之于官，官乃审讯，而行法焉。

（选自徐继畬：《瀛环志略》，上海书店出版社 2001 年版，第 235—236 页）

此外，时任粤海关志局总纂的梁廷枏对西方也有一定的了解。鸦片战争失败后，他发愤著述，先后撰成《合省国说》、《耶稣教难入中国说》、《粤道贡国说》、《兰仑偶说》，并于 1846 年合刊为《海国四说》。其中，《合省国说》三卷，可谓中国人编写的第一部系统的美国通志，尤其注重介绍美国的政治制度；《耶稣教难入中国说》介绍了耶稣教的教义、教规、教史及其传入中国的历史，分析了耶稣教不可能取代儒学地位的原因；《粤道贡国说》六卷，介绍了暹罗、荷兰、西班牙、葡萄牙、法国、意大利、英国等国家与中国的贸易往来以及各国的历史、民情和风俗，实为 1840 年以前的中外贸易志；《兰仑偶说》四卷，介绍了英国一千余年的历史沿革、风俗习惯及各种制度，并述及中英贸易关系及鸦片问题。

据统计，从林则徐 1841 年编译《四洲志》到 1861 年的 20 年间，中国人至少编写了 22 部介绍世界各地情况的著作[①]。这些著作内容涉及政治、法律、军事、经济、技术、历史、地理、人口、文化、教育、宗教等各个方面，对于国人认识和学习西方，起到了积极推动作用。

四、洪仁玕与《资政新篇》

在近代认识和学习西方的过程中，洪仁玕和他所著的《资政新篇》占据一席之地。

洪仁玕（1822—1864），字益谦，号吉甫，广东花县人。洪秀全族弟，拜上帝

① ［美］费正清编：《剑桥中国晚清史》下卷，中国社会科学出版社 1985 年版，第 176 页。

教的最早信徒之一。1847 年随洪秀全到广州，在美国传教士罗孝全处学习基督教义。回乡后习医，到清远教书。金田起义后，洪仁玕未能赶上起义军队伍，转至香港，结识瑞典传教士韩山文，并接受了洗礼，成为太平天国历史上唯一接受过西方牧师洗礼的基督教徒。在香港，洪仁玕接触并接受了西方资本主义文明，并通过香港这扇窗口，加深了对世界大势的认识。1858 年，他辗转到达天京，被洪秀全封为精忠军师干王，总理太平天国朝政。1859 年，洪仁玕提出了一个带有仿行西方资本主义印迹的施政纲领——《资政新篇》，获得洪秀全批准，于当年刊刻颁布。

《资政新篇》分为四个部分，即“用人察失类”、“风风类”、“法法类”、“刑刑类”，涉及政治、经济、文化、外交等方面。在政治方面，针对天朝当时存在的宗派主义、分散主义现象，《资政新篇》提出“禁朋党之弊”，反对“结盟连党”，要求统一号令，加强中央集权，并强调“用人之得其当”。为了清明政治，建议设立带有资产阶级民主色彩的新闻官、新闻馆。在经济方面，主张效法西方资本主义，发展近代工业交通，包括兴建铁路、公路，制造轮船；允许民间雇工开矿，奖励发明创造；主张兴办银行，发行纸币等。在文化方面，力主破除迷信和陈规陋俗，提倡办学馆、医院、跛盲聋院、育婴堂和鳏寡孤独院等社会福利事业，禁庙宇寺观及买卖人口、溺女婴、贩卖和吸食鸦片。在外交方面，主张同资本主义国家平等交往，自由通商，交流文化，但外人不得干涉天朝内政。在外交关系中禁止使用“鬼子”、“夷狄”等侮蔑性字眼。

《资政新篇》在批评中国社会弊端的基础上，明确提出中国要向西方国家学习，并借鉴资本主义的一些做法，具有进步意义。由于《资政新篇》设计的方案脱离了太平天国的实际环境，并不能被洪秀全等人真正理解，从而限制了这套方案在近代学习西方的历史实践中所能发挥的作用。

小　结

19 世纪 20—50 年代是中国传统文化走向近代的第一个阶段。这一时期，清王朝由盛转衰，内部危机重重。西方资本主义国家则蒸蒸日上，强势东来。面对西方文化大规模的冲击与挑战，中国传统文化暴露出前所未有的问题。当然，作为中国主流文化的儒学，并没有一味消极退让，更没有陷入停滞，而是缓慢地进行着自我调整，汉、宋学在互相批评中走向调和，今文经学则上接西汉经学，这些努力的最终目的都在于要解决中国的社会问题。社会危机激发了有识之士的救世思想，促成了经世思潮的兴起。经世之士既关注清王朝内部危机，大力提倡改革，同时也开始着手应对西方的外来冲击，主张“师夷长技以制夷”。在此背景下，出现了林则徐、魏源、徐继畬、李善兰、洪仁玕等第一批向西方学习的代表人物。从此，中国文化开始了现代化历程。

历史文献

1. 龚自珍：《乙丙之际著议第六》、《乙丙之际著议第七》、《江子屏所著书序》，《龚自珍全集》，上海古籍出版社 1999 年版。

2. 魏源：《皇朝经世文编叙》，《魏源全集》第 13 册，岳麓书社 2004 年版。

3. 洪仁玕：《资政新篇》，收入中国史学会主编：《太平天国》(二)，上海人民出版社、上海书店出版社 2000 年版。

论著选读

1. 梁启超：《清代学术概论》，上海古籍出版社 1998 年版。

2. 钱穆：《中国近三百年学术史》下册，商务印书馆 1997 年版。

3. 陈其泰：《清代公羊学》，上海人民出版社 2011 年版。

4. 龚书铎主编，张昭军著：《清代理学史》下册，广东教育出版社 2007 年版。

5. 冯天瑜、黄长义：《晚清经世实学》，上海社会科学院出版社 2004 年版。

6. 吴雁南等主编：《中国近代社会思潮(1840—1949)》第 1 卷，湖南教育出版社 1998 年版。

研究与讨论

1. 如何理解 19 世纪前期文化变动与社会危机的关系。

2. 论魏源的《海国图志》。

第二章　中西体用之间

19世纪60—90年代，中西文化交流与冲突加剧，逐渐形成“中学为体，西学为用”的文化思潮。一方面，清统治者重整文化秩序，大力提倡程朱理学，宣扬道德教化，以加强专制统治。另一方面，为开展洋务活动和培养新式人才，清统治者开始兴办新式学堂，派遣留学生赴海外学习，客观上又促进了近代新文化的生长。

第一节　“理学复兴”

程朱理学宗奉者于道光年间再度活跃起来，到同治年间达到顶峰，从而出现了所谓的“理学复兴”。

一、理学地位的提高

进入同治朝后，清最高统治集团内部权力发生重大重组。经辛酉政变，肃顺为首的八大臣垮台，慈禧—奕䜣集团执政，出现了慈禧太后垂帘听政，控制皇权，恭亲王奕䜣封议政王，控制军机处新的权力格局。在这一过程中，曾遭肃顺排挤的倭仁、吴廷栋、李棠阶等理学名儒迅速得到重用。

倭仁（1804—1871），字艮峰，号艮斋，蒙古正红旗人。道咸年间曾任大理寺卿、叶尔羌帮办大臣、蒙古都统等职。1862年，即同治元年，倭仁数度升迁，一年内先后升擢工部尚书、同治帝师傅、翰林院掌院学士、协办大学士、大学士、文渊阁大学士，名噪一时。

同年，李棠阶、吴廷栋也奉召入京。李棠阶被授予大理寺卿，连擢礼部侍郎、左都御史、署户部尚书。吴廷栋于次年升迁大理寺卿、刑部右侍郎、署户部左侍郎等职。后来，李鸿章为吴廷栋撰写墓志铭时，曾这样形容说：吴氏"再官京师，倭文端公时以首辅为师傅，河内李文清公（即李棠阶）以尚书掌军机，海内翕然望治，称为三大贤。"[①]同治帝的其他几位师傅如李鸿藻、徐桐、翁同龢等也尊奉程朱理学。

曾国藩为首的湘军集团虽然与肃顺集团关系密切，但政变并没给他们带来不利影响。同治初年，不仅曾国藩本人被授予协办大学士，继续高升，而且"偏裨皆可督、抚"，他的旧交故吏遍布江南，以致有人说："西至四川，东至海，皆用湘军将帅，则皆倚国藩为重。"[②]

经过这番人事变动，尊崇理学的官僚在同治朝的政治地位明显提高。理学名儒同时荣登权要，在晚清政治史上尚属首次，在理学发展史上也不多见。这是晚清时期理学"复兴"的重要标志之一。

同治初年，理学人士得以重用，与当时相对稳定的政治环境密切相关。咸丰年间，险象环生，清政府根本无暇顾及意识形态层面的调整和建设，因此，理学名儒不能得以重用也是必然。这种状况在咸、同之交发生了变化。太平天国起义由盛而衰，西方列强对中国的侵略在第二次鸦片战争后有所和缓，清朝国运露出"中兴气象"，人们得以反思太平天国起义与庚申事变的原因。当时，大多数士大夫都把这场空前的危机归结为文化危机，认为是由于纲常名教和华夷大防之溃变造成的，在这种情况下，被称为"正学"的程朱理学对于维护专制主义的作用自然无可替代，得到提倡和尊崇便成当然之事。

1862 年，曾任顺天府尹的蒋琦龄上《中兴十二策疏》，建议"崇正学以兴教化"，"退孔、郑而进程、朱，贱考据而崇理学"[③]，体现了当时士人推崇理学的心态。蒋琦龄的奏陈得到清政府的肯定，同治帝谕示天下，明确要求各直省切实加强程朱理学的宣扬与教化。至此，清政府的文化政策由乾嘉时期的重视汉学、轻视宋学，明确变为以宋学为重、汉宋兼采，程朱理学的社会地位得到了明显提升。

---

① 李鸿章：《吴竹如先生墓志铭》，见吴廷栋：《拙修集续编》附录，光绪九年六安求我斋刊本。

② 王闿运：《湘军志》，岳麓书社 1983 年版，第 61 页。

③ 朱克敬：《儒林琐记·雨窗消意录》，岳麓书社 1983 年版，第 53 页。

二、曾国藩、倭仁的理学思想

梁启超在论及晚清“理学中兴”时曾说：“乾嘉以来，汉学家门户之见极深，‘宋学’二字，几为大雅所不道，而汉学家支离破碎，实渐已惹起人心厌倦，罗罗山（泽南）、曾涤生（国藩）在道咸之交，独以宋学相砥砺，其后卒以书生犯大难成功名。……自此以后，学人轻蔑宋学的观念一变。”[①]应该说，曾国藩是“理学复兴”的关键人物之一。

曾国藩

曾国藩（1811—1872），字伯涵，号涤生，湖南湘乡人。1838 年进士，选翰林院庶吉士，散馆授检讨，后任翰林院侍讲学士、礼部侍郎等职。1852 年丁母忧，奉命在籍帮办湖南团练，即仿戚继光成法编练湘军。1860 年授两江总督、钦差大臣，督办江南军务。同治年间，历任两江总督、直隶总督等职，赏太子太保，赐一等侯爵。曾国藩以镇压太平天国起义、举办洋务事业而被清政府倚为干城，在世时被誉为“中兴第一名臣”。曾国藩直接以程朱理学为题的论著只有《顺性命之理论》、《君子慎独论》等少数几篇，多数理学见解往往与对具体问题的阐发结合在一起，但却被时人奉为理学名儒、“一代儒宗”。

曾国藩是晚清理学经世派的代表人物。他对理学的解释不拘泥于陈说，不固守门户，表现出一定灵活性。当时，宗奉程朱理学的人对汉学、心学多抱有成见，曾国藩则主张“一宗宋儒，不废汉学”[②]，主张吸收汉学、心学的一些理论方法。为了强化理学的地位，他继承桐城古文“文贵载道”的宗旨，主张辞章之学以发挥义理为首要任务。为了突出经世之学的重要性，他把经世之学与义理、考据、辞章并列为四。他说：圣人的学问分为四个方面，“有义理之学，有词章之学，有经济之学，有考据之学。义理之学即宋史所谓道学也，在孔门为

① 朱维铮编：《梁启超论清学史二种》，复旦大学出版社 1985 年版，第 120 页。
② 曾国藩：《复夏教授》，《曾国藩全集・书信》（五），岳麓书社 1995 年版，第 3467 页。

德行之科；词章之学在孔门为言语之科；经济之学在孔门为政事之科；考据之学即今世所谓汉学也，在孔门为文学之科。此四者阙一不可”[①]。曾国藩把经世之学与义理之学并列，既强调了理学的“事功”内涵及其合理性，又使政事(经世)不脱离义理的控制。道德为本，经济为用，经世为义理所统辖，这是曾国藩对程朱理学做出的新解释。曾国藩的上述思想一定程度上代表了理学在近代求变、致用的一面。

谕纪泽纪鸿(节选)

曾国藩

余生平略涉儒先之书，见圣贤教人修身，千言万语，而要以不忮不求为重。忮者，嫉贤害能，妒功争宠，所谓怠者不能修，忌者畏人修之类也。求者，贪利贪名，怀土怀惠，所谓未得患得，既得患失之类也。忮不常见，每发露于名业相侔、势位相埒之人；求不常见，每发露于货财相接、仕进相妨之际。将欲造福，先去忮心，所谓人能充无欲害人之心，而仁不可胜用也。将欲立品，先去求心，所谓人能充无穿窬之心，而义不可胜用也。忮不去，满怀皆是荆棘；求不去，满腔日即卑污。余于此二者常加克治，恨尚未能扫除净尽。尔等欲心地干净，宜于此二者痛下工夫，并愿子孙世世戒之。附作忮求诗二首录右。

善莫大于恕，德莫凶于妒。妒者妾妇行，琐琐奚比数。己拙忌人能，己塞忌人遇。己若无事功，忌人得成务；己若无党援，忌人得多助。势位苟相敌，畏逼又相恶。己无好闻望，忌人文名著；己无贤子孙，忌人后嗣裕。争名日夜奔，争利东西骛。但期一身荣，不惜他人污。闻灾或欣幸，闻祸或悦豫。问渠何以然，不自知其故。尔室神来格，高明鬼所顾。天道常好还，嫉人还自误。幽明丛诟忌，乖气相回互。重者灾汝躬，轻亦减汝祚。我今告后生，悚然大觉寤。终身让人道，曾不失寸步。终身祝人善，曾不损尺布。消除嫉妒心，普天零甘露。家家获吉祥，我亦无恐怖。右《不忮》。

知足天地宽，贪得宇宙隘。岂无过人姿，多欲为患害。在约每思丰，居困常求泰。富求千乘车，贵求万钉带。未得求速偿，既得求勿坏。芬馨比椒兰，磐固方泰岱。求荣不知餍，志亢神愈忲。岁燠有时寒，日明有时晦。固来多善缘，运去生灾怪。诸福不可期，百殃纷来会。片言动招尤，举足便有

① 曾国藩:《问学》,《曾文正公全集·求阙斋日记类钞》卷上,1915年铅印本。

碍。戚戚抱殷忧，精爽日凋瘵。矫首望八荒，乾坤一何大！安荣无遽欣，患难无遽憝。君看十人中，八九无倚赖。人穷多过我，我穷犹可耐。而况处夷途，奚事生嗟忾？于世少所求，俯仰有馀快。俟命堪终古，曾不愿乎外。右《不求》。

（选自《曾国藩全集·家书》二，岳麓书社1985年版，第1370—1372页）

倭仁是晚清时期的“正统理学家”，与曾国藩同为“理学复兴”的中坚。就理学思想而言，曾国藩以“义理经济之学”为特色，具有一定变通性、开放性；倭仁则以正统、保守著称，恪守程朱理学，门户成见很深。

倭仁在理论上无所创新也不求创新，其理学思想以明辨程朱理学、株守程朱之道为主要特征。他对程朱理学基本范畴和命题的解释完全以程朱本人的学说为是非，强调道德修养的重要性。倭仁强调最多的是做“格物”、“主敬”工夫：“千差万错只是不敬，不敬则妄气乘之，以至于妄言妄动，而成一妄人。”[①]倭仁的著述，不论是奏疏、讲义，还是书信、日记，反复阐扬的是程朱理学。换一句话说，他竭尽全力所做的，是对程朱理学做出合乎二程、朱子的解释，以还程朱理学的本来面目。他曾多次说：“孔门大路，经程、朱辨明后，惟有敛心逊志，亦趋亦步，去知一字行一字，知一理行一理，是要务。”[②]这与曾国藩的灵活变通，形成了鲜明对比。

倭仁对程朱理学的尊奉，并没有停留在理论方法的认识层面，而是将思想信仰与道德实践切实结合起来，坚持在日常生活中身体力行。倭仁的道德修养相当严谨。从道光初年开始，他坚持不懈地做省身日课。据曾国藩日记，倭仁“用功最笃实，每日自朝至寝，一言一动，坐作饮食，皆有札记。或心有私欲不克，外有不及检者，皆记出”[③]。从倭仁的文集、日记及书信看，他不仅抱有希贤、希圣之志，而且强烈地表达了实现这种志向的愿望。他经常“端居深念，看圣人是如何，自己是如何，圣人何以为圣，自己何以为愚，朝夕以思之，饥渴以求之，弃旧图新，必期至于圣人而后已”[④]。

理学家认为，程朱理学作为一种道德实践哲学，实体实行才是真理学。从

---

① 倭仁：《日记》，《倭文端公遗书》卷四，光绪二十年山东书局重刊本，第45页。
② 倭仁：《日记》，《倭文端公遗书》卷四，21页。
③ 曾国藩：《曾国藩全集·日记》(一)，岳麓书社1995年版，第92页。
④ 倭仁：《日记》，《倭文端公遗书》卷四，第43页。

一定意义上说，倭仁做到了这一点。这不仅体现在他的道德修养方面，而且有外在表现。倭仁在为人处事、齐家治国等方面颇有儒者气象。曾三次谒访倭仁的方宗诚描述说："同治九年，余随曾文正公入都，三谒见公（指倭仁）。时公以首辅为帝师，终日辅导宏德殿，日将晡始出。余往，公尚未归，门者先请余入坐厅，事见公门庭肃然，仆隶皆气息严整，如公在也者。诸孙读书声敬一，亦如公在也者。心益钦之。未几，公至，延余坐宾位，问对移时，语默动静从容中礼。余告退，必送至车前，固辞不获，俟登车，揖而后反。三见皆然。"[①]以程朱理学家的标准衡量，倭仁是合格的"正人君子"。倭仁"家人子妇俭素勤敬，各有职司，无游惰自安者"[②]。后来，八国联军攻陷京师，倭仁之子福裕闻两宫"蒙尘西幸"，服毒自杀。侄儿福润也于同年殉节。这些都是倭仁家教甚严的佐证。有人评论说："从宋儒之学身体力行者，必推公为首选。"[③]在旧学家眼中，倭仁是明体达用、实体实行的道德楷模。

曾国藩、倭仁强调躬行实践，言行如一，这显然与假道学有重大区别，相对于当时空虚浮滑的学风也当称得上是一种正气。但是，从理论建设的角度看，他们的理学思想局限于解决具体社会问题，程朱理学一定程度上变成了儒家纲常伦理的代名词，忽视了理论所应具有的相对独立性和创新性。因此，从根本上说，曾国藩、倭仁不过是中国理学史上的余韵，不可能改变理学整体没落的大趋势。

三、"理学复兴"与"同治中兴"

同治年间，倭仁、吴廷栋等理学名臣立朝辅政，得到慈禧太后信任；曾国藩等以封疆大吏支撑东南半壁江山，成为维护清朝统治的支柱。从某种意义上说，他们的"文治"、"武功"，促成了"同治中兴"。而宗理学者所取得的政治地位和造就的政治局面，反过来又影响着程朱理学的社会地位，成就了"理学复兴"。

倭仁、吴廷栋、曾国藩等以理学经世，大力倡导正学，对晚清政局和程朱理学产生了不可忽视的影响。

历代正统理学家都以佐君教民为最高政治追求。倭仁等以理学名儒荣膺

---

① 方宗诚：《节录倭文端公遗书跋》，《柏堂集后编》卷六，光绪年间刻本。

② 费行简：《近代名人小传》，中国书店 1988 年版，第 74 页。

③ 匡辅之：《倭文端公别传》，见《续碑传集》卷五，《清代碑传全集》下册，上海古籍出版社 1987 年版，第 825 页。

帝师，得到以程朱理学“端君心”、“正朝纲”，进而“平天下”的机会。1862 年 3 月，初为帝师的倭仁迫不及待地献上所辑《帝王盛轨》、《辅弼嘉谟》两书，作为“启沃圣心”的教科书。从这两本书的内容及按语看，倭仁的主旨是讲“君德治道”，目的在于用程朱理学把同治帝培养成“中兴”圣君。倭仁一向有理学家直谏的名望，以“迂直”著称于朝。1869 年，同治帝大婚典礼时，倭仁上书谏言宜“崇俭以光”，反对皇室大肆铺张浪费。倭仁喜欢谈论名教，严辨义利，感染了周围一批翰詹御史，不少人以弟子及门为荣。与倭仁共事的李鸿藻、翁同龢、徐桐，也不同程度受到倭仁的影响。李鸿藻成了北清流的领袖，翁同龢做了南清流的魁首。倭仁等“正人”在朝，对维系风气人心起了一定作用，并使清政府内部出现了一批讲究“正气”的清流谏垣，流风所及，一直持续到光绪年间。

以倭仁为中心的文化保守阵营，一方面对端正官场风气起了表率作用，扩大了理学的影响；但另一方面又“固步自封”，妨碍了洋务新政的推行。洋务运动期间，在同文馆招收科甲正途人员问题上，倭仁力持反对态度，认为起衰振弱，恃读书之士讲明义理，而不恃术数。倭仁警告说，同文馆招收正途人员，乃变夏从夷，“数年以后，不尽驱中国之众咸归于夷不止”①。在这次论争中，倭仁虽然受挫，但威信未损，甚至还提高了名望，受到一些朝野士人的推重。杨廷熙等人在论辩中追随倭仁大讲“天理”、“人心”，另一些未卷入旋涡中的士大夫也为倭仁言论所动，站在保守阵营一边。有人称：“倭公诚理学名儒，狂澜砥柱。”②

在地方，曾国藩、左宗棠、胡林翼等以理学治军，也有助于提高程朱理学的社会影响力。从文化史角度看，湘军集团的兴起、成员构成、指导思想、战略战术等均离不开程朱理学。湘军内部，士绅和儒生扮演着重要的角色，而士绅、儒生中，宗理学者又占据了相当大的比例。湘军的组建原则体现了理学经世思想的特点，要求以“德”、“气”、“性”为募兵选将标准。在军队训练方面，曾国藩、胡林翼等人一贯重视礼法教育，强调以礼治军，对士兵进行礼义教化。在作战原则上，湘军的一个突出特点是“但求隐著”，“以静制动”，也带有理学的烙印。同光时期，不少文人甚至把湘军的胜利归功于以程朱理学治军，这显然是夸大之词。不过，借助于曾国藩等理学名儒的“武功”，确实扩大了程朱理学

---

① 《同治六年二月十五日大学士倭仁折》，中国史学会主编：《洋务运动》（二），上海人民出版社、上海书店出版社 2000 年版，第 30—31 页。

② 陈康祺：《同文馆》，《郎潜纪闻初笔二笔三笔》上册，中华书局 1984 年版，第 7 页。

的社会影响。

自晚清以来，就不断有人把“同治中兴”与“理学复兴”联系起来。虽不能把“同治中兴”完全归功于程朱理学，但不可否认，程朱理学宗奉者为挽救清朝统治危机做出了重大努力，在“同治中兴”过程中扮演了重要角色。倭仁等人的“文治”，与曾国藩湘军集团的“武功”，既是理学思想在不同方面的表现，又共同体现了同治时期程朱理学守道救时、经世致用的学术特征，显示了程朱理学对于“同治中兴”的意义。

最后要说明的是，晚清时期所谓的“理学复兴”，仅是相对于乾嘉时期理学的沉寂而言。就学理而言，程朱理学在晚清已基本失去内在生命活力，更缺乏二程、朱子所具有的那种反正统的批判精神和理论创新精神。所谓的理学名儒在哲理层面无所创新，多是抱残守缺，重在纲常伦理规条的应用。倭仁等人之所以负有名儒之称，就在于恪守程朱之道，用程朱理学来挽救伦常秩序。同治后期，理学中坚人物相继过世，致使“理学复兴”化为幻影，程朱理学从此衰落下去。

第二节　传统文化秩序的重建

太平天国及其领导者对待中国传统文化的态度相当复杂，但就其主流而言，是反正统的。他们采取拜上帝教的形式，借助西方基督教教义反抗清朝统治，并且公然诋毁千百年来被奉为至圣先师的孔子的形象，大量销毁儒家经典，危及到清王朝统治的合法性。不仅如此，由于多年战乱，交战地区的科举考试无法正常举行，各地的学宫、书院、义学等惨遭破坏，官私藏书被焚烧损毁，因此，洋务运动时期，亟需恢复这些地区的文化秩序，清统治者为此采取了一系列恢复和振兴文化教育事业的举措。

一、道德教化

清政府在镇压太平天国运动的过程中，把道德教化提升到突出的地位，通过褒扬忠义、宣讲《圣谕广训》等措施，规范纲常秩序。

第一，褒扬忠义。

胡林翼早在任贵州安顺知府时即开始大规模采访节孝，汇案旌表。为了较为系统地采访“忠义之迹”，胡林翼于 1857 年 1 月奏请设立节义局。在巡抚湖北期间，他先后 17 次上疏奏请旌表忠、孝、节、烈，人数达上万名之多。两江总督曾国藩于1860年颁发《晓谕江南北士民六条》，明确表示要成立忠义局，褒扬节义。忠义局，又称采访忠义局、忠义科，其主要任务是搜集和整理战争期间死亡的清军官绅将弁及贞女烈妇资料，编修成忠义录，然后向清廷奏请旌表。至1865年1月，曾国藩前后21次上“忠义案请恤折”。除第一折外，每折都附有一册褒忠录，褒奖那些“或同仇敌忾，杀贼捐躯”，“或矢志洁身，临危致命”，“或阖门赴义，成就名节”的官绅士女。

为了宣扬忠义，清政府为死于战场的官兵广建昭忠祠、忠义祠及个人专祠。1864年湘军攻克天京后，清政府把阵亡将领弁勇，分别正祀、附祀，刊刻木主，依次列入，并令地方官春秋两季致祭。朱孔彰《中兴将帅别传》所列人员160余名，几乎每人都有专祠，有的湘军将领甚至在其出生地、作战地、阵亡地各有专祠。湘军统帅亲自为昭忠祠题词作记，予以表彰。湘军集团设立忠义局、昭忠祠的意图非常明确，就是要借褒励忠节以维持儒家社会的纲常秩序。

第二，宣讲《圣谕广训》。

清政府下令在各地宣讲《圣谕广训》，进行乡约教育，加强对民众思想控制，以期化民成俗，减少太平天国反清思想的影响。

清政府规定，凡直省州县、乡村巨堡、土司地方设立讲约处所，每月朔、望，齐集百姓，宣讲《圣谕广训》。其具体做法是：在直省各州县设立讲约处所，于举贡、生员内挑选一人为约正，再选朴实谨守者三四人为值月，每月朔望日宣讲《圣谕广训》。为达到宣讲目的，统治者要求用通俗浅显的语言，并且根据各地风俗民情的不同，分别轻重缓急，有针对性地进行宣讲，以求实效。清代前期，地方官对讲约颇为重视，但中期以后，地方官多视之为具文，讲约流于形式，有名无实。咸同时期，经过太平天国战乱，社会秩序混乱不堪，清统治者重新认识到教化民众的重要性，重申宣讲《圣谕广训》。同治初年，清廷多次颁布上谕，把宣讲作为推行教化的重要手段，要求地方官严格推行。

当时一些地方督抚也认识到了加强民众道德教化的重要性，尊奉清廷谕旨，切实宣讲。丁日昌早在任苏松太道期间，即广泛推行《圣谕广训》的宣讲活动。他出任江苏布政使后，向各州县分发《圣谕广训直解》各30部。为收实效，他还要求教官要将每期所讲地点、讲授内容、听讲人数、听讲效果等情况随时上报。

《圣谕广训》是儒家纲常名教的重要载体，清廷加大宣讲的力度，目的在于巩固和强化其君主专制统治。

第三，查禁图书。

为了钳制人民的思想，清统治者厉行禁书政策。据《大清律例》："凡造谶纬妖书妖言，及传用惑众者，皆斩。若私有妖书隐藏不送官者，杖一百，徒三年。"[①]同治年间，清廷先后多次下禁书令。1868年，时任江苏巡抚的丁日昌在江苏省内查禁小说、唱本达260余种，计有《龙图公案》、《品花宝鉴》、《水浒》、《西厢》、《红楼梦》、《后红楼梦》、《金瓶梅》等。后丁日昌又上书清廷，请求在全国范围内查禁小说传奇，以正人心而维风化。清廷予以允准，发布禁书通令，在全国范围内掀起了大规模的禁书活动。清廷禁毁的图书，主要是揭露官场腐败、社会黑暗、统治阶级腐朽奢靡的生活，以及反映民众抗清斗争的作品。清廷的禁书政策，与宣传纲常教化相辅相成。

二、兴教劝学

恢复科举考试是清政府恢复文化秩序的重要举措之一。由于连年战争，全国许多地方的科举考试被迫中断，这不仅堵塞了士人的上升之路，而且也影响了清政府的人才选拔。同治年间，清统治者为保证科举制度的正常运转，要求各地尽快恢复科举考试。1864年7月，湘军攻克天京，曾国藩立即奏请朝廷修复贡院，恢复江南地区的乡试。他亲自巡视和督促江南贡院的修建，并请旨简放考官，札令江西藩司赶办江南朱墨卷各1 800套，于当年11月按期开考。恢复科举考试，有利于清政府吸引、笼络和选拔人材，稳定其专制主义统治。到1870年，所有中断的乡试基本补齐，生员的数量也大幅度增加。

经过战乱，书院教育遭到严重破坏，基本陷于瘫痪。特别在江南地区，大量书院在战火中被焚毁，书院经费被挪作军饷，课业不能维持，遂至荒废。太平天国战后，清统治者把修复、整顿、新建书院作为一项重要任务，要求各地督抚切实执行。从咸丰末年起，清政府开始大批恢复、重建在战争中被毁的书院，并致力于兴办义学，培养人材。1861年湘军攻克安庆后，曾国藩立即派人修葺安庆敬敷书院，召集士人入读。1865年，鉴于东南局势逐渐稳定，曾国藩建议清政府"亟宜振兴文教"，应大规模地修建书院学宫。同时，他与李鸿章会商具奏，要求修复江宁、常州两府学宫。胡林翼在益阳建箴言书院。左宗棠师行所至之处，广置学校。仅在陕、甘地区，1869—1880年的11年间，时任总督的左宗棠在辖区内就新建或改建尊经书院、泾干学舍、味经书院、文明书院等

① 《大清律例》，张静庐编：《中国近代出版史料初编》，中华书局1957年版，第311页。

30余所，设立各级各类义学320余所[①]。此外，胡林翼部下罗遵殿任潮州知府时于归安捐建书院；罗泽南驻军衡阳时修复石鼓书院，驻江西时置湾洲义学；湖南巡抚骆秉章建求忠书院；李元度建爽溪书院；候补道应宝时创办上海龙门书院；方宗诚在枣强创敬义书院，并兼作考棚义学。据学者统计，清廷在同治年间共新建书院366所，修复和重建前代书院14所；光绪年间新建书院671所，修复和重建前代书院11所。至1901年书院废止前，两朝新建和修复前代书院共计1 062所。[②] 这种发展速度在有清一代是少有的。大批书院的恢复和新建，鼓舞了士气人心，有利于文教秩序的恢复。

针对书院教育自身的弊病，清统治者也制定了一些政策，进行改革。其中普遍推行的一项举措是，引导士子崇尚实学，悉心研读程朱理学、修身养性，以纠正偏重八股举业的积弊。于是，各地出现了一些倡导实学、不以八股制艺为重的书院。如，上海的龙门书院、陕西的味经书院、四川的尊经书院、湖北的经心书院、江苏的南菁书院、广东的广雅书院、武昌的两湖书院等。

三、刊刻书籍

兴教劝学，培养人材，需要大量的图书典籍，而官私藏书历经多年战乱兵燹后，损毁惨重。曾经繁荣一时的江南藏书业遭到空前破坏，甚至出现了士子“无书可购、无书可读”的局面。有鉴于此，自同治初年起，清政府相继在各地开设官书局，组织刊刻经史典籍。

官书局是清政府为“振兴文教”而专门设立的书籍编校、刊刻机构。同治、光绪年间清政府在全国设立官书局计有20余所，其中多数为同治年间由湘军集团所办。1863年，曾国藩在安庆设立书局，由汪士铎、刘毓崧、刘寿曾、莫友芝、张文虎、李善兰等人担任校勘，刊刻经史书籍多种。一年后，曾国藩移督两江，书局亦迁至南京，定名金陵书局。两年后，曾国藩又在长沙设立尊经书局（后改为湖南官书局），刊印《十三经注疏》、《朱子大全》等书籍。1863年，左宗棠任职浙江，设立杭州官书局，刊刻《六经》。1866年，左宗棠改任闽浙总督，在福州开正谊堂书局，厘订重刊康熙朝理学家、福建巡抚张伯行所编《正谊堂全书》44种。左宗棠在陕西、甘肃时为振兴关学遗风，刻《六经传注》。督师新疆时，他又在迪化开设书局，刊刻道光朝钦颁《敬阐〈圣谕广训·黜异端以崇正

① 秦翰才：《左文襄公在西北》，岳麓书社1984年版，第257—258页。

② 白新良：《中国古代书院发展史》，天津大学出版社1995年版，第236页。

学〉韵文》等，令乡塾童子诵习。他还派人在湖北设立书局，影刊《四书》、《五经》、《小学》善本，分布各府、厅、州、县。此外，诸如李瀚章与曾国荃设立的崇文书局、李鸿章设立的聚珍书局、丁日昌设立的江苏书局、马新贻设立的浙江书局，也刊刻了不少经史典籍。

官书局所刻之书，以底本精良，校雠精审，售价低廉而著称，在我国版本学史上占有一席之地。如金陵书局张文虎等校勘的《史记》、《汉书》、《文选》、《读书杂志》，戴望校勘的《谷梁传》、《毛诗》、《后汉书》，考证精详，深受当时官绅、士子推崇。金陵书局所刻的《船山遗书》、湖北书局所刻章宗源的《隋书经籍志考证》等，或为稿本，或为抄本，时至今日仍有较高的研究价值。

清政府创设官书局，大规模刊刻经史典籍，对弥补太平天国期间因战乱带来的损失，重建文化秩序，发挥了重要作用。但是在近代西学东渐的大形势下，官书局以刻印经史典籍为主，却制约了它的进一步发展，终为新的图书出版机构所取代。

第三节　中西文化论争与“中体西用”论

西方文化伴随着列强的鸦片和坚船利炮传入中国，不可避免地和中国传统文化发生冲突。洋务运动时期，中国士大夫就中西文化的关系问题展开了激烈争论。

一、洋务运动中的中西文化论争

咸丰帝去世后，清政府确立了太后垂帘听政、恭亲王奕䜣辅政的体制。新的当权者重用了在镇压太平天国过程中崛起的一批地方督抚实力派，如曾国藩、左宗棠、李鸿章、丁日昌、沈葆桢等。这些相对开明的官僚士大夫，成为推行洋务新政的主要政治力量。

第二次鸦片战争战败，举国震惊。朝野有识之士言及时局，几乎都不约而同地使用了“变局”一词，变局论在中国思想界逐渐流行开来。无论是冯桂芬、王韬、薛福成等思想家，还是洋务大吏曾国藩、李鸿章、左宗棠等均有如此认识。1865 年，薛福成上书曾国藩，对世界格局的变化做了这样的分析：“方今中外之势，古今之变局也。……浸寻迄于今日，西洋诸国，航海通商，凡欧罗巴、亚墨利加数十国之人，颉颃并至乎中国，而以英吉利、俄罗斯、佛兰西、米利坚四国为最强，于是地球几无不通之国。是其所以然者，天也，非人之所能为也。”[①]薛福成已朦胧认识到世界潮流的不可抗拒。李鸿章在《筹议海防折》中所提出的“数千年来未有之变局”、“数千年来未有之强敌”等说法，则显示出了他对这场历史巨变的敏感和先觉。

随着“变局”观念的产生，人们的“自强”意识油然而生，自强御侮成为当时官僚士绅的共同诉求，只不过对采取何种手段、通过什么途径自强有着天壤之别。在和约签订两个月之后，奕䜣即在《奏请八旗禁军训练枪炮片》中提出：“窃臣等酌议大局章程六条，其要在于审敌防边，以弥后患，然治其标而未探其源也。探源之策，在于自强。”[②]倭仁也力主自强，他说：“一则庚申大变，臣民义愤，不可以日久日忘，……亦尚可再接再厉，趁此而图自强之道，诚为时不可失。”[③]于是，自强运动应运而生。

洋务自强运动旨在“自强”、“求富”，即通过学习和引进西方先进的技术和知识，创办新式军事、民用工业，以维护摇摇欲坠的清朝统治。但“洋务新政”遭到了统治集团内部守旧势力的强烈反对。围绕中西学的关系问题，洋务派与守旧派展开过两次比较激烈的论争。

1866 年，在同文馆增设天文算学馆、招收科甲正途人员问题上引发第一次论争。该年 12 月，总理衙门恭亲王奕䜣上奏，要求扩大同文馆的教学范围，增设天文算学馆，招收满汉翰林、进士、举人、贡生，以及科举正途出身、五品以下满汉京外各官入馆学习，由总税务司赫德招聘西人充当教习，并拟定了章程。奏折一出，立即在朝野上下引起轩然大波，对立双方唇枪舌剑，冲突的焦点是如何对待西学问题。

1867 年 3 月 5 日，山东道监察御史张盛藻首先发难，对总理衙门的意见提出质疑，揭开了论战的序幕。因张盛藻人微言轻，没有引起朝廷的重视，所奏“著毋庸议”，被驳回。3 月 20 日，同治帝师、翰林院掌院学士倭仁上奏，全面否定了总理衙门的提议，坚决反对开设天文算学馆。因倭仁位高权重，朝廷不得不引起高度重视，下令总理衙门复奏，并将倭仁的奏折发交廷臣讨论。综合以倭仁为首的守旧官僚的意见，主要有以下几点：

第一，强调立国的根本是礼义道德，自强之道在修内政，讲气节，振人心。

---

① 薛福成：《上曾侯相书》，丁凤麟编：《薛福成选集》，上海人民出版社 1987 年版，第 22—23 页。

② 《筹办夷务始末》(咸丰朝)卷七十二，中华书局 1979 年版，第 2700 页。

③ 倭仁：《奏议复陈练兵设备六事》，见中央研究院近代史研究所编：《近代中国对西方及列强认识资料汇编》第 2 辑第 1 分册，台北，第 78 页。

御史张盛藻称，正途科甲人员只要“读孔、孟之书，学尧、舜之道”，即可“明体达用，规模宏远”，何必令其“习为机巧，专明制造轮船、洋枪之理乎？”认为“以自强而论，则朝廷之强，莫如整纪纲、明政刑、严赏罚、求贤、养民、练兵、筹饷诸大端；臣民之强，则惟气节一端耳。”①倭仁则提出：“立国之道，尚礼义不尚权谋；根本之图，在人心不在技艺。”②“欲求制胜，必求之忠信之人；欲谋自强，必谋之礼义之士。”而所谓天文算学“只为末议，即不讲习，于国家大计亦无所损”，③即使学好天文算学，“所成就者不过术数之士，古今来未闻有恃术数而能起衰振弱者也。”④

第二，认为学习算学是“奉夷为师”，其结果会导致“变而从夷”。倭仁声称：“举聪明隽秀，国家所培养而储以有用者，变而从夷，正气为之不伸，邪氛因而弥炽，数年以后，不尽驱中国之众咸归于夷不止。”⑤候选直隶州知州杨廷熙在奏折中称：“洋人之与中国，敌国也，世仇也，天地神明所震怒，忠臣烈士所痛心，无论偏长薄技不足为中国师，即多材多艺层出不穷，而华夷之辨不得不严，尊卑之分不得不定，名器之重不得不惜。”他指责此举“不当于天理，不洽于人心，不合于众论，而必欲溃夷夏之防，为乱阶之倡。”⑥

奕䜣等洋务派官员驳斥了倭仁等人的观点，极力阐明了学习西方机器制造及天文算学知识的必要性。他们认为，自强为当世要务，“夫中国之宜谋自强，至今日而已亟矣。识时务者，莫不以采西学、制洋器为自强之道。”师法夷人并不可耻，“天下之耻，莫耻于不若人”，“今不以不如人为耻，专因蕲至其人，将来或可突过其人，而独以学其人为耻，将安于不如而终不学，遂可雪其耻乎！”奕䜣等人指出，中国要自强，必须学习西方制造机器，而要制造机器，必须讲求天文算学：“西人制器之法，无不由度数而生，今中国议欲讲求制造轮船、机器诸法，苟不藉西士为先导，俾讲明机巧之原，制作之本，窃恐师心自用，枉费钱粮，仍无裨于实际”⑦。疆臣曾国藩、左宗棠、李鸿章、郭嵩焘等都持如此观点。

是否增设天文算学馆之争，反映了清统治集团内部新旧思想的冲突，也是

---

① 《筹办夷务始末》(同治朝)卷四十七，中华书局2008年版，第2001页。

② 《筹办夷务始末》(同治朝)卷四十七，第2009页。

③ 《筹办夷务始末》(同治朝)卷四十八，第2007、2036页。

④ 《筹办夷务始末》(同治朝)卷四十七，第2009页。

⑤ 《筹办夷务始末》(同治朝)卷四十七，第2010页。

⑥ 《筹办夷务始末》(同治朝)卷四十九，第2067、2070页。

⑦ 《筹办夷务始末》(同治朝)卷四十六，第1983页。

近代中国中西文化的第一次大交锋，共持续了半年多时间。慈禧太后采取两面手段，一方面支持以奕䜣为首的洋务派，另一方面又暗中鼓励倭仁等与之对抗，藉此牵制奕䜣。这场论争虽最终以奕䜣等洋务官员的胜利而结束，但天文算学馆的开设并不顺利。倭仁以其理学宗师的地位公开反对，使得“京师各省士大夫聚党私议，约法阻拦，甚且以无稽谣言煽惑人心，臣衙门遂无复有投考者”[①]。奕䜣等无奈，只得放宽资格，同意正杂各项人等一律收考，但报考总数也只有 98 名，开考之时又有 26 人缺考，最终从 72 名考生中录取了 30 名。1868 年，数学家李善兰到馆任总教习，总算开设算学一科。半年后，算学科仅剩 10 名，只好与在同文馆学习外国语言文字的八旗学生合并。

对于这场争论，有人评价说：洋务派虽没达到预期效果，但“自从这个难关打破以后，同文馆的课程，大加扩充，进行极为顺利，许多自然科学，都逐渐的介绍进来。所以算学馆的成立，可以说是中国的学生正式接受西洋近代自然科学的起始。同文馆于是由一个翻译学校，变为一个实用科学的学校了。”[②]实际上，其意义还不止如此。通过这场论争，如何处理中学和西学的关系问题，从此被正式提上了中国近代文化发展的日程。自此之后，洋务派更加注重对西学进行考察，同时也更注重思考如何处理中西学的关系问题。这本身就说明，洋务派的文化观念取得了进步，已从单纯学习西方制船造炮技术上升到了处理中西文化关系的层次，从而为西方自然科学知识输入中国提供了方便。

第二次论争是 19 世纪 80 年代淮军将领刘铭传建议修筑铁路引起的。早在 19 世纪 70 年代，洋务派李鸿章等就不断提出修建铁路的主张，但在当时被视为骇人听闻之论，没有机会实施。1880 年，因伊犁问题，沙俄以武力相威胁，清廷不得不筹划战防事宜。为此，刘铭传应召进京，提出修建铁路的主张，认为“铁路之利于漕务、赈务、商务、矿务、厘捐、行旅者不可殚述，而于用兵一道尤为急不可缓之图”[③]。他建议先修从北京分别到清江、汉口、盛京的铁路。刘铭传的提议得到了北洋大臣李鸿章、南洋大臣刘坤一的积极支持。

翰林院侍读学士张家骧却上奏表示反对，认为修筑铁路有三弊：一是招来

---

① 《筹办夷务始末》(同治朝)卷四十八，第 2030 页。

② 吴宣易：《京师同文馆略史》，朱有瓛主编：《中国近代学制史料》第一辑上册，华东师范大学出版社 1983 年版，第 192 页。

③ 《光绪六年十一月初二日前直隶提督刘铭传奏》，中国史学会主编：《洋务运动》(六)，上海人民出版社、上海书店出版社 2000 年版，第 138 页。

更多的外国人，埋下隐患；二是毁坏大量田地、房屋、坟墓、桥梁，伤人败物，滋扰民间；三是虚縻钱财，加重国家财政负担。这一奏议得到了许多思想守旧官僚的响应。曾任驻英副使的刘锡鸿，甚至具体提出了不能修筑铁路的25条意见。他以亲历者的身份，极力论说修筑铁路会夺民生计、毁害民业、开山毁坟、破坏风水，在当时很有影响。

由于守旧力量强大，清廷于1881年2月下达上谕，否定了刘铭传的提议。这次论争遂以守旧派的胜利而告终。

洋务运动初期，面临种种阻挠和非议，改革举措举步维艰。但从近代思想发展的趋势来看，洋务派与守旧派的论争冲击了中国人的传统思想，特别是冲击了“夷夏大防”观念，为西学在中国的传播制造了舆论，铺设了通道。这一时期的中西文化论争，是近代中西文化沟通交流的重要一步。

二、“西学中源”说

“西学中源”说是19世纪中后期流行的一种文化观，核心内容是西学源自中国，中国人学习西学，只不过是“礼失而求诸野”，并非“用夷变夏”。这种说法为洋务派反驳守旧派，推行“采西学”、“制洋器”提供了理论依据。

“西学中源”说最早出现于明末清初。当时，以利玛窦为代表的欧洲耶稣会传教士来华传教，同时也将西方的历法和一些自然科学知识传入了中国，由此引起了中西文化之间的冲突。一些提倡西学的中国士人如徐光启、王锡阐、李之藻等为缓和矛盾，一度主张西学源自中国。

鸦片战争以后，西学大量东来，“西学中源”说再度盛行。洋务运动时期，无论是手握重权的洋务大吏，还是洋务派的知识分子，大多相信这一观点并积极鼓吹和宣传。这一理论客观上减少了引进西学的社会阻力。1865年，李鸿章在设立江南制造局的奏折中称：“无论中国制度文章，事事非海外人所能望见，即彼机器一事，亦以算术为主，而西术之借根方，本于中术之天元，彼西士目为东来法，亦不能昧其所自来。尤异者，中术四元之学，阐明于道光十年前后，而西人代数之新法，近日译出于上海，显然脱胎四元，竭其智慧不能出中国之范围，已可概见。”①恭亲王奕䜣在驳斥倭仁反对增设天文算学馆招收科甲正途人员时，也引“西学中源”说为依据：“查西术之借根，实本于中术之天元，彼西土目为东来法。特其人性情缜密，善于运思，遂能推陈出新，擅名海外耳。

① （台湾）中央研究院近代史研究所编：《海防档·机器局(一)》，第14页。

其实法固中国之法也。天文算学如此，其余亦无不如此。中国创其法，西人袭之。”所以，并不是“舍中法而从西人”[①]。他们的说法如出一辙。

一些思想家也主张“西学中源”说。郑观应(1842—1922)是早期维新思想家和实业家，所著《盛世危言》从政治、经济、军事、外交、文化诸方面提出了改革方案。该书在近代影响很大，先后多次再版。郑观应在《盛世危言》中明确赞同“西学中源”这一说法。

郑观应认为，中土文明创始最早，是西方文明的源头，并且根据《周礼》、《墨经》、《淮南子》等书的有关记载，称西方近代的数学、光学、重学、化学、电学等无不出自中国，皆“我所固有者”。西方工艺技术之所以精巧，是由于中国“自《大学》亡《格致》一篇，《周礼》缺《冬官》一册，古人名物象数之学，流徙而入于泰西，其工艺之精，遂远非中国所及”。而中学之所以落后于西学，在于“我务其本，彼逐其末；我晰其精，彼得其粗。我穷事物之理，彼研万物之质。秦、汉以还，中原板荡，文物无存，学人莫窥制作之原，循空文而空谈性理。于是我堕于虚，彼征诸实。”[②]进而他批评中国的八股科举制度“汩没性灵，虚费时日，率天下而入于无用之地”，结果导致“中学日见其荒，西学遂莫窥其蕴矣”。既然中国人自己丢失了优秀的文化遗产，西人恰好继承和发展了中国的文化，那么他据此得出结论，中国学习西学，是“礼失而求诸野”，“以中国本有之学还之于中国”[③]。

此外，汤震的《危言》、陈炽的《庸书》、薛福成的《庸庵文集》、黄遵宪的《日本国志》等著作，都不同程度地采用并阐发了“西学中源”说。

值得注意的是，随着对西方认识的加深，一些有识之士开始对“西学中源”说提出质疑，认为中西文化各有源头，西学并非来自于中国。唐才常认为：“泰西之学，胥源希腊；希腊盛时，与埃及、波斯、印度等国，互相观劘。”[④]但是，即便有了部分清醒的认识，西学中源说的影响并没有就此消失，涉及的范围反而有扩大的趋势。随着社会科学知识的传入，一些人又开始鼓吹“西政出于中国”论，认为议会、选举等西方制度也源自中国。后来，维新派也曾以此为理论依据，宣传兴民权，设议院，实行君主立宪。

---

① 《同治五年十二月二十三日总理各国事务奕䜣等折》，中国史学会主编：《洋务运动》(二)，上海人民出版社、上海书店出版社2000年版，第24页。

② 郑观应：《盛世危言》，中州古籍出版社1998年版，第57页。

③ 郑观应：《盛世危言》，第75—76页。

④ 唐才常：《尊新》，《唐才常集》，中华书局1980年版，第32页。

“西学中源”说在洋务运动时期有一定的积极意义。这一学说对于消弭守旧思想影响，减少洋务运动的阻力，促进西学的传播，争取更多士子的理解和支持起了一定作用。但也要看到，“西学中源”说完全属主观臆断，牵强附会，不符合客观实际，缺乏科学的依据。它之所以被广大士人所接受，原因在于满足了士人尊崇本民族文化的心理需求。它本质上是中国传统的“夷夏”观念和以自我为中心的虚骄心理，从根本上说，仍然是中国文化优越论的反映。

三、“中体西用”论

较之于“西学中源”说，“中体西用”论是一种学理化更强、更为系统的文化理论。办洋务，学西学，必然涉及中西文化的相互关系及各自地位的问题，“中体西用”论随之产生。目前，学界一般以冯桂芬的《校邠庐抗议》作为“中体西用”思想的滥觞。

冯桂芬(1809—1874)，字林一，又字梦奈，号景亭，江苏吴县人。道光进士，授翰林院编修。他自幼博览群书，通晓经史，和林则徐、陶澍、魏源、姚莹、张穆等交好，关心时政，讲求“经世之学”。《校邠庐抗议》是冯桂芬的代表性著作，1861 年成书，在士大夫中间广泛流传。1883 年，在天津正式刊行。全书共 40 篇，主张对社会进行全面的变革，内容包括汰冗员、变科举、改会试、兴水利、劝树桑、减兵额、采西学、制洋器等诸多方面。冯桂芬肯定并发扬了魏源“师夷之长技以制夷”的思想，主张“采西学”、“制洋器”，发展近代军事工业。该书就中学与西学的关系问题做了较为深入的思考，提出的解决途径是“以中国之伦常名教为原本，辅以诸国富强之术”，这一提法被认为是“中学为体，西学为用”的最初表达形式。

向西方学习，必须首先克服虚骄自大的心态，面对现实，看到中西文化的差距，承认中国有不如夷的地方。冯桂芬认为，除了“军旅之事，船坚炮利不如夷，有进无退不如夷”之外，中国还在四个方面不如夷：“人无弃材不如夷，地无遗利不如夷，君民不隔不如夷，名实必符不如夷。”要改变这种状况，他认为只有一条途径，这就是“始则师而法之，继则比而齐之，终则驾而上之，自强之道，实在乎是。”而要实现自强，首先应该学习制造船炮，“借兵雇船皆暂也，非常也，目前固无隙，故可暂也，日后岂能必无隙？故不可常也。终以自造、自修、自用之为无弊也。”①只要中国能自造、自修、自用，就奠定了富强的基础。由

① 冯桂芬：《制洋器议》，《校邠庐抗议》，上海书店出版社 2002 年版，第 49—51 页。

"制洋器"起步，冯桂芬进一步提出了"采西学"的主张。他肯定西学如算学、重学、光学、化学及舆地等知识的丰富和先进，并特别指出算学的重要性，说："一切西学皆从算学出。西人十岁外，无人不学算。今欲采西学，自不可不学算。"主张设翻译公所，培养翻译人才，借以扩充西学的范围，"由是而历算之术，而格致之理，而制器尚象之法，兼综条贯，轮船、火器之外，正非一端。"[①]

冯桂芬的这些思想，包含着非常进步的因素，并对曾国藩、李鸿章等人产生了积极的影响。曾国藩称，此书"足以通难解之结，释古今之纷"[②]。1862年，李鸿章召冯桂芬入幕。他就任江苏巡抚后，请冯桂芬参与筹划洋务活动。通过洋务官员的散布，冯桂芬的思想主张不胫而走，为洋务运动时期文化政策的调整和文化事业的推进提供了重要参考。

采西学议（节选）

冯桂芬

今欲采西学，宜于广东、上海设一翻译公所，选近郡十五岁以下颖悟文童，倍其廪饩，住院肄业，聘西人课以诸国语言文字，又聘内地名师课以经史等学，兼习算学。（一切西学皆从算学出，西人十岁外无人不学算。今欲采西学，自不可不学算，或师西人，或师内地人之知算者俱可。）闻英华书院、墨海书院藏书甚多。又，俄夷道光二十七年所进书千余种，存方略馆，宜发院择其有理者译之。由是而历算之术，而格致之理，而制器尚象之法，兼综条贯，轮船、火器之外，正非一端。如历法，从古无数十年不变之理，今《时宪》以乾隆甲子为元，承用已逾百年，渐多差忒；甲辰修改，墨守西人旧法，进退其数，不足依据，必求所以正之。闻西人见用地动新术，与天行密合，是可资以授时。又如河工前造百龙搜沙之器，以无效而辍。闻西人海港刷沙，其法甚捷，（法用千匹马大火轮置船旁，可上可下，于潮退时下其轮，使附于沙而转之，沙四飞随潮而去，凡通潮之地皆宜之。黄河水性湍急，更无处不宜，自下流迤逦而上，积日累月，锲而不舍，虽欲复由地中行之旧不难。此不特黄河可用，北河亦可用，即南运河徒阳等处亦可用。且东南水利久不治，数日之霖，积月不退。宜于通潮各海口如法浚之，使下流迅驶，则上流虽不浚，而自有一落千丈强之势，可收事半功倍之效。）是可资以行水。又如农具、织

① 冯桂芬：《采西学议》，《校邠庐抗议》，第56页。

② 冯桂芬：《曾文正公复冯公允书》，《校邠庐抗议》，第3页。

具，百工所需，多用机轮，用力少而成功多，是可资以治生。其他凡有益于国计民生者皆是，奇技淫巧不与焉。三年之后，诸文童于诸国书应口成诵者，许补本学。诸生如有神明变化，能实见之行事者，由通商大臣请赏给举人，如前议。中国多秀民，必有出于夷而转胜于夷者，诚今日论学一要务矣。

夫学问者，经济所从出也。太史公论治曰："法后王（本荀子），为其近己而俗变相类，议卑而易行也。"愚以为在今日又宜曰："鉴诸国。"诸国同时并域，独能自致富强，岂非相类而易行之尤大彰明较著者？如以中国之伦常名教为原本，辅以诸国富强之术，不更善之善者哉？且也通市二十年来，彼酋之习我语言文学者甚多，其尤者能读我经史，于我朝章、吏治、舆地、民情类能言之，而我都护以下之于彼国则懵然无所知。相形之下，能无愧乎？

于是乎不得不寄耳目于蠢愚谬妄之通事，词气轻重缓急，转辗传述，失其本指，几何不以小嫌酿大衅。

夫驭夷为今天下第一要政，乃以枢纽付之若辈，无怪彼己之不知、情伪之不识，议和、议战汔不得其要领，此国家之隐忧也。此议行，则习其语言文字者必多，多则必有正人君子通达治体者出其中，然后得其要领而驭之。（《地理全志》作于癸丑年，书中于日本国记其欺侮亚墨利加触石渔船，时思报复；于安南国极恶其机防之严、榷税之重；于缅甸国亦有胥吏横征之怨。未几日本、安南皆有兵端。可见彼国书不可不观。若能知其未译之书，所得必倍多。）绥靖边陲，道又在是。如谓六合之内，论而不议，封故见而限咫闻，恐古博物君子必不尔也。

（选自冯桂芬：《校邠庐抗议》，上海书店出版社 2002 年版，第 56—57 页）

继冯桂芬之后，不少洋务思想家或早期维新人士以"中本西末"、"中道西器"、"中主西辅"来表述中西文化的关系。比如，薛福成在论证中国需效法西方时说："今诚取西人器数之学，以卫吾尧舜禹汤文武周孔之道，俾西人不敢蔑视中华。"①王韬偏爱以"道""器"关系来定位中西文化。他说："形而上者道也，形而下者器也"，"器则取诸西国，道则备自当躬"，"诚使孔子生于今日，

① 薛福成：《筹洋刍议·变法》，《薛福成选集》，上海人民出版社 1987 年版，第 556 页。

其于西国舟车、枪炮、机器之制，亦必有所取焉。”[①]郑观应在《盛世危言》中不仅谈到了“道”与“器”、“本”与“末”等问题，还明确指出了二者之间的主辅关系。他在《盛世危言・西学》篇中说：“合而言之，则中学其本也，西学其末也。主以中学，辅以西学。知其缓急，审其变通，操纵刚柔，洞达政体。”[②]归结他们的观点，虽强调以中学为主，西学为辅，以“道”统“器”，以“器”卫“道”，但在客观上却给了西学以辅助、补充的地位，认识到了西学在富国强兵中的作用。

一般认为，最早使用“中体西用”一词的是沈毓桂。1895 年 4 月，他在《万国公报》第 75 卷发表《救时策》一文，提到：“夫中西学问，本自互有得失，为华人计，宜以中学为体，西学为用。”甲午战争之后，“中体西用”这一提法被越来越多的人所接受，成为洋务派普遍认同的原则。维新变法时期，张之洞对此作了系统阐述，进一步扩大了“中体西用”论的社会影响。

张之洞(1837—1909)，字孝达，号香涛，晚号抱冰，直隶南皮人。同治进士。历任翰林院侍讲学士、内阁学士等。1873 年授四川学政，奏设尊经学堂。1884 年由山西巡抚升两广总督，设广东水师学堂，立广雅书院。1899 年后，先后任湖广总督、两江总督等要职，积极兴办洋务事业，力主变法自强，推行新式教育。1906 年，授军机大臣，兼管学部。所著结为《张文襄公全集》。

张之洞

1898 年，张之洞撰成《劝学篇》，全面阐述了他对中学、西学的认识，并藉此与康有为、梁启超等维新派划清界限，形成系统的“中体西用”理论。在该书中，他一方面主张学习西法，举办商务、学堂、铁路、矿务等近代事业，另一方面又要强化儒家正统思想，维护君主专制统治，提出“教忠”、“明纲”、“宗经”、“正权”等说法。他主张新、旧兼学。何谓新学、旧学？他回答说：“四书五经、中国史事、政书、地图为旧学，西政、西艺、西史为新学，旧

---

① 王韬：《杞忧生〈易言〉跋》，《弢园文录外编》，上海书店出版社 2002 年版，第 266 页。

② 郑观应：《郑观应集》上册，上海人民出版社 1982 年版，第 276 页。

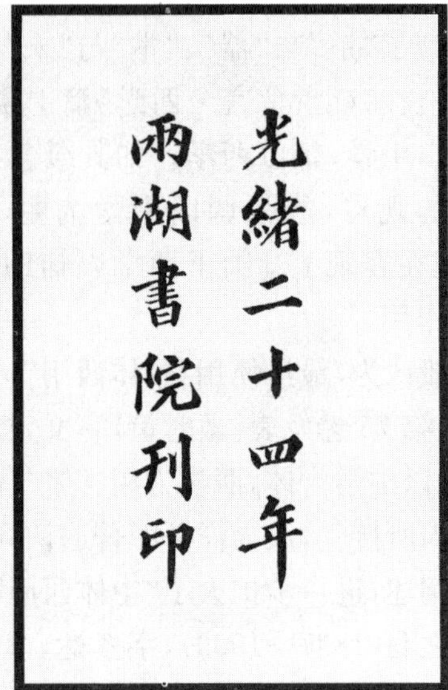

《劝学篇》

学为体，新学为用，不使偏废。”[①]在中西学关系上，他主张“中学为内学，西学为外学；中学治身心，西学应世事。”[②]张之洞“中体西用”论的重心在于反对康、梁的变法主张。

劝学篇（节选）

张之洞

今恶西法者见六经古史之无明文，不察其是非损益而概屏之。如诋洋操为非，而不能用古法练必胜之兵；诋铁舰为费，而不能用民船为海防之策，是自塞也。自塞者，令人固蔽傲慢，自陷危亡。略知西法者又概取经典所言而傅会之，以为此皆中学所已有。如但诩借根方为东来法，而不习算学；但矜火器为元太祖征西域所遗，而不讲制造枪炮，是自欺也。自欺者，令人空言争胜，不求实事。溺于西法者甚或取中西之学而糅杂之，以为中西无别。如谓《春秋》即是公法，孔教合于耶苏，是自扰也。自扰者，令人眩惑狂易，丧

① 张之洞：《劝学篇》，上海书店出版社 2002 年版，第 41 页。
② 张之洞：《劝学篇》，上海书店出版社 2002 年版，第 71 页。

其所守。综此三蔽，皆由不观其通。不通之害，口说纷呶，务言而不务行，论未定而兵渡江矣。然则如之何？曰：中学为内学，西学为外学，中学治身心，西学应世事，不必尽索之于经文，而必无悖于经义。如其心圣人之心，行圣人之行，以孝弟忠信为德，以尊主庇民为政，虽朝运汽机、夕驰铁路，无害为圣人之徒也。如其昏惰无志，空言无用，孤陋不通，傲很不改，坐使国家颠隮，圣教灭绝，则虽弟佗其冠，冲淡其辞，手注疏而口性理，天下万世皆将怨之詈之，曰此尧、舜、孔、孟之罪人而已矣。

（选自张之洞：《劝学篇》，上海书店出版社2002年版，第71页）

综观洋务派的“中体西用”文化观，首先需要肯定它在洋务运动兴起阶段的积极意义。在鸦片战争之后的20多年里，中国社会对西学缺乏的正确认识，相信中学高于西学，中国文化优越于西方文化，认为向西方学习就是“以夷变夏”。在这种情况下，洋务派提倡“中体西用”文化观，一方面强调中学的主体地位，借以维护民族的自尊心、自信心，另一方面又强调西学的辅助、补充作用，从而实现中西文化的调和、互补，为西学的传播疏通道路，客观上促进了近代文化的新陈代谢。

其次，从内容上看，“中体西用”所指的西学在洋务运动时期局限于器物层面，主要是西方的坚船利炮和自然科学技术。在他们看来，中国的政治制度无比优越，落后的仅是军事技术等方面。如1862年，李鸿章率淮军到达上海后，亲眼看到了西方近代武器的强大威力，认为“其大炮之精纯，子药之细巧，器械之鲜明，队伍之雄整，实非中国所能及。”[①]1864年，他致信总理衙门，再次强调中国文物制度，事事远出西人之上，只有火器远远跟不上。但随着洋务运动的发展，洋务派逐渐认识到“自强”必须以“求富”为前提，而“求富”必须创办新式民用企业，这就必然会引发生产方式的变革。无论军事工业，还是民用企业，都需要大量掌握自然科学知识的人才，这就要求设立新式学堂。新式学堂的兴办传播了新知识、新思想，必然导致人们对旧制度的不满，要求从制度层面进行变革。如蒋廷黻所说：洋务派“起初只知道国防近代化的必要，但是他们在这条路上前进一步以后，就发现必须再进一步；再进一步以后，又必须更进一步。”[②]“中体西用”思想可以说是由守旧进而维新的过渡形态。

---

① 李鸿章：《上曾相》，《李鸿章全集》第5册，海南出版社1997年版，第2406页。

② 蒋廷黻：《中国近代史》，上海古籍出版社1999年版，第46页。

第三,“中体西用”文化观有较大的局限性,自身存在无法调和的矛盾。由于这种观念建立在以儒家纲常名教为核心的文化价值观念基础之上,而随着形势发展,引进的西学的范围不断扩大,层次日益深入,势必威胁到中学的本体地位。甲午战败后,维新派开始批判洋务派的“中体西用”论,主张全面引进“体用兼备”的西学,不仅包括西方自然科学技术,而且包括西方的社会政治制度和以自由、民权为核心的意识形态。然而这种主张超出了“中体西用”理论框架所能容纳的范围,因此并不为统治者所接受。与此相反,张之洞在《劝学篇》中将“中体西用”理论系统化,虽为清朝统治集团和士大夫所普遍接受,但由于他的“西学”内容狭窄,完全剔除了宪政、民主、自由、平等等西方核心价值观,自然违背了时代潮流,失去了积极意义。

第四节　洋务学堂与官派留学

洋务运动是中国文化现代化的重要一步。洋务学堂的兴办和官派留学,即是这一方面的重要表现。

一、新式学堂的设立

随着中外交流日益增多,特别是洋务运动的开展,清政府急需大量熟悉西洋语言文字的人才。这样,设立外语学堂被提上了日程。1862 年,在恭亲王奕䜣奏请下,近代中国第一所由政府设立的外语学校——京师同文馆正式开设。

京师同文馆是近代中国第一所培养外语翻译人才的学堂,设于北京东堂子胡同。同文馆初建,只设英文、法文、俄文三班,后来陆续增加了德文、日文及天文、算学等班。招生对象开始限于 14 岁以下的八旗子弟,后来扩大到招收年龄较大的八旗子弟和汉族学生,甚或 30 岁以下的秀才、举人、进士和科举正途出身的五品以下满汉京外各官。学生学习期限,初为三年,后改为五年和八年两种。同文馆课程设置最初只有英、法、俄、汉文,后来增设算学、化学、万国公法、医学生理、天文、物理、外国史地等。关于课程的设置,守旧官员和洋务派曾发生激烈的论争。同文馆考试严格,有月课、季考、岁考三种。每三年举行大考一次,列入优等者升官阶,次等者记优留馆,劣等者除名。除汉文外,其他课程多由外国人担任教习。先后在馆任职的外籍教习有包尔腾、傅兰雅、欧礼斐、马士等。中国教习有李善兰、徐寿等。同文馆附设印书处、翻译处，曾先后编译、出版自然科学及国际法、经济学书籍等20余种。此外还设有化学实验室、博物馆、天文台等。1902年并入京师大学堂。同文馆学生毕业后大多数任政府译员、外交官员、洋务机构官员、学堂教习等。

继京师同文馆之后，1863年，上海设立广方言馆。该馆是上海建立的第一所培养翻译人才的外语专科学校，由江苏巡抚李鸿章应冯桂芬提议奏请清廷设立。冯桂芬被举荐为广方言馆馆长，制订了广方言馆章程。广方言馆仿照同文馆之例，但也有很大的不同。一开始，上海广方言馆就广泛选拔邻近地区14岁以下的文童入学，聘请西人教习西文，内地品学兼优的举人、贡生教习汉文。教学内容从创立之初就不局限于西文，也开设算学、地矿、金属、机械、船炮等学科。1867年，江南制造总局设立翻译馆，若干年后，广方言馆并入制造局，但仍保留了广方言馆的名称。1906年，原广方言馆为适应形势的需要改组为兵工专门学堂，1913年兵工学堂停办，结束了广方言馆的历史。广方言馆毕业生中不少成为中国近代著名的外交官，如汪凤藻、陆征祥、吴宗濂、刘镜人、唐在复、刘式训等。

此后相继成立的外语学校还有1864年设立的广州同文馆，1887年设立的新疆俄文馆、台湾西学馆，1888年设立的珲春俄文书院，1893年设立的湖北自强学堂等。

新式学堂设有汉教习和西教习。以同文馆为例，汉教习负责教授经史文章，从正途出身的士人中选拔。西洋教习的选拔权，主要控制在外国人手中。经英国公使威妥玛推荐，英国人包尔腾被选为第一任英文教习。1863年，同文馆开设法文、俄文两馆，法国人司默灵、俄国人柏林分任两馆教习。此后西教习的任免权长期被海关总税务司赫德控制。清政府给西教习很高的薪水，试教时为每年300金，此后每年库平银1 000两。1869年至1894年，美国传教士丁韪良一直担任同文馆总教习，掌控同文馆长达二十余年。清末，他曾担任京师大学堂总教习，对中国近代教育产生了较大影响。

外语学堂在设立初期，由于当时风气未开，招生困难，为了吸引学生入同文馆学习，清政府给入馆学生各种优厚待遇。一是“厚给廪饩”。最初，总理衙门规定同文馆学生每月膏火银3两。1866年，总理衙门奏请开设天文算学馆。为了吸引正途人员，同文馆大幅度提高学生待遇，每人每月发银10两，还提供饮食住宿及一切生活用品。二是“量予登进”。京师同文馆在初创时即规定，学生每三年大考一次，由总理衙门核实甄别，优者授七、八、九品官级。上海广方言馆也规定学生三年学成之后，送省督抚考验，作为该县附学生，准其应试。对于优秀的学生,督抚可专折奏保,调京考验授以官职。广州同文馆同样规定学生三年学成后,能将西洋语言文字翻译成书者,分别派充将军、督抚、监督各衙门翻译官,准其参加乡试。

外语学堂的教学内容以外国语言文字为主。学生从西文字母学起,逐渐练习词句,翻译公文和书籍。随着学堂的发展和形势的需要,西方声、光、电、化等自然科学知识也逐渐引进到同文馆的教学当中。与此同时,清廷还严格要求学生兼习经史。

除了翻译人才外,洋务新政还需要军事、科技方面的人才。于是,仿照同文馆,清政府设立了新式军事学堂、科学技术学堂。其中,军事学堂有水师学堂、武备学堂和军事技术学堂三种,约 15 所。著名的有 1866 年的福州船政学堂、1880 年的天津水师学堂、1885 年的天津武备学堂、1887 年的广东水陆师学堂、1890 年的江南水师学堂等。清政府还设立了一批培养电报、医学、铁路等科技人才的学堂,约有 14 所,如 1876 年的福州电报学堂、1880 年的天津电报学堂、1882 年的上海电报学堂、1891 年的湖北算术学堂、1893 年的北洋医学堂、1895 年的山海关铁路学堂等。

这些军事或科技学堂的全部课程,以西方语言文字及自然科技知识为主,注重技术性和实用性。例如,左宗棠设立的福州船政学堂,又名"求是堂艺局",是中国近代第一个专门培养轮船制造、驾驶人员的军事技术学堂。学堂分设前、后两堂,前学堂设轮船制造和设计两个专业,主要课程有法语、算术、几何、几何制图、物理、三角、解析几何、微积分、机械学、透视原理;后学堂设轮船驾驶和轮机两个专业,主要课程有英语、算术、几何、代数、直线与球面三角、天文气象学、航海测算、地理、蒸汽机结构原理、仪表使用等。这些都是中国教育体系中前所未有的新课程,无疑促进了西方近代科技文化知识的传播。为了训练学生的驾驶技术,船政学堂还设"福星"、"建威"、"扬武"等兵船,专供学生实习之用。1871 年,船政局派学生严宗光、刘步蟾、林泰曾、叶祖珪、方伯谦等 18 人,以及外学堂学生邓世昌等 10 人,登"建威"号出海实习,巡航海域南至新加坡、槟榔屿各海港,北至直隶湾、辽东湾等口岸。1873 年 2 月,艺局学生在洋教习德勒塞率领下,驾船南航,曾抵达厦门、香港、新加坡、槟榔屿等地。

经过一段时间的发展,洋务学堂初见成效。《申报》评论说:"同文馆自创设以来,于今已十数年,其中因学业已成,可充副教习及可作翻译等官足以随钦使出洋者已有数人,即在馆诸学生莫不焉有日上之势。""故谓同文一馆,其所以裕人之才以储他日国家之用者，其效甚捷也。”①随着新式学堂的不断开设，人们的思想观念渐趋开放，一些学堂招生时甚至出现了争相报考的现象。

洋务学堂的设立，突破了传统的人才培养模式，拉开了中国近代新式教育的序幕。学堂无论在培养目标、教师配备、教学内容还是教学方式等方面，都与旧式教育有了本质的不同。在培养目标上，新式学堂是为了培养当时亟需的新型人才，如同文馆等学堂是为培养外交翻译人才，福州船政学堂等学堂是为培养造船、驾驶等军事人才，福州电报学堂、天津电报学堂等科学技术类学堂则是为了培养实用科技人才。在教师安排上，除了教授传统经史典籍的中文教习以外，新式学堂还以高薪大量聘请洋人为师。在教学内容上，新式学堂教授学生外国语言文字、算学、国际公法、天文、化学、轮船制造、轮船驾驶等实用性的知识，使得学生的知识结构发生了根本性改变。在教学方式上，福州船政学堂等新式技术学堂采取基础理论与具体实践相结合的办法，要求学生既要学习外语、算学、格致、制造、驾驶等专业知识，还要到工厂实践，出海训练，较之传统教育，这是一种根本性的进步。

二、官派留学

洋务运动时期，一些开明人士认识到学习西方的重要性和紧迫性，相继提出了派遣学生出国留学的建议。1863年，广东拣选知县桂文灿提出，中国应该仿照日本之例，派遣学生留学俄、美等国，学习制造船炮之法。1865年，薛福成又向曾国藩提及派遣留学生的必要，他说：“招后生之敏慧者，俾适各国，习其语言文字，考其学问机器，其杰出者，旌以爵赏。”②容闳也多次通过丁日昌向曾国藩等人提及留学事宜，但均未被获准。直到天津教案发生后，最高统治层认识到借法自强的重要性，才制订并实施了派遣学生出国留学的政策。留学方案能够得以实施，与容闳的不懈努力分不开。

容闳(1828—1912)，字达萌，号纯甫，广东省香山县人。自幼因家贫被送往附近的外国人创办的教会学校上学。1847年，随美国传教士布朗夫妇远赴美国。在美国，容闳较系统地学习了西方的自然科学和社会科学知识。1854年，容闳从耶鲁大学毕业，获文学学士，成为第一位毕业于美国高等院校的中

---

① 《申报》1878年2月21日。

② 薛福成：《上曾侯相书》，《薛福成选集》，上海人民出版社1987年版，第23页。

国人。

容闳具有强烈的爱国心，欲“以西方之学术，灌输于中国，使中国日趋于文明富强之境”①。他把促进留学教育，让更多中国人赴美留学作为拯救中国的手段。大学毕业后，容闳回到中国。1860 年，他曾潜入南京，向太平天国的干王洪仁玕提出了包括留学教育在内的改造中国的计划，未被采纳。后经人引荐，容闳得到曾国藩的赏识。1863 年，容闳被曾国藩派往美国采购机器，招徕洋工洋匠。1870 年，天津教案爆发，曾国藩、李鸿章、丁日昌等会集天津处理善后事宜，由容闳担任翻译。容闳通过丁日昌向曾国藩再次建议选派学生留学，终于得到了曾国藩的支持。

1871 年 8 月 16 日，曾国藩与李鸿章等联衔上奏，申明派遣学生留洋的必要性和可行性，并详细制定了留学生章程，得到了总理衙门的批准。1872 年，第一批 30 名留美幼童登上了赴美航船，漂洋过海，成为中国近代最早的官派留学生。

首批赴美留学幼童

关于留美学生的学业问题，清政府在留学章程里明文规定：“赴洋学习幼童，入学之初，所习何书，所肄何业，应由驻洋委员列册登注，四月考验一次，年

① 容闳：《西学东渐记》，中州古籍出版社 1998 年版，第 89 页。

终注明等第，详载细册，赍送上海道转报。”[1]同时规定，幼童出洋后，“肄习西学仍兼讲中学，课以孝经、小学、五经及国朝律例等书，随资高下，循序渐进。”[2]这种规定，仍然是“中体西用”的思想的体现。

中国少年留学生抵美后，因语言未过关，不能马上入美国学校学习。容闳遂将他们两三人分为一组，安排在美国人的家庭中生活和学习。中国少年完全融入美国人的家庭，集生活和教育为一体，使他们在很短的时间内便掌握了基础英文，达到了进入美国公立学校的水平。在学校里，他们所接受的是全新的自然科学和社会科学知识。因此，留学生的文化素养和知识结构，“西学”占据了主导地位。

中国留学生在美国的变化超出了统治者的预期，引起守旧势力的不安。他们不断进行攻击和阻挠，迫使清政府不顾幼童已取得的突出成绩，下令中途撤回留学生。1881 年，留学生先后“凄然返国”。除去此前因故撤回和病逝的 26 人，其余 94 名学生分三批陆续撤回。中国近代最早的官派留学活动就这样夭折了。

西学东渐记（节选）

容　闳

予当修业期内，中国之腐败情形，时触予怀，迨末年而尤甚。每一念及，辄为之怏怏不乐，转愿不受此良好教育之为愈。盖既受教育，则予心中之理想既高，而道德之范围亦广，遂觉此身负荷极重。若在毫无知识时代，转不之觉也。更念中国国民，身受无限痛苦，无限压制。此痛苦与压制，在彼未受教育之人，亦转毫无感觉，初不知其为痛苦与压制也。故予尝谓知识益高者，痛苦亦多，而快乐益少。反之，愈无知识，则痛苦愈少，而快乐乃愈多。快乐与知识，殆天然成一反比例乎！

虽然，持此观念以论人生之苦乐，则其所见亦甚卑，惟怯懦者为之耳。此其人必不足以成伟大之事业，而趋于高尚之境域也。在予个人而论，尤不

① 《同治十年七月十九日大学士两江总督曾国藩等奏》，中国史学会主编：《洋务运动》（二），上海人民出版社、上海书店出版社 2000 年版，第 156 页。

② 《同治十一年正月十九日曾国藩等折》，中国史学会主编：《洋务运动》（二），上海人民出版社、上海书店出版社 2000 年版，第 158 页。

应存此悲观。何也？予既远涉重洋，身受文明之教育，且以辛勤刻苦，幸遂予求学之志，虽未能事事如愿以偿，然律以普通教育之资格，予固大可自命为已受教育之人矣。既自命为已受教育之人，则当日夕图维，以冀生平所学，得以见诸实用。此种观念，予无时不耿耿于心。盖当第四学年中尚未毕业时已预计将来应行之事，规画大略于胸中矣。予意以为，予之一身既受此文明之教育，则当使后予之人，亦享此同等之利益，以西方之学术，灌输于中国，使中国日趋于文明富强之境。予后来之事业，盖皆以此为标准，专心致志以为之。

（选自容闳:《西学东渐记》，中州古籍出版社 1998 年版，第 88—89 页）

鉴于海防建设的重要性，在李鸿章、沈葆桢等洋务大吏的推动下，统治者再次派遣船政学堂的学生赴欧洲学习轮船制造和驾驶技术。

1877 年 3 月，洋员日意格与马建忠、翻译罗丰禄等人，率领 30 名学生启程赴欧。其中，郑清濂等 18 名学生赴法国学习制造，刘步蟾等 12 名赴英国学习驾驶，开始了中国官方选派学生留学欧洲的历史。1881 年，清政府续派第二批 10 名学生分赴英法学习驾驶、制造。1885 年，又派第三批 30 名学生出洋学习。

相比留美幼童的派遣和管理，清政府派遣学生留欧的目的更明确。赴欧的留学生，一般为年龄在 20 岁左右，出国前有一定专业技能和外语基础的海军学堂的学生。他们的学习目标集中于西方船舰制造、驾驶、武器制造工程等实用技术领域。而且留学时间短，多在二至三年，最长的为五年，避免了留美幼童那种以 15 年为限，先学语言后入大学的漫长留学过程，节约了时间和经费，见效也比较快。留欧学生回国后，根据所学的专业，相当一部分任职于海军，为推动近代海军建设发挥了作用。

派遣学生留学欧美，开创了中国近代留学教育的先河。他们在留学期间，接受了全新的西式教育，知识结构和价值观念发生了翻天覆地的变化，不少人后来成长为优秀人才，在外交、军事、科技等领域取得了杰出成就。清末担任京张铁路总工程师的詹天佑，就是首批赴美留学生之一。洋务运动时期的官派留学，在西学东渐史上留下了浓墨重彩的一笔。

第五节　翻译西书和创办报刊

洋务运动时期，西书的翻译出版和报刊的创办发行，是引进和传播西学的重要途径和方式。

一、翻译西书

近代中国成规模地翻译和出版西方书籍，是从洋务运动时期开始的。伴随着译书活动的开展，人们对西方的认识也逐步加深，从而为近代中国的思想解放和近代文化的发展创造了条件。

（一）近代翻译机构的创设

中国近代最早的翻译出版机构，是由西方传教士麦都思等人于 1843 年创办的上海墨海书馆。它是中国最早采用西式铅印活字印刷术的汉文出版印刷机构，也是当时中外人士合作译书、切磋学术的重要场所。一批通晓西学的学者如李善兰、王韬、管嗣复等，与西方传教士合作翻译了许多介绍西方政治、科学、宗教的书籍。

李善兰（1811—1882），字壬叔，号秋任，浙江宁海人。作为近代著名科学家，他在数学、物理学、天文学、生物学等领域都有所成就。

1852 年，受西方传教士之邀，李善兰开始在上海墨海书馆参与翻译西书，与之合作的西方学者有伟烈亚力、艾约瑟、韦廉臣等。在短短七八年中，先后参与翻译的书籍有《几何原本》后九卷、《植物学》、《代微积拾级》、《代数学》、《谈天》、《重学》、《圆锥曲线说》、《奈端数理》等。在翻译过程中，李善兰还创译了大量的科学名词，沿用至今，如“微分学”、“积分学”、“方程式”、“代数学”、“几何学”、“植物学”、“细胞”等。他还运用所学原理进行研究，《火器真诀》就是用数学的方法研究弹道学的著名篇章。他将自己的数学研究成果辑刻为《则古昔斋算学》，内含数学著作 13 种。可以说，李善兰对西方科学的翻译与吸收，在西学东渐初始阶段发挥了重要的影响力。他自己也凭借对西方科技的精通，被京师同文馆聘为教习。

王韬（1828—1897），初名利宾，字紫诠，号仲弢，别号弢园老人，江苏苏州人。1849 年，王韬进入墨海书馆，参与翻译的西方书籍主要有《中西通书》、《格致新学提纲》、《西国天学源流》、《华英通商事略》等，合作者是艾约瑟和伟烈亚力。王韬还考究西学，另外编成了《西学图说》、《西学原始考》、《泰西著述考》等三部书。同治年间，他游历西方，主张变法自强，成长为著名的早期维新思想家。

1843—1895 年，教会又先后建立了十几家出版机构，比较有影响的有美华书馆、英华书院印书局、广学会等。广学会成立于 1887 年，第一任董事长是海关总税务司赫德，总干事先后为传教士韦廉臣和李提摩太，主要成员有慕维廉、艾约瑟、林乐知、丁韪良、李佳白等。除了发行《万国公报》等刊物之外，广学会编译出版了大量有关宗教、政治、科技、史地、法律、教育等方面的书籍，对康有为等维新派的影响较大。

随着洋务事业的次第兴办，清朝统治者认识到必须学习西方的机器制造知识和科学原理，才能更好地推动洋务事业的发展。于是，清政府开始重视西书的翻译。清政府创设的官办译书局，一般附设在洋务企业或新式学堂。江南制造总局翻译馆、京师同文馆、福州船政局、上海广方言馆等即是中国第一批自办的近代出版机构。其中出书最多、历时最久、影响最大的当属江南制造局翻译馆。

江南制造总局翻译处

1867年，徐寿向江南制造局会办沈宝靖、冯焌光提出翻译西书的重要性，并与华蘅芳、徐建寅与西方传教士傅兰雅、伟烈亚力、玛高温等开始合作译书，同时进行建馆筹备工作。两江总督曾国藩在审阅了徐寿、傅兰雅等翻译的《汽机发轫》、《运规约指》等书后，深表赞赏。1868年10月，他上奏清廷，请求开设翻译馆。曾国藩说："盖翻译一事，系制造之根本。洋人制器出于算学，其中奥妙皆有图说可寻，特以彼此文义扞格不通，故虽日习其器，究不明夫用器与制造之所以然。本年局中委员于翻译甚为究心，先后订请英国伟烈亚力、美国傅兰雅、玛高温三名专择有裨制造书详细翻出。现已译成《汽机发轫》、《汽机问答》、《运规约指》、《泰西采煤图说》四种。拟俟学馆建成，即选聪颖子弟随同学习，妥立课程，先从图说入手，切实研究，庶几物理融贯，不必假手洋人亦可引伸其说，另勒成书。"①曾国藩的奏陈得到清廷允准。

江南制造总局翻译馆是晚清时期影响最大的官办翻译机构。该馆译员由

① 《同治七年九月初二日调任直隶总督曾国藩折》，中国史学会主编：《洋务运动》(四)，上海人民出版社、上海书店出版社2000年版，第18页。

西方传教士和中国学者共同组成，约有59人。西方传教士有傅兰雅、金楷理、林乐知、伟烈亚力等9人。中国学者主要是在格致、算学、天文、医学等方面颇有造诣的科学家，徐寿、华蘅芳、徐建寅、舒高第、李凤苞、赵元益、王振声等人，是杰出的代表。译书采用西译中述的方式，即由外国学者口译，中国学者笔述。各译员译书多寡不同，如傅兰雅是在馆时间最长、译书最多的外国学者。徐寿曾说："各种书籍，傅先生所口译者十居六七。"①而且，傅兰雅在译书的选购、译书原则的制定等方面都有很大贡献。徐寿、华蘅芳、徐建寅、赵元益等也是翻译馆的骨干译员。他们为传播西方科技文化知识、推进西学东渐发挥了重要作用。

傅兰雅（1839—1928），原名John Fryer，出生于英国肯特郡海斯镇，英国圣公会传教士。1863年，他担任京师同文馆英文教习。1868年，任江南制造局翻译馆编译，是翻译馆第一个专职外国译员。他在馆时间长达28年，单独翻译或与人合译西方书籍多达77种、129部，占全馆译书总数的三分之一以上，是翻译西方书籍最多的在华外国人。1874年，他参与创办上海格致书院，创刊科学杂志《格致汇编》。清政府为表彰其为中国传播西学做出的重大贡献，曾授予他三品官衔。

徐寿（1818—1884），字雪村，江苏无锡人。中国近代著名的化学家，近代科学事业的先行者。他从小自学科技知识，以知识广博得到曾国藩的赏识，被聘为幕僚。他是江南制造总局翻译馆的首倡者。他翻译的化学书籍和工艺书籍主要有《化学鉴原》、《化学鉴原续编》、《化学鉴原补编》、《化学求质》、《化学求数》、《物体遇热改易记》。其子徐建寅译有《化学分原》等。通过翻译，他们父子比较系统地介绍了当时西方近代无机化学、有机化学、定性分析、定量分析、物理化学，以及化学实验的仪器和方法。徐寿在译书过程中编制的《化学材料中西名目表》、《西药大成中西名目表》，对化学知识在近代中国的传播发挥了重要作用。此外，徐寿在船炮枪弹方面还有多项发明。他根据书本知识和对外国轮船的实地考察，自主设计和制造出了以蒸汽为动力的木质轮船"黄鹄"号。该船是中国造船史上第一艘自己设计和制造的机动轮船。

华蘅芳（1833—1902），字若汀，江苏无锡人。中国近代著名的数学家，中国早期掌握和传播近代科技的代表人物。1861年被曾国藩提拔重用，与同乡

---

① 徐寿：《格致汇编序》，引自熊月之：《西学东渐与晚清社会》，上海人民出版社1994年版，第527页。

好友徐寿一起到安庆内军械所绘制机械图，并造出中国最早的轮船“黄鹄”号。他与外国人合译出版了12种171卷近代科技著作，内容广泛，涉及数学、地质学、矿物学、航海、气象、天文学诸多领域。他与傅兰雅合译了多种数学著作，较系统地介绍了近代西方的代数学、三角学、微积分。其中，《决疑数学》是中国第一部概率论译著。他在开方术、积较术、数根术研究方面也取得了重要成就，代表性著作有《数根术解》、《学算笔谈》等，后收入文集《行素轩算稿》。

京师同文馆也兼有译书职能。同文馆本是培养翻译人才的学校，但同时也担负着翻译西书的任务。为了让学生尽快掌握西方语言文字，同文馆一开始就从翻译着手训练学生，因此，翻译是同文馆学生的必修课。学生入馆掌握了基本语法后，都要翻译公文，并通过考试来检验。高年级学生则练习译书，译作如果质量较好，便正式出版。1876年，同文馆附设印书处，用聚珍版刊印译著，并将这些译著分送各省官府衙门，转发各地官员阅读。1886年，同文馆添设纂修官两员，由同文馆成绩突出的席淦、汪凤藻担任，负责对译成的书稿删校、润色，然后出版发行。

（二）翻译西书

在近代的图书出版机构中，所翻译出版的图书多是自然科学技术方面的著作。如江南制造总局翻译馆所译西书，一般都由清政府官员根据当时社会的需要来确定。洋务运动时期，军事、机器制造等为当务之急，译书以兵法和科技类为主。据徐维则《东西学书录》记载，到1899年，江南制造局翻译馆共出书126种。1909年，翻译馆译员陈洙所编《江南制造局译书提要》共收录书籍178种①。从数量上看，兵学、兵制类书籍所占比重较大，其次是工程技艺、自然科学技术及各国史地等。另外，江南制造局还根据英国版本翻译出版了许多地图、海道图和科技挂图。根据傅兰雅《江南制造总局翻译西书事略》记载，截至1879年，制造局翻译馆已翻译出版各种图册27种②。翻译馆出版的西书，有些被选作广方言馆的教材。甲午战争前后，随着中国人学习西方的日益深入，翻译馆也翻译出版了一些西方社会学、政治学等社会科学方面的书籍。

翻译西书作为西学输入中国的一个重要途径，对于中国传统文化的近代化意义重大。通过译书，近代数学、物理、化学、天文学、地质学、医学等学科知

① 由于记载、统计来源不一，学术界对于江南制造局翻译馆译书总数并无统一数据，有160种、186种、195种、199种等说法。

② 傅兰雅：《江南制造总局翻译西书事略》，张静庐辑注：《中国近代出版史料初编》，中华书局1957年版，第23页。

识被较为系统介绍到了中国。这既推动了中国近代科学技术的进步，也为日后中国建立近代科学体系做了必要的准备。

数学方面，通过翻译，西方的对数、解析几何和微积分等近代数学理论大量传入中国。数学家李善兰、华蘅芳的成就最为突出。李善兰与伟烈亚力合译的《几何原本》后 9 卷，加上他的《则古昔斋算学》13 种 24 卷，以及华蘅芳等译的《代数学》25 卷、《三角数理》12 卷、《微积溯源》8 卷、《代数难题解法》16 卷、《算式解法》14 卷、《决疑数学》（概率论）10 卷、《合数学》11 卷等，奠定了中国近代数学的基础。

化学方面，主要的译著有十余种，多为化学家徐寿所译。其中，《化学鉴原》、《化学鉴原续编》、《化学鉴原补编》、《化学考质》、《化学求数》等确立了大多数化学元素的名称和各种元素的性质，将有机化学、无机化学、定性分析、定量分析等近代化学知识较为系统地引入中国，奠定了中国近代化学的基础。

物理学方面，李善兰与艾约瑟合译的《重学》20 卷，详细介绍了力学的一般原理，并将牛顿力学三大定律首次介绍到中国。傅兰雅与徐建寅合译的《电学》10 卷，较全面地介绍了电学的研究对象、概念及有关规律。傅兰雅与王季烈合译的《通物电光》4 卷，第一次向中国人介绍了 X 光射线的生成和性质，及其在医疗方面的应用情况。该书还附有多幅 X 光透视照片，及时反映了当时最新的科技成就。

天文学方面，李善兰与伟烈亚力合译了英国赫歇尔的《谈天》，首次介绍了哥白尼学说。1874 年，徐建寅又加以增补，介绍了光行差、万有引力定律、太阳黑子理论、彗星轨道理论、恒星、行星、银河系等近代天文学知识。

此外，历史、地理、法律、医学、动物学、植物学、地质学等方面的一些书籍也被翻译过来。

江南制造局的译书在晚清流传甚广，影响很大。如《代数术》、《微积溯源》、《声学》、《化学鉴原》、《公法总论》、《防海新论》、《营城揭要》、《地学浅释》、《谈天》、《制火药法》、《水师操练》、《行军指要》、《铁甲丛谈》、《佐治刍言》、《西国政事汇编》等众多书籍，在近代都具有开创性意义。

一些书籍出版后，颇受清政府及军政大员的重视。总理衙门非常重视译书一事。1878 年，日本侵占琉球，海防问题突出，总理衙门饬令上海重印《防海新论》，并将该书颁发沿海各督抚，同时将以前咨送到京剩余的《防海新论》，寄交东三省，以作参考。李鸿章、刘坤一、丁日昌、李宗羲、丁宝桢、张之洞等人都曾阅读过江南制造局的译书[①]。康有为、梁启超等后来的维新人士，受翻译西书的影响更深。梁启超曾对江南制造局翻译馆的译书，做过如此评价："光绪间所为'新学家'者，欲求知识于域外，则以此为枕中鸿秘。"[②]

同文馆翻译西书较多的有丁韪良、毕利干、汪凤藻等。该馆所译西书主要是用作学生教材，译书的种类和数量较少，不到30部。大体说来，语言、辞书方面，有《汉法字汇》、《英文举隅》等；世界知识方面，有《万国公法》、《各国史略》、《法国律例》、《公法会通》、《公法便览》等；科技知识方面，有《格物入门》、《化学指南》、《化学阐原》、《格物测算》、《坤象究原》、《富国策》等。同文馆译书不仅数量较少，质量也稍有逊色。无论是版本的选择，译名的确定，还是译笔的流畅程度，都难以与江南制造总局翻译馆相比。

总之，江南制造局翻译馆、京师同文馆等作为清政府官办的译书机构，再加上西方传教士创办的出版机构，翻译出版了近代早期的一批西方自然科学技术和社会科学书籍。不可否认，这一时期，翻译的西书数量还非常有限，据梁启超《西学书目表》统计，到甲午战争前，译书还不到300部，且集中在军事、制造等方面。有的译书也较为肤浅，甚至存在不少错谬之处。但无论如何，这些译书的出现，开始改善了中国的图书结构，传播了与经史典籍迥然不同的近代科学知识，对中国近代科技的发展起了一定推动作用，并由此引起了人们思想观念的变化。

二、近代报刊的创办

中国近代报刊也是由外国传教士最先创办的。1815年，英国传教士马礼逊与米怜在马六甲创办了《察世俗每月统记传》，这是第一份具有近代意义的报刊。1833年，普鲁士传教士郭士立在广州创办了《东西洋考每月统记传》，这是在中国本土出版的第一份中文期刊。鸦片战争以后，外国人在治外法权的保护下，在中国的办报活动进入了一个新阶段。据统计，19世纪40—90年代，西方人在中国先后创办的中外文报刊约有170种，约占同期中国报刊总数的95%[③]。当时较有影响的报刊有《遐迩贯珍》(1853—1856，香港)、《六合丛谈》(1857—1858，上海)、《中外新报》(1858—1874，宁波)、《教会新报》(1868—

① 傅兰雅：《江南制造总局翻译西书事略》，张静庐辑注：《中国近代出版史料初编》，第14页。

② 梁启超：《清代学术概论》，上海古籍出版社1998年版，第97页。

③ 方汉奇：《中国近代报刊史》，山西教育出版社1981年版，第18页。

1874，上海）、《中西闻见录》（1872—1890，北京）等。

其中，《教会新报》于1874年改为《万国公报》，至1907年终刊。其间，1883—1889年曾停刊6年。1883年前为周刊，共出版450卷；1889年后为月刊，共出刊227册。主编由美国传教士林乐知担任，以林华书院的名义出版，由上海美华书馆负责印刷。该刊起初为宗教性质的刊物，后来成为英、美教会势力在上海成立的社团“广学会”的机关报，热衷于传播“西学”，逐渐侧重于刊登政治时事内容，介绍西方科学知识，涉及宗教、外交、政治、经济、文化、教育、妇女等诸多方面。1899年2月，《万国公报》最早把马克思以及他的《资本论》介绍到中国来。该刊实际发行时间长达28年，累计677卷册，每月销量约三四千份，是外国传教士所办中文报刊中历时最久、发行量最大、影响最广的报刊之一。

1876年，英国传教士傅兰雅在上海创办了《格致汇编》（月刊，英文名Chinese Scientific Magazine）。该刊以介绍声光化电等科学知识为主，是中国近代最早的以传播科学知识为宗旨的科学杂志。

除中文期刊外，西方人还创办了一批外文报纸，包括英、法、德、俄、日、葡等语种的报刊总数在120种以上[①]。如*North China Daily News*（1850—1951，上海，中文名《字林西报》）、*The Peking Tientsin Times*（1894年，天津，中文名《京津泰晤士报》）等。

《字林西报》由英国商人奚安门创办于1850年，有“英国官报”之称。初命名为《北华捷报》（*North China Herald*），1864年改名为《字林西报》，1951年3月停刊，先后出版达101年，是近代在中国出版时间最长、发行最广、影响最大的一份英文报纸。该报主要读者是外国在中国的外交官员、传教士和商人，曾发表大量干预中国内政的言论。

同时，外国人还创办了一批以中国人为读者对象的中文日报，如《申报》、《新闻报》等。《申报》由英国人美查于1872年在上海创办，《新闻报》1893年在上海创办，长期由美国人福开森主持。这两家报纸后来为中国人接办。其中，《申报》出版了78年，是在近代中国历史上出版时间最长的中文日报，记录了从清末到民国近八十年间政治、经济、军事、文化、社会各方面的情况，具有很高的史料价值，被称为“中国近现代史的百科全书”。

19世纪50年代起，一些受过西方教育、倾向于资本主义的中国知识分子

---

① 方汉奇：《中国近代报刊史》，第31—32页。

第一號

大清同治壬申三月二十三日

申報

英四月三十日

第一號

本館告白

今天下可傳之事甚多矣而湮沒不彰者比比皆是其故何歟蓋無好事者爲之紀載遂使奇聞逸事閴然無稱殊可嘆惜也溯自古今以來史記百家載籍極博山經地志紀述綦詳然所載皆前代之遺聞已往之故事且篇幅浩繁文辭高古非薄資力者不能有也非文人學士不能觀也至於稗官小說代有傳書若張華志博物干寶記搜神齊諧爲志怪之書虞初爲文章之選凡茲諸類均可流觀維其事或荒誕無稽其文皆典贍有則是僅能助儒者之清談未必爲雅俗所共賞求其紀述當今時事文則質而不俚事則簡而能詳上而學士大夫下及農工商賈皆能通曉者則莫如新聞紙之善矣新聞紙之製創自西人傳於中土向見香港唐字新聞體例甚善今仿其意設申報於上洋凡國家之政治風俗之變遷中外交涉之要務商賈貿易之利弊與夫一切可驚可愕可喜之事足以新人聽聞者靡不畢載務求其眞實無妄使觀者明白易曉不爲浮誇之辭不述荒唐之語庶幾留心時務者於此可以得其概而出謀生理者於此亦不至受其欺此新聞之作固大有益於天下也且夫天下至廣也其事亦至繁也而其人又散處不能相見也夫誰能遍覽而周知哉自新聞紙出而凡可傳之事無不遍播於天下矣自新聞紙出而世之覽者亦皆不出戶庭而知天下矣豈不善歟但是事爲創典例若初創或恐囿於方隅限於知識遺漏滋多尚希　四方君子進而教之匡其不逮實有厚望焉申報主人謹白

本館條例

取者新聞紙之設原欲以闢新奇廣聞見流佈四方者也使不事選擇採以擴我見聞復何貴兼觀華觀以待其新異是不可徒拘拘于一鄉一邑也茲本館特將條例開列于左如　貴客願賜教或欲觀者新惠顧一切爲幸

一本新報議價于上海各店零賣每張取錢八文各遠處發賣每張取錢十文本館躉賣每張取錢六文

一如有騷人韻士有願以短什長篇惠教者如天下各名區竹枝詞及長歌紀事之類概不取值

一如有名言讜論實有係乎國計民生地利水源之類者上關　皇朝經濟之需下知小民稼穡之苦附登斯報概不取酬

0001

《申报》创刊号

开始创办报刊。近代中国人自己创办的第一份报纸是1858年在香港出版的《中外新报》，伍廷芳曾经参与编辑工作。这之后，陆续创办的有《羊城采新实录》(1872，广州)、《昭文新报》(1873，汉口)、《循环日报》(1874，香港)、《汇报》(1874，上海)、《述报》(1884，广州)等，至甲午战前，约有十余家。其中以《循环日报》、《汇报》较有影响。《循环日报》是近代著名的思想家王韬创办的一份大型日报。王韬曾写下近千篇政论文章，抨击中国以文取士的科举制度，批判中国的政治体制。他还撰文介绍了英国的火车、电报局、洒水车，以及城市居民使用的自来水、煤气等公用设施，描述了英国国会下议院的开会场景。他提倡学习西方，主张发展民族资本主义，重视普及科学文化知识，对近代文化产生了一定影响。《汇报》是中国最早的留美学生容闳参加创办的，曾经和外国人所办的中文报纸进行过激烈的笔战。

综上所述，洋务运动时期，中外人士创办了一批中外文报刊，尽管办报的水平处于较低阶段，有些外国人主办的报刊明显具有传播宗教、干涉中国内政、为侵略张目等倾向性，但总体说来，它们在传播西学、开通民智、促进国人思想解放等方面仍然发挥了重要作用。

小　结

洋务运动时期，多数国人遵循的仍是传统的价值体系，传统的社会规范、伦理道德、思维方式依旧占据主流。为了应对太平天国和第二次鸦片战争之后的变局，清廷此时所采取的文化政策还是固守崇儒重道的传统，致力于恢复和强化儒家伦理秩序，比如采取了抬高程朱理学的地位、表彰忠孝节义、刊刻经史书籍等措施。这些政策在一定程度上得到了落实。

值得关注的是，这一时期，学习西法，引进西学，得到了官方的支持。比如设立新式学堂、派遣留学、译介西书、创办报刊等。在引进西学的过程中，清廷朝野上下存有严重分歧，产生了激烈的矛盾冲突。其中，"西学中源"、"中体西用"等论调，引人注目。尽管此时西学引进的成效还非常有限，主要局限在器物层面，多数洋务事业只是在东南沿海少数通商城市和地区实行，但"中体西用"论的提出，毕竟顺应了时代潮流，表现了中西之学会通融合、并行发展的近代特色。

历史文献

1.《同治六年二月十五日大学士倭仁折》，收入中国史学会主编：《洋务运动》(二)，上海人民出版社、上海书店出版社 2000 年版。

2. 曾国藩：《讨粤匪檄》，《曾国藩全集・诗文》，岳麓书社 1995 年版。

3. 冯桂芬：《制洋器议》，《校邠庐抗议》，上海书店出版社 2002 年版。

4. 志刚：《初使泰西记》，湖南人民出版社 1981 年版。

5. 王韬：《弢园文录外编》，中州古籍出版社 1998 年版。

6.[美]惠顿：《万国公法》，丁韪良译，上海书店出版社 2002 年版。

论著选读

1. 熊月之：《西学东渐与晚清社会》，上海人民出版社 1994 年版。

2. 丁伟志、陈崧：《中西体用之间》，中国社会科学出版社 1995 年版。

3.[美]芮玛丽：《同治中兴：中国保守主义的最后抵抗》，房德邻等译，中国社会科学出版社 2002 年版。

4. 钟叔河:《走向世界:近代中国知识分子考察西方的历史》,中华书局 1985 年版。

研究与讨论

1. 评价“中体西用”论。

2. 新旧教育之间的区别与联系。

第三章　戊戌新文化

甲午中日战争后，中国社会上演了一场颇有声势的维新变法运动。它既是政治改革运动，也是文化革新运动。经维新人士的倡导和组织，近代新式报刊、学会等大量涌现，西方资产阶级社会政治学说得到传播，社会风俗出现新的气象，中西方文化初步融合，产生了具有近代意义的文化形态。

第一节　甲午战争后中国文化的转变

甲午中日战争是中国近代文化史的重要转折点。战败给国人带来空前的灾难与无尽的忧愤，唤起了民族觉醒。有识之士纷纷行动起来，积极学习西方近代文化，师法邻邦日本，倡导变法维新。

一、近代文化自觉的起点

“文化自觉”是指一个民族站在世界历史高度对其自身文化的理性思考和创造性发展，是对民族精神的自觉反思和提升。中国近代较完整意义上的文化自觉始于中日甲午战争之后。

甲午战败，举国震惊，朝野上下弥漫着一股既沮丧无奈又愤懑不甘的情绪。割让台湾成为光绪皇帝心头挥之不去的伤痛，在他看来，“台割则天下人心皆去，朕何以为天下主?”[①]身为帝师与重臣的翁同龢,在战后连日与人讨论救国之策,由于无计可施,涕泗横集。士绅阶层的反应也异常强烈。1895年4月17日,《马关条约》签订。次日,郑孝胥在日记里写道:“闻之心胆欲腐。举朝皆亡国之臣,天下事岂可复问,惨哉!”[②]新科状元张謇仔细抄录了条约内容,不禁发出慨叹:“几罄中国之膏血,国体之得失无论矣。”[③]亡国之忧无时不在地笼罩于国人心头。

痛定思痛,国人开始自觉地反思自身,探索救亡之道。通过比较,光绪不得不承认,中国社会已是积弊重重,不仅落后于西方,甚至与日本也存在较大差距。他发奋要“坚苦一心,痛除积弊”。士大夫认识到形势之严峻,纷纷聚在一起商讨对策。张元济曾追叙当时的情形,“我们被日本打败,大家从睡梦里醒过来,觉得不能不改革了,丙申年前后,我们一部分同官经常在陶然亭聚会,谈论朝政。”[④]士人也不再安坐书斋,开始畅言时政。如章炳麟本在杭州诂经精舍随名儒俞樾研习朴学,在甲午战败的刺激下,他离开书院,赴上海参与《时务报》的撰稿工作,成为维新思想的宣传家。包天笑回忆道,中国战败的残酷事实令“潜藏在中国人心底里的民族思想”彻底发动起来[⑤]。这场战争对整个民族的冲击和影响,何启、胡礼垣曾总结说:“未之战也,千人醉而一人醒,则其醒者亦将哺糟啜醨,宜其醉无醒时也”,“一战而人皆醒矣,一战而人皆明矣。”[⑥]

文化自觉无疑是民族觉醒的重要方面。甲午战后,作为文化主体的士人行动起来,顺时应势,结成群体,承担起挽救民族命运的重任。因民族危机激发而出现的“公车上书”,是文化自觉的新形式。它与历代的士人结社不同。在性质上,士人结社,往往夹杂着朋党意气和传统的伦理主义;而公车上书,则是知识群体对民族前途理性思考后所达成的共识,属于近代爱国主义的范畴。他们不仅上书言事,代天下人请命,而且在上书之后,勇敢担当起启迪天下人的使命:“公车之人散而归乡里者,亦渐知天下大局之事,各省蒙昧启辟,实起点于斯举。”[⑦]在规模上,公车上书代表了群体而非个别人的意志。“1895 年以

---

① 《德宗景皇帝实录》卷三六六,光绪二十一年四月,新文丰出版公司影印本,第 2297 页。

② 劳祖德编:《郑孝胥日记》第 1 册,中华书局 1993 年版,第 482 页。

③ 张謇:《张謇日记》,《张謇全集》第 6 卷,江苏古籍出版社 1994 年版,第 371 页。

④ 张元济:《戊戌政变的回忆》,《新建设》一卷三期,第 18 页。

⑤ 包天笑:《钏影楼回忆录》,香港大华出版社 1971 年版,第 145 页。

⑥ 何启、胡礼垣:《新政始基》,《新政真诠——何启胡礼垣集》,辽宁人民出版社 1994 年版,第 183 页。

⑦ 梁启超:《戊戌政变记》附录一《改革起原》,《饮冰室合集》专集之一,中华书局 1989 年版,第 114 页。

后，中国官绅产生普遍醒觉，行动日渐积极，并扩大方向。”[①]近代意义上的政治变革和文化变革由此拉开帷幕。

二、“求变”成为共识

甲午战争后，“求变”已成为社会的共识，各阶层纷纷提出了具体的变法方案。

《马关条约》签订后不久，翰林院掌院学士麟书就向光绪呈进冯煦的《自强四端》，提出要行实政、求人才、经国用、恤民生。不过，与维新派不同，他明确反对维新人士学习西方、开设议院等主张，认为“自强之策不在战胜乎边圉，而在敬胜乎庙堂”[②]。同年，广东巡抚马丕瑶也上书，提出十条建议，即“圣学宜懋修”、“民心宜固结”、“言路宜广开”、“政务宜崇实”、“疆吏宜慎择”、“将才宜豫储”、“水师宜巡洋”、“陆师宜精练”、“使臣宜博访”、“华商宜保护”。除去广开言路、设立报馆一条外，其理念尚囿于洋务时期的“自强”层面。

在维新人士眼中，国难当头，变法已是无可替代的抉择。梁启超说：“法者天下之公器也，变者天下之公理也。大地既通，万国蒸蒸，日趋于上，大势相迫，非可阏制，变亦变，不变亦变。”[③]严复指出，如果继续墨守“以中国之纲常名教为原本，辅以诸国富强之术”的原则，是“盗西法之虚声，而沿中土之实弊”，根本不能扭转中国文化日趋边缘化的窘境[④]。他们认为，中国唯一的出路是改变旧有的制度和文化，“以自由为体，以民主为用”，全面学习西学。只有会通中西文化，建造一个新的文化体系，才能真正国富民强。

论不变法之害（节选）

梁启超

天下之为说者，动曰一劳永逸，此误人家国之言也。今夫人一日三食，苟有持说者曰：一食永饱，虽愚者犹知其不能也。以饱之后历数时而必饥，饥而必更求食也。今夫立法以治天下，则亦若是矣。法行十年，或数十年，或百年而必敝，敝而必更求变，天之道也。故一食而求永饱者必死，一劳而求永逸者必亡。今之为不变之说者，实则非真有见于新法之为民害也。夺

① 王尔敏：《中国近代思想史论》，社会科学文献出版社2003年版，第29页。

② 《光绪朝朱批奏折》第120辑，第605—622页。

③ 梁启超：《变法通议》，《饮冰室合集》文集之一，中华书局1989年版，第8页。

④ 严复：《救亡决论》，《严复集》第1册，中华书局1986年版，第48页。

毗成风，惮于兴作，但求免过，不求有功。又经世之学，素所未讲，内无宗主，相从吠声。听其言论，则日日痛哭，读其词章，则字字孤愤。扣其所以图存之道，则眙然无所为，对曰：天心而已，国运而已，无可为而已，委心袖手，以待覆亡。噫，吾不解其用心何在也。

要而论之，法者，天下之公器也；变者，天下之公理也。大地既通，万国蒸蒸，日趋于上，大势相迫，非可阏制。变亦变，不变亦变。变而变者，变之权操诸已，可以保国，可以保种，可以保教。不变而变者，变之权让诸人，束缚之，驰骤之。呜呼，则非吾所以敢言矣！是故变之途有四。其一如日本，自变者也；其二如突厥，他人执权而代变者也(埃及、高丽等国皆是)；其三如印度，见并于一国而代变者(越南、缅甸等国皆是)；其四如波兰，见分于诸国而代变者也。吉凶之故，去就无间，其何择焉？《诗》曰："嗟我兄弟，邦人诸友，莫肯念乱，谁无父母！"《传》曰："嫠妇不恤其纬，而忧宗周之陨，为将及焉。"此固四万万人之所同也。彼犹太之种，迫逐于欧东，非洲之奴，充斥于大地，呜呼！夫非犹是人类也欤！

(选自梁启超：《饮冰室合集》文集之一，中华书局 1989 年版，第 7—8 页)

就在朝野上下为如何变法争论不休之际，湖南的维新运动已悄然展开。1897 年 9 月，《知新报》发布《湖南时务学堂缘起》，提出设立学堂的目的在于振兴湖南，唯有"吾湘变，则中国变；吾湘立，则中国存。用可用之士气，开未开之民智"，应"广立学校，培植人材为自强本计"[①]。湖南巡抚陈宝箴在《招考示》中指出："国势之强弱，系乎人才；人才之消长，存乎学校。"[②]时务学堂成立后，陈任命熊希龄为提调，延请梁启超、李维格为中西学总教习。梁启超在时务学堂讲学期间，一方面借用《春秋》、《孟子》宣扬康有为的改制学说，另一方面勉励学生吸收西方的人文社会科学学说和自然科学知识。"诸生入堂，一面讲学，一面论政"[③]，思想因之解放。像后来的蔡锷、林圭、李炳寰、唐才质等都是毕业于时务学堂。同时，江标、唐才常等人还创办了《湘学报》，倡言维新，推动变法，对于湖南及外地的士人了解时务起了积极的作用。

---

① 《湖南时务学堂缘起》，《知新报》第 32 册，光绪二十三年九月初一日。

② 《陈中丞招考时务学堂示》，《湘学报》第 16 册，光绪二十三年八月二十一日。

③ 唐才质：《湖南时务学堂略志》，《湖南文史资料选辑》，湖南人民出版社 1961 年版，第 57 页。

除了培育新式人才、制造维新舆论外，湖南在政治、经济等领域也多有新的举措。巡抚陈宝箴采纳梁启超的建议，从整顿吏治入手，设立课吏馆，“使候补各员讲求居官事理，研习吏治刑名诸书”①。此外，陈宝箴、黄遵宪等人仿效西方资本主义国家的警察制度，筹设保卫局，维护当地民族资本的权益。陈宝箴还积极开发土地资源，鼓励创办实业，一批私人企业陆续出现，资本主义得到了一定发展。

在“求变”的过程中，士人的视野和知识结构也在发生变化。他们通过阅读西学书籍，发现了“四书五经”之外的另一个世界。如孙宝瑄于1895年初购得《中西纪事》和《万国史记》等书籍，通过翻阅，他对西方的议会制度有了一定程度的了解，对西方民权制度流露出效法之意：“泰西能扶植民权者，始于法兰西王腓立第四创民会也，而路易第十、腓立第五继之。夐绝哉，宜今日变法兴盛之暴也！”②此后，他又读了严复所译《天演论》的手稿本，世界观念由之一动。

甲午战后，中国朝野上下出现了要求变革的呼声。这场变革，已与古代的变法有根本不同，它不仅波及社会各个阶层，涉及各个领域，而且在性质上有根本性变化，近代资本主义新文化开始在中国生长出来。

三、以日本为师

甲午一战，让国人从迷梦中惊醒。人们在震惊、痛苦之余，认真思考日本取胜、中国失败的根源。

不少人认为，日本制胜的最大原因在于它更为彻底地学习西学，于是，效法日本，学习西学，被认为是救国的捷径。杨深秀认为日本之所以有如此进步，在于派遣聪明学生到西洋学习，于是他向光绪皇帝建言：“中华欲游学易成，必自日本始。”③康有为认为，日本之所以战胜中国，并非兵力强大所致，而是由于日本遍设学校，广蓄人才。张之洞也认为，日本富强的原因在于系统地学习西学，并极力主张中国以日本为师，派学生赴日本学习。他在《劝学篇》中特辟“游学”一章，大力倡导留学日本。他认为“游学之国，西洋不如东洋”，并举出留学日本的四项好处：第一，“路近省费，可多遣”；第二，“去华近，易考

---

① 《黄公度廉访会筹课吏馆详文》，《湘报》第11号，光绪二十四年二月二十六日。

② 孙宝瑄：《忘山庐日记》上册，上海古籍出版社1983年版，第76页。

③ 国家档案局明清档案馆编：《戊戌变法档案史料》，中华书局1958年版，第248页。

察”;第三,“东文近于中文,易通晓”;第四,“西书甚繁,凡西学不切要者,东人已删节而酌改之”,而且中日两国风俗相近,容易仿行[①]。张之洞的这种主张在当时很有代表性。

这样,经过甲午一战,日本由“蕞尔小国”一变而成为中国朝野人士积极学习的榜样。

1896年5月,清政府选派唐宝锷、韩寿南、朱光忠等13人留学日本,这是中国历史上第一批赴日留学的中国学生,他们破天荒地改变了此前主要由日本人到中国留学的历史。到1899年,中国留日学生已超过百人。20世纪初年,更是出现了赴日留学热潮。

与此同时,东文学校在国内次第设立。1896年,京师同文馆增设东文馆。此后,上海的东文学堂,福州的东文学堂,杭州的日文学堂,泉州的彰化学堂,天津的东文学堂,北京的东文学社,相继成立。至清末新政时期,无论沿海还是内地,几乎各类新式学堂都设有东文课程,日文教习也不断来华任教。

日文书籍的翻译和介绍也随之展开。1897年,梁启超等人在上海创办大同译书局,明确提出译书“以东文为主,而辅以西文”。罗振玉等在上海办农学社时,特意聘请日本学者翻译日文书籍。翻译日文书籍还得到一些士大夫的支持。如张之洞就在《劝学篇》中大谈翻译日书的好处,他认为“大率商贾市井,英文之用多;公牍条约,法文之用多。至各种西书之要者,日本皆已译之,我取径于东洋,力省效速,则东文之用多。……若学东洋文,译东洋书,则速而又速者也。是故从洋师不如通洋文,译西书不如译东书。”[②]甲午战后,日书中译数量激增。据不完全统计,从1896年至1911年,中国翻译的日文书籍有1014种左右,这个数字远远超过了此前半个世纪中国翻译西文书籍数总和。在引进书籍的类型上,较之战前,社会科学、史地书籍比重明显上升,应用科学及自然科学类相对减少。

伴随日文书籍的中译,新名词在中国开始传播开来。哲学社会科学方面的名词,如社会、政党、政策、民族、阶级、生产力等;自然科学、医学、艺术方面的名词,如科学、自然、物理、漫画、浪漫、内分泌、甲状腺等;日常用语,诸如古

---

① 张之洞:《劝学篇》,苑书义等主编:《张之洞全集》第12册,河北人民出版社1998年版,第9738页。

② 张之洞:《劝学篇》,苑书义等主编:《张之洞全集》第12册,河北人民出版社1998年版,第9745页。

典、社交、硕士、干部、农民等，这些新词或由日本人新创，或是日本人借鉴自中国洋务运动以前的译著，现在通过汉译的日籍，纷纷传入中国。语言的变化，常常连带着社会观念的调整、思维习惯的转换与文化氛围的更新。汉语复音词的增多、表达方式的演进、白话文的兴起，无不与日译新名词的引进息息相关。毫不夸张地说，新名词的涌入，是一次影响十分广泛、内涵极其丰富的文化传播①。

第二节　今文经学与康有为的变法主张

甲午战争前后，随着国内外形势的急剧变动，今文经学自身的学理也出现了变化，其思想指向和学术特点与以往有所不同。康有为援西学入儒学，借助今文经学宣传其变法主张，中国传统文化与西方近代文化融会在一起。

一、今文经学的进展

今文经学自道光年间以来，不断发展变化。光绪年间，今文经学活跃起来，并在光绪朝中后期达到高峰。

当时，今文经学对年轻士人呈现出前所未有的吸引力。不少人鉴于国事日下，不满于汉学、宋学的现状，转向今文经学寻找出路。叶德辉称："曩者光绪中叶，海内风尚公羊之学，后生晚进，莫不手先生（指龚自珍——引者注）书一编。"②1903年，张之洞曾回顾说："二十年来，都下经学讲《公羊》，文章讲龚定庵"，成为士林风气③。支伟成《清代朴学大师列传》在讲到潘祖荫对近代学风的影响时也说："同、光间，承龚、魏余风，今文经学盛行，许、郑之谊遂微。公益从而左右之。元和江标出其门，视学湘中，创设时务学堂，益务张'新周改制'之说，固清季学术变迁之一大关键也。"④受潘祖荫这样喜好公羊学的官员之影响，科场中出现了公羊学试题，一些书院也开始讲习今文经学。其中，王闿运、廖平、皮锡瑞是这一时期的代表人物。

王闿运（1833—1916），字壬秋，湖南湘潭人。因自署居所为"湘绮楼"，学者称之为湘绮先生。他治经尊今文，长于《公羊春秋》、《礼记》、《尚书》，好谈经

① 参考熊月之：《西学东渐与晚清社会》，上海人民出版社1994年版，第678页。
② 叶德辉：《龚定庵年谱外纪序》，《郎园北游文存》，1921年铅印本。
③ 张之洞：《学术》，《张文襄公诗集》卷四，1917年上海集益书局刻本。
④ 支伟成：《清代朴学大师列传》，岳麓书社1998年版，第346页。

世。他的代表性著作《尚书大传补注》、《春秋公羊传笺》等，明显带有兼采今古文的特点。他在经学史上的地位，与讲学有一定关系。光绪初年，王闿运主讲四川尊经书院，“终日为诸生讲说，多发明《公羊春秋》之义例”[①]，此为川省讲今文经学之始。1887年起，王闿运由川返湘，先后在长沙思贤讲舍、衡阳船山书院讲授今文经学，促进了今文经学在湖湘地区的传播。进入民国后，他曾担任国史馆馆长。

廖平(1852—1932)，字季平，四川井研人。早年入四川尊经书院，受王闿运影响，走上治今文经学的道路。廖平著述丰富，辑有《六译馆丛书》。他一生治经前后发生六次大的变化，以前两变影响较大。廖平第一变为由“混合古今”变为“平分今古”，代表作是《今古学考》。《今古学考》提出以礼制来划定今、古文经学的界限，使二者之间的区别更为明确。第二变以《辟刘篇》、《知圣篇》为代表，“尊今抑古”，以今文经学为孔子的嫡派，怀疑《周官》出于刘歆伪造，进而提出古文经起于刘歆作伪的论点。此说上承龚、魏，下启康有为，在晚清思想界影响广泛。

皮锡瑞(1850—1908)，字鹿门，湖南善化(今长沙市)人。因景仰西汉伏胜于《尚书》有功，署居室名为“师伏堂”，学者称“师伏先生”。光绪中叶，公羊学行于科场，为迎合考试，皮锡瑞开始留意今文经学，屡试不第后潜心著述讲学，曾主持湖南桂阳龙潭书院、江西南昌经训书院讲席。江右一向崇尚宋学，喜言性理，皮锡瑞在南昌宣讲今文经学前后达七年，致使当地学风有所改变。戊戌年间，他参加南学会，宣传变法，遭受党禁。皮锡瑞研究经学颇有成绩，在《今文尚书》和经学史研究方面尤为世人所重，刊有《师伏堂丛书》。

面对内忧外患的严峻形势，王闿运、廖平、皮锡瑞等人注重联系现实，以经学经世。受这种学风的影响，康有为将西方的进化、民权等学说注入到今文经学之中，提出了变法维新的主张。

二、康有为与《新学伪经考》、《孔子改制考》

康有为(1858—1927)，原名祖诒，字广厦，号长素，广东南海人。他自小在祖父督责下读经习史。18岁时，康有为师从朱次琦，钻研经世之学，以为“圣

---

① 王闿运:《湘绮楼日记》(二)，岳麓书社1997年版，第751页。

贤为必可期”，“天下为必可为”①。他曾研习汉学、心学及佛学，但这些学说并未令他感到满意。

康有为

1874年，康有为读到“《瀛环志略》、地球图，知万国之故、地球之理”，初步接触到比较浅显的西学知识。1879年，康有为与曾在北京任职的张鼎华相识，读了《西国近事汇编》、《环游地球新录》及其他几种介绍西方的书籍，了解到一些西学知识及当时方兴未艾的早期维新思潮，从而“尽知京朝风气，近时人才及各种新书”，乃“以经营天下为志”②。其后，他游历香港，亲身接触到西方资本主义文明成果，“乃始知西人治国有法度，不得以古旧之夷狄视之”③。1882年，康有为赴京乡试后南归，在上海江南制造总局翻译馆购得大批西学书籍，眼界进一步开阔。不过，此时的康有为在经学上仍崇奉古文，尚未转向今文。

1890年春，康有为与廖平在广州两度相会。康接受廖平的影响，确立了今文经学的立场。同时，他不断汲取新知，特别是读了严复所译的《天演论》手稿本后，对西方进化论有了一定了解。1890年之后的几年间，康有为借着在广州长兴里讲学的机会，大力培植维新力量。在弟子陈千秋、梁启超等人的协助下，康有为先后著成《新学伪经考》与《孔子改制考》。这两部作品，如同“思想界的大飓风”、“火山大爆发”，给当时的思想学术界以极为强烈的震撼。

《新学伪经考》初刊于1891年，包含《秦焚六经未尝亡缺考》、《史记经说足证伪经考》、《伪经传于通学成于郑玄考》、《伪经传授表》、《刘向经说足证伪经考》等14篇。其内容可概括为：“一，西汉经学，并无所谓古文者，凡古文皆刘歆伪作；二，秦焚书，并未厄及六经，汉十四博士所传，皆孔门足本，并无残缺；三，孔子时所用字，即秦汉间篆书，即以‘文’论，亦绝无今古之目；四，刘歆欲弥缝其作伪之迹，故校中秘书时，于一切古书多所羼乱；五，刘歆所以作伪经之

① 康有为：《康南海自编年谱》，中国史学会主编：《戊戌变法》（四），上海人民出版社、上海书店出版社2000年版，第112页。

② 康有为：《康南海自编年谱》，中国史学会主编：《戊戌变法》（四），第115页。

③ 康有为：《康南海自编年谱》，中国史学会主编：《戊戌变法》（四），第115页。

故，因欲佐莽篡汉，先谋湮乱孔子之微言大义。”[①]这里的“新”，不是新旧的“新”，而是指王莽篡汉以后建立的新朝；“新学”即指王莽“新朝之学”。这里的“伪经”是指古文经，即以古文书写的儒家六经。《新学伪经考》用经学家所擅长的考证方法，对经学典籍进行研究，认为自东汉以来的古文经学，出自刘歆的伪造，故古文经学实际是“伪经”。千百年来学人不断诵习的汉学著作，根本就是刘歆辅佐王莽篡夺汉朝政权的新朝之学，“凡后世所指目为‘汉学’者，皆贾、马、许、郑之学，乃‘新学’，非‘汉学’也”。在对古文经学及其代表人物刘歆、郑玄的系统批判中，康有为把今文经学和古文经学更加彻底地对立了起来，强烈地冲击了古文经学的正统权威。

《新学伪经考》序

康有为

始作伪，乱圣制者，自刘歆；布行伪经，篡孔统者，成于郑玄。阅二千年岁月日时之绵暧，聚百千万亿衿缨之问学，统二十朝王者礼乐制度之崇严，咸奉伪经为圣法，诵读尊信，奉持施行，违者以非圣无法论，亦无一人敢违者，亦无一人敢疑者。于是夺孔子之经以与周公，而抑孔子为传，于是扫孔子改制之圣法，而目为断烂朝报，六经颠倒，乱于非种，圣制埋瘗，沦于雺雾，天地反复，日月变色。以孔子天命大圣，岁载四百，地犹中夏，蒙难遘闵，乃至此极，岂不异哉！……然提圣法于既坠，明六经于暗曶，刘歆之伪不黜，孔子之道不著，吾虽孤微，乌可以已！窃怪二千年来，通人大儒，肩背相望，而咸为瞀惑，无一人焉发奸露覆，雪先圣之沉冤，出诸儒于云雾者，岂圣制赫暗有所待邪？不量棉薄，摧廓伪说，犁庭扫穴，魑魅奔逸，雺散阴豁，日爔星呀，冀以起亡经，翼圣制，其于孔子之道，庶几御侮云尔。

（选自汤志钧编：《康有为政论集》上册，中华书局1981年版，第92—93页）

《孔子改制考》是康有为的另一部重要理论著作，从1891年在广州长兴里讲学时开始撰写，直到1898年方才正式刊行。全书共21卷，约34万字。该书提出，孔子是变法改制的“素王”和“教主”。孔子之前的历史，是孔子出于救世改制的目的而假托的宣传品。儒学是由孔子创立的政教礼法体系，儒家的

---

① 梁启超：《清代学术概论》，《饮冰室合集》专集之三十四，中华书局1989年版，第56页。

“六经”也是孔子为了“托古改制”、宣传变法而创作出来的。康有为站在今文经学家的立场上，认为“六经”均是孔子所作，这就推翻了古文经学家信奉的孔子“述而不作”的说法，树立了一个“托古改制”的孔子形象。

在这两部著作中，康有为汲取今文经学“变”的哲学，糅合“三统”、“三世”学说，认为要救国、要太平，就要“变革”、“改制”。他一改古文经学偏重周公、崇《周礼》的做法，力尊孔子、崇《公羊》，将《公羊》的“升平世”，说成是《礼运》的“小康”，《公羊》的“太平世”，说成是《礼运》的“大同”，以为“今者中国已小康矣”，希望通过变法维新，逐渐达到他所向往的“大同”境界。康有为还把“三统”、“三世”之说与西学进行联系，提出“据乱世”就是西方的君主专制时代，“升平世”是君主立宪时代，“太平世”即民主共和时代。人类发展终将按照这个顺序来进行。他把一些西方的政治观念，如民权、议院、选举等附会到孔子思想中，便于更多人接受。

从学术史角度审视康氏的这两部著作，其论断多有违背史实之处。不过，康有为撰写这部书，主要是出于政治需要。他写《新学伪经考》，攻击新莽之学，指斥伪经，旨在驳难古文经学，打击保守派的“恪守祖训”，扫除变法维新的掣肘势力。他编纂《孔子改制考》，提出孔子“托古”是为了“改制”，孔子是“制法之王”，目的在于宣传变法思想。实际上两部书各有侧重。前者对古文经学发起挑战，使得人们不得不重新评估传统经典，重在“破”；后者则是在此基础上，阐发了康有为维新变法的主张及理论，起到了“立”的作用。可以说，康有为的《新学伪经考》和《孔子改制考》，是戊戌维新时期最重要的两部著作，是维新思想的理论基石。

三、康有为的变法思想

作为一名积极用世的学者，康有为的变法思想萌生较早。1888 年，康有为鉴于中法战争后帝国主义势力深入内地的现状，利用入京参加乡试的机会，第一次向光绪帝上书，请求变法，提出“变成法”、“通下情”、“慎左右”三点建议。但这次上书并未传到光绪帝手中。

从 1890 年起，康有为在广州万木草堂开馆讲学，一边建构其变法理论体系，一边培养维新变法的人才。陈千秋、梁启超、麦孟华、麦仲华、徐勤、何树龄、欧榘甲等先后入其门下，成为维新变法运动的重要力量。讲学期间，他在陈千秋、梁启超等的协助下，编写了《新学伪经考》和《孔子改制考》、《周礼伪证》、《孟子公羊学考》、《春秋董氏学》、《日本书目志》等十几部著作，从而奠定了其维新变法理论的基础。

甲午战争中国惨败，严重地刺痛了广大士人的爱国之心。1895 年 5 月，康有为趁入京应试的机会，联合各省应试举人上书请愿，发动了“公车上书”。在这次上书中，康有为力主反对《马关条约》，提出了“下诏鼓天下之气”、“迁都定天下之本”、“练兵强天下之势”、“变法成天下之治”等四点维新主张。同年5 月 29 日，康有为第三次上书光绪帝，提出了变法的步骤和“公车上书”的补充说明，强调自强雪耻之策在于富国、养民、教士、练兵。光绪帝读到了这份上书，下达了广举人才诏书。6 月 30 日，康有为第四次上书，吁请光绪帝“尊贤而尚功，保民而亲下”，并提出了具体方法：“立科以励智学”，“设议员以通下情”。他建议清廷鼓励创新，授予专利，并开设议院，广纳群言。然而，由于保守势力的阻挠，第四次上书与第一、二次上书一样，未能上达光绪帝手里。

1897 年 11 月，德国出兵强占中国的胶州湾。康有为敏锐觉察到列强开始瓜分中国，第五次上书光绪帝，力陈中国面临亡国的危机，提出了开国会、立宪法的建议。这次上书也未能递到光绪帝手中。1898 年 1 月，康有为向光绪帝递呈第六书。这是康有为历次上书中最重要的一书。在该书中，康有为提出了系统而具体的变法主张，建议光绪帝大誓群臣以定国是、开制度局以定新制。5 月，康有为又代御史杨深秀草拟《请定国是而明赏罚折》，代侍读学士徐致靖草拟《请明定国是疏》，要求光绪帝明定国是，立即开始变法。光绪帝接受建议，于 6 月 11 日颁布“定国是诏”，从而揭开了百日维新的大幕。变法期间，康有为得到召见，不断上书言事，并呈递《日本变政考》、《法国革命记》、《波兰分灭记》等书籍，积极推动了变法运动的开展。

由上可见，康有为变法思想的形成，经历了一个较长的过程。归结起来，他的变法思想包括五方面内容。

第一，强调变法的必要性与紧迫性。对于变法，康有为主张“大变”、“全变”、“速变”、“骤变”。针对中国百弊丛积的实际状况，他认为，鸦片战争以来中国的变法，仅仅是“变器”、“变事”，“少袭皮毛，未易骨髓”，无济于时局，因此要实行“大变”、“全变”。康有为的“速变”是针对列强的瓜分狂潮，中国面临鱼烂瓦解的情况，要求光绪帝迅速实行变法，决不能再徘徊迟疑。康有为的“骤变”是指变法必须要有雷霆霹雳之勇气，不能被通行数千年的旧制度和传统所牵制。也正是秉此初衷，康有为提出了建立“议郎”制、开设制度局、鼓励工商业、废除八股取士等一系列的政治主张。

第二，阐述了进化的历史观。1888 年以后，康有为在西学方面用力甚勤。

通过阅读西书，他对地质进化、生物进化等自然进化论有了一定程度的了解。同时，儒家传统中也不乏发展变化的观点，《易经》的“穷”、“变”、“通”、“久”说，孔子的“因”、“损”、“革”、“益”说，都是这一方面的精辟概括。而《公羊春秋》的三统三世说，对社会的变迁和演进则有更为详细的描述。正是以此为基础，康有为明确赋予儒学以进化论内涵。康有为提炼今文经学的变易思想，结合“通三统”、“张三世”学说，又杂糅西方片断的进化论思想，认为人类社会历史不是一成不变的，而是不断发展变化且向前进化的。他将社会历史的进化分为三个阶段，即据乱世、升平世、太平世，认为社会历史的发展就是沿着这三个阶段，由低级向高级发展。

第三，提倡民主思想。康有为采取托古改制的手法，热情讴歌尧、舜盛世为民主制度的典范，甚至断言，“孔子之道，务民义为先”。他对儒家经典做出了全新的解释，把资产阶级的民权、议院、选举、民主、平等等思想都附会在孔子身上，说是孔子所创。在康有为的著作中，孔子简直是资产阶级民主政治的提倡者。同时，他不忘批判君主专制体制，直斥专制君主为“民贼”。

第四，主张把儒学改造成宗教。在近代，中国人不断遭受到包括西方宗教在内的各种侵略，教案频发。康有为对此深有感触。同时，他又认为，中国落后的重要原因之一在于中国人道德衰退、人心不齐，缺少像西方基督教那样的宗教来整顿和团结人心。受到西方基督教的启发与影响，康有为决心把儒学改造为宗教，提出以孔子为教主，以儒家的“五经”为圣经，建立中国的近代宗教。他认为，惟其如此，才能上合天意，下齐民心，使儒学道统不衰，使中华民族不亡。1895 年 5 月，他在《上清帝第二书》中，明确将社会风气败坏的原因归结为“由于无教”，极力主张“令乡落淫祠，悉改为孔子庙，其各善堂、会馆俱令独祀孔子，庶以化导愚民，扶圣教而塞异端”①。1898 年刊布的《孔子改制考》，其主题之一即宣传纳儒入教思想：从孔子创教，论及托古改制；从“万世教主”，论及大同之世；从“三统三世”，论及当代政教，并对孔教的内容、形式、仪式都作了较为明确的规定。最能代表康有为主张设立孔教的文字，是他在百日维新期间呈递给光绪皇帝的《请商定教案法律，厘正科举文体，听天下乡邑增设文庙，并呈〈孔子改制考〉，以尊圣师保大教绝祸萌折》。该折主张：开设孔教会，以衍圣公为总理；由入会士庶公举督办、会办、乡办，分别管理各级孔教

① 康有为：《上清帝第二书》，姜义华、张荣华编校：《康有为全集》第 2 集，中国人民大学出版社 2007 年版，第 43 页。

会事务；皇上举行临雍之礼，令礼官司酌订尊崇之典；天下淫祠皆改为孔庙，士庶男女膜拜祭祀；选生员为乡县孔子庙祀生，专司讲学，日夜宣讲孔子忠爱仁恕之道[①]。该折将康有为的孔教主张陈于庙堂，使其纳儒入教活动大大向前发展了一步。

第五，宣扬大同学说。康有为的大同学说酝酿甚早，经历了一个漫长的时期。1884年所撰《礼运注》和1885—1887年所写《人类公理》，可以视作其大同学说的端倪。后来康不断充实和完善，到戊戌变法前夕，基本上构成了系统。具体说来，康有为把公羊学中的"三世说"与《礼记・礼运》篇的小康、大同说建立起一种对应关系。"公羊三世说"是将社会发展分成"据乱"、"升平"、"太平"三世，而《礼记・礼运》篇不是分三世，而是分成小康和大同两个阶段。他将《公羊》的"升平世"说成是《礼运》的"小康"，《公羊》的"太平世"说成是《礼运》的"大同"。康有为所构筑的"太平世"，就是"大同"社会，是一个体现人类最高理想的社会，是一个无剥削、无压迫、无君主、无邦国、人人平等的极乐世界，是一个物质文明和精神文明都高度发达、带有空想社会主义色彩的人间乐园。按照康有为的设计，秦统一以前为"据乱世"，通过变法改变君主专制社会，也就是"升平世"（小康），从而实现君主立宪的资本主义制度，即能"渐入大同之域"，为"太平世"。戊戌变法失败之后，康有为流亡海外，继续修正这一学说，写成《大同书》，最终形成"据乱世"—封建君主专制、"升平世"（小康）—君主立宪制、"太平世"（大同）—民主共和制的完整体系。康有为的大同学说"一方面打破了被历代君主奉为圭臬的"天不变道亦不变"的教条，为维新变法提供了理论依据；另一方面，他的所谓"三世说"历史进化论只承认渐变，反对进化过程中质的飞跃，属于庸俗进化论的范畴。

四、今古文经学之间的论争

甲午战争以后，借助今文经学、通过"托古改制"的方式来宣传变法思想，在维新人士中具有一定普遍性。

在康有为的影响下，他的弟子和信众梁启超等人，也借用今文经学宣传变法。梁启超先后撰写了《春秋公法学》、《春秋界说》等文，宣扬今文经学的观点。他主讲长沙时务学堂时，运用今文学观点讲授《公羊》、《孟子》等古书，并

---

① 康有为：《请商定教案法律折》，姜义华、张荣华编校：《康有为全集》第4集，中国人民大学出版社2007年版，第92—94页。

借以批答学生札记，培植维新变革的风气。梁启超在《史记货殖列传今义》一文中说："中国旧论每崇古而贱今，西人则不然，以谓愈上古则愈野蛮，愈晚近则愈文明。此实孔子三世之大义也。"[①]这些显然是遵循康有为的论调而发。唐才常也阐扬今文学说，其《公法学会序》就说："吾奚为而疾如是，此南海康君所以抚膺仲虺兼弱攻昧，取乱侮亡之旨，而悁悁然悲我中国之亡于自速也"。他还修改之前的文章，增入"厄于刘歆"等论说。康有为的弟子欧榘甲在澳门《知新报》上发表文章，提出"中国变法必自发明经学始"，对康有为的做法表示赞助。《知新报》上还刊发林旭所撰《春秋董氏学跋》，鼓吹康有为的孔子改制之说，认为"孔子为神明圣主，为改制教主，湮昒不彰久矣。《春秋》不明，三世不著，则后世以据乱为极轨，而无由知太平之治，中国遂二千年被暴君夷狄之祸耗矣！"[②]这些论说，对于宣传康有为的变法思想，起到了推动作用。

谭嗣同也以今文经学阐扬自己的观点。他虽无专门的经学著作，但他在《仁学》一书里宣称《春秋公羊传》是自己的思想来源之一，认定孔子托古改制，刘歆伪造古文经，并征引"三世"说，表明他今文经学的立场。今文经学家皮锡瑞尽管对康有为的一些学术论断并不认同，但甲午战后逐渐认识到变法的重要性。他在南学会多次演说，并在时务学堂讲经学义例，阐述《春秋》素王改制的思想，宣传维新变法。

维新人士借助中国固有的今文经学来宣传维新变法，传播了西学新知，促进了思想解放。但与此同时，由于他们把西学硬塞入经学之中，不可避免地出现牵强附会，这既影响了变法理论的可信度，又不合经学规范。持古文经学立场的朱一新、张之洞、王先谦、叶德辉、苏舆等人和持今文经学立场的康有为、梁启超、谭嗣同、皮锡瑞等人进行了论战。

这场论战发端于康有为、朱一新围绕今古文经学问题的论辩。1888年，张之洞在广州创办广雅书院，请朱一新主持讲席。稍晚，康有为也在广州设学收徒。康、朱二人遂有机会相互切磋问难。二人书信往还，围绕今古文经学的是非问题展开了辩论，同时涉及治学态度和现实政治问题。

张之洞"平生学术最恶公羊之学"[③]，他认为讲《公羊》后，流弊丛生，应当

---

① 梁启超：《史记货殖列传今义》，《饮冰室合集》文集之二，中华书局1989年版，第36页。

② 阙名：《论交涉》，麦仲华编：《皇朝经世文新编》卷十五上，沈云龙主编：《近代中国史料丛刊》正编第78辑，台北文海出版社1966年版，第1128、1130页。

③ 张之洞：《抱冰堂弟子记》，苑书义等主编：《张之洞全集》第12册，河北人民出版社1998年版，第10631页。

尽力防范。他曾希望康有为放弃《孔子改制考》，被康拒绝；又批评廖平，迫使廖改变学术观点。他给徐仁铸写信，斥责《湘学报》议论怪诞，不准《湘学报》在湖北发行。张之洞所著《劝学篇》一书，凡讲到与经学有关的地方，都站在古文学的立场上批评今文学。

王先谦、叶德辉也对康有为等人的经学观点持反对态度。王先谦是湖南知名士绅，拥有一定地方势力。他在维新运动期间曾致函湖南巡抚陈宝箴，要求对时务学堂进行改制，将讲授维新学说的人物尽行驱逐。他讥刺梁启超等人"自命西学通人，实皆康门谬种"，而谭嗣同、唐才常、樊锥、易鼐、皮锡瑞等人信口开河，使青年不知忠孝节义为何事[①]。叶德辉认为，康有为提出"刘歆造伪经"的观点，不过是拾前人之唾余，"其本旨只欲黜君权，伸民力，以快其恣睢之志，以发其傺侘不遇之悲"[②]。他还斥责康、梁等人的学说对中国固有的教化纲常，危害甚大，"其始倡言变法以乱政，其继阴乘变法而行教"[③]，表现出明显的文化保守倾向。

这一时期的今古文经学之争，既有学术因素，又带有浓厚的政治倾向性。在思想上，今文经学者多主张开新，要求变法。康有为在《上清帝第一书》里面就提出变法的思想。之后，他又阐发"穷则变，变则通"的古训，申说董仲舒"为政不调，甚者更张，乃可为理"的观点，代表了维新人士的政治理念。治古文经学者虽然在一定程度也赞同改革，但对变革纲常名教则十分敏感，甚至竭力反对。张之洞曾说："不可变者，伦纪也，非法制也；圣道也，非器械也；心术也，非工艺也……所谓道本者，三纲四维是也。若并此弃之，法未行而大乱作矣。"[④]梁鼎芬更是指斥康有为、梁启超等人利用邪教旗号，乘机煽乱，"名为讲学，实与会匪无异"[⑤]。

康有为鼓吹今文经学是希望借学术以行改制，张之洞等人则站在古文经学的立场上斥责康、梁等人是"异端邪说"。这场今古文之争，不仅仅是经学今、古两派的学术争论，同时也是新、旧势力在政治话语权上的争夺。

---

① 王先谦：《湘绅公呈》，《翼教丛编》卷五，台北文海出版社1966年版，第364页。

② 《叶吏部〈輶轩今语〉评》，《翼教丛编》卷四，第189页。

③ 《叶吏部〈长兴学记〉驳义》，《翼教丛编》卷四，第242页。

④ 张之洞：《劝学篇》，苑书义等主编：《张之洞全集》第12册，河北人民出版社1998年版，第9747—9749页。

⑤ 《梁节庵太史与王祭酒书》，《翼教丛编》卷六，第379页。

第三节　戊戌时期新文化的开展

新思想新文化的成长，有赖于建立广泛的社会基础和群众基础。维新人士通过建立学会组织，创办各种新式报刊，开展文艺革新运动，改良社会风俗，将西方的人文科学知识和维新思想传播开来。

一、学会组织的兴起

甲午战后，有识之士力谋变法自强。他们认为，自强需要相互联合，群策群力，共同讲求学术、普及知识。为此，除了“上书求变法于上”，还要“开会振风气于下”，创建学会组织。

戊戌时期的学会，首先出现在北京、上海等地。1895 年公车上书失败后，康有为、梁启超等人在北京筹议设立强学会。他们联络沈曾植、陈炽、袁世凯、杨锐、丁立钧等人，集会募捐，为办会做资金上的准备。同时选定宣武门外后孙公园作为会址。1895 年 11 月份强学书局的开设标志着强学会正式成立。由于考虑到回避朝廷结社立会的禁令，强学会对外多用“强学书局”的名义。

北京强学会成立后，便译印书籍、创办报刊，从事维新活动，宣传变法思想。不过，它的成员构成较为复杂，既有康有为、梁启超、麦孟华、陈炽、沈曾植、文廷式、杨锐等立场鲜明的维新人士，也有袁世凯、李鸿藻、张之洞这样身居要职，对康、梁等心存戒备的人。由于成员新旧混杂，目标不统一，1896 年 1 月，在守旧势力的干涉下，强学会被迫撤销，改为官办书局。

强学会正式成立之前，康有为于 1895 年 10 月离开北京，赴上海筹备成立上海强学会。他游说张之洞出资相助，得到其同意。1895 年 12 月，上海强学会在跑马场西首王家沙一号设会开局。随后，拟定了章程，提出要译印图书、刊布报纸、收藏图书、开博物院、制造机器等重要事项。章程特别强调要学习西方思想，把先进的自然科学知识和社会科学知识融合在一起。但随着 1896 年初北京强学会遭到封禁，上海强学会也被迫解散。

尽管北京、上海的强学会存在时间都不长，但兴学会的风气已逐渐开启，各种学会组织在全国各地陆续兴起。

1896 年，邹代钧、汪康年、陈三立等人在上海成立地理公会。该会提出要把所能见到的中文世界各国地图，均按照西人原图翻译印制。同时搜集国内分省地图，刊印发行。同年冬，罗振玉等人在上海成立务农会，提出以农学为富国之本。该会拟在农、圃、林、泽、畜牧、酿造六方面讲求新法，以购书、设学、设农场、设工厂、办赛会、办报刊为切入点。1897 年 5 月，该会创办《农学报》半月刊，次年改旬刊，至 1906 年 1 月停刊，共出 315 期。该会还译印了农学书籍百余种。

自 1897 年起，全国各地迎来一个办会高潮。1897 年 4 月，康有为联合唐景崧、岑春煊、蔡希邠等人在广西桂林成立两粤广仁善堂圣学会，打算搜抄西方政学、艺术图书及中国书籍中经世有用者，并购买天文地理等各种新式仪器，表现出对西学的重视。同月，唐才常、谭嗣同在湖南浏阳相继开办群萌学会、算学会，普及自然科学知识。同年 6 月，章太炎、董祖寿、连文澂等人在杭州发起成立兴浙会，后更名为兴浙学会。该会标榜经世之学和方舆之学，提倡体操，每月还印行《兴浙学会文编》一册。

北京、上海也陆续成立了新的学会。1897 年 9 月，寿富发起成立知耻学会。寿富是满洲镶蓝旗人，曾受业于张佩纶、张之洞，后与梁启超结识。他撰有《与八旗诸君子陈说时局大义启》，提出要深知国耻，主张购买图书，砥砺问学。作为满洲官员，其言行在官僚中引起震动。在上海，恽积勋、恽毓麟、陶湘、赵元益、董康等人成立译书公会，以采译各国切用书籍为宗旨，译印政治、学校、天文、舆地、光化、电气、矿物、商务、农学、军制各类书籍，并创办《译书公会报》，前后刊出 20 期。上海还成立了女学会，发起女子启蒙运动，提倡妇女教育，办有女学堂及《女学报》。

1898 年初，谭嗣同、唐才常等在湖南巡抚陈宝箴的支持下，于长沙成立南学会。该会以废八股、兴学校、修商政、饬农工为主旨。每周日宣讲一次，主要宣讲人有皮锡瑞、黄遵宪等。南学会办有《湘报》日刊，1898 年 2 月创刊，8 月停刊。另有《湘学新报》旬刊，创于 1897 年 4 月，亦为该会机关报，共出 12 期。由于该会带有一定的官方色彩，组织程度较高，对湖南维新运动的开展起到了重要的推进作用。

由于不少省份学会风气渐开，一些带有区域性质的学会先后成立。这些学会以乡谊为纽带，很好地联络了本省志士，进一步传播了维新思想。

1898 年 2 月，在北京的山西、陕西籍人士阎乃竹、宋伯鲁、李岳瑞等发起成立关西学会，提出要在“发明经训”的同时，学习西方和日本的文字语言、格致测算等知识。在四川成都，宋育仁、杨道南、吴之英等人发起成立蜀学会，以通经致用、扶持圣教为主旨，以集中讲习为入手之方。他们以省垣为总会，府厅州县为分会，每月集中讲习两次。该会以宋育仁所主持的尊经书院为中心，并办有《蜀学报》。

“胶州事变”发生后，正在北京准备参加会试的康有为口号各省成立学会，敦请大家组织起来，到各地宣传维新变法。开明官员李盛铎对康有为的做法表示支持，于1898年4月17日与康有为共同发起成立保国会，并立章程30条，提出“保国、保种、保教”的宗旨。保国会有北京、上海两个总会，在各地设立分会，推动维新事业的发展。受保国会的影响，北京迅速成立了保浙会（浙学会）、保滇会、湘学会等，成为各省维新人士聚会联络的场所。

据统计，1895—1898年，全国各地成立的学会至少有50个[①]。它们分布在13个省30多个城市，且有20多个设立在内地，从中不难看出新文化传播的规模。综观戊戌时期的学会，其组织者多为维新人士，具有鲜明的特色。

第一，学会体现了维新人士的“群学”观念。

康有为很早便开始研究人类公理问题，并提出要创办“地球公议院”，把全人类联合起来。认为“中国民气散而不聚，民心独而不群”，故泱泱大国常被小邦欺侮。严复在《天演论》中也指出，世界进化的过程，就是“能群者存，不群者灭”。群是万物发展的公理，是人类发展的正确方向。维新人士还通过对比中西方发展的实际情况，指出欧美各国之所以富强，根本原因在于他们选择了“群术”以治国，有较强的凝聚力；而中国民心松散，各自为战，“独而不群”，以“独术”治国，凝聚力较差。因此，必须要培育国人“合群”的观念。他们希望通过组织学会来改变士风，激发民众以国为重、舍己报国的思想。

第二，学会既有政治性的，也有学术性的，显示了新文化组织的多样性。

政治性色彩较浓的学会有广州农学会、北京强学会、上海强学会、武昌中国公会、浏阳群萌学会、杭州兴浙学会、长沙南学会、北京保国会、上海亚细亚协会、湖南长沙法律学会、北京保浙会、北京保滇会、北京湘学会、上海正气会等。而更多的如上海地图公会、上海译书公会、上海算学会、上海实学会、上海工商学会、桂林圣学会、无锡白话学会、上海中国女学会、长沙校经学会、浏阳算学会、湖南龙南致用学会、成都蜀学会、江苏中西学社、长沙学战会、江宁劝学会、上海务农会、海宁树艺会、威远农学会、瑞安务农会等，则或者偏重于文化，或者偏重于教育和技术。这些组织从政治思想、文化知识等不同方面推进了新文化的建设。

第三，学会展现出中学与西学、新学与旧学相互交融的特色。

---

① 参看闵杰：《戊戌学会考》，载《近代史研究》1995年第3期。

以纪年为例，康有为等人推孔子为教主，主张采用孔子纪年。他办《强学报》，记为“孔子卒后二千三百七十三年，光绪二十一年十一月二十八日”。受强学会的影响，关西学会于《学会规略》末书“孔子降生二千四百四十八年，大清光绪龙飞丁酉十二月”。但同时，部分学会接受西方七日一星期及星期日休假的习惯。如延年学会章程说：“定房、虚、昴、星为休息，遇休息日可请客、可游行。”法律学会章程也说：“本会以房、虚、昴、星为息游日。”南学会章程有：“讲期每月四次，遇房、虚、昴、星之日，即为讲论之期。”[①]房、虚、昴、星，是古代天文学中二十八宿的星野，且均正值西方礼拜日，这就把西方的观念同中国的传统知识结合了起来，促进了中国社会习俗的改革。

二、新式报刊的涌现

维新人士十分注重新式思想的传播。他们一方面采用上书的形式，向皇帝及上层官僚建言献策。另一方面，他们通过创办报刊，向民间普及和宣传新思想新文化，为维新变法制造舆论。

对于如何办报，维新人士认识上有一个变化。起初，他们以为变法“非自京师始，非自王公大臣始不可”，因此把办刊地址设在北京，对象也以朝廷大员为主。但一开始效果不佳，即便赠送，每日也不过“三千张开外”。随着维新运动的发展，维新派开始对报刊内容进行扩充，中外大事皆可见诸报端；受众面也发展至各类士绅、普通商贾、书院学堂学生等；影响范围日益扩大，由京师逐渐发展至上海、天津甚至更远的四川等地。维新报刊虽然形式不尽相同，但均以变法、启蒙为宗旨，以革新政治、富国强民为目标，贴近时代，深入人心。

维新派所办报刊，以《万国公报》在北京的创办为开端。1895 年 8 月，康有为在策划强学会时，接受陈炽的建议，创办《万国公报》。该报为双日刊，由康有为、麦孟华主笔。每册均刊发长文，其内容主要是阐发变法维新的主张，号召学习西方，谋求中国之自强。后因与传教士在上海所办刊物重名，于 1898 年 12 月更名为《中外纪闻》，改由梁启超、汪大燮为主笔，注重对西方政治制度、经济以及社会生活情况的介绍。《中外纪闻》仅仅出版了 18 期便被清政府所查封。

康有为组织上海强学会期间，同时着手办报。他令弟子徐勤、何树龄等来

① 见张玉法：《戊戌时期的学会运动》，载《历史研究》1998 年第 5 期。

梁启超

沪协助。1896年1月，上海强学会的机关报《强学报》出版。该报用孔子纪年，刊发上谕及政论文章。由于北京强学会遭封禁，上海强学会同命相连，《强学报》第3号尚未出版即宣告停刊[①]，历时仅十余天。

维新派并未动摇。1896年8月，黄遵宪、汪康年筹划的《时务报》在上海创刊。该报为旬刊，设有"论说"、"谕折"、"京外近事"、"域外报译"等栏目，推介西方论著，以"变法图存"为宗旨。受黄遵宪邀请，梁启超任《时务报》主笔。梁启超(1873—1929)，字卓如，又字仁甫；号任公，又号饮冰室主人，广东新会人。康有为的得意门生，维新变法的卓越宣传者与组织者之一，中国近代著名的政治活动家和启蒙思想家。他在《时务报》上发表了大量文章，鼓吹变法。其议论新颖，观点独到，文字晓畅明快，一时间风行宇内，《时务报》也随之名声大振。由于他的办报理念与汪康年、黄遵宪不尽相同，《时务报》内部逐渐出现分裂。梁启超出走湖南时务学堂。1898年8月，《时务报》停刊。

继《中外纪闻》、《强学报》、《时务报》之后，各种新式报刊如雨后春笋，次第出现，短短三四年中就出版了近40种[②]。这期间，较为重要的报刊还有：

《知新报》，1897年2月在澳门创刊，由康有为亲自领导，何廷光、康广仁总理其事，是维新人士在华南地区的重要机关报刊。该报栏目设置与《时务报》较为接近，有"论说"、"上谕"、"近事"、"译录西国近事"、"译录西国农学、矿政、商务、工艺、格致等报"，后有增删。其主要撰稿人，多为康有为弟子及亲属，如梁启超、徐勤、韩文举、康广仁、康同薇等。该报戊戌政变后仍继续出版，直至1901年1月第133册才停刊。

《湘学报》、《湘报》。前者于1897年4月在长沙创刊，本名《湘学新报》，后改名。该报由湖南学政江标发起，唐才常主事。该报受到《时务报》的影响，讲

---

① 学界有共出版三号说，见汤志钧：《戊戌变法史》(修订本)，上海社会科学院出版社2003年版，第196—203页。

② 据汤志钧《戊戌变法史》(修订本)第322—347页所收报刊统计。

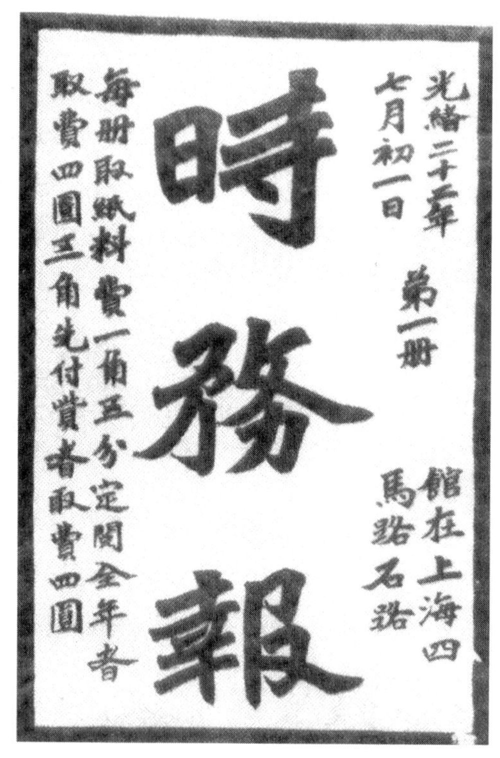

光緒二十二年
七月初一日
第一册
時務報
館在上海四
馬路石路
每册取紙料費一角五分定閱全年者
取費四圓五角先付費者取費四圓

《时务报》

求中西有用之学。栏目设置有“史学”、“掌故”、“舆地”、“算学”、“商学”、“交涉”等，内容丰富。巡抚陈宝箴认为该报对于启发民心、开阔人们的视野很有助益，曾命省内各州县订购。《湘学报》为旬刊，出版间隔时间较长，维新人士认为不符合“日新”之义，又于 1898 年 3 月创办《湘报》日刊，随时介绍最新的国内外时事政闻。谭嗣同、熊希龄、唐才常都曾担任该报主笔。该报还与时务学堂、南学会结合起来，共同推动湖南的维新运动。1898 年 8 月，《湘学报》、《湘报》先后停止刊行。

《经世报》，1897 年 8 月创刊于浙江杭州。该报为旬刊，由胡道南、童学琦创办，章炳麟、陈虬、宋恕为主笔。除杭州馆外，还设上海分馆，并在北京、天津、山东、福建、安徽、江苏等地销售。每期设“皇言”、“庶政”、“学政”、“农政”、“工政”、“商政”、“兵政”、“交涉”、“中外近事”、“格致”、“通人著述”、“本馆论说”等栏目。该报大量刊载国内外大事和思想学说，翻译各类国外报章杂志，并依托古制，宣传变法，影响颇大，出至第 16 册停刊。

《国闻报》，1897 年 10 月在天津创刊，由严复、王修植和夏曾佑等人主事。该报为日刊，每天两张，内容有上谕、直隶制台辕门钞、路透电报、社论、全国新闻、地方新闻及外国新闻等。其宗旨是要通上下之情、中外之情，希望通过全面介绍国内外的变化来促进民智渐开，从而更为清晰地认识自己和世界。由于内容丰富，切中时弊，《国闻报》很快成为一份重要的维新报刊。不久，严复又主编了《国闻汇编》旬刊，于 1897 年 12 月出版，前后印行 6 册。《天演论》即首先发表在《国闻汇编》的第 2 册。

《蜀学报》，1898 年 5 月创刊于成都。该报由尊经书院山长宋育仁总理其事，杨道南、吴之英协理，廖平任总纂。初为半月刊，后改旬刊，共出 12 册。该报为蜀学会同人办理，“意在昌明蜀学，开通邻省”，具有鲜明的地域特色。

戊戌时期较有影响的还有《福报》《农学报》《富强报》《实学报》《求是报》《译书公会报》《渝报》《岭学报》《无锡白话报》《昌言报》等报刊，它们遍布在福州、上海、苏州、无锡、杭州、温州、成都、重庆、太原、桂林、广州、南昌等地，波及面颇广。此外，中国人在海外也创办了一些具有维新色彩的报刊，如在日本神户发行的《东亚报》、在吉隆坡创刊的《广时务报》、在新加坡出版的《天南新报》等。

维新人士创办的报刊种类繁多，从议论时政、谈论学术、讲求变法到宣传科技、介绍西学等，可谓无所不包。这些报刊唤起了人们的忧患意识，宣传了维新变法观念，介绍和传播了西方新思想新文化，促进了士人向新式知识分子的转变，推进了近代中国的文化转型。

三、社会政治学说的译介

甲午战后翻译西文或东文书籍的明显特点，就是人文社会科学类著作所占比重大幅上升。如美国人林乐知译编的《中东战纪本末》《文学兴国策》，李提摩太的《百年一觉》《时事新论》以及慕维廉的《格致新机》等，都是在这一时期出版发行的。在众多译作中，较负盛名的当属李提摩太译的《泰西新史揽要》与严复译的《天演论》。

李提摩太(Timothy Richard，1845—1919)，英国人。1869 年毕业于威尔士的一所神学院，同年成为浸礼会牧师，来华传教。他先后在山东、山西、直隶等地进行传教，并传播西方自然科学、社会科学知识，与李鸿章、翁同龢、左宗棠、康有为、梁启超等都有接触。李提摩太在华生活达 45 年之久，对中国社会有较为深入的了解。

《泰西新史揽要》是李提摩太最重要的译作之一,也是晚清时期中译西方历史书籍中销量较大、影响较广的一部。此书原著者是英国人麦肯西,1889年在伦敦出版。李提摩太于1893年开始翻译该书,蔡尔康协助他述成中文,1895年出版。该书又名《泰西第十九周年大事记》,凡24卷,分8册,叙述了19世纪欧美各国的发展史,涉及内容十分广泛,对于英、法、德、奥、俄、意等各国历史沿革、战争历程、政体演变、科技发明、物产人口、风俗习惯等,均有叙述。该书之所以能够于晚清风靡一时,最重要的原因还在于书中所宣扬的"变通观"和"进化论"学说,引起了时人特别是维新人士的兴趣。

该书对西方各国兴利除弊、变法图强的历史有较为详细的叙述。有关英国的部分,专门介绍了英国政府的各项新政。如,第5卷《改制度》和第6卷《英除积弊》,涉及改制度后情形、准百工设立公所、整顿学校、改立城市新章、删改刑律、宰相退位、推广公举之法等。第9卷《郅治之隆》,列举了英国成为世界第一强国的各种新政策、新发明和新创造。书中还介绍了英国1832年改革法案通过的经过,强调这一改革使"昔日英民举官之权全不均平","今则一一厘正,必公必平";详述了议会改革后英国逐步革除积弊,实现工业革命,达到"郅治之隆"的历史。总之,该书字里行间都传递着一种信息:一个国家和民族,只要不甘落后,奋发图强,就一定能由弱小变强大,由愚昧变文明,由专制变民主,这对于当时的中国人颇有启迪意义。

严复(1854—1921),字又陵,又字几道,福建侯官人,近代著名的翻译家和思想家。他肄业于福州船政学堂,于1877年赴英国留学,入格林尼治海军大学。两年后严复学成归国,任福州船政学堂教习。甲午之后,他在天津《直报》发表《原强》等一系列文章,疾呼变法救亡,批判专制主义,在思想界引起震动。综其一生,他最重要的成就莫过于翻译和介绍西方社会科学著作。

《天演论》是严复代表性译作之一。《天演论》英文书名直译应为《进化论与伦理学》,作者是英国博物学家赫胥黎。其基本观点是:自然界的生物不是万古不变,而是不断进化的;进化的原因在于"物竞天择","物竞"就是生存竞争,"天择"就是自然选择;这一原理同样适用于人类,不过人类文明越发展,适于生存的人们就越是那些伦理上最优秀的人。进化论的基础是达尔文在《物种起源》一书中奠定的,赫胥黎对此思想进行了阐发。

严复翻译《天演论》,并不是纯粹直译,而是兼有议论与发挥。他将《天演论》导论分为18篇,正文有17篇,分别冠以篇名,并对其中28篇加上按语,有些按语甚至比原文还长。在这些按语中,严复简介了进化论学说的源流、达尔

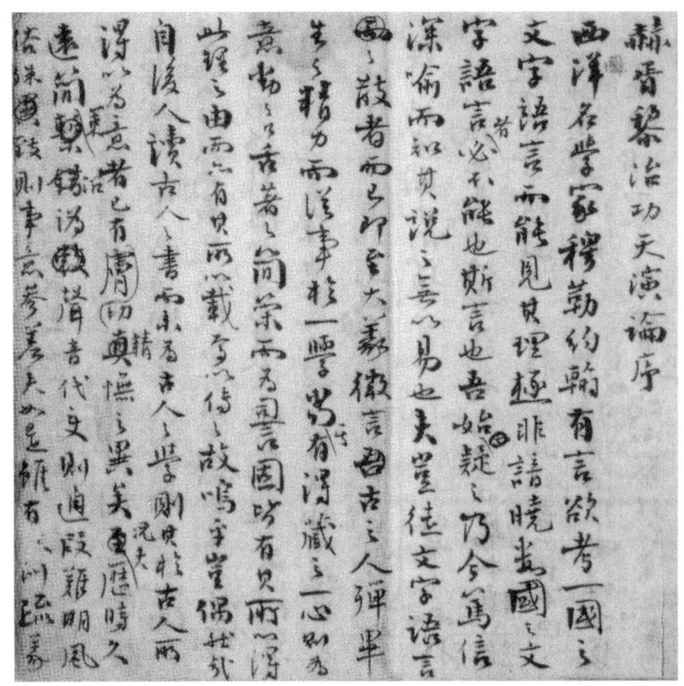

赫胥黎治功天演論序

西洋名學家穆勒約翰有言欲考一國之

文字語言而能見其理極非諳曉數國之文

字語言者必不能也斯言也吾始疑之乃今篤信

深喻而知其說之無以易也夫豈徒文字語言

严复译《天演论》手稿

文和赫胥黎等人的生平及其学术概况，对中西学术间的异同略作比较，就赫胥黎与斯宾塞两人的学术短长加以品评。十分可贵的是，严复在阐述进化论的同时，联系中国自身实际，向人们提出不振作自强就会亡国灭种的警告。严复在按语中指出，植物、动物界都不乏生存竞争、适者生存、不适者淘汰的例子，人类亦然。人类竞争，其胜负不在人数之多寡，而在其种其力之强弱，美洲红人、澳洲黑种等土著居民，皆因外族入侵，人数大量减少。面对当时中国的民族危机，严复大声疾呼，中国若仍旧妄自尊大，株守华夏中心主义，就会沦为他人砧板之肉，导致亡国灭种。《天演论》告诉国人危机四伏，但又不是无所作为的悲观主义，他启示人们，中国目前虽弱，但仍有挽救之法，即奋力竞争，转弱为强。

严复自 1895 年始全力翻译《天演论》，毕三年之功，于 1898 年完成并正式出版。此时恰逢甲午战后，民族危机空前深重、维新变法持续高涨之际，《天演论》刚一问世，“物竞天择”的观念一经传播，便引起思想界强烈的反响。吴汝纶看到《天演论》译稿后，赞不绝口，认定自中国翻译西书以来，无此宏制。梁启超读到《天演论》译稿，未待其出版，便加以借鉴，根据其思想撰写文章。康有为亦然。他看过译稿后，自认从未见过如此之人，此书“为中国西学第一者也”。进入 20 世纪后，《天演论》的影响进一步扩大。书中的“天演”、“物竞”、“天择”、“淘汰”、“适者生存”等新名词充斥报刊，成为最时髦的文字，成为一般爱国人士的口头禅。鲁迅在学生时代即被《天演论》所深深吸引，“一有闲空，就照例地吃侉饼、花生米、辣椒，看《天演论》”①。少年胡适更是参考“适者生存”之意，取名为“胡适之”。《天演论》深深地影响了几代中国人，这不能不归功于严复的翻译。

在经历了甲午战争的沉重打击后，国人急需寻求救国之策。此时李提摩太、严复等人将西方的变通观念、进化论介绍到中国，用“兴利除弊”、“任人为治”、“物竞天择”等思想来激励国人，对整个社会起了振聋发聩的作用。特别是进化思想，给当时康、梁等人的政治主张提供了最坚实的理论基石。

四、文艺革新运动

在文艺领域，受西方近代新文化的影响，“诗界革命”、“小说界革命”、“戏剧改良”、“文体革命”相继而起。

梁启超、谭嗣同、夏曾佑等人早在 1895 年秋冬之际，经常在北京讨论诗歌革新问题并创作不少“新诗”。后来，梁启超去《时务报》工作，一度中断了对诗歌的探索，但由夏、谭所代表的“新学诗”却产生了。这可视为“诗界革命”的开端。1899 年底，梁启超在《夏威夷游记》(亦名《汗漫录》)中正式提出了“诗界革命”的问题，并试作“新诗”。梁启超在《饮冰室诗话》中曾对“诗界革命”做出概括。他说，“堆积满纸新名词”不能算革命，“能以旧风格含新意境，斯可以举革命之实矣。”新意境，就是要反映新事物、新思想，对传统诗歌的内容和语言加以改革。梁氏还特意为“诗界革命”提出纲领性口号，即“欲为诗界之哥伦布、玛赛郎，不可不备三长：第一要新意境，第二要新诗句，而又须以古人之风格入之，然后成其为诗。”②黄遵宪以其古朴风格兼含新意境的创作手法成为梁启超心目中“诗界之哥伦布、玛赛郎”的不二人选，梁赞扬说：“时彦中能为诗人之诗而锐意欲造新国者，莫如黄公度。”③

---

① 鲁迅：《朝花夕拾·琐记》，《鲁迅全集》第 2 卷，人民文学出版社 2005 年版，第 306 页。

② 梁启超：《夏威夷游记》，《饮冰室合集》专集之二十二，中华书局 1989 年版，第 189 页。

③ 梁启超：《夏威夷游记》，《饮冰室合集》专集之二十二，中华书局 1989 年版，第 189 页。

与“诗界革命”相比，“小说界革命”则来得更为猛烈。以 1897 年严复、夏曾佑的《〈国闻报〉附印说部缘起》一文为滥觞，至 20 世纪初年，维新人士发表了大量小说理论文章，其中以梁启超的《论小说与群治之关系》最具代表性。他们关于革新小说的理论，受到欧洲文学观念的深刻影响，归结起来有如下几点：(一)提高小说的社会地位，把它从“稗官野史”的地位解放出来，尊为“文学之上乘”；(二)重视小说的社会作用，认为“小说有不可思议之力支配人道”，要救国就要从改良小说开始；(三)强调小说为“改良社会，开通民智”服务，提出创作小说要能适合于“社会之情状”、“国民之脑性”，翻译小说必须择“有切于今日中国时局者”；(四)阐述作为文学作品的小说与科学著作的区别，指出小说具有形象、虚构和细节描写等特点，并涉及现实主义和浪漫主义创作方法等问题。维新人士发动的这场声势颇大的“小说界革命”运动，使小说创作和翻译繁荣起来，自甲午战后至辛亥革命期间，许多文学刊物如《指南报》、《游戏报》、《新小说》、《绣像小说》等相继出版，创作和翻译的小说约达1 300余种。

与小说在传统文学中的地位相近，戏剧也不能登大雅之堂。到了戊戌时期，它的地位开始逐渐上升。维新人士很重视戏剧的社会作用，甚至认为戏剧比小说的作用更大，“虽聋得见，虽盲可闻”，“欲无老无幼，无上无下，人人能有国家思想，而受其感化力者，舍戏剧末由”。戏剧改良的提倡，影响及于京剧、川剧、粤剧等一些剧种，在舞台上涌现出一批宣传爱国思想、改良民风民俗的剧目。

与此同时，散文的发展也进入了一个新阶段。梁启超提出过“文体革命”，这是因为宣传变法维新的政论文章需要冲破桐城派等传统古文的束缚，创出一种新体散文。1896 年，梁启超担任《时务报》主笔，他用极富灵性的笔，写出了《变法通议》、《波兰灭亡记》、《论中国积弱由于防弊》、《古议院考》等风格明快，见解新颖，充满情感的篇章，不同于旧文体刻板的形式和古雅的风格，读之令人振奋。这种新体散文被称作“新文体”，其特点是“务为平易畅达，时杂以俚语、韵语及外国语法，纵笔所至不检束”，而“条理明晰，笔锋常带感情，对于读者别具一种魔力”。如梁启超的《少年中国说》这样写道：“故今日之责任，不在他人，而全在我少年。少年智则国智，少年富则国富，少年强则国强，少年独立则国独立，少年自由则国自由，少年进步则国进步，少年胜于欧洲，则国胜于欧洲，少年雄于地球，则国雄于地球。”语句形成排比，富有节奏，铿锵有力，朗朗上口。康有为的政论文章也是感情充沛，气势磅礴。他在《强学会序》一文中，劈头一段即痛陈中华民族正面临“俄北瞰，英西睒，法南瞵，日东眈”这样危机四伏的险境，让人们认识到“居地球守旧之国，盖已无一瓦全者”的道理。而国人却依旧不思进取,“政务防弊而不务兴利,吏知奉法而不知审时,士主考古而不主通今,民能守旧而不能行远”,倘不改革,则“吾为突厥、黑人不远矣”。其行文激情澎湃,富有感染力与说服力很强。新文体风靡一时,影响颇大,为晚清文体解放开辟出一条新路。

文学改革的目标不仅是变更内容,也要求形式的创新。提倡言文合一而出现的白话文运动,是这一改革的表现。1887 年,黄遵宪在《日本国志》一书中提出“语言文字复合”的观点,他认为未来会产生一种新的文体,“适用于今,通行于俗”,而不像文言古体,文字与语言相分离,不甚实用。“欲令天下之农工商贾、妇女幼稚皆能通文字之用,其不得不于此求一简易之法”[①]。他的这些意见后来为梁启超所接受。1896 年,梁启超撰《沈氏音书序》,对“中国文字,能达于上,不能逮于下”的状况表示忧虑。特别是面对维新思想宣传过程中面临的开民智的问题,更让他觉得写作时应当“专用俚语,广著群书。上之可以借阐圣教,下之可以杂述史事,近之可以激发国耻,远之可以旁及彝情”[②]。于是,一场语言革新浪潮初现端倪。1897 年 11 月,《演义白话报》在上海创刊。该报第一号《白话报小引》中说:“中国人要想发奋立志,不吃人亏,必须讲究外洋情形,天下大势,必须看报。要想看报,必须从白话起头,方才明明白白。”1898 年 5 月,裘廷梁创办《无锡白话报》(五期以后改名为《中国官音白话报》),发表了《论白话为维新之本》一文,明确为维新变法制造舆论,扩大新思想的传播。他提出,写作应当“崇白话而废文言”,因为使用白话有诸多益处:一曰省日力、二曰除骄气、三曰免枉读、四曰保圣教、五曰便幼学、六曰炼心力、七曰少弃才、八曰便贫民。当然最根本的,是因为“愚天下之具,莫文言若;智天下之具,莫白话若”[③]。这一时期的白话文改革,实际上为民初白话文运动做了铺垫。

第四节 戊戌维新思潮的高涨

戊戌维新思潮兴起于甲午战争之后,在 1898 年达到高潮,延续到 20 世纪

① 黄遵宪:《日本国志・学术志二》,陈铮编:《黄遵宪全集》下册,中华书局 2005 年版,第 1420 页。

② 梁启超:《变法通议・论幼学》,《饮冰室合集》文集之一,中华书局 1989 年版,第 54 页。

③ 裘廷梁:《论白话为维新之本》,载《中国近代文学大系》文学理论集 1,上海书店出版社 1995 年版,第 86 页。

初年。用资产阶级的民族、民主思想来进行社会启蒙，开展维新变法和救亡图存，是贯穿戊戌思潮的主调。

一、戊戌维新思潮

戊戌维新思潮与甲午战前的早期维新思潮存在历史渊源关系。

早期维新思潮是从洋务思潮母体中孕育而出的。随着洋务运动的深入发展，一部分先进人物开始批评运动中的诸多弊端，反思在学习西方时的缺陷，进而提出继续深化改革的要求。这些主张逐步汇聚成了早期的维新思潮。它的代表人物主要有郭嵩焘、王韬、郑观应、薛福成、马建忠、何启、胡礼垣、陈炽、陈虬等。

概括来讲，早期维新思潮的思想特色主要体现在两个方面。第一是主张护商富民，支持商办企业。早在19世纪70年代，王韬就呼吁"官办不如商办"，希望清政府大力扶植本国商人，与西商争利，商富而后国富[①]。薛福成指出，为了振兴商务，必须彻底整顿官督商办的公司组织，鼓励民间成立公司，"听其报名于官，自成一局"，"有能招商股自成公司者，宜察其才而假以事权，课其效而加之优奖，创办三年之内，酌减税额以示招徕"[②]。这些言论反映出新生的民族资产阶级要求提高自身社会地位，保障自身权益的强烈愿望。第二是主张君民共主，实行议院制度。若想民族资本主义经济得以较快发展，与之配套的政治体制必不可少，于是进行制度改革成为早期维新人物的政治诉求。70年代中期，郭嵩焘就指出"西洋立国有本有末，其本在朝廷政教，其末在商贾，造船、制器，相辅以益其强，又末中之一节也"。有鉴于此，他认为"如练兵、制器、理财，数者皆末也，至言其本则用人而已矣"[③]。郑观应更是明确倡导君民共主、建立议院制度，"君主者权偏于上，民主者权偏于下，君民共主者权得其平"，中国"苟欲安内攘外，君国子民持公法以永保太平之局，其必自设立议院始矣！"[④]身居香港的何启、胡礼垣更进一步，在《新政论议》中提出了在中国设立议院的具体方案。此外，早期维新思潮还就改革科举制度、破除社

---

① 王韬：《论宜设商局以旺商务》，《万国公报》第49册。

② 薛福成：《筹洋刍议·商政》，丁凤麟、王欣之编：《薛福成选集》，上海人民出版社1987年版，第542页。

③ 郭嵩焘：《条议海防事宜》，《郭嵩焘奏稿》，岳麓书社1983年版，第344—345页。

④ 郑观应：《盛世危言·议院上》，夏东元编：《郑观应集》上册，上海人民出版社1982年版，第314页。

会陋俗等方面发表了不少有益的看法。

早期维新思潮的许多思想主张为后来的戊戌新文化的传播做了准备，为戊戌维新思潮的兴起做了铺垫。

戊戌维新思潮形成于民族存亡绝续的急迫危局之下。为解决中国面临的重大问题，维新人士广泛吸收西方学说，进行改造和创新，形成了自己的理论体系，使得这股思潮内容丰富，观点新颖，现实性更强。

第一，批判专制制度，提倡民权、平等思想。

维新人士对专制制度进行了激烈的批判。1895 年，严复在天津《直报》上发表《辟韩》一文，借驳斥唐代文豪韩愈的观点来批评现实。韩愈曾撰《原道》一文，对儒家纲常伦理和等级制度加以肯定。严复认为，韩愈的说法是“知有一人而不知有亿兆也”。他提出，人类社会本无君、臣、民等群体的划分，更无等级观念，只是由于人们之间渐生各类争端，为保证和睦稳定，才公推“公且贤者，立而为君”。他引用西人理论说：“国者，斯民之公产也，王侯将相者，通国之公仆隶也。”他还对君主专制的本质予以揭露和批判。他斥责说：“秦以来之为君，正所谓大盗窃国者耳。国谁窃？转相窃之于民而已。”[①]这些提法，无疑强烈冲击着人们的旧有观念，对于重新认识专制社会有重要的思想启蒙意义。

谭嗣同也猛烈抨击了君主专制主义制度。谭嗣同(1865—1898)，字复生，号壮飞，湖南浏阳人，戊戌维新运动的代表人物之一。1896—1897 年间，谭嗣同著成《仁学》一书。全书凡五万言，共 50 篇，全面表述了他的宇宙观、历史观及改革弊政的见解，对专制主义制度的抨击尤为犀利。该书提出“冲决一切网罗”的观念，显示了极强的批判精神。和严复一样，谭嗣同把君主统治比作“大盗”，认为历代帝王均是“独夫民贼”，清朝皇帝更是“淫掳无赖”。他提出，应当“杀尽天下君主，使流血满地球，以泄万民之恨”。他号召人们揭竿而起，反抗专制统治。对于君主王权所依据的名教伦理，谭嗣同也进行了驳难。他说：“二千年来，君臣一伦，尤为黑暗否塞，无复人理，沿及今兹，方愈剧矣。”他认为，这种君臣关系，违背“仁——通——平等”的基本精神，而“父为子纲”、“夫为妻纲”等说法，更是违反人性本身。他指出，父子均为天之子，每个男子均既为父，又为子，理应平等。而男女之间的关系更是如此，婚姻关系本应该是“你情我愿”，所谓“饿死事小，失节事大”，严重束缚了女性的自由，“其残暴无人

① 严复:《辟韩》,《严复集》第 1 册，中华书局 1986 年版，第 36、35 页。

理，虽禽兽不逮焉”①。

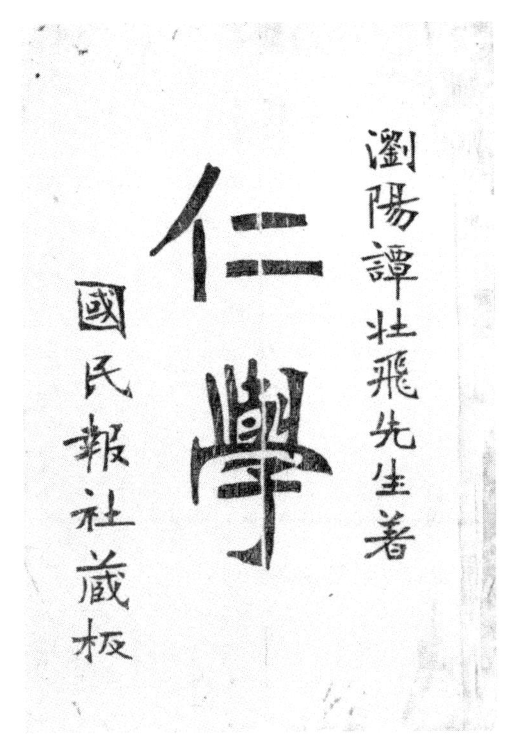

《仁学》

维新人士不但批判专制制度，还提出了具有开创意义的“自由”、“民权”、“平等”思想。谭嗣同对封建纲常伦理猛烈批判，但他认为在人伦关系中，“朋友”一伦“最无弊而最有益”，因其“不失自主之权”，体现了“自由”与“平等”。严复对自由思想发挥甚多，他翻译英国人穆勒的《论自由》，更名为《群己权界论》，宣传自由的思想。他认为：“民之自由，天之界也”，人民群众应有自由表达声音的权力，自由是民主制度的基础。只有人民充分享有自由权利并能恰当使用这些权利，民主制度才有可能建立起来。他说：“政欲利民，必自民各能自利始；民各能自利，又必自皆得自由始；欲听其皆得自由，尤必自其各能自治始。”②对于什么是自由，严复提出包含言论自由、人身不受侵犯、保护私有财产等。梁启超则提出应有“四大自由”，即“政治上之自由”、“宗教上之自由”、“民族上之自由”、“生计上之自由”③。

此外，维新人士又从“人类公理”、“天赋人权”的思想出发，论述“民权”、“平等”思想的重要性。他们认为，“天之于生，无非一也，一也者，公理焉；公理也者，平等焉”④。平等是自然界乃至宇宙的根本法则，人权是出于天授，人人都有自主之权，人人都应平等。在维新人士看来，提倡“自由”、“民权”、“平等”等思想，完全是顺乎天理的。

---

① 谭嗣同：《仁学》，蔡尚思、方行编：《谭嗣同全集》（增订本）下册，中华书局1981年版，第349页。

② 严复：《原强修订稿》，《严复集》第1册，中华书局1986年版，第27页。

③ 梁启超：《新民说·论自由》，《饮冰室合集》专集之四，中华书局1989年版，第40页。

④ 樊锥：《发锢》，方行编：《樊锥集》，中华书局1984年版，第13页。

论世变之亟(节选)

严　复

夫与华人言西治,常苦于难言其真。存彼我之见者,弗察事实,辄言中国为义礼之区,而东西朔南,凡吾王灵所弗届者,举为犬羊夷狄,此一蔽也。明识之士,欲一国晓然于彼此之情实,其议论自不得不存是非善否之公。而浅人怙私,常詈其誉仇而背本,此又一蔽也。而不知徒塞一己之聪明以自欺,而常受他族之侵侮,而莫与谁何。忠爱之道,固如是乎?周孔之教,又如是乎?公等念之,今之夷狄,非犹古之夷狄也。今之称西人者,曰彼善会计而已,又曰彼擅机巧而已。不知吾今兹之所见所闻,如汽机兵械之伦,皆其形下之粗迹,即所谓天算格致之最精,亦其能事之见端,而非命脉之所在。其命脉何云?苟扼要而谈,不外于学术则黜伪而崇真,于刑政则屈私以为公而已。斯二者,与中国理道初无异也。顾彼行之而常通,吾行之而常病者,则自由不自由异耳。

夫自由一言,真中国历古圣贤之所深畏,而从未尝立以为教者也。彼西人之言曰:惟天生民,各具赋畀,得自由者乃为全受。故人人各得自由,国国各得自由,第务令毋相侵损而已。侵人自由者,斯为逆天理,贼人道。其杀人伤人及盗蚀人财物,皆侵人自由之极致也。故侵人自由,虽国君不能,而其刑禁章条,要皆为此设耳。中国理道与西法最相似者,曰恕,曰絜矩。然谓之相似则可,谓之真同则大不可也。何则?中国恕与絜矩,专以待人及物而言。而西人自由,则于及物之中,而实寓所以存我者也。自由既异,于是群异丛然以生。粗举一二言之:则如中国最重三纲,而西人首明平等;中国亲亲,而西人尚贤;中国以孝治天下,而西人以公治天下;中国尊主,而西人隆民;中国贵一道而同风,而西人喜党居而州处;中国多忌讳,而西人众讥评。其于财用也,中国重节流,而西人重开源;中国追淳朴,而西人求欢虞。其接物也,中国美谦屈,而西人务发舒;中国尚节文,而西人乐简易。其于为学也,中国夸多识,而西人尊新知。其于祸灾也,中国委天数,而西人恃人力。若斯之伦,举有与中国之理相抗,以并存于两间,而吾实未敢遽分其优绌也。

(选自王栻主编:《严复集》第1册,中华书局1986年版,第2—3页)

第二，主张设议院，开制度局。

维新人士还在制度建设上提出了建议。在《公车上书》中，康有为要求开武英殿，设“议郎”。在《上清帝第四书》中，他又提出设议院以通下情。其他维新人士也予以响应，认为开议会可使“国家无难决之疑，言路无壅蔽之患，内政既清，外侮不作”，故当“急开议院”①。

但设立议院为守旧势力所忌惮，因此，在百日维新中，康有为为减少变法阻力，没有直接向光绪皇帝建议设立议院，而是主张借鉴日本明治维新的做法，建议光绪皇帝在宫中设制度局，审定全规，重立法典，让维新人士和开明官员参与其事。他还要求皇帝给制度局大权，但凡关涉新政者，皆由制度局议行。这样，制度局虽无议院之名，但实际上行使了类似议院的权力。在此基础上，康有为又建议行三权分立的政治制度。他认为西方国家之所以强大，跟其三权分立制度有很大关系，且“三权之中，立法最重”。1898 年 3 月，总理衙门将康的上书呈给光绪帝。光绪帝深以为然，当时尚未革职的翁同龢也“欲开制度局”，并主张命康有为主持制度局事宜。然而，这一建议受到保守官僚的一致反对，他们甚至散布流言说：“开制度局，是废我军机也，我宁忤旨而已，必不可开。”②

为减轻与保守势力的冲突，维新人士策划在内廷开懋勤殿以议制度。因为开懋勤殿在清代曾有先例，用此来代替制度局能减少改革阻力。其实二者并无差别，都是为引进维新人士参与策划并指导新政。9 月 13 日，光绪帝不顾阻挠，在康、梁等人的督促下，做出了开懋勤殿的决定。然而，这还是触犯了慈禧等旧党势力的利益。21 日，慈禧发动政变，恢复训政，变法失败。

维新派开制度局、开懋勤殿的主张都是官制改革的一部分，根本性质是从顽固派手中夺权，这自然是保守势力不能答应的。这样的大事，仅靠没有实权的光绪皇帝绝不可能成功。

第三，阐发进化论为核心的世界观，构建新的进化哲学。

进化论在戊戌前后急速涌入中国，成为维新人士推行改革、进行启蒙的有力武器。严复在翻译《天演论》的时候，加入了自己的理解。在他看来，进化是生物界和人类社会的客观规律，“天演之事，将使能群者存，不群者灭；善群者

---

① 赵而霖：《开议院论》，《时务报》，第 53 册，光绪二十四年二月十一日。

② 康有为：《康有为自编年谱》，中国史学会主编：《戊戌变法》(四)，上海人民出版社、上海书店出版社 2000 年版，第 153 页。

存，不善群者灭。善群者何？善相感通者是。然则善相感通之德，乃天择以后之事，非其始之即如是也。其始岂无不善相感通者？经物竞之烈，亡矣，不可见矣"[①]。因此，中国应当顺应进化规律，积极改变现状。他告诉国人，落后的中国若要摆脱被欺凌的命运，就必须奋发图强，实行改革。面对民族危机，严复引用达尔文的生物进化学说，介绍生存竞争、自然淘汰的进化原理，起到了警醒国人的作用。

康有为援西学入儒学，吸取西方进化论的内容，结合传统学术资源，提出了其"公羊三世说"的历史观。他用资产阶级进化论的观点，对"三世说"重新做了解释。他将"公羊三世说"同变法维新的政治需要结合在一起，将"三世"说比附为君主—君民共主—民主或专制—立宪—共和的三段论。从他所勾画的历史进化论来看，"公羊三世说"无疑是为其政治改革服务的。它从理论上支持和阐发了变革旧的君主专制，实行新的资产阶级君主立宪的合理性和历史必然性。

谭嗣同在历史观上，与康有为近似，将"公羊三世说"和一些资产阶级进化论思想糅合在一起。他曾提出过"日新"的理论，认为自然界和人类社会都是向进步的方向不断发展变化的，即所谓"天不新，何以生？地不新，何以运行？日月不新，何以光明？四时不新，何以寒燠发敛之迭更？草木不新，丰缛者歇矣；血气不新，经络者绝矣！"[②]梁启超把进化当作自然界和人类社会的普遍规律。他指出："夫变者，古今之公理也。"[③]进化论，是他们论证变法合理性的理论基础。

第四，主张改科举、废八股，加强西学教育。

维新派提出，中国之所以受制于列强，在于中国传统文化的惰性阻碍了国家的发展。他们主张全面学习西方文明，对旧式学问进行革新。康有为提出，"中国之教，所谓亲亲而尚仁，故如鲁之秉礼而日弱。泰西之教，所谓尊贤而尚功，故如齐之功利而能强。"[④]要改变现状，必须发动民众，让他们参与到社会竞争中来。为此，必须要对现有的人才选拔制度进行改革，加强对现实的关注。他们认为，八股取士的科举制度禁锢人们的思想，而面对中西竞争，必须广揽有用人才，要如此，就得改科举，废弃八股。

---

① 严复：《〈天演论·导言十三〉按语》，《严复集》第5册，第1347页。

② 谭嗣同：《仁学》，《谭嗣同全集》（增订本）下册，中华书局1981年版，第318页。

③ 梁启超：《变法通议·自序》，《饮冰室合集》文集之一，中华书局1989年版，第1页。

④ 康有为：《与洪给事右臣论中西异学书》，《康有为政论集》上册，中华书局1981年版，第48页。

维新派深刻认识到加强西学教育的重要性，认为“智愚之分，强弱之原也，而开智之道在讲明西学”，他们大力提倡翻译西书，提出“学者欲自立，以多读西书为功”①。为此，维新派坚持不懈地以各种形式宣传西学。

第五，提倡妇女解放，男女平权。

呼吁妇女解放是维新人士关注的焦点。他们猛烈抨击缠足、旧式婚姻等歧视妇女的陋俗，提倡兴办女学，竭力提高妇女的社会地位。在他们看来，缠足使中国女性“龀齿未易，已受极刑，骨节折落，皮肉溃脱”②。1898 年，康有为上《请禁妇女裹足折》，建议朝廷明令严禁妇女缠足，对于让幼女缠足者，应重罚其父母，“如此，则风行草偃，恶俗自革；举国弱女，皆能全体；中国传种，渐可致强。外人野蛮之讥，可以销释”③。维新派还进一步将戒缠足与国家富强、种族强健紧密联系起来，认为缠足削弱中国人民体质，是造成中国积弱的根本原因之一，竭力主张将其废除。维新人士还倡办不缠足会，揭露缠足恶俗的残酷和丑恶，号召群众起来加入戒缠足行列。

维新人士认为，必须重视女学、兴办女学，使妇女与男子享有同样受教育的权力，妇女才有能力胜任工作，生活上自立，不为人所轻贱，实现男女平等。他们鼓吹兴办女学，提出“欲强国，必由女学”的观点，猛烈抨击轻视、愚弄妇女的旧风俗和旧观念。他们提出，兴办女学对男子来说也有很大好处，因为中国妇女没有知识，缺乏自养能力，不仅使自身受轻贱，而且也极大地拖累了男子。而且，妇女文化程度不足，还会影响到儿童教育。对阻碍女学发展的“女子无才便是德”等陈腐观念，维新人士予以激烈抨击，指斥这种观念是祸天下之道。1898 年 6 月，康同薇、沈和卿、刘纫兰等人在经元善的帮助下，主持兴办了中国第一所国人自办的女学堂，并于 1898 年 7 月创刊中国第一份妇女报刊《女学报》，兴办女学由理论走向了实践。

二、维新人士与保守势力之间的文化论争

维新人士要打破旧的文化，而保守人士则坚持固守传统文化，反对新思想的传播。面对维新思潮的冲击，保守人士觉察到“新学”对“圣道”的危害，他们打出“翼教”的旗帜，著书立说，与维新人士展开论战。其中影响较大的有苏舆

① 梁启超：《西学书目表序列》，《饮冰室合集》文集之一，中华书局 1989 年版，第 123 页。

② 梁启超：《戒缠足会叙》，《饮冰室合集》文集之一，中华书局 1989 年版，第 121 页。

③ 康有为：《请禁妇女裹足折》，姜义华、张荣华编校：《康有为全集》第 4 集，中国人民大学出版社 2007 年版，第 382 页。

编《翼教丛编》、张之洞撰《劝学篇》等。归纳起来，新旧双方主要就三个方面的问题进行争论。

第一，君主专制与立宪政体之争。

保守人士坚称“天不变，道亦不变”，认为君主专制是万古不易的大经大法，中国实行君主专制合乎天理，顺乎民意。且与西方的民主制度比较起来，君主专制有其明显的优越性。他们对议院和立宪政体表现出强烈排斥，认为西方的政治制度使社会秩序紊乱，如果中国采纳实行，“不十年而二十三行省变为盗贼渊薮”，“不十年而四万万之种夷于禽兽”。因此，“民主万不可设，民权万不可重，议院万不可变通”[①]。

维新人士运用的思想武器，是西方的“天赋人权”、“三权分立”等政治思想。康有为等人借此分析中国积贫积弱的根本原因，归结于中国君主专制的落后与腐朽。康有为在《上清帝第二书》中说：“夫中国大病，首在壅塞，气郁生疾，咽塞致死。”所谓壅塞，是指专制制度下上下隔绝、民情不通的局面。由于君主高高在上，闭目塞听，故维新人士对于“君主”也予以批判。谭嗣同指出，君主、君权是人类社会发展的产物，在人类之初，并无君主。而且，君主的产生，也并非要其作为统治者而存在，“君也者，为民办事者也；臣也者，助办民事者也”[②]。也就是说，君、臣等本该为民众服务，可在专制制度下，君民关系完全颠倒了。

除了对君主专制批判之外，维新人士还对设议院、变立宪政体等进行宣传。梁启超撰写《古议院考》、《变法通议》、《论君政民政相嬗之理》，唐才常撰写《各国政教公理总论》，严复撰写《辟韩》、《原强》等文章，从理论的层面论述了君主立宪政体的优越性。梁启超还用进化论来论述中国政治由君主专制变为君主立宪的必然性。他认为，从“君主之世”进化到“君民共主之世”，再进化到“民政之世”，是人类社会发展的必经阶段[③]。

第二，纲常名教与民权平等观念之争。

保守人士认为，纲常名教是支配社会的重要精神力量，万古不可更易。他们提出，“孔子之制在三纲五常，而亦尧舜以来相传之治道也，三代虽有损益，

---

① 《王干臣吏部实学平议》，《翼教丛编》卷三，沈云龙主编：《近代中国史料丛刊》正编第65辑，台北文海出版社1966年版，第132页。

② 谭嗣同：《仁学》，蔡尚思、方行编：《谭嗣同全集》（增订本）下册，中华书局1981年版，第339页。

③ 梁启超：《论君政民政相嬗之理》，《饮冰室合集》文集之二，中华书局1989年版，第7页。

百世不可变更。”[①]这些准则在保守人士眼中，具有十分崇高的地位。他们甚至表示，如果失去了这些伦理关系，人类将秩序大乱，不再成其为人类，而中国也会国将不国。对于维新人士所崇尚的自由平等思想，保守人士疾若仇雠，斥责维新人士是“乱臣贼子”、“无君无父”的社会败类。苏舆认为，康有为等人“倡平等，堕纲常也；伸民权，无君上也”[②]，严重危害了清朝的统治。曾廉上奏折称：“今天下之患，莫大于以西学乱圣人之道，隳忠孝之常经，趋功利之小得。”[③]洋务派代表人物张之洞虽赞同革新求变，但对维新人士提倡“民权”、“平等”之说，则不能接受。他认为，“知君臣之纲，则民权之说不可行也；知父子之纲，则父子同罪、免丧、废祀之说不可行也；知夫妇之纲，则男女平权之说不可行也。”[④]可见，保守人士思想状况不尽相同，但对于纲常名教的维护则是一致的。

维新人士对旧伦理、旧观念进行了猛烈批判。在此方面，谭嗣同表现得最为明显。他斥责“三纲”、“五伦”是束缚人心的“网罗”，认为“三纲之慑人，足以破其胆，而杀其灵魂”，希望人们“冲决伦常之网罗”，寻求思想的自由和解放。严复则认为，人民如不能真正享受到自由平等的权利，民主即成空话。他撰写《原强》、《论救亡之亟》等文章，提出“自由为体，民主为用”的思想。他希望人们在争取民权政治的同时，主动追求言论自由、人人平等、保护私有财产等应得的权利。要获得这些权利，人们就要不断提高自身素质，“是以今日要政，统于三端：一曰鼓民力，二曰开民智，三曰新民德”[⑤]。

第三，关于改革科举制度、废除八股取士之争。

清代的科举考试，主要以八股文作为取士标准。这种方法在历史上发挥过一定的作用，但时间既久，其弊端就显露无疑。出题只限于儒家经典，考生答题只能“代圣贤立言”，不能发挥个人见解，这势必使考试走向形式主义。甚至一些人仅凭八股、楷法工美，也能高中。为了解决八股取士中存在的文风空疏、脱离实际的问题，为国家选拔有实学的人才，改革科举制度的内容、废除八

---

① 《〈读西学书法〉书后》，《翼教丛编》卷四，第 312 页。

② 苏舆：《翼教丛编序》，《翼教丛编》，第 2 页。

③ 曾廉：《应诏上封事》，中国史学会主编：《戊戌变法》（二），上海人民出版社、上海书店出版社 2000 年版，第 493 页。

④ 张之洞：《劝学篇》，苑书义等主编：《张之洞全集》第 12 册，河北人民出版社 1998 年版，第 9715 页。

⑤ 严复：《原强修订稿》，《严复集》第 1 册，中华书局 1986 年版，第 27 页。

股取士成为许多有识之士的共识。

然而,保守人士认为,改革科举制度、废除八股取士,必将降低儒家学说的地位,动摇纲常名教的理论基础。因此,他们坚决反对改革。兵部尚书、协办大学士刚毅称“此乃祖制,不可轻废”,许应骙也对康有为、宋伯鲁等人上奏废八股的折片设置障碍①。当光绪帝接受维新人士建议,颁布废八股、改策论的诏谕后,“守旧之徒相顾失色,有窃窃然议阻此举者”②。他们还百般阻挠,对维新人士改革科举制度的言论进行攻讦。

与保守派不同,维新派抱着培养人才、救亡图存的理想和抱负,探索改革富强之道。他们认为,八股取士导致国家人才缺乏,且禁锢思想,扼杀民智。据此,他们竭力主张废除八股取士、改革科举考试的内容。严复深刻揭露八股取士的危害,他说:“八股非自能害国也,害在使天下无人才。”他认为八股取士有“锢智慧、坏心术、滋游手”三大罪状,“使天下消磨岁月于无用之地,堕坏志节于冥昧之中,长人虚骄,昏人神智,上不足以辅国家,下不足以资事畜”③。所以,救亡之道在于废除八股取士而大讲西学。

康有为痛斥八股取士制度不仅不能培养出有用的人才,而且还使许多青年误入歧途。他说:“今变法之道万千,而莫急于得人才;得才之道多端,而莫先于改科举;今学校未成,科举之法,未能骤废,则莫先于废弃八股。”他指出,八股取士“令诸生荒弃群经,惟读《四书》;谢绝学问,惟事八股”,有些人虽八股精通,楷法工美,但“竟有不道司马迁、范仲淹为何代人,汉祖、唐宗为何朝帝者!若问以亚非之舆地,欧美之政学,张口瞪目,不知何语”④,这样培养出的人根本无法成为经世致用的人才。

经过双方的激烈争论,改革科举的主张最终在百日维新中得以付诸实践。1898 年 6 月 23 日,光绪帝下诏,废除八股取士制度,改试时务策论,并命令开经济特科,命三品以上京官及各省督抚学政保荐人才,参加考试。这一系列变革,使延续千年的科举制度出现了前所未有的变化。戊戌政变后,科举制度改革陷入困境。

---

① 梁启超:《戊戌政变纪事本末》,中国史学会主编:《戊戌变法》(一),上海人民出版社、上海书店出版社 2000 年版,第 315—316 页。

② 国家档案局明清档案馆编:《戊戌变法档案史料》,中华书局 1958 年版,第 217 页。

③ 严复:《救亡决论》,《严复集》第 1 册,中华书局 1986 年版,第 40、43 页。

④ 康有为:《请废八股试帖楷法试士改用策论折》,姜义华、张荣华编校:《康有为全集》第 4 集,中国人民大学出版社 2007 年版,第 78—79 页。

三、戊戌维新思潮的特点和意义

戊戌维新思潮具有极其鲜明的时代特点，归结起来，主要有以下几点。

首先，戊戌维新思潮带有强烈的现实政治色彩。纵观整个历程，戊戌维新思潮始终着眼于中国的社会和政治问题，一切都围绕变法自强这一中心而展开。“敌无日不可以来，国无日不可以亡”的严峻现实迫使维新人士不得不走出书斋，为变法救亡而呼号。像康有为撰写《新学伪经考》和《孔子改制考》，其目的并不在于学术争鸣，而是希冀从学术批判的角度，宣传托古改制之说，为其维新变法披上合法外衣。严复翻译和介绍西方社会科学，最主要的也是出于现实政治的需要，用译述以警世。

其次，戊戌维新思潮内容新颖。甲午战后，思想界中心转移到“外来思想之吸受”[①]。大多数士人认识到变法维新的必要性，“自不容不以西学为要图”，意识到“救亡之道在此，自强之谋亦在此”[②]。诚如毛泽东所说：“要救国，只有维新，要维新只有学外国。那时的外国只有西方资本主义国家是进步的，它们成功地建设了资产阶级的现代国家。日本人向西方学习有成效，中国人也想向日本人学。”[③]维新思想与此前各种社会文化思潮的最大不同，恰在于资本主义新文化在中国开始受到了重视。资本主义新文化及其政治制度第一次在中国成为先进人士追求的目标。

最后，戊戌维新思潮的不成熟性也很明显。一方面，当时“固有之旧思想，既深根固蒂，而外来之新思想，又来源浅觳，汲而易竭”[④]。人们不满于既有的旧思想，追慕西学，然而人们的西学知识又十分有限，且参差不齐，所以对于学习西方的具体内容和方法并没有真切、全面的认识。另一方面，形势之严酷又逼迫维新人士步履匆匆地踏入政坛，忙于应对这场纷繁复杂的变局。他们没有时间和精力去从学理上对输入的外来思想加以仔细甄别整理、批判吸收，而是囫囵吞枣，只顾接受，无暇消化。梁启超后来曾自责道：“随有所见，随即发表”，“读到‘性本善’，则教人以‘人之初’而已，殊不思‘性相近’以下尚未读通，恐并‘人之初’一句亦不能解，以此教人，安见其不为误人！”[⑤]当时的大多数翻

---

① 梁启超：《中国近三百年学术史》，《饮冰室合集》专集之七十五，中华书局 1989 年版，第 31 页。

② 严复：《救亡决论》，王栻主编：《严复集》第 1 册，中华书局 1986 年版，第 50 页。

③ 毛泽东：《论人民民主专政》，《毛泽东选集》第 4 卷，人民出版社 1991 年版，第 1470 页。

④ 梁启超：《清代学术概论》，《饮冰室合集》专集之三十四，中华书局 1989 年版，第 71 页。

⑤ 梁启超：《清代学术概论》，《饮冰室合集》专集之三十四，中华书局 1989 年版，第 65 页。

译者，又是“不通西洋语言文学之人”，所以“稗贩、破碎、笼统、肤浅、错误诸弊，皆不能免”①。因此，就整体而言，思想界对于西学的认识尚处于初步探索阶段。

当然，戊戌维新思潮具有之前任何一次思潮所不可比拟的历史意义。

第一，戊戌维新思潮积极推动了政治的变革。戊戌维新思潮直接导源于19世纪末日益加剧的民族危机，康、梁等人发动维新变法，其直接目的即救亡图存。他们深知，只有维新，才能使中国摆脱危亡，走向富强。而宣传变法恰恰需要先进的思想理论作为武器，于是维新人士一方面从传统文化资源中汲取营养，一方面又积极学习西方的社会学说，从而构建起一套比较完备的变法理论体系。正是凭借这些先进的变法理念，戊戌维新思潮积极推动了政治革新运动。

第二，戊戌维新思潮启迪民智，解放了中国人的思想。戊戌变法既是一场救亡图存的爱国运动，更是一场唤醒民众的思想启蒙运动。严复的《天演论》在中国思想界引发了巨大震动，它所宣传的“物竞天择”、“适者生存”的进化论思想，唤醒了中国人民奋发图强、保国保种的民族主义意识。维新派人士宣扬西方的资产阶级自由、民主、平等学说，抨击中国的专制政治和纲常名教，推动了中国社会的进步和国人的思想解放。

第三，戊戌维新思潮传播了近代新文化，改变了中国文化的结构与性质。甲午战争之后，西方近代资本主义新文化借助维新思潮而快速传播。进化论、自由民权学说、近代自然科学知识等的传播，使得思想启蒙深入到社会各个领域，改变了中国文化的固有结构。中国文化的成分，在以儒学为主体的传统文化基础上，又增加了近代资本主义新文化的内容。从完整意义上说，中国近代资本主义新文化是从戊戌维新时期开始生长起来的。

小　结

1895年甲午战败，对中国文化产生了巨大影响。战后，一些先进的中国人开始站在世界历史的高度，理性反思自身文化，寻求变革之路，师法日本，走民主、科学之路，从而构成了近代文化自觉的起点。康有为是变法的巨子，在戊戌维新运动中，他借用中国传统的经学，提出变法、进化、民主等时代新义，

---

① 梁启超：《清代学术概论》，《饮冰室合集》专集之三十四，中华书局1989年版，第72页。

具有振聋发聩的意义。戊戌新文化的核心是学习西方近代资本主义的政治制度、自由民权学说、进化理论和科学知识。学会和报刊的涌现、社会政治学说的译介、文艺革新运动的开展，显示了文化运动的新形式和新内容。戊戌维新思潮的激荡，以及维新人士与保守势力之间的文化论争，展示了戊戌新文化运动的深度，说明了思想文化变革的艰巨性与复杂性。

这场文化运动，作为完整意义上的近代文化的开端，在中国文化史上有着重要的历史地位。它积极推动了中国文化的现代化，开启了国人追求民主与科学之风，并在一定程度上可视为清末文化新政的预演、五四新文化运动的先声。

历史文献

1. 严复：《救亡决论》，王栻主编：《严复集》第 3 册，中华书局 1986 年版。

2. 康有为：《孔子改制考》，姜义华、张荣华编校：《康有为全集》第 3 集，中国人民大学出版社 2007 年版。

3. 梁启超：《变法通议》，《饮冰室合集》文集之一，中华书局 1989 年版。

4. 谭嗣同：《仁学》，蔡尚思、方行编：《谭嗣同全集》增订本，中华书局 1998 年版。

5. 黄遵宪：《日本国志·学术志二》，陈铮编：《黄遵宪全集》下册，中华书局 2005 年版。

6. 苏舆编：《翼教丛编》，上海书店出版社 2002 年版。

7. 廖平：《今古学考》，李耀仙主编：《廖平选集》上册，巴蜀书社 1998 年版。

论著选读

1. 汤志钧：《戊戌变法史》(修订本)，上海社会科学院出版社 2003 年版。

2. 汤志钧：《近代经学与政治》，中华书局 1989 年版。

3. 龚书铎：《中国近代文化探索》(增订本)，北京师范大学出版社 1997 年版。

4. 罗志田：《权势转移——近代中国的思想、社会与学术》，湖北人民出版社 1999 年版。

5. 王尔敏：《清季知识分子的自觉》，收入《中国近代思想史论》，社会科学文献出版社 2003 年版。

6. 茅海建:《戊戌变法史事考》,三联书店 2005 年版。

7. 张玉法:《戊戌时期的学会运动》,载《历史研究》1998 年第 5 期。

研究与讨论

1. 今文经学在维新变法时期的变化及所起的作用。
2. 分析戊戌新文化的特点。
3. 辨析维新与守旧人士文化观的异同。

第四章　清末十年的文化变局

清末十年，中国文化发生了前所未有的变化。清政府实行“新政”，废除科举，兴办新式学堂。从此，长期占据主流地位的儒家学说失去了制度保障。民族主义学说和民权思想传播开来，形成了不同于往昔的文化观念。学习西方文化已成社会发展趋向，国粹主义与欧化主义代表了两种不同的主张。

第一节　八国联军侵华后中国文化的变动

1900 年，八国联军攻占北京，慈禧太后和光绪皇帝流亡西安。次年，清政府被迫签订了丧权辱国的《辛丑条约》。空前严重的民族危机，强烈地刺激了国人，引发了包括政治、文化在内的社会诸领域的剧烈变革。

一、清政府文化政策的调整

1901 年 9 月，清政府与西方列强签订了《辛丑条约》。条约规定，清政府拆除大沽炮台以及从北京到大沽之间的所有军事防御设施，允许各国在北京至山海关铁路沿线的战略要地驻扎军队，在北京东交民巷设立使馆区并驻兵。这样，列强得以控制京畿要地，不仅对清政府形成军事威胁，而且造成强烈的心理震慑力。经济方面，条约规定的赔款数额高达 4.5 亿两白银，分 39 年还清，本息共计 9.8 亿余两；地方赔款也多达 2000 万两。各项赔款相加，相当于当时清政府12年的财政总收入。这是清政府自鸦片战争以来数额最大的一次对外赔款，导致国家财政陷入绝境。条约签订后，西方列强多次要求清政府惩凶，惩办“祸首”。这些“祸首”，多是位高权重的王大臣，他们曾经是慈禧太后的同道，先后支持她发动戊戌政变、“支持”义和团、抵挡八国联军的入侵。由列强点名惩处如此众多的王大臣，既显示了政府的无能，同时也是民族的耻辱。

八国联军侵华事件和《辛丑条约》的签订，深深刺痛了清统治集团。在种种压力下，他们被迫实施“新政”，改弦更张。

漫画：瓜分中国

1901年1月29日，慈禧太后在西安以光绪皇帝的名义颁布了“变法”上谕，承认在“万古不易之常经”外，没有“一成不变之治法”，宣布实施“新政”。上谕明令：“著军机大臣、大学士、六部、九卿、出使各国大臣、各省督抚，各就现在情形，参酌中西政要，举凡朝章、国故、吏治、民生、学校、科举、军政、财政，当因当革，当省当并，或取诸人，或求诸己，如何而国势始兴，如何而人才始出，如何而度支始裕，如何而武备始修，各举所知，各抒所见，通限两个月，详悉条议以闻。”①由此，清政府拉开了“新政”的帷幕。

清末“新政”依然坚持“中学为体，西学为用”的指导原则。上谕明确声称：“盖不易者三纲五常，昭然如日星之照世；而可变者令甲令乙，不妨如琴瑟之改弦。”但它在深度上大大超越了此前的洋务运动，在规模上也非百日维新所能比。

“新政”上谕颁布后，清朝统治集团内部被迫进行了重组。在中央，清政府设立督办政务处，以总揽新政事务，任命奕劻、李鸿章、荣禄、崑冈、王文韶、鹿

---

① 《有关义和团运动上谕》，中国史学会主编：《义和团》（四），上海人民出版社、上海书店出版社2000年版，第81—82页。

传霖为督办政务处大臣，刘坤一、张之洞“遥为参领”。后来，因李鸿章、崑冈、荣禄等人去世，瞿鸿禨和张百熙补入。慈禧为保住自己的统治，按照列强的要求，严惩了端王载漪以及刚毅、赵舒翘、启秀等极端保守派，转而倚重通达时务的开明官员。思想相对开明的官员入主中枢，为清政府的决策转变提供了较为有力的政治保障。当时“新政”诸项改革政策的制定，除皇帝直接批复的折件外，几乎都要经过督办政务处核议定夺。这一机构成员的思想文化观念直接决定着政策的倾向性。

在地方，以张之洞、刘坤一、袁世凯等为代表的洋务派官僚成为影响中央决策的关键势力，他们积极推动清政府制订新的文化政策、改革文化制度。

清政府对文化政策的调整，所涉及的具体文化领域颇多，包含了教育领域、道德控制领域和新闻出版领域等多方面的变革。

教育政策的改革在清末新政中占据十分重要的地位。这主要包括“设学堂”、“停科举”和“奖游学”三项内容。1901 年“新政”伊始，清政府就下令将各省、府、州县的书院改设大、中、小学堂。在 1902 年和 1904 年，相继颁布“壬寅学制”和“癸卯学制”，制定了一套模仿日本教育模式的学制体系，为新式教育的推行提供方便。另外，清政府还建立起一套从中央到地方的各级教育行政机构以保障新学制的实施。1905 年 9 月，清政府下令自 1906 年起废止科举考试，实施了 1300 余年的科举制度就此画上句号。清政府大力提倡留学教育，实施奖励游学政策。清末十年，留学生人数大幅度增长，促进了中西文化交流。

在道德控制领域，清政府根据形势的变化，调整了固有政策，以加强道德教化和思想控制。对于传统道德规范和纲常名教，清政府通过旌表、入祠等方式强化和加大表彰力度，并通过重申宣讲定制，广兴教化，以应对旧有价值体系渐趋崩溃和革命风潮兴起的局面。1901 年李鸿章去世后，清政府不仅准予在其原籍及立功省份建立专祠，而且允准在京师建专祠，列入祀典，由地方官春秋致祭。上谕称：“汉大臣向无此旷典，惟该大学士功绩迈常，自宜逾格加恩，以示优异。”[①]对于夫亡殉节之烈妇与捐身伤生疗亲的孝子、孝女，清政府则大加旌表。1902 年，署四川总督岑春煊长子举人岑德固因其母病逝，即以身殉母，清政府给予旌表，并准列入国史孝友传[②]。1903 年 1 月，直隶总督袁世凯奏请给予热河正总管恩隆次女崇芪旌奖，认为“该孝女崇芪，父病焚香割

① 《清德宗实录》卷四八九，中华书局 1987 年版，第 471 页。

② 《清德宗实录》卷五〇六，中华书局 1987 年版，第 688 页。

股，父殁仰药捐躯，至性过人，非寻常孝女可比。现当邪说朋兴，亟须表彰孝道，自应专片奏请”。同时还为因父病故而“抚棺一恸而绝”的博尔济吉特室瓜尔佳氏请旌。这些奏片均得到清帝的朱批允准[①]。《清实录》中，此类旌表事件俯拾即是。

1902年，清政府传谕重申宣讲《圣谕广训》的定制，要求各省督抚、学政，认真督饬各教官随时亲历城乡，传集绅庶，详细讲解，并将近年叠次所奉谕旨凡有关民教者，切实开导，“如有奉行不力者，随时查参，用示惩儆”[②]。宣讲内容和方式也有所变通。1906年，学部颁行的《劝学所章程》中明确规定劝学所的任务之一即“实行宣讲”。具体办法为：各属地方一律设立宣讲所，遵照从前宣讲《圣谕广训》章程，延聘专员，随时宣讲。村镇地方，亦应按集市日期，派员宣讲。宣讲内容除了《圣谕广训》外，还增加了开通民智的内容，“学部颁行宣讲各书及国民教育修身、历史、地理、格致等浅近事理，以迄白话新闻，概在应行宣讲之列”[③]。

清政府在新的形势下还大力倡导“尚武”精神，企图将新型的道德规范纳入传统道德轨道之中。1905年，练兵处颁布《陆军小学堂试办章程》，明文鼓吹“尚武”精神：“诸生应知今日世界竞存之世界也，强者存，弱者亡，其理至明，其势至亟。欲转弱而为强，惟有尚武一策。盖非武无以立国，非武无以立家，非武无以立身。”[④]同年，又奏请设立专门的贵胄学堂，选派王公大臣子弟学习军事。1906年，学部奏定教育宗旨并颁行全国，“尚武”被列为五条宗旨之一。1911年1月，陆军部奏准实施军国民教育，要求各普通学堂课程注重军国民教育，以“激励国民尚武之思”。

在新闻出版领域，清政府借鉴西方新闻出版法，于1906年至1910年间，相继出台了《大清印刷物专律》、《大清报律》、《大清著作权律》等规章，以加强对新闻出版业的控制与管理。同时制定了向官报倾斜的新闻政策，大力推动官报的开办。1901年，直隶总督袁世凯首创《北洋官报》，此后，各省纷纷仿效，《南洋官报》、《安徽官报》、《湖北官报》接踵问世。学部的《学部官报》，邮传部的《交通官报》，考察政治馆的《政治官报》亦相继刊行。

---

① 天津图书馆等编：《袁世凯奏议》中册，天津古籍出版社1987年版，第702—703页。

② 中国第一历史档案馆藏：军机处录副奏折，文教类，第535号。

③ 《奏定各省学务官制办事权限并劝学所章程折》，学部总务司案牍科编《学部奏咨辑要》卷一，1909年铅印本。

④ 商务印书馆编译所编：《大清光绪新法令》第14册，1909年铅印本，第23页。

相比较而言，清末“新政”期间，文化政策的调整和文化领域的变革效果明显，客观上有利于西方近代文化在中国的传播和生长。特别是在教育领域，它借助于政府的力量，从制度上废除了旧式科举，实行新式教育，对中国文化的演变产生了不可估量的历史影响。

二、改良与革命思潮的激荡

八国联军侵华后，民族危机的加深，清政府的无能，进一步促进了中国人特别是知识群体的觉醒。正如秋瑾诗所言：“北上联军八国众，把我江山又赠送，白鬼西来做警钟，汉人惊破奴才梦。”[①]志士仁人纷纷向西方寻求救国救民的真理，各种主张、理论、学说涌入中国，形成了纷繁复杂的社会思潮，其中，民主共和思潮、君主立宪思潮、无政府主义思潮、国粹主义思潮、教育救国思潮最为显要。

诸多思潮中，改良思潮和革命思潮影响最大。

戊戌政变后逃亡国外的康有为、梁启超等维新派人物，坚持走改良之路，希望清王朝实行君主立宪。他们与当时国内的立宪派相呼应，形成声势浩大的思想潮流。康有为发表《答南北美洲诸华商论中国只可行立宪不可行革命书》、《与同学诸子梁启超等论印度亡国由于各省自立书》等一系列文章，鼓吹“保皇立宪”论，反对革命。为了反驳革命派对清政府暴虐统治的揭露批判，他对清朝政府极力赞颂，赞扬历代“明君圣贤”和“仁政”。在对西方政治文化的态度上，康有为选择了君主立宪而反对民主共和，并大力称赞欧洲的君主立宪制度。

梁启超是这一时期宣传改良思想的主将。他在日本先后主编《清议报》和《新民丛报》，作为宣传改良思想的阵地。梁启超在《尊皇论》一文中直截了当地指出，“今日议保全中国，惟有一策，曰尊皇而已。”他把光绪帝描写成千古未有之圣君，把中国的安危存亡全部寄托在光绪身上，“今日之变，为数千年之所未有。皇上之圣，亦为数千年之所未有。天生圣人，以拯诸夏，凡我同胞，获此慈父。”[②]受革命派影响，梁启超曾一度“心醉共和政体”，但 1903 年从美洲考察归来后，他坚决地与革命派分道扬镳，积极拥护康有为的政治主张。1906 年初，他在《新民丛报》发表文章，明确提出：“与其共和，不如君主立宪，与其君主立宪，又不如开明专制。”[③]

---

① 秋瑾：《宝刀歌》，《秋瑾集》，上海古籍出版社 1979 年版，第 82 页。

② “哀时客”：《尊皇论》，《清议报》第 9 册，论说，第 2 页。

③ 梁启超：《开明专制论》，《饮冰室合集》文集之十七，中华书局 1989 年版，第 53 页。

值得注意的是,20世纪初年,梁启超、严复的文化主张较之以前有明显深化,他们为启蒙民众做了大量工作。严复于1902年发表的《与〈外交报〉主人书》,既是对几十年来的中西文化论争的总结,又明确表达了他会通中西文化的见解。针对张之洞等人的"中体西用"理论,他借用生物有机论批评说:"体用者,即一物而言之也。有牛之体,则有负重之用;有马之体,则有致远之用。未闻以牛为体,以马为用者也。中西学之为异也,如其种人之面目然,不可强谓似也。故中学有中学之体用,西学有西学之体用,分之则并立,合之则两亡。"针对清末新政时期的"政本艺末"之说,严复指出:"其曰政本而艺末也,愈所谓颠倒错乱者矣。且其所谓艺者,非指科学乎?名、数、质、力,四者皆科学也,其通理公例,经纬万端,而西政之善者,即本斯而起。故赫胥黎氏有言:'西国之政,尚未能悉准科学而出之也。使其能之,其致治且不止此。'中国之政,所以日形其绌,不足争存者,亦坐不本科学,而与通理公例违行故耳。是故以科学为艺,则西艺实西政之本。"[①]严复以科学为西国之本,切中肯綮。

梁启超先后发表了《论中国学术思想变迁之大势》、《自由书》、《国民十大元气论》、《少年中国说》、《呵旁观者文》、《新民说》、《新民议》、《保教非所以尊孔论》等一系列震聋发聩的文章,宣传新民学说。梁启超对国民性的改造以对中国历史和现状的自我反思为起点。他分析多年来中国图强失败的原因时说:"今日口言经济者,辄曰中国之患,贫也弱也,官吏不忠也,乱民遍地也,外国凌逼也。其救之之法则曰练兵也,办团也,筹饷也,劝商也。其尤高识者则曰变旧法也,兴民权也。彼其持论,谁谓不然?以吾观之,虽其所见有高下大小之不同,要之皆治近因之方法,而非治远因之方法。不治远因而欲治近因,则必不可得治。"[②]什么是远因呢?简言之,就是需要改造国民性。他指出,每个国民只有具备明确的国家观念,才能滋发爱国心,国家才会强大,民族才能强盛。他对中国文化、中国国民劣根性做了深入批判,指出中国人"爱国之心薄弱,实为积弱之最大根源"[③]。

随着民主思想的迅速播扬,立宪思想亦在国内知识界、工商界人士中逐渐传播开来。以张謇为首的立宪派,比照革命派,在社会经济、文化领域有着自己的优势。立宪派与工商界有较广泛的联系,与工商界利益攸关的抵制美货

---

① 严复:《与〈外交报〉主人书》,《严复集》第3册,中华书局1986年版,第558—560页。

② 梁启超:《自由书》,《饮冰室合集》专集之二,中华书局1989年版,第11页。

③ 梁启超:《中国积弱溯源论》,《饮冰室合集》文集之五,中华书局1989年版,第14页。

运动、收回利权运动和保路运动，多为立宪派发动，在社会政治生活中产生过很大影响。1910 年末，由立宪派组织的全国性的请愿运动，遍及 16 个省，参与签名者达到 20 万人。在文化领域，特别是学堂、报刊、出版等资产阶级新文化事业中，立宪派多参与其事。如京师大学堂和商务印书馆就以立宪人士为核心。立宪派的思想主张与实践对近代文化产生了重大影响。

20 世纪初，革命派积极组织革命团体，创办报刊，出版书籍，大力宣传革命学说，资产阶级民主革命思潮活跃起来。

考察国人对革命观念的接受史可知，1903 年以前，不仅“革命”一词较少为人所用，而且革命事业基本上得不到世人理解和支持。据孙中山回忆，第一次广州起义失败后，“举国舆论莫不目予辈为乱臣贼子、大逆不道，咒诅谩骂之声，不绝于耳；吾人足迹所到，凡认识者，几视为毒蛇猛兽，而莫敢与吾人交游也。”[①]即便思想活跃的留日学生界，支持革命者也十分稀少。当时的革命家孙中山，并不广为人知。据章士钊回忆，1903 年以前，“天下固瞢然不知孙氏为何人也”[②]。

20 世纪初，章炳麟、邹容、章士钊、陈天华等对于革命思想在国内的传播做出了重大贡献。章炳麟（1869—1936），号太炎，浙江余杭人，早年曾受改良思想的影响，参与维新变法的宣传活动。他在戊戌变法失败后转变政治立场，走上民主革命的道路，成为鼓吹排满革命最为重要的思想家之一。八国联军侵华后，章太炎的民族主义思想有了系统的发展。他连续发表《请严拒满蒙人入国会状》、《解发辫说》、《客帝匡谬》、《驳康有为论革命书》等文章，把民族革命提到革命行动的首要位置，号召一切爱国人士驱逐“满洲”，“光复汉绩”。1906 年以后，他主编《民报》，与改良派展开了大论战。邹容（1885—1905），字蔚丹，四川巴县人。1901 年赴日留学后，投身于革命运动。1903 年回到上海，参加了爱国学社的革命活动。同年，他发表《革命军》，主张用革命手段“扫除数千年种种之专制政体”，建立“中华共和

章炳麟

① 孙中山：《建国方略》，《孙中山全集》第 6 卷，中华书局 1985 年版，第 235 页。

② 《孤桐杂记》，《甲寅周刊》1 卷 23 号，1925 年 12 月 19 日。

国”。《革命军》迅速传遍大江南北，人人争诵。孙中山《革命运动概要》说：“邹容之《革命军》、章太炎之《驳康有为书》尤为一时传诵。同时国内外出版物为革命之鼓吹者，指不胜屈，人心士气，于以丕变。”[①]章太炎《驳康有为论革命书》、邹容《革命军》一雅一俗，相辅相成，唤醒了国人的革命意识。亲历其事的柳亚子后来说：“《驳康书》文章古奥，议论深厚渊懿，利于承学文士；《革命军》则痛快犀利，而宗旨非常正大，便于通俗。”经此，此前人们对于民族革命的模糊认识，变成了天经地义的信念[②]。

革命军（节选）

邹　容

呜呼！我中国今日不可不革命。我中国今日欲脱满洲人之羁缚，不可不革命。我中国欲独立，不可不革命。我中国欲与世界列强并雄，不可不革命。我中国欲长存于二十世纪新世界上，不可不革命。我中国欲为地球上名国，地球上主人翁，不可不革命。革命哉！革命哉！我同胞中老年、中年、壮年、少年、幼年、无量男女，其有言革命而实行革命者乎？我同胞其欲相存相养生活于革命也，吾今大声疾呼，以宣布革命之旨于天下。

革命者，天演之公例也。革命者，世界之公理也。革命者，争存争亡过渡时代之要义也。革命者，顺乎天而应乎人者也。革命者，去腐败而存良善者也。革命者，由野蛮而进文明者也。革命者，除奴隶而为主人者也。是故一人一思想也，十人十思想也，百千万人百千万思想也，亿兆京垓人亿兆京垓思想也。人人虽各有思想也，即人人无不同此思想也。……

闻之，一千六百八十八年英国之革命，一千七百七十五年美国之革命，一千八百七十年法国之革命，为世界应乎天而顺乎人之革命，去腐败而存良善之革命，由野蛮而进文明之革命，除奴隶而为主人之革命。牺牲个人以利天下，牺牲贵族以利平民，使人人享其平等自由之幸福。甚至风潮所播及，亦相与附流合汇，以同归于大洋。大怪物哉！革命也。大宝物哉！革命也。吾今日闻之，犹口流涎而心痒痒。……

① 孙文：《革命运动概要》，见《“中华民国”开国五十年文献》第一编，第9册，（台北）正中书局1964年版，第195—196页。

② 柳无忌、柳无非编：《五十七年》，《自传·年谱·日记》，《柳亚子文集》，上海人民出版社1986年版，第154—155页。

……嗟乎嗟乎！革命革命！得之则生，不得则死。毋退步，毋中立，毋徘徊，此其时也！此其时也！此吾之所以倡言革命，以相与同胞共勉共勗而实行此革命主义也。苟不欲之，则请待数十年百年后，必有倡平权释黑奴之耶女起，以再倡平权释数重奴隶之支那奴。

（选自邹容：《革命军》，载张枬、王忍之编：《辛亥革命前十年间时论选集》，第1卷下册，生活·读书·新知三联书店1960年版，第651—653页）

孙中山（1866—1925），名文，字逸仙，广东香山县人，辛亥革命的领导核心，中国民主革命的先行者。1905年8月，中国同盟会在东京成立。同盟会章程规定："本会以驱除鞑虏，恢复中华，创立民国，平均地权为宗旨。"同年11月，同盟会机关报《民报》创刊，孙中山撰写了《发刊词》。《发刊词》第一次把他的全部革命主张概括为"民族"、"民权"、"民生"，并强调"三大主义皆基本于民"，从而公开地提出了三民主义学说。他满怀信心地写道，只要实行这三大主义，就可以"举政治革命、社会革命毕其功于一役"，使多难的祖国摆脱困境，臻于独立、富强之境。在近代，中国人面对的棘手问题成千上万，错综复杂，很难措手。孙中山在千头万绪的复杂矛盾中，提纲挈领地提出民族、民权、民生三大问题，实际上就是提出了民族独立、民主自由、民生幸福三大目标，并主张用革命的手段来实现它。这在当时是最进步的思想，走在了世界的前沿，反映了时代的要求和人民的愿望。

三、国人文化心理的转变

自鸦片战争战败后，中国每一次被迫与列强交锋，几乎都以失败和屈辱而告终，国人的文化优越感和自信心由此一点一点崩塌。1900年后，亡国灭种的危机促使国人奉守千年的"华夷大防"观念解体，形成了崇拜西洋的社会心理。

统治阶层的这种心理转变显而易见。慈禧太后的态度无疑代表清统治集团的整体心理状态。在内外交迫的形势下，掌握清廷最高权力的慈禧，对外表现出奴颜和谄媚，对内则不得不取法西洋，做出变革的姿态。清廷长期恃为精神支柱的名教和气节，在八国联军的淫威逼迫下，显得苍白无力。清末"新政"的宗旨未脱"中学为体，西学为用"的窠臼，但毕竟从形式上表示对"西法"的认同。握有实权的地方督抚大员们，其心理和文化观念的转变亦可以他们的奏折中窥见一斑。张之洞、刘坤一联名上奏的《江楚会奏变法三折》即明确显示，中国的改革必须师法西方。端方奏称:“近年以来,外侮频仍,时艰日亟,海内承学之士知非出洋游学,师其所长,不足强国。”①河南巡抚陈夔龙、闽浙总督魏光焘、署四川总督锡良、陕西巡抚曹鸿勋等也上奏折表达了广设学堂、多遣留学的主张。从总体上看,大多数地方督抚一改在戊戌维新时期的迁延观望甚至抵制的态度,转而在一定程度上认识到了学习西方的必要性和紧迫性。

知识界的变化更为明显。戊戌政变后,西方资产阶级民主学说被大量译介。比较重要的有《民约通义》(卢梭著,日本中江笃介用中文所译其书的第一章)、《万法精理》(孟德斯鸠著)、《自由原理》(弥勒约翰著)、《美国独立檄文》、《法兰西人权宣言》、《法兰西革命史》、《义大利独立战争史》、《意大利建国史》等。它们开阔了中国知识分子的眼界,并提供了改造中国的新式武器。邹容在《革命军》一书中这样写道,人们欢呼雀跃,“吾幸夫吾同胞之得卢梭《民约论》、孟得斯鸠《万法精理》、弥勒约翰《自由之理》、《法国革命史》、《美国独立檄文》等书译而读之也。是非吾同胞之大幸也夫!是非吾同胞之大幸也夫!夫卢梭诸大哲之微言大义,为起死回生之灵药,返魄还魂之宝方,金丹换骨,刀圭奏效,法、美文明之胚胎,皆基于是。我祖国今日病矣、死矣,岂不欲食灵药、投宝方而生乎?苟其欲之,则吾请执卢梭诸大哲之宝旛,以招展于我神州土。”②孟德斯鸠、斯宾塞、卢梭取代“子曰”“诗云”而成为新的思想权威。

与此相对,中国传统学术在士人心目中的地位一落千丈。据《道学渊源录》记载,名儒成孺在湖南校经书院讲学,举宋儒之说,引起诸生哄堂大笑。当时,多数士大夫引理学为耻,鄙夷理学成为新的士林风气。士人贺瑞麟描述说:“匪惟昏愚无知之徒懵然不知道学为何事,即学士大夫例以此二字为大忌,不敢出诸其口。”③朱一新形容说:“近人好攻宋儒,见有与宋儒异趣者,无论理之是非,必称述之以为快。”④程朱理学是清代的官方哲学,由此可见中国学术境况之一斑。

新学兴起,旧学则沦为“顽固”的代名词。时人称:“近年来新学之兴,以能洋人之学为高,凡守孔孟之道者目之曰顽固之党。”又说:“近年来为学之人,竞

---

① 端方光绪三十一年奏片,见中国第一历史档案馆藏:军机处录副奏折,文教类,第538号。

② 邹容:《革命军》,张枬、王忍之编:《辛亥革命前十年间时论选集》第1卷下册,三联书店1960年版,第652—653页。

③ 贺瑞麟:《重刻文庙通考序》,《清麓文集》卷二。

④ 朱一新:《朱侍御答长孺论性书》,《康有为全集》第1卷,上海古籍出版社1987年版,第1056页。

分两途，一曰守旧，一曰维新。守旧者惟恃孔孟之道，维新者独求西洋之法。守旧则违于时而为时人所恶，维新则合于时而为时人所喜，所以维新者日益多，守旧者日渐少也。”①学习西学变成了维新与否的标志，在国人心目中，中国传统文化已屈居西方文化之下。

普通民众的文化心理也在震荡之中显现复杂而矛盾的状态。有人将八国联军侵华前后国人的表现予以对比，“当团匪起时，痛恨洋物，犯者必杀无赦。若纸烟，若小眼镜，甚至洋伞、洋袜，用者辄置极刑。”联军入京后，则一变而为“西人破帽只靴，垢衣穷袴，必表出之。”②由“排洋”到“媚洋”，显示了 19 世纪末 20 世纪初短短几年间国人心态的变化。八国联军侵占北京城后，在德军所驻守的顺治门外一带，“其界内新设各店牌号，大都士大夫为之命名，有曰‘德兴’，有曰‘德盛’，有曰‘德昌’，有曰‘德永’，有曰‘德丰厚’、‘德长胜’等。甚至不相联属之字，而亦强以德字冠其首。种种媚外之名词，指不胜屈。而英、美、日、义诸界亦莫不皆然。”③与媚外心态交织在一起的，是己不如人的自卑，华夏中心主义在此已荡然无存。

无论是主动的抉择，还是被动的转变，国人对待西方文化的态度发生了根本性的变化，极端守旧的文化心理观念被抛弃。更多的人开始意识到，只有真正向西方学习才能摆脱危机。据当时的上海海关报告称：“自义和团动乱以来，包括政府官员、知识界、绅士以及商人阶级在内的人士，几乎普遍地确认，向西方学习是十分必要的，反对西式教育的人几乎不见了。”④

于式枚曾出使德国考察宪政，他在奏折中即对这一时期的风气巨变表示了无限感慨。他说，光绪初年郭嵩焘曾言西法，“人所骇怪”。“今则不然，告以尧、舜、禹、汤、文、武、周、孔之道，汉、唐、宋、明贤君哲相之治，则皆以为不足法，或竟不知有其人。近日南中刊布立宪颂词，至有四千年史埽空之语，惟告以英、德、法、美之制度，拿破仑、华盛顿所创造，卢梭、边沁、孟德斯鸠之论说，而日本之所模仿，伊藤、青木诸人访求而后得者也，则心悦诚服，以为当行，前

① 刘大鹏：《退想斋日记》，山西人民出版社 1990 年版，第 140、143 页。

② 《拳事杂记》，中国史学会主编：《义和团》(一)，上海人民出版社、上海书店出版社 2000 年版，第 289 页。

③ 《平等阁笔记》，《近代史资料专刊·义和团史料》(下)，中国社会科学出版社 1982 年版，第 667 页。

④ 徐雪筠等译编：《上海近代社会经济发展概况(1882—1931)——〈海关十年报告〉译编》，上海社会科学院出版社 1985 年版，第 164 页。

后二十余年，风气之殊如此。”[①]因国势没落而产生的对西方文化的崇拜，成了20世纪初年的一种社会风气，“崇洋”、“慕西”之风逐渐高涨。

第二节 科举制度的废除与士人阶层的分化

科举停废是20世纪初年最震撼人心的文化事件之一。严复说：“此事乃吾国数千年中莫大之举动，言其重要，直无异古者之废封建，开阡陌。”[②]废除科举引起中国社会一系列反应和变革，其中最直接、最引人注目的无疑是士人阶层的变化。

一、科举制度的废除

科举考试是中国古代最为重要的人才选拔制度，也是中国文化制度的核心内容，与中国传统文化的命运密切相连。鸦片战争以后，变通与改革科举制度的呼声不绝于耳。至20世纪初，终于拉开了科举制度全面变革的帷幕。

科举考试号称“抡才大典”，其实早已弊端重重，积重难返。它流于形式，不看内容，首重小楷、试帖，考试题目割裂经文，断章取义，士子难以发挥真才实学。科场盛行作弊，“怀挟”、“传递”、“冒籍”、“枪代”，加上考官贪污受贿，严重破坏了科举制度的公平性。更为致命的是，科举制度已不能满足社会对各种新式人才的需求。清末新政，先后设立了外交部、商部、巡警部、学部、民政部、度支部、陆军部、法部、邮传部等新行政部门。这些机构最棘手的问题就是人才缺乏。就外交部而言，1904年全国1300多个州县，与洋人“有交涉者十居七八”，但办理交涉的“初任之员，大率未谙洋务”[③]。就军事而言，清政府计划于新政期间编练新军36镇，但可充任新军各级官职的人才却寥寥可数，练兵处深感“时艰方殷，将才消乏”[④]。人才匮乏也限制了清末工商业的发展。据统计，至1901年，中国近代工矿企业已达400家左右，涉及机器制造、纺织、碾米、印刷、火柴、水电、卷烟等十余种门类，需才孔亟。同时，铁路、轮船等近代新式交通事业也需要技术人才。这些都是科举制度无法培养、无法选拔的人才。

---

① 故宫博物院明清档案部编：《清末筹备立宪档案史料》上册，中华书局1979年版，第306页。
② 严复：《论教育与国家之关系》，《东方杂志》第2卷第3期。
③ 朱寿朋编：《光绪朝东华录》(五)，中华书局1958年版，总第5322页。
④ 沈桐生辑：《光绪政要》卷二十九，上海崇义堂1909年刊本。

同时，科举制度也严重阻碍了新式学堂的发展。一方面，学堂的办学经费因科举制度而难筹。时人称，“至今各省学堂仍未能多设者，经费难筹累之也。公款有限，全赖民间筹捐。然经费所以不能捐集者，由科举未停，天下士林谓朝廷之意并未专重学堂也。然则科举若不变通裁减，则人情不免观望，绅富孰肯筹捐？经费断不能筹，学堂断不能多。”[①]另一方面，不少士人侥幸于科举而不入新式学堂，生源难有保障。清末新政中，新式学堂与科举并存，而“学校之课程有定，必累年而后成材；科举之诡弊相仍，可侥幸而期获售”。所以“人见其得之之易也，群相率为剽窃钞袭之学，而不肯身入学堂，备历艰苦”[②]。即使已入学堂的学生，也“恃有科举一途为退步，既不肯专心向学，且不肯恪守学规”[③]。每当科举考试时，学堂学生成批参加应试以求功名。还有一些人则坚决不入新式学堂。这都限制了新式教育的推行。

20世纪初年，政府的权力变动为停废科举扫清了障碍。遭惩办的徐桐、刚毅、赵舒翘等，多是戊戌变法期间科举制度变革的极力反对者。相反，荣禄、刘坤一、张之洞、袁世凯、盛宣怀则赞同科举制度改革，受到朝廷重用，成为清末新政的筹划者和执行者。慈禧太后历经庚子辛丑之痛，不得不尝试改变这种被动局面，于是将戊戌年间废除的各项改革措施重新付诸实施。

科举制度经历了由改革到废除的过程。

第一步，重开经济特科，废八股，改为策论，废止武举。

科举改革首先从重开经济特科开始。1898年1月，严修曾奏请开“经济特科”，增设政治、外交、算学、法律、机器制造、工程设计等科目。旋因政变发生，计划并未落实。1901年6月，慈禧太后在西安发布懿旨：“为政之道，首在得人。况值时局艰危，尤应破格求才，以资治理。允宜敬遵成宪，照博学鸿词科例，开经济特科，于本届会试前举行。天下之广，何患无才。其有志虑忠纯，规模闳远，学问淹通，洞达中外时务者，著各部院堂官及各省督抚学政，出具考语，即行保荐。并著政务处大臣拟定考试章程，请旨办理。”[④]1903年7月，经济特科正式在保和殿开考，与试者186人。正场考试录取一等48人，二等79人。此后的复试，仅录取一等9人，二等18人，梁士诒、杨度被认为与维新党

---

① 舒新城：《中国近代教育史资料》上册，人民教育出版社1961年版，第60页。

② 朱寿朋编：《光绪朝东华录》(五)，总第4998页。

③ 朱寿朋编：《光绪朝东华录》(五)，总第5127页。

④ 朱寿朋编：《光绪朝东华录》(四)，总第4668页。

人有染而被除名。经济特科考试合格的士人均被授予实职。

尽管经济特科在考试内容、考试方式等方面做出了一定改革，增添了不少西学知识，但由于考试凭考官意志尤其是清最高统治者的好恶取舍，加上录取人员较少，因此在选拔人才方面收效甚微，不可能从根本上改变科举制度的命运。

引人注目的是废八股，改策论。1901 年 8 月，在张之洞、袁世凯、张百熙等人推动下，慈禧太后发布科举"新政"上谕："科举为抡材大典，我朝沿用前明旧制，以八股文取士，名臣硕儒，多出其中。其时学者皆潜心经史，文藻特其绪余。乃行之二百余年，流弊日深，士子但视为弋取科名之具，剿袭庸滥，于经史大义，无所发明，急宜讲求实学，挽回积习。……著自明年为始，嗣后乡会试，头场试中国政治史事论五篇，二场试各国政治艺学策五道，三场试四书义二篇、五经义一篇。……以上一切考试，凡四书五经义均不准用八股文程式。策论均应切实敷陈，不得仍前空衍剽窃。"①

废八股未遇到多大阻力。1902 年，全国 12 个省份补行庚子、辛丑两年恩、正并科乡试，考试内容开始侧重新学和时政，头场试中国政治史事论，二场策问，三场经义。1903 年春，借闱河南贡院，补行辛丑、壬寅恩、正并科会试，共取中贡士 306 人。赴京殿试后取进士 305 人。

在改革文举的同时，宣布废除武举一科。1901 年 8 月，上谕规定："武科一途，本因前明旧制。相沿既久，流弊滋多。而所习硬弓刀石及马步射，皆与兵事无涉。施之今日，亦无所用。自应设法变通，力求实用。嗣后武生童考试及武科乡会试，著即一律永远停止。所有武举人、进士，均令投标学习。其精壮之幼生及向来所学之童生，均准其应试入伍，俟各省设立武备学堂后，再行酌定挑选考试章程，以储将才。"②

重开经济特科，废八股，改策论，废武举，这些举措一定程度上缓解了科举制度与现实政治之间的矛盾，考试内容增加了新学知识，有利于选拔实用人才。但从根本上看，科举制度仍然不能满足清末改革的需要，废止科举已成大势所趋。

第二步，停废科举制度。

早在新政实施之前，一些地方大员就萌生了停废科举的想法。1901

---

① 朱寿朋编：《光绪朝东华录》(四)，总第 4697 页。

② 朱寿朋编：《光绪朝东华录》(四)，总第 4697—4698 页。

年，两广总督陶模率先提出“废科目以兴学校”，作为“图存四策”之一。同年5月，山东巡抚袁世凯奏请逐年核减岁试、乡试取中定额，增加实学一科，将旧科所减之额移作实科取士之数。6月，张之洞在《请变通政治人才筹议折》中提出“兴学育才之大端”：“一曰设文武学堂，二曰酌改文科，三曰停罢武科，四曰奖劝游学。”其中，“酌改文科”的目标是，“令与学堂并行不悖，以期两无偏废，俟学堂人才渐多，即按科递减科举取士之额，为学堂取士之额。”[①]他们希望通过采取递减中试名额的方式，将士人逐渐转移到新式学堂。

1903年，清政府虽颁布了壬寅学制，但各地士人对科举仍趋之若鹜，新式学堂依然冷冷清清。同年4月，张之洞、袁世凯上《请递减科举折》，认为科举是影响学堂兴起的首要因素，必须予以废止。“今纵不能骤废，亦宜酌量变通，为分科递减之一法。”“今宜略师乾隆时减裁中额之法，拟请俟万寿恩科举行后，将各项考试取中之额，预计均分，按年递减。学政岁科试分两科减尽，乡会试分三科减尽。即以科场递减之额，酌量移作学堂取中之额，俾天下士子，舍学堂一途，别无进身之阶，则学堂指顾而可以普兴，人才接踵而不可胜用。”奏折还为旧式举贡生员指明了出路[②]。实际上，这一建议并未被采纳，但对清政府触动很大。

1904年1月，张百熙、荣庆、张之洞会奏《重订学堂折》，同时上《请递减科举注重学堂折》，提出“自下届丙午(1906)科起，每科合减中额三分之一，俟末一科中额减尽以后，即停止乡试”[③]。因为这一方案事先已在统治集团内部进行了长时间的磋商，所以最终得到清廷允准，同意用10年时间废除科举。清廷发布上谕，“著自丙午科为始，将乡会试中额及各省学额，按照所陈逐科递减，俟各省学堂一律办齐，确有成效，再将科举学额分别停止，以后均归学堂考取，届时候旨遵行。”[④]至此，清廷正式确立了逐步废止科举的方针。

1904年，清政府举行甲辰恩科会试，这是废八股后的第二次会试，仍借闱河南。这次会试共录取贡士276人，取中进士273人，名额较上科明显减少。同时，清廷令进士入京师大学堂进士馆肄业，进士的出路也发生明显变化。

---

① 张之洞：《请变通政治人才筹议折》，《张文襄公全集》卷三十二，中国书店1990年影印本。

② 朱寿朋编：《光绪朝东华录》(五)，总第4998—4999页。

③ 朱寿朋编：《光绪朝东华录》(五)，总第5127—5128页。

④ 朱寿朋编：《光绪朝东华录》(五)，总第5129页。

1904 年，京师大学堂仕学馆开学，共招收进士 110 余名。这样，科举制度变为学堂选择人才的渠道之一。

实际上，清政府逐步递减中试名额的方案并未能实施。1904 年日俄战争爆发，中国危机日重，立宪呼声渐强，革命活运动也不断高涨。形势的变化改变了渐进改革的主张，社会上要求立即废弃科举的呼声高涨起来。为了图强自救，清政府被迫提前废止科举。

1905 年 9 月 2 日，直隶总督袁世凯、盛京将军赵尔巽、两湖总督张之洞、两江总督周馥、两广总督岑春煊、湖南巡抚端方联衔会奏："欲补救时艰，必自推广学校始；而欲推广学校，必自先停科举始。"①清政府同日颁发上谕，同意立即停止科举："著自丙午科为始，所有乡会试一律停止，各省岁科考试亦即停止。"②

光緒三十一年八月初四日内閣奉
上諭袁世凱等奏請立停科舉以廣學校並妥籌辦
法一摺三代以前選士皆由學校而得人極盛實
我中國興賢育才之隆軌即東西洋各國富强之
效亦無不本於學堂方今時局多艱儲才為急朝
廷以近日科舉每習空文屢降明詔飭令各省督
撫廣設學堂將俾全國之人咸趨實學以備任使
用意至為深厚前因管學大臣等議奏已准將鄉
會試中額分三科遞減茲據該督等奏稱科舉不
停民間相率觀望欲推廣學堂必先停科舉等語
所陳不為無見著即自丙午科為始所有鄉會試
一律停止各省歲科考試亦即停止其以前之舉
貢生員分別量予出路及其餘各條均著照所請
辦理總之學堂本古學校之制其獎勵出身又與
科舉無異歷次定章原以修身讀經為本各門科
學又皆切於實用是在官紳申明宗旨聞風興起
多建學堂普及教育國家既獲樹人之益即地方
亦與有光榮經此次諭旨後著學務大臣迅速頒
發各種教科書以定指歸而宏造就並著責成各
該督撫實力通籌嚴飭府廳州縣趕緊於城鄉各
處徧設蒙小學堂慎擇師資廣開民智其各認真
舉辦隨時考察不得敷衍瞻徇致滋流弊務期進
德修業體用兼賅共副朝廷勸學作人之至意欽此

停废科举制度谕旨

这一上谕的发布，正式宣告了中国沿用了 1300 多年的科举制度的终结。由于 1905 年不是大比之年，因此，1904 年的甲辰科实际上成了中国历史上最后一次大规模的科举考试。该科的刘春霖、朱汝珍、商衍鎏，成为中国科举史上的末代状元、榜眼、探花。

科举制度的废除是中国文化史上的重大事件，有人甚至称其为新纪元。《万国公报》刊登文章说："中国政府近于改革之事颇有改观。而立废科举一节，取数百年来败坏中国及近日屡蹶屡起根深蒂固之附属物，一旦拔弃之，是

① 朱寿朋编：《光绪朝东华录》(五)，总第 5390—5391 页。

② 朱寿朋编：《光绪朝东华录》(五)，总第 5392 页。

真中国历史上之新纪元，而东方大局之转移在此矣。”[1]科举制度的废除，其影响广泛而深远。从此，清政府丧失了维系儒家意识形态的手段，加快了解体的步伐。儒家学说也失去了制度性保障，一蹶不振，逐渐式微。对学堂而言，不啻于天大的历史机缘。而对奔走于科举之途的士人来说，则面临着一次艰难的选择。

谕立停科举以广学校(节选)

臣等默观大局，熟察时趋，觉现在危迫情形，更甚曩日，竭力振作，实同一刻千金。而科举一日不停，士人皆有侥幸得第之心，以分其砥砺实修之志。民间更相率观望，私立学堂者绝少，又断非公家财力所能普及，学堂决无大兴之望。就目前而论，纵使科举立停，学堂遍设，亦必须十数年后，人才始盛。如再迟至十年，甫停科举，学堂有迁延之势，人才非急切可成，又必须二十余年后，始得多士之用。强邻环伺，岂能我待。近数年来，各国盼我为维新，劝我变法，每疑我拘牵旧习，讥我首鼠两端。群怀不信之心，未改轻侮之意，转瞬日俄和议一定，中国大局益危，斯时必有殊常之举动，方足化群疑而消积愤。科举夙为外人诟病，学堂最为新政大端，一旦毅然决然，舍其旧而新是谋，则风声所树，观听一倾，群且刮目相看，推诚相与。而中国士子之留学外洋者，亦知进身之路，归重学堂一途，益将励志潜修，不为邪说浮言所惑，显收有用之才俊，隐戢不虞之诡谋，所关甚宏，收效甚巨。且设立学堂者，并非专为储才，乃以开通民智为主，使人人获有普及之教育，且有普通之知能，上知效忠于国，下得自谋其生。其才高者，固足以佐治理，次者亦不失为合格之国民，兵农工商，各完其义务而分任其事业。妇人孺子，亦不使逸处而兴教于家庭。无地无学，无人不学，以此致富奚不富，以此图强奚不强。故不独普之胜法，日之胜俄，识者皆归其功于小学校教师。即其他文明之邦，强盛之源，亦孰不基于学校。而我国独相形见绌者，则以科举不停，学校不广，士心既莫能坚定，民智复无由大开，求其进化日新也难矣。故欲补救时艰，必自推广学校始。而欲推广学校，必自先停科举始。拟请宸衷独断，雷厉风行，立沛纶音，停罢科举。庶几广学育才，化民成俗，内定国势，外服强邻，转危为安，胥基于此。

(选自沈桐生辑:《光绪政要》卷三一，上海崇义堂1909年铅印本)

---

[1] 《中国振兴之新纪元》，《万国公报》1905年10月号。

二、士人阶层的分化

士人阶层的分化、解体，是中国传统文化衰落的又一重要表征。士为四民之首，在科举制度废止前，它既是官僚队伍的主力成员，又是中国传统文化最主要的生产者、传播者和承载体。科举制度的废除直接改变了士人的命运，士人阶层的正常流动渠道不复存在，他们被迫流向政界、商界、军界、学界等不同领域，甚或无以为业、衣食不保。当然，清末士人阶层的分流，并非一蹴而就，而是呈现非常明显的过渡状态，或商绅，或学绅，或军绅，或新士绅，兼具等级身份与新式职业的双重特征。

1. 从政

科举制度下，士人与官僚政治密切结合在一起。由普通士子晋身士大夫行列，流向政府，乃当时士人流动的主向。清朝末年，政府在改革科举制度的过程中，仍旧保证了部分士人登进道路的畅通。

简单地说，清政府通过停科而不停考的方式，为中下层士人（主要是生员、贡员及举人）提供了一条出路。其中，生员考优贡、拔贡的资格，停科举之后放宽了限制，凡廪、增、附生，除可入师范学堂及已入学堂者不准应考外，均可由本府、州、县会同教官申送。优贡、拔贡名额都有较大幅度的增加。停废科举后，清政府组织了 1907 年、1909 年的生员升优贡及 1909 年的拔贡考试。朝考后，一等及二等前 10 名，中年以下任七品小京官，年长者聘为知县；二等 10 名以后者，京官以部司务用，外官以盐库大使、州判、州同经历、县丞等用；三等不授官。未能考取优贡、拔贡的生员，允其参加各省的考职。根据省份的大小，取额从 50 名到 100 名不等。中试者仍分为三等：一等聘为巡检；二等以典史用，归吏部或各省注选；三等不授官，可为佐贰杂职分发试用。清政府还鼓励那些无合格学堂可去的府州县学诸生，由各学学官、院长就近择送各衙门，从事胥吏等事务性工作。

举人与恩、拔、副、岁、优贡的考职，于 1907、1910 年各举行了一次，共录取 687 人。举人取一等及二等前十名分别以主事、中书、七品小京官任用，外官以知县用；二等十名以后者，分别以州判、盐库大使、府经历、县丞用。贡生一等者内用为七品小京官、外用为知县，二等者内用部司务、外用县丞等杂职。此外，凡参加会试中试的贡生，没有参加复试者，准予照例拣选；复试未应殿试或朝考者，准其取具同乡京官印结赴吏部呈请带领引见，给予出身并分别录用。

1906年,清政府颁布预备立宪诏令,正式推进官制改革。清政府在制定相关章程时,继续为士人提供新的登进机会。根据《宣统三年冬季职官录》的统计数字,有科举功名的占据了政府各部门的多数席位。地方官制的改革,许多新设部门的组成人员也是从士绅阶层中遴选出来的。从1911年两广总督张鸣岐呈送民政部的《辟任幕僚分科治事表》看,其幕僚为清一色的功名之士。

新设立的谘议局组成人员,也以士绅占据多数。1909年,各省进行了第一届谘议局议员选举。从选举结果看,各省谘议局议长、副议长63人中,进士30人、举人18人、贡生5人、生员3人,科举出身者接近总数的90%。在广西谘议局初选的570人中,士人占84.8%,而复选的64名议员,几乎全部为有功名的士人。其他各省士绅在谘议局中所占的名额也多在百分之八九十以上。当选议员的士绅大多数在40—50岁间,从年龄看已不符合新式学堂的入学条件,地方谘议局的设立为士人多了一条就职出路。各省谘议局下属的府厅、州县、乡镇自治机构,即各级董事会、议事会成员,基本上也是科举出身的士绅。

2. 从商

清末十年,由士而商的绅商人数骤然增加。江浙地区素称人文发达,但不少士大夫却瞩意工商实业。除状元实业家张謇、陆润祥外,著名的还有:江苏元和王同愈,1889年进士,授翰林院编修,曾任驻日公使参赞、湖北学政等职,1903年返回原籍江苏,积极参与苏州地方商务和学务,1905年发起组织苏州商会,曾任苏经苏纶丝纱厂总经理,还曾供职苏省铁路公司。江苏吴县尤先甲,1876年中举,未曾出仕,一直在苏州从事商业活动,经营绸缎、颜料、中草药等生意。苏州商会成立后,他先后出任五届商会总理。江苏海州沈去沛,进士出身,经营有纺织、面粉、皮革、肥皂等众多企业,1906年后任农部右参丞、农部右侍郎等职。上海商务总会首任总理、上海通商银行总董事严信厚,贡生出身,曾任长芦盐务督销、天津盐务帮办等职。上海总工程局议董穆湘瑶,举人出身,经营棉业、煤炭和纺织业等。浙江余兆熊,举人出身,经营刺绣,颇负盛名。浙江镇海盛炳纪,早年辗转场屋,后专门经商,在沪创设泰东面粉公司,于汉口创办汉丰面粉公司,并兼任汉口浙江兴业银行分行总理。

其他地区士人转而经营工商的也大有人在。清末湖南创办的规模较大的6家工矿企业,其创办人全部拥有功名。阜湘总公司创办人龙湛霖、王先谦均为进士,沅丰公司创办人黄忠浩为优贡,湖南矿务总公司创办人刘镇、黄忠浩、蒋德钧均为士绅，醴陵交瓷业制造公司创办人熊希龄为进士，华昌炼锑公司创办人梁焕奎为举人，湖南电灯公司创办人陈文玮为廪生。广东琼州府士绅曾联合筹议组织轮船公司，四川巴县秀才杨海珊成立火柴厂，福建闽县进士陈壁办有工艺局、纺织局，厦门生员孙逊办有电灯公司。清朝末年，士绅经商已为一股时代潮流。1905 年前后，伴随各地商会的成立，绅商由散到聚，由点成面，开始凝聚成一个相对独立的社会阶层，成为传统士绅向近代工商业资本家转化的中介。

3. 从军

清末十年间，从军成为旧式士人的重要出路，士人行伍成为一种常见现象。据不完全统计，清末新式军队的军官中，新军第八镇士人出身共 479 人，占该镇军官总数的 72%；第九镇有 272 人，占总数的 38%；第二十一协有 73 人，占总数的 55%。其他各军也不乏士人出身的军官。光绪三十一年(1905)湖北黄陂招募新兵 96 人中，有“十二个廪生，二十四个秀才”①。在新政初期，湖北省大约有2 000名士人经过军事教育和军事训练后转化为新军官佐②。又据《大公报》报道：“深州举人胡某率领本州举人七名，廪生三十余名，呈请练兵处王大臣，恳恩分发各镇充当兵勇，以为中国文人秀士之倡。”③值得注意的是，这些加入新军的士人与加入湘军、淮军的士人有很大不同。后者尽管领兵打仗，但他们在思想意识上始终以传统士人自居，而不认同“兵”的身份。清末从军的士人多数接受过近代军事训练，吸收了近代军事主义价值观念，因此，其中多数人改而认同自己的军伍身份。士人出身的军官由于其社会地位和文化素养的优势，不少人进入军界后身居要职，成为权倾一时的人物。士人与军人的这种结合所形成的优势，有人还专门以“军绅”来指称其特殊身份。

文武之道的结合，不仅体现了传统的重文轻武习俗的改变，反映了士人价值观念的变化，而且导致了传统四民社会秩序的失衡，士人趋附于军人，军阀政治走上中国社会的中心舞台。

4. 进入学界

清末十年间，大批士人流入新式教育领域。除进入学堂或出洋留学，转换

① 陈孝芬：《辛亥武昌首义回忆》，《辛亥首义回忆录》第 1 辑，湖北人民出版社 1979 年版，第 70 页。

② 苏云峰：《中国现代化的区域研究——湖北省(1860—1916)》，(台北)中研院近代史所专刊 1981 年版，第 471 页。

③ 《大公报》1905 年 12 月 22 日。

为学生身份外，进入学界的士人主要有两种类型：一是参与学务管理，担任视学、劝学、学董等职；二是充当新式学堂的教员。

士人凭借自身的知识优势和社会名望，参与各类新式学堂的管理事务。据记载，山西、湖南等省份的办理学堂人员绝大多数来自士绅。至1909年，安徽省共成立劝学所52所，其中有40名总董源于士绅。直隶省69府县教育会有身份记录的68名正会长和65名副会长中，有科举功名者多达56人。清末在中央各教育行政部门任职的全部官员，从京师大学堂管学大臣、学务处学务大臣、学部尚书，到各司的郎中、参事，除两人为学堂毕业生外，其余基本出身科举。学部派往各省的提学使也多数具有功名。

在清末兴学热潮中，成批的士人进入学堂，充当教习。1907年1月，清政府为解决师资缺乏问题，同时也为科举停废后的士人寻找出路，特颁布上谕，要求学堂降低教员的任用条件，聘用德行敦厚的士人充当师资。上谕颁布后，各地纷纷聘士人担任教职。据统计，到1909年，全国高小以上学堂共有教师18 389人，士人成为主要组成部分，其中，在中学师资中所占比重为34%，初级师范和实业学堂中所占比重均为28%，专门学堂中占25%。各种军事学堂的教职员也以士人为重要来源。据广东、湖北、云南三省的12所军校情况调查，国内学堂学生、留学生、士人和外籍人员分别占教职员总数的36%、24%、37%、3%，士人出身者位居第一①。

此外，大量士人涌入报界，衍化为新式知识分子。在清末兴办报刊的大潮下，士人开始涉足新式文化事业，兴办各种近代报刊，编印西方书籍，有的成为知名的报人或出版家，如1903年创办的《广益丛报》的两名主要编辑杨沧白和胡湘帆就是秀才出身。

清末十年，尤其是科举制度停废以后，士人中一大批人不能适应时代变革，辍学、失业，成为那个时代的牺牲品。有些在私塾就读的学子，因家庭贫寒，学费无着，被迫中止学业。有些从事塾师等职业的下层士人，也因年龄、经济、知识结构等方面原因而没落，从勉强糊口到生路断绝，这也是清末士人阶层分化的结果之一。

由于科举制度的改革与废除，士人阶层在清末出现了大规模分流。其方式、性质各不相同，呈现出多元化的趋向。以中国四民社会的等级秩序而言，只有入仕为官才算顺向流动，但在清末，更多的士人却是逆向而行，流向工、

---

① 参考桑兵：《晚清学堂学生与社会变迁》，广西师范大学出版社2007年版，第381、384页。

商、军、学等其他领域。从文化史的角度看,它一方面反映了儒学所维系的"四民社会"秩序正在解体,儒学已不能胜任变革的时代;另一方面也意味着,随着士人阶层的分化,儒家文化丧失了自己的生命力,必将无可挽回地衰退下去。

第三节　近代教育制度的建立与新式知识分子群体的形成

在停废科举制度的同时,清政府着力发展新式教育,先后制定了《钦定学堂章程》和《奏定学堂章程》,初步形成一套从蒙养院、小学堂到高等学堂、大学堂的近代教育体系,学堂总体数量和学生人数迅速增加。清政府对留学生实行奖励政策,留学教育形成高潮。在这一过程中,近代意义上的新式知识分子走上了历史舞台,在政治、文化教育、新闻出版等领域发挥了不可替代的作用。

一、近代教育制度的建立

中国的近代教育肇始于洋务运动时期。洋务派创建了首批语言、军事、技术等专门学堂。但这些新式学堂不成体系,没有专门、统一的规章。戊戌维新时期,光绪帝曾下令将省、府以及州县的书院改为大、中、小学堂,也因守旧派发动政变而未能实行。为了满足培养新式人才的需要,清末"新政"伊始,便把教育制度改革置于重要位置。清末教育改革,涉及内容十分广泛。

(一)"壬寅学制"、"癸卯学制"的制定

1901年"新政"开始后,清政府专门颁布《兴学诏书》,鼓励各地兴办学堂:"除京师已设大学堂应切实整顿外,着各省所有书院,于省城均改设大学堂,各府及直隶州均改设中学堂,各州、县均改设小学堂,并多设蒙养学堂。"各类大中小学应运而生。但对于各类学堂的入学条件、修业年限、学校性质、课程设置,以及各级各类学堂之间的统属衔接关系,却没有明确规定,缺乏章法。此外,新式教育在发展过程中也暴露出诸多问题。各类洋务学堂,自成一体,互不衔接,课程随意性较大。因此,制定全国统一的学制,规范各级各类学校的教育目标、课程设置,成为新式教育发展的迫切需要。

20世纪初,清政府先后制定并颁布了《钦定学堂章程》和《奏定学堂章程》。

《钦定学堂章程》是由张百熙主持制定的。张百熙(1847—1907),字冶秋,湖南长沙人。他是一个具有维新思想的开明官员。在戊戌政变后,因奏保康

有为而受革职留任处分。西太后逃至西安时，张百熙赴西安力请兴学，以挽时局，提出变通科举、广建学堂、创立官报、翻译书籍等诸多建议。1902 年 1 月，清政府任命吏部尚书张百熙为管学大臣，重建京师大学堂。京师大学堂同时负有管理全国教育的职责。清政府要求张百熙制定新的学堂章程，以规范全国。

张百熙在吴汝纶、沈兆祉等人的协助下，参照日本学制，完成了中国新学制的制定工作。1902 年 8 月，新学制经清廷批准颁布，是为《钦定学堂章程》。这是中国近代教育史上第一个由政府公布的法定学制系统。因时为旧历壬寅年，故被称为"壬寅学制"。新学制包括《钦定蒙养学堂章程》、《钦定小学堂章程》、《钦定中学堂章程》、《钦定高等学堂章程》、《钦定京师大学堂章程》及《考选入学章程》等六件，分别规定了各级各类学堂的目标、性质、年限、入学条件、课程设置及相互衔接关系。由于张百熙受人排挤，加上筹划仓促，"壬寅学制"本身存在种种不足，虽经公布，但并未全面实施。

1903 年 6 月，清政府改任张之洞负责学制的修订工作。1904 年 1 月，清政府颁布了由张百熙、张之洞、荣庆拟定的《奏定学堂章程》。因其颁行年份为旧历癸卯年，故亦称为"癸卯学制"。"癸卯学制"是中国近代第一个正式公布并在全国范围内实施的学制。

"癸卯学制"以"壬寅学制"为基础，内容更为完善、系统，包括《学务纲要》、《大学堂章程》、《高等学堂章程》、《中学堂章程》、《初等小学堂章程》等 22 个文件，对各级各类学校的创制与运作均有详细规定。整个学制分为初等教育、中等教育和高等教育三段，三段又分为七级：初等教育有蒙养院（4 年）、初等小学堂（5 年）、高等小学堂（4 年），中等教育有中学堂（5 年），高等教育有高等学堂（3 年）、分科大学堂（3—4 年）、通儒院（5 年）。横向分作三部分，以普通学堂为主干，辅以师范教育和实业教育两个独立的系统。此外，属于高等教育性质的还有译学馆、方言学堂、进士馆和仕学馆。由此，构成纵向初等、中等、高等三级衔接，横向普通、师范、实业三足鼎立的整体格局。学堂的课程设置已初步具有门类较为齐全的特征，如高等学堂的学科设置已包括外国语、法学、心理学、理财学、物理学、化学、地质学等科目，大学堂几乎涉及到现代教育的所有学科门类。

"癸卯学制"改变了中国行之千年的官学、私学、书院等学校形式，初步奠定了新式教育的基础。至此，中国教育有了近代意义上的制度规置、严格的教学年限规定以及完整的互相衔接的学校系统。该学制为清末教育发展规划了总体思路,并为民国时期的学制改革提供了借鉴。

(二)改革教育行政机构

"新政"之前,清代并无专门管理教育的行政机关。按传统旧制,教育行政事务归属礼部和国子监,各省则以学政统揽其事,府厅州县一级设有儒学教官。随着新式学堂的发展,迫切需要建立一套专门的教育行政管理体系。于是,清政府在1898年设京师大学堂代行中央教育行政之责,以孙家鼐为管学大臣;1901年设总理学务大臣,统辖全国学务,张百熙既是京师大学堂校长,又总管全国学务。京师大学堂成为向近代中央教育行政部门过渡的重要机构。

为扭转这种没有独立、专门的教育行政机构的状况,1904年,根据张之洞的建议,清政府谕令在京师大学堂设总监,专司大学堂事务,并改管学大臣为学务大臣,统揽全国教育大权。随着学务的繁忙,尤其是停废科举谕旨的宣布,新式教育的发展成为统治集团关注的焦点之一。1905年12月,山西学政宝熙等奏议,撤销国子监,正式设学部,序列礼部之前,专管全国教育。

学部内部机构设置较为健全,分工明确。学部设尚书(后改大臣)一名,左右侍郎(后改副大臣)各一名;下设总务司、专门司、普通司、实业司、会计司等五司。总务司是学部的中枢,下设三科,其中审定科是审定教科书的权威机关,职掌"审查教科图书",收管本部应用参考图书,编录各种学艺报章等事,与司并列。学部还设有三局二所,即京师督学局、编译图书局、学制调查局;教育研究所和高等教育会议所。

学部是中国近代教育史上最早设立的独立的中央教育行政机关,是教育现代化的重要标志。它结束了以往中央与地方教育行政互不干涉、各自为政的历史,有利于中国教育的发展。学部的设立及其内部设置,形成了中央教育行政体系的基本框架,为科举停废以后新旧教育的过渡衔接和全国学务的运行提供了保证,为中国近代教育体系结构的形成奠定了基础。

在中央教育行政机关建立的同时,地方教育行政管理体制也开始逐步形成。

清政府下令兴学后,各省教育事务多由地方督抚兼管。为了推行新式教育,《奏定学堂章程·学务纲要》中明确规定在省城设立学务处,由督抚选派通晓教育之员总理全省学务。这样就形成了管理科举事宜的学政与负责新式学堂的学务处"双轨制"为特征的地方教育行政统系。在科举制废除后,双轨制显然不再适应形势。1906年,清政府谕令裁撤学政,改设提学使司,提学使统辖全省地方学务，归督抚节制。提学使司下设学务公所办公，公所由原学务处改设。下设总务、专门、普通、实业、图书、会计六科，帮助提学使筹划学务，并为督抚提供咨询。

清代省级以下的教育管理机构沿袭明制，府设教授训导，州设学正训导，县设教谕，名为教职，实则主要负责科举考试。科举停废后，根据严修的建议，清政府颁行了《劝学所章程》，明确规定各厅州县设立劝学所，管理本地学务，所内设总董一人。厅州县划分若干学区，各区设劝学员一人，负责推动本区域的教育工作。劝学所的建立，对地方基层新式教育的发展起了积极的推动作用。

（三）兴办新式学堂

近代新式学堂诞生于洋务运动，但真正蓬勃发展则在清末新政时期。1895 年前，全国新式学堂约 20 所。1895—1898 年，增加了 19 所。至 1903 年，全国新式学堂已达 769 所，1904 年升至4 476所，1905 年为8 277所，1909 年增至59 117所。1911 年略有减少，仍达到52 500所[①]。新式学堂的学生人数也呈现出大幅度增长。据学部第一次教育统计，1902 年，全国学生人数为6 912人，1903 年为31 428人，1905 年发展为258 876人，1907 年增至1 024 988人，1909 年则更增加到1 639 921人。到 1909 年，全国学堂总数比 1903 年增加 70 多倍，在校学生总数比 1902 年增加 220 多倍。

在各式各类学堂中，普通教育占据主流。近代普通教育的发展是由高等、中等再到初等，逐步推广起来的。高等教育在中国近代教育中充当了龙头。1901—1903 年，清政府及地方各省先后设立山东大学、浙江求是大学堂、苏州省城大学堂、河南大学、天津北洋大学、山西大学、江西大学堂、陕西关中大学堂等。1903 年，清政府下令，除保留京师、北洋、山西三所大学外，各省大学一律降为高等学堂，每省城一所，相当于大学预科，分文、理工和医学三类。其中，北洋大学堂是近代第一所工科大学，山西大学堂是清末第一所省立大学。

中等教育在清末各种教育中最为薄弱。“中学”一词正式见诸教育法规始于 1898 年总理衙门和军机处会呈的《京师大学堂章程》。1904 年的“癸卯学制”规定，各府至少设立中学一所，并鼓励州县自设。至 1907 年，全国有中学堂 419 所，学生31 682人。1909 年达 460 所，学生40 468人。与师范、小学、实业、高等教育相比，相差悬殊。

---

① 参考王笛：《清末新政与近代学堂的兴起》，《近代史研究》1987 年第 3 期。

清末十年，发展最为迅速的是初等教育。清政府十分重视教育的普及，强调兴办蒙养、初等小学堂。1901 年，清政府谕令全国将传统书院改设学堂，各州县书院改设小学堂，尤其要多设蒙养学堂。1904 年颁行的《奏定学堂章程》中明确指出："开通国民知识，普施教育，以小学堂为最要"。1905 年学部成立后，开始加大教育普及的力度，采取了一系列措施，诸如划分学区，推行学务；咨行强迫教育章程。1906—1907 年间，学部向各省咨行《强迫教育章程》十条，要求各省广设劝学所，各省城"须设蒙学 100 处，学额以5 000名为率"，各府州县"须设蒙学 40 处，学额以2 000名为率"，各村"须设蒙学一处，学额以 40 名为率"。各学设立后，每两年由提学使考核一次。以设立学堂的多寡，评定劝学员的功过①。据统计，1907 年，全国有小学堂34 033所，学生900 364人；1909 年达50 394所，学生1 492 147人②。

中国近代师范教育始于 1897 年盛宣怀创办的上海南洋公学师范院。1898 年京师大学堂设师范斋，开中国新式高等师范教育之先河。1902 年张之洞创设湖北武昌师范学堂，是中国第一所官办独立的中等师范学堂。同年张謇在南通创办的通州师范学堂是中国第一所私立中等师范学堂。到 1907 年，全国有师范学堂 541 所，学生36 091人。1909 年，学堂有 514 所，学生28 572人③。

中国近代实业教育始于 1896 年。以蔡金台在江西高安县创办的蚕桑学堂为标志。1904 年，商、学两部在京师设立高等实业学堂。到 1911 年，全国先后创办高等农业、工业、商业学堂等 17 所。至 1912 年，全国共有各类实业学堂 445 所，学生36 615人④。

此外，清末十年，女子教育也有一定发展。中国近代女子学堂始于 1844 年英人爱尔德塞在宁波创办的宁波女塾。中国人自办的女学为经元善 1898 年上海的经正女学。除去教会女生，中国人自办学堂女生人数在 1907 年为1 853人，1909 年为12 164人⑤。

新式教育推动了学堂教育内容的变革和教学方法的改进，促进了学堂教育的近代化。学堂教育的内容不再是结构单调的儒家经书，而是数、理、化等

① 舒新城编：《近代中国教育史料》(二)，上海中华书局 1928 年，第 148—149 页。
② 参考李华兴主编：《民国教育史》，上海教育出版社 1997 年版，第 637 页。
③ 参考李华兴主编：《民国教育史》，第 653 页。
④ 参考王笛：《清末新政与近代学堂的兴起》，《近代史研究》1987 年第 3 期。
⑤ 阎广芬：《中国女子与中国教育》，河北大学出版社 1996 年版，第 210 页。

近代自然科学和法政、商业等社会科学，使学生的知识结构发生了根本性的变化，从而为造就新式知识群体提供了土壤。

（四）留学高潮

“新政”初期，由于经费和师资的缺乏，新式学堂在短时间内不能普遍设立，清政府不得不将发展留学教育作为推动新式教育发展、解决师资匮乏问题的捷径。

1901年，清政府颁布了派遣学生出洋及奖励官派生和自费生的政策。此后，湖广总督张之洞、直隶总督袁世凯等先后奏请以考试考核与奖励本省回国留学生。1904年12月，清政府制订《考验出洋毕业生章程》八条，规定了对回国留学生进行考试，合格者给予奖励。根据这一章程，清政府于1905年对回国留学生进行了第1次毕业考试，并于同年在保和殿进行廷试。学部成立后，将这一奖励方式进一步完善并固定下来。1906年5月，学部奏准自本年开始游学毕业生考试每年8月份举行。10月，学部又奏定《考验出洋游学毕业生章程》五条，明确规定留学毕业生考列最优等者，给予进士出身；考列优等及中等者，给予举人出身，并规定在出身前加某学科字样，如文科进士、文科举人。1908年，学部会同宪政编查馆奏定《酌拟游学毕业生廷试录用章程》，给予通过学部考试而获得进士、举人出身的留学毕业生参加廷试的机会，分别等第，授予官职。

上述一系列鼓励留学的政策，对清末留学教育的发展起了巨大的推动作用。在广遣游学的谕令下，各省纷纷派遣学生出洋。多数省份本着“路近省费”、“语言相近”等原则，选择了官派学生留学日本。

民间的有识之士也纷纷求学域外，日本同样成为自费留学的首选。在官方的推动与民间的响应下，留学运动迅速高涨，涌起中国有史以来最为壮观的留学大潮，留学人数逐年激增。就留日学生人数而言，1906年时高达1.2万余人。这股留学热潮波及的范围很广，不仅有青年学子、官员士绅，甚至还包括方外僧众。日本学者青柳笃恒曾生动地描述了当时的留学盛况：“学子互相约集，一声‘向右转’，齐步辞别国内学堂，买舟东去，不远千里，北自天津，南自上海，如潮涌来。每遇赴日便船，必制先机抢搭，船船满座。……总之分秒必争，务求早日抵达东京，此乃热衷留学之实情也。”①

1907年以后，留日人数有所减少。这与清政府惧怕留日学生转向革命而

① ［日］实藤惠秀著，谭汝谦、林启彦译：《中国人留学日本史》，三联书店1983年版，第37页。

采取的一些限制政策直接相关，也与西方国家改变对华侵略政策不无关系。1908 年，美国国会通过议案，以一部分庚子赔款退还中国，作为中国派遣留美学生之用。1909 年，清政府在京师设立游美学务处，负责选派学生留美事宜，留美热潮逐渐兴起。

留学教育的迅猛发展，很大程度弥补了国内教育的不足，促使东西方的科学知识、政治理念源源不断地输入中国。留学热潮为社会风气的开通、国民知识的增进起了相当大的作用，并在一定程度上加速了中国文化事业的发展与政治变革的进程。

清末十年的文化教育改革，初步确立了近代中国的教育制度，为近代新文化的衍生和传播提供了制度保障。清政府的教育虽以“中体西用”为指导思想，实则以学习西学为主导趋向，知识结构偏重西方近代社会科学和自然科学，有助于思想启蒙。新式教育还培养了近代文化主体，学堂学生和留学生逐步成为近代知识分子群体的主要来源。

二、新式知识分子群体的形成

近代新式知识分子早在戊戌维新时期即已出现。清末十年间，随着新式教育的推行和中外文化交流的加深，知识分子作为一个群体或阶层迅速成长起来。

新式学堂的学生、留学生以及接受新知的士人是近代知识分子群体的重要组成部分。

清政府废科举、兴学堂、派遣留学生，为近代知识分子群体的形成提供了有利的条件。清末十年，新式学堂学生人数增加迅速，其知识结构已发生了质的变化，他们构成了新式知识分子群体的主体。

留学生走出国门，比较系统地接受了近代资本主义教育，他们成为中国近代新式知识分子群体的又一重要来源。从洋务运动时期开始成批学生赴国外留学，至 19 世纪末，总数尚不足 300 人。进入 20 世纪后，留学教育出现高潮。据统计，清末十年仅留日学生总人数就近三万人。若再加上留欧、留美的学生，留学生已形成一支较为庞大的新式知识分子队伍。由于一些人出身于国内学堂，在人数统计上会有一定重叠。

还有一些近代知识分子来源于传统士人。这部分人没有进入过新式学堂，也不是留学生，但他们或多或少地都有在国外游历、生活的经历，曾比较直观地接触过西方文明，从而改变了他们的知识结构和价值观念，转变成新型知识分子。还有不少士人是通过阅读新式报刊与翻译西书从而改变了思想见识，转化为新型知识分子。据统计，1900—1911 年中国境内出版的中文报刊达1 333种、外文报刊 71 种[①]；中国通过日文、英文、法文共译各种书籍1 599种，且大部分是文学、历史、哲学、经济、法学等社会科学书籍[②]。这些新式报刊与中译西书是获取新知识与新思想的重要媒介。清末特别是在科举制度废除后，有一批士绅通过这种途径转化成新型知识分子。

新式知识分子不仅人数众多，而且知识结构新，思想进步。传统士人的视野局限于经、史、子、集，尤其是"四书五经"等儒家经典。与士人相比，近代知识分子的知识结构发生了根本性变化，儒学失去了往日的独尊地位，代之而兴的是近代西方人文社会科学和自然科学知识。梁启超曾说：当时留学生"所学者，政治也，法律也，经济也，武备也，此其最著者也。"[③]即便是传统士人转化而来的新式知识分子，他们也已初步具备中西结合、兼具自然科学与人文精神的知识结构。如章太炎年轻时接受了系统的书院教育，拥有较深厚的国学根柢，甲午战争后开始大量接触西学知识，又于 20 世纪初年赴日。他通过在日本的见闻和阅读中日文书籍，了解到边沁、尼采、费希特、黑格尔、康德、叔本华、培根、洛克、笛卡尔等人的思想，对西方哲学、社会学和自然科学都有一定的认识。刘师培治学以《春秋》《左传》著称，但对西方人文社会科学也有浓厚兴趣，自称于"东西洋哲学，无不涉猎及之"[④]。邓实从 1897 年起开始购读西书，凡阅国内外月报、旬报、日报至百余种，抄辑成书者，达 374 卷之多[⑤]，知识面决非旧式士人可比。

中国旧式读书人不注重自然科学的现象发生了较大的改变。从 20 世纪初年开始，留学生中专门学习数学、物理、化学、农学、生物、气象、医学以及地质、采矿、铁路的人越来越多。如鲁迅求学就经历了习水师、习采矿、学医到学文的几次转变，他在辛亥革命前所写的文章既有自然科学方面的，也有文学艺术方面的。

通过吸收新的知识，新式知识分子群体养成了不同于旧式士人的思想性

---

① 张海鹏、李细珠：《中国近代通史》第 5 卷，江苏人民出版社 2006 年版，第 121 页。

② 熊月之：《西学东渐与晚清社会》，上海人民出版社 1994 版，第 13 页。

③ 梁启超：《敬告留学生诸君》，《饮冰室合集》文集之十一，中华书局 1989 年版，第 22 页。

④ 刘师培：《甲辰年自述诗》自注，载《警钟日报》，1904 年 9 月 11 日。

⑤ 邓实：《第七年政艺通报题记》，载《政艺通报》，1908 年第 1 号。

格和思想特征。近代知识分子接受了近代西方的思想观念。进化、民权、自由、平等、科学等观念在他们的思想世界中占据了主导地位，成为他们认识和改造现实的指南。针对列强的侵略和清政府的腐败统治，他们普遍地信仰民族主义和民权学说，把实现民族独立和民主制度作为奋斗目标。

较之传统士人，近代知识分子群体的另一特征是以知识、思想、文化的创造和传播为职业。他们在新兴的文化教育、新闻出版等领域发挥着巨大作用。清末十年间，随着新式教育的不断发展，教师队伍不断壮大。各级普通学堂、实业学堂、师范学堂，都聚集了大批新式知识分子。蔡元培、章士钊、章太炎、蒋维乔等人都曾担任过教职。清末，军事教育受到前所未有的重视，官派留学生中有不少学习军事，回国后，他们担任军事学堂教习，在军事改革中扮演了重要的角色。

清末十年，在兴办报刊的大潮下，新式知识分子涌入到新式文化事业当中，创办各种近代报刊，编印西方书籍。著名的有《游学译编》、《湖北学生界》、《浙江潮》等。也有不少新式知识分子进入出版机构，从事编辑、出版工作。例如，商务印书馆是当时中国最大民营出版机构，其出版业务重心虽在上海，但分馆遍布全国各重要省份，馆内工作人员和作者来自五湖四海，从而形成了"商务人"知识群体。商务印书馆及其编辑人员为中国近代出版事业的发展做出重要贡献。

新式知识群体有相当一部分跻身政治领域，在近代社会政治变迁过程中发挥了重要作用。

清末"新政"的各项改革当中，不乏新式知识分子的身影。清政府对学堂毕业生和留学回国学生进行奖励，或给予功名，或授以官职。如陈锦涛、颜惠庆、曹汝霖等人留学归国后，随即进入统治阶层。清末立宪团体中集中了众多新式知识分子，他们通过译书著说、办报创刊等方式，宣传立宪改革的政治理念。有些人还直接参与了预备立宪。以 1907 年清政府设立的宪政编查馆为例，据统计，该馆职员共 163 人，其中留学生与出国考察过的共 50 人①。

大批知识分子加入到革命的行列，极大地促进了民族、民主革命运动的推进。1903 年以后，大批在日留学生加入革命队伍，宣传排满革命，对国内的革命风潮起了积极作用。1911 年辛亥革命爆发后，上千名上海学生自愿组成中

① 陈丰祥：《日本对清廷钦定宪法之影响》，见"中华文化复兴运动推行委员会"主编：《中国近代现代史论集》第 16 编，（台北）商务印书馆 1986 年版，第 222—223 页。

华民国学生军团，参加革命。在黑龙江，同盟会“秘密发展会员，先从各学校入手”，武昌起义后，各学校推举代表组织学生联合会，进行独立运动。在辛亥革命中，学堂学生和留学生们发挥了相当重要的作用，为推翻清王朝做出了巨大贡献。正如孙中山所称：“此次革命成功，多赖学界之力。”①

20 世纪初年形成的新式知识分子群体，是当时中国社会变革的核心力量，无论革命、立宪，还是清末新政改革，均是如此。新式知识分子群体的涌现，标志着中国文化的主体发生了前所未有的变化，自此，他们开始在中国的社会政治和文化事业中发挥着不可替代的历史作用。

第四节　知识体系的重构

清末十年，随着西学的大规模引入，中国传统学术体系逐步走向解体，近代知识结构和学科体系开始形成。

中国古人治学讲求博通，虽然经史子集、天文历算无不包括在学习范围之内，但总体偏重于人文学科。古代学问没有严格的知识分类，更不可能有分科设学的观念。隋代以后，人们以经、史、子、集来区分典籍类型，清代纂修四库全书便以此分类。鸦片战争以后，包括自然科学知识在内的西方文化传入中国，中国人开始接受西学知识并采纳西方的分类和学科模式。至 20 世纪初，西学取代中学，在文化教育中占据了主导地位。

一、大规模引入西学

清末十年，清政府扩大了西学引进的范围，以此弥补中国既有文化的不足。新知识分子群体更是自觉地、大规模地引介西方近代社会政治学说和自然科学知识，从而改变了中国的知识体系。

其一，新式学堂采取分科教育模式，西方近代社会科学和自然科学知识占据较大比重。

新式学堂采取近代西方学科体系，主要由文、理、法、农、工、商、医“七科”构成，具体含文、史、哲、数、理、化、政、经、法、地、农、工、医等学科。清政府先后颁布的《钦定学堂章程》和《奏定学堂章程》，明文规定采取西方近代学术分

---

① 孙中山：《在北京湖广会馆学界欢迎会的的演说》，《孙中山全集》第 2 卷，中华书局 1982 年版，第 424 页。

科，为引入西方文化知识提供制度保障。虽然清政府一再强调读经，在课程设置上保证经、史占优势地位，但就总体而言，经、史已沦为诸多学科中的一门，实际地位大大下降。这种变化从根本上改变了国人的知识结构。如进士馆的课程设置包括史学、地理、教育、法学、理财、交涉、兵政、农政、工政、商政、格致共十一门。学堂章程还明确规定，史学科包括“泰西近时政治史、日本明治变法史”，理财科要学习“理财原论、国家财政学、银行论、货币论、公债论、统计学”等科目。商政科则需要学习“商业理财学、商事规则(附海陆运输及邮政电信等规则)”，以及“外国贸易论、世界商业史”等内容①。1902 年恢复的京师大学堂，首先开办的是师范馆和仕学馆。师范馆设课十四门，包括算学、博物学、物理学和化学，占每周 36 课时中的 10—11 课时。仕学馆设课十一门，其中有算学、博物学和物理学三门自然科学课，课时约占每周 36 总课时的 25%。如果加上理财学、交涉学、法律学、政治学和外国文，教授西学知识的课时约占到总课时的 80%。

通过课堂讲授、课下阅读等方式，西学知识在学生们之间迅速传播。“赫胥黎(Huxley)、达尔文(Darwin)、斯宾塞尔(Spencer)等人名，中国国内学生皆熟闻之”，“卢梭(Rousseau)与马克思(Marx)之学说，法国与美国革命之理想，一八四八年德国青年暴动之动机，爱尔兰自由运动之斗争，欧洲文艺复兴的精神，基督教中之新教运动，凡此诸端俱为中国学生探讨辩论之资料”②。

其二，翻译出版了大批外国著作。

清末十年，全国共翻译出版各种西书 1599 种，超过此前 90 年所译西书总数的两倍。所译西书种类丰富，仅 1902—1904 年，便翻译社会科学书籍 327 种，自然科学书籍 112 种，应用科学书籍 56 种③。

清政府主持的翻译工作对引进西学起了直接的推动作用。当时官方的翻译机构主要有江楚编译局、南洋公学译书院、直隶学务公所、学部编译图书局等。这些机构扭转了官译书局对西方自然科学知识译介的偏重。南洋公学的创办人盛宣怀认为“新政”开始后，学校、军政、财政等领域都需要借鉴西方，必须将西方各科书籍列入编译计划之内。1903 年，南洋公学译书院陆续翻译出版了《欧洲商业史》、《政群源流考》、《格致读本》、《美国陆军制》、《社会统计

① 《奏定学堂章程·进士馆章程》，湖北学务处本，第 3—4 页。

② 卡拉克:《中国对于西方文明态度之转变》，《东方杂志》第 24 卷第 14 号。

③ 熊月之:《西学东渐与晚清社会》，上海人民出版社 1994 版，第 13—14 页。

学》、《五洲地志》等各门科学知识方面的书籍共 53 种。1907 年，江楚编译局出版了刘鉴译述的《埃及近事考》一书。学部编译图书局除了编辑教科书外，也翻译出版了部分世界区域地志的著作，如《印度新志》、《爪哇志》、《苏门答拉志》、《小亚细亚志》等书。

1903 年，张百熙、袁世凯、朱启钤视察京师大学堂译学馆

与此同时，民间出版机构迅速兴起，在翻译出版东西方社会科学书籍方面逐渐占据主流，其数量和影响远远超过官方编译机构。其中，商务印书馆、文明书局、广智书局做出了重大贡献。商务印书馆创立于 1897 年，1902 年起开始编纂新式教科书，并翻译出版世界名著，曾邀请蔡元培、张元济等名家主持编译所的工作。严复的译著在传播西学过程中产生了积极推动作用。其中，“严译名著八种”，即由该馆出版。除《天演论》出版于 1898 年外，其余七种都是在 1901—1909 年间翻译出版：1902—1903 年出版亚当・斯密《原富》，1903 年出版约翰・穆勒《群己权界论》和斯宾塞《群学肄言》，1904 年出版甄克斯《社会通诠》，1904—1905 年出版孟德斯鸠《法意》，1905 年出版穆勒《名学》（前半部），1909 年出版耶芳斯《名学浅说》。西方的社会学、政治学、经济学知识等通过严复输入中国，对中国知识界产生了广泛而又深远的影响。

其三，掀起了办报创刊高潮。

清末十年，中国掀起第二次办报高潮，西学随之源源东来。据统计，1902 年中国约有 38 种报纸，37 种刊物。从 1903 年起，报刊进入快速发展时期，至 1911 年，报刊总数不低于 300 种。一些发达地区，如上海、广州的民办报纸都超过了30种。这些新式报刊所载内容，基本以西方近代文化知识为主。

这一时期，梁启超创办的《清议报》发行量常保持在3 000—4 000份，除刊登政论文章外，还辟有“万国近事”专栏，专门介绍世界局势。该报的“政治学案”栏目介绍过霍布斯、卢梭、斯宾诺莎等人的社会政治学说。1902年，梁启超创办的《新民丛报》，内容更为丰富，设有图画、论说、学说、时局、政治、史传、地理、教育、宗教、学术、农工商、兵事、财政、法律等栏目，是当时国人了解西学的重要窗口。该报前后出版96期，销量曾高达上万份。

《外交报》、《大公报》、《中外日报》、《时报》、《东方杂志》、《中国新报》等报刊在政治上倾向于改良，在宣传新思想、新文化方面做了大量工作。《大公报》1902年1月创办于天津，标榜“挹彼欧西学术，启我同胞聪明”，在国内外设有65个代办处，创刊三个月后发行量即达5 000余份。《东方杂志》为大型综合月刊，1904年3月在上海创刊。除撰译论说、广辑新闻外，还选录中外各报刊重要文章，分类编辑，成为20世纪上半期影响最大的报刊之一。

清末十年，革命派创办了大量报刊。1900年，陈少白等人在香港创办《中国日报》和《中国旬报》，宣传近代民族主义和民权学说。1903年12月，蔡元培、陶成章、林獬等人创办《俄事警闻》，后改名《警钟日报》。该报共出版338期，是国内影响较大的革命报刊。1905年，同盟会在日本以《民报》作为机关报。它注重把握世界的思想趋向和时代潮流，大力传播革命思想，广泛介绍西方近代思想政治学说。每期首印多在1万份以上，是当时影响最大的革命报刊之一。

与此同时，留日学生创办了《开智录》、《国民报》、《游学译编》、《大陆》等一批报刊，宣传新学。其中，《游学译编》以译述日文为主，设有学术、教育、军事、理财、历史、地理、时事、外论等内容。此外，中国还涌现出文学、科技、学术等领域的专门性报刊，较为知名的有《新小说》、《教育世界》、《农学报》、《亚泉杂志》、《地学杂志》等。

清政府主持的《商务官报》、《学部官报》、《政治官报》、《交通官报》及各省的官报，客观上也成为近代科学知识传播的载体，对于启民智、开风气起到一定的作用。如《直隶教育杂志》除登载上谕、章奏、学务报告外，还有对东西方各国教育经验以及地理、心理等知识进行介绍。

清末十年，报刊成为传输新思想新文化的重要阵地。哲学、文学、史学、法学、美学、政治学、经济学、伦理学等人文社会科学知识，数、理、化等自然科学知识，通过这些报刊杂志潮水般地涌入中国，中国传统的知识体系受到前所未有的冲击。从此，中国人形成中西并包的文化知识结构。

二、近代新学科的出现

清末十年，社会科学诸学科在中国得以初步建立，自然科学各学科相继传到中国。

（一）社会科学新学科的传入与初步建立[①]

19 世纪末 20 世纪初，随着西方近代社会科学的介绍与传播，哲学、社会学、政治学、经济学、逻辑学、伦理学、美学等学科先后建立。

1. 哲学

中国传统学术蕴含着丰富的哲学思想，但并没有形成独立学科。近代意义上的哲学学科是在清末建立起来的。甲午战争后，西方哲学开始成为知识阶层探究的对象。20 世纪初年，“哲学”一词从日本传入，使用频率渐多，最后固定并沿用至今。这不仅表明学界对外来语汇的认同，而且标志着哲学从儒学中分离出来，形成新学科。

20 世纪初，知识界译介西方哲学的工作主要表现在：一是系统介绍西方哲学的原理和体系，如翻译日人井上圆了的《哲学原理》（1903 年日本闽学会印）、师孔的《哲学纲领》（载《浙江潮》）。二是介绍西方哲学的重要流派和哲学家。1903 年，国民丛书社翻译了《哲学十大家》，介绍了苏格拉底、柏拉图、亚里士多德、培根、牛顿、孟德斯鸠等十位哲学家。

哲学新学科建立过程中，“进化论”影响巨大。早在戊戌变法时期，进化论已对中国产生影响。1901 年至 1902 年，留日学生马君武将达尔文《物种起源》中“生存竞争”、“自然选择”译出，分别冠以《达尔文物竞篇》、《达尔文天择篇》的名称出版发行，成为达尔文原著最早的中译本。进化论的广泛传播，提供了一种新的世界观和方法论，深刻影响了中国思想界。

2. 社会学

中国学界对社会学的系统介绍在甲午战争之后。1895 年，严复在天津《直报》发表了《原强》一文，扼要介绍了达尔文进化论和斯宾塞的社会学，以“群学”相称。1902 年，上海广智书局出版了由章太炎译、日本学者岸本能武太著《社会学》一书。该书被认为是中国最早系统介绍西方社会学的译作。1903 年，严复翻译了斯宾塞的《社会学研究法》，冠名《群学肄言》，由上海文明编译书局出版。

---

① 本节参考龚书铎主编《中国近代文化概论》，中华书局 1997 年版。

该书原是斯宾塞《社会学原理》的绪论，系社会学入门之作。

社会学为解决当时的社会问题提供了新思路。严复译《社会通诠》中提到社会发展进化要经历三个阶段，即图腾社会、宗法社会和军国社会。这一观点受到学界的重视，成为一些学者分析中国社会现状及历史的理论依据，从而提出了中国社会属于“宗法社会”的论断。按照甄克思的观点，“宗法社会”的文明程度要低于“军国社会”。处于宗法社会阶段的中国呈现出严重病态状况，如果持续下去，中国势必会在列强争雄、弱肉强食的时代处于危险境地。因此，必须要改 造传统社会，组织新的“军国社会”，实行资本主义。这种观点为不少人所接受。

3. 政治学

甲午战争以后，中国掀起了一股介绍西方政治学的热潮。卢梭《民约论》的译介成为学界关注的焦点。1898 年，上海同文译书局翻译出版了日本中江笃介的中文译本第一章，称为《民约通义》。1900—1901 年之交，留日学生杨廷栋根据日译本转译此书的一部分，在《译书汇编》上连载。1902 年上海文明书局印刷了杨廷栋的全译本，书名为《路索民约论》。孟德斯鸠的《论法的精神》也成为学界争相译介的内容。1903 年，上海文明书局出版了地学家张相文转译的《万法精理》，只译了原著 31 章中的前 20 章。1909 年，商务印书馆出版了严复译本，取名《法意》。英国思想家约翰·穆勒的《自由论》是 19 世纪西方政治学说中的重要著作，1903 年由严复和马君武分别译为中文。严译本叫《群己权界论》，由商务印书馆刊行；马译本名《自由原理》，由译书汇编社出版。

与此同时，无政府主义学说和社会主义学说也被介绍进来。吴稚辉、刘师培等人于 1907 年正式打出无政府主义的旗号。刘师培、何震在日本东京出刊《天义报》，把西方无政府主义与中国传统的老庄思想等掺合在一起，形成有自己特点的无政府主义思想体系。关于社会主义学说，当时的报刊如《新民丛报》、《浙江潮》、《民报》、《天义报》等都刊载过介绍马克思和社会主义的文章。朱执信的介绍最为详尽，他的《德意志革命家小传》一文，介绍了马克思、恩格斯的生平，并评述了《共产党宣言》和《资本论》。

4. 经济学

英国古典经济学家亚当·斯密对中国有较大影响。严复翻译了亚当·斯密经典著作《国富论》，名之以《原富》。亚当·斯密主张自由主义，较系统地阐述了西方古典经济学的理论体系。严复自己没有经济学专论，但在翻译《原富》时加入了数万字的“按语”，表达了他的经济思想。严复依据亚当·斯密的利己主义思想结合中国传统的义利观，提出“义利合一”的观点。严复认为，财富是由民力创造的，要创造更多的社会财富，充分发挥民力，必须使每个人都能追求自己的利益，给私人经济活动以充分的自由，允许自由贸易和自由竞争。他反对国家对商民经济活动做过多的限制，但主张国家对经济有适当的控制权。此外，他对经济学中的价值、价格、货币、工资、利润、利息、资本及消费与积累等问题都作了论述。

19 世纪西方庸俗经济学曾盛行一时。出版于宣统年间的《经济学概论》（熊崇煦、章勤士合译），集中介绍庸俗经济学中的德国历史学派、奥地利学派的思想观点。梁启超《生计学说沿革小史》、陈昌绪译《计学平议》等论著，亦对此做过详细介绍。梁启超在经济学方面著述较多，其观点受西方庸俗经济学影响颇深。在《论分利生利》一文中，他从理论上探讨了中国“增殖国富”的问题，提出了“生利”、“分利”论。所谓“增殖”是指投入生产的资本及其增殖额。凡能“有所复”、“资母孳子”，即增殖资本，就是“生利”；如果“无所复”、“蚀母亡子”，导致资本销蚀，就是“分利”。社会成员也依此分成生产人员和非生产人员两类。梁启超认为，以少数“生利者”供养多数“分利者”的经济状况，造成了中国极端的贫困落后。解决的办法只有国家多开致富之道，使“分利者”变为“生利者”。梁氏把妇女、老幼中的绝大多数都称为“分利者”，显然受到庸俗经济学形而上学观点的影响。

5. 逻辑学

中国古代虽有逻辑思想，但没有独立的理论形态。近代中国的逻辑学来自欧洲，最初输入中国被称为辩学、名学或论理学。1900 年，严复在上海设立“名学会”讲逻辑学，并开始翻译西方逻辑学著作。他先后翻译了《穆勒名学》（上半部，1905 年金陵金粟斋出版），耶芳斯的《逻辑学初级读本》，取名《名学浅说》（1909 年上海商务印书馆出版）。在这两部译著中，严复以“按语”等方式阐述了自己的逻辑学思想，成为系统地翻译和介绍西方逻辑学的第一人。

西方的形式逻辑，尤其是归纳逻辑，成为中国近代逻辑学的重要基石。严复所译著作属于归纳逻辑范畴。他所使用的“内籀”和“外籀”分别是“归纳推理”和“演绎推理”的译称，“公例”是指概括事物内在本质的公理、法则。严复认为演绎要以归纳为前提，认为归纳法是达到科学地认识事物本质——“公例”的唯一途径。这种将演绎作为归纳的组成部分的看法，有偏颇之处。实际上，归纳和演绎既有区别，又互相联系，互为补充。尽管如此，严复对中国近代逻辑学的形成和发展具有开创之功，开辟了把学术思想研究建立在科学基础之上的途径,在近代中国的思想启蒙中具有特殊的意义。

6. 伦理学

鸦片战争后,西方伦理学思想传入中国。清末十年间,西方伦理学著作大量译成中文。主要译本有《道德进化论》(日本户水宽人著,上海广智书局译印)、《伦理学原理》(德国保尔孙著,蔡元培译)、《伦理学》(日本元良勇次郎著,麦鼎华译)、《伦理书》(日本文部省编撰、樊炳清译)等。这些译著介绍了西方伦理学的基本内容,包括研究对象、内容、原理、方法、学派、及发展动态等问题,标志着中国对西方伦理学的认识已较为系统。它给中国知识界发动“道德革命”和建立近代伦理学提供了思想武器和理论基础。

梁启超是中国近代伦理学的重要奠基人之一。1902—1904 年,他在《新民丛报》发表《新民说》,系统地阐述了道德起源、道德标准、道德的地位和作用、新道德的培养内容和途径等。资产阶级革命派则进一步把“道德革命”引向深入,促进了中国近代伦理思想的形成。蔡元培在德国留学期间写成《中国伦理学史》,1910 年由商务印书馆出版,这是中国学者撰写的第一部伦理学史著作。该书把中国伦理学说的衍变分成三个时期,即先秦创始时代、汉唐继承时代和宋明理学时代。作者突破了传统道德伦理观念的束缚,反对把伦理道德看作先天就有、凝固不变的神秘物,而是主张把它看作人类社会发展的产物。在大量历史考察的基础上,蔡元培提出中国伦理思想源自家长制,并用近代的学术观点总结历史、评价人物,大胆地肯定了王充、王安石、黄宗羲、戴震等人进步的伦理观点。该书为近代伦理学史研究构筑了基本框架,在学术史上具有开创性意义。

(二)自然科学诸学科的译介

鸦片战争后,中国开始接触、引进和吸收西方近代科学技术,尤其重视西方的技术和工艺制造,而对自然科学基础理论却少有注意。清末十年间,中国在引进西方技术的同时,开始大量吸收自然科学知识。

宋元时代,中国的数学在世界上遥遥领先。到了近代,由于对数、解析几何和微积分的产生,西方数学又大大超过了中国。19 世纪 60 年代以后,数学的译介形成高潮。最有建树的是数学家李善兰、华蘅芳。他们所译的《几何原本》、《代数学》、《代数术》、《微积溯原》等书内容丰富,译文质量也高。清末高等学堂开设的数学课,其教材多取自这些译著。

20 世纪初年,中国近代数学发展发生了根本性的变化。留学大潮中学习数学的留学生人数逐渐增加,使得民国前后数学界不仅出现了新生力量,而且形成了 20 世纪现代数学的新理论、新方法。郑之藩、熊庆来、陈建功、胡明复、姜立夫等，是中国较早出国学习数学的人。其中，郑之藩于光绪年间赴美，辛亥革命前归国从事数学教育。胡明复、陈建功在民国以后陆续发表数学论文，取得丰硕的研究成果。

西方物理学是通过外国传教士系统地传入中国的。19 世纪 40 年代后，墨海书馆、同文馆、江南制造局翻译馆翻译的西方科技书籍中，有相当一部分属于物理学方面的著作。进入 20 世纪，中国学者掌握了译介物理学著作的主动权，译著水平不断提高，对于西方物理学的最新成果的反应也较为迅速。居里夫妇发现了放射性元素“镭”后，震惊了整个世界，各国纷纷争先报道。1903 年 10 月，鲁迅在《浙江潮》杂志上发表了《说鈤》一文，高度赞扬了居里夫妇的伟大贡献。1909 年以后，出国学习物理学的人渐多，并在各自的研究领域取得了一定成就，为民国时期中国的物理学研究奠定了基础。

晚清时期，随着外国人来华考察矿产的增多，中国学者对地质学日益重视。19 世纪末，南京创办路矿学堂，开始讲授地质学。1903 年，鲁迅撰成《中国地质略论》，附有中国煤田分布略图及满洲、直隶、山西等省煤田名称简表，是中国人讲解中国地质的第一篇文章。不久，他又合作撰写《中国矿产志》，附《中国矿产全图》，该书于 1906 年由上海普及书店出版、再版，对传播地质学知识起了积极作用。1905 年，直隶矿产局总勘探师邝荣光测绘了中国第一份地质图《直隶地质图》，此后，他又发表了《直隶省矿产图》和《直隶石层古迹》等文。

中国地理学、地质学取得开拓性进展，与张相文的努力分不开。张相文（1866—1933），江苏泗阳人，中国现代地理学和地理教育的奠基人，著有《南国丛稿》。1899 年，张相文在上海南洋公学任地理教员，1901 年著《初等地理教科书》、《中等本国地理教科书》，为中国自编地理教科书之始。该书印数高达 200 多万，影响很大。他编著的《地文学》、《最新地质学教科书》等书籍，系统地介绍了近代地理学知识。宣统年间，张相文曾到山东、河北、河南、内蒙古等地旅行考察，发表《齐鲁旅行记》、《冀北游览记》、《豫游小识》、《塞北纪行》等文。1909 年 9 月，张相文邀白毓昆、张伯苓等百余人，在天津成立中国地质学会，并当选为会长。这是中国最早的地理学术团体。该会刊行的《地学杂志》，是中国最早的科学期刊之一。

三、新语汇的输入与白话文运动的肇端

清末十年，是新名词“大爆炸”的十年。在翻译外国作品过程中所产生的外来新语汇，经过试用、选择和沉淀，融入到中国民族语言中，变为中文词汇的

重要组成部分。

（一）新语汇的输入与传播

早在明清之际，利玛窦、徐光启等人在编译西方书籍时，就引进或创造了一些新词汇。经过历史积淀，只有几何、对数、地球、赤道、南极、北极、亚细亚、欧罗巴、泰西、罗马、大西洋、地中海、自鸣钟、天主教等词语保留下来。

鸦片战争以后，墨海书馆、广学会、江南制造局翻译馆等机构在翻译西书过程中，引入了不少新词，诸如：沙发、坦克、扑克、马达、轮胎、咖啡、可可等。

19 世纪 70—80 年代以后，外来语汇输入中国的渠道逐渐增多。随着清政府派驻使臣、出使或访问，一些外交官员通过日记游记的形式，向中国传输了不少新语汇。如驻日公使何如璋在其撰写的《使东述略并杂咏》中，介绍了元老院、大政院、大审院、外务省、大藏省、裁判所（法院）、警视厅、议员、市场、公园、师范、幼稚园、铁道等名词。驻日参赞黄遵宪在所著《日本国志》中介绍了大量的明治维新以后产生的汉字新语，涉及政治、社会、经济、教育等诸多领域，例如社会、国体、国会、议院、政党、主义、宪法、内阁、总理、总裁、投票、解放、进步、会计、经费、金额、规模、记者、卫生、写真等，影响至今。

许多外来语在传入之初，并未引起国人太多的重视和反应。直至清末十年，伴随着西学传播力度的加深、新式教育的推行和翻译西方书籍事业的发展，新语汇呈汹涌之势。

新式知识分子是接受、使用和传播新语汇的主要群体。时文中大量采用新名词的做法极为普遍。1903 年出版的《新尔雅》《释政》便是典型例子。该文“以国家有人格者，盖拟国家以人也。国家为权利义务之主体，故有人格。国家对臣民有权利有义务，对外国有权利有义务，此国家之所以为权利义务之主体备有人格也。”短短一段文字使用了“人格”、“权利”、“义务”、“主体”等多个日本新语，借此向国人介绍了全新的“国家”概念。

留学生在吸收西方新知和思想时，自觉不自觉地传播和吸收了新语汇。留日学生的作用尤为明显。这些表现新事物、新思想的新名词，往往利用中国成语、古语的固有词汇，但赋予了新意义，很容易被国人接受。例如“文学”一词，就是借用成语“文章博学”的字汇而成，但含义已有所不同。

这一时期的教科书多由日文书翻译而来。由于日文属于汉字文化圈，因此，日译西书所用的词汇，中国学者多能看懂。译者翻译时也多是原样照搬，这样日译新词便直接渗入中国教育系统。

新词语的出现与广泛使用从一个层面表明了西方知识在中国的传播力

度。如"科学"一词。在戊戌维新时期,"科学"一词的使用并不普遍。至清末十年间,不仅文化知识界多使用"科学",而且在清政府高级官员的奏折中,"科学"也频繁出现。《奏定学堂章程》中即多次提到"科学"。虽然那时的"科学"在一般使用者那里有理解上的差异,有的专指西方自然科学,有的泛指西方自然科学与社会科学,然而它出现在政府文件、官员奏折中,确实反映了西学地位的提升与广泛传播。

新语汇的输入与知识阶层的吸收运用,对中国知识界产生了重大影响。日译新词与中文词汇相融合,使以单音词居多的汉语变成了以复音词为主的语言,更易表达复杂的理论和情感,促进了中国文章体裁的发展。梁启超创造的"新文体"便大量使用了新词,其中包括日本化文体,令人耳目一新。这种"新文体"对 20 世纪初的中国文坛和青年读者影响深远。

新语汇分布在哲学、社会科学、自然科学、医学、艺术等各个学科领域,对新知识体系的形成产生了积极作用。例如,自然科学、生物学、物理学、地质学、方程式、三角等 243 个名词,就是由日文翻译引入中国的[①]。这些词汇的输入和流行,使汉语的语汇更加丰富,为国人接受近代科学技术带来了便利。

当然,并不是所有的人都欢迎和使用外来新语汇。一些士大夫对新语汇持坚决排斥的态度,认为它对中国传统文化和汉语言文字构成了冲击。张之洞是游学和翻译日本书籍的主要倡导者,也曾是日本新语汇输华的支持者。但是,当新语汇及负载的新思想扑面而来时,他对新语汇产生了一定的厌恶和抵触。1904 年,张之洞在拟定《奏定学堂章程・学务纲要》时,专列"戒袭用外国无谓名词以存国文端士风"一条,对有些外来词特别是日本名词大加排斥。他们以卫道者的口气警告说:文字务求怪异之人,必系邪僻之士,如果中外文法掺杂使用,"久之必渐将中国文法字义尽行改变",中国之学术风教将随之俱亡[②]。实际上,张之洞亦无法摆脱新语大潮。他的《劝学篇》也充斥着"牧师、刚巴度(英文买办的音译)、上下议院、自由党、代数、对数、化学"等新语。

1904 年《东方杂志》第 11 期发表《今日新党之利用新名词》一文,作者对冒险、下等社会、人类平等、冷血动物、手段平和、运动官场、家庭革命、戏曲改良、音乐改良、婚姻自由等来自日本的新词、新短语极尽讽刺之能事,归之为"营私文奸"。留日学生彭文祖所撰《盲人瞎马之新名词》,更称日本名词滔滔

① 李廷举、吉田忠主编:《中日文化史大系》(8)(科技卷),浙江人民出版社 1996 年版,第 317 页。

② 《奏定学堂章程・学务纲要》,湖北学务处本。

入华为灭国灭族之事，他攻击那些套用日本名词的人“恬不知耻”，批评“支那”、“取缔”、“取消”、“引渡”、“目的”、“宗旨”、“权利”、“义务”、“卫生”、“要素”、“法人”、“文凭”、“经济”、“引扬”、“相场”、“切手”、“让渡”、“差押”、“第三者”诸词“不伦不类”，认为中国人袭用是“瞎眼盲从”，力主改新还旧。

从人类语言文化的历史看，晚清外来新语汇的传入是一件值得肯定的事情。它对于中国语言文字系统的完善和中西文化的交流，起到了积极的推动作用。保守人士对之大加拒斥，恰恰体现了新旧文化的矛盾冲突。

（二）白话文运动的勃兴

白话文运动与新语汇的传播相辅相成。外来新语汇促进了白话文的发展，白话文运动则加速了新语汇在中国的传播，为新语汇在中国的植根提供了良好的环境。

戊戌维新时期，已有人主张实行白话文。清末新政后，《中国白话报》、《京话日报》、《正宗爱国报》等一批白话报刊如雨后春笋般兴起，先后出现百余种白话报，掀起了中国近代白话文运动的第一波浪潮。这些白话报刊分布广泛，以长江流域的江苏、浙江、安徽三省最为盛行，除此，不少中小城市、甚至边远地区也办有白话报刊，如云南《丽江白话报》、拉萨《西藏白话报》、新疆《伊犁白话报》等，发行量也很可观。如，1904 年 8 月创刊的《京话日报》，是当时影响最大的白话报刊之一，初创时销量仅1 000份，一年后增至7 000份，发行最多时超过万份。大量近代白话报刊的创办，体现了晚清白话文运动的社会影响力。

参与创办白话报刊的人政治立场各异，甚至还有一些清廷官吏。清末革命派用白话宣传天赋人权、自由平等学说，鼓吹革命，不仅为革命活动创造了有利的舆论氛围，也为清末白话文运动注入了新的内容。革命党人林獬曾用“白话道人”、“宣樊子”等笔名在《中国白话报》上发表了 60 余篇文章，揭露清政府的专制腐败，激励国人起来推翻清朝统治。1903 年，陈天华写下了《猛回头》、《警世钟》等脍炙人口的白话作品。邹容撰写的《革命军》更是风行海内外。女革命家秋瑾则在《白话》、《中国女报》上发表了大量白话文章，激发广大妇女的反抗意识。改良派为实现其君主立宪的政治目标，也积极创办白话报刊。宋育仁的《通俗报》，彭翼仲的《京话报》，包天笑的《苏州白话报》等，都明确表示支持立宪和地方自治。清政府的一些官僚在“新政”大背景下，也主持创办了一些白话报。1905 年，天津北洋官报局开始增编白话报，河南官报局亦开办了《河南白话演说报》。

清末白话文运动在发展过程中逐渐形成了独特的新型文体——演说体白话文。许多报刊或登载著名的白话演说稿，或专门开辟“演说”、“演坛”、“论说”、“社说”等栏目，登载仿效演说稿所写的白话文章。从内容上看，演说体白话文以开启民智为宗旨，以普通民众为读者对象，内容十分丰富。如《安徽白话报》第1期就刊登了《敬告安徽人》、《代安徽小孩子喊冤》等白话文。从形式上看，演说体白话文采用的语言是通俗易懂、口语色彩强烈甚至夹杂许多方言的白话。为了达到启蒙目的，白话文介绍新事物、宣传新思想时，常用到新语汇，成为新语汇的重要传播媒介。

在清末白话文运动中，白话小说蓬勃发展，语言风格形成了新变化。无论是描写动作、景物还是人物心理，都展现了全新的语言风格。白话小说中出现了摩托车、飞机等新事物，福尔摩斯等外国文学人物，新剧社、编辑等新职业名称，还有通俗教育事业等新概念。这些新语汇一方面与新事物的诞生有直接关系，另一方面也反映了白话文运动的成绩。

清末，中国还出现了白话文教科书。1905年，直隶学务处曾公开征求用浅白文字写成的教科书，供小学生使用。有人还建议学部用白话呈现中国历史及各种新事物，编成教科书颁发到各省。1908年颁布的宣讲用书章程，鼓励用白话和小说体裁编写讲本。奉天将军曾饬令学务处编纂白话讲义，让地方官派员宣讲[①]。

语言变革意味着思想内容、价值观念的转变，清末白话文运动的开展为传播近代新思想新学说提供了便利，并为“五四”时期的文学革命做了铺垫。

第五节　“国粹”与“欧化”之争

如何正确处理中西文化的关系，是近代中国在学习西方过程中必然碰到也必须面对的问题。对此，国粹学派和欧化派做出了不同的回答。

一、国粹学派及其文化主张[②]

“国粹”一词，是19世纪七八十年代一些日本人不满其国内的欧化思潮而提出的，表达了要求保持民族特性和提倡民族精神的主张。晚清国粹学派的代表人物邓实、黄节等人相信，中国只有像日本那样善于保存“国粹”和“民族精神”，才有可能走上融合中西、复兴民族的道路。1902年，邓实、黄节等人在

① 李孝悌：《清末的下层社会启蒙运动：1901—1911》，河北教育出版社2001年版，第43页。

② 本节参考郑师渠：《晚清国粹派：文化思想研究》，北京师范大学出版社1997年版。

上海创办了专门从事国粹主义宣传的刊物《政艺通报》。1905 年初，邓实、黄节、刘师培等人在上海发起成立了“国学保存会”，确定以“研究国学，保存国粹”为学术宗旨。他们的活动主要集中在东京和上海。“国学保存会”为宣传其思想学说，专门创办了《国粹学报》。

具体说来，晚清国粹学派的突起，是多种因素共同作用的结果。

第一，是国粹学派诸人对民族危机独特思考的结果。国粹学派不仅深切感受到了民族危机的严重性，而且认为民族危机与文化危机是一致的，文化危机甚至是更本质、更深刻的危机。因此，他们强调文化救亡是民族救亡的根本，提出“保种、爱国、存学”的口号，认为“学亡则国亡，国亡则亡族”[①]，爱国之士不仅应当勇于反抗外来侵略，更要奋起保存国学、国粹，以求复兴中国文化。

國粹學報
第一年乙巳第四號
光緒三十一年四月二十日
大清郵政局特准掛號認爲新聞紙類
本號目錄
圖畫◉堯帝像 并贊 舜帝像 并贊 夏禹像 并贊 商湯像 并贊
社說◉國學今論 鄧實
政篇◉古政原始論 國土原始論 氏族原始論 君長原始論 宗法原始論 劉光漢
史篇◉黃史禮俗書 黃節
◉黃史倫理書 黃節
學篇◉周末學術史叙 文字學史叙 工藝學史叙 劉光漢
文篇◉文章原流 田北湖
◉論文雜記 劉光漢
◉文錄三首 詩錄十二首 詩餘三首 選稿
叢談◉國學發微 劉光漢
◉讀左劄記 劉光漢
◉讀書隨筆 劉光漢
撰錄◉江慎堂多寶塔帖跋 江鄰壺書宋張炎詞源後 吳南屏致戴子高書 劉叔俛致劉恭甫書 成心泉致劉恭甫書 袁季枚劉張侯傳
本館在上海四馬路老巡捕房東面惠福里底
每月一回二十日發行

《国粹学报》

第二，是国粹学派为避免西方资本主义制度的弊端而做出的选择。国粹学派主张共和革命，但并不赞成盲目效仿西方政治制度，而是主张从中国古代的历史与文化中汲取经验，以避免西方资本主义制度的弊端，创造性地建立中国自己的共和制度。如章太炎就认为可以学习西方的选举总统、三权分立，但不能拿来西方的议会制度，他借鉴明代“政刑分权”和清代“政学分权”，重新设计了一种行政、司法、教育三权分立的新政体。

第三，是出于革命排满的需要。今文经学是康有为反对革命的重要理论基础。因此，要彻底驳倒改良派的思想学说，就必须对中国传统学术有较为深入的研究。国粹学派不仅有革命排满共同的政治基础，还有共同的学术渊源关系，至少其代表人物都承继了朴学传统。章太炎、刘师培等人都是近代史上的著名学者，国学根柢深厚。国粹学派高举古文经学的大旗，针锋相对地批驳了康有为等人借以反对革命的今文经学，传播了共和革命思想。国粹学派是鼓吹革命排满最激烈的派别之一，章太炎主持的《民报》，影响深远，以至于留

① 《国粹学报叙》，《国粹学报》第 1 年第 1 期。

日学生“激于种族之观念，皆归于民族旗帜之下，风起云涌，各自发行杂志，宣传种族学说，以为革命之武器”①。

《国粹学报》叙（节选）

黄　节

立乎地圜而名一国，则必有其立国之精神焉，虽震撼挽杂，而不可以灭之也。灭之则必灭其种族而后可。灭其种族，则必灭其国学而后可。昔者英之墟印度也，俄之裂波兰也，皆先变乱其言语文学，而后其种族乃凌迟衰微焉。迄今过灵水之滨，瓦尔省府之郭，婆罗门之贵种，斯拉窝尼之旧族，无复有文明片影，留曜于其间，则国学之亡也。学亡则亡国，国亡则亡族。吾国之国体，则外族专制之国体也。吾国之学说，则外族专制之学说也。以外族专制，自宋季以来，频繁复杂，绵三四纪，学者忘祖宗杀戮之惨，狃君臣上下之分，习而安之，为之润饰乎经术，黼黻乎史裁，数百年于兹矣。一旦海通，泰西民族麇至，以吾外族专制之黑暗，而当共和立宪之文明，相形之下，优劣之胜败立见也，则其始慕泰西。甲午创后，戒于日本，复以其同文地迩，情洽而收效为速也，日本遂夺泰西之席，而为吾之师，则其继尤慕日本。

……于是醉心欧化，举一事革一弊，至于风俗习惯之各不作侔者，靡不惟东西之学说是依。慨谓吾国固奴隶之国，而学固奴隶之学也。呜呼！不自主其国，而奴隶于人之国，谓之国奴；不自主其学，而奴隶于人之学，谓之学奴。奴于外族之专制固奴，奴于东西之学说，亦何得而非奴也。

同人痛国之不立，而学之日亡也，于是瞻天与火，类族辨物，创为《国粹学报》一编，以告海内曰：昔者欧洲十字军东征，弛贵族之权，削封建之制，载吾东方之文物以归，于时意大利文学复兴，达泰氏以国文著述，而欧洲教育遂进文明。昔者日本维新，归藩复幕，举国风靡，于时欧化主义，浩浩滔天，三宅雄次郎、志贺重昂等，撰杂志，倡国粹保全，而日本主义，卒以成立。呜呼！学界之关系于国界也如是哉！宋之季也，其民不务国学，而好为蒙古文字语言，至名其侈辞以为美，于是而宋亡。普之败于法也，割雅丽司、来罗因以和，而其遗民，眷眷故国，发为诗歌，不忘普音，于是而普兴。国界之兴亡于学界也又如是哉！夫国学者，明吾国界以定吾学界者也。痛吾国之不国，痛吾学之不学，凡欲举东西诸国之学，以为客观，而吾为主观，以研究之，期

① 胡朴安：《二十年学术与政治之关系》，《东方杂志》第21卷第1号。

光复乎吾巴克之族，黄帝尧舜禹汤文武周公孔子之学而已。然又慕乎科学之用宏，意将以研究为实施之因，而以保存为将来之果。悬界说以定公例，而又悲乎言之无文，行而不远。意将矫象胥之失，而不苟同伊缓大卤之名，期光复乎吾巴克之族，黄帝尧舜禹汤文武周公孔子之学而已。呜呼！雄鸡鸣而天地白，晓钟动而魂梦苏。天下志士，其有哀国学之流亡者乎？庶几披涕以读而为之舞。

（选自《国粹学报》第1年第1期）

晚清国粹学派注重传统学术的研究，主张通过保存和弘扬中国固有文化来挽救民族危机。他们的文化思想和主张，可归结为以下几点。

第一，对“国粹”、“国学”、“国魂”有独特的理解。

国粹学派所说的“国粹”，主要有三层含义：其一，泛指中国的历史和文化。但并非历史上的一切都是“粹”，可分成精华和糟粕。其二，专指中国文化的精华。黄节将国粹界定为适合中国需要、利于民族进化、富有生命活力的文化精华。他认为“国粹保存”，就是对历史文化开展研究、辨识的过程，即由“研究”而“区分”，由“区分”而“变化”，由“变化”而“致用”，最终达于“保存”①。其三，特指中国文化的特性和民族精神。国粹学派认为，国粹是缘于历史、人种、地理所形成的中国文化独特的民族性，可称之为“民族精髓”、“民族精神”。

与国粹直接联系的是“国学”。1904年，邓实发表《国学保存论》，在“国粹”之外提出了“国学”的概念。邓实的“国学”相对于“异国异学”，强调的是汉族历史文化的存亡，突出文化外在的种姓区分。此后，他们的见解逐渐深化，强调对中国文化应该采取分析的态度，提出“国学、君学相对论”，认为国学相对于君学而言，是中国文化的精粹部分。在国粹学派眼中，国粹与国学没有严格的界限，可以互相代替，二者有时指中国文化的精粹，有时泛指中国的历史文化。

所谓“国魂”，是指中国独立的民族精神。国粹学派认为，陶铸国魂与保存国粹、国学是天然相通的，“国有魂，则国存，国无魂，则国将从此亡矣”。“夫国学，即国魂所存。保全国学，诚为最重之事矣”②。这也正是国粹学派文化主张的出发点。

---

① 黄节：《国粹学报叙》，《国粹学报》第1年第1期。

② 许之衡：《读“国粹学报”感言》，《国粹学报》第1年第6期。

第二，力主批判“君学”，复兴国学。

国粹学派指出，中国传统文化的衰败表现在两个方面：一是中国学术的衰落；二是民智、民德、民力的低下。但这不是先天造成的，而是源于中国社会的政治、经济与思想之中，包括：君主专制主义制度推行愚民政策；儒学独尊禁锢了国人的思想；缺少与外部文化的交往；社会经济落后。国粹学派批判和反思传统文化，但并未因此否定国学。他们指出，“无用者君学也，而非国学”。就是说，所谓衰敝的传统文化，是“君学”而非“国学”[①]。出路在于摒弃“君学”，回归“国学”，寻回迷失的国粹，恢复中国文化的本来面目。

第三，主张通过“古学复兴”来振兴中国文化。

“古学复兴”原是欧洲文艺复兴的一种别称。1905 年 8 月，许守微发表《论国粹无阻于欧化》一文，提到“古学复兴”的问题。同年 10 月，邓实发表《古学复兴论》，不仅论述了欧洲“古学复兴”的历史，而且对中国“古学复兴”的必然性、意义与途径作了具体阐发。国粹学派认为，“古学复兴”是世界各国文化复兴普遍性的规律，中国文化自不例外。

国粹学派所说的“古学”，是指先秦未受“异学”、“君学”浸染前纯正而健全的中国文化，即“国学”，具体说就是包括儒学在内的先秦诸子之学。他们希望通过复兴先秦诸子之学，重新振兴中国文化。

第四，承认中国文化有缺点，不拒绝学习外来文化，极力反对全盘否定中国文化、“醉心欧化”的做法。

在处理中西文化的关系方面，国粹学派成立初期，热衷于从生物进化的角度评说中西文化，强调中国文化只是进化程度的滞后。不久，他们改变了说法，重新审视中西文化及其关系，反对醉心欧化。在反对废除中国文字、反对废除中医问题上集中表达了他们的意见。当时《新世纪》杂志提出废弃汉文汉语，改用“万国新语”的观点。国粹学派坚决予以反对，他们说汉语汉字不仅是中国文明的结果，而且是沟通国人情感、维系民族统一的精神纽带，是“国界种界之鸿沟，而保国保种之金城汤池也”[②]。针对废中医的观点，国粹学派也提出反对意见。他们指出，中西医在根本上是相通的，中医、西医各有长短，正确的态度应当是借鉴西医的理论与方法，摒弃西医的短处，振兴“祖国医科之学”。

---

① 邓实：《国学无用辨》，《国粹学报》第 3 年第 5 期。

② 邓实：《鸡鸣风雨楼独立书·语言文字独立》，《政艺通报》1903 年第 23 号。

国粹学派对于中西文化的主张，在根本上没有超出中西二分、“中西调和”的范畴，但不乏积极意义。这表现在两个方面：一是强调破除中外文化成见，实现中外文化互补；一是强调新文化建设必须以民族文化为主体，对西方文化进行积极整合。简单地说，就是对西方文化的吸纳与整合，必须以保持民族文化的独立性为前提。

二、欧化派及其主要观点[①]

早在戊戌维新时期，中国就出现了欧化思想。当时的湖南维新志士樊锥、易鼐都撰文指出，中国的传统文化必须批判，出路就是“悉从泰西”。启蒙思想家严复是清末第一个真正意义上的欧化论者。他在翻译西方著作的同时，全面认真地比较了中西文化并得出结论：中国文化的出路只能是向西方文化学习，以西方文化的自由为体，民主为用。到了 20 世纪初，中国出现欧化思潮，甚至呈现出“醉心欧化”的现象。

中国的欧化论者主要有三类群体：一是革命派中的激进主义者。如：以吴稚晖、李石曾为代表的《新世纪》派，他们不承认中国古代文化有任何值得继承的东西，认为西方文明既然优于中国文明，就应当将中国的历史文化尽行抛弃。二是留学欧美的学生，以《寰球中国学生报》、《留美学生季报》的部分作者为代表。他们从对西方文明的切身体验出发，宣扬西方文明的优越，倡导欧化。三是国内一些人士发表的具有欧化倾向的评论，这些言论在一定程度上认同欧化的合理性，扩大了欧化思潮的影响。

20 世纪初期的欧化思潮，以《新世纪》派的言论最具代表性。他们“醉心欧化”的文化主张表现在以下四点：

1. 西洋文明远胜于中国文明，这种优越性是全方位的，欧化是中国的唯一出路。他们认为，西洋文明是世界文明的代表，中国要参与世界竞争，挽救民族危亡，必须效法西洋文明。有人撰文说：“西洋文明之优胜于我国旧有文明，凡留学欧美稍久稍得彼国内容者，皆能言之矣。今试将西洋之建筑、工艺、政治、法律、图书、音乐等，所谓文明之主要者，而与吾向所有者，一一相比，何不一一彼胜于我。……吾国之效法西洋文明，实为生存竞争上必不可免之事。”[②]一些欧化论者还通过大力宣传西方学术、教育和科学人物，极力宣扬西

---

① 本节参考赵立彬：《辛亥革命前后的欧化思潮》，《中山大学学报》2001 年第 6 期。

② 孙恒：《中国与西洋文明》，《留美学生季报》，第 1 年第 4 期。

方文明的优越性。

2. 日本的富强是欧化成功的结果，值得中国效仿。欧化论者认为，日本先进的文明是西方文明孕育的结果，中国要想迎头赶上日本，就必须像日本一样，加快欧化的步伐。一篇题为《论中国与日本欧化速率之比例》的文章指出："欧化东渐一语，日本妇孺皆习为口头禅。而叩诸中国人，虽大夫亦多懵然。……地小地大、兵弱兵强、财困财裕，固无关两国之兴败。两国之兴败唯欧化故。虽今日之比例，日本优于中国，焉知他日之比例，中国不优于日本？无他，欧化之速率每成一比例，国势之速率即随以日增。"①

3. 否定一切传统习俗及纲常道德观念，提倡欧风欧俗。欧化派借助西方自由、平等、博爱的价值观，猛烈批判中国封建传统道德习俗，认为它阻碍了进化，必须进行"祖宗革命"和"三纲革命"。在否定传统风俗习惯的同时，欧化派倡议以欧风欧俗代之。他们主张剪辫易服，认为传统的辫发服饰不适于近代生活，是野蛮落后的象征，剪辫发、易西服势在必行。他们还积极主张男女自由恋爱，文明结婚。一篇署名为"陈王"的文章对中国婚俗大加批判，对西方的礼俗表现出种种艳羡。文章指出，西方青年男女自由恋爱以及订婚简约很有好处，西方青年男子必须有职业，可以自立，才有娶妻的资格，而且成婚后男女平等，男子有保护妻子的责任，妻子有赞助丈夫的义务，这种婚姻与中国传统婚姻形成鲜明的对照。

4. 废除汉字，彻底摧毁中国传统文化的载体。自戊戌维新运动以后，主张改革汉字的呼声日渐高涨，出现了汉字改革和汉语拼音运动。到了20世纪初，欧化派把这一倾向发展到极端，《新世纪》派的部分人士明确提出了"废除汉文汉语，改用万国新语"的主张。他们提出中国文字改革有三种办法：一是采用一种欧洲文字；二是用罗马字母反切中国语音；三是用万国新语（世界语）。他们认为第三种办法最适合中国。

三、国粹学派与欧化派的论争与调和

在中西、古今文化冲突融会的过程中，如何认识中国的传统文化，如何对待西方文化，如何把保存发扬传统文化与吸收西方文化结合起来，是亟待解决的重大课题。对此，国粹学派和欧化派明确提出了自己的主张，并进行了激烈讨论。

---

① 《东方杂志》1904年第10期。

对于中国传统文化，两派观点存在明显差异。国粹学派对中国传统文化评价甚高，视之为中华民族的灵魂、中国的立国之本。在他们看来，中国的传统文化不仅在历史上为中华民族的兴盛发挥了重大作用，而且在现实中同样具有焕发国民爱国主义精神、鼓舞人民进行救亡图存斗争的重要意义，因此必须“保存国学”，提倡国粹。在“古学复兴”口号下，国粹学派热情从事国粹主义宣传，《国粹学报》发表了大量宣传国粹的论文，刊录名人画像图片六百余张。此外，国学保存会还大规模从事古籍校勘整理，编辑出版《国粹丛书》、《国粹丛编》、《神州国光集》等著作。他们还开办国学讲习会，编写《伦理教科书》、《经学教科书》等。他们成立了章太炎任社长的国学振起社，广泛开展国粹主义宣传。与此同时，国粹学派猛烈批评欧化派抹杀中国传统文化、无视传统文化的价值，认为他们实质上是崇洋媚外。

欧化论者大多受过系统的西方教育，对世界各国的发展情况比较了解，因而对中国社会和传统文化的落后有深切的感受。他们对中国传统文化侧重于揭露和抨击。在留学生主办的各种报刊上，对于中国传统文化的批评不胜枚举。例如，由中国留日学生创办的《江苏》杂志第 5 期发表了一篇署名“壮游”的文章，把中国传统文化描绘成一幅病入膏肓、气息奄奄的凄凉景象。留法学生主办的《新世纪》第 44 期发表《国粹之处分》一文，认为中国文明尽管在古代取得辉煌成就，但在近代成了过时的东西，于社会进步毫无益处，中国文明应列入淘汰之列，中国的国粹早就应该陈列到博物馆。

在如何对待西方文化的问题上，国粹学派和欧化派也存在截然相反的意见。国粹学派更多地注意到西方国家对中国的侵害和西方文化对中国文化的冲击。他们指出，随着帝国主义对中国政治、经济、军事侵略而传入的西方文化，在很大程度上是一种帝国主义文化。文化侵略是政治、军事侵略的先导，同样可以导致国家和民族的灭亡。邓实在《帝国主义》一文中指出，帝国主义时代只有强权而毫无平等可言，经济割据、军事扩张以及牺牲弱小国家利益是帝国主义的生存原则。国粹学派批判的矛头直接对准资本主义制度，认为它是造成各种社会弊端的根源。那么，如何改变中国的命运呢？他们寄希望于中国古代文明，从中国古老的文化传统中寻找救时良方。

与国粹论者相反，欧化论者把西方文化赞誉为“近代文明之春雷”，是推动人类社会发展的原动力和拯救中国的“宝方良药”。西方文化在一切方面都优越于中国文化，中国必须以西方文明为榜样才有出路。在政治上，他们向往美国、法国等实行资产阶级共和制的国家；在思想文化上，他们把西方近代资产阶级意识形态看作振兴中国的灵丹妙药，甚至主张废除汉字，改用西方文字。

值得注意的是，国粹学派和欧化派虽然存在明显的观点对立，也有过激烈的论争，但双方也有调和与妥协的一面，甚至还出现国粹与欧化并重的主张。

国粹学派不赞成醉心西方文化，但也不是一概排斥，他们承认和肯定西方文化价值和作用，主张借鉴西学，重新整理中国之旧学。1905 年，《国粹学报》第 7 期刊登许守微的《论国粹无阻于欧化》，该文指出：国粹与欧化不是敌对关系，二者可以统一起来，相得益彰。欧化离不开国粹的发扬，必须在坚持中国文化主体的前提下进行；近代欧洲因复兴古学强盛起来，中国应学习欧洲，奋起直追。

部分欧化论者也认可国粹主义的价值，甚至主张欧化与国粹应相互包纳。有论者分析了日本国粹主义的思想根源，指出日本的欧化思想初时数家并举，最终却同化于国粹学派，这正是日本“保存国粹之导源”，国粹与欧化“名虽异而实相同焉”。就中国而言，在欧化的前提下，才能真正实现保存国粹。他们认为，欧化与国粹不可截然两分，主张欧化“非欲弃国学”。可以看出，“国粹”与“欧化”冲突中有调和，不是绝对的对立关系。

小　结

清末十年间，中国文化制度和文化格局发生了剧烈变化。这既是当时政治、经济剧烈变动在文化领域的反映，也是清政府“新政”改革直接或间接作用的结果。考察这一时期的文化，应该把握以下四点。第一，在民族危机的刺激下，国人的文化心理发生了较大变化，学习西方成为社会潮流，甚至出现了“崇洋”“媚洋”的心态。第二，清政府废除科举制度、推行新式教育，是中国文化史上的重要事件。它在客观上促进了中国文化的现代转型，其积极意义不容低估。第三，西学的大规模引进，使中国人的知识结构发生了质的变化。旧有的知识体系被打破，西方近代社会科学和自然科学知识日益拓展，新的近代学科体系逐步建构。这是清末中西交流所取得的一个重大成果，对中国文化的现代化影响深远。第四，20 世纪初，理性地审视不同文化的异同，并在文化的冲突与融合中建立符合中国实际的文化体系，成为文化思想界必须面对的时代课题和历史使命。这一方面，国粹学派与欧化派的观点相辅相成，各具特色，为国人今后正确处理中西文化关系提供了重要参考。

历史文献

1. 严复：《与〈外交报〉主人书》，王栻主编：《严复集》第3册，中华书局1986年版。

2.《奏定学堂章程》，收入《中国近代教育史资料汇编·学制演变》，上海教育出版社1991年版。

3. 王国维：《论新学语之输入》，谢维扬、房鑫亮主编：《王国维全集》第1卷，浙江教育出版社、广东教育出版社2009年版。

4. 余一：《民族主义论》，《浙江潮》1903年第1、2期。

5. 许守微：《论国粹无阻于欧化》，《国粹学报》第1年第7期。

6. 邓实：《国学保存论》，《政艺通报》1904年第3号。

7. 章太炎：《东京留学生欢迎会演说辞》，汤志钧编：《章太炎政论选集》上册，中华书局1977年版。

8. 真：《祖宗革命》，张枏、王忍之编：《辛亥革命前十年时论选集》第2卷下册，生活·读书·新知三联书店1963年版。

论著选读

1. 王德昭：《清代科举制度研究》，中华书局1984年版。

2. 桑兵：《晚清学堂学生与社会变迁》，学林出版社1995年版。

3. 郑师渠：《晚清国粹派：文化思想研究》，北京师范大学出版社1997年版。

4. 张昭军：《儒学近代之境——章太炎儒学思想研究》，社会科学文献出版社2002年版。

5.［韩］曹世铉：《清末民初无政府派的文化思想》，社会科学文献出版社2003年版。

6. 左玉河：《从四部之学到七科之学》，上海书店出版社2004年版。

7. 郑匡民：《西学的中介：清末民初的中日文化交流》，四川人民出版社2008年版。

8. 王笛：《清末新政与近代学堂的兴起》，载《近代史研究》1987年第3期。

9. 关晓红:《科举停废与近代社会》,社会科学文献出版社 2013 年版。

10. 黄兴涛:《重塑中华:近代中国的中华民族观念研究》,北京师范大学出版社 2017 年版。

研究与讨论

1. 论述废除科举制度对中国文化产生的影响。
2. 分析知识体系在清末的变化。
3. 比较清末的国粹主义思潮与欧化主义思潮。

第五章　五四新文化运动

民国建立，翻开了中国历史新一页。社会的迅速变化，必然要求与之相适应的道德规范与文化秩序。然而，复辟帝制和尊孔复古思潮的泛起，令人大失所望，从而激起了有志之士进一步改造中国社会和文化的决心，掀起了轰轰烈烈的五四新文化运动。五四新文化运动是近代文化自觉的一座里程碑，是新式知识分子以世界文化的视野深入探讨中国文化未来出路的一次伟大实践。

第一节　民国初年文化观念的更新

1912年，民国建立，清帝退位。民主共和制度取代了自秦以来长达两千多年的君主专制，皇权体制被彻底否定，这是空前的巨变。民主共和制度的建立，自由、民主、平等等新观念的传播，极大地促进了国人文化观念的更新。

一、共和肇建与民主潮流

1911年10月，武昌义起，清政府统治陷于风雨飘摇。短短一个月内，22省中竟有17省宣布独立。推翻君主专制制度、建立民主共和国，乃人心所向、大势所趋。1912年1月1日，孙中山在南京就任中华民国第一任临时大总统，中华民国正式成立，并誓言："颠覆满清专制政府，巩固中华民国，图谋民生幸福。"南京临时政府仿效美国的总统制，按照资产阶级三权分立的政治原则，由立法、行政、司法机构构成。

对中国人而言，中华民国的建立是破天荒的大事，民主共和作为政治制度第一次走上了中国历史的舞台。3 月 11 日，南京临时政府参议院公布了《中华民国临时约法》。《临时约法》是民国根本大法。它规定了资产阶级民主主义的国家制度、社会制度和政府组织原则。第一章《总纲》规定："中华民国由中华人民组织之"，"中华民国之主权属于国民全体"。这就从根本上否定了君主专制制度，确认了"主权在民"的原则和民主共和国的国家性质。第二章《人民》规定："中华民国人民，一律平等，无种族、阶级、宗教之区别"；人民享有人身、居住、财产、言论、出版、集会、结社、通信和信教的自由；人民有请愿、诉讼、考试、选举及被选举等权利；人民有纳税、服役等义务。这些规定，把"天赋人权"和"自由、平等、博爱"的资产阶级民主理念法典化，在中国政治史与文化史上具有划时代意义。自此，宪法取代圣旨，民主取代君主，代表国家的最高权威。

《中华民国临时约法》以法律的形式，肯定了西方民主社会的政治思想及价值观念，极大地激发了民众参政议政的热情。许多政党、社团积极参与政治实践，甚至敢于指责大总统，监督批评政府一时成为风气。言论自由推动了新闻出版事业的发展。仅就报纸而言，武昌起义后，"一时报纸风起云涌，蔚为大观"。半年内，全国报纸由十年前的 100 多种，增加至近 500 种，总销数达 4 200万份①。许多报纸议论时政，宣传民主、科学和各种社会政治思潮，形成了举足轻重的舆论影响力。

辛亥革命无疑是对流行千年的旧制度、观念、思想、习俗的一场巨大冲击，加速了资产阶级民主制度、民主思想的传播，在社会上产生了深刻影响。尽管后来发生过袁世凯和张勋的复辟，但终究是昙花一现，经过民主思想的初步熏陶，"全国民情，莫不反对复辟"。上海商界为反对张勋复辟，相约一起悬挂国旗三日，以表示拥护共和、尊重民国的决心。各界人士对民主制度的追求，是导致历次复辟最终败北的重要原因，同时，它也警示各派军阀不敢贸然扔掉中华民国这块民主招牌。辛亥革命所带来的民主气象，渗透到宗教、文学、音乐、舞蹈、戏剧、电影、教育等各个文化领域。这一局面的出现，推动了文化观念的更新，并为新文化运动的兴起奠定了制度基础。

二、民国文化新气象

民国初建，焕发出一派辞旧迎新的文化气象。

---

① 戈公振：《中国报学史》，三联书店 1955 年版，第 181 页。

1912年南京临时政府成立不久，即命教育总长蔡元培负责征集国歌。在他的组织下，该年2月，南京临时政府公布了由沈恩孚作词、沈彭年作曲的中华民国国歌："亚东开发早，揖美追欧，旧邦新造。飘扬五色旗，民国荣光，锦绣河山普照。我同胞，鼓舞文明，世界和平永保。"短短的几句歌词，表达了新生政权信心满怀、追逐世界潮流之热情，显示出了迥异往古的民族精神气质和世界情怀。

与此同时，南京临时政府决定，以五色旗为中华民国国旗。五色寓意汉、满、蒙、回、藏等"五族共和"。多民族的共和、平等，体现了民国初年国民的共同心愿。民族平等原则的确立，对于维护国家统一、增进中华民族观念认同，具有积极意义。国歌、国旗，再加上《中华民国临时约法》，中国呈现出了前所未有的文化新气象。

民初文化观念的更新，体现在追求个性自由成为新的社会风尚。辛亥革命期间，资产阶级革命派从反专制的角度出发，宣传自由、平等、博爱，从思想到行动都提倡个性解放。民国建立后，自由与个性解放在知识阶层和市民中更成为时代新潮，以至于一些保守人士哀叹："自权力之祸中于人心，破家族，削亲权，乱男女，蔑尊卑长幼，尽弃吾中国数千年之礼俗教治，而从事于其所谓平等自由之说。"①《申报》上一篇文章更是夸张地说："荡检逾闲，曰行动自由；邪说惑世，煽乱动机，曰言论自由；凌辱父兄，辱慢尊长，曰家庭自由。"甚至"钻穴逾墙，私相爱悦，曰婚姻自由。"②文章中所描述的极端行为，从反面说明当时社会中弥漫着自由的新空气。

民初文化观念的更新，还体现在"尊新崇西"思想的流行。甲午战后，"欧风美雨席而东"，中国人进一步认识到学习西方的重要性。民国建立后，仿效西方，竞习新学，成为时代潮流，甚至变成区分进步与守旧的标志。特别是在东南沿海一带的都市当中，对新鲜事物的追求、对"洋化"的追求已经形成了一种渐趋主流的价值观念。

新陈代谢

共和政体成，专制政体灭；中华民国成，清朝灭；总统成，皇帝灭；新内阁成，旧内阁灭；新官制成，旧官制灭；新教育兴，旧教育灭；枪炮兴，弓矢灭；新礼服兴，翎顶补服灭；剪发兴，辫子灭；盘云髻兴，堕马髻灭；爱国帽兴，瓜皮帽灭；爱华兜兴，女兜灭；天足兴，纤足灭；放足鞋兴，菱鞋灭；阳历兴，阴历

① 《吾为民国一喜一忧》，《时报》1913年2月27日。

② 《申报》1912年10月26日。

灭；鞠躬礼兴，拜跪礼灭；卡片兴，大名刺灭；马路兴，城垣卷栅灭；律师兴，讼师灭；枪毙兴，斩绞灭；舞台名词兴，茶园名词灭；旅馆名词兴，客栈名词灭。

（选自《时报》1912 年 3 月 5 日）

民国初年，政治、经济、思想领域均发生了前所未有的变化，人们的思维方式、生活理念和日常风俗也随之发生变革。这主要表现在以下方面。

1. 颁布新历。辛亥革命期间，独立的各省有的以黄帝纪年，有的则用干支纪年。孙中山回国后，建议以中华民国纪元，改用西方各国通用的阳历。这一提议，得到了临时参议院的认可。1912 年 1 月 2 日，南京临时政府正式通电各省，改用阳历。但是，阴历在中国沿用已久，完全为阳历替代会带来诸多不便。作为变通，临时政府承认双历并行。从长远来看，阳历是对皇帝纪年的彻底否定，是对西方科学的普及，也是对世界文化的一次主动迎接。

2. 铲除陋俗。民国成立后，南京临时政府即着手铲除历史沿袭下来的各种陋俗陈规，主要是剪发辫、禁缠足、禁鸦片、禁赌博。其中尤以剪发辫和禁缠足最有成效。辛亥革命爆发后，独立的各省即把标志着汉人臣服于清王朝的男子发辫作为革命的目标，剪除辫子成为去旧从新的象征。“不剪发不算革命，并且也不算时髦，走不进大衙门去说话，走不进学堂去读书。”[①]1912 年 3 月，为了进一步根除辫子陋俗，孙中山通令全国剪辫，剪辫风潮席卷全国，不留辫子成为一种新风尚。在通令剪辫子的同时，临时政府还颁布了禁止缠足的命令：“至缠足一事，残毁肢体，阻阏血脉，害虽加于一人，病实施于子姓，生理所证，岂得云诬。至因缠足之故，动作竭蹶，深居简出，教育莫施，世事罔问，遑能独立谋生，共服世务”[②]。这一命令颁布后，天足逐渐流行起来，“女子裹脚从此解放了，已裹的放掉，已经裹小的也放大，社会上很自然地一致认定，民国纪元以后生下的女儿，一概不裹脚”[③]。

3. 改革礼制。中国为礼仪之邦，但传统礼仪在漫长的演变过程中，发展成为一种繁琐的、渗透着等级观念和伦理规范的仪式。民国建立后，随着自

---

① 《辛亥革命在贵阳》，《越风》第 1 卷第 20 期。

② 《临时大总统关于劝禁缠足致内务部令》，《中华民国史档案资料汇编》第 2 辑，江苏古籍出版社 1997 年版，第 35 页。

③ 黄炎培：《我亲身经历的辛亥革命事实》，《辛亥革命回忆录》(1)，文史资料出版社 1981 年版，第 68 页。

由、平等、博爱等新观念的传播，改革旧礼制已是大势所趋。1912 年 3 月 2 日，孙中山发布命令，改革官方及民间称谓，“嗣后各官厅人员相称，咸以官职，民间普通称呼则曰先生、曰君，不得再沿前清官厅恶称。”[①]以官职、先生、君来代替老爷、大人之称，用平等人格代替不平等人格。与此同时，临时政府还规定用鞠躬礼替代前此的跪拜、相揖、请安、拱手等礼节，反映出用平等观念取代尊卑观念的意图。8 月，袁世凯正式公布了民国《礼制》二章七条，新礼仪开启了社会新风气。

4. 倡导女权。妇女解放是社会文明进步的重要标志。辛亥革命时期，不少女性投身革命，屡建功绩。民国建立后，一部分新式女性开始尝试积极参政，以推动妇女解放。1911 年 11 月，中国社会党女党员林宗素等人在上海组织发起了女子参政同盟会，以“普及女子之政治学识，养成女子之政治能力，期得国民之完全参政权”[②]为宗旨。1912 年 3 月，张汉英、唐群英、王昌国等发起成立神州女界参政同盟会。该会以实行男女平权、普及教育、一夫一妻等为宗旨，并在各省建立支部，发展组织。与此同时，湖北、湖南、浙江、广东、河南等省妇女参政团体也相继产生。民初妇女参政运动，没有得到社会多数人的支持，但妇女参政运动在城市的部分阶层（如学生）中传播了男女平等思想。在这种思想的影响下，部分新式女性开始积极追求婚姻自由，要求男女合校，共同接受教育。当然，由于客观环境的限制，民初的妇女解放运动，仅仅局限于城市的部分女性。

5. 改革服饰。清末以来，上海等地已刮起崇尚洋装之风。民国建立后，此风更甚。“人士趋改洋服洋帽，其为数不知凡几。”[③]这种风气从上海、天津等大城市扩展开来，一些靠近通都大邑的中小城镇，甚至内地乡村，也出现了服饰洋化的现象。在一些乡村，穿着绸缎者日少，对洋货发生兴趣者日众，洋布、洋伞、洋鞋等在上层人物身上逐渐普及。剪辫后，博士帽、草帽、卫生帽以及毛绳便帽兴起。民国初年，尽管长衫、马褂依然是男性的主流服饰，但西装、中山装的出现，给男性服装带来了诸多新气象。服装类型更加多样化，1912 年 9 月 8 日出版的《大公报》形容：“西装东装，汉装满装，应有尽有，庞杂至不可名状”；而在色彩上，“洋洋洒洒，陆离光怪，如入五都之市，令人目不暇给”。

---

① 孙中山：《令内务部通知革除前清官厅称呼文》，《孙中山全集》第 2 卷，中华书局 1982 版，第 155 页。

② 《女子参政同盟会草章》，《申报》1911 年 11 月 29 日。

③ 《潘月樵请用国货》，《申报》1912 年 3 月 4 日。

国人在日常生活上的一系列的变革之风，昭示着一个新时代开始了。

第二节　“五四”时期的教育改革

袁世凯实行尊孔复古的教育政策，是新文化运动爆发的诱因之一。五四时期的教育改革，与新文化运动的联系十分紧密。在蔡元培、胡适、陈独秀等人的直接组织和推动下，新教育思想广泛传播，新教育社团大量涌现，教育运动广泛开展。教育改革是五四新文化运动的重要组成部分。

一、民国初年的教育变革

蔡元培

1912年1月9日，南京临时政府成立教育部，统管全国教育工作，蔡元培被任命为教育总长。教育部下设三司一厅，即专门司、普通司、社会司和总务厅。但地方的教育行政尚未统一，各省或为都督府的教育科，或为省公署的教育司总理全省教育事务，各县则仍沿用“劝学所”制，并于每县设视学一至三人，视察全县教育。为了加快教育革新，促使各级学校走向正规化与制度化，教育部颁布了《普通教育暂行办法》，规定：从前各类学堂，均改为学校，监督、堂长一律改称校长；各府州县小学校于3月初一律开学；小学废止读经；教科书需符合共和国国民宗旨，清学部颁布的教科书一律禁用；高等小学以上之体操课，应注重兵式；除高等师范外，允许私人举办各级各类学校；废止学校出身奖励制度；提倡社会教育，等等。与此同时，教育部还颁布了《普通教育暂行办法及课程标准》，规定了小学、中学、师范学校的课程设置。

1912年4月，南京临时政府迁往北京。蔡元培继续推进教育制度改革，大力提倡新式国民教育。他发表《对于教育方针之意见》，明确主张废除清政府“忠君、尊孔、尚公、尚武、尚实”的教育宗旨，改以军国民教育、实利主义教育、公民道德教育、世界观教育、美感教育作为新的教育宗旨。他把军国民主义划为体育，实利主义划为智育，公民道德与世界观教育划为德育，美感教育划为美育，在中国教育史上率先提出德、智、体、美四育。9月，教育部颁布新的教育宗旨，规定："注重道德教育，以实利教育、军国民教育辅之，更以美感教育完成其道德。"所谓"道德教育"，就是培养学生树立自由、平等、博爱的道德观；所谓"实利教育"，就是进行从事资本主义生产的知识技能教育，不仅要学习科学理论，而且要注重生产实践的教育；所谓"军国民教育"，即后来的军事体育，使青年学生养成健康体魄，保家卫国；所谓"美感教育"，就是美术、音乐等艺术课程教育，提高学生的境界和情操。

1912 年 9 月，北京政府教育部公布了《学校系统令》，次年，颁布《学校令》，经过整合形成了一个统一的新学制系统，即"壬子—癸丑学制"。新学制规定，教育年限为 17 年或 18 年，分三段四级，即初等教育(分两级)、中等教育和高等教育，其中又包括三种不同的教育系统，即普通教育、师范教育和实业教育。教育部颁布的《小学校令》、《中学校令》、《大学令》、《专门学校令》和《师范教育令》、《实业学校令》，对各级学校的教育宗旨、入学资格、年龄、课程和修业年限都作了明确规定和具体要求。

"壬子—癸丑学制"与清末"壬寅—癸卯学制"相比，有了很大的改进。它缩短了学生的修业年限，有利于快速培养新式人才；取消毕业生奖励出身的制度；废除了贵胄学堂；采取单轨学制；把女子教育列入学制系统；取消了读经课与忠君尊孔的内容，体现了男女平等、社会平等思想的影响。新学制还加强了自然科学课程和生产技能的训练，教育方法基本上适合青少年身心发展的特点。新学制的颁布和实施，标志着中国近代资本主义教育体制初步确立，不仅为培养近代新型人才奠定了基础，而且从制度上推动了近代文化的发展。

在一系列教育改革的推动下，民国初期的教育界出现了蓬勃发展的新局面。

新式学校的数量迅速增长。各项教育改革措施的公布，激发了人们创办新式学校的积极性，新式学校的数量迅速增长。据民国教育部的统计资料，民国成立后的几年里，无论是新式学校的数量，还是学生的人数，增长速度都明显加快。以 1912 年为例，全国学校数目达到 87 272 所，学生人数达到 2 933 387人，学生人数接近 1911 年的两倍[①]。学堂学生成为五四新文化运动传播新思想、推动时代观念发展的重要力量。

一批新式教科书问世。1912 年 9 月，教育部宣布废除清末学部颁布的教科书，颁布《审定教科用图书规程》。照此规程，中华书局和商务印书馆等出版机构在很短的时间内，编辑出版了一批内容丰富、文字浅显的教科书，如"新中

---

① 舒新城编：《中国近代教育史资料》上册，人民出版社 1981 年版，第 363—364 页。

华教科书”、“实用教科书”、“新式教科书”等。这些教科书对宣传民主思想、传播科学知识、推动教学改革，起到了积极作用。

袁世凯出任大总统后，在教育领域大肆鼓吹尊孔读经，掀起了一股复古逆流。1912 年 9 月，袁世凯颁布《尊孔伦常文》。次年 6 月，袁世凯发布《尊孔祀孔令》，定孔子生日为“圣节”，通令学校恢复清末的祀孔典礼。9 月 28 日，教育部官员到孔庙祭祀，行三跪九叩首礼。10 月，新出台的《天坛宪法草案》明确规定“国民教育，以孔子之道为修身大本”，为在学校恢复尊孔读经提供法律依据。1914 年，袁世凯发布《祭孔告令》，宣称“惟此孔子之道，亘古常新，与天无极”①。

1915 年 1 月，袁世凯发布《教育要旨》，提出以“爱国、尚武、崇实、法孔孟、重自治、戒贪争、戒躁进”为教育宗旨。在这个教育宗旨中，“爱国”视同“忠君”，“法孔孟”即在恢复儒家的“三纲五常”，否定民主、自由、平等精神。同年 2 月，袁世凯又颁布《教育纲要》，规定“各学校均应崇奉古圣贤以为师法，宜尊孔以端其基，尚孟以致其用”，并明确要求“中小学校，均加读经一科”。教科书规定初等小学讲读《孟子》，高等小学讲读《论语》，中学校节读《礼记》和《左氏春秋》。还要求设立经学院，提倡各省设经学会，以为讲求经学的专门机构。在 1915 年 7 月公布的《国民学校令》、《高等小学校令》、《预备学校令》及《国民学校令施行细则》中，都规定设置读经课程，从制度上恢复了中小学读经课。

二、“五四”时期的教育改革

袁世凯在文化教育领域的倒行逆施，受到进步人士的抵制和批判。新文化运动时期，教育改革再次掀起高潮。

1916 年，范源濂担任教育总长。在他的主持下，民国元年的教育方针得到恢复。同年 9 月，教育部通令各省区撤销袁世凯当政时期颁行的《教育纲要》；又修复了教育政策和法令，《高等小学令》删去了读经的内容。

新文化运动对孔子及儒家思想的猛烈批判，推动了反对尊孔读经声浪的高涨。1917 年 5 月，宪法审议否决了孔教会“定孔教为国教”的提案，并撤销了 1913 年宪法中规定的“国民教育以孔子之道为修身大本”的条款。1918 年 12 月，教育部聘请范源濂、蔡元培等 19 人组成教育调查委员会，次年 4 月，教育调查委员会建议以“养成健全人格，发展共和精神”为教育宗旨。这里所谓

---

① 《政府公报》1914 年 9 月 26 日。

的“健全人格”，包括：1. 私德为立身之本，公德为服役社会国家之本；2. 人生所必须之知识、技能；3. 强健活泼之体格；4. 优美和乐之感情。所谓“共和精神”，指的是发挥平民主义，“俾人人知民治为立国根本，养成公民自治习惯，俾人人能负国家社会之责任”。根据这一建议，教育部提出《学校系统改革案》，确定了教育改革标准：适应社会进化，发挥平民教育精神，谋个性发展，注意国民经济力，注意生活教育，使教育易于普及，多留伸缩余地。这七项内容，基本上反映了新教育运动的诉求①。

1919—1921 年，全国教育联合会先后多次组织讨论学制改革问题，1922 年 10 月，《学制系统改革案》在全国教育联合会第八届年会上获得通过。黎元洪总统公布《学校系统改革案》并通令全国施行。1922 年是农历壬戌年，该学制被称为“壬戌学制”。

“壬戌学制”参考了美国的“六三三制”，并有所调整。新学制规定，小学教育一般为 6 年，可依地方情形，延长 1 年。中学教育为 6 年，初级中学 3 年，高级中学 3 年；高级中学分为农、工、商、师范等科，亦可参酌地方情形，单设一科，或兼设数科；中等教育用选科制；师范学校修业年限为 6 年，后 3 年可酌情实行分组选修制。大学教育为 4—6 年，各科按其性质酌情而定；医科、法科大学学习年限至少为 5 年，师范大学至少 4 年；大学用选科制；大学校及专门学校，可附设专修科，修业年限不等；大学院为大学毕业及具有同等程度者研究之所，年限不定。

根据壬戌学制的规定，学生在小学阶段的学习年限缩短，并分为“初级”和“高级”；中等教育的学习年限延长至 6 年。这一方面可以提高中等教育的水平，一方面还有利于初级中等教育的普及。新学制还取消了大学预科，大学不再担负普通教育的任务，便于大学集中精力进行专业教育和科学研究。与此同时，大学还实行了选科制和分科教育，兼顾学生的升学和就业两种准备，体现了中国社会近代生产生活方式的需求。新学制还规定，男女可以同校，要保护残障群体的教育权利。这些改革，与新文化运动相辅相成，代表了民国成立以来教育改革的综合成果。

男女教育平等权的确立，是五四新文化时期教育改革的一大成就。1917 年，全国教育联合会向教育部提出推广女子教育议案，要求增设女子高等小学、女子中学等，扩大女性的教育权。1918 年 6 月，教育部通知各省区酌情办

---

① 毛礼锐、沈灌群主编：《中国教育通史》第五卷，山东教育出版社 1988 年，第 24 页。

理此事。1920 年暑假，北京大学、南京高师开始招收女生，此后所有大学都可以招收女生，实行男女同校。在大学的带动下，一些中学也开始男女兼收，甚至尝试男女同班。1922 年公布的新学制，正式取消了男女同学间的差别。男女平等在教育权方面得以确立。

改“国文”课为“国语”课，由“文言”改用“语体”，采用白话文教学，是五四新文化时期教育改革的另一项重要成就。

清末民初一度活跃的国语运动，因袁世凯的复辟而归于沉寂。新文化运动期间，文学革命推动了国语运动的再兴，进而推动了学校教育的改革。1917 年 10 月，全国教育会年会通过“请定国语标准并推行注音字母以期语言统一案”，建议教育部尽快制定国语标准，“并设法将注音字母推行各省区，以为将来改国语之预备”。1918 年 11 月，教育部正式公布了注音字母表，12 月，又公布“国语统一筹备会规程”，以筹备国语统一及推行方法为宗旨。与此同时，一些学校开始尝试自编国语读本，使用国语教材。中华书局出版了一批用白话文编写的“新式教科书”。1920 年 1 月，教育部训令各地国民学校先将一、二年级国文改为语体文；不久又规定，截止到 1922 年，一律废止文言文编写的教科书，采用语体文。中学教科书及大学讲义也随之用语体文改编。国语的推广、白话文的使用，对普及文化教育起了推动作用。

五四时期的教育改革，最成功的范例是蔡元培对北京大学的改造。北京大学的前身是戊戌变法期间创建的京师大学堂，其学生多系富家子弟，官僚习气浓厚。一些学生无心读书，把大学当做混取功名利禄的台阶。

就任北京大学校长演说词（节选）

蔡元培

五年前严几道先生为本校校长时，予方服务教育部，……予今长斯校，请更以三事为诸君告。

一曰抱定宗旨　诸君来此求学，必有一定宗旨，欲求宗旨之正大与否，必先知大学之性质。今人肄业专门学校，学成任事，此固势所必然。而在大学则不然。大学者，研究高深学问者也。外人每指摘本校之腐败，以求学于此者，皆有做官发财思想。……若徒志在做官发财，宗旨既乖，趋向自异。平时则放荡冶游，考试则熟读讲义，不问学问之有无，惟争分数之多寡；试验既终，书籍束之高阁，毫不过问，敷衍三四年，潦草塞责，文凭到手，即可借此活动于社会，岂非与求学初衷大相背驰乎？光阴虚过，学问毫无，是自误也。

且辛亥之役，吾人所以革命，因清廷官吏之腐败。即在今日，吾人对于当轴多不满意，亦以其道德沦丧。今诸君苟不以此时植其基，勤其学，则将来万一生计所迫，出而任事：担任讲席，则必贻误学生；置身政界，则必贻误国家。是误人也。误己误人，又岂本心所愿乎？故宗旨不可以不正大。此余所希望于诸君者一也。

二曰砥砺德行　方今风俗日偷，道德沦丧，北京社会尤为劣恶，败德毁行之事，触目皆是，非根基深固，鲜不为流俗所染。诸君肄业大学，当能束身自爱。然国家之兴替，视风俗之厚薄。流俗如此，前途何堪设想。故必有卓绝之士，以身作则，力矫颓俗。诸君为大学学生，地位甚高，肩此重任，责无旁贷。故诸君不惟思所以感己，更必有以励人，苟德之不修，学之不讲，同乎流俗，合乎污世，己且为人轻侮，更何足以感人？然诸君终日俯首案前，芸芸攻苦，毫无娱乐之事，必感身体上之苦痛。为诸君计，莫如以正当之娱乐，易不正当之娱乐，庶于道德无亏，而于身体有益。诸君入分科时，曾填写愿书，遵守本校规则，苟中道而违之，岂非与原始之意相反乎？故品行不可以不谨严。此余所希望于诸君者二也。

三曰敬爱师友　教员之教授，职员之任务，皆以图诸君求学之便利，诸君能无动于衷乎？自应以诚相待，敬礼有加。至于同学共处一堂，尤应互相亲爱，庶可收切磋之效。

（选自高平叔主编：《蔡元培全集》第三卷，中华书局1984年版，第5—6页）

1917年初，蔡元培出任北京大学校长，着手对北大进行改革。他改变教育指导思想，调整办学方向，将大学定位于“研究学术之机关”。他在就任演说中宣布“大学者，研究高深学问者也”。按照这种思路，蔡元培对北京大学的系科与专业，进行了调整。文科增设史学门（系），理科增设地质学门，法科独立成法科大学，商科改为商业门，隶属于法科，停办工科，将其并入北洋大学，等等。他致力于将北京大学办成文理科综合型的大学，使之成为学术文化中心。

在学校的课程设置与选择方面，他要求学生改变“守一先生之言，而排斥其他”的习惯，主张学文科的学生兼习理科课程，学理科的学生兼习文科课程，以扩大视野，为下一步开展学术研究打下坚实基础。

蔡元培主张学术自由讨论，要求通过举办各种学术讲座、成立各种学术研究社团，为大学营造良好的学术氛围。为了推动科学研究，他主张大学应设研究所，为教员的科学研究创造条件，使学生受到一定的科研训练。

在学校管理方面，蔡元培在北大设立评议会，实行教授治校和学生自治，体现教育和学术的自主原则。教授治校，即设立评议会作为学校的最高立法机构，“组织评议会，给多数教授代表，议决立法方面的事”。各系分别成立教授会，规划本系的教学工作，系主任由教授互选。学生自治，就是成立学生自治会，由学生自己管理自己。蔡元培重视学生自治，他认为学生完全可以自己管理自己，学生如果可以管理好学校，日后就可以成为具有自治精神的合格国民；此外，学生自治还可以培养学生“自动”、“自学”、“自觉”的习惯和独立思考的能力。

在教师队伍建设方面，蔡元培主张兼容并包。他提出“思想自由、兼容并包”的办学方针，为知识分子提供广阔的学术空间。在他看来，大学之大，主要在于“大学是包容各种学问的机关”，是“囊括大典，网罗众家之学府”。因此，在学术上，无论古今中外，凡是有名的学派和有价值的学术著作，都应该搜集和研究。同样，对于持各种不同观点的学者，只要能言之成理、自成体系，就应该听其自由发展。在此方针指导下，蔡元培聘请陈独秀担任文科学长，延揽胡适、钱玄同、刘半农、沈尹默诸人担任教授。同时，他还聘请旧学功底深厚的黄侃、刘师培、陈介石、陈汉章等人任教。辜鸿铭留着辫子，以遗老自居，但并不妨碍蔡元培聘请他在北大教英文；梁漱溟自学成才，在佛学研究方面有独到而深刻的见解，年纪轻轻便被聘请到北大担任教职。

在蔡元培的主持下，北京大学的学术研究活跃起来，成为中国新式教育和高等人才培养的中心。

三、新教育思想的传播和教育团体的涌现

五四时期，各种学理纷纷输入中国，在中国教育界形成了不同流派竞相传播的景象。国内知识界的许多有识之士以此为指导，开展了各种形式的教育实践。

平民教育思潮　民国初年，蔡元培提出：“务应顺应时势，养成共和国民健全之人格”，把培养现代国民作为普通教育最根本的任务。1915 年，陈独秀发表《今日之教育方针》一文，提出了“惟民主义”的教育方针，认为教育应该启迪人民觉醒、发展人民身心。在他看来，只有提高民众素质，使之具备现代民族国家意识，才能终结专制政治的乱象。五四时期，“平民教育”的口号流行一时，并推动了平民教育运动。“平民教育”是民主主义思潮在教育领域的集中

反映。它提倡教育向全民普及，反对教育的等级性和特权性，提倡尊重个人价值，发展个性的教育，反对强迫式教育。1919 年，北京高等师范学校学生创办《平民教育》周刊，北京大学学生邓中夏、廖书仓等人发起成立“平民教育讲演团”，在城市、乡村和工厂中开展平民教育运动。晏阳初也是平民教育的积极实践者，先后在上海、长沙、杭州、烟台等地推行平民教育。1923 年 6 月，陶行知在南京发起平民教育促进会。同年 8 月，第一次全国平民教育大会在北京清华学校召开，成立了中华平民教育促进总会。

“工读”教育思潮　“工读”教育思潮的兴起，和辛亥革命前后赴法“俭学”活动密切相关。1912 年，李石曾、吴稚晖、吴玉章等人发起“留法俭学会”。该会提倡“苦读之风”，鼓励赴法勤工俭学，以帮助那些有意求知而又缺乏经济能力的人。此后，法国成为中国人留学欧洲的主要目的地。“迨欧战既停，国内青年受新思潮之鼓荡，求知识之心大盛，复耳濡目染于‘工读’之名词，耸动于‘劳工神圣’之思，奋起作海外勤工俭学之行者因以大增。”[①]留法勤工俭学运动几乎与五四运动同步，其中涌现出了众多人物，如周恩来、陈毅、邓小平等，他们既受到了法兰西式民主思想的洗礼，同时又对资本主义现代工业社会文明有了切身体会，回国后迅速投入到国内的政治运动之中。与此同时，国内教育界的一部分人士亦积极提倡把教育和劳动相结合、求学与做工相结合，形成了颇有声势的“工读”思潮和“工读”运动。其中，最具代表性的是北京大学的王光祈等人在 1919 年底成立的“工读互助团”。他们希望通过工读互助，实现人人做工、人人读书的理想。

实用主义教育思潮　实用主义教育思潮，以美国哲学家杜威的实用主义哲学为基础。杜威主张用试验的效果来衡量一个概念是否有意义，宣称“有用即真理”。实用主义思潮非常推崇教育对于社会发展的作用，认为教育是实现社会改良与进步的主要手段。第一，“教育即生活”，教育的过程和生活的过程是合一的，而不是为将来的某种生活做准备。第二，“教育即个人经验的增长”，教育的最终目的在于让学生在真实的情境中增长自己的经验。第三，“学校即社会”，学校就是一个雏形的社会，学生在学校的学习实际上就是在社会成长的过程。第四，“儿童是中心”，教育教学中不再以教师为中心，教师只是学生成长的帮助者，学生才是教育教学的中心。1919 年 5 月至 1921 年 7 月，在北京大学和梁启超主持的“讲学社”的共同邀请下，杜威抵达上海，开始了他

---

① 《留法勤工俭学生之大波澜》，《赴法勤工俭学史料》第 1 册，北京出版社 1979 年版，第 5 页。

在中国长达两年多的讲学生涯。杜威先后到辽宁、河北、山东、山西等 11 个省发表演讲。从 1919 年 7 月起，他的 58 篇讲演稿先后在《新青年》、《每周评论》、《新潮》、《民国日报》、《时事新报》等著名报刊上刊登，进一步扩大了实用主义的影响。他的学生胡适、陶行知、蒋梦麟等人亦积极撰文加以介绍，《新教育》杂志专门推出了"杜威专号"，宣传其教育思想。实用主义教育思潮是五四时期在中国最有影响的西方教育思潮之一。北京《晨报》编辑的《杜威五大讲演》单行本，到 1921 年 7 月他离开之时，已经出了 10 版，成为当时发行量最大的书籍之一。

五四前后，新教育思想的传播和教育改革运动的开展，催生了众多的民间教育团体。这些教育团体的活动，反过来又推动了中国教育的进步与发展。其中，影响较大的有：

全国教育联合会　1915 年，江苏教育会代表沈恩孚、黄炎培和浙江教育会代表经亨颐等人在天津发起全国教育联合会。该会以体察国内教育状况，顺应世界趋势，讨论全国教育事宜为宗旨，各省、区教育会派代表三人组成，每年开会一次。年会由各省区教育会提出教育改革提案，共同讨论，交流经验，研究问题。所通过的议案，向教育部提交或通报各省区。因为会员都是各省区教育会代表，具有一定的社会影响，所以该会通过的决议在当时很受社会各界的重视。1921 年，全国教育联合会在第七届年会上议决的"学制系统草案"，就成为 1922 年北京政府公布的"壬戌学制"的蓝本。

中华职业教育社　1917 年，教育界、实业界知名人士蔡元培、梁启超、黄炎培等人在上海发起成立中华职业教育社。该社以推广、宣传、改进职业教育为宗旨，"为个人谋生之准备，为个人服务社会之准备，为国家及世界增进生产力之准备"。其具体的工作，一是调查、研究、宣传职业教育，二是办理和改进职业教育的实验。中华职业教育社对职业教育理论的研究和职业教育的实验、宣传，有力地推动了中国职业教育的发展。

中华教育改进社　1921 年，由实际教育调查社、新教育共进社、新教育杂志社合并而成的中华教育改进社正式成立，蔡元培、范源濂、黄炎培、张伯苓等九人为董事，梁启超、张謇、杜威、孟禄等七人为名誉董事。中华教育改进社总部设在北京，下设 32 个专门委员会，每年开会一次，以调查教育状况、研究教育学术、力谋教育进步为宗旨。该社主办《新教育》杂志，介绍美国的教育制度、实用主义教育思想，实验推行智力测验、教育测验及各种新教学法。中华教育改进社是当时推行新教育运动最重要的教育社团，在 1922 年学制的制定过程中起到了重要作用。

中国科学社　1914 年，留美学生任鸿隽、赵元任等人以“提倡科学、鼓吹实业，审定名词、传播知识”为目标，创办《科学》杂志。1915 年，以该杂志社为基础，成立了中国科学社，任鸿隽为第一任社长。1918 年，中国科学社由美国迁至国内，定址南京。该社以研究学术、传播科学知识、谋中国科学与实业之进步发达为宗旨。中国科学社除开展学术研究外，还积极从事科学教育改良工作。该社在传播科学知识、推动科学事业和科学教育、培养科学人才等方面发挥了积极作用。

五四时期，新教育思想的传播与新教育团体的涌现，是当时思想解放的重要表现，反映了近代新知识分子群体的壮大，代表了新文化运动的一个重要方面。

四、收回教育权运动

从 19 世纪 40 年代传教士在华开办第一批教会学校开始，到辛亥革命前夕，教会学校数量已达上千所。教会学校的管理权属于外国教会，教学内容由外国人设置。教会学校也传授西方科学文化知识，客观上对中国社会进步起到一定的积极作用，但他们的宗教教育和宗教传播，引起了中国激进民族主义者的反感，由此引发了非基督教运动，进而发展成收回教育权运动。

所谓收回教育权，是指收回外国人在教会学校及其他教育事业所享有的特权，实施本国的教育。收回教育权运动导源于 1922 年的非基督教运动。1922 年初，“世界基督教学生同盟”准备在清华学校召开第十一次大会。消息传出，上海青年学生最早对此做出反应。他们迅速召开会议，决定成立“非基督教学生同盟”，发表宣言和通电，反对教会教育。3 月，北京大学一批青年学生也宣布成立“非宗教大同盟”并发表宣言和通电，阐释反对宗教理由，号召各界人士“依良心之知觉”，“本科学之精神”，抵制世界基督教学生同盟第十一次大会在清华学校召开。“非宗教大同盟”的主张，得到北京各大中专院校师生的广泛响应，并迅速传到其他大中城市，从而形成一场全国性的思想政治运动。

广州基督教圣三一学校学生要求自治的斗争，正式拉开了收回教育权运动的帷幕。1924 年春，受国内学生自治运动和革命形势影响，广州圣三一教会学校的学生为自治而组织学生会。英籍校长禁止学生组织学生会，禁止学生纪念“五九”国耻，并扬言“学校内不能听任你们中国人自由”。被激怒的学生举行罢课斗争，发表宣言，一方面揭露帝国主义者压迫学生的罪行，另一方面要求结社自由、反对奴化教育，并积极寻求社会支持。与此同时，广州圣心学校、徐州培心学校、南京明德女校、福州协和中学等十几所教会学校的学生，纷纷起来抗议学校当局殴辱学生、禁止学生参加“五九”国耻游行等蛮横行径。许多国立学校的学生也响应运动，以各种方式支持和声援教会学校师生。在学生运动的推动下，很快形成一场全国规模的反对教会教育的运动。

1924 年 7 月，中华教育改进社在南京东南大学举行第三届年会，会议着重讨论收回教育权的问题。著名学者、教育家如陶行知、章太炎、马寅初、范源濂、丁文江、马君武等人都在会上作了讲演。会议通过了力谋收回教育权、无中华民国国籍者不得在华从事国民教育和取缔外人在中国设立学校等三大提案。10 月，全国教育联合会在开封举行第 10 届年会，通过了两项关于教会教育的决议案，即《取缔外人在国内办理教育事业案》和《学校内不得传布宗教案》。这两项决议案明确规定：“外人所设学校及他项教育事业，应一律陈报政府注册”；“各级学校内概不得传布宗教，或使学生诵经祈祷礼拜等事”①。这表明，收回教育权已成为教育界人士的共识。受此影响，各地教会学校学生反抗奴化教育也广泛开展起来。

1925 年，《中华教育界》杂志专门出版了“收回教育权运动专号”，刊载蔡元培关于教会教育的意见和中华教育改进社、全国教育会联合会有关收回教育权的提案及其他论文。这些论文或阐述收回教育权的理由和方法，或讨论伦理与宗教教育的关系，或分析基督教宣传与收回教育权之间的关系，从国家主权、教育宗旨、宗教自由、教育成效、国家安全、国民性之发扬等方面论证了收回教育权的必要性。

广州国民政府同样关注收回教育权运动。1925 年 9 月，专门召开了收回教育权会议，并着手接管各级教会学校。在北伐节节胜利的大背景下，1926 年底，广州 200 个团体、数万人举行了反对帝国主义文化侵略示威大会，大会提出了收回教育权的议案。与此同时，河南举行了“唤醒国人”的盛大集会。湖南省教育会也召开讲演大会，以表演新剧的形式反对帝国主义的文化侵略。南昌、武汉、汕头、厦门等地也纷纷召开反基督教大会。

迫于社会压力，1925 年 11 月，北京政府教育部公布《外人捐资设立学校请求认可办法》，内容包括：1. 凡外人捐资设立各等学校，遵照教育部所颁布之各等学校法令规程办理者，得依照教育部所颁关于请求认可之各项规则，向

---

① 李楚材辑：《帝国主义侵华教育史资料·教会教育》，教育科学出版社 1987 年版，第 586—587 页。

教育行政官厅请求认可。2. 学校名称上应冠以私立字样。3. 学校之校长须为中国人，如校长原系外国人者，必须以中国人充任副校长，即为请求认可时之代表人。4. 学校设有董事会者，中国人应占董事名额之过半数。5. 学校不得以传布宗教为宗旨。6. 学校课程，须遵照部定标准，不得以宗教科目列入必修科①。

北京政府的新法令和革命形势的高涨，令教会学校坐立不安。1927 年初，美国纽约万国传道总会主办的广州私立岭南大学率先由中国人收回。3 月，上海沪江、圣约翰、震旦、东吴法科等教会大学相继由国人接手自办。4 月，东吴大学改组董事会，选中国人为校长。6 月，南京金陵大学改由中国籍教员维持。各地的反帝浪潮，迫使教会学校不得不做出妥协，表示愿意采用 1922 年中国政府公布的新学制课程，设置语言、文学、历史、地理等科，中学除外国语外，一律用中文课本，教会大学注重国文，并答应将学校逐渐交还中国人管理。

持续三年之久的收回教育权运动，是一场带有民族主义特征的文化运动和政治运动。运动虽然没有完全达到预期的目的，却在中国文化史上留下了弥足珍贵的一页。它体现了中国人的文化主权意识，促进了中国教育政策的完善，强化了中央及地方政府对教会学校的管理监督，客观上推进了教会学校的本土化改革。

第三节　文学革命与思想启蒙

以 1915 年《青年杂志》创刊为标志，新文化运动拉开序幕。它对传统文化的批判，对西方新思想的介绍，开启了思想解放的闸门。五四新文化运动开辟了中国文化的新时代。

一、《新青年》的创刊与新文化阵营的形成

1915 年，日本政府提出旨在灭亡中国的“二十一条”，中国的外交形势危急，内政混乱。袁世凯及其心腹忙于搞帝制活动，清朝遗老遗少也在暗中从事复辟，一些旧士绅主张定孔教为国教，政学两界复古声浪高涨。另一方面，新式知识分子开始成为一支颇具社会影响的新生力量。为解决中国的内忧外患

① 陈宝泉:《中国近代学制变迁史》，北京文化学社 1927 年版，第 230—231 页。

《青年杂志》

问题，他们发动了一场规模空前的思想文化改造运动。1915 年 9 月，从日本归国的陈独秀，在上海创办了《青年杂志》(1916 年 9 月改名为《新青年》)，标志着新文化运动正式登场。

陈独秀(1880—1942)，原名庆同，官名乾生，字仲甫，安徽怀宁人。他在家乡参加过辛亥革命以及反对袁世凯的“二次革命”，后流亡日本。在日流亡期间，曾协助章士钊编辑《甲寅杂志》，反对袁世凯复辟帝制。作为一个有着丰富阅历的革命党人和眼光敏锐的思想家，陈独秀准确地把握住了时代脉搏，积极投身于文化运动之中。

《新青年》创刊之初，影响有限。1917 年初，陈独秀接受北京大学校长蔡元培的聘请，到北京大学担任文科学长，《新青年》编辑部也随之迁往北京。这时的北京大学，已成为中国新知识分子的聚集地。李大钊、胡适、钱玄同、刘半农、沈尹默、周作人等人先后来到北大执教。不久，这批人先后参加了《新青年》的编辑和撰稿工作。《新青年》与北京大学结合，由个人主编改为同仁刊物，为新文化运动提供了阵地。

陈独秀

1918 年 12 月，陈独秀和李大钊创办《每周评论》，专门评论时事，发表政论。李大钊(1889—1927)，字守常，河北省乐亭县人。他留日期间曾参加过反袁斗争，1917 年底起担任北京大学图书馆馆长。《每周评论》的出版，开辟了一个新的舆论宣传阵地。这年冬天，北京大学学生傅斯年、顾颉刚、罗家伦等人创办《新潮》杂志。《新潮》自我标榜为“文艺复兴”，以“批评的精神”、“科学的主义”和“革新的文词”作为办刊宗旨。《新潮》与《新青年》、《每周评论》相互呼应，共同为新文化摇旗呐喊。同年，中国科学社总部从美国迁回国内，他们发行《科学》和《科学画报》，志在传播世界最新科学知识，成为新文化阵营中一股不可忽视的力量。

随着以《新青年》为核心的新文化阵营的形成，新文化运动逐渐开展起来。

二、新文化运动前期的思想革新

李大钊

以 1919 年五四学生运动为界，新文化运动分为前后两个时期。前期的主要内容在于提倡“民主”与“科学”，要求用现代意识取代传统伦理；提倡文学革命，要求用白话文取代文言文，新文学取代旧文学。

1. 提倡“民主”与“科学”

陈独秀是新文化运动的旗手，民国初年的尊孔复古思潮使他意识到：单纯的政治革命不足以救治中国，思想启蒙才是当时中国的核心问题。这因为多数国民思想守旧，迷信盲从，无独立性，无自觉心，“今之所谓共和、所谓立宪者，乃少数政党之主张，多数国民不见有若何切身利害之感而有所取舍也。……立宪政治而不出于多数国人之自觉、多数国民之自动”，与封建政治、奴隶政治并无二致①。

陈独秀把改造国民思想的希望寄托在青年身上。新文化运动之初，他在《青年杂志》创刊号上发表《敬告青年》一文，号召青年以“利刃断铁，快刀理麻”的精神，抉择人间种种思想，争取做一个具有现代意识的新青年，进行思想革命。他提出新青年应当具备六大特质：1. 自主的而非奴隶的；2. 进步的而非保守的；3. 进取的而非退隐的；4. 世界的而非锁国的；5. 实利的而非虚文的；6. 科学的而非想象的。该文郑重宣告，“国人而欲脱蒙昧时代，羞为浅化之民，则急起直追，当以科学与人权并重。”②

借思想文化以解决社会问题，是五四时期新知识分子普遍采取的进路。尽管他们在诸多问题上存有分歧，但在五四学生运动爆发之前，大家关注的焦点基本一致——专注于思想文化的革新。沿此思路，陈独秀主动承担起启蒙国民的历史使命。《青年杂志》创刊之初，陈独秀即明确对外宣称，“批评时政，非其旨也”，而是要“与青年诸君商榷将来所以修身治国之道”③。

陈独秀把新文化运动的主题归为拥护“德先生”（民主）和“赛先生”（科学）。他在《本志罪案之答辩书》中明确说：“要拥护那德先生，便不得不反对孔教，礼法，贞节，旧伦理，旧政治；要拥护那赛先生，便不得不反对旧艺术，旧宗教；要拥护德先生又要拥护赛先生，便不得不反对国粹和旧文学。”④胡适则把新文化运动的主旨明确概括为“评判的态度”：“对于习俗相传下来的制度风俗，要问‘这种制度现在还有存在的价值吗？’对于古代遗传下来的圣贤教训，要问‘这句话在今日还是不错吗？’对于社会上糊涂公认的行为与信仰，都要问‘大家公认的，就不会错了吗？人家这样做，我也该这样做吗？难道没有别样做法比这个更好，更有理，更有益的吗？’”⑤胡适强调，评判的态度，其实质就是要“重新估定一切价值”。

在陈独秀、胡适等人的大力倡导下，新式知识分子以民主与科学为旗帜，一方面对中国传统思想展开批判，一方面积极传播现代价值观念。他们反对

① 陈独秀：《吾人最后之觉悟》，《青年杂志》第1卷第6号。

② 陈独秀：《敬告青年》，《青年杂志》第1卷第1号。

③ 《通信》，《青年杂志》第1卷第1号。

④ 陈独秀：《本志罪案之答辩书》，《新青年》第6卷第1号。

⑤ 胡适：《新思潮的意义》，《新青年》第7卷第1号。

儒家的纲常礼教，反对传统的大家族制度，提倡西方的小家庭制度，提倡男女平等和婚恋自由。他们反对君主专制和少数人的政治特权，提倡西方民主、平等的政治观念。他们反对泯灭个性的集体主义教育，提倡推崇自由的个人主义教育。他们反对封建迷信和旧宗教，提倡科学与文明。他们反对旧文学，提倡新文学。进而，他们整体上对中国传统文化提出质疑，要求重估一切价值。

2."打孔家店"

新文化运动中，新知识分子对以孔子和儒学为代表的旧礼教、旧道德进行了激烈的批判。他们主要是针对社会各界的尊孔复古现象。自袁世凯出任大总统后，北京政府便大肆鼓吹尊孔，不仅要求中小学生读经，而且还恢复了祀孔典礼和封圣仪式。北京政府推行尊孔政策，意在维护专制统治。然而，为掩人耳目，北京政府却声称阐发孔子学说，可使共和真理深入人心。他们用孔子思想附会共和政治，不仅扭曲了共和政治的本质，而且误导了民众。

民国初年，知识界也有不少人将秩序混乱归结为儒家礼教的衰落，极力主张把孔教升为国教。如康有为就撰文说："今天坛不祀，殆将经年，其他百神，殆将废祀，甚至孔子文庙，亦废丁祭，遂至举国礼坏乐崩，人心变乱……并五千年中国之礼教而去之，若尧、舜、禹、汤、文、武、周公、孔子而有知，应无不悼心泣血也。"①他认为，解救危机必须从恢复国人的宗教信仰开始，而中国自有孔子之教可作国魂，因此，要不亡中华，必须从尊孔子为教主始。康有为的主张在社会上具有一定代表性。

1912年10月，在康有为的门徒陈焕章、麦孟华等人的努力下，孔教会在上海建立。1913年，总部移至北京，康有为亲任会长，并在全国各地建立分会。他还网罗宗圣会、孔道会、洗心会、孔社等组织，试图建立统一的孔教会。他们创办了《不忍》、《孔教会杂志》等刊物，尊孔读经的影响逐渐扩散。同时，陈焕章等人上书参众两院，要求奉孔教为国教。

尊孔活动的巨大声势引起了新式知识分子的激烈反应。他们认为，孔子之道有悖于现代民主共和政治的基本原则。在陈独秀看来，中国人之所以在共和政体之下还要忍受专制政治之痛苦，就在于儒家伦理与政治之间

---

① 康有为:《议院政府无干预民俗说》,《康有为政论集》下册，中华书局1998年版，第827—828页。

密不可分的关系。伦理思想影响政治，各国皆然，而中国尤为突出。儒家三纲之说，是中国伦理政治的本原，在三纲的束缚下，中国人完全丧失了独立的人格，充斥头脑的是奴隶道德。西洋政治，以自由、平等、独立为根本，与中国的政治截然相反。中国人如想采用共和立宪制，就必须废除以三纲为主体的伦理政治。因此，陈独秀断言："伦理的觉悟，为吾人最后觉悟之最后觉悟。"①

易白沙发表《孔子平议》一文，直接批评孔子。他认为，自汉武帝"罢黜百家，独尊儒术"之后，孔子学说就成为历代统治者束缚民众思想的工具。历代统治者之所以要利用孔子，是因为"孔子尊君权漫无限制，易演成独夫专制之弊"，"孔子讲学不许问难，易演成思想专制之弊"，"孔子少绝对之主张，易为人所借口"，"孔子但重做官，不重谋食，易入民贼牢笼"②。由于孔子本身的这些缺陷，导致孔子成为独夫民贼的傀儡。易白沙还提出了真假孔子之说，认为被历代统治者利用的是假孔子，孔子真正的精神却隐而不彰。

他们认为，孔子之道与现代生活相悖，孔教与帝制、尊孔与复辟之间存在必然联系。在《孔子之道与现代生活》一文中，陈独秀直截了当指出："孔子生长封建时代，所提倡之道德，封建时代之道德也；所垂示之礼教，即生活状态，封建时代之礼教，封建时代之生活状态也；所主张之政治，封建时代之政治也。"③而这些都与中国现行的共和制格格不入。他断言：中国"欲建设西洋式之新国家，组织西洋式之新社会，以求适今世之生存，则根本问题，不可不首先输入西洋式社会国家之基础"，这就是"平等人权之新信仰"；它与孔教可谓"不塞不流，不止不行"④。

针对沉渣泛起的孔教运动，陈独秀批评道：孔教"别尊卑、重阶级、事天尊君"，因此，"孔教与帝制，有不可离散之因缘"⑤。孔教借君主之力而行其道，而君主假孔教之力固其位。反动势力提倡尊孔正是为了复辟帝制，"每逢中国政治反动一次，孔圣人便走运一次"⑥。他认为，独尊孔教不仅违背思想自由的原则，也侵害宗教信仰自由的权利，况且，增进科学知识才是启迪民智的正

---

① 陈独秀：《吾人最后之觉悟》，《青年杂志》第1卷第6号。

② 易白沙：《孔子平议》，《新青年》第1卷第6号、第2卷第1号。

③ 陈独秀：《孔子之道与现代生活》，《新青年》第2卷第4号。

④ 陈独秀：《宪法与孔教》，《新青年》第1卷第3号。

⑤ 陈独秀：《驳康有为致总理总统书》，《陈独秀文章选编》（上），三联书店1984年版，第139页。

⑥ 陈独秀：《孔圣人又要走运了》，《陈独秀文章选编》（中），三联书店1984年版，第375页。

轨,“一切宗教,无裨治化,等诸偶像”,都是蒙昧、浅化的象征[①]。李大钊也指出,历代专制帝王把孔子作为偶像,“尊之祀之,奉为先师,崇为至圣”,因而孔子之名“遂非复个人之名称,而为保君主政治之偶像”,成为“历代帝王专制之护符”[②]。在《孔子与宪法》一文中,李大钊认为,孔子与宪法之间本来毫不相关,所以将孔子立于宪法为“怪诞之尤”的现象。胡适的态度更为激烈,他说:“正因为二千年吃人的礼教法制都挂着孔丘的招牌,故这块孔丘的招牌——无论是老店,是冒牌——不能不拿下来,捶碎,烧去!”[③]

在批判儒家礼教及伦理道德问题上,鲁迅和吴虞的观点异常激烈。鲁迅(1881—1936),原名周树人,字豫才,浙江绍兴人。他在《狂人日记》中声称,中国几千年来的历史实际上是专制制度吃人的历史,所谓“仁义道德”,沾满了吃人的鲜血。吴虞(1872—1949),字又陵,四川成都人。他对以孔子学说为中心的旧礼教、旧道德进行了不遗余力的攻击。他赞同把礼教视为“吃人的礼教”,还把儒家的伦理学说、政治上的专制制度和社会组织上的家族制度视为“三位一体”加以抨击。在他看来,儒家通过家族提倡忠孝,无非就是为专制者培养顺民。如果不结束礼教对人的精神奴役、不改变专制制度和家族制度,中国就不能富强。吴虞在批判儒家、孔子的文化运动中功不可没。因此,胡适把吴虞称为“只手打孔家店”的老英雄、中国思想界的一个清道夫[④]。

不过,新知识分子对孔子的批判虽言辞激烈,但并未一概否定其历史地位。比如吴虞在批判孔子的时候,承认“孔子自是当时之伟人”,“然欲坚执其学以笼罩天下后世,阻碍文化之发展,以扬专制之余焰,则不得不攻之者,势也”[⑤]。李大钊肯定孔子在自己所处的历史时期起过某些积极作用:“余之掊击孔子,非掊击孔子之本身,乃掊击孔子为历代君主所雕塑之偶像的权威也;非掊击孔子,乃掊击专制政治之灵魂也。”[⑥]然而,更多的人则像陈独秀一样态度激烈,这些批判孔子与儒学的言论汇集成了颇有声势的“打孔家店”运动。

---

① 陈独秀:《宪法与孔教》,《新青年》第1卷第3号。

② 李大钊:《自然的伦理观与孔子》,《甲寅》日刊,1917年2月4日。

③ 胡适:《〈吴虞文录〉序》,《胡适文存》一集,黄山书社1996年版,第584页。

④ 胡适:《〈吴虞文录〉序》,《胡适文存》一集,第582页。

⑤ 吴虞:《致陈独秀》,《新青年》第2卷第5号。

⑥ 李大钊:《自然的伦理观与孔子》,《甲寅日刊》1917年2月4日。

三、文学革命

文学革命是新文化运动的重要内容。新式知识分子把长期占据中国文化主导地位的文言文和旧文学纳入改造对象，掀起了文学革命，加速了国语与白话的普及。

早在清朝末年，一些知识分子已经认识到白话文学在民众思想启蒙方面的重要作用，他们提倡白话文，主张用小说、诗歌等文学形式宣传新思想。民国初年，教育界主张“言文一致”和“国语统一”的人日益增多。1916 年 10 月，中华民国国语研究会成立，旨在全国推行国语。值得注意的是，他们虽然认识到白话文的启蒙效果，但并不主张以白话作为文学表现的唯一形式。

胡　适

新文化运动时期，较早主张以“白话”取代“文言”的是胡适。胡适(1891—1962)，字适之，安徽绩溪人。1910 年自清华学校赴美留学，先后入康乃尔大学和哥伦比亚大学，曾受教于美国实用主义哲学家杜威。1916 年，胡适与朋友进行讨论，试图证明白话可以作为有生命力的文学工具。他认为，中国文学的主流并不是古典文体的诗文，而是白话文学，“文言”是“半死”的语言，传统中国文学内容的僵化和形式上的过分雕琢，都是因为使用文言的缘故，白话则是文学演变的自然结果。他们的讨论，恰与国内方兴未艾的国语运动相契合。

1916 年 10 月，胡适在给陈独秀的信中，提出改革文学体裁和形式的问题，认为文学改良须从“八事”入手，得到陈独秀的肯定。1917 年 1 月，胡适在《新青年》发表《文学改良刍议》一文，要求“白话为中国文学之正宗”，系统阐述了他文学改良的八项主张：“一曰，须言之有物；二曰，不摹仿古人；三曰，须讲求文法；四曰，不作无病之呻吟；五曰，务去滥调套语；六曰，不用典；七曰，不讲对仗；八曰，不避俗字俗语。”①

胡适的主张得到了陈独秀的赞同和响应。1917 年 2 月，陈独秀发表《文学革命论》一文，明确宣称：“余甘冒全国学究之敌，高张‘文化革命军’大旗，以

① 胡适：《文学改良刍议》，《新青年》第 2 卷第 5 号。

为吾友(胡适)之声援。旗上大书特书吾革命军三大主义:曰,推倒雕琢的阿谀的贵族文学,建设平易的抒情的国民文学;曰,推倒陈腐的铺张的古典文学,建设新鲜的立诚的写实文学;曰,推倒迂晦的艰涩的山林文学,建设明了的通俗的社会文学。"①陈独秀进一步从文学观念方面向旧文学发起了进攻。

文学革命论(节选)

陈独秀

文学革命之气运,酝酿已非一日,其首举义旗之急先锋,则为吾友胡适。余甘冒全国学究之敌,高张"文学革命军"大旗,以为吾友之声援。旗上大书特书吾革命军三大主义:曰,推倒雕琢的、阿谀的贵族文学,建设平易的、抒情的国民文学;曰,推倒陈腐的、铺张的古典文学,建设新鲜的、立诚的写实文学;曰,推倒迂晦的、艰涩的山林文学,建设明了的、通俗的社会文学。

……今日吾国文学,悉承前代之敝,所谓"桐城派"者,八家与八股之混合体也;所谓"骈体文"者,思绮堂与随园之四六也;所谓"西江派"者,山谷之偶象也。求夫目无古人,赤裸裸的抒情写世,所谓代表时代之文豪者,不独全国无其人,而且举世无此想。文学之文,既不足观,应用之文,益复怪诞。碑铭墓志,极量称扬,读者决不见信,作者必照例为之;寻常启事,首尾恒有种种谀词;居丧者即华居美食,而哀启必欺人曰"苫块昏迷";赠医生以匾额,不曰"术迈岐黄",即曰"著手成春";穷乡僻壤极小之豆腐店,其春联恒作"生意兴隆通四海,财源茂盛达三江";此等国民应用之文学之丑陋,皆阿谀的、虚伪的、铺张的贵族古典文学阶之厉耳。

际兹文学革新之时代,凡属贵族文学、古典文学、山林文学,均在排斥之列。以何理由而排斥此三种文学耶?曰,贵族文学,藻饰依他,失独立自尊之气象也;古典文学,铺张堆砌,失抒情写实之旨也;山林文学,深晦艰涩,自以为名山著述,于其群之大多数无所裨益也。其形体则陈陈相因,有肉无骨,有形无神,乃装饰品而非实用品;其内容则目光不越帝王权贵,神仙鬼怪,及其个人之穷通利达。所谓宇宙,所谓人生,所谓社会,举非其构思所及,此三种文学公同之缺点也。此种文学,盖与吾阿谀、夸张、虚伪、迂阔之国民性互为因果。今欲革新政治,势不得不革新盘踞于运用此政治者精神界之文学。使吾人不张目以观世界社会文学之趋势,及时代之精神,日夜埋

① 陈独秀:《文学革命论》,《新青年》第2卷第6号。

头故纸堆中，所目注心营者，不越帝王、权贵、鬼怪、神仙与夫个人之穷通利达，以此而求革新文学，革新政治，是缚手足而敌孟贲也。

（选自《新青年》第 2 卷第 6 号，1917 年 2 月 1 日）

与胡适相比，陈独秀不仅态度坚决、激进，攻击的目标亦十分明确，直指当时社会中占主导地位的三个文学派别——桐城派、《文选》派的古文以及江西诗派的诗歌。他力主必须把"文以载道"和"代圣贤立言"之类的旧文学和"满纸之乎者也矣焉哉"的老八股彻底打倒，他还表示"予愿拖四十二生的大炮，为之前驱"。在陈独秀看来，白话文取代文言文是不言而喻的，"改良中国文学，当以白话为文学正宗之说，其是非甚明，必不容反对者有讨论之余地，必以吾辈所主张者为绝对之是，而不容他人之匡正也"[①]。他们这种决绝的态度，引起了社会的广泛关注。

钱玄同、刘半农也撰文响应文学革命的号召。刘半农发表《我之文学改良观》一文，提出改革韵文、散文和使用标点符号等意见。钱玄同则从语言进化的角度说明白话取代文言的历史必然性。他认为，中国二千年来的学问、道德、政治，无非都是孔子学说的推衍，它们借助于腐朽的旧文学和八股文毒害青年的头脑，因此，必须把它们革除，代之以质朴的白话文。

刘半农和钱玄同二人，还以"读者来信方式"在《新青年》上演了一场"双簧戏"，借此扩大新文学的影响。钱玄同化名"王敬轩"，仿照旧文人的口气，汇集各种反对新文学和白话文的观点，写了一封致《新青年》的信；刘半农则根据"王敬轩"的来信，对其观点逐一驳斥。二人观点明确，语言激烈，引起了知识界的热议，很大程度上扩展了文学革命的社会影响。

文学革命并非一帆风顺，在兴起与发展的过程中一直受到保守势力的反对。1919 年 1 月，与傅斯年同班的薛祥绥、张煊、罗常培等人成立《国故》月刊社，标明"以昌明中国固有之学术为宗旨"，与新文学运动相抗衡。1921 年，东南大学的梅光迪、胡先骕、吴宓等创办《学衡》。该杂志标明"论究学术，阐求真理，昌明国粹，融化新知，以中正之眼光，行批评之职事"。梅光迪作《评提倡新文化者》，吴宓、胡先骕分别作《论新文化运动》、《评〈尝试集〉》等文，批评新文化运动和文学革命，反对用白话取代文言。而在翻译介绍西方文学方面卓有建树的林纾也发表《论古文之不当废》、《致蔡鹤卿太史书》、《论古文白话之相

---

① 《通信》，《新青年》第 3 卷第 3 号。

消长》等文章,反对白话文学,强调文言的长处,攻击新文学阵营。面对质疑,新文化阵营围绕如何建设新文学的问题开展了积极讨论。

1918 年 4 月,胡适发表《建设的革命文学论》一文,提出了“国语的文学,文学的国语”的口号。在他看来,“有了国语的文学,方才可有文学的国语;有了文学的国语,我们的国语才算得真正国语”。白话文运动与国语运动结合起来,使白话文运动的意义得到了进一步的提升。

周作人撰写了《人的文学》一文,从人性、人道主义的角度来阐明新文学的内容,倡导新文学从“灵”与“肉”的统一中去表现人,以人道主义为本。他在《平民文学》一文中进而提出“为人生的文学”,提倡“以真为主,美即在其中”的创作准则。李大钊则以唯物史观为指导,倡导“社会写实的文学”,他在《什么是新文学》中提出,文章要以“宏深的思想、学理,坚信的主义,优美的文艺,博爱的精神”作为“土壤根基”。通过他们的积极努力,新文学的理论取得了长足的进步。

对于新诗、新小说、新戏剧的创作,新文化的倡导者们也进行了深入的探讨。胡适的《谈新诗》、俞平伯的《白话诗的三大条件》、康白情的《新诗的我见》,胡适的《论短篇小说》、周作人的《日本近三十年小说之发达》,傅斯年的《戏剧改良面面观》等文,借鉴外国文艺作品的创作经验,结合中国新文学的创作实践,对各种文体的改良提出了针对性意见,极大地促进了新文学创作的发展。

这一时期,新文学创作成果丰硕,一大批优秀的文学作品相继问世。1918 年 5 月,鲁迅在《新青年》上发表了他的第一篇白话小说《狂人日记》。他把批判的矛头直接指向儒家思想和专制制度,以现实主义的笔法,深刻地揭露出“旧社会的病根”。接着,《新青年》、《新潮》、《时事新报》等刊物上又陆续刊登了一批新文学作品,有鲁迅的《孔乙己》、《药》,叶圣陶的《这也是一个人》等小说,有刘半农的《相隔一层纸》,郭沫若的《凤凰涅槃》、《匪徒颂》等诗歌。这些作品通过形塑普通人,来表达反对专制制度、争取个性解放等时代主题,开创了中国文学史的崭新局面。

伴随着文学内容的革新,文学的表达方式也发生了重大变化。1918 年 5 月,《新青年》完全改用白话。1918 年创刊的《每周评论》,1919 年创刊的《新潮》杂志,都登载了各种白话创作和翻译作品。北京的《晨报》副刊,上海的《时事新报》副刊《学灯》、《民国日报》副刊《觉悟》,先后加入了白话文学的阵营。1919 年下半年起,连《小说月报》、《东方杂志》等老牌刊物,也不得不顺应潮流，改用白话。1920 年，教育部以法令形式宣布白话为“国语”，通令国民学校采用。

与此同时，外国文学作品被大量地译介到中国，对新文学的创作产生了深远影响，构成了五四文学革命的重要内容。《新青年》从第 1 卷开始就先后译介了屠格涅夫、王尔德、契诃夫、易卜生等外国作家的作品，这些作品的引入，客观上为新文学的发展开拓了空间。1918 年，《新青年》4 卷 6 号推出“易卜生专号”，刊登了易卜生提倡个性自由、妇女解放的作品《娜拉》等，其思想主旨，恰好与五四时期的思想相吻合，受到青年读者的欢迎，产生了巨大影响。一批模仿易卜生以反映社会问题为主题的小说、戏剧问世，新文学创作也开始关注现实人生。

新文化运动的倡导者几乎都参与过翻译和介绍外国文学的工作，鲁迅、刘半农、沈雁冰、郑振铎、瞿秋白、周作人、郭沫若、田汉等都是当时非常活跃的译介者。各种杂志也竞相登载翻译作品，大量的世界名著被有系统地介绍给中国读者。外来的文学观念及新思想通过这些文学作品，得到了更广泛的传播，不仅有助于中国文学摆脱旧文学的束缚，而且在客观上巩固了思想文化变革取得的新成果。

四、新文化阵营的分裂

五四学生运动之后，面对内忧外患的现实政治的刺激，一些新知识分子改变原有立场，不再仅满足于思想文化革新，转向社会改造。与此同时，因“一战”引起的西方文化危机波及到中国，文化保守主义应声而起。由于政治分歧无法弥合，思想认识难以统一，新文化阵营最终走向分裂。

1. 新文化运动的扩展与社会改造思潮的勃兴

五四学生运动之后，新知识分子主要通过舆论宣传和组织社团两种方式来影响社会。

新文化运动后期，不少刊物带有浓厚的时代气息，如《曙光》、《新社会》、《新中国》、《进步青年》、《新生》、《奋斗》、《觉悟》等。同时，这些期刊抱有很大的政治热忱，甚至直接以改造国家和社会为目的。比如，《少年中国》就宣称献身于“社会服务，在科学精神的领导之下，以便实现创造少年中国的理想”；《救国》杂志提出“提倡大众教育，以救社会”；《新妇女》的目标是“唤醒妇女作为改革社会的一种手段”。《时事新报》和《民国日报》等报纸，通过增加专栏或副刊来宣传新文化，讨论文化运动与学生运动的关系，扩大社会影响力。

除出版新刊物介绍新思想外，全国各地的新知识分子还积极成立各种组织与团体，服务大众，改造社会。如中国哲学会、新教育共进社、共学社、讲学社、少年中国学会等。

新式出版物的兴盛和新社团的大量涌现，是五四运动后社会改造思潮勃兴的重要标志。新知识分子由思想启蒙走向社会改造，这是一种历史的必然。

新文化运动由思想启蒙转向社会改造，首要原因在于第一次世界大战的结束和巴黎和会激发了新知识分子空前的政治热情。其次，严酷的社会现实表明，胡适等人提出的脱离政治的启蒙是一种文化理想主义，不可能实现。第三，西方文化的危机让人们意识到，科学和个性解放不足以单独构成社会进步的动力或保障。同时，俄国革命的成功，激发起中国知识分子改造社会的热情，社会改造思潮兴起。

2. 新文化阵营的分裂

《新青年》创刊之初，知识分子的专注点在"文艺思想的革新"，陈独秀明确标榜不谈政治，胡适也"打定二十年不谈政治的决心，要想在思想文艺上替中国政治建筑一个革新的基础"[①]。二人的想法成为新文化运动前期知识分子合作的基础。但随着欧战结束、巴黎和会以及由此引发的五四运动等一系列事件的发生，国人的政治热情被迅速唤醒，《新青年》较之以往越来越多地介入到了现实问题的讨论。1918 年底，陈独秀和李大钊一起创办《每周评论》作为新的阵地，关注时事，讨论政治问题，以补《新青年》之不足。这是一个分化的信号。新文化运动的同仁们不可能超越具体的政治问题来进行思想启蒙，直接投入政治实践成为解决中国问题的必然要求。

与此同时，李大钊受十月革命的影响，开始潜心研究社会主义，比较法俄革命，并倾心于用唯物史观来分析中国社会中的种种问题。1919 年 12 月，陈独秀在《新青年》在第 7 卷第 1 号公布的《本志宣言》中明确表示："我们主张的是民众运动社会改造，和过去及现在各派政党、绝对断绝关系"，"我们虽不迷信政治万能，但承认政治是一种重要的公共生活。"对于刊物的这种转向，胡适表达了不同的看法。他在写给《新青年》诸编委的信中，希望能得到他们支持，"不谈政治"。新文化阵营内部的分歧逐渐显现。1919 年问题与主义的论争是意见分歧的典型例证，也是新文化阵营分化的前兆。

十月革命爆发后，伴随着马克思主义在中国思想界迅速传播，社会主义思

---

① 胡适：《我的歧路》，《胡适文存》二集，黄山书社 1996 年版，第 330 页。

潮勃然兴起。所谓“社会主义，近来似觉得成了一个口头禅；杂志报章，鼓吹不遗余力；最近，则与社会主义素来不相干的人也到处以社会主义相标榜”①。安福系政客王揖唐也开始谈社会主义，胡适对此十分反感，1919 年 7 月 20 日，他在其主编的《每周评论》第 31 号发表了《多研究些问题，少谈些“主义”！》一文，认为“现在舆论界太危险，就是偏向纸上的学说，不去实地考察中国今日的社会需要究竟是什么东西”。并指出：“请你们多提出一些问题，少谈一些纸上的主义”；“请你们多多研究这个问题如何解决，那个问题如何解决，不要高谈这种主义如何新奇，那种主义如何奥妙”。胡适强调研究现实问题原本无可厚非，但因其批评的对象是社会主义，并且在批评的过程中没有意识到马克思主义恰恰是解决现实问题的有力思想武器。文章发表后，引起了一些马克思主义宣传者的回应和反驳。

(星期日)
中華民國八年八月十七日
(第一版)
每週評論
The Weekly Review
35
論說
再論問題與主義

《每周评论》发表李大钊《再论问题与主义》

首先，时任《国民公报》编辑的蓝公武发表了《问题与主义》一文，对胡适的观点进行反驳，认为“主义的研究和鼓吹，是解决问题的最重要最切实的第一步”②。随后，李大钊撰写了《再论问题与主义》一文，认为“问题”与“主义”有着“不能十分分离的关系，因为一个社会问题的解决，必然靠着社会上多数人共同的运动。那么我们要想解决一个问题，应设法使他成了社会上多数人共同的问题。要想使一个社会问题，成了社会上多数人共同的问题，应该使这社

① 杨端六：《归国杂感》，《太平洋》第 2 卷第 6 号，1920 年第 9 期。

② 知非：《问题与主义》，《每周评论》第 33 号，1919 年 8 月 3 日。

会上可以共同解决这个那个社会问题的多数人,先有一个共同趋向的理想、主义,作他们实验自己生活上满意不满意的尺度"。在李大钊看来,"我们的社会运动,一方面固然要研究实际的问题,一方面也要宣传理想的主义。这是交相为用的,这是并行不悖的"①。

为了申明本意,匡正缺失,胡适将蓝公武、李大钊的文章分别刊登在《每周评论》第33、35号上。接着,胡适又写了《三论问题与主义》和《四论问题与主义》,澄清他并不否认"主义"作为"一种救时的具体主张"的社会作用,而只是反对"抽象名词的主义"。不过,他仍强调要多研究问题,认为"主义决不可不含具体的主张,没有具体主张的'主义',必致闹到扰乱失败的地位"。他指出,"多研究些具体的问题,少谈些抽象的主义,一切主义,一切学理,都该研究,但是只可认作一些假设的见解,不可认作天经地义的信条;只可认作参考印证的材料,不可奉为金科玉律的宗教;只可用作启发心思的工作,切不可用作蒙蔽聪明,停止思想的绝对真理。"②就在胡适还要继续阐发自己的主张时,1919年8月底,《每周评论》被查封,争论戛然而止。

问题与主义之争,属于新文化阵营内部不同观点的交锋,但其象征意义不可忽视。它一方面显示了新文化运动"价值重建"的文化主题与"社会改造"的政治宗旨之间的复杂关系,另一方面也体现了在"社会改造"问题上自由主义和马克思主义的分歧。

在新文化阵营逐渐走向分裂的过程中,胡适于1919年底在《新青年》发表《新思潮的意义》一文,具体阐述了面对新文化运动的走向以及如何对待中国传统文化等问题。他在文中提出了十六字口号"研究问题,输入学理,整理国故,再造文明",把"研究问题"与"输入学理"并列为"新思潮的手段"。胡适尽管仍然强调"研究问题",反对"悬空介绍"专家学说,但又表示,"可以在研究问题里面做点输入学理的事业,或用学理来解释问题的意义,或从学理上寻求解决问题的方法"。这可以说是对此前进行的问题与主义之争的总结。同时,"整理国故、再造文明"的提出也标志着整理国故运动的登场。

胡适认为,新思潮运动对于中国旧有学术思想应该持"评判的态度",反对盲从,反对调和,主张整理国故。在他看来,整理国故是一个积极的主张,所谓整理,"就是从乱七八糟里面寻出一个条理脉络来;从无头无脑里面寻出一个

---

① 李大钊:《再论问题与主义》,《每周评论》第35号,1919年8月17日。

② 胡适:《三论问题与主义》,《每周评论》第36号,1919年8月24日。

前因后果来；从胡说谬解里面寻出一个真意义来；从武断迷信里面寻出一个真价值来”[①]。胡适提出了整理国故的四个步骤：第一步是条理系统的整理；第二步是要寻出每种学术思想怎样发生，发生之后有什么影响效果；第三步是要用科学的方法，作精确的考证，把古人的意义弄得明白清楚；第四步是综合前三步的研究，各家都还他一个本来真面目，各家都还他一个真价值。

在胡适等人的倡导下，全国范围内出现了整理国故的热潮。国学刊物和研究机构纷纷出现，十多所大专院校建立了国学系或国学专修科，其中以北京大学国学门最具代表性。1923 年 1 月，北大《国学季刊》创办，提出整理国故的三大策略：“用历史的眼光来扩大国学研究的范围”、“用系统的整理来部勒国学研究的资料”、“用比较的研究来帮助国学材料的整理与解释”[②]。整理国故运动的兴起表明，新式知识分子中的一部分人把工作重点从文化批判转向了学术研究。

《国学季刊》发刊宣言（节选）

胡　适

怎样扩大研究的范围呢？“国学”在我们的心眼里，只是“国故学”的缩写。中国的一切过去的文化历史，都是我们的“国故”；研究这一切过去的历史文化的学问，就是“国故学”，省称为“国学”。“国故”这个名词，最为妥当；因为他是一个中立的名词，不含褒贬的意义。“国故”包含“国粹”；但他又包含“国渣”。我们若不了解“国渣”，如何懂得“国粹”？所以我们现在要扩充国学的领域，包括上下三四千年的过去文化，打破一切的门户成见：拿历史的眼光来整统一切，认清了“国故学”的使命是整理中国一切文化历史，便可以把一切狭陋的门户之见都扫空了。例如治经，郑玄、王肃在历史上固然占一个位置，王弼、何晏也占一个位置，王安石、朱熹也占一个位置，戴震、惠栋也占一个位置，刘逢禄、康有为也占一个位置。段玉裁曾说：

校经之法，必以贾还贾，以孔还孔，以陆还陆，以杜还杜，以郑还郑，各得基底本，而后判其理义之是非。……不先正《注》、《疏》、《释文》之底本，则多诬古人。不断其立说之是非，则多误今人。……（《经韵楼集·与诸同志书论校书之难》）

---

① 胡适：《新思潮的意义》，《新青年》第 7 卷第 1 号。

② 胡适：《〈国学季刊〉发刊宣言》，《国学季刊》第 1 卷第 1 号。

我们可借他论校书的话来总论国学；我们也可以说：

整治国故，必须以汉还汉，以魏晋还魏晋，以唐还唐，以宋还宋，以明还明，以清还清；以古文还古文家，以今文还今文家；以程朱还程朱，以陆王还陆王，……各还他一个本来面目，然后评判各代各家各人的义理的是非。不还他们的本来面目，则多诬古人。不评判他们的是非，则多误今人。但不先弄明白了他们的本来面目，我们决不配评判他们的是非。

这还是专为经学哲学说法。在文学的方面，也有同样的需要。庙堂的文学固可以研究，但草野的文学也应该研究。在历史的眼光里，今日民间小儿女唱的歌谣，和《诗三百篇》有同等的位置；民间流传的小说，和高文典册有同等的位置，吴敬梓、曹霑和关汉卿、马东篱和杜甫、韩愈有同等的位置。故在文学方面，也应该把《三百篇》还给西周东周之间的无名诗人，把《古乐府》还给汉魏六朝的无名诗人，把唐诗还给唐，把词还给五代两宋，把小曲杂剧还给元朝，把明清的小说还给明清。每一个时代，还他那个时代的特长的文学，然后评判他们的文学的价值。不认明每一个时代的特殊文学，则多诬古人而多误今人。

近来颇有人注意戏曲和小说了；但他们的注意仍不能脱离古董家的习气。他们只看得起宋人的小说，而不知道在历史的眼光里，一本石印小字的《平妖传》和一部精刻的残本《五代史平话》有同样的价值，正如《道藏》里极荒谬的道教经典和《尚书周易》有同等的研究价值。

总之，我们所谓“用历史的眼光来扩大国学研究的范围”，只是要我们大家认清国学是国故学，而国故学包括一切过去的文化历史。历史是多方面的：单记朝代兴亡，固不是历史；单有一宗一派，也不成历史。过去种种，上自思想学术之大，下至一个字，一只山歌之细，都是历史，都属于国学研究的范围。

（选自《国学季刊》第1卷第1号，1923年1月）

五四学生运动后，因“问题与主义”之争及整理国故运动的兴起，《新青年》编辑部同仁的内部矛盾日趋尖锐和表面化。1920年1月，陈独秀离开北京到了上海，同时将《新青年》带到上海编辑出版。此后，主要由陈望道、李达、李汉俊等倾向共产主义的知识分子负责编务工作，《新青年》逐渐成为上海共产主义小组的机关刊物。《新青年》编辑风格和内容的变化，引起了北京编辑部同仁的不满。胡适提出重新创办一种刊物，或将《新青年》移回北京，并再次发表

“不谈政治”的宣言。陈独秀拒绝了胡适的建议。至此,《新青年》同仁分道扬镳,新文化阵营走向分裂。

在上海编辑出版的《新青年》杂志,因为遭查禁,从第 8 卷第 6 号起移至广州,1923 年 6 月起改以季刊的形式出版,直至 1926 年 7 月 25 日停刊。

第四节　新文化运动后期的思潮传播与文化论争

新文化运动时期,西方各种思想学说大量输入中国,一度形成了百家争鸣的局面。在异彩纷呈的新思潮中,社会主义思潮、无政府主义思潮最值得关注。受新思潮影响,知识界围绕东方文化与西方文化的关系问题、科学与人生观的关系问题进行了深入讨论。

一、社会主义思潮

20 世纪初,“社会主义”一词开始零星地出现在中国的报刊上。当时,资产阶级改良派、革命派、无政府主义者和江亢虎领导的中国社会党,都曾经对社会主义学说予以介绍。孙中山在民国初年也非常热衷于谈论社会主义。他在与江亢虎谈话时表示对社会主义“必竭力赞成之”,“余实完全社会主义家也”[①]。1912 年 6 月,孙中山在同盟会会员举行的饯行会上指出,民国成立后,“民族民权二主义俱达到,唯有民生主义未着手”。他认为,民生问题,实乃社会革命之问题。解决好可以“一面图国家富强,一面当防资本家垄断之流弊”,而“此防弊之政策无外社会主义”[②]。1912 年 10 月,孙中山在上海中国社会党本部演讲三天,主题是《社会主义派别及其批评》,全面阐述了他对社会主义的理解。孙中山的这些谈话与演讲,对于扩大社会主义学说在中国的影响起到了积极作用。

俄国十月革命的成功与第一次世界大战的结束,让中国的一些先进人士认识到,社会主义战胜资本主义乃是未来的发展方向,从而激发了他们宣传社会主义的热情。

五四学生运动后,社会主义的学说盛极一时,并很受一般青年学子的欢

---

① 《大总统与社会党》,《民立报》1912 年 1 月 1 日。

② 《新世界》第 4 期,1912 年 6 月。

迎。但是,由于当时流行的社会主义学说形形色色,种类繁多,对于究竟什么是真正的、科学的社会主义,国人并不清楚,“不独一般劳动的平民不知道社会主义是什么,就是知识界的人,甚至于欢迎社会主义的人能真正了解社会主义之内容的”也是“居最少数”①。中共早期党员刘仁静认为,“那时,大家正在寻找国家的出路,追求真理,对社会主义还没有明确的认识。研究会的几十个会员中,除部分相信马克思主义以外,有的相信基尔特社会主义,有的相信无政府主义。其实,在当时他们对基尔特社会主义和无政府主义也没有什么研究。”②即使是较早接触社会主义的孙中山也觉得很无奈,说:“社会主义有五十七种,不知那一种是真的。”

在这种背景下,很多人对社会主义产生了种种误解,认为“阶级的运动是反乎社会主义的”,“唯物史观在社会主义的理论中并不是主要的部分”③。1920年9月,英国学者罗素到中国讲学,发表了一系列演讲,在思想界产生很大反响。他认为中国实业不发达,不适合实行社会主义。“无政府共产主义,工团主义和基尔特社会主义,都是为已发达的实业设想,都是为实业主义的习性设想。他们只适用于实业已发达的国家,而不适用于实业未发达的国家。所以在一个实业未发达的国家,不能以他们作倾向社会主义的第一步。”④这一说法得到张东荪、梁启超等一些人的响应和认同。

张东荪、梁启超是“五四”时期主张“基尔特社会主义”的主要代表。一方面,他们向往社会主义,认为社会主义代表了“第三种文明”,是人类文明的发展趋向,中国应该“专从第三种文明去下培养工夫”,培植社会主义的种子⑤。另一方面,受罗素演讲影响,他们又对在中国实行社会主义表示怀疑,认为近代中国实业不发达,贫富分配差距比较小,且“无劳动阶级”,不具备实行社会主义的条件。中国的当务之急是通过实行资本主义来发展实业,而不是实行社会主义。由于有罗素的理论作基础,再加上实业不发达确为当时中国的实际情况,因此,张东荪、梁启超等人的言论一出,便在思想界引起轩然大波,使很多青年对社会主义有所动摇。为了讲清社会主义本质,阐明中国实行社会

---

① 李季:《社会主义与中国》,《新青年》第8卷第6号,1921年4月1日。

② 刘仁静:《回忆五四运动、北京马克思主义研究会和党的“一大”》,《“一大”前后》(二),人民出版社1980年版,第114页。

③ 公展:《社会主义的误解》,《解放与改造》第2卷第2号,1920年1月。

④ 《罗素五大讲演·社会结构学》,北京大学新知书社1921年版,第12页。

⑤ 张东荪:《第三种文明》,《解放与改造》创刊号,1919年9月1日。

主义的理由，陈独秀、李大钊等马克思主义者迅速回应，与张东荪等人就社会主义是否适合中国这一问题展开了激烈争论。

首先，针对张东荪等人认为中国实业不发达、资本主义基础薄弱，不具备实行社会主义的观点，马克思主义者指出："实行社会主义，并不必经过资本主义的发达。"[①]他们认为，近代中国的实业和教育虽然还不发达，但是，这并不妨碍中国选择和实行社会主义，因为"中国虽未经自行如欧、美、日本等国的资本主义的发展实业，而一般平民间接受资本主义经济组织的压迫，较各国直接受资本主义压迫的劳动阶级尤其苦痛。中国国内的劳资阶级间虽未发生重大问题，中国人民在世界经济上的地位，已立在这劳工运动日盛一日的风潮中，想行保护资本家的制度，无论理所不可，抑且势所不能。"[②]他们相信，在近代中国资本主义还不发达的情况下，实行社会主义不仅可以避免欧美资本主义国家的弊病，而且还可以在根本上救治中国社会的疾病。

其次，针对张东荪等人提出的"开发实业方法之最能速成者，莫若资本主义"的观点，李大钊指出，资本主义并不是改变中国实业落后的良法，只有实行社会主义才能促进实业发展。马克思主义者还认为，欧战后社会主义运动已经在西方世界蓬勃兴起，在此背景下，中国实行资本主义是一条穷途末路，而只有实行社会主义，才能迎头赶上欧美国家。

最后，针对张东荪等人所宣扬的基尔特社会主义，马克思主义者也进行了澄清和批驳。他们认为，基尔特社会主义反对革命，主张部分的、零碎的解决社会问题，"表面上看来，仿佛是又容易，又可以避免革命的损失，其实，不先把政治问题先解决了，不把社会上最有力的机关打倒了，部分的、零碎的操练是不可能的。"在他们看来，基尔特社会主义与社会主义有着根本区别，"他们名义上是社会主义，其实反是延长资本主义底生命"[③]。

在诸多社会主义流派中，马克思主义逐渐脱颖而出。这既是因为理论本身的魅力，也受到俄国十月革命的影响。列宁领导的十月革命，建立了世界上第一个无产阶级专政的社会主义国家。苏俄先后两次发表宣言，声明放弃帝俄时代在中国的特权，取消不平等条约，赢得了中国民众的普遍好感。与此同时，西方列强却在巴黎和会上继续损害中国权益，极大地伤害了中国人民的感

---

① 李季：《社会主义与中国》，《新青年》第8卷第6号，1921年4月1日。

② 李大钊：《中国的社会主义与世界的资本主义》，《评论之评论》第1卷第2号，1921年3月20日。

③ 新凯：《再论共产主义与基尔特社会主义》，《新青年》第9卷第6号，1922年7月1日。

情。两相比较,马克思主义学说的魅力自然显现出来。而且,布尔什维克党把被压迫民族的革命斗争当做世界革命的一部分,积极支持民族斗争。1919 年 3 月共产国际成立后,共产国际和苏联开始派遣代表来中国,直接促进了马克思主义在中国的传播。

李大钊是中国较早接受和宣传马克思主义的先进分子。从 1918 年下半年起,他先后发表了《法俄革命之比较观》、《庶民的胜利》、《布尔什维主义的胜利》等文章,热情宣传十月革命和马克思主义。李达则通过翻译《唯物史观解说》、《社会问题总览》、《马克思经济学说》等书籍,系统地介绍了马克思的各个组成部分。一些宣传新文化的刊物也为介绍和宣传马克思主义做了大量工作。

五四运动后,马克思主义开始在中国广泛传播。其一,全国各地出现了大批宣传马克思主义的进步刊物。除《新青年》、《每周评论》外,《晨报》副刊、《时事新报》的副刊《学灯》、毛泽东主编的《湘江评论》、戴季陶等人编辑的《星期评论》等报刊,也加入了宣传和介绍马克思主义的队伍,扩大了马克思主义的影响。其二,宣传和研究马克思主义的团体在全国各地陆续出现。1920 年 3 月,李大钊倡导成立了北京大学"马克思学说研究会";5 月,陈独秀在上海发起成立了"马克思主义研究会"。此外,毛泽东领导的"新民学会"、恽代英建立的"共存社"、周恩来等人创立的"觉悟社"等组织,都热衷于马克思主义的宣传与研究,极大地促进了马克思主义的传播。其三,马克思主义著作开始被大量翻译出版。马克思主义著作的翻译,最初大多是采取节译的形式。1920 年以后,陆续出现全译本的《共产党宣言》、《社会主义从空想到科学的发展》、《雇佣劳动与资本》。这些著作的翻译发行,为当时的进步知识分子学习和研究马克思主义创造了条件,促进了马克思主义在中国的传播。

二、无政府主义思潮

无政府主义,又称安那其主义,产生于 19 世纪中期的欧洲,主张建立一种"无权力、无秩序的状态"。20 世纪初,它通过欧洲和日本两条途径传入中国。当时,人们对无政府主义与社会主义并无严格区别。

民国建立后,宣传无政府主义的党派和团体主要有江亢虎领导的中国社会党和刘师复创建的晦鸣学社、心社和民声社。1911 年,江亢虎在上海组织"社会主义研究会",辛亥革命后发展成中国社会党。他主张无政府的个人主义,要求建立一个"无宗教"、"无国家"、"无家庭"的社会。1912 年 5 月,刘师复在广州组织晦鸣学社；7 月，又成立心社，宣传无政府主义共产主义。他主张一切生产要件归社会公有，废绝私有财产，人人劳动，成果共享，无军队警察监狱等。这些活动，为“五四”前后无政府主义的广泛传播提供了条件。

“五四”时期，无政府主义思潮在中国思想界盛行一时。据不完全统计，1916—1923 年，各地出现的无政府主义团体不下 80 个，出版的刊物和小册子不少于 70 余种。其中较有代表性的有：太侔和震瀛等人组织的“实社”，出版《自由录》；郑佩剑、黄凌霜、区声白等人组织的“进化社”，出版《进化》；易君左、朱谦之等人组织的“奋斗社”，出版《奋斗》。这一时期的无政府主义，强调绝对的个人自由，鼓吹无条件的破坏，甚至有人鼓吹“虚无革命”、“宇宙革命”，要消灭宇宙，灭种人类。

无政府主义在中国的流行，一度引起了国际无政府主义者的关注。1919 年，俄、美等国家的社会党人来到中国，与上海的无政府主义者协作鼓吹无政府共产主义，宣扬“无政府、无家族”①。当时，中国无政府主义者还联络全国各无政府主义团体，试图成立统一的组织，但未成功。

无政府主义者在宣传马克思主义方面曾起过积极作用。他们赞扬俄国十月革命的胜利，主张实行社会主义，在一定程度上推动了新文化运动发展。由于崇尚打破旧世界，他们中的一些人甚至参加了北京、广州等地的马克思主义宣传团体乃至共产主义小组的创建。然而，马克思主义与无政府主义毕竟是两种不同的思想，特别是无政府主义者反对国家，反对法律，主张绝对自由，与马克思主义有根本的区别。无政府主义者反对一切形式的强权和国家，与马克思主义所倡导的无产阶级专政背道而驰。正因为马克思主义和无政府主义有本质不同，所以，随着中国共产党的筹建，马克思主义者在组织上和思想上逐渐对无政府主义进行了清理。

北京的马克思主义者首先在李大钊领导下对黄凌霜等人反对无产阶级专政的言论进行了回击，并要求他们陆续退出马克思主义学说研究会。陈独秀在到达广州后，坚持“要放弃原来的无政府主义观点，才能加入共产党”的原则，迫使一些不愿放弃无政府立场的成员退出组织。之后，李大钊、陈独秀等又从理论上对无政府主义者反对国家、反对政治、反对法律的观点进行逐一批驳。

---

① 《汉口警察厅报告孙中山革命活动及防范无政府刊物传播函》，《中国无政府主义和中国社会党》，江苏人民出版社 1981 年版，第 10 页。

1920年9月，陈独秀在改组后的《新青年》杂志发表《谈政治》一文，认为国家、政治、法律是“一种改良社会的工具，工具不好，只可改造他，不必将他抛弃不用”，并强调建立无产阶级专政是十分必要的。他说：“我承认用革命的手段建设劳动阶级（即生产阶级）的国家，创造那禁止对内对外一切掠夺的政治法律，为现代社会第一需要。”①随后，在题为《社会主义批评》的演讲中，他进一步强调了建立社会主义制度的必要性，指出：“凡有社会组织，必有一种社会制度，随之亦必有一种法律保护这种制度，不许有人背叛，就在无政府时代也必须是如此。”他认为，“无政府主义在政治经济两方面，都是走不通的路；明知此路不通，还要向这条路走，非致撞得头破额裂不可。”②

与此同时，李达在《共产党》杂志先后发表《社会革命底商榷》、《无政府主义之解剖》，在《少年中国》上发表《自由与秩序》，对无政府主义进行不遗余力的批判。他认为，国家固然要最终消灭，但在阶级消灭前国家是不可或缺的。人类社会的自由是相对的，不是绝对的。个人与社会、自由与秩序原是不可分的东西。无政府主义主张个人绝对自由，最终只能导致整个社会一盘散沙。

通过论战，无政府主义的理论缺陷暴露无遗，这使得不少原来盲目崇拜和信仰无政府主义的青年调整观念，区分了科学社会主义与无政府主义的界限，相继转变为马克思主义者。

三、东西文化论争

新文化运动时期的东西文化论争，大致可以分为三个阶段：从1915年《新青年》创刊到1919年五四运动爆发为第一阶段，论争集中在东西文化的异同优劣方面；五四运动后进入第二阶段，论争的主题是东西文化能否调和的问题，从比较“东”、“西”，发展到探讨“新”、“旧”，即着重探讨新文化和旧文化有无实质差别，以及应该如何处理新文化与旧文化的关系问题；第三阶段是因梁启超《欧游心影录》和梁漱溟《东西文化及其哲学》的发表而引发激烈争论。表面上看，论争的主题回到了比较“东方文明”和“西方文明”长短优劣这一老题目，而实际上，由于唯物史观等新思想的引入，这一论争被推进到一个前所未有的高度。

1. 关于东西文化异同优劣的论争

---

① 陈独秀：《谈政治》，《新青年》第8卷第1号，1920年9月1日。

② 陈独秀：《社会主义批评》，《新青年》第9卷第3号，1921年7月1日。

从1915年开始，以《新青年》、《东方杂志》为阵地，陈独秀、李大钊同主张东西文化调和的杜亚泉等人进行了文化论战。陈独秀公开申明对中西文化的看法，称两者“若南北之不相并，水火之不相容”。他强调，中国要想走向民主与富强，就必须“改弦更张”，学习西方文化。他在《新青年》上发表了《东西民族根本思想之差异》一文，将东西民族思想的根本差异归纳为三点：1.“西洋民族以战争为本位”，“东洋民族以安息为本位”，结果一个取得了世界霸权，另一个则沦为劣等民族。2.“西洋民族以个人为本位”，“东洋民族以家族为本位”，以个人为本位的民族，个人的自由权利和幸福得到保障，而以家族为本位的民族，既无法养成自尊的人格，又妨碍了个人自由和平等，使人产生依赖性，直接导致了东洋社会的野蛮落后。3.“西洋民族以法治为本位，以实利为本位”，“东洋民族以感情为本位，以虚文为本位”，结果西洋民族以小人始，以君子终，东洋民族以君子始，以小人终[①]。

陈独秀等人对中国固有文明的批判与对西方文明的推崇，引起了文化保守主义者的不满。文化保守主义者承认文化有民族、地域、心理的差异，但否认文化有时代和程度的差异，进而主张不同文化应该“取长补短”，从而为中国文化辩护。时任《东方杂志》主编的杜亚泉就是这种观点的代表人物。

1916年，杜亚泉以“伧父”为笔名，在《东方杂志》发表了一系列论述东西文化差异的论文。他在《静的文明与动的文明》一文中认为，西洋为动的社会，中国为静的社会，动的社会产生动的文明，静的社会产生静的文明。第一次世界大战爆发以来，“西洋诸国，日以其科学所发明之利器，戕杀其同类，悲惨剧烈之状态，不但为吾国历史之所无，亦且为世界从来所未有”，“吾人今后不可不变其盲从之态度，而一审文明真价之所在”。他指出，东西方文明“乃性质之异，而非程度之差。而吾国固有之文明，正足以救西洋文明之弊，济西洋文明之穷者，西洋文明浓郁如酒，吾国文明淡泊如水，西洋文明腴美如肉，吾国文明粗粝如蔬，而中酒与肉之毒者则当以水及蔬疗之也”[②]。在《迷乱之现代人心》一文中，杜亚泉更是公开指责说，西洋文明的输入导致了中国人价值的迷失。《东方杂志》是当时舆论界最有影响力的杂志之一。杜亚泉以宣传和普及科学知识为办刊宗旨，所以他完全不同于守旧派。正因如此，杜亚泉的言论引起了陈独秀、李大钊等新文化派人士的重视。

---

① 陈独秀：《东西民族根本思想之差异》，《青年杂志》第1卷4号。

② 杜亚泉：《静的文明与动的文明》，《东方杂志》第13卷第10号。

1918年6月，李大钊发表《东西文明根本之异点》一文，也将东方文明与西方文明的特征概括为“静的文明”与“动的文明”，并由此推演出几十项具体差异，但他的结论与杜亚泉的观点恰恰相反。在他看来，东西文明互有长短，但从整体上看，西洋文明要优于东洋文明。他指出，中国古代文明曾对人类进步做出过巨大贡献，但现在必须正视“中国文明之疾病，已达炎热最高之度，中国民族之命运已臻奄奄垂死之期”。东洋文明与西方文明的冲突“已处于屈败之势”，西方文明“虽就其自身之重而言，不无趋于自杀之倾向”，但与东洋文明相比，则“实居优越之域”。因此，他主张“竭力以受西方文明之特长，以济吾静止文明之穷”。他提倡青年人全力以赴学习和研究西方文明，“将从来之静止的观念，怠惰的态度，根本扫荡，期与彼西洋之动的世界观相接近，与物质的生活相适应”[①]。

同年9月，陈独秀在《新青年》发表《质问〈东方杂志〉记者——〈东方杂志〉与复辟问题》一文，对杜亚泉的观点予以激烈批判。他提倡资产阶级的功利主义，论证了民主共和与功利主义的一致性，并坚决驳斥把“儒术”当作“国基”，把“君道臣节”、“纲常名教”之类的“固有文明”当作“信条”，拒绝吸取西洋文明的言论。在陈独秀看来，杜亚泉的主张与民主共和背道而驰，和主张复辟的人并无区别[②]。

面对陈独秀等人的批驳，杜亚泉没有退让。他在《答〈新青年〉杂志记者之质问》一文中，坦言自己尊崇孔子伦理，主张文化调和，坚持自己的文明统整说。他认为，分化和统整是人类进化的基本规则，两者相互调剂，乃成进化之局。他所谓的“文明统整”，并非要禁阻或反对西方文明之输入，其要旨在于“尽力输入西洋学说，使其融合于吾固有文明之中”。针对杜亚泉的辩护，陈独秀发表《再质问〈东方杂志〉记者》一文予以驳斥。他指出，“综合”的发展，乃是综合众学以成一家之言，绝非学术思想之“统一”；杜氏的文明统整说，不过是专制时代恶异好同之翻版。在他看来，中国古代以民为本的政治思想，都是以君主和社稷为本位，与以民为主体的现代民主主义，绝不是一回事，而共和政体与君道臣节、纲常名教亦绝无会通融合之余地[③]。该文发表后，杜亚泉未回应，东西文化孰优孰劣的论争至此暂时告一段落。

---

① 李大钊:《东西文明根本之异点》,《言治季刊》第3期,1918年7月1日。

② 陈独秀:《质问〈东方杂志〉记者》,《新青年》第5卷第3号。

③ 陈独秀:《再质问〈东方杂志〉记者》,《新青年》第6卷第2号。

2. 关于“文化调和”的论争

1919 年 9 月，章士钊发表了《新时代之青年》的演讲，主张新旧调和，由此引发了“文化调和”问题的论争。

其实，“文化调和”的主张由来已久，清末“中学为体，西学为用”的思想，可以看作“文化调和论”的雏形。把东方文化与西方文化加以调和的主张，杜亚泉等早在五四前就提出来了，只不过在当时并没引起足够的反响。五四以后，对西方文明的失望，批判资本主义文明的呼声日渐高涨，这在客观上为新旧调和论的流行提供了条件。

章士钊在演讲中强调，新旧时代绵延相承，不可划分明确的界限，新旧杂糅乃是新社会诞生之初的常态，旧者乃新者之根基，不善于保旧者决不能迎新，不能迎新者则不能进化。在他看来，时代不论进化到任何阶段，都是“新旧杂糅”，新旧之间并不存在本质的差异，从“旧”到“新”只能是“移行”。他因此声称：“调和者，社会进化至精之义”，世界上的一切“无不在调和之中”。他还以一战后的欧洲为例，论证道德上复旧之必要。章士钊“新旧杂糅”的调和论提出后，很快得到杜亚泉和陈嘉异等人的响应。

杜亚泉指出，新旧二字的现实意义颇为复杂，时代不同，意义自然不同。戊戌时代以效法西洋文明者为新，而以固守中国习惯者为旧；现时则以创造未来文明者为新，维持现代文明者为旧。但未来文明之创造，不能视为西洋人独有之要求，中国既为人类之一部分，对于世界未来之文明，应该有所努力，有所贡献①。陈嘉异认为，“吾民族之可宝贵者，乃此所以形成东方文化之精神（原理），而非其所演之事迹”，中国人应“以极精锐之别择力，极深刻之吸收力，融合西方文化之精英”，并“尽量灌输东方文化之精蕴于欧美人士”，则“所抉择所消化之西方文化之菁英，必有与东方文化之菁英相接相契者，则虽不亟亟谋两文化之调和，而自有彼此莫逆而笑相见一堂之一日，于是而世界文化或世界哲学之完成庶几可睹”②。显而易见，“新旧调和论”着重强调的是以继承和发展中国传统文化为基础。但在提倡新文化的人看来，新旧调和是文化本身的惰性导致的一个结果，而不能作为一种方法来提倡，只有采取“矫枉过正”的方法，才能得到新旧调和的结果。

---

① 杜亚泉：《新旧思想之折衷》，陈崧编：《五四前后东西文化问题论战文选》，中国社会科学出版社 1989 年版，第 173—174 页。

② 陈嘉异：《东方文化与吾人之大任》，陈崧编：《五四前后东西文化问题论战文选》，第 312—314 页。

张东荪站在新文化派一方，他指出，“调和”与“共存”、“相同”两个概念存在区别：“共存就是两个东西同时存在，这两个虽则同时存在，却不是调和……若说凡是共存都可以调和，那么天下没有不可调和的了，水与火也可以调和。至于相同，譬如说旧道德主张克己，与新道德主张利他是相同的，但相同不是调和，因为只要取了新道德便够了。利他既以代表克己，那么只要新道德存在，旧道德废了，也不要紧。这如何是调和呢？调和必定两个都是元素不可缺一的。所以‘相同’与‘共存’都不是调和。”①蒋梦麟也认为，“‘新’是一个态度，求丰富生活、充分愉快的知识活动的态度，不是一个方法，也不是一个目的。‘旧’是对于这新态度的反动，并不是方法，也不是目的。新旧既不是方法，又不是目的，所以不是两个学派，两个学派之中能容调和派，新旧之间是用不着调和派。”②

陈独秀发表《调和论与旧道德》一文，坚决反对调和论。他认为，新旧杂糅、调和作为一种客观的自然现象是存在的，但不能当作主观的故意主张。在他看来，“改新的主张十分，社会惰性当初只能够承认三分，最后的结果是五分；若是照调和论者的意见，自始就主张五分，最后自然的结果只有二分五”。对于“物质上应当开新，道德上应当复旧”的主张，他不以为然：“若说道德是旧的好，是中国固有的好，简直是梦话”，“倘若他们主张物质上应当开新，道德上应当复旧，岂不是‘抱薪救火扬汤止沸’”。③

李大钊是新文化阵营中第一个使用唯物史观来反驳“调和论”的人。他于1919年12月、1920年1月在《新青年》上分别发表《物质变动与道德变动》和《由经济上解释中国近代思想变动的原因》两篇文章，解释新文化运动发生的历史必然性和“调和论”的局限性。他认为，“新道德既是随着生活的状态和社会的要求发生的，——就是随着物质的变动而有变动的，——那么物质若是开新，道德亦必跟着开新，物质若是复旧，道德亦必跟着复旧。因为物质与精神原是一体，断无自相矛盾、自相背驰的道理。可见宇宙进化的大路，只是一个健行不息的长流，只有前进，没有反顾；只有开新，没有复旧；有时旧的毁灭新的再兴，这只是重生，只是再造，也断断不能说是复旧。物质上，道德上，均没有复旧的道理！”④

---

① 张东荪：《答章行严君》，陈崧编：《五四前后东西文化问题论战文选》，第197—198页。

② 蒋梦麟：《新旧与调和》，陈崧编：《五四前后东西文化问题论战文选》，第204页。

③ 陈独秀：《调和论与旧道德》，陈崧编：《五四前后东西文化问题论战文选》，第245—247页。

④ 李大钊：《物质变动与道德变动》，陈崧编：《五四前后东西文化问题论战文选》，第242页。

3. 东方文化优越论

新文化运动后期，中国知识分子对西方文化的评价发生了较大变化。在此之前，中国新派人士一味追求西学，倡导新学。第一次世界大战的疯狂杀戮，暴露了资本主义文明本身的弊病，导致西方社会内部兴起一股悲观主义情绪。这让长期以西方为榜样的中国人突然无所适从，进而导致了思想分裂：有人主张继续学习资本主义，有人则转而提倡社会主义。西方的文化危机，却让中国的文化保守主义者颇为兴奋，他们强调东方文化在精神层面的优越性，鼓吹保留固有的精神文明，并以此拯救西方，引发了东方文化优越论的论争。

1919 年，作为北京政府参加巴黎和会的顾问，梁启超赶赴欧洲。刚刚经历战争浩劫的欧洲大陆，满目疮痍，让一向主张学习西方的梁启超唏嘘不已。更让他吃惊的是西方社会普遍流传的悲观思潮。据梁启超介绍，一个法国人曾对他说："西方文化已经破产了，正要等到中国的文化来救我们，你何必又到我们欧洲来找药方呢?"一个美国新闻记者也对他说："西洋文明已经破产……我回去就关起大门，老等你们把中国文明输进来救拔我们。"①1920 年梁启超回国后，发表了著名的《欧游心影录》，主张有保留地学习西方的物质文明，同时向西方输出中国的精神文明。梁启超认为，西方的物质文明固然发达，但精神文明有巨大缺陷，无形中孕育了社会险象的种子，因此，科学的成功，"人类不惟没有得到幸福，倒反带来许多灾难"。战后西方一些人对中国文明的期待，让梁启超颇为兴奋，他疾呼说："我们可爱的青年啊，立正，开步走！大海对岸那边有几万万人，愁着物质文明破产，哀哀欲绝的喊救命，等着你来超拔他哩，我们在天的祖宗三大圣和许多前辈，眼巴巴盼望你完成他的事业，正在拿他的精神来加佑你哩!"②

1921 年 10 月，梁漱溟出版《东西文化及其哲学》一书，宣称要把中国人和西洋人"都引导到至善至美的孔子路上来"。该书最引人注目同时也最有争议的观点，是他提出的"文化三路向说"。他认为，文化不过是一个民族的"生活样法"，而生活就是无尽的意欲。人的意欲主要有向前、自为调和持中、反身向后三种，由此，进而产生了人生的三种路向：第一种路向是"奋力取得所要求的东西，设法满足他的要求，换一句话说就是奋斗的态度"，西方文化是这一路向的典型代表，这种"生活的样法"取得了辉煌的成就，但它在形而上学或人生观

① 梁启超：《欧游心影录》，《饮冰室合集》专集之 23，中华书局 1989 年版，第 15 页。

② 梁启超：《欧游心影录》，《饮冰室合集》专集之 23，中华书局 1989 年版，第 38 页。

方面有重大缺失。第二种路向"遇到问题不去解决,就是在这种境地上求我自己的满足……他并不想奋斗的改造局面,而是回想的随遇而安",中国的儒家文化是典型代表,中国人在自我满足和与世无争中得到幸福,但物质享受比不上西方。第三种路向"遇到问题他就想根本取消这种问题或要求",印度文化是典型代表,这种"生活样法"使得精神生活和宗教得到了充分的发展,但这种生活态度熬制了比中国还差的物质条件。他主张,中国接下来应走"孔家的路"。

《欧游心影录》和《东西文化及其哲学》的出版,在思想界引起了震动,东西文化的论争烽烟再起。

1923 年 4 月,胡适在《努力周报》上发表《读梁漱溟先生的〈东西文化及其哲学〉》一文,批评梁漱溟的"主观化的文化哲学","犯了笼统的毛病"。在他看来,梁漱溟所说的三种路向,就是"闭眼说的笼统话"。事实上,印度人也是奋斗的,中国人也追求物质享受,说西方人精神匮乏,更是不通。至于"调和持中"、"随遇而安",更不能说是哪一国的文化特性,而是大家共有。中、西、印各民族的文化走的都是一条路,只是因时代环境的关系,"走的路有迟速的不同,到的时候有先后的不同"①。

吴稚晖、张东荪、李石岑、常乃德等人也都对梁漱溟的东西文化观提出了尖锐的批评。吴稚晖指出:梁漱溟的"三路向说""说的整齐好玩",但"矛盾百出"。张东荪认为,《东西文化及其哲学》只是在论哲学而不是论文化,只说了文化的一部分问题,所谓中国文化将取代西洋文化是不符合事实的。李石岑指出:"中国、印度和西洋都是朝前面坦荡荡的一条大路走的,不过走法不同,或走的快慢不同",都是同一个路向,并没有梁漱溟所说的三路向。常乃德坦言,世界上并没有东西文化之别,只有古代文化和现代文化之别,而东西文化实际上就是古代文化和现代文化,中国只能学习西方的现代文化。

信奉马克思主义的新知识分子,以唯物史观为思想武器对东方精神文明优越论进行了批判。

1923 年,瞿秋白在《新青年》发表《东方文化与世界革命》一文。他用唯物史观给文化下定义,指出经济基础和上层建筑之间的差别,强调思想变化是随着经济基础的变动而出现的,研究文化只研究高尚玄妙的思想是本末倒置。

---

① 胡适:《读梁漱溟先生的〈东西文化及其哲学〉》,陈崧编:《五四前后东西文化问题论战文选》,中国社会科学出版社 1989 年,第 538—553 页。

瞿秋白认为，所谓的东方文化，无非是三种元素：一是宗法社会之“自然经济”；二是“畸形的封建制度之政治形式”；三是“殖民地式的国际地位”。这种旧文化早已崩溃[①]。陈独秀对于东方文化派的观点极为不满。他认为，主张东方文化优越的人，比曹锟、吴佩孚更为可恶，因为他们要把中国人往“幽谷”里引，不仅祸国殃民，还有亡国灭种的危险[②]。

东西方文化的关系问题，是中国建立民族新文化过程中必须面对的难题。中国该如何借鉴和引进西方文化，与如何改造和利用传统文化，实际上是同一问题的两面，难以截然分开。参与论争的各方，都对这一问题提出了颇有价值的建设性意见，但都存在不足。胡适、陈独秀等人在强调文化的时代性时轻视了文化的民族性，而杜亚泉、梁启超、梁漱溟等人则过于强调文化的民族性而对文化的时代性缺乏足够的认识。这场论争，不仅有利于各方加深对东西文化的认识，反思和调整改造中国文化的方案，而且初步奠定了中国现代文化思想的格局。此后在较长的一段里，文化保守主义、马克思主义和自由主义鼎足而立，左右着中国思想文化的发展进程。

四、科学与人生观论争

1923 年 2 月，张君劢在清华学校做了一场关于人生观的演讲，认为科学不能解决人生观问题，反对科学万能说。由此引发了科学与人生观的论争，也称“科学与玄学论战”。参与论争者大体可分为三派：以张君劢、梁启超为代表的玄学派，以丁文江、胡适等为代表的科学派以及以陈独秀、瞿秋白为代表的唯物史观派。从某种程度上说，论争强化了文化保守主义、自由主义和马克思主义者的观点，阵营分化更为明晰。

张君劢在演讲中指出，科学与人生观是根本不同的，以推求“公例”为特征的科学无法解释“天下古今最不统一”的人生观。他列举了科学与人生观的五点区别：科学是客观的，人生观为主观的；科学为论理（即逻辑）方法所支配，而人生观则起于直觉；科学以分析方法下手，而人生观则为综合的；科学为因果律所支配，而人生观则为自由意志；科学起于对象之相同现象，而人生观起于人格之单一性。根据这些差异，张君劢认为，人生观受自由意志支配，其特点是主观的、直觉的、综合的、自由意志的、单一性的。这一切都与科学的特点截

① 瞿秋白：《东方文化与世界革命》，《新青年》季刊第 1 期，1923 年 6 月。

② 陈独秀：《精神生活与东方文化》，《前锋》第 3 期，1924 年 2 月。

然不同。接着,他又列出九项相互对立的人生观问题,用以说明对人生的看法因时因人而异。这九项问题分别是:大家族主义与小家族主义;男尊女卑与男女平等;私有财产制与公有财产制;守旧主义与维新主义;物质文明与精神文明;个人主义与社会主义;为我主义与利他主义;悲观主义与乐观主义;有神论与无神论等的对立问题。张君劢认为,人生观无一定的"公例",无客观的标准,"故科学无论如何发达,而人生观问题之解决,绝非科学所能为力"①。

张君劢的演讲发表后,遭到了好友丁文江的批评。4月12日,丁文江在《努力周报》上发表了长文《玄学与科学——评张君劢的"人生观"》,极力为科学辩白。科学与人生观论战正式爆发。

丁文江径直把张君劢的人生观哲学斥为"玄学",称张君劢"玄学鬼附身"。在他看来,一个人的人生观是他的知识感情,以及对知识感情的态度。人生观不能离开知识,而"在知识界,科学方法万能",因此,人生观是不能同科学分离的。人生观不统一是一回事,但求人生观的统一是人们的义务,这就离不开科学方法。

对于科学导致"欧洲文化破产"之说,丁文江颇不以为然,"我所不得不说的是欧洲文化纵然是破产(目前并无此事),科学绝对不负这种责任,因为破产的大原因是国际战争";"对于战争最应该负责的人是政治家同教育家。这两种人多数仍然是不科学的";"欧美的工业虽然是利用科学的发明,他们的政治社会却绝对的缺乏科学精神。"对于张君劢所采取的"西方为物质文明,中国为精神文明"二分法,丁文江也表示不能接受:"至于东西洋的文化,也决不是所谓物质文明、精神文明,这样笼统的名词所能概括的。"丁文江引胡适的话作为结语:"我们观察我们这个时代的要求,不能不承认人类今日最大的责任与需要是把科学方法应用到人生问题上去。"②

针对丁文江的批评,张君劢不甘示弱。他在《晨报副刊》发表《再论人生观与科学并答丁在君》进行回击。这篇驳论的核心问题,仍是关于人生观与科学的界限。张君劢认为,依照严格的定义,精神科学已不能认为是科学,特别是研究"纯粹的思想"的"纯正心理学",根本无"公例"可求。对于丁文江"玄学没有地方混饭吃"的说法,张君劢举例反驳称,欧洲近二三年的思潮可以叫做"新玄学时代"。他还进一步阐释了关于西方为物质文明、中国为精神文明的观

① 张君劢:《人生观》,《科学与人生观》,山东人民出版社1997年版,第33—40页。

② 丁文江:《玄学与科学》,《科学与人生观》,第41—60页。

点，对“物质文明”的西方列强以科技立国、工商立国的政策及其造成的恶果进行了批判，告诫国人不要重蹈覆辙，而应“别寻途径”[①]。

梁启超和胡适的加入，壮大了双方的阵容。论战趋于激烈。

梁启超是丁文江、张君劢的共同朋友，5月5日，发表了《关于玄学科学论战之“战时国际公法”——暂时局外中立人梁启超宣言》。他认为，人生观是宇宙间最大的一个问题；“这种论战是我国未曾有过的论战”，“替我们学界开一新纪元”[②]。梁启超的评价，足以显示这场讨论的重要性。

5月11日，胡适在《努力周报》发表《孙行者与张君劢》，加入论战，声援丁文江。他指出，张君劢虽反对科学、否认伦理学的普遍适用性，但“仍旧不曾跳出赛先生和罗辑（逻辑）先生的手心里”，犹如孙行者跳不出如来的手掌心一样[③]。随着胡适等人的加入，科学派的声势日渐壮大，他们对玄学派的批评也越来越激烈。任鸿隽提出：“人生观成不成科学是一事，科学能不能解决人生观的问题又是一事”；“人生观的科学是不可能的事，而科学的人生观却是可能的事。”他认为，科学不仅可以“间接”“改变”人生观，而且科学可以“直接”“造出”人生观[④]。吴稚晖在《太平洋》杂志上发表《一个新信仰的宇宙观及人生观》一文，强调人生观不外乎三件事：“清风明月的吃饭人生观，神工鬼斧的生小孩人生观，覆天载地的招呼朋友人生观。”这三种人生观都离不开科学，“我信‘宇宙一切’，皆可以科学解说。”[⑤]他是科学派中少有的试图说明什么是科学的人生观的人。此外，朱经农、唐钺等人也纷纷发表文章，对张君劢的观点提出质疑，为科学的人生观辩护。

5月23日，梁启超发表《人生观与科学——对于张丁论战的批评》，再次对论战予以评论。他指出，科玄双方各失偏颇，“在君过信科学万能，正和君劢之轻蔑科学同一错误”，因为“人生关涉理智方面的事项，绝对要用科学方法来解决。关于情感方面的事项，绝对的超科学。”“生活的原动力，就是‘情感’。情感表出来的方向很多。内中最少有两件的的确确带有神秘性的，就是‘爱’和‘美’”，“一部人类活历史，却什有九从这种神秘中创造出来”，“‘科学帝国’

---

① 张君劢：《再论人生观与科学并答丁在君》，《科学与人生观》，第61—121页。

② 梁启超：《关于玄学科学论战之“战时国际公法”——暂时局外中立人梁启超宣言》，《科学与人生观》，第121—122页。

③ 胡适：《孙行者与张君劢》，《科学与人生观》，第123页。

④ 任叔永：《人生观的科学或科学的人生观》，《科学与人生观》，第126—128页。

⑤ 吴稚晖：《一个新信仰的宇宙观及人生观》，《科学与人生观》，第363、412页。

的版图和威权无论扩大到什么程度，这位‘爱先生’和那位‘美先生’依然永远保持他们那种‘上不臣天子下不友诸侯’的身份”①。

林宰平、屠孝实、王平陵等人也纷纷撰文支持张君劢的观点。其中，王平陵发表的《“科哲之战”的尾声》一文，从科学与哲学的关系来评论这场论战，别具意义。他认为，科学与哲学是一种对立互补的关系，科学派坚持以科学主义、实证主义的哲学来排斥人生哲学难以实现。

1923年底，参与论战的双方分别推出了一种带有总结意味的文集。一本是汪孟邹编辑、上海亚东图书馆出版的《科学与人生观》；另一本是郭梦良编辑、上海泰东图书局出版的《人生观之论战》。这两种文集所收文章差别不大：《科学与人生观》收录文章29篇，由陈独秀、胡适作序；《人生观之论战》收录文章30篇，由张君劢作序。但从序言及内容编排看，两者的思想倾向却明显不同。

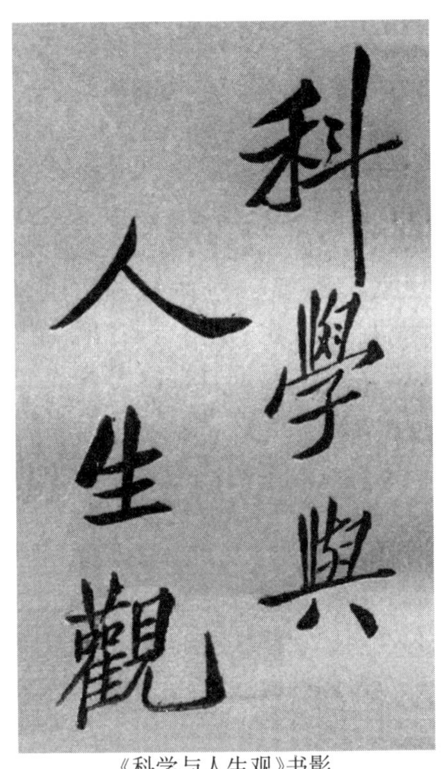

《科学与人生观》书影

《科学与人生观》代表了科学派的立场。1923年11月，陈独秀、胡适应邀为即将出版的《科学与人生观》作序。针对陈独秀的序言，胡适附文《答陈独秀先生》，陈独秀也作《答适之》予以应答。这两篇文章也一并收入《科学与人生观》一书。陈、胡的“两序两答”，实际上是围绕科学与玄学问题而展开的一场新的对话。胡适提出了他的“科学的人生观”或者“新人生观的轮廓”。他认为，人生观是建筑在二三百年的科学常识之上的一个大假设，可以称作“科学的人生观”，但为避免无谓的争论，不妨叫做“自然主义的人生观”②。

陈独秀的序言以及邓中夏发表在《中国青年》第6期上的《中国现在的思

① 梁启超：《人生观与科学——对于张丁论战的批评》，《科学与人生观》，第141—142页。

② 胡适：《〈科学与人生观〉序》，《科学与人生观》，第23—24页。

想界》,标志着唯物史观派正式参加论争。陈独秀的序言对科玄双方都提出了批评。他认为,张君劢、梁启超、范寿康的观点,与丁文江等人走的是一条路,本质上都是唯心论。他立场鲜明地说:"我们相信只有客观的物质原因可以变动社会,可以解释历史,可以支配人生观,这便是'唯物的历史观'。"[①]瞿秋白、萧楚女等人也运用唯物史观对玄学派和科学派进行了批评。不过,他们的论点主要是针对玄学派,与科学派较为接近。

《人生观之论战》代表了玄学派的立场,张君劢所作的序言是对该派人生观的引申和发挥。在他看来,心理学、社会学和唯物史观作为"科学"不能成立。他尤其对马克思主义的唯物史观和科学社会主义不以为然,认为其"公例"没有固定标准,绝非科学。

这两部文集的出版,标志着科学与人生观论争已经进入尾声。

科学与人生观的论战,虽持续时间不长,但当时思想领域具有代表性的思潮和人物,都参加了进来,在社会上引起了广泛影响。从内容看,论战实质上所探讨的是科学与人文的关系问题,这表明已触及当时西方哲学的前沿问题,标志着中国思想文化界已逐渐走向成熟。

五、五四新文化运动的意义

从 1915 年《青年杂志》创刊,到 1923 年科玄论战,五四新文化运动达到了前所未有的历史高度,在中国文化史上具有极其重要的历史意义。

五四新文化运动是一场伟大的文化改造运动。新知识分子希望通过对中国传统文化的彻底改造,实现救国救民的艰巨任务。他们力图通过引进西方近代新文化,打破传统文化对国民的束缚,培养能够适应民主共和制度的新国民,推动人的现代化。为达到这一目的,新知识分子以开放的精神和宽广的胸怀,以民主、科学为中心,大量传播近代新思想新文化,给中国文化注入了新鲜血液,为中国文化的现代化做出了重要贡献。

五四新文化运动也是一场思想启蒙运动。新文化运动对孔子和礼教的批判,对千百年来束缚中国人心智的伦理观念和政治传统的猛烈冲击,解放了中国人的头脑,造成了中国历史上难得一见的"百花齐放、百家争鸣"的局面,为接受新思想创造了条件。新文化运动对传统思想观念的攻击与批判,对西方价值观念的引进和传播,启蒙了中国人的思想,为中国文化的前进指明了方

① 陈独秀:《〈科学与人生观〉序》,《科学与人生观》,第 7 页。

向,从此以后,“民主”、“科学”、“自由”等价值观念成为中国人长期追求的理想和目标。

五四新文化运动积极促进了中国学术转型,推动了中国现代学术的建立。陈独秀、李大钊、胡适等人广泛传播了西方近代学术理念,实证主义、唯物史观作为理论方法逐渐为人们所接受。通过教育改革、文学革命等方式,中国人接受了西方的学术分科制度,白话成为中国文学的正宗,从而为中国新式教育和现代学术奠定了基础。

当然,由于当时中国社会经济发展水平较低,新知识分子自身认识的局限,以及错综的国内外政局,使得五四新文化运动充满了复杂性。它一方面强调科学、推崇理性,另一方面又表现得过于情绪化。五四新知识分子以西方启蒙运动为楷模,而骨子里又带有强烈的浪漫主义色彩。他们以西方为学习目标,但缺乏具体分析,存有简单化之嫌。他们对待中国的传统文化,也出现了一些矫枉过正、以偏概全的形式主义倾向。这种倾向对中国文化的发展,带来了一些消极影响。

小　结

民国初年,民主共和制度的确立,给中国社会注入了革新之风。但与此同时,社会乱象丛生,民族危机加重,新式知识分子对此颇为失望。在他们看来,中国急需一场大规模的思想启蒙运动,唤醒国民,以便让中国迅速融入现代世界。于是发动了新文化运动。“打孔家店”、教育改革、文学革命等一系列革新活动,都是新文化运动的重要内容。对旧伦理、旧道德和旧风俗的批判,为西方思想在中国的传播创造了条件。“自由”、“民主”和“科学”取代专制、愚昧和迷信,成为这一时期的历史主题。各种西方思想学说纷至沓来,其中,马克思主义和实验主义,都因自身的特色赢得一批信仰者和追随者。民族主义的高涨,给中国的文化保守主义注入了新的活力。自此之后,在中国的思想文化界,不仅中西古今之争依旧继续,而且不同思想流派之间的较量也日趋激烈。持续不断的思想论争,为中国人探索未来发展之路,提供了宝贵的经验和教训。在这个过程中,一些新知识分子过于强调文化的历时性,相对忽视了文化的民族性,一度给中国传统文化的现代转型带来了一定的负面影响。但不可否认,新文化运动进一步深化了中国人对西方的认识,打破了旧思想的束缚,确立了民主与科学的价值观,加快了中国文化现代化的进程。

历史文献

1. 胡适:《文学改良刍议》,《新青年》第 2 卷第 5 号。

2. 陈独秀:《本志罪案之答辩书》,《新青年》第 6 卷第 1 号。

3. 陈独秀:《本志宣言》,《新青年》第 7 卷第 1 号。

4. 胡适:《新思潮的意义》,《新青年》第 7 卷第 1 号。

5. 胡适:《多研究些问题,少谈些“主义”!》,《每周评论》第 31 号。

6. 李大钊:《再论问题与主义》,《每周评论》第 35 号。

7. 李大钊:《东西文明根本之异点》,《言治杂志》第 3 期。

8. 伧父(杜亚泉):《静的文明与动的文明》,《东方杂志》第 13 卷第10 号。

9. 鲁迅:《狂人日记》,《新青年》第 4 卷第 5 号。

10. 丁文江:《玄学与科学——评张君劢的“人生观”》,《努力周报》第 48、49 期。

11. 梁启超:《欧游心影录》,《饮冰室合集》专集之二十三,中华书局 1989 年版。

论著选读

1. 伍启元:《中国新文化运动概观》,现代书局 1934 年版。

2. [美]林毓生:《中国意识的危机:五四时期激烈的反传统主义》,贵州人民出版社 1988 年版。

3. [美]格里德:《胡适与中国的文艺复兴——中国革命中的自由主义(1917—1937)》,江苏人民出版社 1996 年版。

4. 陈万雄:《五四新文化的源流》,三联书店 1997 年版。

5. 汪晖:《现代中国思想的兴起》第二部下卷,三联书店 2004 年版。

6. 陈平原:《触摸历史与进入五四》,北京大学出版社 2005 年版。

7. [美]周策纵:《五四运动:现代中国的思想革命》,江苏人民出版社 2006 年版。

8. 罗志田:《从新文化运动到北伐:激变时代的文化与政治》,北京大学出版社 2006 年版。

9. 汪晖:《文化与政治的变奏:一战和中国的“思想战”》,上海人民出版社 2014 年版。

10. 方维规主编:《思想与方法:近代中国的文化政治与知识建构》,北京大学出版社 2015 年版。

11. 章清:《“胡适派学人群”与现代中国自由主义》,上海三联书店 2015 年版。

研究与讨论

1. 民国初年文化观念的更新表现在哪里?
2. 如何理解教育变革与五四新文化运动的关系。
3. 阐述五四新文化运动的内容及意义。
4. 如何评价科学与人生观的论争。

第六章　南京国民政府时期的文化建设与文化运动

南京国民政府时期，中国近代文化在曲折中向前发展。三民主义由国民党的政治学说，推衍成全民的意识形态。教育、科研等逐渐走上制度化道路，各项文化建设事业相继展开。左翼文化运动、中国社会性质和社会史论战、新生活运动、本位文化建设运动，使得思想文化领域呈现出纷纭、多元的特征。

第一节　南京国民政府时期的教育

南京国民政府建立后，厉行三民主义教育，把政党、军队、学校置于三民主义规范之下，三民主义逐渐转变成全社会的主流意识形态。同时，改革教育制度，健全教育体系，中国教育基本步入了现代化和制度化轨道。

一、三民主义教育

三民主义教育是南京国民政府时期思想政治教育的核心内容。一方面，通过在全社会宣传和推行三民主义，达到三民主义意识形态化的目的；另一方面，把三民主义确立为学校教育的宗旨，作为人才培养的指导思想。

（一）三民主义的意识形态化

三民主义是南京国民政府的官方政治哲学。蒋介石以孙中山的三民主义思想为基础，予以阐释和发展，逐渐确立了以三民主义为核心的主流意识形态。

三民主义理论的形成经历了一个曲折过程。1905年，孙中山在日本创立了中国同盟会，在机关刊物《民报》发刊词中首次提出三民主义，号召以民族、民权和民生为革命的目标。辛亥革命推翻帝制，建立共和之后，孙中山认为“民族、民权两主义俱达到，惟有民生主义尚未着手”[1]，开始致力于实业建设，于是三民主义演变为“一民主义”。“二次革命”失败后，孙中山在日本创立中华革命党。他提出，中华革命党“以实行民权、民生两主义为宗旨”，“以扫除专制政治，建设完全民国为目的”。“一民主义”又演化为“二民主义”。孙中山正式完整地再现三民主义是五四运动以后。俄国十月革命、五四运动以及陈炯明叛变等事件的发生，引发孙中山重新思考革命理论问题。1919年10月10日，由孙中山主持制定的《中国国民党规约》明确规定：“本党以巩固共和，实行三民主义为宗旨。”他改组国民党，把三民主义明确写入《中国国民党宣言》。1924年前后，孙中山在广州等地进行了一系列有关三民主义的演讲，进一步充实了三民主义思想的内容。

1925年3月，孙中山逝世。5月，国民党召开一届三中全会，通过《中国国民党接受总理遗嘱宣言》，明确规定：“吾党同志惟有全体一致，奉行总理之遗教，不得有所特创。盖中华民国之独立与自由，惟有完全继承中华民国制造者本党总理孙先生之意旨，才能实现耳。”但是，三民主义的权威并未因此而确立。此后，国民党内各派政治势力以及共产党都不同程度地利用孙中山的三民主义思想，作为政治斗争的理论工具。其中，国民党元老戴季陶对三民主义做了系统阐释。他以“纯正的三民主义”自居，将孙中山的思想和三民主义儒家化，形成了“戴季陶主义”。

孙中山三民主义的理论来源相当庞杂，既有西方的资产阶级思想，也融合了中国传统文化，还掺入了苏俄的社会主义学说，难免造成理论前后矛盾、逻辑不严的情况。戴季陶有感于国民党员信仰不统一，起而研究孙中山的思想体系，希望能溯本正源，统一混乱的思想。他连续发表了《孙文主义之哲学的基础》、《三民主义哲学的渊源》、《国民革命与中国国民党》等著作，系统阐发他对三民主义的认识。他认为，孙中山的三民主义理论是在中国民族自信力消失和欧洲民族向世界扩张的特殊背景下提出的，有其针对性。孙中山的三民

---

① 孙中山：《在南京同盟会饯别会的演说》，《孙中山全集》第2卷，中华书局1982年版，第319页。

主义以儒家的“忠孝、仁爱、信义、和平”八字道德作为民族自信力的基础。“民族主义的基础，就是在孝慈的道德，民权主义的基础，就是在信义的道德，民生主义的基础，就是在仁爱和平的道德。”[①]经过戴季陶的阐释，孙中山的思想是以仁爱为基础的王道文化。

戴季陶还提出了进化论的民生史观的说法。他认为，三民主义的本体是民生主义，民族主义、民权主义是方法。民族主义解决民族的生存问题，民权是民生的重要方面。其哲学基础是社会进化论：“生存的欲望为人生一切欲望的基础。”按照他的解释，集团是人类求生存的必要组织，欲望则是集体的凝聚力。因为由生存而产生的欲望都有排他性和独占性，所以，组织与组织、主义与主义之间不能联合。

戴季陶进而提出，三民主义与共产主义的目标完全相同，但在哲学基础和实行方法上则完全不同。共产主义是以马克思的唯物史观为理论基础，而民生哲学则以中国固有之伦理哲学和政治哲学为基础；共产主义以无产阶级革命为实行方法，主张阶级斗争和阶级专政，而民生主义则以国民革命为方法，主张革命专政，反对阶级斗争。戴季陶主义是一些国民党人对中国共产党势力迅速发展的本能反应，满足了他们通过区分三民主义与马克思主义学说，进而对抗马克思主义，清除共产党的需要。

戴季陶对三民主义的解释得到蒋介石的支持。国民党政权初步统一全国后，迫切需要一个主义来统一全国思想。蒋介石以孙中山的三民主义信徒自居，他认为：“我们中国要在二十世纪的世界谋生存，没有第二个适合的主义，只有依照总理的遗教，拿三民主义来做中心思想，才能统一中国。”[②]1929年3月，国民党第三次全国代表大会确定三民主义为训政时期中华民国最高根本法：“确立总理所著《三民主义》、《五权宪法》、《建国方略》、《建国大纲》及《地方自治开始实行法》，为训政时期中华民国最高之根本法。举凡国家建设之规模，人权民权之根本原则与分际，政府权力与其组织之纲要，及行使政权之方法，皆须以总理遗教为依归。……总理创造中国国民党，同时创造三民主义……故总理之全部教义，实为本党根本大法；凡党员之一切思想言论行动及实

① 中国人民大学中共党史系编：《戴季陶主义资料选编》，1983年版，第51—52页。

② 蒋介石：《中国建设之途径》，秦孝仪主编：《先总统蒋公思想言论总集·演讲》卷十，中国国民党中央委员会党史委员会1984年版，第322页。

际政治工作,悉当以之为规范而不可逾越。”[①]

蒋介石本人还在戴季陶主义的基础上,进一步发挥,炮制出了“力行哲学”。1932 年 5 月,蒋介石在南京中央军官学校发表演讲《自述研究革命哲学经过的阶段》,提出孙中山的“知难行易”说与王阳明的“知行合一”学说没有本质不同:“古今来宇宙之间,只有一个‘行’字才能创造一切,所以我们的哲学,惟认知难行易为唯一的人生哲学。简言之,唯认行的哲学为唯一的人生哲学。所以我们要完成革命,要打倒日本帝国主义,只有实行总理知难行易的学说。”[②]1939 年 3 月,蒋介石任国民党总裁期间发表了《行的道理》(《行的哲学》)的演讲,强调力行三民主义的重要性,要求国民努力践行“礼义廉耻”、“忠孝、仁爱、信义、和平”等儒家道德。蒋介石对三民主义解释的实质,同样是儒化三民主义。他将孙中山描述为中国儒家伦理道德的集大成者,将儒家伦理道德与三民主义融为一体,使之成为孙中山三民主义的“精髓”。

这一时期,理论界对三民主义的阐释和宣传形成了热潮。诸如,陈立夫的《唯生论》、《生之原理》,胡汉民的《三民主义的连环性》,周佛海的《三民主义之理论体系》、《三民主义的基本问题》,孙科的《三民主义新中国》,张铁君的《民族主义与国际主义》,姜琦的《抗战建国与民生哲学》,萨孟武的《三民主义政治学》等,都在当时产生了一定影响。

国民政府时期,国民党利用执政优势,借助政要的阐释和党组织的提倡,逐步确立了三民主义的官方意识形态地位。1937 年出版的《蒋介石全集》第一编“党义”,收录有《总理之根本思想》、《三民主义为中国的中心思想》、《三民主义为中国唯一的思想》、《主义重于生命》等 30 篇文章。1943 年出版的《中国之命运》一书再次重申:“惟有三民主义为汇萃我整个民族意识的思想,更可以证明中国国民党为代表我全体国民的要求,和各阶级国民的利益而组织,为革命的惟一政党。任何思想离开了三民主义,即不能长存于民族意识之中。”[③]

(二)三民主义教育宗旨的确立

国民革命时期,广州国民政府曾提出过“党化教育”口号,但因时间短

① 中国第二历史档案馆编:《中华民国史档案资料汇编:第五辑第一编(政治)》(二),江苏古籍出版社 1994 年版,第 91 页。

② 蒋介石:《自述研究革命哲学经过的阶段》,秦孝仪主编:《先总统蒋公思想言论总集·演讲》卷十,第 541 页。

③ 蒋介石:《中国之命运》,秦孝仪主编:《先总统蒋公思想言论总集·专著》卷四,第 66 页。

促，未能充分实施。南京政府接过这一口号，作为其教育方针，但本质已与广东时期有所区别。1927年5月，蒋介石在南京召开的五四纪念大会上，发出了实行“党化教育”的号召。8月，南京国民政府教育行政委员会制订了《学校施行党化教育办法草案》，指出：“我们所谓党化教育就是在国民党指导之下，把教育变成革命化和民众化，换句话说，我们的教育方针要建筑在国民党的根本政策之上。国民党的根本政策是《三民主义》、《建国方略》、《建国大纲》和历次全国代表大会的宣言和议决案，我们的教育方针应该根据这几种材料而定，这是党化教育的具体意义。”①“党化教育”是为了灌输以三民主义为中心的意识形态而采取的重大政治举措。简单地说，即以训练党的办法训练学生，以三民主义之中心思想确立学生的人生观、价值观，造就新国民。

由于国民党内部对“党化教育”存有争议，南京政府修改了党化教育方针，提出了意义更为明确的三民主义教育方针。

国民党宣传画

1928年5月，大学院第一次全国教育会议明确提出以“三民主义教育”取代“党化教育”，主张遵照三民主义的宗旨，贯彻三民主义的精神。1929年3月，国民党第三次全国代表大会，通过了“确定教育宗旨及其实施方针案”，正式制定了三民主义教育宗旨。其中明确规定：“中华民国之教育，根据三民主义，以充实人民生活，扶植社会生存，发展国民生计，延续民族生命为目的。务期民族独立，民权普遍，民生发展，以促进世界大同。”所谓三民主义的教育“就是各行政机关底设施，各种教育机关底设备和各种教学科目，都是以实现三民主义为目的的教育”。文件还规定：1. 各级学校之三民主义教育，应与全体课程及课外作业相贯连，以史地教科阐明民族之真谛，以集团生活训练民权主义

① 《教育界消息》，《教育杂志》第19卷第8号，1927年8月。

之运用，以各种生产劳动的实习培养实习民生主义之基础，务使智识道德融会贯通于三民主义之下，以收笃信力行之效。2. 根据“总理遗教”，以陶融儿童及青年“忠孝、仁爱、信义、和平”之国民道德。3. 中等学校及大学专门，须受相当之军事训练，以锻炼强健之精神、养成规律之习惯。①

为推行三民主义教育宗旨，国民政府先后采取了以下几项主要措施。

1. 推行训育制度。从1929年7月起在各级各类学校中设训育主任、训育员，任务是“时时与学生接近，藉以匡正其思想、言论、行动”。国民政府颁布的《鉴定各学校党义教员条例》、《中小学训育主任办法》、《鉴定小学教员规程》、《大学教员资格审查条例》，规定了任用校长及教职员的条件，指定优先任用国民党党员为校长、训育主任等重要职务。

2. 发布《整饬学风令》，严格规定和限制学生组织和团体的发展。采取各项措施加强管理，使前期比较自由散漫的学校教育置于严格、统一的控制之下。1928年8月，国民政府颁布了《各级学校规程》和《私立学校规程》，限制私立学校的开设，以经办不善、违背法令等罪名查封一些不进行党化教育的学校。对于私立和教会学校，教育部也曾颁文予以规范。1929年5月，国民政府以宣传共产主义为由，封闭了华南大学、大陆大学。9月，胡适因指责党义教育为“党八股”而遭到国民党中训部的训诫。1931年2月，中国公学因校内有国家主义派、新月派的活动，被教育部派员接收整顿。校内所有“非法”团体一律解散，所有教职员一律重新聘任。上海光华大学也因教师中有新月派分子，被国民党中央勒令严办。

3. 加强党义灌输，凡中小学一律开设公共课，讲授党义。教育部规定：大学生要根据三民主义，研究高深学问；小学生自幼就应浸润于三民主义的陶冶中。1929年8月，国民政府颁行《大学章程》，明确规定党义课程为各科共同必修课程。《私立学校规程》，《大学新增党义课程标准》也规定私立大学立案时，必须呈报党义课程的实施情况，凡违反三民主义的理论均为“反动”和“腐化思想”。1931年，教育部通令全国各校一律悬挂“忠孝、仁爱、信义、和平”八字匾额。

4. 实行军训和军事化管理，高中以上实行军训制度，初中和小学进行童子军训练等。1929年后，教育部公布《修正高中以上学校军事教育方案》规定各级学校都应注重发展体育运动，增强民族体力；对高中学生进行军事教育，

① 中华民国教育部编：《第一次中国教育年鉴》甲编，开明书店1934年版，第16页。

对初中、小学实行童子军训练。

5. 颁布《教科书审查规程》(1929 年)和《中学课程标准》(1932 年),统一全国中小学的课程标准,并严厉审查教科书,防备“共产主义分子进行宣传”。1932 年 11 月,国民党制定《关于党义教育案》,声称:“如历史地理之书籍,应渗入以民族独立运动之精神,如日本为我国不共戴天之深仇,应卧薪尝胆以雪耻。”1934 年 1 月,中国国民党四届四中全会通过《关于政治会议工作报告之决议案》,要求:“中小学党义教材,应尽量编入地理历史国文课程中,以唤起民众精神及灌输民族意识。”

除了学校教育外,三民主义教育针对全体社会民众,尤其是对党员和军人的教育有极其严格的规定。此外,国民党还注重社会教育的“三民主义化”,要求戏院、游艺场、民教馆、公共体育场、公园等,都要合乎党化教育的精神,施行公民训练,效忠国民党,奉行国民政府的法令。

三民主义教育与蔡元培等一贯倡导的“思想自由、兼容并包”的教育宗旨相冲突,是中国教育思想的重要转向。国民政府建立后,坚持“以党治国”的理念,强调党在一切领域内的主导地位与权威,力图加强党在一切领域内的控制力。教育被要求服从于政治,服从党的领导。南京政府时期的教育虽然在扩大规模、完善体制等方面发展迅速,但新文化运动时期形成的自由民主精神明显削弱。

这一时期,由于国共两党在政治上的尖锐对立,双方在各自统辖范围内贯彻不同的教育主张。中共在苏区内推广以工农大众为对象的教育,基本方针是教育为革命战争服务,教育为工农大众服务,教育与生产劳动相结合。一些自由知识分子为实现改造社会的理想,也纷纷在教育领域进行实践,寻求教育救国的“第三条道路”,许多外国教会则在中国各大城市及租界内设立教会学校。

二、教育制度变革

1925 年 7 月广州国民政府建立之后,设立了一个过渡期的临时机构——教育行政委员会,作为中央教育行政的指导机关,其地位相当于中央政府的教育部。南京国民政府建立之后,原教育行政委员蔡元培、李石曾等人基于教育独立思想,仿效法国而提议成立大学院并施行大学区制。

就机构设置而言,大学院和大学区制包括两大部分:在中央,以大学院取代教育部,作为全国最高的学术和教育行政机构,统一管理全国的教育行政和学术研究以及图书馆、博物馆等文化事业。在地方，将全国划分为若干大学区，每一区设一所大学，为地方最高教育行政领导机构，统一管理辖区内一切学术与教育行政事宜；废止各省教育厅，各省国立大学兼教育行政机关，大学校长同时负责区内一切学术与教育行政事宜。这项制度由蔡元培、李石曾等人提议，目的是从制度建设入手，集中教育行政资源，提升教育质量。1927 年 7 月，国民政府先后令江苏、浙江率先试行，裁撤教育厅，合并组建了第四中山大学区（后改名为中央大学区）与第三中山大学区（后改名为浙江大学区）。在北方，国民政府决定在北平推行大学区制，统辖河北、热河两省及北平、天津两市。

不过，大学院制推出不久，非议便纷至沓来。1928 年 9 月，蔡元培提出辞职，10 月 23 日，国民政府正式明令改大学院为教育部，列为行政院十部之一，大学院一切事宜均交教育部办理，并任命蒋梦麟为国民政府第一任教育部长。由于各方面的强力抵制，大学区制试行不到两年，也于 1929 年正式取消。

大学院的设置和大学区制的推行，是 20 世纪 20 年代"教育独立"思潮的产物。它仿效近代法国教育行政制度，将教育行政与学术机构合为一体，贯彻了教育机构学术化和学者管理教育行政的原则，有助于摆脱政府对教育和学术的过分干预，防止教育和学术政治化。然而，受限于当时中国的社会政治环境，这一改革没能进行下去。

大学院与大学区制废止之后，教育部重新恢复。随着国内局势的逐渐稳定以及国家经济状况的好转，国家对教育的管理与投入也不断增加，教育结构得到调整，一系列制度与法规陆续颁布。南京国民政府时期的高等教育，无论在学校的规模、学生的数量上，还是在教育质量上，均有较大发展。

第一，加快建设国立大学的步伐。1928 年清华大学被指定为国立大学之后，校长罗家伦即着手组织重大改革，终止清华作为留美预科学校的功能，并将其改为能提供四年正规大学课程的男女同校的大学。同时，清华也脱离了由教育部与外交部共管的状态，归于教育部独立管辖。在首都南京，原地方性大学东南大学被改组为国立中央大学。在西南地区，成都大学、四川大学与成都高等师范学校于 1931 年合并为国立四川大学。这些都表明了国家政权力量对教育领域的渗透，国家复兴的脚步在大学里得到了体现。

第二，提高办学规模和质量。在办学经费和设施的配备方面，国民政府规定专科以上学校每年扩充设备费至少占经常费用的 15%，大学或学院必须有相当规模的校园、校舍、运动场、图书馆、实验室等配套设施，确保高等院校的质量。这一时期高校的总体数量稳中有升,质量有所提高。从 1928 年至 1936 年,全国大专以上学校从 74 所增加到 108 所,在校人数从25 198人增加到41 922人,经费数从1 790余万元上升到3 927余万元。在教学效能、规范制定、经费保障等方面都有了明显提高。高等院校的师资素质、教学设备、毕业生水准均较国民政府建立初期有明显改善。到 30 年代中期,中国高等教育的基本框架已初步形成。

第三,调整大学的院系和专业。近代以来,中国高等教育一直存在重文轻理的现象。文、法诸科占据专业优势,而理、工、农、医等专业较为落后,学生人数亦少。这一状况,已不能适应南京国民政府时期全国发展社会经济的需要。为了扭转这种局面,国民政府采取措施,大力发展实用科学教育。1929 年 4 月,《中华民国教育宗旨及其实施方针》提出:“大学及专门教育,必须注重实用科学,充实学科内容,养成专门知识技能,并切实陶融为国家社会服务之健全品格。”①此后,教育部明令提倡农、工、医、理等实科教育,颁布一系列相应法规。1931 年 6 月,国民政府行政院公布《确定教育设施趋向案》,规定“大学教育以注重自然科学及实用科学为原则。”②1932 年国民党中央政治会议决定改革大学文、法等科,规定今后除边远省份为养成法官、教师,允许设立文、法科外,一律暂不准新设文、法科。对已设立的文、法诸科,教育部派员“严行视察,分别归并,或停止招生,或分年结束”,以限制文、法科的发展。与此同时,在教育经费分配、招生方案等方面向理工科倾斜,在原有高校当中先后增设了一批实科院系,如同济大学增设理学院,北洋工学院增设电机、工程两系和航空工程课目,清华大学、中山大学、岭南大学增设工学院等。在高等教育招生方面,教育部要求从 1933 年开始,文法科招生数不得超过实科招生数。通过调整,取得了良好效果。以 1934 年为例,入学新生中的理工科学生达3 976人,几乎同文科所招新生4 029人持平③。

第四,收回教育权。南京国民政府成立之后,积极开展收回教育权运动,要求一切外国设立的教会学校在教育部登记,宗教课程也被改为选修。1928 年,在政府的积极督导下,金陵大学第一个向教育部立案注册,同年福建协和大学也呈请立案。此后,燕京大学、辅仁大学、东吴大学、岭南大学、沪江大学、

① 宋思荣、章咸主编:《中华民国教育法规选编 1912—1949》,江苏教育出版社 1990 年版,第 46 页。

② 中华民国教育部编:《第一次中国教育年鉴》甲编,开明书店 1934 年版,第 17 页。

③ 教育部统计室编:《二十三年度全国高等教育统计》,商务印书馆 1936 年版,第 113 页。

金陵女子学院、震旦大学等先后呈准立案，各校校长亦改由中国人出任。注册问题的基本解决是中国历届政府坚持非宗教的世俗化教育政策的胜利。虽然如此，学校实权仍掌握在西方教会手中，教会派出的代表往往以“顾问”、“校务长”等名义掌管学校校政与经济权力。不过，收回教育权运动基本上结束了近代中国教育体制内中、外教育并存的状态，至少在形式上，有“国中之国”之称的教会大学已经被纳入国家教育行政体系之内，不再独立于中国政府之外。学校的主要职能恢复为教书育人，传授科学文化知识，传道意向被削弱，教育与宗教逐渐分离的态势已不可逆转。

国民政府时期的中小学教育也取得了较大的发展。1922 年颁布“壬戌学制”后，中国改行美国学制，即小学 6 年，初中、高中各 3 年，大学 4 年。1928 年，国民政府颁布《中学暂行条例》，规定高中分设普通、师范。1929 年，教育部颁发《高级中学暂行课程标准》，废除普通高中的文、理分科制。1931 年，国联教育考察团来中国考察教育，针对中国的高级中学分科提出了批评。受此影响，1932 年，国民政府公布《中学法》、《师范学校法》和《职业学校法》，宣布废除综合中学制度，分别设立普通高中、师范学校和职业学校。次年，教育部正式废除 1922 年学制所采行的美国式综合中学制，改用欧洲式中学文、理分科的模式。

师范学校主要是为初等教育培养师资。根据 1932 年召开的国民党第四届中央执行委员会第三次全体会议的决议规定：1. 中等师范教育机关，分简易师范学校与师范学校，均由政府办理。2. 师范学校应脱离中学而独立。3. 现有之师范大学应力求整理与改善，使其组织、课程、训育各项均合于训练中等学校师资之目的，以别于普通大学，且与师范学校力谋联络。4. 大学设师资训练班，凡大学毕业生愿任教师者，应入该班加修教育功课一年，以备中等学校教师之选。5. 师范学校与师范大学概不收学费，师范学校应由政府供给膳宿制服为原则。这些决议成为这一时期兴办师范教育的基本依据。在师范教育中，乡村师范教育相当活跃。如，陶行知于 1927 年在南京创办晓庄学校，实行“教、学合一”，宗旨是“与马牛羊鸡犬豕作朋友，向稻粱菽麦黍稷下功夫”。晏阳初在河北定县实验的“平民教育”，梁漱溟在山东邹平、菏泽等地实验的“乡村教育”，曾名噪一时。

这一时期，国民政府大力发展职业教育。1930 年召开的第二次全国教育会议决定，在“训政”期间，教育事业以推广义务教育和成人补习教育为重点，对于高等教育和中等教育，应注重充实整理，先求质量的提高，不急作数量的增长。职业教育的目标在于培养职业人才及专门技术人才。职业教育中，影响较大的团体是黄炎培领导的中华职业教育社。黄炎培提出乡村职教的意义在于“以教育之力，改进农村一般生活，成立全社会革新之基”。该社以自办、合办和代办等形式设立了一些职业教育学校、指导所、农村改进区等，以教育与职业、生产密切结合，把发展乡村教育与开发农村经济、解决农民生计、改变乡村风俗相联系，对于解决失业严重等社会问题，起到了积极作用。

1932—1933 年，国民政府先后颁布《小学法》和《小学规程》，规定小学以完全小学为主，修业 6 年、前 4 年为初级小学，后 2 年为高级小学，施行国民义务教育。此外，各地还设立了“简易小学”及“短期小学”。

南京国民政府建立后的十年，是中国教育稳步发展、趋于定型的重要时期。国民党“以党治国”的模式，强化了思想控制，反映到教育方面便是强调集权和统一，并通过教育立法和制度建设，逐步实现制度化、规范化。与此同时，由于政局相对稳定，教育投入逐年增加，教育管理渐次完善等因素，使得各级各类教育都取得了较大的发展。无论学校数量、招生、毕业人数，还是教育经费投入、教育质量与学科建设，都达到了民国以来的最高水平。例如，1929 年，全国有小学校212 385所，中学校2 111所，专科以上学校 76 所；至 1937 年 6 月，这三类学校分别为318 777所、1 902所和 91 所[①]。当时执教于中央大学的历史学家郭廷以曾形容这段时间是“民国以来教育学术的黄金时代”[②]。

第二节　中国现代科学事业的奠基

南京国民政府时期，中国现代科学事业初步奠定基础。人文社会科学实现了现代转型，自然科学诸学科在一些领域取得了重大成就，几乎所有学科都建立了全国性的学会组织。而且，成立了中国历史上第一个全国性的科学研究机构——中央研究院。

一、人文社会科学的建设

南京国民政府成立后，中国现代学科制度基本确立，人文社会科学形成了

① 《民国二十五年度全国初等教育概括》(1936 年)，《全国中等学校二十六年度概况》(1937 年)，《中华民国史档案资料汇编：第五辑第一编(教育)》，第 579、526 页。

② 郭廷以：《近代中国史纲》，香港中文大学出版社 1980 年版，第 670 页。

自己的学科体系。

(一)传统学科的现代转型

哲学、史学、语言学等传统学科,虽然从清末即开始接受西方学术理念,但真正实现学术转型,则是在五四以后,主要是南京国民政府时期。

哲学学科的形成以“科玄论战”为标志。因为论战所讨论的问题展示了中国哲学的世界性意义。在这场论战中,以张君劢、梁启超为代表的“玄学派”,以丁文江、胡适为代表的“科学派”,以陈独秀为代表的“唯物史观派”都登台亮相。在东西文化大交汇的时代背景下,这场论战不仅形成了中国现代哲学的基本格局,而且体现了20世纪世界范围内的人文主义与理性主义哲学思潮在现代中国的回响。

中华民国的史学学术格局基本铸成。1928年,中央研究院历史语言研究所正式成立。历史语言研究所从指导思想、内部分工到研究方法,都完全是按照现代史学的要求实行的。20世纪史学界最为著名的史学大师陈寅恪、陈垣、傅斯年等人也正是在这一时期走上中国史学的前沿,他们代表不同于马克思主义的史学流派,共同铸立了中国现代学术的丰碑。

语言学转变为新式学科经历了二十余年时间。早在1906年,国学大师章太炎就宣称:“小学”要改称“语言文字学”。但真正全面付诸行动,则要从《新青年》所倡导的白话文算起。1917年,胡适、陈独秀、钱玄同、鲁迅等人发起白话文运动。1922年,钱玄同、赵元任等人借白话文运动之风提出汉字拼音化动议。1925年,刘复、钱玄同、黎锦熙、赵元任、林语堂、汪怡人等人反复研究讨论,拟定《国语罗马字拼音法式》。这一法式后由国语罗马拼音研究委员会议决通过,1928年被作为国音字母正式公布。至此,现代语言文字学初步建立。

(二)西方学术的中国化

政治学、经济学、文化学、社会学等社会科学,到30年代初,开始扭转仅是翻译和介绍西方学说的局面,逐步与中国的历史和现实结合起来,形成了自己的学科形态。

西方现代意义上的政治学,清末民初开始传入中国,五四以后获得广泛传播,至30年代前后,政治学在中国已基本形成独立学科。其标志是张慰慈的《政治学大纲》、高一涵的《政治学纲要》、杨幼炯的《政治学纲要》、邓初民的《政治科学大纲》等一批由中国学者自己撰写的政治学书籍的问世。这些书籍虽然是大学教材,但却开始建构自己的政治学科体系。1930年,张慰慈的《政治学大纲》由商务印书馆出版，较详细地说明了政治学的基本问题，被称作中国现代资产阶级政治学的奠基之作。邓初民是马克思主义政治学的奠基者，他于1929年出版的《政治科学大纲》，以马克思主义的世界观和方法论论述了阶级、国家、政府、政党、革命等政治范畴，并系统阐述了政治学的性质、概念、研究方法及其在社会科学中的地位。20年代末30年代初，政治学研究已深入到各学科的分支，涌现出《政治形态论》（沈敬铭著）、《政治地理学》（韩道之著）、《政治心理学》（邹谦著）等一批专门性著作。1932年9月，中国政治学会在南京成立，80多名学者加盟其中。这是第一个全国性的政治学组织。它的成立，积极促进了中国政治学的发展。

经济学也是从晚清开始传入中国的，称谓不一。1912年，孙中山在上海讲演时主张统一使用“经济学”一词。“五四”以后，该词始为人们广泛接受。民国初期，经济学附属于商科，后来又与政治学合并，出现了“政治经济学系”。20年代末30年代初，经济学独立成科，经济学系随之成立。同时，中国的经济学拥有了自己的学会组织和研究机构，如中国经济学社、中国农村经济研究会、中央研究院社会科学研究所、北平社会调查所、南开大学经济研究所等。民国时期，经济学主要是吸收和传播西方近代资产阶级经济学说，并以此来观察、分析和研究中国的经济问题，进而建立自己的经济学学科体系。

中国人知道社会学一科，始于清末严复、章太炎等人的译著。五四以后，西方社会学在中国广为传播，为中国建立社会学体系提供了有利条件。1921年，厦门大学创办社会学系，成为中国人自办大学设立社会学系之始。此后，燕京、复旦、清华、武汉大学相继开办了社会学系。中国共产党创办的上海大学也重视社会学研究，并开设了社会学系。五四以后，还成立了社会学团体——中国社会学社，并出版了《社会学杂志》、《社会学界》等杂志。到30年代初，中国已具备建立自己社会学的组织基础，1930年，中国社会学社发展为真正意义上的全国性社会学社，并召开了第一届全国理事会。

30年代前后，中国学者发表了一批重要的社会学成果。从1927年到1935年，社会调查报告达9 027个之多①。影响较大的调查报告有陈翰笙《现今中国之土地问题》（1933）、李景汉《北平郊外之乡村家庭》（1929）和《定县社会调查善》（1933）、陶孟和《北平生活费之分析》（1930）等。在社会学体系和基本理论的建设方面，有著名社会学家孙本文所著的《社会学原理》、《社会进

---

① 参见王康主编：《社会学史》，人民出版社1992年版，第278页。

化》、《社会学大纲》等。李达的《社会学大纲》、许德珩的《社会学讲话》等著作，对马克思主义社会学理论作了深入探讨。这一时期学者们还对人口社会学、家庭社会学、农村社会学、城市社会学作了深入探讨，出版了一批高质量的著作。

同一时期，中国民俗学也奠定了自己的学科基础。民俗学起源于北京大学的歌谣征集活动。1918 年，刘半农、沈兼士等发起组织了歌谣研究会，明确提出要把民俗学作为重点工作去抓。1927 年前后，顾颉刚在厦门大学组织成立了厦门大学风俗调查会。他们通过民歌民俗调查，获得了大量民俗学资料。1923 年，胡朴安出版的《中华全国风俗志》，是我国第一部全国风俗志。从 1927 年底开始，中国民俗学进入新时期，其标志是中山大学民俗学会的成立。民俗学会由顾颉刚、容肇祖、钟敬文、董作宾等发起成立，隶属语言历史研究所，主席为容肇祖，宗旨是“调查、搜集及研究本国之各地方、各种族之民俗”。该会积极开展民俗学活动，先后出版了《民间文艺周刊》、《民俗周刊》、《民俗》三种学术刊物，中国民俗学研究走上正轨。

1926 年，民族学作为一门独立的学科在中国诞生，标志是蔡元培发表的《说民族学》一文。该文首次在中国提出了民族学定义。1928 年，他在中央研究院内专设民族学组，兼任主任，开始组织有关民族学的调查和研究活动。1930 年、1934 年，他分别发表《社会学与民族学》、《民族学上之进化观》两篇文章，比较系统地阐述了对民族学的见解。除了中央研究院设置了民族学研究机构外，中山大学于 1927 年设立了人类学组，探究民族问题。中央大学、金陵大学、清华大学、燕京大学、辅仁大学、中法大学、华西大学、岭南大学等校相继开设了民族学课程。1934 年，由杨堃等人发起成立了中国第一个民族学学术团体——中国民族学会。

30 年代前后，文化学、教育学、心理学等学科也在中国建立了自己的学科体系。

综上，尽管各学科门类建立现代学术体系的时间不尽相同，但均萌芽于清末民初，经过“五四”前后一段时间的发展，到 20 年代末 30 年代初基本形成了自己的学科体系。

二、自然科学的奠基

20 世纪上半期，中国的自然科学整体较为落后。相对而言，地质学、生物学进步较快，数学、物理、化学等基础科学发展缓慢。

1. 地质学

丁文江

早在1912年，南京临时政府实业部就设立了地质科，由章鸿钊任科长。随后，北京政府工商部成立了以丁文江为首的地质研究所，并培训了中国第一批地质学人才。1916年，丁文江组织成立了中央地质调查所，调查所下设地质调查、古生物、新生代、经济地质、工程地质、地球物理等研究室。该所是中国现代科学发展史上最早建立的专业研究机构，在中国地质学科史上具有里程碑式意义。1922年，中国地质学会正式组建，章鸿钊担任会长，并先后创办了刊物《中国地质学会志》和《地质评论》。至1928年，北京大学、南京中央大学、中山大学等先后恢复或设立了地质系，中央研究院成立了地质研究所。北平、河南、广东、湖南、贵州、四川、江西、福建、西康等省市也纷纷建立了地质研究机构。中国的地质科学研究事业全面开展起来。

南京国民政府时期，地质学研究取得了众多令人瞩目的学术成就。中央地质调查所在丁文江、翁文灏等人的领导下，调查范围东北至黑龙江、西南至云南、西北至甘肃、青海，几乎覆盖了整个中国版图，获得了丰富的地质、矿产等方面的资料。北平地质调查所成立后，对北平周边地区进行了大规模的科学考察。1929年12月，裴文中等人在北平西南的周口店发现了完整的北京猿人的头骨，引起世界性轰动。

李四光、赵石曾、章鸿钊、翁文灏等人在地层古生物研究、地质构造以及地层运动研究方面，做出了突出贡献。其中，成绩最大的是李四光。李四光(1889—1971)，湖北黄冈人。1904年留学日本，后又留学欧洲，1918年从英国伯明翰大学地质系毕业。他毕生致力于中国的地质研究事业。1922年，他在英国发表论文《华北晚近冰川作用的遗迹》一文，否定了中国华北地区在临近地质时期不存在冰川的说法。1926年，他发表《地球表面形象变迁之主因》一文，提出了一个著名的论断，即地球自转速率的变化乃地壳运动产生的主因。20年代末，李四光经过长年实地考察，证明了中国第四纪存在冰川现象，从而推翻了国际上所谓的中国并不存在第四纪冰川的说法。1930年，他写出了关于中国第四纪冰川的划时代名著《冰期之庐山》。1935年，李四光应邀到英国讲学。由讲稿整理而成的《中国地质学》一书，是中国人撰写的第一部系统的中国地质学著作，在国内外引起巨大反响。

2. 生物学

生物学科的进步也较为迅速。早在民国初年，各大院校便设立了生物学系或生物学专业。如南京高等师范学校于1912年设立农科，北京农业专科学校于1913年设立生物专业，北京大学于1916年设立生物系等。1918年，杜亚泉组织编写了中国第一部《植物学大辞典》，不久又编成《动物学大辞典》，推动了中国生物学科的发展。1922年，中国科学社生物研究所在南京成立，下设动物、植物两大部，动物部由秉志等人主持，植物部由胡先骕等人主持。该所是中国较早成立的现代生物研究机构。南京国民政府时期，在中华教育文化基金会的支持下，秉志、胡先骕等人在北京创办了著名的静生生物调查所。调查所出版的《静生生物调查所汇报》，在国内生物学界具有重大影响。1930年，中央研究院植物研究所和北平研究院植物研究所先后成立。前者在罗宗洛等人的主持下，先后设立了分类学、生理学、藻类学、真菌学、形态学等研究室，代表了当时国内的最高学术水平。1933年，中国植物学会在重庆北碚正式成立，并发行专刊《中国植物学会杂志》。两年后，中国动物学会在北平成立。至此，中国生物学形成了较为健全的学会组织和稳定的研究队伍。

二三十年代，中国学者在植物分类学、植物形态学、动物遗传学、昆虫学等领域做出了重要贡献。植物分类学方面，著名植物学家陈焕镛是最重要的奠基人。陈焕镛（1890—1971），广东新会县人。他从小随父在美国接受西式教育，1919年在哈佛大学获硕士学位，1920年回国，曾在金陵大学、东南大学、中山大学任教。1927年，他出任中山大学植物学系主任，两年后，创办了中山大学农林植物研究所，使该校成为研究南方植物的重要基地。截止到1938年，该所采集南方珍贵植物标本已达15万余件，处于国内领先地位。1929—1937年，他与胡先骕合作出版了五卷本的《中国植物图谱》，该书是国内外研究植物分类学的重要参考书。鉴于他在这一领域的成就，1935年，他应邀出席了在荷兰召开的世界植物学大会第六次大会，并被选为世界植物学会常务委员会副主席。

动物遗传与行为学方面，以陈桢的研究最具代表性。陈桢（1894—1957）是中国早期著名的生物学家、鱼类遗传学的先驱者和动物行为学的创始人之一。他从美国留学回来后，长期在东南大学农学院动物系任教，同时兼任中国科学社研究员。他长期致力金鱼的研究，1925年发表了《金鱼外形的变异》一文，受到国内外研究者的重视。他在金鱼的变异、发育、遗传、进化等方面都提出了重要的理论观点，达到了世界领先水平。他还通过蚂蚁的研究，创建了中国的动物行为学专业。

此外，张景钺等人对于植物形态学的研究，沈其益、王云章等人对于菌类学的研究，尤其伟对于昆虫学的研究，汤飞凡对于微生物学的研究，秉志等人对于解剖学的研究，也取得了较大成绩。

3. 物理学、化学和数学

中国现代物理学科直至国民政府时期才取得一定发展。1928 年，中央研究院物理研究所成立。这是中国第一个现代意义的物理研究机构，是专业化研究的重要标志。该所的研究重点在电磁学、X 光、地球物理学方面。不久，北平研究院先后创办了物理研究所和镭学研究所，主要从事光学、压电效应、天文物理及放射性矿物的研究。此后，不少高等院校也设立了物理研究所。1932 年，中国物理学会在北平成立，并创办了专刊《中国物理学报》。民国时期，涌现出了吴有训、何育杰、王普、赵忠尧、王淦昌、叶企孙、张宗燧、严济慈、吴大猷等一批著名的物理学家，他们在 X 射线研究、光学研究、核物理学、理论物理学等领域，为中国现代科学事业做出了奠基性贡献。

进入国民政府时期，化学学科取得了实质性进展。20 年代末 30 年代初，中央研究院和北平研究院分别成立了各自的化学研究所，为现代化学研究创造了科研条件。此后，一些省市和高等院校，也先后创立了化学研究所。同时，私立研究机构也有一定发展，较有名的有天津的黄海化学工业社、上海的中华化学工业研究所、协和医院、雷氏德医学研究院等。1932 年，中国化学会正式宣告成立，同时发行《中国化学会杂志》、《化学》杂志和《化学通讯》。化学会的成立，大大促进了中国化学研究的进步。1932 年，化学会会员仅 190 人，到 1940 年，已增加到 1644 人。各项研究事业也取得了较快的发展。其中最为著名的有黄鸣龙发明的化学试验方法“黄鸣龙还原法”、侯德榜发明的纯碱制作方法“侯氏制碱法”等。

与物理、化学等学科相比，专门性的数学研究机构建立较迟。国民政府时期，清华大学、北京大学、浙江大学、武汉大学、中央大学等都开设有数学系，大学担负着数学研究的任务。其中，清华大学和浙江大学分别成为南北两地数学研究的重镇。1935 年，中国数学会正式成立。三年后，创办会刊《中国数学会学报》，成为当时中国唯一的数学专刊。直到 1947 年，中央研究院才设立了数学研究所。民国时期，江泽涵在拓朴学研究方面，杨武之、华罗庚、钟开英、陈传璋等人在数论研究方面，苏步青、陈省身、孙光远等人在微分几何方面，熊庆来等人在分析数学方面，都取得了开创性成就。

总体说来，自然科学诸学科在南京国民政府时期逐渐走上了专业化的道路。但与同期的人文社会科学相比，自然科学的发展仍嫌迟缓、落后。

三、中央研究院的创立

中央研究院是中国有史以来第一个现代意义上的官办国家级专门科研机构，是中华民国最高学术研究机关。

创立中央研究院的主要目的，是发展科学事业，改变中国科学落后的状况，促进国家经济、文化的发展和国力的增长。设立中央研究院的倡议最早是由孙中山提出的。1924 年冬，孙中山提出筹设中央研究院作为全国最高学术研究机构的拟议，指示汪精卫、杨杏佛、黄昌谷起草计划。后因孙中山逝世，此议遂未能实现。

南京国民政府成立后，再次提出设立中央研究院的计划。1927 年 5 月，国民党中央政治会议决定设立中央研究院筹备处，蔡元培、李石曾、张静江等为筹备委员。7 月，国民政府公布《中华民国大学院组织法》，明确规定将筹设中研院，作为大学院附属机构之一。1927 年 10 月大学院成立，蔡元培根据其组织条例，聘请了中央研究院研究员 30 余人。11 月 20 日，中央研究院筹备会议开幕，通过《中华民国大学院中央研究院组织条例》，确立中央研究院为中华民国最高科学研究机关。蔡元培以大学院院长兼任中央研究院院长，并决定首先成立理化实业研究所、社会科学研究所、地质研究所、观象台等四个分支研究机构。王小徐、宋梧生、周仁（子竞）为理化实业研究所常务筹备员，蔡元培、李石曾、周鲠生为社会科学研究所常务筹备员，徐渊摩为地质研究所常务筹务员，竺可桢、高鲁为观象台常务筹备员。

1928 年 4 月，国民党政府公布《修正国立中央研究院组织条例》，改中华民国大学院中央研究院为国立中央研究院，成为独立机关。4 月 23 日，任命蔡元培为院长。6 月 9 日，蔡元培召集各部门负责人徐渊摩等在上海东亚酒楼举行第一次院务会议，中央研究院宣告正式成立。6 月 9 日成为中央研究院院庆日。

按照国民党政府公布的《国立中央研究院组织法》规定，中央研究院是“中华民国最高学术研究机关”，其任务主要有：（一）进行科学研究，（二）指导、联络、奖励学术之研究。研究院组织机构为，院长之下，分设研究、评议、行政三

中央研究院

大部门，以“研究为其中坚”。研究部门，由各研究所组成；评议部门，主要是评议会，作为全国最高学术评议机关，由院长聘任评议长；行政部门，为总办事处，由总干事执行全部行政工作，下设文书、会议两处，机构极为精炼，南京总处及上海办事处，总共不过20人。蔡元培聘任的第一任总干事是杨杏佛。

中央研究院从1927年秋开始筹备，到1930年初，成立了物理、化学、工程、地质、天文、气象、历史语言、社会科学、心理等九个研究所和一个自然博物馆。

1928年1月，地质研究所成立，李四光任所长。2月，天文研究所、气象研究所成立，所长分别为高鲁、竺可桢。3月，物理研究所、化学研究所、工程研究所成立，所长分别为丁西林、王琎、周仁。同月，历史语言研究所成立于广州，所长为傅斯年；社会科学研究所在上海成立，所长为杨端六，下设经济、法制、社会、民族四个组。1929年4月，心理研究所在北平成立，由唐钺任所长。1929年1月，自然历史博物馆在南京成立，由钱天鹤任馆长。到1930年，中央研究院九个研究所共有专任、兼任、名誉、特约研究员91人，助理研究员64人，编辑8人，初步形成了一支包括自然科学和社会科学各学科在内的科研队伍。

中央研究院实行院务会议制度。院务会议每月开会一次，凡关于研究院的一切方针大计，均由院务会议讨论决定，由院长核准施行。院务会议由院长、总干事、文书主任、会计主任、出版品国际交换部主任、各所所长、秘书及级主任组成。各研究所也都设有性质相同的所务会议。院务、所务会议对发扬民主，集思广益，保障做好研究工作起了积极作用。

1937年全面抗战开始后，中央研究院在代理总干事傅斯年的主持下，把仪器、药品、图书资料和员工等内迁至西南后方，在川、桂、滇、黔诸省分散觅址，着手恢复工作。1945 年抗战胜利，中央研究院复原。1948 年 3 月，第二届评议会第五次年会召开，选举 81 位著名学者为中央研究院院士。至此，完成了国家科学院的体制建设。到 1949 年，中央研究院下属研究所已发展到 23 个。中华人民共和国建立之后，历史语言研究所和数学研究所迁往台湾。

中央研究院成立后，在科研经费十分紧张的情况下，勇于克服困难，积极开展科学研究工作，如历史语言研究所的安阳殷墟发掘，地质研究所在湖北等地的地质矿产调查，天文研究所开设紫金山天文台，气象研究所的测候等。中央研究院对中国科学技术事业的发展，做出了非凡的贡献。它使中国科学事业逐步摆脱了单纯介绍西方科学成就的局面，开始有了自己的科学研究成果，有的甚至达到了世界水平，并且积累了经验，培养了人才，奠定了中国现代科学事业的基础。

第三节　左翼文化运动

左翼文化运动，是 20 世纪 30 年代在“左联”领导下进行的一场无产阶级革命文化运动。这场运动与国际普罗文艺浪潮声应气求[①]，为中国近代文艺开辟了崭新的道路，积极推动了中国近代文化的发展。

一、革命文学的兴起

左翼文化运动可追溯至革命文学的兴起。新文化运动后期，文学革命所开创的新文学观念产生分化。以胡适、梁实秋等人为代表的一批文化人持自由主义的文化理念，坚持“自我表现”的文学观，强调文学创作中的个人情感体验。而以郭沫若、瞿秋白、蒋光慈、冯雪峰、成仿吾等为代表的一批作家逐渐将视野从关注自我转向关注以工农为主体的普通民众，将自我个性的发展与整个民族国家联系起来，将启发民众的觉悟作为最神圣的使命。他们认为，新文学没有相应地跟上时代发展的步伐，当革命形势日益高涨之时，新文学作家却“遨游于高山流水之间，或躺在沙发上，闭着眼睛讴歌爱和美”。他们要求新文学必须反映时代风貌，应该描绘和表现已经觉醒的无产阶级的斗争生活和革

① “普罗”是法语普罗列塔利亚的简称，意思为无产阶级的。普罗文学来源于 20 世纪现实主义文学，强调文学为政治服务，文学是政治经济的产物，左翼文化运动是对这一国际文艺浪潮的回应。

命精神[①]。

五卅运动中，大批作家参加了实际的革命斗争。1926年，鲁迅于"三一八"事件后发表了《革命时代的文学》等著名演讲，呼唤"革命文学"的到来。他认为，作家应该取下假面，真诚、深入、大胆地"看取人生并且写出他的血和肉来"，中国早就应该有一片"崭新的文场"和几个"凶猛的闯将！""没有冲破一切传统思想和手法的闯将，中国是不会有真的新文艺的。"[②]

中国左翼知识分子提倡革命文学的热诚，在1927年国共合作破裂后进一步高涨起来。国民革命的退潮使一批正处于彷徨中的激进知识分子逐渐放弃原有的文学理想，谋求一种更加实用、更加功利的文学理念，从而寻找新的出路。一批国民革命时期的文化宣传工作者陆续聚集到上海，运用当时先进的马克思主义理论，向五四以来的"民主"、"科学"、"个性解放"等观念发动了措辞激烈、声势浩大的文化批判。较早倡导无产阶级革命文学的社团，主要是创造社和太阳社。《创造月刊》、《文化批判》、《太阳月刊》是他们的主要阵地。

从1928年1月起，《创造月刊》先后发表了郭沫若的《英雄树》、成仿吾的《从文学革命到革命文学》等文章。成仿吾在《从文学革命到革命文学》一文中全盘否定了五四文学革命的成果，声称新文学必须由文学革命迈到革命文学，即以农工大众的意识为文学的意识，以农工大众为文学创作的对象。同时，创造社的一些年轻成员如李初梨、冯乃超、彭康、朱镜我等人，又创办了一个理论刊物《文化批判》。李初梨在该刊发表了《怎样地建设革命文学》一文。

1928年1月，蒋光慈、钱杏邨、林伯修、孟超、洪灵菲、楼适夷等从事文艺工作的中共党员，在上海成立了太阳社，发行《太阳月刊》。蒋光慈在该刊第2号发表《关于革命文学》，批判了那种认为"文学只是作者个人生活或个性的表现"的观点。他认为中国社会生活的中心已经"渐由个人主义趋向到集体主义"，因此，"革命文学应当是反个人主义的文学，它的主人翁应当是群众，而不是个人；它的倾向应当是集体主义，而不是个人主义。"他们力图创造一种以无产阶级阶级意识为指导，为完成无产阶级历史使命服务的革命文学。

《创造月刊》与《太阳月刊》的出版引发了一轮创刊风潮，此后一批带有激进色彩的文艺刊物相继问世。如阳翰笙、李一氓合编的《流沙》半月刊，杜国庠、洪灵菲创办的《我们》月刊，鲁迅主编的《奔流》月刊，郁达夫主编的《大众文

① 秋士：《告研究文学的青年》，《中国青年》第5期，1923年11月17日。

② 鲁迅：《坟？论睁了眼看》，《鲁迅全集》第1卷，人民文学出版社2005年版，第255页。

艺》,鲁迅、冯雪峰、柔石主编的《萌芽月刊》,蒋光慈主编的《新流月报》等。这些刊物发表了大量小说、诗歌和其他多种形式的革命文艺作品。

蒋光慈(1901—1931)是太阳社的发起人之一,也是革命文学著名的代表人物。他首创了"革命+恋爱"的叙事模式,代表作有《少年漂泊者》、《野祭》、《短裤党》、《咆哮了的土地》等。此外,洪灵菲的《流亡》三部曲,孟超的《冲突》,华汉(阳翰笙)的《两个女性》、《女囚》、《地泉》,胡也频的《到莫斯科去》、《光明在我们前面》等,也采取了"革命+恋爱"的叙事模式。柔石的《二月》、《为努力的母亲》,叶圣陶的《倪焕之》,丁玲的《莎菲女士的日记》,殷夫的《孩儿塔》等作品也产生了比较广泛的社会影响。他们采用小说和诗歌等形式,用充满"革命浪漫蒂克"的笔触和标语口号化的语言,塑造了大量面对革命成功与挫折的青年学生、工人和农民的形象,展现了革命文学的特色。

革命文学的兴起是左翼文化运动的早期形态。革命文学作家无论在理论建构还是在文学创作过程中,都在有意识地将文学与社会现实结合起来,强调文学为政治服务的功能。郭沫若在《艺术家与革命家》中主张,"艺术家以他的作品来宣传革命,也就和实行家拿一个炸弹去实行革命是一样"。李初梨则重新定义了文学,他认为,一切文学都是宣传,文学有它的社会根据和阶级背景,而无产阶级文学的样式则应当是"讽刺的、暴露的、鼓动的、教导的"。在这种阐释中,文学成为阶级斗争的工具和改变现实的力量,具有了推动现实、创造历史的功能。革命文学的兴起,直接为30年代中国左翼文化运动提供了理论与精神资源。

革命文学兴起后,社会上对于它的批评与非议就持续不断。从1928年6月至1929年10月间,《新月》月刊连续刊登了梁实秋的《文学与革命》、《文学是有阶级性的吗?》、《论鲁迅先生的硬译》等文,提出"健康"与"尊严"是文学的两大原则,认定无产阶级文学是"标语派"、"功利派"、"偏激派"、"主义派",无产阶级文学或大多数文学是"不能成立的名词",认为"伟大的文学乃基于固定的普遍的人性","人性是测量文学的唯一标准";要求文学家不要带有固定的阶级观念,更不要有为某一阶级谋利益的成见,竭力反对文学为无产阶级政治服务。为此,鲁迅表达了明确的意见:"穷人决无开交易所折本的懊恼,煤油大王那会知道北京捡煤渣老婆子身受的酸辛,饥区的灾民,大约总不会去种兰花,像阔人的老太爷一样,贾府上的焦大,也不爱林妹妹的。"①他认为,文学家

① 鲁迅:《"硬译"与"文学的阶级性"》,《鲁迅全集》第4卷,第208页。

不可能摆脱其自身的阶级意识。

在蓬勃兴起的革命文学的刺激之下，国民党内部的一些文艺人士深感忧虑，他们迫切感到必须在文艺战线上迎接这种挑战。从1928年下半年起，国民党主导的一些报刊陆续发表文章，猛烈抨击“革命文学”，要求必须把文艺纳入到三民主义的思想轨道中来。1929年6月，国民党中央宣传部召开全国宣传会议，蒋介石亲临大会讲话，会议通过了“确定本党之文艺政策案”，规定以“三民主义文艺”为国民党的文艺政策，创造三民主义文学，取缔违反三民主义的一切文学作品。

由于违背国民党的“三民主义文艺”政策，1929年初，创造社、太阳社等文学团体的出版部或书店相继被查封、关闭，他们经营的主要刊物如《创造月刊》、《文化批判》、《太阳月刊》等也遭查禁，革命文学运动陷入低谷。

二、“中国左翼作家联盟”的成立

20年代末期，针对国民政府的文化围剿，中共中央准备在上海成立一个革命文艺团体，宣传革命思想。1929年秋，中共中央决定以夏衍、冯乃超、彭康、阳翰笙、冯雪峰、蒋光慈、柔石等聚集的上海闸北区第三街道支部为中心，联络文艺界左派人士。进而又将其改为文化支部，由中央文化委员会的潘汉年担任支部书记。这为后来“中国左翼作家联盟”的成立奠定了组织基础。

1930年2月16日，鲁迅和一些左翼作家在上海召开了以“清算过去和确定目前文学运动底任务”为中心的讨论会，会议认为有必要号召国内左翼作家团结起来共同运动。3月2日，中国左翼作家联盟（简称“左联”）在上海艺术大学宣告成立，到会的有40余人。大会推选鲁迅、夏衍、钱杏邨三人组成主席团。鲁迅发表了《对于左翼作家联盟的意见》的演讲，他认为今后应该注意的是：第一，对于旧社会和旧势力的斗争，必须坚决、持久，而且要注重实力；第二，应该扩大战线；第三，应当造出大批的新战士；第四，联合战线以服务于工农大众为共同目的。会议还选举了沈端先、冯乃超、钱杏邨、鲁迅、田汉、郑伯奇、洪灵菲等7人组成的常务委员会，通过了“左联”的组织行动总纲领，明确指出要“站在无产阶级的解放斗争的战线上，确立马克思主义的艺术理论及批评理论”，使艺术成为反对封建阶级的、反对资产阶级的、反对“稳固社会地位”的小资产阶级的倾向的武器。同时规定了今后的工作方针：1. 吸收国外新兴文学的经验，建立种种研究的组织；2. 帮助新作家进行文学训练，提拔工农作家；3. 确立马克思主义的艺术理论及批评理论；4. 出版机关杂志及丛书小丛书等;5. 为新兴阶级创作文学作品。

对于左翼作家联盟的意见(节选)

鲁　迅

第一,对于旧社会和旧势力的斗争,必须坚决,持久不断,而且注重实力。旧社会的根柢原是非常坚固的,新运动非有更大的力不能动摇它什么。并且旧社会还有它使新势力妥协的好办法,但它自己是决不妥协的。在中国也有过许多新的运动了,却每次都是新的敌不过旧的,那原因大抵是在新的一面没有坚决的广大的目的,要求很小,容易满足。譬如白话文运动,当初旧社会是死力抵抗的,但不久便容许白话文底存在,给它一点可怜地位,在报纸的角头等地方可以看见用白话写的文章了,这是因为在旧社会看来,新的东西并没有什么,并不可怕,所以就让它存在,而新的一面也就满足,以为白话文已得到存在权了。又如一二年来的无产文学运动,也差不多一样,旧社会也容许无产文学,因为无产文学并不厉害,反而他们也来弄无产文学,拿去做装饰,仿佛在客厅里放着许多古董磁器以外,放一个工人用的粗碗,也很别致;而无产文学者呢,他已经在文坛上有个小地位,稿子已经卖得出去了,不必再斗争,批评家也唱着凯旋歌:"无产文学胜利!"但除了个人的胜利,即以无产文学而论,究竟胜利了多少?况且无产文学,是无产阶级解放斗争底一翼,它跟着无产阶级的社会的势力的成长而成长,在无产阶级的社会地位很低的时候,无产文学的文坛地位反而很高,这只是证明无产文学者离开了无产阶级,回到旧社会去罢了。

第二,我以为战线应该扩大。在前年和去年,文学上的战争是有的,但那范围实在太小,一切旧文学旧思想都不为新派的人所注意,反而弄成了在一角里新文学者和新文学者的斗争,旧派的人倒能够闲舒地在旁边观战。

第三,我们应当造出大群的新的战士。因为现在人手实在太少了,譬如我们有好几种杂志,单行本的书也出版得不少,但做文章的总同是这几个人,所以内容就不能不单薄。一个人做事不专,这样弄一点,那样弄一点,既要翻译,又要做小说,还要做批评,并且也要做诗,这怎么弄得好呢?这都因为人太少的缘故,如果人多了,则翻译的可以专翻译,创作的可以专创作,批评的专批评;对敌人应战,也军势雄厚,容易克服。关于这点,我可带便地说一件事。前年创造社和太阳社向我进攻的时候,那力量实在单薄,到后来连我都觉得有点无聊,没有意思反攻了,因为我后来看出了敌军在演"空城计”。那时候我的敌军是专事于吹擂，不务于招兵练将的，攻击我的文章当然很多，然而一看就知道都是化名，骂来骂去都是同样的几句话。我那时就等待有一个能操马克斯主义批评的枪法的人来狙击我的，然而他终于没有出现。在我倒是一向就注意新的青年战士底养成的，曾经弄过好几个文学团体，不过效果也很小。但我们今后却必须注意这点。

（选自《鲁迅全集》第4卷，人民文学出版社2005年版，第240—242页）

“左联”的成立是30年代左翼文化运动兴起的重要标志。在组织上，“左联”在全国一些重要地区建立了分部，以扩大阵容，造成声势。“左联”成立后不久，左翼社会科学家联盟（社联）、左翼戏剧家联盟（剧联）、左翼美术家联盟（美联）等左翼文化团体也相继成立，并同“左联”一起组成中国左翼文化总同盟（简称“文总”）。“左联”还先后出版了《萌芽》、《前哨》、《北斗》、《拓荒者》、《现代小说》、《大众文艺》等刊物，积极从事无产阶级文学作品的翻译和介绍，同时创作了一批小说、杂文、诗歌、戏剧、散文、音乐等。

就性质而言，“左联”实际上是一个以文艺为武器参加革命斗争的团体。它以文艺为阶级斗争的工具，认为无产阶级革命的时代，革命文艺应该宣传无产阶级的意识形态，成为无产阶级的文艺。1930年8月“左联”执行委员会通过的决议中就一再强调，它不是“作家的同业组合组织”，而要成为真正的斗争机关，使中国无产阶级文学运动成为整个解放斗争的一部分。“左联”要求无产阶级作家和革命家的“笔锋”，“应当同着工人的盒子炮和红军的梭标枪炮，奋勇的前进！扫除和肃清民族主义的人性主义的和平主义的疯狂剂和迷魂汤！”[①]“左联”成立之初，就组织作家进行了一些纯粹政治性的活动，诸如游行、示威、飞行集会、散发传单、张贴标语、组织罢工、罢课等。

中共上海地下组织在“左联”的成立过程中做了协调与斡旋工作，“左联”被视为中共的外围组织。在许多当事人的回忆中，参加“左联”，就等于参加革命、参加党，故“左联”又有“第二党”的称号。

就世界范围来看，当时的苏联和西方各国的无产阶级文学运动，尤其是日本的无产阶级文学运动的蓬勃兴起，给予中国的左翼文化运动以很大的影响和启示。苏联从20世纪20年代中期开始，无产阶级文艺运动就相当

① 中国左翼作家联盟执行委员会：《告无产阶级作家革命作家及一切爱好文艺的青年》，《文学导报》第1卷第6、7期合刊，1931年10月23日。

活跃，产生了“左翼艺术战线”、“俄罗斯无产阶级作家联合会”（简称“拉普”）等一批文化团体。其中“拉普”的文艺理论很快传入中国，并被左翼文坛视为“正确有力的新的指导理论”。1929 年，美国出现特大经济危机，各种社会矛盾急剧尖锐化。从 20 世纪 30 年代起，美国左翼作家队伍迅速扩大，成立了许多左翼文艺团体，创办了各种文艺刊物。无产阶级文艺在东亚的影响也日益扩大。朝鲜在 1927 年成立了“高丽无产阶级艺术同盟”。日本于 1925 年 12 月组成“日本无产阶级文艺联盟”，后来又建立了“全日本无产阶级艺术家联盟”（简称“纳普”）。这一时期，各国的左翼文化团体还成立了一个“国际革命作家联盟”的组织，互相声援、支持，“左联”就是这个组织的一个支部。

由于三民主义文学政策无力应对日益高涨的左翼文化运动，国民党的文艺政策开始转向。“左联”成立不久，国民党组织部发动了民族主义文艺运动，其主要成员包括潘公展、朱应鹏、范争波、黄震遐、王平陵等人。他们利用《前锋周报》、《前锋月刊》和《现代文学评论》等刊物，提倡“王道”精神和“忠孝、仁爱、信义、和平”的道德，称这是中华民族五千年绵延不绝的命脉。他们倡导用反映民族精神的文学来替代左翼文学。1930 年 6 月，《前锋月刊》创刊号上发表了《民族主义文艺运动宣言》一文，宣称：“文艺底最高使命，是发挥它所属的民族精神和意识，换一句话，文艺的最高意义，就是民族主义。”与此同时，宣言提出要铲除“多型的文艺意识”，认为革命文学“沾染阶级斗争的色彩”，“阻碍国民革命的进展”，使文艺界“深深地陷于畸形的病态的发展过程中”，必须禁止。民族主义文艺运动虽然产生了一些有一定水准的作品，如李赞华的《变动》、《矛盾》，黄震遐的《陇海线上》、《黄人之血》等，但总体的社会影响力仍然无法与左翼文学相比。

左翼文艺还受到了“第三种人”的攻击。自 1931 年底开始，胡秋原、苏汶等人既抨击民族主义文艺，也攻击左翼文艺。他们标榜不属于任何文学或政治团体，既反对国民党对文学的控制，也反感“左联”对文学的左右，被称为“第三种人”。他们的核心观点之一是文学决不应堕落为政治的“留声机”。他们竭力反对政治因素对文艺发展的干扰，否认文艺的阶级性，认为“文学之最高目的，即在消灭人类间一切的阶级的隔阂”；主张“文艺自由论”，声称“文学与艺术至死是自由的、民主的”；倡导“艺术至上”，认为文学是通过美学的角度来反映生活的复杂性和多样性。

“第三种人”的观点遭到瞿秋白等的有力驳斥。瞿秋白批评胡秋原与苏汶没有认识到文学的阶级性。在他看来，文学创作决不能脱离作者的社会经济背景，而且必须发挥其政治功能，对身临殊死斗争的中国无产阶级来说，文学只能是反抗压迫者的武器，在阶级斗争的时期，不可能有“中间地带”。瞿秋白不否认左翼文学的缺点，但他确信，“左联”成员是真诚地朝着革命理论和实践在摸索前进。总体来说，瞿秋白等人与胡秋原、苏汶等人的论争比较温和，摈弃了过去那种非彼即此的倾向。

三、左翼文艺活动

左翼文艺活动内容丰富多彩，涉及文学、戏剧、电影、美术、音乐等诸多方面。

1. 文学

左翼文学运动无疑是中国现代文学史上最重要的事件之一，它在相当程度上影响了 20 世纪中国文学的进程和格局。

“左联”成立后，左翼文学创作有了较大进步。针对早期“革命文学”中普遍存在的幼稚浪漫倾向，尤其是“革命＋恋爱”的创作模式，左翼作家开始进行反省和批判，使左翼文学逐渐摆脱了创建初期的盲目，走上了健康发展的轨道。1932 年，中共临时中央负责人之一张闻天出面批评了文艺战线上的“关门主义”。此后，以鲁迅为首的一批左翼文化人士开始积极在国民党官方报刊和其他刊物上大量发表文章，左翼作家的影响力不断扩大。

杂文方面，鲁迅的创作最有代表性。鲁迅是左翼文艺运动中的“旗手”，起

1932 年冬，鲁迅在北平师范大学演讲

到了中流砥柱的作用。30 年代中期，他的杂文创作达到了鼎盛时期，先后出版了《三闲集》、《二心集》、《南腔北调集》、《伪自由书》、《准风月谈》、《花边文学》、《且介亭杂文》、《且介亭杂文二编》、《且介亭杂文末编》等。鲁迅的杂文将思想家、小说家、诗人气质熔为一炉，深邃、冷隽、犀利，“是匕首，是投枪，能和读者一同杀出一条生存的血路”，视野的广博、议论的尖锐与形式的多样化在当时独树一帜。此外，瞿秋白的《乱谈》，唐弢的《推背集》、《海天集》等作品也产生了较大的影响。

小说方面，杰出的作家有茅盾、叶圣陶、沙汀、张天翼、田汉、丁玲、艾芜、萧军、萧红等。

茅盾(1896—1981)是中国现代文学史上最重要的小说家之一。他创作的小说以宏伟的叙事结构全面再现社会生活的总体面貌，具有史诗特征。《蚀》三部曲展现了 1926—1928 年国民革命期间的社会状况。《幻灭》写一个投身革命的知识女性静女士所感到的幻灭感。《动摇》写大革命中湖北某县激烈的阶级斗争。《追求》写国民革命失败后一群青年重新回到上海，试图重新寻找人生的道路却一一归于失败。《蚀》三部曲从小资产阶级知识分子的心路历程反映国民革命存在的问题，显示了茅盾对“革命”的深刻认识。《春蚕》、《秋收》、《残冬》描写了老通宝一家的悲剧性遭遇，揭示了当时农民不可避免地走向破产的命运，被称为茅盾的“农村三部曲”。1933 年，茅盾的长篇小说《子夜》出版，标志着左翼文学创作达到了一个新高度。《子夜》精准刻画了 30 年代初中国社会各阶层人物的思想、性格、心理、命运及其历史纠葛，反映了整个时代的丰富内涵和复杂变化。

此外，在诗歌、散文创作方面，也涌现出殷夫、臧克家、艾青、郁达夫、巴金、何其芳等一批优秀的作家。

“九一八”事变之后，一群从东北流亡到上海、北平等地的青年作家，主要有萧军、萧红、端木蕻良、舒群、骆宾基、罗烽、白朗、李辉英等，掀起了一个以救亡为主题的文艺热潮。萧军的《八月的乡村》、萧红的《生死场》、端木蕻良的《浑河的急流》、《遥远的风沙》、《憎恨》，都是这一方面的优秀作品。

这一时期，来自社会基层的文学青年登上左翼文坛，成了“左联”的一支生力军。他们的代表性作品有叶紫的《丰收》、《火》、《电网外》，洪深的《五奎桥》、《青龙潭》、《香稻米》，吴组缃的《一千八百担》、《天下太平》、《樊家铺》，蒋牧良的《三七租》、《懒捐》，葛琴的《总退却》，张天翼的《齿轮》、《砥柱》等。他们注意写自己熟悉的、体验较深的生活，不拘泥于单纯的描写工农和革命斗争，显示了左翼文学创作深厚的社会基础。

2. 戏剧

1929 年 8 月,上海艺术剧社成立,主要成员有沈端先、郑伯奇、冯乃超等人。他们提出了"无产阶级戏剧"的口号,要求革命的戏剧工作者站到无产阶级的立场上来,并举办戏剧训练班以培养革命的戏剧人才。

进入 30 年代,左翼戏剧运动轰轰烈烈地开展起来。1931 年,中国左翼剧团联盟改组为以个人名义参加的中国戏剧家联盟。其行动纲领规定:"深入都市无产阶级的群众当中,争取本联盟独立表演,辅助工农表演,或本联盟与工友联合表演三种方式以领导无产阶级的演剧运动。"在戏剧运动中,左翼戏剧家们奉献出诸多深受群众欢迎的佳作,极大地丰富了左翼文艺思想的内涵。

"九一八"事变后,抗日救亡问题成为左翼剧作家创作的主题。在"剧联"的领导下,大道剧社、暨南剧社、美专剧社、大夏剧社及复旦大学的时代剧社、法政学校的海涛剧社等都纷纷组织抗日化妆表演队,深入到街头、工厂、社区动员民众,宣传抗日。抗日救国的戏剧运动兴盛起来。为适应救亡戏剧运动的需要,左翼戏剧家创作了大量以爱国抗日为题材的剧本。田汉的《乱钟》、《扫射》、《战友》、《暴风雨中的七个女性》、《扬子江的暴风雨》、《号角》,欧阳予倩的《上海之战》,章泯的《死亡线上》、《东北之家》,于伶的《浮尸》、《在关内过年》,石凌鹤的《黑地狱》等,都是很有影响的作品。

随着民族危机加剧,1936 年,一些戏剧工作者提出"国防戏剧"口号。他们动员一切爱国的戏剧家,以戏剧为武器,开展抗日救国运动。所谓"国防戏剧",强调"反帝、抗日、反汉奸,争取中华民族的解放"的主题,同时要求充分发挥戏剧的宣传功能,在艺术形式上提倡"通俗化""大众化"和方言戏剧。小型独幕剧因其具有演出节奏快、形式灵活的特点,在这一时期创作数量大为增多。街头剧、广场剧、话报剧也流行起来。在"国防戏剧"的热潮中,陈白尘创作的历史剧《石达开的末路》、《金田村》等,产生了较为广泛的影响。

3. 电影

电影也是左翼文化运动的重要阵地。1931 年 9 月,"剧联"通过《最近行动纲领》,组织"电影研究会",吸收进步的演员与技术人材,为中国左翼电影运动奠定基础。1932 年秋,夏衍、阿英、尘无、石凌等组成的电影小组,直接参与到电影的编剧工作中,并在当时的报刊发表影评,有组织、有计划地展开了占领电影阵地的活动。

夏衍(1900—1995)是左翼电影的代表性人物,著名剧作家。1933年,明星公司推出第一批左翼电影。其中,《狂流》被称作左翼电影的开山之作,而《春蚕》则标志着这一类型电影的成熟。这两部电影均由夏衍编剧,程步高导演,胡蝶、龚稼农等当红演员主演,在中国电影史上占有重要地位。

此后,许多优秀的左翼电影相继推出。如1935年5月出品的电影《风云儿女》,这部影片从题材的选择、导演的艺术、演员的表现,再到摄影、音乐、美工等方面都展示了很高水准。影片插曲《义勇军进行曲》后来成为中华人民共和国国歌。

1936年7月,明星公司进行改组,突出了国防教育和民族救亡的主题。改组后的第一部影片《生死同心》以国民革命为背景,刻画了一个革命者的形象。明星公司拍摄的《十字街头》和《马路天使》,也都是中国左翼电影的经典之作。

4. 美术

1927年以后,美术界受革命文学运动的影响,部分美术家逐渐确立无产阶级革命意识,从而出现了左翼美术运动。

留日归来的许幸之(1904—1991)是革命美术运动的倡导者和实践者。1929年底,他发表《新兴美术运动的任务》一文,运用马克思主义阶级分析观点阐述了美术运动和阶级意识之间的关系。他指出,美术家应该站在无产阶级的立场上,反映大众的生活,满足大众的要求,并明确提出了无产阶级大众化美术运动的具体方针。该文将美术运动看作是阶级意识的表现,将斗争性、宣传性作为批判艺术优劣好坏的最高标准,这实际上是左翼美术运动的总宣言。

这一时期,一批左翼美术团体,如朝花社、时代美术社等相继成立。1930年7月,左翼美术运动的中心团体"中国左翼美术家联盟"在上海成立。"美联"等左翼美术团体明确把新兴的美术运动看作是为大众服务、为无产阶级斗争服务的一种手段。"时代美术社"在《告全国青年美术家的宣言》中表示:"我们的美术运动,绝不是美术上流派的斗争,而是对压迫阶级的一种阶级意识的反攻,所以我们的艺术,更不得不是阶级斗争的一种武器了。"①"漫画社"的行动纲领规定:画家要深入街头和工厂,对无产阶级进行宣传教育,要"以绘画为武器,积极促进社会革命"。显然,左翼美术运动与无产阶级革命事业联系在

① 《告全国青年美术家的宣言》,《拓荒者》第1卷,1930年3月。

一起，关注的是美术的宣传功能，追求的是美术的社会功利价值。

5. 音乐

20世纪30年代，反映无产阶级革命思想的左翼音乐在乐坛崛起。中国的左翼音乐的产生，明显受到苏俄社会主义音乐的影响。作为世界无产阶级革命音乐的代表成果，苏俄的音乐及音乐理论被译介到中国来。“左联”的机关刊物《大众文艺》连续发表《革命十年间苏俄音乐之发展》等译文，一方面介绍了苏联十月革命以来革命音乐的发展和马克思主义的音乐观，另一方面呼吁造就大众的、具有革命理论支持的新兴音乐。1932年，周扬翻译出版了《苏联的音乐》一书，他在“译后记”中指出：“内容上是无产阶级的，形式上是民族的音乐的创造便是目前普罗作曲家的主要任务。”[①]苏联音乐及相关理论的译介，为中国左翼音乐提供了理论支持。

“九一八”事变后，抗日救亡运动兴起。受左翼文化组织的影响，左翼音乐家或工作者也建立起自己的组织。1932年8月，聂耳、李元庆等人，在北平发起成立“左翼音乐家联盟”。1933年春，任光、聂耳等在上海发起成立“苏联之友社”音乐小组(又名“中苏音乐学会”)。1934年春，田汉、任光、张曙等发起成立“左翼戏剧家联盟音乐小组”。这些音乐组织的建立，标志着以音乐为武器，宣传抗日救亡思想的左翼音乐运动登上了中国历史舞台。

这个时期涌现出一批优秀作品，如聂耳的《义勇军进行曲》、《毕业歌》、《大路歌》、《铁蹄下的歌女》，冼星海的《战歌》，贺绿汀的《工人之歌》，吕骥的《保卫马德里》、《抗日军政大学校歌》、《中华民族不会亡》，任光的《打回老家去》，孙慎的《救亡进行曲》，阎述诗的《五月的鲜花》，黄自的《九一八》，孟波的《牺牲已到最后关头》，麦新的《大刀进行曲》，张寒晖的《松花江上》等等，具有广泛的社会影响，其中的一些在今日仍被吟唱。

聂耳(1912—1935)是这一时期左翼音乐运动的旗手。他认为：“音乐和其他艺术、诗、小说、戏剧一样，它是代替着大众在呐喊。”[②]他对以黎锦晖为代表的流行音乐创作提出了严厉的批评，认为当时的中国音乐“需要的不是软豆腐，而是真刀真枪的硬功夫!”他大声呼吁，音乐家要深入群众，只有深入群众才能“创造出新鲜艺术”。聂耳在不到三年的时间里创作了30余首歌曲作品，为中国新兴音乐文化特别是大众音乐开辟了新的道路。

---

① 周扬：《苏联的音乐译后记》，良友图书印刷公司1932年版，第36页。

② 《聂耳全集》下卷，人民音乐出版社1985年版，第511页。

20世纪30年代中期，国民党对中央苏区连续发动了五次大规模围剿，红军被迫踏上长征之路。与此同时，中国共产党在上海的机关遭到破坏，这使得上海的左翼作家失去了直接的领导组织，“左联”出现分裂。1936年，“左联”正式解散，左翼文化运动逐渐消退。

左翼文化运动对中国思想文化产生了深刻的影响。它密切了文艺与革命的关系，增强了文艺家与社会生活的联系，推动了文学艺术朝着与大众结合的方向发展，使新文艺获得了长足的进步。

第四节 中国社会性质和社会史论战

从20世纪20年代末到30年代中期，知识界先后围绕中国社会性质问题、中国社会史问题以及中国农村社会性质问题展开了大论战。论战持续数年之久，发表的文章达上百篇，著作数十部，堪称一时之盛。

一、中国社会性质论战

1927年南京国民政府成立后，对国民党来说，如何确立统治的合法性成为不可回避的重要任务。这就要求理论工作者必须对当时中国的社会性质、经济结构等问题有深入的认识。对中国共产党而言，由于在国民革命中遭受重大挫折，迫切需要对中国社会状况有一正确判断，重新规划革命方案。何干之指出，“为着彻底认清目下的中国社会，决定我们对未来社会的追求，迫着我们不得不生出清算过去社会的要求。中国社会性质、社会史的论战，正是这种认识过去、现在与追求未来的准备工夫。”①

1928年1月，陶希圣、周佛海等人在上海创办了《新生命》杂志。陶希圣连续发表了《中国社会到底是什么社会》和《中国之商人资本及地主与农民》等文章，并出版了《中国社会之史的分析》、《中国社会与中国革命》、《中国问题之回顾与展望》、《中国社会现象拾零》等著作，受到世人瞩目。陶希圣否认马克思主义阶级斗争的学说，强调中国社会发展的特殊性。他在《中国社会之史的分析》一书中提出，中国社会的封建性，就其制度而言已遭破坏，存在的只是一些封建势力。陶希圣的观点引起了知识界的广泛讨论，社会史论战由此开始。

中共内部对中国社会性质的认识也存在严重分歧。这一分歧源自斯大林

① 《何干之文集》第1卷，北京出版社1993年版，第186页。

派和托洛茨基派的公开分裂。在苏共党内以及共产国际内部,为确认当时中国革命性质是资产阶级民主革命还是无产阶级社会主义革命,在斯大林和托洛茨基之间发生了一场激烈的论争。前者认为当时中国社会性质是“封建社会”,后者则从国际帝国主义对中国共同控制的事实出发,得出中国已经变为资本主义国家或者准资本主义国家的结论。1928 年 5 月在莫斯科召开的中共六大通过决议案,接受了斯大林、布哈林等人的看法,确定当时中国是“半殖民地”,其经济制度为“半封建制度”,因而中国革命的性质是“资产阶级民主革命”,其革命的根本任务就是“反帝反封建”。这一结论遭到了陈独秀、彭述之等一批人的反对,他们倾向托洛茨基派的观点,认为当时的中国已经是“资本主义社会”,中国地主阶级已经努力资本主义化,封建剥削在农村已不占主要地位。随后,陈独秀、彭述之等 81 人又发表《我们的政治意见书》,重申:中国封建社会早已崩溃,当时的中国已进入资本主义稳定发展时期,中共应停止武装斗争,静待无产阶级革命形势的到来。

1929 年 10 月,中共中央对此做出了回应。中央先是展开了清除党内托洛茨基派别的斗争,将陈独秀等人的观点定性为“取消主义”,认定他们要取消工农武装推翻国民党统治的暴力革命。此后,中国共产党内的一些理论家纷纷撰文,驳斥陈独秀等人的观点。11 月,在中共中央文化工作委员会的指导下,朱镜我联合一批具有中共背景的理论界人士如王学文、李一氓等人,在上海创办《新思潮》。通过这一刊物,他们一方面大力翻译介绍马克思主义的著作和文章,另一方面侧重于对党内托洛茨基派以及国民党新生命派展开批判。1930 年 3 月,中共中央宣传部部长李立三发表《中国革命根本问题》,围绕中国社会的主要矛盾、革命的对象、动力、依靠对象等一系列问题,阐释了中共中央关于中国革命的根本主张。后来,这篇文章公开发表在《新思潮》上,影响迅速扩大。

1930 年 4 月,《新思潮》第 5 期出版《中国经济研究专号》,集中讨论中国社会经济的性质。其中,潘东周的《中国经济的性质》、王学文的《中国资本主义在中国经济中的地位其发展及其前途》等文章,着重从帝国主义和中国经济的关系、民族资本在中国经济中的地位、农村土地关系等方面来分析中国经济的性质,再次认定中国是半殖民地半封建的社会,中国的资产阶级民主革命是反封建残余的斗争和反帝国主义斗争的结合。为了统一从事哲学社会科学工作的共产党人的思想,1930 年 5 月,中国社会科学家联盟(简称“社联”)正式宣告成立,《中国社会科学家联盟纲领》公开表示,要以马克思主义批判各种非马克思主义和假马克思主义的观点。

《新思潮》的观点在思想界引起了广泛的讨论。属于托派的任曙、严灵峰、刘镜园等人于1930年7月创办了自己的刊物《动力》。任曙在1930年12月出版《中国经济研究绪论》,严灵峰先后出版了《中国经济问题研究》与《追击与反攻》两书,他们不仅对中国是"半殖民地半封建性质"国家的观点提出了质疑,而且也对由此而来的资产阶级民主革命说提出了不同意见,并论证了在中国实行社会主义革命或非资本主义革命的必要性。

大量马克思主义理论著作的翻译出版为论战提供了理论依据。1928—1931年间,中国出现了翻译和出版马克思、恩格斯、列宁著作的热潮。据统计,在这三四年的时间中,新翻译出版的马恩著作就有五六十种,其中包括马克思的《政治经济学批判》、《神圣家族》、《哥达纲领批判》、《哲学的贫困》、《路易·波拿巴的雾月十八日》,恩格斯的《社会主义从空想到科学的发展》、《反杜林论》、《家庭、私有制和国家的起源》、《路德维希·费尔巴哈和德国古典哲学的终结》,列宁的《国家和革命》、《帝国主义是资本主义的最高阶段》、《卡尔·马克思》、《唯物论与经验批判论》等。同时,介绍和研究马列主义的著作也相当流行,李达等人合译了日本人河上肇的《马克思主义经济学基础理论》以及杉山荣的《社会科学概论》,屈章翻译了梅林的《历史的唯物主义》,吴念慈翻译了普列汉诺夫的《史的一元论》。上海的泰东书局和明日书店陆续推出"马克思研究丛书"与"科学的社会科学丛书"。中共知识分子也发表了一些介绍马克思主义的论著,如瞿秋白的《唯物论的宇宙观概说》、《马克思主义之概念》,李达的《社会主义之基础知识》,张心如的《无产阶级的哲学》等。一时间,用唯物史观来解释中国历史成为中国思想学术界的新动向。

这场争论由苏共和共产国际蔓延到中共内部,后来又演化为中国思想界的纷争,拥有不同政治背景的各界人士纷纷加入论战。论战试图回答两个极具现实意义的问题:1. 当时的中国社会究竟是封建社会,还是资本主义社会?2. 1927年之后,中国革命究竟是资产阶级革命还是无产阶级革命?论战参加者各持己见,最终并没有形成共识。

二、中国社会史论战

中国社会史论战实际是中国社会性质论战向历史学领域的延伸。要想认清社会性质,必然要对中国过往历史进行深入研究。于是,关切中国命运的人文社会科学学者踊跃投身于中国历史发展道路问题的大讨论。中国社会史论战发端于 1929 年,论争的焦点集中在:第一,人类社会历史的发展究竟有无共同规律。第二,马克思关于人类社会历史发展阶段说是否可以解释中国社会。

就在国内学者为社会史问题论战不休之时,远在日本的郭沫若已经率先着手对中国古代社会进行研究。郭沫若(1892—1978),原名开贞,四川乐山人。早年留学日本,后从事文学活动,五四时期出版诗集《女神》,开一代新风。1927 年赴日本,致力于中国历史研究。1928—1929 年,他在国内先后发表了系列论文,1930 年 1 月,结集为《中国古代社会研究》一书。此书应用恩格斯、摩尔根关于古代社会的理论,并利用卜辞金文和各种古代文献探索中国夏商周时期的历史,最先以历史唯物主义来系统解释中国历史分期,明确提出中国古代社会的发展与欧洲古代社会的发展具有相同的规律性。即,中国也曾经历了从原始社会到奴隶社会、封建社会,最后到资本主义社会这样有规律的更替。此书论证中国历史的发展完全符合马克思主义所揭示的人类社会发展的普遍规律,反驳了“中国国情特殊论”。此书一经出版立即引起强烈反应,学界围绕郭沫若的古史观点展开了大规模的争论。

以陶希圣、郭沫若等人的论著为基础,参加论战的各色人物主要通过辩驳或申述等方式表达意见,论战逐渐走向高潮。

主编《读书杂志》的王礼锡注意到这场讨论的价值,随即邀请各派人士在该杂志上发表文章,讨论中国社会史问题。他既以中间立场积极组织和推动论战,又以社会活动家、学者的身份直接参与论战。1931 年底至 1933 年 4 月,《读书杂志》从第 1 卷第 4、5 期起,连续刊载 4 辑“中国社会史论战”专刊,讨论社会史问题,涉及的内容十分广泛。王礼锡在《中国社会史论战序幕》一文中指出:“关于中国经济性质问题,现在已经逼着任何阶级的学者答复。”之所以如此,是因为需要找出中国社会的前途。具体问题是:一、中国革命高潮是否到来?二、中国革命的性质是资本主义革命?抑是社会主义革命?三、中国革命的对象,是帝国主义还是封建势力?要解答第一个问题,就得了解革命的条件是否具备。要解答第二个问题,就得了解中国现在是封建社会,抑是资本主义社会。要解答第三个问题,就得了解帝国主义在中国所发生的作用以及封建势力是否存在。此后,在《读书杂志》上发表的具有代表性的文章有李季《对于中国发展史论战的贡献与批评》、王礼锡《中国社会形态发展史中之谜的时代》、刘梦云《中国经济之性质问题的研究》、刘苏华《唯物辩证法与严灵峰》、胡秋原《亚细亚生产方式与专制主义论》、梅思平《中国社会变迁概论》等。此外,《三民半月刊》、《益世报》等报刊也发表了一批社会史论文。

中国社会性质和社会史论战又引申出关于中国农村社会性质的探讨。由于农业和农村在中国居于主导地位，农村社会性质在很大程度上决定着中国社会的性质。论战主要在“中国农村派”和“中国经济派”两大阵营之间展开。王宜昌、张志澄、王毓拴、王景波等以南京“中国经济研究会”主办的《中国经济》杂志为阵地，从帝国主义在农村中的作用、农村中的土地关系、租佃关系及雇佣劳动问题、农村中的阶级关系等方面来论证中国农村已是资本主义社会，他们被称为“中国经济派”。1933 年 6 月，“中国农村经济研究会”成立，主要成员有陈翰笙、薛暮桥、钱俊瑞、孙冶方、千家驹等约 500 余人。1934 年 10 月，该会创办《中国农村》月刊，由薛暮桥专职主持。他们被称为“中国农村派”。

《读书杂志》“中国社会史的论战”专号

中国农村社会性质论战同样具有现实性。论战围绕着两个问题：1. 农村经济的研究方法，即生产力和生产关系问题；2. 中国农村社会性质及动向问题。后者比前者重要，前一问题的讨论是后一问题的准备。此次论战的部分文章结集为《中国农村社会性质论战》，由上海新知书店出版。

三、论战的转向与消退

1933 年 4 月，《读书杂志》被查封，社会史论战因失去主要阵地而沉寂下来，直到《食货》半月刊创刊后，论战才得以继续开展。

1934 年 11 月，陶希圣在《北平晨报・社会研究周刊》发表《〈食货半月刊〉宣言》，阐述了发刊缘起、旨趣与办法：“近年来，中国史研究有一个新的部门，叫作中国社会史。这门学问的研究，第一步只是中国史的社会学的解释；第二步是中国社会史内容的充实。如今走到第二步的时候，我们觉得社会经济史料的收集，是主要的工作。有许多问题必须经济史料搜集得很多，才能解答。”

而《食货》正是承担了这样的角色。陶希圣指出,《食货》的办法是:1. 凡是中国社会经济史料,足够提出一个问题或足够解答一个问题,整理成文不论字数,都可在这里发表;2. 多举事实,少发空论,不漫骂,更绝对不做政论。同年12月,《食货》半月刊正式发行,成为社会史论战的新阵地。

作为中国社会经济史研究的专门刊物,《食货》主张在搜集史料的基础上,做"切实讨论"和"分工进行",反对社会史论战初期的那种"激昂"与"趋时",强调要在广泛占有史料的基础之上才能下结论。1935年7月,《食货》第2卷第3期刊出"中国社会形式发展史特辑征文"的通知,列出以下几个选题:1. 社会发达过程是不是有一定的阶段? 2. 如有,世界各地社会发达阶段是不是同样的? 亚洲或中国的社会形式以及发达过程是不是特殊的? 3. 中国社会的发达,是不是各地又各有不同的过程,如长江黄河流域的差别,如沿海及山岭地带的差别? 4. 西北部落的侵入,对社会发达过程有怎样的影响? 欧洲资本主义的影响怎样? 5. 以前各家的估计及其批评。这一系列课题的提出,无疑是对中国社会史论战的深化和延续。

《食货》半月刊的创办表明社会史论战趋于更加平实的理论探讨。《食货》所载内容主要是史料的搜集与考证,总结前期论战中出现的问题,反思论战的不足,同时译介相关的外国经济史著作。作为论战最为重要的人物之一,郭沫若在完成《中国古代社会研究》之后,也从通论式研究转向甲骨金石考释。吕振羽参加论战稍晚,他对史前史或上古史的研究较前人更加精密,对郭著《中国古代社会研究》有所修正和补充。翦伯赞等人的研究也更为严谨,注重史实与理论的结合。可以说,此期的论战更关注专题性学术研究,学术性的研讨占据了主流。

此时,强调对史料的整理和考证是社会史论战的重要特征。1934年,《中国经济》杂志在第2卷第9、10期里出版了两册中国经济史研究专号,表示:"这里所集的文章,关于史料的整理和考证者居多,而泛论社会史公式者极少,这虽然对于中国社会经济的发展形态并无何等具体的决定,但我们认为史料的整理和考证,乃是决定历史形态之先决条件,在这方面多花些工夫,总比草率地决定历史形态较有意义。"[①]马乘风1935年出版的《中国经济史》颇能代表这种学术倾向。他不仅就论战问题做了进一步的探讨,还对论战进行方法上的总结和反思。与论战时期的多数作品从理论到理论的作法不同,马乘风

① 《中国经济》第2卷第9、10期,1934年9月。

擅长在排比史料的基础上得出结论，该书基本做到了言之有据，是社会史论战的重要成果。

1937 年全面抗战开始后，上述论战基本结束，很多问题并没能达成共识。

中国社会性质与社会史论战持续近十年，涉及哲学、经济学、社会学、历史学等诸多领域，在中国近代文化史上占有重要地位。论战所讨论的问题事关中国革命的前途，事关对中国社会历史和现状的总体认识。论战不仅为中国革命提供了重要的理论支持，而且推动了马克思主义在中国的发展。虽然参战各方在观点上大相径庭，但无论哪一方，都大体上接受了马克思主义的基本学说，并以之作为论战的主要依据和基本理论。

第五节　新生活运动

20 世纪 30 年代中叶，国民政府发起了一场声势浩大的新生活运动。这既是一场社会改造运动，也是一场思想文化运动。

一、新生活运动的缘起

1934 年 2 月，蒋介石在南昌举行的总理纪念周上，做了题为《新生活运动之要义》的讲演，宣布新生活运动开始。他认为，复兴国家与民族“不是用武力所能成功的”，要想成功，第一要使一般国民具备国民道德，第二要使一般国民具备国民知识，国民道德和知识的高低必须通过食衣住行四项基本生活表现出来，其衡量标准就是“礼义廉耻”。新生活运动“使一般人民都能除旧布新，过一种合乎礼义廉耻的新生活”。在演讲中，蒋介石把新生活运动界定为“救国建国与复兴民族一个最基本亦最有效的革命运动”①。

实际上，新生活运动有着错综复杂的社会历史背景。蒋介石称新生活运动为“精神方面的重大战争”。在他看来，国家危亡、民族衰弱的主要根源在于“民族性的丧失”与“民族精神的堕落”，当时的国民“颓废不振，暮气日深”，“国民精神道德和生活态度实在太不适合于现代，而整个民族的生存已经发生了严重的危险”。他还指出，近代以来包括“九一八”在内的一次次失败，“不是外国的军队打败的，也不是外国的兵舰、飞机打败的，而是自己不如人家，大家过

---

① 萧继宗:《革命文献·第六十八辑·新生活运动史料》，台北中央文物供应社 1975 年版，第 15—20 页。

的都是不合新时代的旧生活，所以才有失败①。因此，新生活运动的推行就是要使全国国民的精神和行动现代化，教导民众明礼义，知廉耻，以期移风易俗，奠复兴民族之基。

蒋介石强力推行新生活运动有重建中国文化的目的。他认为，五四新文化运动“将我们中国固有高尚的民族道德与伦理哲学，完全鄙弃，由是不三不四的思想与各种异端邪说，一齐传布出来，反而使中国真正的文化，有陷于无形消灭的危险”②。时为南京新生活运动设计主任委员的陈立夫也指责新文化运动“摧毁了中国固有的文化，而没有把新文化建设起来”③。时任新生活运动总干事的贺衷寒也曾明确表示，新生活运动的唯一目的就是要把五四的新文化破坏运动，改变成一个建设运动，把中国固有的精华加以发扬④。因此，新生活运动某种意义上具有纠正五四新文化运动以来反传统风气的用意。

新生活运动之要义(节选)

蒋介石

国民智识道德的高下，即文明和野蛮，从什么地方可以表现出来呢？我们要提高一般国民知识道德，要从什么地方着手呢？这就要讲到一般国民的基本生活，即所谓“衣食住行”。这四项基本生活包括全部日常生活，是个个人时时刻刻不能离的。一个人或一国民的精神、思想、智识、道德，统统可以从基本生活的样法，表现出来。

我现在所提倡的新生活运动是什么？简单的讲，就是要使全国国民的生活能够彻底军事化！能够养成勇敢迅速，刻苦耐劳，尤其是共同一致的习惯和本能，能随时为国牺牲！……所谓军事化，就是要整齐、清洁、简单、朴素，也必须如此，才能合乎礼义廉耻，适于现代生存，配做一个现代的国民！……我们在学校里教学生，绝对不是在讲堂上教点国文、史地、理化、英文、算学或其它技艺而已，一切的学术技能都还是教育次要的东西，最根本要紧的事情，还是要教做人的道理，养成学生完美的德性和人格，使他成为一个

① 中国第二历史档案馆编：《中华民国史档案资料汇编》第五辑第一编，江苏古籍出版社1994年版，第777—785页。

② 蒋介石：《哲学与教育对于青年的关系》，秦孝仪主编：《先总统蒋公思想言论总集·演讲》卷十八，第278页。

③ 陈立夫：《中国国民党党员与新生活运动》，正中书局1934年版，第52页。

④ 新生活运动促进总会书记室编审组：《新生活运动汇编》第1集，1938年，第198—199页。

明礼义知廉耻的人！……因为知识技能，禽兽也有的，禽兽也可以教会，人之所以异于禽兽，人之所以为人，就是懂得做人的道理——明礼义，知廉耻。

……我们现在先从南昌起，开始一种新生活运动，我们要使南昌所有的国民个个人都过整洁简朴一切能合乎礼义廉耻的新生活，可以做全国人民的模范！我希望我们各界的领袖，以及一切智识分子从今天起，下定一个决心来做新生活运动，尤其要能从自己做起，然后更以身作则的教导督促自己的学生部下、亲戚朋友，以及一般国民！如此努力干去，我相信三个月以后，南昌一定可以造成一种新风气，造成一个新南昌、新江西，半年以内，一定可以风动全国，使全国国民的生活都能普遍的革新！那时，无论是要废除一切不平等条约，无论是要报仇雪耻复兴我们的民族，都不是什么难事！

（选自萧继宗:《革命文献·第六十八辑·新生活运动史料》，台北中央文物供应社 1975 年版，第 16—23 页）

1934 年 2 月，“新生活运动促进会”在南昌成立，蒋介石自任会长，邓文仪任主任干事。2 月 22 日在南昌召开的首次干事会议制定了各项规程，决定运动分三项进行：先宣传，继以指导，后以纠察。宣传方面，利用报纸、通讯、杂志，发行小册子、传单、标语、电影、广告，并召开市民大会，请名人演讲；指导方面，除召开各团体代表大会，加以详细指示外，并组织指导队，请各学校选派学生，利用星期日挨户指导；纠察方面，由政训处、省市党部、宪兵团、民众教育师资培训所、中国文化学会南昌分会、青年会等，组成 17 个分队，分布各地，实行纠察。

此后，蒋介石以相当大的精力投入到这场运动的推行与普及之中。他在不到半年的时间内接连发表了《新生活运动之中心准则》、《力行新生活运动》、《新生活的意义和目的》、《再解释新生活运动》等文章，并亲自主持制定了《新生活运动纲要》和《新生活运动须知》，为新生活运动确立了一整套理论和行动纲领。

7 月 1 日，国民政府又在南昌成立“新生活运动促进总会”，负最高指导之责任，蒋介石自任总会长，江西省主席熊式辉任总会主任干事，邓文仪为副主任干事。总会设调查、设计、推行三股，聘请何应钦、陈果夫、张群等 33 人为指导员。各省也相继成立了分会。新生活运动由南昌一隅扩展开来。到 1936 年，新生活运动各级组织达1 133个，几乎遍布全国。《新生活运动纲要》规定，全部运动由南昌“新运促进总会”主持，各地由各级“新运促进会”主持，当地最高行政长官均应亲自负责。“新运促进总会”组织大规模视察活动，派遣人员赴各地监督检查，严密控制，大力推动。为加强宣传，还创办了《新生活运动促进总会会刊》。

二、新生活运动要义

新生活运动大致可以划分为三个阶段，即前期新生活运动（1934.2—1937.7）、抗战时期的新生活运动（1937.7—1945.8）及后期新生活运动（1945.8—1949.2）。不同阶段甚至每个阶段的不同时期，新生活运动的实际内容与表现形式也有很大差别。概而言之，新生活运动以“复兴民族”为号召，以礼、义、廉、耻为基本准则，以生活“艺术化、生产化、军事化”为目标。

新生活运动以重新解释之后的“礼义廉耻”作为中心准则。蒋介石提出，要以“礼义廉耻”挽救人心。新生活运动开始后，“礼义廉耻”在其文章、演说中出现得越来越频繁。蒋介石认为，“礼义廉耻”是中国“救国和立国最要紧的根本精神和德性”，是中国的“国魂”；而中国社会现实是“礼义沦亡，廉耻丧尽”。因此，他主张，为复兴民族、建立新国家，就必须恢复“礼义廉耻”这一中国固有的道德，激发起中国人的爱国思想和民族意识。

蒋介石强调，“礼义廉耻”因时因地不同，意义也不同。在当时的条件下，“礼”即“理”，就是“规规矩矩的态度”，要求国民对自然定律、社会规律、国家纪律等要有规规矩矩的态度；“义”即“正正当当的行为”，合乎礼之行为就是义，否则为不义；“廉”即“清清白白的辨别”，清白地辨别是非，合乎礼义为是，反乎礼义为非；“耻”即“切切实实的觉悟”，切实觉悟不合礼、义、廉为耻。礼义廉耻，以“礼”为核心，“义”、“廉”、“耻”皆围绕“礼”而展开。

蒋介石制定的《新生活运动纲要》提出新生活运动的主旨在于：“新生活运动者，我全体国民之生活革命也，以最简易而最急切之方法，涤除我国民不合时代不适环境之习性，使趋向于适合时代与环境之生活。质言之，即求国民之生活合理化。”根据这种解释，新生活运动指向的是转移风气、立国救民，并以“礼义廉耻”为基准进行道德塑造。按照蒋介石的设计，“礼义廉耻”直接表现于国民日常的生活之中，“衣食住行”这四项基本生活的状况表现了“一般国民智识道德的高下，即文明和野蛮”[①]。因此，新生活运动要求从改造和规范国

---

① 《新生活运动之要义》，见萧继宗：《革命文献·第六十八辑·新生活运动史料》，第1、16页。

民的日常生活入手，改良社会风气，在衣食住行中体现“礼义廉耻”的原则。

为了使国民能适应新生活，蒋介石规定以“规矩”与“清洁”两项为第一时期的中心工作。“规矩”与“清洁”主要是从国民日常待人、处事、接物的礼貌仪容、行为态度、社会秩序、办事作风等方面，要求做到服装整洁，讲究卫生，珍惜时间，习礼仪，守规矩，目的是为了矫正当时存在的言语粗暴、行为鄙野、奇装异服、日用奢华、办事凌乱、秩序纷扰等不良现象。蒋介石特别主持制定了《新生活须知》，对老百姓生活中如何贯彻“规矩”与“清洁”作了详细规定。例如，食，要求“食具须净，食物须洁”；衣，要求“洗净宜勤，缝补残破”，“拔上鞋跟，扣齐纽扣”；住，要求“剪甲理发，沐浴勤加”，“和洽邻里，同谋公益”；行，要求“乘车搭船，上落莫挤，先让妇孺，老弱扶持”。另有《新生活运动歌》、《新生活须知歌》等，把新生活运动的规条写入歌词，四字一组，向一般民众宣传。

运动的程序，采取“由自己作起，再求之他人。由公务人员作起，再推之民众。由简要之事作起，再及其次。由不费钱不费事不费力之事作起，再行其余。由机关团体，及公共场所……作起，再求之于全体之社会”[①]。

运动的形式各样。一些省市和铁路交通干线开展了识字、体育、守时、节约、禁烟、禁赌、使用国货、造林、放足、举行集体婚礼等多项活动。有的地方还进行乡村服务活动，组织有关人员和学生组成暑期农村服务团，到农村开展识字运动、卫生运动等，改革农村落后的风俗习惯。此外，各地新生活运动促进会发起组织各种纠察会、劳动服务团，配合宪警进行纠察指导，定期检查。

新生活运动以生活的“军事化、生产化、艺术化”为终极要求，“三化”的实现，即生活的“合理化”。

“所谓军事化者，并非欲全国同胞悉数武装皆赴疆场也，只期其重组织，尚团结，严纪律，守秩序，知振奋，保严肃，一洗从前散乱、浪漫、推诿、因循、苟安之习性已耳。”

“所谓生产化者，亦非欲全国同胞作农工，或尽事商贾也，只期我同胞人人能节约，能刻苦，能顾念物力之艰，能自食其力，以从事生产之途，一洗从前豪奢、浪费、怠惰、游荡、贪默之习性已耳。”

“所谓艺术化者，更非欲全国同胞均效骚人墨客、画家乐师之所为，只期其持躬接物，待人处事，能肃仪、循礼、整齐、清洁、活泼、谦和、迅速、确实，一洗从前之粗暴、鄙污、狭隘、昏愚、浮伪之习性已耳。”

---

① 《新生活运动纲要》，见萧继宗：《革命文献・第六十八辑・新生活运动史料》，第10—11页。

新生活运动中的集体婚礼

其中，“军事化”是核心内容。蒋介石强调指出，新生活运动就是军事化运动，就是要从日常生活做起，一步一步做到全国总动员的程度。军事化的最后目标就是要“整齐划一”，使全国国民能够共同一致，保种强国。他亲自规定了“军事化”的四项推行原则，即：唤起“尚武爱国”的精神，注意“迅速整齐”的行动，实行“简单朴质”的生活，养成“遵守纪律”的习惯。“军事化”的目的在于使全国国民都能够通过军事化而共同一致地生活，并随时准备“捐躯牺牲，尽忠保国”。由新生活运动而开展的国民军训，强化了国民的民族意识和军事素质，在抗战时期，国民政府的军队中有不少杀身成仁、舍生取义、为国尽忠的壮烈之事，这与新生活运动的“军事化”教育有一定关系。

为配合“三化”的开展，新生活运动总会公布了 21 项工作，主要有：守时运动、民众识字运动、体育运动、修桥补路运动、提倡国货运动、戒烟戒赌运动等。其中，又以实施民众训练与编组，促进社会合作事业的组织，加紧社会教育的普及为中心工作。总体来说，战前新生活运动注重在“礼义廉耻”基础上的人格培养。“三化”堪称新生活运动的三大基本原则。国民党企图通过实现“三化”，把国民生活推向“崇尚、富足、巩固”的新阶段，奠定“中华民族复兴之基础”。

从 1934 年 7 月到全面抗战爆发前，是新生活运动的所谓“有组织的统一发展时期”。新生活运动组织遍布海内外，形成全国范围的推行网。宣传活动由国内发展到国外，造成很大声势。其内容由“规矩”、“清洁”运动深化为实施

“三化”方案，妇女新生活运动也在全国展开。

全面抗战时期的新生活运动不论从指导思想、活动内容还是实际成效看，都与抗战前后的新生活运动有较大差异。

新生活运动的侧重点从和平时期的衣食住行转移到了战时服务。在1937年2月的纪念演讲中，蒋介石指出，为应对战争，新生活运动应该“切实推行勿事铺张”、“集中力量贯彻到底”、“以身作则推己及人”、“简朴勤俭表里一致”和“精诚热烈自强不息”的精神。他对“礼义廉耻”这一新生活运动的中心准则进行了新的诠释，由“规规矩矩的态度、正正当当的行为、清清白白的辨别、切切实实的觉悟”变为了“严严整整的纪律、慷慷慨慨的牺牲、实实在在的节约、轰轰烈烈的奋斗”。新生活运动要求每个人能够明了抗战建国的需要，忠勇奋发去力行自身应尽的责任，不惜任何艰苦，不避任何牺牲①。

至于“三化”目标，蒋介石也作了相应调整。他认为，在民族存亡的时刻，“军事化”，即要求国民一切生活合乎战时的需要，勇于杀敌卫国；“生产化”，即要求国民一切劳力都贡献于战时经济建设，以充实国力；“艺术化”，即要求国民改变以前散漫自私的旧生活，进到合群互助的公民生活，以奠定抗战建国的基础。抗战期间，蒋介石几乎年年都发表关于该年度新生活运动工作计划和中心任务的讲话。

新生活运动转向战时运动，其基本宗旨与运行方式发生了显著变化，服务抗战成为此时新生活运动的基调。新生活运动总会随国民政府先后迁至武汉和重庆。为支持前方作战，在总会的指导和组织下，新生活运动系统内先后成立了许多抗战服务团体，主要工作是伤兵慰问、救济难民、保育童婴、节约献金、空袭救济、发扬民族正气和征募物品运动等。虽然当时的工作已与原来的意义不同，但新生活运动的名义仍延续下来。

抗日战争结束之后，新生活运动总会于1946年2月随国民政府一道从陪都重庆迁回南京，并着手各级新生活运动组织机构的恢复、整顿和扩充。但在工作推行方面，却是每况愈下，难现往日之“兴盛”局面。1949年2月，蒋介石表示暂时停止新生活运动的一切活动。国民党政权败退台湾后，新生活运动随之烟消云散。

综观新生活运动的全过程可以发现，它并非一场单纯的社会风气和生活

---

① 《新生活运动五周年纪念训词》，见萧继宗主编：《革命文献·第六十八辑·新生活运动史料》，第67—68页。

习性的改良运动，而是蒋介石借助“礼义廉耻”等儒家固有道德，配合国家建设、“民族复兴”、武力“剿共”、“抗战建国”等而实施的一场全国总动员。新生活运动直接吸收和借鉴了当时西方国家的一些具体做法，制定了不少符合现代文明要求的生活目标和行为标准，一定程度上推动了社会的进步，特别是为抗战做了不少有益的活动。但是，由于当时中国的广大老百姓生活水平普遍低下，运动明显脱离了现实，因此，在具体推行的过程中问题重重，多数活动流于形式，总体效果有限。新生活运动实质上并未深入到国民精神的深处，国民的道德水准并未有明显提高，社会风气亦无大幅改善。新生活运动既没有能够使五四以来日趋没落的儒家文化得以复兴，也没能实现所谓国民食衣住行方面的生活革命；既没能实现生活艺术化、生产化、军事化的理想目标，也没能恢复“符合礼义廉耻的现代生活”，甚至连最基本的整齐清洁也无法普遍做到，当然更谈不上“挽救危亡，复兴民族”。

第六节　中国本位文化建设运动

20 世纪 30 年代，陶希圣、何炳松等一批知识分子主张以中国文化为本位，重建民族文化，以恢复中华民族的自信力，从而引发了关于中国文化出路问题的讨论。本位文化建设运动虽然仅有一年多时间，但却引起了知识界的广泛关注，在社会上产生了较大影响。

一、《中国本位的文化建设宣言》

进入 30 年代，随着全国基本统一，社会环境相对安定，文化建设提上日程，中国思想文化界再次出现了关于文化出路与选择的讨论。

1935 年 1 月，王新命、陶希圣、何炳松、萨孟武、樊仲云、武堉干、孙寒冰、黄文山、章益、陈高傭十位教授联合署名在《文化建设》月刊上发表了《中国本位的文化建设宣言》（也称“十教授宣言”或“一十宣言”，以下简称《宣言》）。《宣言》是十位教授有感于中国文化的现状而提出的主张。从一开始，十位教授便以哀婉的笔调勾画了一幅沉沦悲凉的中国文化场景，借此表达对中国文化发展的深切忧虑。他们认为，中国在文化领域已经消失了，在政治形态、社会组织和思想的内容与形式等方面也已失去了民族特征。要改变中国文化的落后局面，使中国能在文化的领域中抬头，必须从事他们所提倡的中国本位文化建设。唯有如此，才能力挽中国文化沉沦的颓势，从而“使在文化领域中因失去特征而落后的中国和中国人，不仅能与别国和别国人并驾齐驱于文化的领域，并且对于世界的文化能有珍贵的贡献”。

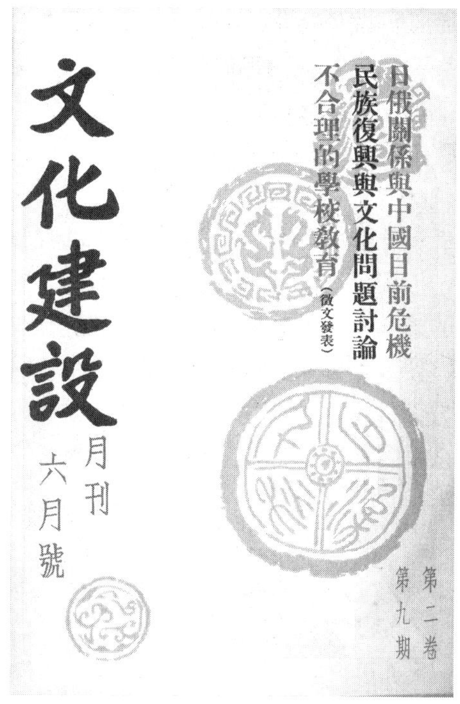

《文化建设》

对于中国文化的出路问题，十教授并非泛泛空论，而是联系时代与民族来考虑。《宣言》特别强调：“中国是中国，不是任何一个地域，因而有它自己的特殊性。同时，中国是现在的中国，不是过去的中国，自有其一定的时代性。所以我们特别注意于此时此地的需要，就是中国本位的基础。”《宣言》对“复古论”与“西化论”一并批判，称复古论是“拼命钻进古人的坟墓，想向骷髅分一点余光，乞一点余热”；批评西化论是“抱着欧美传教师的脚，希望传教师放下一根超度众生的绳，把他们吊上光明温暖的天堂”，指责他们在根本上忘了“中国应有其独特的意识形态”①。

总体而言，《宣言》既描述了20世纪30年代中国文化的情形，又清算了近代以来尤其是五四以来的文化运动，同时也指出了要建设中国文化所应有的认识。他们主张中国的文化建设，要以中国为本位，采取“不守旧、不盲从”的态度，纵的方面不能复古，横的方面要避免“全盘西化”。

中国本位的文化建设宣言（节选）

在文化的领域中，我们看不见现在的中国了。中国在对面不见人形的浓雾中，在万象蜷伏的严寒中：没有光，也没有热。为着寻觅光与热，中国人正在苦闷，正在摸索，正在挣扎。有的虽拼命钻进古人的坟墓，想向骷髅分一点余光，乞一点余热；有的抱着欧美传教师的脚，希望传教师放下一根超度众生的绳，把他们吊上光明温暖的天堂；但骷髅是把他们从黑暗的边缘带

① 王新命等：《中国本位的文化建设宣言》，《文化建设》，第1卷第4期。

到黑暗的深渊，从萧瑟的晚秋导入凛冽的寒冬；传教师是把他们悬在半空中，使他们在上不着天下不着地的虚无境界中漂泊流浪，憧憬摸索，结果是同一的失望。

中国在文化的领域中是消失了；中国政治的形态、社会的组织和思想的内容与形式，已经失去它的特征。由这没有特征的政治、社会和思想所化育的人民，也渐渐的不能算得中国人。所以我们可以肯定的说：从文化的领域去展望，现代世界里面固然已经没有了中国，中国的领土里面也几乎已经没有了中国人。

要使中国能在文化的领域中抬头，要使中国的政治、社会和思想都具有中国的特征，必须从事于中国本位的文化建设。日本的画家常常说："西洋人虽嫌日本画的色彩过于强烈，但若日本画没有那种刺目的强烈色彩，那里还成为日本画！"我们在文化建设上，也需要有这样的认识。

要从事中国本位的文化建设，必须用批评的态度、科学的方法，检阅过去的中国，把握现在的中国，建设将来的中国。我们应在这三方面尽其最大努力。

（选自《文化建设》1935 年第 1 卷第 4 期）

在 30 年代中国独特的政治、社会环境之下，《宣言》的发表激起了轩然大波，引发了国内思想理论界持续一年多的讨论。南京、上海、北平、济南等地的文化团体纷纷举行座谈会或讨论会，几乎国内有影响的报刊都对此事给予了关注，发表相关文章 200 余篇。赞成者誉之为"国民睡梦中的一声警钟，众生迷路时的一个指针，国家民族危急存亡之际的一条出路"①。反对者认为这种论调是"偏于复古"、"跳不出折衷派的圈子"②，视之为清季"中体西用"论的翻版。以《宣言》的发表为标志，本位文化建设运动正式展开。

本位文化建设运动的发生，既是对当时不断加重的民族危机的回应，又是五四以来中西古今文化命题的延伸，同时也与国民政府当局其时正在推行的"民族复兴"潮流相契合。

30 年代，由日本侵华所导致的民族危机逐渐加剧，东北、华北等地不断遭受蚕食，影响了整个国家的命运。强烈的民族自救心理激起了思想界对中国

① 许性初：《从五四运动说到"一十宣言"》，《文化建设》第 1 卷第 5 期。

② 马芳若：《中国文化建设讨论集》中编，龙文书店 1935 版，第 193 页。

文化现状的忧虑和未来发展趋向的深切关注。在民族危难的紧急关头，知识界在探求既往失败的深层原因，比较各民族历史文化短长的过程中，涌现出诸多文化理论与主张，“本位文化”论是当时日益深重的民族危机的直接反映，是文化界挽救民族危亡的重要尝试。“本位文化”论者认为，无论是保守复古、西化还是马克思主义，都不符合当日中国的实际情况，只有以“中国本位”为基础进行文化重建，才能为民族危机日益深重的中国找到一条正确的出路。

“本位文化”论也是对中国近代尤其是“五四”以来文化运动反思的结果。在“本位文化”派看来，五四新文化运动之后，中国文化的发展陷入迷途。西方文化如决堤之洪水般涌入中国，固有的传统文化在其强烈冲击下溃不成军。洋化不通，守旧不能，中国文化要想在这样的一个青黄不接、竭蹶困顿的阶段获得新生，必须另求一种新的发展道路，这种道路就是立足“中国本位”，从事“本位文化”建设。

同时，本位文化建设运动的价值取向符合国民政府弘扬传统文化的政治意图。《宣言》之所以能在当时形成轰动效应，也与国民政府的推动有关。

为配合新生活运动，陈立夫于 1934 年 10 月成立了中国文化建设协会，旨在指导全国文化建设运动。为了加强宣传，中国文化建设协会创办了机关刊物《文化建设》月刊。陈立夫还提出了“以科学化运动检讨过去，以新生活运动把握现在，以新文化建设运动创造将来”的主张①。《宣言》从酝酿、发表，到讨论，得到了中国文化建设协会的大力支持。《宣言》首先发表在《文化建设》上。《宣言》发表后，该协会即函告各地分会，要求它们对本位文化建设主张“作广大深切之宣传与研究”。陈果夫发表特别通电，对《宣言》表示赞成，赞扬十教授“努力于此种本位文化之建设，必能为中华民族展开一条新的途径”②。虽然“本位文化建设运动”与新生活运动侧重点有所不同，但在本质上是相通的，从某种意义上讲，本位文化建设运动系新生活运动在思想文化领域内的拓展。

二、“本位文化”派与“全盘西化”派的论争

“本位文化”派虽然对“复古”与“西化”两种主张都提出批评，但在 20 世纪

---

① 《文化建设发刊词》，《文化建设》第 1 卷第 1 期。

② 陈果夫：《中国本位文化之建设》，马芳若编：《中国文化建设讨论集》上编，龙文书店 1935 年版，第 22 页。

30年代的思想界，单纯固守旧文化、无视世界潮流的人已经寥寥无几。实力强劲、声势浩大的“西化派”成为“本位文化”派首要的批判对象。“全盘西化派”的重要人物陈序经就曾明确表示：“全盘西化的主张，是远在本位文化的宣言之前，与其说前者是因为反对后者而发生，不如说后者是因为反对前者而发生，较为合理。”①

30年代初期，“西化论”已经形成了一股颇有影响的社会思潮，涌现了一批代表性人物，如胡适、陈序经、陈受颐、卢观伟、沈昌晔、吕学海、冯恩荣、张佛泉、张奚若等。他们发表了《“全盘接受西洋文化”的意义》、《全盘西化的辩护》、《趋于“全盘西化”的共同信仰》等文章，出版了《中国文化的出路》等专著，编纂了《全盘西化言论集》、《全盘西化言论续集》、《全盘西化言论三集》。这些文章和著作影响了相当一批人。

《宣言》发表两个月后，胡适在《大公报》上发表《试评所谓“中国本位的文化建设”》一文。他表示对《宣言》“颇感失望”，认为十教授所提出的取长舍短择善而从的方法无非还是“中体西用”的“最新式的化装出现”，是张之洞《劝学篇》的翻版。“根据中国本位，不正是中学为体吗？采取批评态度，吸收其所当吸收，不正是西学为用吗？”他认为，十教授所说的不守旧，其实是在折衷调和的时髦外衣掩饰下主张复古，“正是今日一般反动空气的一种最时髦的表现。时髦的人当然不肯老老实实的主张复古，所以他们的保守心理都托庇于折衷调和的烟幕弹之下”②。由于胡适的巨大影响力，此言一出，引发高度关注。此后，西化派的其他一些重要人物也相继发表文章，矛头直指《宣言》。

面对“西化派”的围攻和国人对“中国本位”的诘问，十教授又发表了《我们的总答复》，对一些基本的概念和命题作了进一步的解释。《答复》谨慎而明确地表示，“本位文化”与“中体西用”论有本质的不同，“中体西用”论是已被他们摒弃了的主张；同时对“全盘西化”派提出更加尖锐的批评，声称主张“全盘西化就是自甘毁灭”。《答复》还进一步阐释了本位文化的涵义，解释了何谓“中国此时此地的需要”。《我们的总答复》发表后，又出现了一大批回应文章，论战再一次升温。

“中国本位”这个命题是双方争论的焦点问题，它能否成立也是决定双方

---

① 陈序经：《一年来国人对于西化态度的变化》，杨深编：《走出东方——陈序经文化论著辑要》，中国广播电视出版社1995年版，第290页。

② 胡适：《试评所谓“中国本位的文化建设”》，《大公报》1935年3月31日。

论证成败的关键。十教授在《宣言》中旗帜鲜明地提出要建设以“中国为本位”的文化，此种提法遭到了“全盘西化派”的猛烈抨击，他们借此批评“中国本位文化”论的保守性，认为他们只看见文化的“民族性”而忽视文化的“世界性”，并不比“国粹论”者或“中体西用论”者进步多少①。对此，“本位文化”派指责西化派误解了“中国本位”的含义，他们表示，所谓的“中国本位”不是“抱残守缺的因袭，不是生吞活剥的模仿，不是中体西用的凑合，而是以此时此地整个民族的需要和准备为条件的创造。”②“本位文化”派认为，他们的目的是要摆脱非中即西的一元价值取向，为中国文化寻找一条创新之路。

“本位文化”派还进一步阐发说，中国本位就是“中国此时此地的需要”，即“充实人民的生活，发展国民的生计，争取民族的生存”。无论是东方文化还是西洋文化，只要是适合中国需要的都应当算作中国本位的范畴，所以中国本位不单包含了中国文化，而且也包含了西洋文化，不单能包含中国文化的精英，而且也能包含西洋文化的精英。他们认为，在近代以来激烈的中西文化冲突中，各种文化主张林林总总，国人在文化上表现出无所适从的困境，全盘西化论更是完全摈弃了中国的“本位”，因此，文化建设必须从本国的现实国情和历史文化背景出发。关于“何谓不守旧”和“何谓不盲从”，他们的解释是：“在纵的方面不主张复古，在横的方面反对全盘西化，在时间上重视此时的动向，在空间上重视此地的环境，热切地希望我们的文化建设能和此时此地的需要相吻合。”论争中，“中国本位”的内涵也在不断丰富。

中西文化的优劣问题是双方立论的基石。没有中西文化的优劣对比，也就无所谓文化的比较与选择，所以在争论中进行中西文化的比较审视成为首当其冲的问题。“西化派”从时代发展的角度观察中西文化，为论述自身的观点而强调二者的程度差异，因而中国文化的弊端也更多地呈现在他们的笔下。对此，胡适强调：“中国今日最可令人焦虑的，是政治的形态，社会的组织，和思想的内容与形式，处处都保持中国旧有种种罪孽的特征，太多了，太深了，所以无论什么良法美意，到了中国都成了逾淮之橘，失去了原有的良法美意。政治的形态，从娘子关到五羊城，从东海之滨到峨眉山脚，何处不是中国旧有的把戏？社会的组织，从破败的农村，到簇新的政党组织，何处不具有‘中国的特征’？思想的内容与形式，从读经祀孔，国术国医，到满街的性史，满墙的春药，

① 嵇文甫：《漫谈学术中国化问题》，《嵇文甫文集》中册，河南人民出版社 1990 年版，第 44 页。
② 王新命、何炳松等：《我们的总答复》，《文化建设》第 1 卷第 8 期。

满纸的洋八股,何处不是中国的特征?”[①]

陈序经在对比中西文化后,认为西洋文化在近代之所以能够有一日千里的进步,就是因为自身的动性较强,两千年来的中国文化之所以停滞不发展,就是因为本身的惰性较深。由此,他得出结论说:“从东西文化的程度来看,我们无论在文化那一方面,都没有人家那样的进步,从文化本身的各个方面的连带关系来看,我们不能随意的取长去短。从东西文化的内容来看,我们所有的东西,人家通通有,可是人家所有的很多东西,我们却没有。从文化各方面的比较来看,我们所觉为最好的东西,还不如人家的好,可是我们所觉为坏的东西,还坏过人家所觉为最坏的千万倍。”[②]

在西化派的猛烈攻击下,本位文化派转而批判西化派偏激的态度:“难道两种聪明相等的民族,真会一种登到天堂,一种坠入地狱么?如果这是不可能的事,那就至少也要承认中国固有文化并不完全偏于保守,西方的文化也不完全是出于创造。”以此为立论基点,他们主张不应有一笔抹煞中国文化的态度,“更不应有唾弃全部固有文化全盘接受西方文化的主张”[③]。

从当时争论的实际情况看,许多问题应该具体分析。各方对于《宣言》的回应,或批评,或支持,论战参与者的派别复杂,论战过程也显示出头绪繁多、一波三折的特点。正如《中国文化建设讨论集》的编者马芳若所言:“这虽是‘全盘西化’论者和‘本位文化’论者两派的论战,编者认为还未到短兵相接的地步,只是各派在说明自己的主张罢了。同时这样分成两派也是很唐突的,因为主张西化和主张中国本位的同派里,也有矛盾、冲突的地方。”论战在一定程度上呈现出一种“混战”的局面。

到1935年夏,论战接近尾声。经过论战,双方对自身理论的缺陷有了一定认识,做了相应调整和修正。极力主张“西化”的胡适此时意识到了“全盘西化”的理论困境,他指出,中国文化问题“不完全是师法外国的问题,因为我们一面参考外国的制度方法,一面也许可以从我们自己的几千年历史里得着一点有用的教训。”[④]在《充分世界化与全盘西化》中,胡适指出了“全盘”一词用法的不确,“严格说来,‘全盘’含有百分之一百的意义,而百分之九十九还算不

---

① 胡适:《试评所谓“中国本位的文化建设”》,《大公报》1935年3月31日。

② 陈序经:《关于全盘西化答吴景超先生》,《独立评论》第142号。

③ 新:《全盘西化的错误》,《晨报》1935年4月3日。

④ 胡适:《建国问题引论》,《独立评论》第77号。

得‘全盘’”，文末他还提出了用“充分世界化”来取代“全盘西化”的想法[①]。而此时本位文化派也不断修正充实对中国本位的解释，不断增加西学的内容，以至陈序经指出：十教授或对“此时此地的需要”的解释，事实上“已有意或无意的趋于全盘西化的路上”[②]。与以往类似事件不同的是，本位文化建设运动虽然依旧伴随着有关古今东西文化优劣的论争，但最终没有演化为非彼即此的二元对立，而是在相互比较与吸收的过程中，逐渐出现了相近、相通的趋势。

本位文化建设运动是近代民族危机和文化危机的产物。它在“复古”和“洋化”的主张受到普遍质疑与批判的境况下，试图为彷徨徘徊的中国文化寻找出路。本位文化建设运动持续的时间并不长，不管是赞同者还是反对者都提出了不少中肯的意见，这些意见为国人如何正确地对待中国文化，如何对待西方文化，以及如何对待中西文化的差异，提供了有益的参考。

小　结

南京国民政府建立之后，国民党逐渐摆脱国民革命时期的思想观念，通过在全社会宣传与推行三民主义，力图在意识形态方面确立自身的权威地位。在建设国家政权的过程中，国民党十分重视文化与教育的力量。在北伐尚未完全结束之际，即开始在教育系统进行体制改革。此后，通过加大国家教育经费投入，加强师资力量的培养，制定教育法规，使得南京国民政府前十年的教育进入了一个快速发展时期。与之相伴，中国现代科学事业取得了较大进步，形成了较为系统的现代学科体制，并建设了中央研究院等学术研究机构。新生活运动和本位文化建设运动的发生，也与国民政府有着较为密切的联系。前者立足社会文化的改造，后者着眼于中国文化的发展方向，均不同程度地推进了中国文化的进步。

左翼文化运动与社会史论战发端于国民政府建立初期的特定政治环境。左翼文化运动是抵抗国民政府文化统治政策的重要力量，它具有迥异于其他文艺形态的独特精神内质和强韧的生命力。中国社会性质和社会史论战初期，大部分论战的参加者都怀有明确的政治意图，期望在论战中寻找革命的答案。但随着论战的深入，各社会派别政治见解的不同，慢慢演化为学术上的争

---

① 胡适：《充分世界化与全盘西化》，《大公报》1935年6月23日。

② 陈序经：《读十教授〈我们的总答复〉后》，《中国文化建设讨论集》中编，第195页。

鸣，深刻影响了中国学术的发展。

历史文献

1. 戴季陶：《孙文主义之哲学的基础》，高军等编：《中国现代政治思想史资料选辑》上册，四川人民出版社 1984 年版。

2. 陶希圣：《中国社会到底是什么社会》，《新生命》第 1 卷第 10 期，1928 年 10 月 1 日。

3. 成仿吾：《从文学革命到革命文学》，《创造月刊》第 1 卷第 9 期，1928 年 2 月 1 日。

4. 鲁迅：《“硬译”与“文学的阶级性”》，《萌芽月刊》第 1 卷第 3 期，1930 年 3 月。

5.《民族主义文艺运动宣言》，《前锋月刊》第 1 卷第 1 期，1930 年 10 月 10 日。

6. 陈立夫：《文化建设之前夜》，钟离蒙、杨凤麟主编：《中国现代哲学史资料汇编》第 2 集第 6 册，辽宁大学出版社 1981 年版。

7. 胡适：《试评所谓“中国本位的文化建设”》，樊仲云主编：《中国本位文化建设讨论集》，文化建设月刊社 1936 年版。

论著选读

1.［美］费正清、费维恺主编：《剑桥中华民国史（1912—1949）》，中国社会科学出版社 1993 年版。

2. 贺渊：《三民主义与中国政治》，社会科学文献出版社 2002 年版。

3. 倪伟：《“民族”想象与国家统治：1928—1949 年南京政府的文艺政策及文学运动》，上海教育出版社 2003 年版。

4. 赵立彬：《民族立场与现代追求：20 世纪 20—40 年代的全盘西化思潮》，三联书店 2005 年版。

5. 张太原：《〈独立评论〉与 20 世纪 30 年代的政治思潮》，社会科学文献出版社 2006 年版。

6. 陈峰：《民国史学的转折：中国社会史论战研究（1927—1937）》，山东大学出版社 2010 年版。

7. 深町英夫：《教养身体的政治——中国国民党的新生活运动》，三联书店 2017 年版。

8. 旷新年:《1928 革命文学》,人民文学出版社 2017 年版。

9. 程凯:《革命的张力:"大革命"前后新文学知识分子的历史处境与思想追求(1924—1930)》,北京大学出版社 2014 年版。

研究与讨论

1. 分析南京国民政府高等教育改革的利弊得失。
2. 论述左翼文化运动的形成。
3. 评价中国本位文化建设运动。

第七章　抗战时期的文化

抗日战争期间，中国境内存在着三种性质不同的地区，分别是：日本侵略者控制的沦陷区、国民政府统治区（大后方）及中国共产党领导的抗日根据地。在民族矛盾空前尖锐的形势下，这三种地区呈现出不同的文化形态，沦陷区实行的是殖民文化，国统区和抗日根据地实行的是抗战文化。由于在政治和意识形态等方面存在对立，国共双方的抗战文化各表现出不同的特点。

第一节　日本的文化侵略与沦陷区的殖民文化

日本发动侵华战争严重破坏了中国文化的正常发展。日本侵略者不仅直接对中国文化横加摧残，还在沦陷区胁迫傀儡政权推行奴化教育，传播殖民文化。

一、日本的文化侵略

从 1931 年起，日本发动了长达 14 年的侵华战争。战争期间，日本对中国文化蓄意破坏和掠夺，造成了人类文明史上罕见的浩劫。

1932 年，日本发动“一二八”事变，商务印书馆附属东方图书馆被日军轰炸夷为平地，488 395册藏书多数毁于战火，善本书损毁尤为惨重。1937 年卢沟桥事变后，随着日军侵占领域的扩大，中国文化遭受空前的劫难。在日军占

百人斬り"超記錄"
向井106－105野田
兩少尉さらに延長戰
"百人斬り競爭"の兩將校
北叟笑む

1937 年 12 月，日本《东京日日新闻》刊载日军斩杀中国民众“竞赛”

领的八年间，北平被劫夺、焚毁的公私图书达586 428册，其中公共图书448 957册另 5 箱，私人书籍137 471册另 4 箱①。1937 年 8 月，日军开始对上海、南京等 60 多座城市实施狂轰滥炸，肆意把大学等教育文化设施列为破坏目标，仅上海一地就有 92 所文化机关和学校遭日机袭击，其中遭全毁的占 75%，图书损失不可胜计。1937 年 12 月日军占领南京，制造了灭绝人性的大屠杀，同时也实施了罪恶滔天的“文化大屠杀”。文物、图书、学校、建筑等文化遗产惨遭抢掠、焚毁、打砸，其破坏手段之恶毒，灾难之重，规模之大，为人类历史上所少有。1938 年 10 月，日军登陆广东，占领广州。广东省被日本劫持或毁于战火的书籍，公藏达624 008册，私藏达13 865册。就图书馆来说，1936 年，中国有各类图书馆1 848所，到 1946 年减少到 831 所。据统计，从卢沟桥事变起，东南各省图书馆损失书刊在1 000万册以上②。

日本侵略者还大肆盗掘中国古迹，掳掠中国文物。1937 年以前，中国比较有影响的博物馆约计 37 家，到 1944 年，仅余存 18 家。据 1946 年编制的《中国战时文物损失数量及估价目录》的不完全统计，战时中国被劫被毁的公

① 王聿均：《战时日军对中国文化的破坏》，台北《中央研究院近代史研究所集刊》第 14 期，1985 年 6 月，第 342 页。

② 孟国祥：《大劫难：日本侵华对中国文化的破坏》，中国社会科学出版社 2005 年版，第 20、25、30、43 页。

私文物包括书籍、字画、碑帖、古物、古迹、艺术品、仪器、标本、地图、杂件等，合计为3 607 074件、741处、1 870箱。

日本侵华战争给中国的高等教育带来了严重灾难。1937年7月前，中国共有专科以上学校108所。据教育部编定的《敌人摧残我文化事业录》，1937年8—10月，中国计有23所高校被炸。到1938年8月底，108所高校中有91所遭受敌人破坏，其中25所被迫停办。到1939年4月，中国公立、私立专科以上学校至少有108人直接死于日本侵略者之手①。

金陵大学

致大使馆参赞福田先生　　　　1937年12月21日

日本大使馆

南京

尊敬的福田先生：

根据您今天早晨的要求，我现在向您通报一批事件，其中的大部分是在上次见到您之后我亲眼所见的，剩下的部分是由可靠的人报告给我的，同时我本人也对事件的真实性进行过深入的核实。

1. 今天下午，日本士兵从我们图书馆大楼拖走了7个人，其中有些人是我们委员会的工作人员。没有提出任何理由或指控，硬说这些人是中国士兵。他们抗议无效，仍然被抓走，为的是让他们做苦役。
2. 在头条巷4号，贵国大使馆大门口附近，2名日本士兵在今天下午强奸了一名妇女。这难道就是贵国的几个宪兵重新恢复秩序的迹象吗？
3. 今天我在贵国大使馆的时候，我自己的房子第四次遭到抢劫。大学的另外7栋房子也同样遭到洗劫。还有其他许多房子，贵国士兵已经闯进去很多次了。
4. 在贵国军官率领下，由日军较大规模的队伍有组织进行的纵火活动使得数千穷苦人无家可归，也使得他们恢复正常生活和工作的希望破灭。但是他们活着。

---

① 《教育部编报的抗战以来公私立专科以上学校财产损失统计表(1939年4月)》，中国第二历史档案馆编：《中华民国史档案资料汇编第5辑第2编(教育)》(一)，江苏古籍出版社1997年版，第371页。

5. 大学医院在双龙巷的大门上尽管贴有贵方的布告,今天仍然被砸开。在医院的另外一个地方,由于一个美国人的干预,避免了一辆救护车被日本士兵偷走。
6. 我今天下午观察到了5起日本士兵抢劫穷苦百姓的食物和铺盖的事件。大多数情况下他们还强迫受害者为其拖运抢劫来的东西。
7. 在安乐里我们中学的附近,我听到了一个红十字救护站传来的呼救声。救护站正在护理3个人。他们昨天夜里被搜寻女人和钱财的日本士兵打伤。昨天夜里在这栋房子的楼上,有一名妇女被强奸。我赶到的时候,2名士兵正在对这栋房子进行彻底的洗劫。正在当班的卫生员告诉我,在高家酒馆58号他自己家里,昨天夜里有2名妇女被强奸。
8. 我沿着五台山南面的道路回家,一路上有数百个一贫如洗的人家住在茅草棚里。有些人说,昨天夜里的情况要稍微好些。但是也有人的看法完全相反,因为士兵仍然在不断地搜寻姑娘,不断地对本来就一贫如洗的人进行抢劫。他们甚至抢走人力车夫的人力车,断了他们的生路。
9. 昨天,美国小学(五台山)的美国国旗被扯了下来,这已经是第二次了,而且国旗被人用脚践踏。日本士兵威胁所有的校役和其他人员:谁要是想把旗子重新竖起来,就杀了谁。

我觉得昨天夜里发生的强奸案要少于前天夜晚,但是抢劫、盗窃和纵火非但没有减少,而且有所增加。两名国际委员会的成员驱车穿过城市数里,没有看见一个日本宪兵。宪兵丝毫不起作用。

如果日本将军有意摧毁穷苦百姓的房子,剥夺他们最后的食物和衣物,那么他们完全可以开诚布公地予以昭示,不必用恢复秩序的虚假的希望来蒙骗穷苦的人们和我们。

签名:M. S. 贝茨

(选自[德]约翰·拉贝:《拉贝日记》,本书翻译组译,江苏人民出版社、江苏教育出版社1997年版,第247—249页)

对中国文化进行野蛮的摧毁和掠夺之后,日本开始在沦陷区推行文化专制和奴化教育。日伪强力控制新闻媒体,卢沟桥事变后,日军在中国19省操控汉奸或亲日报纸约139种,最多时达六七百种。电影完全为日本侵略者所垄断。凡是不利于日本对外侵略扩张的电影,日军都粗暴地要求删改或停映。他们推行严厉的审查制度,商务印书馆、中华书局等多家出版社遭检查,许多书籍被查禁，二百多首抗日救亡歌曲被禁唱。对不愿屈从的知识分子，日军采取逮捕、暗杀等手段加以迫害。沪江大学校长刘湛恩、天津耀华学校校长赵君达等人均死于敌手，文学家郁达夫在印尼被日军杀害。普通师生被日寇残害者更是不计其数。

日伪还在新闻媒体上连篇累牍地进行美化侵略的殖民宣传。日军在沦陷区开办了五十多座电台和上百家报刊。一批宣传“王道”，“日满共存共荣”，“亲日、防共”，“和平、反共、建国”的“文学作品”被炮制出来。他们扶植汉奸剧团，编审“和平建国”样板戏巡回演出；搜罗汉奸音乐人，编写以“东亚联盟”、“反共清乡”等为主题的歌曲，强迫沦陷区民众歌唱。

推行奴化教育是日本文化侵略的重要一环。各沦陷区施行的都是奴化中国人的教育方针。一方面，日伪对沦陷区教材大肆进行篡改和删减，凡含有民族、国家意识的内容一律删除，爱国思想被摒弃在教材之外；另一方面，各伪政权赶编卖国投降的新教材供各校使用。日本侵略者篡改中国原有的学制，缩短学习年限，培育供其驱使的劳动力。他们在沦陷区全力推行日语，将日语列为必修课，中文被改称“满文”，妄图消灭中华民族的语言。为顺利推行奴化教育，他们对教师进行亲日训练。伪“华北政务委员会”教育总署每年抽调中学教师到师资讲肄馆学习奴化内容，培养推行奴化教育的骨干。汪伪政权规定，“清乡”区内的中小学教师必须学习“和运理论”、“清乡要义”等课程。

宗教也被日本侵略者利用。1939 年 2 月成立“中支宗教大同盟”，1943 年 6 月成立“大东亚佛教总会”，组织所谓“日华佛教会”、“东亚基督教会”等。宗教更成为日本分裂中国的工具。关东军利用内蒙古人民信仰的喇嘛教，策动内蒙古脱离中国而独立。他们利用中国西北地区信奉回教者众多的特点，策动在中国境内成立“回回国”。

二、伪满洲国的殖民文化

1932 年 3 月，在日本的扶植下，溥仪在长春宣布就任“满洲国”执政。9 月，日本不顾国际社会的反对，以条约的形式确定伪满洲国为日本的殖民地。伪满洲国大肆推行的是日本的殖民主义文化。

（一）伪满政权的殖民主义政策

伪满刚建立时，为欺骗世界舆论，日本侵略者一度将伪满装扮成一个独立的“国家”。日本要求溥仪发表了一个“满洲国建国宣言”，宣扬在中国东北建立的是一个“新国家”,将实行“王道政治”。日本人还在口头上叫嚷“日满亲善”、“王道乐土”、“民族协和”,并把这些包装为伪满的所谓“建国精神”。实际上,日本从未改变其将伪满视为其附属国的立场。

1934年,伪满“皇帝”溥仪被召到日本去拜见日本天皇,回到中国东北后,发表了所谓“训民诏书”,宣称他与天皇“精神如一体”,要东北民众和“友邦一德一心”,甘受日本侵略者的驱使。

1940年,溥仪第二次“访问”日本,把“天照大神”捧回来,供奉在新建的“建国神庙”里。然后,在日本侵略者的授意下,溥仪发表了所谓“国本奠定诏书”。在“诏书”里,伪满被粉饰为在“天照大神”的“神光”保佑下建立的“国家”,不言而喻,伪满的“国民”也就是日本国民的一部分,伪满应该为“亲邦日本”所统治。日本侵略者宣称:“亲邦就是父母之国的意思,日满两国的关系,就像父子的关系,至亲之爱和道义,把两国结合在一起。”①

伪满后半期,日本侵略者的口号由“日满一德一心”升级为“日满一如”,也就是“日满一体化”,并认为伪满与日本“实质上是一个国家”②。日本侵略者公然宣称:“满洲国”是“一君万民的日本国体的发展”,是“日本国国土的延长”、“日本国的分身”、“大陆的日本国”;日本人既是“满洲国”的“领导者”,又是“满洲国”各族的领导者。日本宣扬日本民族“优秀论”,日本文化是“东方唯一的高文化”,所谓日“满”“文化交流”就是“移入日本文化”。

为推行殖民文化,早在1932年,日本侵略者就在伪满政府内设立了专门机构——资政局弘法处。弘法处承担三项任务,分别是:“宣传建国并施政之精神”,把日本的法西斯统治美化为“王道乐土”;“涵养民力,善导民心”,妄图用“文治”征服民心,消弭中国人民的反抗;“普及自治思想”,强行灌输“独立”思想,把东北从中国分离开来。1933年,日本侵略者废除资政局,在伪国务院总务厅内设立情报处。1937年,将情报处扩大为弘报处。弘报处的任务扩展为九项:控制舆论,控制文艺,主管“主要政策之发表”,领导和监督报道新闻机关,控制宣传资料,管理出版物、影片及其他宣传品,管理和控制广播及通讯机关,掌管情报及其他一切对内对外的宣传。可见这是一个彻头彻尾的法西斯思想钳制机关。

1932年7月,伪满成立了协和会。协和会的许多头目由伪满政府的日本

---

① 王承礼主编:《中国东北沦陷十四年史纲要》,中国大百科全书出版社1991年版,第559页。

② 解学诗:《伪满洲国史新编》,人民出版社1995年版,第575页。

籍官吏兼任。1936年,改称"满洲帝国协和会"。协和会被日本人称为"政府的精神母体",该会大肆宣扬所谓的"以实现日满一德一心、民族协和、王道乐土、道义世界为理想的天皇的圣意",说什么"协和主义的最高理想"是要实现"万邦协和",妄图以"协和主义"来"统一世界文化"。协和会是地地道道的向广大东北民众灌输日本殖民思想的反动组织。

日本侵占东北以后,宗教立刻成为其愚弄东北人民的思想工具。除在伪新京兴建"建国神庙",并供奉"天照大神"外,还四处建立供奉"天照大神"、"大国主命"、"明治天皇"的神社以及神道教、佛教的"本原寺"。到1945年,日本侵略者在东北建立了295座日本神社。佛教、道教、基督教、喇嘛教、伊斯兰教也沦为日本的殖民工具。

(二)教育

"九一八"事变后,中国东北地区的教育蒙受严重的摧残。事变前,东北共有小学13 000余所,小学生80余万人,中学330余所,学生26 000余人。事变后,到1933年5月,中小学复课者为7 928所,关闭的学校多达5 300余所[①]。

1932年6月以前,伪满民政部内设"文教司",主管教育工作。7月,"文教司"从伪民政部中分离出来,升格为伪满的"文教部",总长由伪国务总理郑孝胥兼任。伪满中央的教育行政机构同其他机构一样,也由"日系人"控制。伪文教部总长郑孝胥和次长许汝棻是中国人,但总务司长西山政猪是日本人。该部的权力几乎全部控制在西山的手中。

伪满对各级学校实行严格的统制政策。1933年5月,伪文教部发布《训令》,规定:"制定教育法规及重要教育设施,均须事先呈部核准。"7月,又发布《暂行私立学校规程》,规定创办中等学校"须向文教部大臣呈请立案",创办初等学校"须向该管省长、北满特别区长或特别市长呈请核准"。如此一来,就将包括私立学校在内的各级各类学校的行政,都由伪文教部一手抓起来。

在指导思想方面,从1931年东北沦陷到1934年伪满实行帝制这段时间,日伪提出以"王道主义"为伪满的立国宗旨。"王道"政治不例外地被横加到教育上,形成所谓的"王道教育"。1933年,伪满对"以王道为施行教育之方针"做了这样的解释:"我满洲建国既以王道为极则,则教育方针亦应以是为正鹄。盖我国数千年来之旧道德、旧礼教,如日月丽天、江河行地,虽经久而不变。……且王道精神首重博爱。所谓种族观念、排外思想,务使根本铲除,不

---

① 解学诗:《伪满洲国史新编》,第363页。

遗丝毫芥蒂。以期民族与国际间之协调，而树人类相爱之基础。”[①]伪文教部把伪诏书的精神落实为：“其大方针于教育方面，在使全国深切体会一德一心，不可离之日满关系，并取法日本，以东洋精神中心之基本道德观念及实业教育为主。”[②]

日伪实行殖民主义教育，自始至终对教育内容加以严密的控制。

“九一八”事变后不久，日本关东军就传达了“排日教材要断然铲除”的密令。它妄图用“焚书”的方法来泯灭东北人民的民族意识，仅在1932年3—7月的5个月当中，就焚烧各类书籍650余万册。1932年4月，伪满建立伊始，伪国务院通令各地学校，要求“暂用《四书》、《孝经》讲授，以崇礼教，凡有关党义教科书等一律废止”。6月，伪民政部又重申“废止三民主义党义及其他与新国家建国精神相反之教科书或教材”。日伪三番五次地严令废除三民主义教育，包括不得悬挂中国地图，不得使用“中华”字样，不得使用中国教材等。他们还歪曲、伪造中国的历史，宣传“日满不可分”的谬论。1935年12月，伪文教部出版了供初等教育和中等教育使用的全套“国定教科书”，系统实施殖民主义教育。

伪满强行规定日语是各学校的主要课程，在《学校教育要纲》中规定：“任何学校，均须列日语为必修的国语科之一，而将来满洲国的共通语言，限定用日语。”自1938年开始，伪满各级各类学校普遍把日语列为必修课，而将原有的国文（中文）改称为“满语”。伪满的“国语”包括“满语”和“日语”，“中文”则不见了。

为强化对学生的思想统制，1934年伪满颁布《统制学生思想方案》，规定了极其繁琐的奴化仪式。如，要求学生每天早晨行“朝礼”，升“国旗”，向“建国神庙”、“宫城”、“帝宫”遥拜，祈祷“武运长久”，敬拜“战殁英灵”，然后由校长领读“国民训”，进行训话；一天的功课完毕后，要举行“终礼”，反省一天的思想言行。伪满规定，每个学校都要建立“建国神庙”或“建国忠灵庙”，要求所有学生在进出校门时要向其行礼；路过“神社”、“御影奉安殿”时，要行最敬礼。各学校还设立了秘密稽查班，侦察学生的思想言行，一旦发现学生中的反抗情绪，即向日伪宪警密报，迫害进步师生。

---

① 《满洲国文教年鉴》（选），《东北沦陷十四年教育史料》第一辑，吉林教育出版社1989年版，第104页。

② 齐红深主编：《日本侵华教育史》，人民教育出版社2002年版，第236页。

（三）文艺

伪满文化具有鲜明的殖民地特征，具有高度集中、垄断的特色，一切文化宣传事业都被操纵在日伪统治者所统辖的各种文化机构手中。伪满的文学艺术是官办的殖民地文艺。1933 年，日伪筹建“满洲笔会”，卢沟桥事变后又建立起“满洲文化会”。参加这些团体的殖民主义文人，对历史极尽歪曲之能事，对现实则不顾事实地加以美化，用尽一切卑劣无耻的手法，颠倒黑白，鼓吹和赞美侵略战争。他们给发动“九一八”事变的罪魁祸首加上了英雄的光环，把在东北大地无恶不作的日本关东军描绘成一支建设“王道乐土”的仁义之师，把中国人民反侵略的正义斗争诬蔑为土匪的胡作非为。

日伪当局特别注意电影的宣传功效，将之称为“国策电影”。1937 年 8 月 21 日，由满铁会社和伪满政府共同出资创立“满洲电影股份公司”（简称“满映”）。“满映”是伪满惟一的电影股份公司。“满映”摄制的影片大致可分为三类：“启民电影”、“时事电影”和“娱民电影”。

所谓“启民电影”，又称“文化电影”，包括宣传片、教育片和纪录片，主要是宣传日伪的殖民统治政策，宣扬军国主义思想，制造各项伪满事业欣欣向荣的假象，以蒙骗中国和世界人民。如《北方的部队》、《胜利的雪》，吹捧日本关东军、炫耀关东军的武力；《我是满洲国民》、《开拓团之春》等，向东北人民灌输“日满一体”思想。这类电影共有 50 余部。“启民”影片是直接体现伪满“国策”电影思想的最直接的片种，因此受到特别的重视。

所谓“时事电影”，主要是指新闻片，报道时事新闻，配音分日语、汉语两种，日语的叫《满映通讯》，汉语的叫《满映时报》，每十天出一画，即一次，按顺序编号。也就是十天左右便报道一次日伪的活动现状，目的是配合形势进行殖民统治宣传。

所谓“娱民电影”，就是故事片。故事片的制作不是为了娱乐民众，而是始终以“国策影片”为主导。“满映”每个时期以至每年都要拍摄一些体现“国策思想”的影片。“满映”从成立到垮台的 8 年间，共拍摄故事片 108 部，教育片、宣传片和纪录片 189 部。

三、关内沦陷区的殖民文化

1937 年 12 月，日本指使汉奸在北平成立“中华民国临时政府”，后改称“华北政务委员会”。1938 年 3 月，伪“中华民国维新政府”在南京成立。1939 年 9 月，伪“蒙疆联合委员会”改名为“蒙疆联合自治政府”。1940 年 3 月，汪伪国民政府在南京粉墨登场。这些伪政权的成立,助长了日本推行殖民主义文化的气焰。

(一)关内伪政权的文化主张

华北伪临时政府大张旗鼓地为日本统治做文化宣传。它在施政方针中明确表示,要"清除国民党一党专制的积弊","绝对排除容共政策","以体现东亚道义的民族协和精神为基准,与邻邦友好相处,谋求真正的亲善合作"①。

为了向华北人民进行奴化宣传,1937 年 12 月,日伪成立"中华民国新民会",其宗旨是"实现中日满之共荣,并期剿共灭党之彻底,而贡献世界和平"。它打出新民主义的旗号,宣称"吾人之主义,在乎新民。质言之,宣德达情,以期沟通民意,开发产业,安定民生"。抗战进入相持阶段以后,新民会进行改组。改组后的新民会将原来纲领中的"剿共灭党"改为"实行反共,复兴文化"。汪伪政权建立后,新民会极力宣扬汪伪政权的"和平反共"谬论,声称"本会认为阻害中国之建设,破坏东方文化,引起此次中日巨祸者,厥为东亚之赤化势力,如欲救国,必先和平,如欲和平,必先反共"②,并要"建设东亚新秩序"。

缪斌杂糅社会达尔文主义和儒家的王道思想,炮制出"新民史观",为日本侵略中国寻找合理性。缪斌把生物界适者生存、优胜劣败的自然法则搬到人类社会来,认为日本是"适于道而顺应自然"的优者、善者,中国是"不适于道而违反自然"的劣者、恶者,日本的侵略和中国的亡国都是合理的、必然的。他的"新民主义"以"实行王道为志",而所谓的"王道"就是反对阶级斗争和民族斗争,对日本侵略守"礼",甘心充当亡国奴。

汪精卫集团叛国投敌后,立即举起了"和平、反共、建国"的大旗,并把卖国主张加以理论化、系统化,欺骗民众。汪精卫"和平"主张的前提是民族投降主义,他认为中国无论在精神方面还是物质方面"缺憾太多了,抵抗力薄弱而且零碎","中国比较日本进步迟了六七十年,中国的国家力量,不能挡住日本的侵略",因此如果中国抗战"只能是败了再打,打了再败,败个不已,打个不已",抗战的前途只能是亡国灭种。

汪精卫把灭亡中国的"近卫三原则"说成是"和平之原则",是"调整中日邦

① [日]防卫厅战史室编:《华北治安战》上,天津人民出版社 1982 年版,第 54—55 页。

② 高军等主编:《中国现代政治思想评要》,华夏出版社 1990 年版,第 672 页。

交”的根本方针。他极力美化日本侵略者，称“日本对于中国无领土之要求、无赔偿军费之要求”，日本根本没有灭亡中国之心，抗战没有必要。而且“中日两国，明明白白，战争则两伤，和平则共存”。他提出要“与日本政府交换诚意，以期恢复和平”。他还认为，中国在外交方针和军事方针上与日本保持一致，在经济上实行合作，“这样中国的强盛，便于日本有利而无害”。他还一厢情愿地幻想“兄弟两个厮打了一场之后，抱头大哭，重归于好”，并自欺欺人地认为“这是何等又悲痛又欢喜的事！”①

关于“反共”，汪精卫将中国共产党视为其“和平运动”的最大障碍和主要威胁，要实现“中日和平”，就必须反共。思想方面的反共，即是要清除共产主义思想，以免“赤化”中国；行动方面的反共，即是要剿共、灭共，根绝共产党。

关于“建国”，汪精卫在伪国民党“六大”上提出，“非和平不能建国，非反共不能和平”。

汪精卫还盗用孙中山的“大亚洲主义”，摘引孙中山的只言片语并加以歪曲，为其叛国投敌活动寻找理论依据。“近卫三原则”刚出笼，汪精卫便发表演说称其是“大亚洲主义”的理想。汪精卫还将汪记“大亚洲主义”与石原莞尔炮制的“东亚联盟”运动连接起来，说“大亚洲主义”是“东亚联盟理论之渊源”，“大亚洲主义为东亚联盟之根本原理，东亚联盟为大亚洲主义的具体实现”。太平洋战争爆发后，日本帝国主义提出建立“大东亚共荣圈”，实现“黄色人种革命”。汪精卫马上将“大亚洲主义”与之相联系，把东亚的解放、中国的前途完全寄托在日本“大东亚圣战”的胜利上，为日本帝国主义的每次胜利而鼓掌叫好。

经过一个阶段的准备，汪精卫还与重庆国民党中央争夺起三民主义的解释权来。他说，“打破百年来欧美殖民主义的压迫，就是民族主义”；“要有强力的政治机构来改造政治成为一个现代的国家，就是民权主义”；“要有健全的经济制度来发达民力，充实国力，以抵抗欧美殖民主义的经济侵略，这就是民生主义”。他还说，“就中国来说，三民主义就是救国主义，就东亚来说，三民主义也就是大亚洲主义”。日本帝国主义灭亡中国的“近卫三原则”竟被汪精卫说成是与三民主义相一致的东西，“善邻友好，正是大亚洲主义的理想，也就是三民主义的根本精神”；“共同防共”，“是要防止第三国际的扰乱阴谋，使共产主

① 汪精卫：《我对于中日关系之根本观念及前进目标（1939 年 7 月 9 日）》，黄美真、张云编：《汪精卫国民政府成立》，上海人民出版社 1984 年版，第 179 页。

义不能流毒于中国，不能流毒于东亚，就是大亚洲主义的理想，也就是三民主义的根本精神"；"经济提携""是以中日两国的协力，发展中日两国的经济力量，抵抗殖民主义的经济压迫、经济侵略，就是大亚洲主义的理想，也就是三民主义的根本精神"。汪精卫对三民主义的解释显然不能成立。

（二）教育

伪华北临时政府教育部总长为汤尔和，次长为黎世蘅，黎还兼任伪教育部秘书长。先后任"华北政务委员会"教育总署督办的是汤尔和、周作人和苏体仁，先后任署长的是方宗鳌、张心沛和文元模。1943年11月，华北伪政权为了"策应参战体制"而改组，改组后督办先后由王谟、王克敏和文元模出任，署长则由王竹村充任。伪维新政府教育部长先后由陈则民、顾澄、赵正平担任，汪伪政权教育部先后由赵正平、樊仲云、戴英夫及李圣五、刘仰山、杨为祯出掌部务。伪教育部实际上受日本陆军特务部及兴亚院指挥，充当日本侵华的工具。

伪临时政府教育部在1938年初正式成立后不久，便抛出了它的"教育方针"，包括"根绝党化及排外容共等思想"，"依据东亚民族集团之精神和中国传统之美德，以完成新中国之使命"。1942年3月，伪华北教育总署召开"华北教育会议"，强调教育指导方针"应以协力东亚之建设为目的"，要"彻底铲除英美文化之流弊"，"积极增进中日文化之交流"。

汪伪国民政府成立后，一切工作都围绕"和平、反共、建国"这一行动纲领而展开，汪伪政权的教育方针也不例外。1940年3月，汪伪政权发表《国民政府政纲》，其第10条明确规定："以反共和平建国为教育方针，并提倡科学教育，扫除浮嚣空泛之学风。"太平洋战争爆发后，汪伪政权将包括教育在内的社会生活的各个方面都纳入了战时轨道，1943年2月，发布训令："以三民主义、大亚洲主义、领袖言论、新国民运动纲要为公民教育主要内容。"①

为贯彻实施教育方针，关内伪政权教育主管部门采取了一系列的措施。

其一，删改教材。

伪华北临时政府教育部成立后，成立教科书"编审会"。该会对华北沦陷区的学校教科书进行删改、审查和编纂时，一直坚持日本顾问武田熙所规定的3项方针：1. 为彻底实行日华亲善合作，必须取缔学生一切排日言论与思想；

① 《汪伪国民政府抄发以大亚洲主义及党义为公民教育主要内容提案及建议的训令（1943年2月20日）》，《中华民国史档案资料汇编》第5辑第2编附录上，江苏古籍出版社1997年版，第638页。

2. 使学生明了“王道”之真意；3. 为彻底实施日华文化“提携”服务。他们将凡含有国家观念和民族思想的内容全部予以删除，在地理课本中将东北四省从中华民国地图上涂毁，数学课本中凡有关军事常识者一概不准习算。

伪维新政府对此前国民政府编纂的教科书也进行了篡改，并确立了 3 条标准：“1. 排斥共产主义及不纯正的三民主义；2. 坚持东方道德精神；3. 一扫排日精神，打破欧美残留的痕迹。”①

1940 年 8 月，汪伪教育部公布了对幼稚园、初小、高小、初中等各种教科书的审查表，凡有所谓“妨碍中日邦交”的内容均予以删除。据上海商务、中华、世界、大东、开明等五家大型书局统计，截至 1942 年 3 月，被扣押的小学教科书达1 517多万册、中学教科书达 146 多万册。

其二，加强思想控制。

华北伪政权成立了“新民会”。该会是侵华日军华北方面军特务部于 1937 年 12 月组建和操控的所谓“民众团体”。在教育方面，它格外注意进行欺骗宣传和扶植成立日语学校，推行奴化教育。1940 年 3 月，该会与日军军部“宣抚班”合并。

1938 年 6 月初，陈群在上海建立兴亚会，后改名“大民会”。所谓“大民”就是中日“满”“共存共荣”下的“大国之民”之意。其纲领有 4 条：“一、振兴实践‘民德主义’，确立新中国国民精神。二、政教普适，民情上达。三、革新生活，强化民力。四、中日提携，以图东亚之自主兴隆。”②10 月 1 日，“大民会”总部随伪维新政府迁南京，梁鸿志、温宗尧任会长。1940 年下半年被合并进汪伪的“东亚联盟”。

为了对青少年进行奴化教育，1940 年 4 月，汪伪教育部通令各中小学校每周必须对学生进行一个小时的“精神讲话”，宣扬“和平、反共、建国”的卖国理论。1941 年 7 月，汪伪当局为强化其在江浙两省广大农村中的统治，扫除中共革命力量及抗日武装，开始实施“清乡”。它宣称“清乡必先清心”，“清心工作，必须从教育工作着手，为渗透民众之意识，坚强民众之信念，对清乡教育方面，尤为着重”。

其三，控制学校和社会教育。

---

① 曹必宏、夏军、沈岚：《日本侵华教育全史》第 3 卷，人民教育出版社 2005 年版，第 88 页。

② 《大民会旨趣书》，上海市档案馆编：《日本帝国主义侵略上海罪行史料汇编》上编，上海人民出版社 1997 年版，第 337 页。

日伪打着“恢复”的旗号，将华北地区原有的高校进行改组调整。1937年底，他们将原北京大学与北平大学合并，成立“国立北京大学”，先后开办了文、理、法、工、农、医六个学院。此外还成立了“国立北京师范学院”和“国立北京女子师范学院”，后将二者合组成“国立北京师范大学”。原国立北平艺术专科学校也被改组成“国立北京艺术专科学校”。日伪还新设了一些高等教育机构。属于伪教育部设立的高校有“部立外国语学校”、“部立师资讲肄馆”等。属于伪组织开办的高等教育机构有“新民会”设立的“新民学院”等。在华中，伪维新政府在上海原复旦大学旧址创办了维新学院。1940年7月，汪伪“大学教育委员会”正式成立，由伪教育部部长赵正平任委员长。汪伪先后成立了伪中央大学、伪上海大学、伪交通大学、伪广东大学、伪浙江大学等一批高校。

汪伪教育部成立之初，通令各地中学一律恢复三三制，初、高等学校学制各为三年，分初级中学、高级中学或高初中合设的中学三种。据汪伪政权统计，至1942年底，汪伪政权统治下的地区共有中等学校240所，教师5 153人，学生54 250人。汪伪政府统治下的中等学校数量直至1942年尚未恢复到战前水平的十分之一，毕业学生数量更少。

华北的小学和中学也受到日军的摧残，据1939年统计，整个华北沦陷区有完全小学1 248所，初小20 356所，幼稚园25所，合计21 629所，约等于战前107 701所的五分之一。伪临时政府所辖的华北地区共有中等学校134所，较“七七”事变以前的387所减少近三分之二①。

1940年9月，汪伪教育部设立“社会教育实施委员会”，推动所谓的社会教育。伪教育当局于1940年10月至11月间对所辖地区社会教育状况的调查显示，汪伪统治区仅有民众教育馆68所、图书馆25所、体育场30处、民众学校137所、职补学校64所、公园18处、民众识字班47个、民众茶园19处。1943年的调查显示，1942年度的社会教育机关数量较1940年底的统计数字略有增加，增加最多的是民众学校，由137所增加到778所；其次是民众识字班，由47所增加到225所，若再加上各种补习班，数量更多；体育场、图书馆、民众教育馆等也有所增加；数量增加最少的是供人们休闲的公园和民众茶园。即便如此，汪伪教育当局统计的社教机关的数目较之于战前，仍是退步得惊

① 齐红深主编：《日本侵华教育史》，第373、375页。

人，社会教育机构的恢复尚不足抗战前的八十分之一①。

（三）新闻广播

早在卢沟桥事变前，日本就在天津蓄意收买了《庸报》、《东亚晨报》、《广播日报》、《中南日报》等八家报纸。《庸报》是华北地区销量最大的汉奸报纸。平津沦亡后，《华北日报》、北平《世界日报》、天津《天风报》、《天津新报》、《银线画报》等又落入敌手，变成为日本侵略服务的汉奸报纸。北平的日伪报纸还有《新民报》、《武德报》、《北平晨报》、《实报》、《新兴报》、《新北平报》、《冀东晨报》、《全民报》等。天津的日伪报纸则有《救国日报》、《新天津报》、《天声日报》等。日本侵略者为进一步控制新闻报道，创办了"北支派遣军报道部"。这样，以平、津等大城市为主，形成了日伪在华北的新闻中心。

上海、南京沦陷后，日军控制了当地的重要报刊。1937 年 12 月起，日本军部和汉奸组织的机关报《新申报》、《新中国报》等在上海陆续出刊。1939 年春，汪精卫创办的《中华日报》出版，系汪记国民党的机关报。南京的日伪报刊还有《新南京报》、《实业新报》、《中报》、《南京晚报》、《民国日报》等。沪、宁成了日伪在华东的新闻中心。

广州沦陷后不久，日本南支派遣军司令部开办广东《迅报》，为日本军部机关报。《迅报》最初除办华文版外，还办日文版专栏，太平洋战争前夕，发行了《晚刊》。后来，该司令部又出版了日文报纸《南支日报》。这两家报纸一直办到日本侵略者投降才停刊。伪政权在广州还办了机关报《民声报》和《中山日报》等。广州成为日伪在华南的新闻中心。

至 1940 年，日伪在沦陷区出版报纸约 139 种。不计东北地区，出版最多的时候达六七百种，其中较大的报纸约有 200 多种，较大的杂志约有 100 多种，各种汉奸组织主办的主要报刊有 200 种左右。这些报刊绝大多数集中在大城市。日本帝国主义为垄断沦陷区的新闻大权，设立了通讯社，称同盟社华文部。1940 年 5 月，伪宣传部将原汪伪政权在上海设立的中华通讯社和原维新政府所属的中华联合通讯社合并为伪"中央电讯社"，为沦陷区新闻、通讯最高统制机关。

卢沟桥事变后，北平、天津、太原、青岛等地的广播电台相继被日军占领。1938 年 1 月，"北平中央广播电台"开始用日语、汉语广播。1940 年 7 月，"华北广播协会"成立，日本广播协会名义上把华北地区的广播电台交它"专营统

① 曹必宏、夏军、沈岚：《日本侵华教育全史》第 3 卷，第 326—328 页。

制”,但实权仍掌握日本人手里。它所辖八座广播电台,分布在北平、天津、济南、青岛、石家庄、太原、唐山和徐州等地。“蒙疆广播协会”也先后在张家口、大同、呼和浩特、包头等城市办起广播电台。

上海沦陷后,日军接管了国民政府在上海的两座广播电台,建立“大上海广播电台”。1938 年 3 月,伪“上海市广播无线电台监督处”成立,强令上海各电台进行登记。各民营电台不愿接受日伪当局的管理,联名致函租界当局要求保护。日军同意民营台向租界当局登记营业,但要求严格遵守日方规定,广播内容不得有反日宣传及其他政治内容。向租界警务处登记而得以继续播音的民营台共有 31 家。亚美、华美等几座广播电台则不愿屈服于日伪的淫威,自动拆机停播。

南京沦陷后,日本侵略军设立伪“南京广播电台”。1941 年 2 月,汪伪政权建立“中国广播事业建设协会”,将其改称“中央广播电台”。汪伪政权规定除日伪电台外,在其统治范围内民间不得再有广播电台。

1941 年 3 月,汪伪宣传部成立广播无线电台管理处,其主要任务是调查华中沦陷区及大后方广播无线电台设施的情况,收集无线电台各种法令,实施管理和订立无线电台法规条例。1941 年 12 月,日军占领上海租界地区,封闭民营广播电台,并接收了美国人办的广播电台。此时上海不受日伪控制的电台仅存“苏联呼声”广播电台一处。总计,在侵华战争时期,日军在中国境内先后建立起来的广播电台有 50 多座。

第二节　国统区的抗战文化

1937 年全面抗战开始以后,国民政府在文化方面采取了多项举措应对民族危机,振奋民族精神,从而为最终战胜日本侵略者提供了有力的支撑。

一、国民精神总动员

抗战开始后,为了树立民族文化自信心,国民政府确立了以民族国家为本位的基本文化政策。

1938 年 3 月末,国民党召开临时全国代表会议,商讨有关抗战的方针政策。会上通过了陈果夫等所提的关于确定文化建设原则纲领的提案,认定“我国文化工作之总目标,为三民主义文化之建设,而现阶段之中心设施,则尤应以民族国家为本位”[1]。会议通过《确定文化政策案》，提出要“加强全国民众之精神国防”，以中国传统的伦理道德或民族主义思想作为“国民精神教育的总纲”。

1937 年 7 月，蒋介石在庐山发表抗战演说

1939 年 3 月，国民政府发起国民精神总动员运动。运动的目的在于动员和振作全民抗御外侮的精神。3 月 12 日，国防最高委员会颁布《国民精神总动员纲领及实施办法》，明确规定了国民精神总动员实施的目标、任务和办法。运动的共同目标和中心口号是：“国家至上，民族至上”；“军事第一，胜利第一”；“意志集中，力量集中”。所谓“国民精神总动员”，其涵义“应为集结全国国民之精神于简单共同之目标，使全国国民对自身皆确立同一的救国道德，对国家皆坚定同一的建国信仰，而国民每一分子皆能根据同一的道德观念为同一的信仰而奋斗牺牲是也。”纲领明确要求全体民众：“今当国家危急之时，全国同胞务必竭忠尽孝，对国家尽其至忠，对民族行其大孝。”[2]

国民精神总动员纲领及实施办法（节选）

（1939 年 3 月 12 日）

今日之所宜致力者，尤当注意于精神之振作与集中，质言之，前期抗战，军事与精神并重；而第二期即后期之抗战，则精神尤重于军事。非提高吾全国国民坚强不屈之精神，不足以克服艰危而打破敌人精神致胜之毒计。……鉴往察来，不能不认国民精神总动员之实施，为今日当务之急也。所谓国民精神总动员者，自其字义言之，则在个人为集中其一切意识思维智慧与精神力量于一个方向，而提高使用之，在国民全体为集中一切年龄职业思想生活各个不同之国民的精神力量于一个目标，而共同鼓舞以增进之，整齐调

① 《国民党临时全国代表会议通过陈果夫等关于确定文化建设原则纲领的提案（1938 年 3 月 31 日）》，《中华民国史档案资料汇编》第 5 辑第 2 编文化（一），江苏古籍出版社 1998 年版，第 1 页。

② 彭明主编：《中国现代史资料选辑》第 5 册下，中国人民大学出版社 1989 年版，第 114—122 页。

节以发挥之，确定组织之中心，以增强发挥之效率者也。……是以就今日中国而言国民精神总动员，则其涵义应为集结全国国民之精神于简单共同之目标，使全国国民对自身皆确立同一的救国道德，对国家皆坚定同一的建国信仰，而国民每一分子皆能根据同一的道德观念为同一的信仰而奋斗牺牲是也。

……彻底改造我国民之精神，类而举之则有下列之数项。

甲、醉生梦死之生活必须改正；乙、奋发蓬勃之朝气必须养成；丙、苟且偷生之习性必须革除；丁、自私自利之企图必须打破；戊、纷歧错杂之思想必须纠正。……（一）不违反国民革命最高原则之三民主义；（二）不鼓吹超越民族之理想与损害国家绝对性之言论；（三）不破坏军令政令及行政之统一；（四）不利用抗战形势已达成国家民族利益以外之任何企图。

……吾人欲达到国民精神之彻底改造，更须推而广之，首求国民精神之充实，次求国民精神之集中，而更求国民精神之革命化。所谓充实者，即使其蓬勃焕发，坚强贞固，有克服环境抵抗艰难之力量；所谓集中者，即求其密合团结，万众一心，众志成城，以达于休戚利害绝对相共及永不离散之境地；所谓革命化者，即本于爱民族爱国家之至高无上的观念，以献身于革命之事业。对内则矢忠于政府与主义，对外则抵抗民族之敌人，必也富贵不能淫，贫贱不能移，威武不能屈，进而以此精神感化同胞，更进而以此精神战胜敌国。吾国民精神之改造，诚能达此三者之标准，则国民精神总动员之目的，始可谓完成。

（选自彭明主编：《中国现代史资料选辑》第 5 册下，中国人民大学出版社 1989 年版，第 114—122 页）

《国民精神总动员纲领及实施办法》颁发后，由国防最高委员会组织设置国民精神总动员会。会长由蒋介石亲自兼任，秘书长是国防最高委员会秘书长张群。第一年会务由国防最高委员会组织，第二年转为社会部主持，副秘书长由社会部部长谷正纲兼任。精神动员运动按照“由口号到行动，由上层到下层，由城市到乡村，由后方到前方，由我后到敌后”的原则，在各地开始实施。

自 5 月 1 日起，全国举行国民月会，精神总动员开始具体实施。1939 年 5 月的月会由蒋介石亲自主持，他发表了题为《除旧布新革面洗心》的广播讲话，指出国民月会的重要意义是：“（一）以焕然一新的精神，作艰苦森严的战争，使国耻的五月节变成雪耻的五月节；（二）沦陷区的同胞要在精神上抵抗敌人、打击敌人，不与敌人合作；（三）租界内的青年在精神上要自立自强，在生活上要自爱自重，要负责，要知耻；（四）精神总动员及国民公约是抗战的最大武器；国民月会的组织是抗战民众的精神堡垒，要彻底实行，始终无间。”

国民月会的核心程序是举行国民公约宣誓。其内容有十二条：1. 不违背三民主义；2. 不违背政府法令；3. 不违背国家民族的利益；4. 不做汉奸和不做敌国的顺民；5. 不参加汉奸组织；6. 不做敌军汉奸的官兵；7. 不替敌人和汉奸带路；8. 不替汉奸和敌人探听消息；9. 不替敌人和汉奸做工；10. 不用敌人和汉奸伪银行的钞票；11. 不买敌人的货物；12. 不卖粮食和一切物品给敌人和汉奸。

此外，国民政府还发起献金、征募慰问品、慰问出征军人家属、慰问伤员、征募寒衣、提倡战时文化、厉行早起、禁烟、除奸、肃清敌货、节约储金等活动。

国民精神总动员运动，对于振奋民族精神，激发民族斗志，同心协力抗击日本帝国主义的侵略，起到了一定的促进作用。

二、现代新儒家与民族文化复兴思潮

现代新儒家产生于20世纪20年代初，它是对于五四激烈反传统的一种保守回应。到抗日战争时期，现代新儒家已发展到了较为成熟的阶段。这一方面是因为民族危亡的严重局面，为现代新儒家提供了有利的舆论环境；另一方面，由于经过较长时间的理论准备，包括对西学的了解、学习、吸收和消化，现代新儒家代表人物已有可能创造出较为系统的理论体系。1941年，贺麟在《思想与时代》发表《儒家思想的新开展》一文，公开提出“新儒家”概念，并对五四运动以后儒家思想的新开展进行了宣言式概括。他认为，儒家思想的新开展，就是“吸收、转化、利用、陶熔西洋文化以形成新的儒家思想、新的民族文化。……儒家思想的新开展，是在西洋文化大规模的输入后，要求一自主的文化，文化的自主，也就是要求收复文化上的失地，争取文化上的独立与自主。”[①]可以说，现代新儒家是西方文化大规模输入后，以儒家学说为主体为本位，以服膺宋明儒学为主要特征，寻求不同于西方模式的中国现代化道路的文化保守主义流派。

---

① 贺麟：《儒家思想的新开展》，《思想与时代》第1期，1941年8月出版。

儒家思想的新开展(节选)

贺　麟

中国当前的时代,是一个民族复兴的时代。民族复兴不仅是争抗战的胜利,不仅是争中华民族在国际政治中的自由、独立、平等,民族复兴本质上应该是民族文化的复兴。民族文化的复兴,其主要的潮流、根本的成分就是儒家思想的复兴,儒家文化的复兴。假如儒家思想没有新的前途、新的开展,则中华民族与夫民族文化也就会没有新的前途、新的开展。换言之,儒家思想的命运,与民族前途的命运盛衰消长是同一而不可分的。

中国近百年来的危机,根本上是一个文化的危机。文化上的失调整不能应付新的文化局势。……儒家思想在中国文化生活上失掉了自主权,丧失了新生命,才是中华民族最大的危机。……儒家思想之能否能够有新开展的问题,就成为儒家思想是否能够翻身、能够复兴的问题,也就是中国文化能否翻身、能否复兴的问题。儒家思想之能否复兴的问题,亦即儒化西洋文化是否可能,以儒家思想为体、以西洋文化为用是否可能的问题。中国文化能否复兴的问题,亦即华化、中国化西洋文化是否可能,以民族精神为体、以西洋文化为用是否可能的问题。

……就民族言,如中华民族是自由自主、有理性有精神的民族,是能够继承先人遗产,应付文化危机的民族,则儒化西洋文化,华化西洋文化也是可能的。如果中华民族不能以儒家思想或民族精神为主体去儒化或华化西洋文化,则中国将失掉文化上的自主权,而陷于文化上的殖民地。

……不用说,欲求儒家思想的新发展,在于融会吸收西洋文化的精华与长处。西洋文化之特殊贡献为科学,但我们既不必求儒化的科学,也无须科学化儒家思想。……欲充实并发挥儒家思想,似须另辟途径。盖儒家思想本来包含有三方面:有理学,以格物穷理,寻求智慧。有礼教,以磨炼意志,规范行为。有诗教以陶养性灵,美化生活。故求儒家思想的新开展,第一,必须以西洋之哲学发挥儒家之理学。……第二,须吸收基督教之精华以充实儒家之礼教。……第三,须领略西洋之艺术以发扬儒家之诗教。

……儒学是合诗教、礼教、理学三者为一体的学养,也即艺术、宗教、哲学三者的谐和体。因此,新儒家思想之开展,大约将循艺术化、宗教化、哲学化之途径迈进。

(选自《思想与时代》第1期,1941年8月)

抗战时期，现代新儒家的代表人物，如梁漱溟、张君劢、熊十力、冯友兰、贺麟、马一浮等，表现活跃。梁漱溟（1893—1988）被公认为是现代新儒家开创山林的人物，他创立了一套“新孔学”思想体系。他于1921年出版的《东西文化及其哲学》一书，开启了现代新儒家的精神方向。抗战期间，他发表了《中国文化问题略谈》等一批探讨中国文化问题的重要论文。他的《中国文化要义》一书，在抗战后期也初具规模。熊十力（1885—1968）是现代新儒家的中坚人物。20世纪三四十年代，他最主要的学术著作有《新唯识论》、《读经示要》、《十力语要》等。特别是《新唯识论》一书，构建起了一套精致的哲学体系，被视作现代新儒学理论成熟的标志。冯友兰在抗日战争时期写作出版了《新理学》、《新事论》、《新世训》、《新原人》、《新原道》、《新知言》等六本书，统称之为“贞元之际所著书”。他标出自己的“道统”，自命继承了中国哲学的正统精神，建立了“新理学”体系。贺麟站在新黑格尔主义的立场来承接、发挥陆王心学的理论，提出了“新心学”体系，著有《儒家思想的新开展》、《近代唯心论简释》等。也有人把史学家钱穆划入现代新儒家阵营。钱穆以宋明理学为指导思想编纂历史，以叙述历史的方式阐发宋明理学的基本思想，1940年出版了《国史大纲》一书。

现代新儒家不仅创立了各自的学术体系，而且还通过创建书院、兴办杂志等社会活动，以扩大宣传，增强影响力。1939年，马一浮在四川乐山创建复性书院。1940年，梁漱溟在重庆创建勉仁书院。同年，张君劢在云南大理创建民族文化书院。他们还主办了《再生》、《自由钟》、《思想与文化》、《哲学评论》等一批杂志，作为宣传民族文化的舆论阵地。

抗战时期，现代新儒家的思想言论有着鲜明的时代特色，他们把文化复兴与民族复兴结合在一起，形成了一股影响深远的文化思潮。

其一，现代新儒家将儒学文化复兴思潮与民族救亡紧紧联在一起。贺麟说：“就相信民族之必能复兴，文化之必不致毁灭，国土之必可光复，国耻之终可昭雪，国仇之终必报复而言，斯乃吾国数千年来圣贤豪杰忠臣烈士的传统信仰，抑亦我全民族父诏子，子诏孙的传统信仰，至于中国对日抗战之有深厚的道德和宗教信仰的基础，更不待言。”[①]早在“九一八”事变后，熊十力即指出，“今外侮日迫，吾族类益危，吾人必须激发民族思想，念兹在兹。”1938年入川后，他不废讲学著述，坚信“日本人决不能亡我国家、亡我民族，亡我文化”，提

① 贺麟：《文化与人生》，商务印书馆1988年版，第96页。

倡“自本自根、自信自足、自发自辟”。熊十力从忧患意识出发，强调指出，“吾国人今日所急需要者：思想独立，学术独立，精神独立，一切依自不依他，高视阔步，而游乎广天博地之间，空诸倚傍，自诚、自明，以此自树，将为世界文化开发新生命，岂惟自救而已哉。”[①]

其二，他们对中国文化抱以一贯的信心，认为抗战时期即是中国传统文化复兴的时期。冯友兰在解释“贞元六书”书名的来历时说：“所谓‘贞元之际’，就是说，抗战时期是中华民族复兴的时期。当时我想，日本帝国主义侵略了中国大部分领土，把当时的中国政府和文化机关都赶到西南角上。历史上有过晋、宋、明三朝的南渡。南渡的人都没有能活着回来的。可是这次抗日战争，中国一定要胜利，中华民族一定要复兴，这次‘南渡’的人一定要活着回来。这就叫‘贞下起元’。这个时期就叫‘贞元之际’。”他回忆这六部书的创作，“我对于哲学创作的兴趣是一种动力，但主要的动力还是抗战”[②]。

其三，基于对中国传统文化的坚定信心，现代新儒家对西化论表现出强烈的反感，认为传统文化的破坏严重影响了民族的生存地位。梁漱溟认为，列强对中国的侵略，只是破坏中国民族独立的一种外力，无伤其根，而近代以至五四以来，“对固有文化之厌弃反抗”则是内部“自觉地破坏”。而这种“自力破坏”“是破坏力中之最强者”，“是中国社会崩溃的真因”[③]。挽救中华民族必须从乡村做起，彻底恢复中国固有文化精神。概而言之，就是要“以乡村为根，以老道理为根”，“开出新道路，救活老民族”。熊十力对“全盘西化”论也颇不以为然，他指责北京大学的青年教授们“徒以一切扫荡是务”，结果“将陷于西哲之网罗，无可反求诸己，终不识固有家珍”，并使“吾国学子甘为洋奴”、“中国人将万世为奴”[④]。

其四，他们均认为中国文化具有许多不可比拟的优点。钱穆认为中国文化与孔子的教义，已把握了人生的基本大原，实为人类极为宝贵的教义。“此后的中国乃至全世界，实有盛唱孔子心教之必要。”[⑤]冯友兰揭示，“贞元六书”以“论旧学以标新统，阐旧邦以辅新命”为目标，意即重建民族精神。他在《新

① 熊十力：《十力语要初续》，《熊十力全集》第5卷，湖北教育出版社2001年版，第25页。

② 冯友兰：《三松堂自序》，《三松堂全集》第1卷，河南人民出版社2000年版，第235—236、209页。

③ 梁漱溟：《乡村建设理论》，《梁漱溟全集》第2卷，山东人民出版社1990年版，第200—201页。

④ 熊十力：《十力语要初续》，《熊十力全集》第5卷，第22、64页。

⑤ 钱穆：《孔子与心教》，《思想与时代》第21期，1943年4月1日。

事论》中说：忠于家邦的传统道德，增强了中华民族的凝聚力，使“中国的社会组织得以坚固，中国民族的存在得以长久”。当然，他们也认为传统文化有其缺点，主张取人之长补己之短。

日本侵略所带来的民族生存危机，唤起了中华民族对历史传统的强烈认同。现代新儒家真诚地希望，通过对传统文化积极因素的挖掘，增强中华民族的自信心，增强中华民族抗击强敌的力量。同时，他们也不是中国文化的抱残守缺者，他们主张以开放的心态来对待中西文化，希冀引进更多的西方文化的优长，使中国文化得以滋养和补充。但值得注意的是，他们在中西文化的对比中，常常自觉不自觉地显露出“尊中贬西”的倾向，一定程度上存在对中国传统文化美化和拔高之嫌。

三、高校内迁和中国教育的艰难发展

抗战爆发后，国民政府确立了“战时须作平时看”的教育方针：“抗战既属长期，各方面人才，直接间接均为战时所需要。我国大学，本不甚发达，每一万国民中，仅有大学生一人，与美英教育发达国家，相差甚远。为自力更生抗战建国之计，原有教育必得维持，否则后果将更不堪。至就兵源而言，以我国人口之众，尚无立即征调此类大学生之必要。故决定以‘战时须作平时看’为办理方针。适应抗战需要，固不能不有各种临时措施，但一切仍以维持正常教育为其主旨。”①

1938 年 3 月，陈立夫出任教育部长后，发表《告全国学生书》，再次肯定了“战时须作平时看”的教育方针。他强调：“国防之内涵，并不限于狭义之军事教育，各级学校之课程不为必须培养之基本知识，即为所由造就之专门技能，均各有其充实国力之意义。纵在战时，其可伸缩者亦至有限，断不能任意废弃，致使国力根本动摇，将来国家有无人可用之危险。”“今诸生所首应力行之义务实为修学，此为诸生所宜身体力行之第一义。”同时他还声明三点：青年愿从事军事工作者，送军事工作地点；认为不适合军事工作者，送往学校；无论在何期学校肄业之青年，遇国家需要时，应随时放弃书本，以应国家征调②。

在日本侵华的恶劣环境下，中国的教育事业顽强地生存了下来。部分高

---

① 《第二次中国教育年鉴》第 1 编第 2 章，商务印书馆 1948 年版，第 10 页。

② 陈立夫：《告全国学生书》，《教育通讯》创刊号，1938 年 3 月。

校和重点中学从中东部迁至大后方，冒着敌人的炮火，广大师生讲学、读书不辍。

（一）高校内迁

卢沟桥事变后，东部领土不断失陷，为保存中国的文化命脉，国民政府开始筹划高等学校的内迁。1937 年 8 月，行政院发布蒋介石签发的《总动员时督导教育工作办法纲领》，教育部也签发了《战区内学校处置办法》。9 月，教育部下发《战事发生前后教育部对各级学校之措置总说明》，对高校的迁移问题做了细致的规定：平津专科以上学校，可先在长沙、西安等处设立临时大学各一所；上海专科以上学校，凡可在租界内开班者，仍应设法开学。鉴于上海已成为战区，教育部还决定，国立同济大学迁往浙江金华，私立复旦、大夏两大学联合迁往内地，在江西及贵州设立校舍。

东部高校迁至内地，前后经历了三次高潮。

第一次高潮出现在 1937 年至 1939 年，其间全部或部分内迁的高等院校达 50 余所。

国立北京大学、清华大学和私立南开大学在卢沟桥事变后南迁长沙，于 1937 年 8 月合组为长沙临时大学，11 月 1 日正式复课。1938 年 2 月中旬，师生又分为两批，一批以女生、病弱者和教职员及其眷属为主，南下广州、香港，经海路至越南海防，再由滇越铁路经河口抵昆明。另一批身体较好的师生 300 余人组成“湘黔滇旅行团”，由陆路赴昆明。三校在昆明建立了著名的西南联合大学。

国立北平大学、北平师范大学、天津北洋工学院及河北女子师范学院一部，抗战后迁往西安，合组为国立西安临时大学，1937 年 11 月开课。翌年 3 月，潼关吃紧，遂再迁陕南汉中，改称国立西北联合大学，校址城固，并设分校。1939 年 8 月，西北联大改为国立西北大学，设文、理、法商三学院。其医学院、师范学院等独立出来，分别建校。

国立交通大学唐山土木工程学院和国立交通大学北平铁道管理学院相继迁往湖南湘潭，1938 年 3 月两校合并，5 月迁至湘乡杨家滩。武汉失守后又经桂林、柳州，迁抵贵州平越。1942 年更名为“国立交通大学贵州分校”。1944 年 11 月日军侵占黔南独山，又北迁四川璧山。私立北平朝阳学院由司法院秘书长张知本迁至他在湖北沙市的家宅复课，1938 年西迁成都。北平艺专始迁庐山牯岭，南京陷落后溯江而上，经汉口至湖南沅陵，与杭州艺专合并，更名国立艺术专科学校。1939 年 1 月经贵阳迁抵昆明，不久又迁呈贡县江安村。

1941 年再迁四川璧山，1943 年最后迁至重庆磐溪。

原设沈阳的东北大学，“九一八”事变后已迁北平。1937 年后先后迁至开封、西安等地。国立山东大学，青岛沦陷时校舍被日军据为兵营。学校先迁川东万县，又迁重庆。私立齐鲁大学除西籍教授仍暂留济南外，其余人员悉数南迁，1938 年秋集中成都复课。位于太原的省立山西大学于 1937 年 8 月开始疏散，其理工两院迁临汾，法学院移平遥，文学院徙运城。太原失守后曾停办一年。1939 年秋，阎锡山呈请复校并自兼校长，12 月复课。1941 年 9 月，北迁秋林虎啸沟。

中央大学是内迁最迅速且完整的学校。淞沪战事爆发不久，罗家伦派人分赴鄂湘川各处选择地址。1937 年 10 月上旬，学校教职工开始迁徙。12 月 1 日，中央大学在重庆沙坪坝新址开学。中央政治学校于 1937 年 9 月迁庐山，后改迁湘西芷江、重庆南温泉。美国基督教会所办的金陵大学，1937 年秋内迁成都华西坝华西协和大学校园。同属基督教会的金陵女子文理学院，一度将师生分散于上海、武昌、成都三地，后辗转集中到成都。

“八一三”事变后，上海先后有八所大专院校内迁。同济大学先是由吴淞迁往公共租界，10 月迁浙江金华，11 月又徙江西赣州，次年，四迁广西贺县，五迁昆明，1940 年 10 月，六迁四川南溪李庄镇。私立大夏大学和复旦大学，“八一三”后西迁，并于庐山、贵阳两地合组为联合大学第一、第二部。南京失陷后，第一部千余学生再迁重庆，第二部留在贵阳。1938 年 4 月起，两校重新划分，重庆部分即为复旦，1942 年改为国立。而贵阳部分则专办大夏，1945 年 3 月日寇兵逼独山时迁往赤水。私立光华大学一部分在沪强支，一部分在成都另立分部。私立东吴大学法学院，1938 年 2 月，西迁重庆。

浙江大学在淞沪抗战后于天目山设分校，将重要图书仪器和一年级新生安置此处。1937 年 11 月西迁建德，12 月西迁赣南吉安、泰和。赣北、粤南形势紧急，再西迁安顺，因运输困难而暂驻桂北宜山。南宁失守后，于 1940 年 2 月迁到遵义，并在湄潭设立分校。国立杭州艺术专科学校，先退浙东诸暨，二迁江西贵溪，三转湘西沅陵，与先期到达的北平艺专合并为国立艺专，1938 年 10 月迁昆明，1939 年冬再迁呈贡，1941 年又迁至四川璧山，1943 年夏再迁重庆磐溪。

武汉在 1938 年前后迁出的院校共五所。武汉大学迁四川嘉定，私立武昌华中大学辗转迁往云南大理喜洲，私立武昌中华大学 1938 年秋西迁宜昌后坪，开学不及三周，武汉失守，乃再迁重庆南岸两湖老禹庙复学。

战时高校内迁的第二次高潮发生在1940年下半年至1943年春。1941年12月太平洋战争爆发，租界被日军强占，原来移驻上海租界及东南各省的院校相继内迁。

在上海，“八一三”事变后迁入市区的私立沪江大学，1941年冬一度停办，翌年2月迁重庆复校，并与东吴大学法学院、之江文理学院合并为“东吴、沪江、之江法商工学院”。原设徐家汇的国立交通大学，1941年校本部迁渝。私立立信会计专科学校，1937年及1939年在渝设立两个分校。1942年秋，沪校迁川，与北碚的第一分校合并。

北平私立中法大学，其理学院已于1939年迁往昆明，1941年，文学院也迁到昆明。医学院停止招生，原有学生送入法国里昂中法大学该校海外部就读。珍珠港事件后燕京大学被日军强行解散，部分师生陆续内迁。1942年秋，在成都复课。

第三次高校内迁高潮是1944年4月至1945年初日军发动豫湘桂战役期间。先前在豫西、粤北、湘西和桂、黔等地落脚的大批高校涌向陕西、四川与黔北。

原设开封的省立河南大学，其文、理学院于1938年迁豫南鸡公山，农、医学院迁豫西镇平。8月，四院皆集中于镇平。1939年5月再迁嵩县。1944年春豫西告急，全校师生翻伏牛山进抵淅川，1945年春敌再进逼，再退陕西宝鸡。原设桂林的广西大学，1944年秋迁桂东融县，11月再迁黔南榕江。另外，此时再次迁徙的院校还有国立中山大学、广东勷勤学院、广东省立教育学院、广东省立文理学院、私立岭南大学、私立广州大学、私立广州国民大学、广西省立医学院，以及迁桂林的无锡国学专修学校、迁贵阳的私立大夏大学等。1944年底日军发动对赣中南的进攻，聚集在泰和的中正大学、中正医学院、幼稚师范专科学校、省立工业专科学校、江西医学专科学校、江西农业专科学校、江西体育师范专科学校和江西兽医专科学校等四下迁移。总计，此阶段被迫迁徙的高校约26所。

内迁院校的临时校址，主要集中在三个区域。一是作为大后方中心地带的西南地区，抗战时期一共接待了内迁院校61所，且多在成都、重庆两地。二是东临战区而后方广袤的西北地区，先后有11所内迁院校落脚或安家。三是若干战区省份的内地，如江西的泰和，曾迁驻高校7所；广西桂林，曾迁驻高校5所。

（二）西南联大

抗战爆发后，国立北京大学、清华大学与私立南开大学迁移到长沙，奉部令组建长沙临时大学。1937 年 11 月 1 日，开始上课，这个日子后被定为西南联合大学的校庆日。

南京沦陷后，华中地区形势吃紧，为保证师生安全，1938 年 1 月，最高当局核准长沙临时大学继续西迁入滇。女生和体弱多病者取道香港转越南海防赴昆明，体检合格的 244 名学生组成湘黔滇步行团(后更名为旅行团)奔赴昆明。经学校要求，军事委员会委派中将参议黄师岳担任旅行团团长，闻一多、曾昭抡、黄钰生、李继侗、袁复礼、许维遹、李嘉言、王钟山、毛应斗、郭海峰、吴征镒等 11 名教师组成辅导团。2 月 20 日上船，4 月 28 日抵达昆明，全程 1671 公里，除搭行各种交通工具外，师生们总计步行 1300 公里，胜利完成了这次堪称悲壮的文化大迁徙。

1938 年 4 月，临时大学奉命更名为国立西南联合大学。西南联大既有联合的部分，又有相对独立的部分。联合的部分是：院系合并、部分经费合并、统一颁发聘书和文凭。相对独立的部分是：三校单独聘任属于自己的教师、独立设有办事处等。经整顿，西南联大共设 5 个学院、26 个学系、2 个专修科、1 个先修班，成为当时国内规模最大的高等学府之一。

学校常年聘任的教师在 350 人左右，其中教授和副教授约占 180 人。教师的聘用和选择以学识为衡量标准，如文科聘任的陈寅恪、冯友兰、朱自清、罗常培、闻一多、钱锺书、沈从文、柳无忌、叶公超、吴晗、钱穆、钱端升、张奚若、费孝通、罗隆基、潘光旦、贺麟、陈岱孙、王力、吴宓、闻家驷等，理工科聘任了饶毓泰、吴有训、叶企孙、黄子卿、孙云铸、袁复礼、吴大猷、施嘉炀、李辑祥、顾毓琇、华罗庚、陈省身、王竹溪等，都是名重一时的学者。

西南联大实行“教授治校”制度。评议会和教授会都由教授组成，教授会是学校的最高权力机构，评议会相当于教授会的常委会或执行委员会，校务委员会是处理日常事务的行政机构。教授会的任务是审议教学及研究事项的改进方案、学生导育方案、学生毕业成绩的审定及学位的授予、审议向常委会和校务会议的建议事项、审议常委会和校务会议的交议事项等。即学校的一切重要事项，均需通过教授会。教授会不定期举行，但每学年至少一次，开会时由常委会主席主持。

西南联大在教育方针上极力主张“通才教育”与“自由教育”，实施学分制加学年制的教学制度、必修课加选修课的选课制度。学生所学课程的最低标准，除师范学院外，各学院学制为 4 年，在这段时间中必须修满 132 个学分才可以取得毕业资格。师范学院学制为5年制,第5学年为教学实习,学分为148个学分。学生成绩分操行成绩与学业成绩两种,操行成绩不及格者,责令退学或不予毕业。在规定的132个学分中,必修课占50个学分,其余为选修课的学分。选修课没有院系的界限,既可以选本系的课,也可以选其他院系的课。

西南联大师生的生活条件极为艰苦。化学系教授黄子卿在诗中写道:“饭颤凝尘腹半虚,维摩榻前拥愁居。草堂诗好难驱疟,既典征裘又典衣。”他在诗序中说:“三十年(1941)秋,疟疾缠绵,卖裘书以购药,经年乃愈。追忆往事,不禁怆然。”师范学院国文系副教授萧涤非迫不得已,要将刚出生的三女儿送人,他忍痛写了《早断》一诗:“好去娇儿女,休牵弱母心。啼时声莫大,逗者笑宜深。赤县方流血,苍天不语金。修江与灵谷,是尔故山林。”“贫贱不能移”是西南联大教师的风骨。1942年,在物价急剧飞涨的情况下,教育部曾颁发部令,决定给西南联大常务委员及兼任院长、处长、系主任的教授发“特别办公费”。但是,西南联大的25名教授拒绝领取“特别办公费”。

学生的生活非常困难。他们吃的是混有稗子、沙子甚至老鼠屎的米饭,被戏称“八宝饭”,穿的衣服破旧不堪,住宿条件也不好。1938年9月起,日机频繁袭击昆明,西南联大正常的教学秩序被破坏。即便如此,学生们依然保持着饱满的学习热情,苦学不辍。

西南联大的条件极端艰苦,但教学并未放松。在昆明八年,学校开出了1 600门课程。大量人才在西南联大得到训练,为日后的学术发展打下了坚实的基础。1948年评选的中央研究院院士中有25名(占总数的32.4%)、1955年评选的学部委员中有118名(占总数的39.8%)曾在西南联大工作或学习过。诺贝尔物理学奖获得者杨振宁和李政道当年也曾在西南联大就读。1941年,西南联大建校第四年,正逢清华大学建校40周年,西方贺电中有“中邦三十载,西土一千年”的赞誉,这正是对联大成就的高度肯定。

西南联大纪念碑碑文中如此总结西南联大的精神:“联合大学以其兼容并包之精神,转移社会一时之风气,内树学术自由之规模,外来民主堡垒之称号,违千夫之诺诺,作一士之谔谔。”西南联合大学称得上是中国文化史上的一座丰碑。

(三)中国教育的艰难发展

高校内迁给中国教育保留了血脉,在抗战时期,大后方高校得到了一定的发展。1936学年度,我国共有各类高等院校108所。到抗战胜利的1945学年度,高校总数已增至141所,总数净增33所。增加最多的是国立院校,

西南联合大学校歌

罗　庸　词
张清常　曲

A 4/4

P 行板

mf

3·15·1 76 | 5 — — 0 | 5·#45·671 | 27 — 0 |
万里 长 征， 辞却了 五朝 宫阙。

6·56·265 | 7 1 — 0 | 5·13·217 | 1 — — 0 |
暂驻足 衡山 湘 水， 又 成 离 别。

mf

3 1·321 | 766 — 0 | 26·2 76 | 655 — 0 |
绝 徼 移栽 桢干质， 九州 遍洒 黎元血。

5 6713 | 2 4 3 — | 7 — 6 — | 5 — — 0 |
尽 笳吹弦诵 在 山 城， 情 弥 切。

转E调　庄严地

ff

13 45 — | 5·65 — | 5 6543 | 2·53 — |
千秋 耻， 终 当雪， 中 兴 业 须 人杰。

3 23 54 | 7·6 5 — | 4 5 67 | 5 — — 0 |
便 一 成 三 户， 壮 怀 难 折。

3·34565 | 4·32 — | 1·17121 | 7·6 5 — |
多难殷 忧 新 国运， 动心忍 性 希 前 哲。

5 6731 | 545 76 | 2 — 5 — | 1 — — 0 ‖
待 驱除仇寇 复 神京， 还 燕 碣。

（选自《国立西南联合大学史料》第1卷，云南教育出版社1998年版，第38—39页）

为 30 所，其中，国立大学增加 9 所，国立独立学院增加 12 所，国立专修学校增加 9 所。除省立和私立大学稍有减少外，其余各类院校都有不同程度的增加①。

1936 学年度，我国高校共有教师7 560人，包括国立学校2 872人，省立学校1 524人，私立学校3 164人。到 1945 学年度，全国高校教师总数已达10 901人，包括国立学校7 090人，省立学校 982 人，私立学校2 829人。这两个年份相比较，高校教师总人数净增3 341人。抗战期间，在校大学生人数有大幅增长。1936 学年度，全国高校共有学生41 922人；到 1945 学年度，全国高校学生已达80 646人②。

在国民政府的勉力支撑下，中小学教育也有一定的发展。1938 年，全国有国民学校和小学校217 394所，在校学生12 281 837人，1945 年则分别增长到269 937所、21 831 898人。1937 年中等学校（包括中学、师范学校、职业学校）在校学生389 948人，1945 年增加到1 566 392人③。

抗战期间，国民政府将集中于沿海地区的高等院校和部分重点中学迁往内地，加以改组、调整和充实，不仅保存了民族的文化命脉，培养了大批优秀人才，减少了教育事业的损失，而且适应了抗战的需要，增强了中华民族长期抗战的实力。在长达八年的全面抗战环境中，广大师生不畏艰难险阻，以救亡图存和民族复兴为己任，勤奋治学，弦诵不绝，谱写了中华民族伟大精神的壮丽诗篇。

四、抗战文艺运动

抗日民族统一战线建立后，在中华全国文艺界抗敌协会和国民政府军事委员会政治部第三厅的领导下，大后方的文学艺术繁荣起来。

（一）文化界的抗日统一战线

抗日统一战线的形成，直接推动了文化界抗日统一战线的建立，中华全国文艺界抗敌协会和国民政府军事委员会政治部第三厅的先后组建是其重要标志。

1938 年 3 月 27 日，中华全国文艺界抗敌协会（简称“文协”）在武汉诞生。

---

① 《抗战前后高等教育比较表》，《中华民国史档案资料汇编》第 5 辑第 2 编教育（一），第 790 页。

② 《抗战前后高等教育比较表》，《中华民国史档案资料汇编》第 5 辑第 2 编教育（一），第 792—794 页。

③ 熊明安：《中华民国教育史》，重庆出版社 1990 年版，第 249、267—269 页。

在全国范围内建立一支文艺界的统一战线队伍，是周恩来的意见和主张。他指示阳翰笙着手组织力量，并提议由老舍总负其责。“文协”的《发起旨趣》指出：“我们应该把分散的各个战友的力量，团结起来，像前线将士用他们的枪一样，用我们的笔，来发动民众，捍卫祖国，粉碎寇敌，争取胜利。”成立大会通过宣言，选举老舍、郭沫若、茅盾、冯乃超、夏衍、胡风、田汉、丁玲、吴组缃、许地山、巴金、郑振铎等 45 人为理事。理事会推选老舍为总务部主任，实际主持“文协”日常工作。“文协”在广州、成都、昆明、桂林、香港、襄樊、延安、晋东南、贵阳、曲江、上海等地成立分会。5 月 4 日，总会会刊《抗战文艺》创办于武汉，至 1946 年 5 月 4 日终刊，前后共出刊 77 期。《抗战文艺》成为抗战时期大后方发行最广、影响最大的进步文艺期刊，有力地促进了抗战文艺运动的开展。

“文协”提出“文章下乡，文章入伍”的口号，鼓励作家深入现实斗争。文协组织各种形式的战地访问团或慰劳团，帮助作家深入民众和军队，深入前线与后方。“作家战地访问团”的表现最为突出。1939 年 6 月 18 日，王礼锡、宋之的等 14 位作家组成“笔游击队”，从重庆出发，经内江、成都、绵阳、剑门、广元、褒城、宝鸡、西安、华阴，抵达中条山和晋东南前线。他们一面将前线战士的英勇事迹以及日寇的暴行报告给全国民众，一面将抗战文化带往前线和后方。“文协”的成立，广泛地团结了全国文艺工作者，在文化方面为抗日战争做了大量组织和宣传工作。

抗战标语

继“文协”组建之后，军事委员会政治部专门设立了第三厅。全面抗战开始后，国民政府改组军事委员会，下设军令、军政、军训、政治四个部。蒋介石任命陈诚出任政治部长，黄琪翔、周恩来出任政治部副部长。政治部下设第三厅主管文化宣传工作，故第三厅又有“宣传厅”之称。

第三厅是抗日民族统一战线的产物。经国共两党反复磋商，在周恩来的具体筹划和郭沫若的努力下，于 1938 年 4 月 1 日在汉口成立。郭沫若任厅长,武汉大学教授范寿康任副厅长,后又增加范扬为副厅长,阳翰笙为主任秘书。按政治部统一序列,第三厅设第五、六、七等三个处。第五处处长胡愈之,主管一般宣传工作。第六处处长田汉,主管艺术宣传。第七处处长由范寿康兼任,主管对外宣传和对敌宣传。

第三厅成立后,派遣10个抗敌演剧队、4个抗敌宣传队、3个电影放映队以及漫画队、慰劳总会、战地文化服务处等奔赴各战区进行抗日宣传和慰劳活动,还成立了新安旅行团和孩子剧团参加抗日宣传活动。1938年4月,第三厅举办了声势浩大的"武汉各界第二期抗战扩大宣传周"活动。5月,参加了"雪耻与兵役扩大宣传"活动。7月,举行了"七七抗战一周年纪念"活动。8月,举办了"纪念八一三保卫大武汉运动"。

第三厅领导的抗日救亡宣传工作,范围之广,规模之大,影响之深,是空前的。它对于动员民众,鼓舞士气,促进全民抗战起了巨大的推动作用。随着抗战局势的日益严峻和国民党政策的右转,1939年春,第三厅人员大为缩减。到了1940年秋,国民政府将第三厅彻底改组,使之完全变成了由国民党控制的机构。

(二)抗战文学

抗战初期盛行集体创作。长篇小说《华北的烽火》是在上海的20多位作家集体创作的反映华北抗战情形的小说,从卢沟桥事变写起,至平津陷落止。全书共分四部。第一部刊登了《前夜》和《演习》两章,作者分别为沙汀和艾芜。第二部刊登了《怒火》、《爆发》、《突破》三章,作者分别为周文、舒群、蒋牧良。第三部刊登了《找和平》、《左右为人难》、《全线总进攻》三章,作者分别为聂绀弩、张天翼、陈白尘。第四部刊登了《反正》一章,作者是罗烽。中篇小说《给予者》由欧阳山、草明、东平、邵子南、于逢集体创作,东平执笔。这部小说通过叙述黄伯祥惨痛而平凡的经历,表现了民众抗战意识的成长历程。

从"七七"事变到武汉失守,这一时期报告文学异彩纷呈。通讯、报告、特写、速记等在刊物上大量刊载,发表的报告文学作品近千篇,作者多达数百人。多数报告文学是作家们冒着枪林弹雨从前线采集回来的,反映的是抗战一线的实况。如邱东平的《第七连》、以群的《台儿庄战场散记》、范长江的《台儿庄血战经过》、王西彦的《被毁灭了的台儿庄》等。曹白的报告文学集《呼吸》和李辉英的《北运河上》、《军民之间》等作品,则反映了中国难民的苦难生活。汝尚的《当南京被虐杀的时候》、草明的《我是那样地接近敌人的》和《遭难者的葬礼》、碧野的《黑瘦了,受难的郑州》、范长江主编的《抗战中的中国丛书》中的

《沦亡的平津》，重点刻画了日本侵略者的残暴形象。

抗战初期的武汉，朗诵诗较为流行。《高兰朗诵诗集》多次再版，彭慧的长篇朗诵诗《怀念被敌船载去的孩子们》在电台和学校集会上被广为朗诵。光未然的《五月的鲜花》深情歌颂了为挽救民族危亡而顽强奋战的抗日志士，是当时朗诵诗的名篇。1938 年 10 月，在武汉市文化界联合召开的“鲁迅先生逝世周年祭”大会上，朗诵了柯仲平和高兰的诗作，受到热烈欢迎。

新诗创作也相当活跃。1938 年，胡风主编的文艺杂志《七月》在武汉创刊。刊物周围簇拥着艾青、阿垅、田间、孙钿、冀汸、侯唯动、苏金伞、邹荻帆、庄涌等一大批新老诗人，形成了一个颇有声望的艺术流派——“七月派”。艾青（1910—1996），原名蒋正涵，浙江金华人。他于 1937 年来到武汉，创作了一批优秀作品，奠定他在现代文学史上地位。他的作品有《他站起来了》、《雪落在中国的土地上》、《人皮》、《北方诗草》、《向太阳》、《我们要战斗一直到我们自由了》、《这是我们的》、《革命的哀歌》等。艾青被称为这个时期诗界“领唱的歌手”。

1938 年 10 月，广州、武汉沦陷后，郭沫若、阳翰笙、老舍等大批文化人士迁到了陪都重庆。太平洋战争爆发后，原先聚集在上海“孤岛”、香港、澳门的文化人士纷纷转移到大后方，其中有著名作家茅盾、张恨水、胡风、叶以群、田汉、张秀亚、徐訏、陈衡哲等。据 1942 年上半年统计，仅到国民党中央宣传部文化运动委员会招待所办理登记补助和在渝工作的文艺界人士就达 200 多人。

抗日战争时期重庆的文学创作，以小说最为著名。茅盾写有《第一阶段的故事》、《霜叶红似二月花》和《腐蚀》等长篇小说。巴金的抗战三部曲《火》的第二部即写于重庆（第一、三部分别脱稿于昆明、桂林）。老舍著有短篇小说集《火车集》、《贫血集》。1943 年，他写出了首部抗战长篇小说《火葬》。他的长篇小说《四世同堂》的第一部《惶惑》、第二部《偷生》也完成于重庆。张恨水也发表了《魍魉世界》、《八十一梦》、《第二条路》、《蜀道难》等一批谴责小说。

报告文学也不甘落后。当时重庆聚集了刘白羽、周而复、周立波、沙汀、何其芳、陈荒煤等众多著名的报告文学作家，并涌现了老舍的《五四之夜》、宋之的的《从仇恨里生长出来的》、秋江的《血染的雨天》等大量的优秀报告文学作品。

这一时期，针对梁实秋的文学观点发生了较大规模的文学争论。1938 年

12月1日，梁实秋在他主编的《中央日报·平明》副刊上发表了《编者的话》，表示“现在抗战高于一切，所以有人一下笔就忘不了抗战。我的意见稍为不同。于抗战有关的材料，我们最为欢迎，但是与抗战无关的材料，只要真实流畅，也是好的，不必勉强把抗战截搭上去。至于空洞的‘抗战八股’，那是对谁都没有益处的。”12月5日，罗荪在《大公报》上发表了《“与抗战无关”》一文，提出了自己的反对意见。12月6日，梁实秋也发表题为《“与抗战无关”》的文章，予以反驳。安娥和陈白尘也对梁实秋提出批评。12月9日，罗荪又写了《再论“与抗战无关”》。12月10日出版的《抗战文艺》第3卷第2期，也刊登了一组批评梁实秋的文章。老舍还代表“文协”起草了给《中央日报》的公开信，对梁实秋的观点提出了批评。批评者认为，抗战时期，中国人的生活中根本不存在“与抗战无关”的东西。梁实秋认为批评者曲解了他的意思并采取粗暴的批判而拒绝再予答辩。

皖南事变后，重庆文化界陷入一时的沉闷，而桂林则出现了相对繁荣的局面。据不完全统计，从1938年至1944年，在桂林路过或在桂林逗留和居住过的文化人有一千多人，各种文化团体多达三四十个。空前繁荣的文化事业使桂林获得了“文化城”的盛誉，成为西南大后方的一块文化绿洲。

1939年10月，中华全国文艺界抗敌协会桂林分会成立。夏衍、周纲鸣、司马文森、黄药眠、林林、宋云彬、欧阳予倩、孙师毅、陈此生、欧阳凡海等25人为第一届理事。1939—1940年，桂林涌现出了《抗战文艺》、《前线》、《黎明》、《笔部队》、《东线文艺》、《耕耘》、《野草》、《自由中国》、《文丛》、《中国诗坛》、《诗》、《顶点》、《文学集林》等一批文艺刊物。1944年秋，湘桂大撤退，云集桂林的作家们又涌向重庆、昆明、贵阳等地。

（三）抗战艺术

抗战时期的戏剧艺术极为活跃。为了适应抗战的迫切要求，1937年12月，阳翰笙、田汉、熊佛西、王平陵等人在汉口发起了中华全国戏剧界抗敌协会。同年底，上海等地的数十个剧团先后抵达武汉，演出了《上海战争》、《青纱帐里》、《保卫祖国》、《飞将军》、《塞上风云》、《战歌》、《一片爱国心》等抗战话剧，受到欢迎。“首都抗敌剧团”、“广西国防艺术社”、“拓荒剧团”等14个戏剧团体，在汉口光明大戏院联合公演了大型话剧《最后的胜利》。该剧由田汉编剧，洪深导演，赵丹、王莹主演，轰动了武汉三镇。街头剧《放下你的鞭子》，也引起了巨大的反响。同年12月起，在武汉举行的全国戏剧界援助各战区游击军大公演，有话剧、京剧、汉剧、楚剧许多剧种的40余个团体参加。

爱国历史剧《明末遗恨》在“孤岛”上海演出

剧本创作也空前活跃起来。据葛一虹的《抗日剧作编目》统计，截至1938年底，全国共发表了142个剧本，其中90%左右刊登在武汉的刊物上。在武汉出版的专门戏剧刊物有《抗战戏剧》、《戏剧新闻》、《新演剧》等三种。戏剧走向平民化、大众化，演出采取街头剧、活报剧等形式，突破了大舞台的限制。

抗战时期是阳翰笙戏剧创作的高峰期，他的几个代表作品，都是在这个时期写成的。抗战初期，他写的《前夜》（四幕话剧）、《塞上风云》（四幕话剧）和《李秀成之死》（四幕大型历史话剧）在武汉首次公演或公开出版，受到了观众的普遍欢迎。田汉在1937年8月写的四幕话剧《卢沟桥》真实地反映了卢沟桥事变发生发展的全过程，鼓动民众积极起来抗战。他还创作了《最后的胜利》、《江汉渔歌》、《新雁门关》、《土桥之战》、《杀官》等剧本。洪深的《飞将军》和《米》、集体创作的多幕剧《八百壮士》、《突击》和《台儿庄》，也是这一时期的名作。

重庆作为大后方的文化中心，戏剧也异彩纷呈。话剧团入川，推动了重庆话剧运动的大发展。1938 年 10 月 10 日，中国第一届戏剧节在重庆举行，有 20 个剧团、1 500名专业和业余团体的戏剧工作者参加演出，公演剧目 40 个，观众达 10 万人次。

皖南事变后，戏剧舞台冷清了许多。为了改变局面，阳翰笙联络一批电影演员在重庆筹组了中华剧艺社。1941 年上半年，陈白尘写成五幕话剧《大地回春》，以反对日本侵略、振兴民族工业为主题。该剧于同年 10 月 10 日由新成立的中华剧艺社演出，取得了广泛的好评。接着，中华剧艺社又上演了阳翰笙创作的历史剧《天国春秋》、郭沫若创作的历史剧《棠棣之花》和《屈原》。据统计，自 1941 年 10 月至 1945 年 10 月，重庆雾季公演剧目有 106 个，其中大型剧 98 个、短剧和独幕剧 8 个①。

1938 年以后，抗日戏剧运动在桂林也有蓬勃的发展。抗战期间，先后在桂林演出过的话剧团队达 102 个，先后演出的话剧剧目达 360 多个。1942 年至 1944 年夏，几乎每月都可以看到新的话剧。据 1942 年上半年的统计，在话剧舞台上活跃着 7 支团队，演出的各种剧目共 30 个（其中多幕剧 23 个，独幕剧 7 个），平均每月就有 5 个剧目上演②。田汉还于 1942 年初带领湘剧宣传队到桂林，上演了他改编的湘剧《新会缘桥》、《武松》等剧目。1944 年春，桂林举办西南戏剧展览会，集中了广西、广东、江西、湖南、云南、贵州等省的戏剧工作者达千余人，演出剧种计有话剧、评剧、桂剧、粤剧、湖南花鼓戏、彩调等。剧目丰富多彩，盛况空前。

在电影方面，1938 年 1月，中华全国电影界抗敌协会在武汉宣告成立。协会发表“宣言”，创办会刊《抗战电影》，积极从事抗战电影运动的指导工作。第三厅成立后，原属军委政训处的电影股改组扩充为中国电影制片厂。1938 年 1—10 月，该厂先后拍摄制作了《保卫我们的土地》、《八百壮士》、《热血忠魂》、《抗战特辑》、《姚营长血溅宝山城》等数十部影片，极大地鼓舞

① 戴知贤、李良志主编:《抗战时期的文化教育》，北京出版社 1995 年版，第 113 页。

② 戴知贤、李良志主编:《抗战时期的文化教育》，第 214 页。

了人民群众的抗日斗志。1938 年 10 月后，中国电影制片厂迁至重庆，制作了 12 部抗战故事片、4 部卡通片以及多部新闻纪录片和军事教育短片。中国电影摄影场是国民党中央宣传部直属的电影机构，1938 年以后，摄制了《卢沟桥事变》、《空军战绩》、《淞沪前线》、《前进》、《教我如何不想他》、《爱国歌唱》等众多影片。西北影业公司也拍摄了《华北是我们的》、《风雪太行山》等抗日题材的影片。

在音乐方面，抗日救亡歌曲颇为盛行。以上海音乐专科学校为中心，涌现出一批爱国主义音乐家，其中最杰出的是作曲家黄自。1937 年以后，黄自先后创作了爱国合唱《抗敌歌》和《旗正飘飘》等多首歌曲。应尚能在“一二八”战役之后写出了名重一时的《吊吴淞》。黄自的学生也创作了大批抗战歌曲，如刘雪庵的《长城谣》和《流亡三部曲》，陈田鹤的《哀挽一位民族解放的战士》、《巷战》，江定仙的《新中华进行曲》、《打杀汉奸》，夏之秋的《歌八百壮士》、《最后胜利是我们的》、《思乡曲》，贺绿汀的《游击队歌》、《垦春泥》、《嘉陵江上》、《保家乡》、《干一场》等。

在绘画方面，不少画家担负起宣传抗日救亡的使命。著名画家张善子以画虎著称，抗战期间，他的画多取材于中国历史上的爱国故事，宣扬民族气节，如《苏武牧羊》、《精忠报国》、《文天祥正气歌图》等。许多画家以木刻和漫画为武器，积极投入抗日救亡运动。1938 年 6 月，“中华全国木刻界抗敌协会”和“中华全国漫画界抗敌协会”在武汉宣告成立。武汉失陷后，迁往重庆。1939 年 4 月，“木协”在重庆举办了“第三次全国抗战木刻展览会”，后又在桂林举行了“七七纪念木刻展”和“鲁迅先生逝世三周年纪念木刻展”。政治部第三厅所属的漫画宣传队，经常深入各地用漫画宣传抗日。1939 年 9 月，在重庆中央公园举行了单幅漫画展，轰动一时。

第三节　根据地的抗战文化

抗战期间，中国共产党在文化战线上高举抗战大旗，不仅为抗日战争的最后胜利提供了强大的思想武器和精神支柱，而且对中国文化的发展产生了广泛而深刻的影响。

一、中国共产党的抗战文化主张

中国共产党人一向重视文化对于抗战的重要性。1936 年 11 月，中国文

1938年春，毛泽东在延安窑洞写作《论持久战》

艺协会在陕北召开成立大会，毛泽东首次提出了“抗日文艺”这一重要概念。他说，为了抗日，我们要从过去单搞“武”的一面转到“文武双全”，“要从文的方面去说服那些不愿停止内战者，从文的方面去宣传教育全国民众团结抗日”，并要求文艺工作者“发扬苏维埃的工农大众文艺，发扬民族革命战争的抗日文艺”[①]。1942年，毛泽东在延安文艺座谈会上的讲话中明确提出文化对抗战的重要性：“我们要战胜敌人，首先要依靠手里拿枪的军队。但是仅仅有这种军队是不够的，我们还要有文化的军队，这是团结自己、战胜敌人必不可少的一支军队。”[②]中国共产党指出，在反对日本帝国主义这一前提下，文化中的“阶级斗争的利益必须服从于抗日战争的利益，而不能违反抗日战争的利益”[③]。

抗战时期，中国共产党十分注重对抗战文化运动的宣传和组织工作。1940年，中共中央发布了关于发展文化运动的指示。在如何组建抗日文化队伍这一问题上，毛泽东提出，“应该联合一切不反共的自由资产阶级（即民族资产阶级）与广大小资产阶级的知识分子共同去做，而不应使共产党员尖锐突出与陷于孤立”，同时要“动员各阶层知识分子各部门文化人与广大青年学生加入这一运动”。在各根据地，文化教育工作“均应与一切不反共的资产阶级知识分子及小资产阶级知识分子联合去做”，并“要注意收集一切不反共的知识分子与半知识分子，使他们参加在我们领导下的广大的革命文化战线，应反对在文化领域中的无原则的门户之见”[④]。毛泽东强调指出，在长期和残酷的民

① 毛泽东：《在中国文艺协会成立大会上的讲话（1936年11月22日）》，《毛泽东文集》第1卷，人民出版社1993年版，第461—462页。

② 毛泽东：《在延安文艺座谈会上的讲话（1942年5月）》，《毛泽东选集》第3卷，人民出版社1991年版，第847页。

③ 毛泽东：《中国共产党在民族战争中的地位（1938年10月14日）》，《毛泽东选集》第2卷，人民出版社1991年版，第525页。

④ 《中央关于发展文化运动的指示（1940年9月10日）》，《中共中央文件选集》第12册，中共中央党校出版社1991年版，第486—487页。

族解放战争中，“共产党必须善于吸收知识分子，才能组织伟大的抗战力量，组织千百万农民群众，发展革命的文化运动和发展革命的统一战线。没有知识分子的参加，革命的胜利是不可能的”①。

1940 年 10 月，中共中央发出《关于各抗日根据地文化人与文化团体的指示》：“为了发展各抗日根据地的文化运动，正确的处理文化人与文化团体的问题，实为当前的重要关键。”为充分调动文化人的积极性，中共中央要求各地党组织应该重视文化人，纠正党内一部分同志轻视、厌恶、猜疑文化人的落后心理；应该用一切方法在精神上、物质上保障文化人写作的必要条件，使他们的才力能够充分的使用，使他们写作的积极性能够最大的发挥；党的领导机关，除一般地给予他们写作上的任务与方向外，力求避免对于他们写作上人为的限制与干涉，应在实际上保证他们写作的充分自由；应采取一切方法，如出版刊物、剧曲公演、公开讲演、举办展览会等，来发表他们的作品。对于文化人生活习惯上的各种特点，应更多地采取同情、诱导、帮助的方式去影响他们进步，那种“对于文化人生活习惯上的过高的、苛刻的要求”是不适当的②。

关于开展抗战文化运动的原则，中国共产党强调：第一，要突出抗日的主题。毛泽东认为，在抗战时期，中国政治的首要的、根本的问题就是抗日。在此形势下的抗战文化运动，一定要突出抗日这一主题。他说，“我们做文章、画图画、演戏、唱歌，都要表现抗日民族统一战线”③，“新闻纸、出版事业、电影、戏剧、文艺，一切使合于国防的利益”④。第二，要体现大众化的特点。1942 年，毛泽东在延安文艺座谈会上指出：“现在工农兵面前的问题，是他们正在和敌人作残酷的流血斗争，而他们由于长时期的封建阶级和资产阶级的统治，不识字，无文化，所以他们迫切要求一个普遍的启蒙运动，迫切要求得到他们所急需的和容易接受的文化知识和文艺作品，去提高他们的斗争热情和胜利信心，加强他们的团结，便于他们同心同德地去和敌人作斗争。”⑤在抗战文化运动中，要说人民大众能懂的话，提出人民大众可以接受和可以做到的办法，要

---

① 毛泽东：《大量吸收知识分子（1939 年 12 月 1 日）》，《毛泽东选集》第 2 卷，第 618 页。

② 《中央宣传部、中央文化工作委员会关于各抗日根据地文化人与文化团体的指示（1940 年 10 月 10 日）》，《中共中央文件选集》第 12 册，第 496—499 页。

③ 毛泽东 1938 年 4 月 10 日在鲁迅艺术学院成立大会上的讲话，转引自易严：《毛泽东与鲁迅》，河北人民出版社 1998 年版，第 206 页。

④ 毛泽东：《反对日本进攻的方针、办法和前途（1937 年 7 月 23 日）》，《毛泽东选集》第 2 卷，第 348 页。

⑤ 毛泽东：《在延安文艺座谈会上的讲话（1942 年 5 月）》，《毛泽东选集》第 3 卷，第 861—862 页。

时刻想到抗战文化是为人民大众服务的文化。

1941年，中共中央宣传部发布关于党的宣传鼓动工作提纲，明确规定中国共产党抗战时期在文化运动上有四大任务：第一，团结一切抗日不反共的文化力量，建立文化运动上最广泛的统一战线，向着一个共同的目标努力。这个目标即反对民族敌人——日本帝国主义，反对民族投降主义，反对黑暗复古主义。第二，发展进步的文化力量，发展民主思想，主张思想自由，研究各种学术，宣传科学的社会主义，推进中国的文化向前发展。第三，团结文化干部，培养文化干部，爱护文化干部，尤其在根据地内更应大批的吸收知识分子，各种专家学者参加一切抗战的工作。第四，参加国民教育，发展国民教育，这是文化运动最基层的工作①。

在中共文化方针的指引下，根据地积极组织抗日救亡文化团体，取得了较大的成绩。1938年初，文艺工作者在延安成立了"中华全国文艺界抗敌协会陕甘宁边区分会"（简称"文抗"），艾思奇、柯仲平分别担任"文抗"正副主任。延安和各根据地出版了《延安文艺》、《文艺战线》、《晋察冀文艺》、《太岳文艺》、《西北文艺》、《挺进》、《大众文艺》等文艺刊物，宣传抗战救国。

二、抗日根据地的文化教育

抗战时期，中国共产党确立了新民主主义的文化教育方针。1937年8月，中共中央政治局在洛川会议上通过《抗日救国十大纲领》，其中第八项规定："改变教育的旧制度、旧课程，实行以抗日救国为目标的新制度、新课程。"②1938年10月，在六届六中全会上毛泽东做了《论新阶段》报告，提出，"在一切为着战争的原则下，一切文化教育事业均应使之适合战争的需要"，"伟大的抗战必须有伟大的抗战教育运动与之相配合"③。这次全会规定，教育为抗日战争服务，学用一致，教育与生产劳动相结合。

在新民主主义教育方针的指导下，抗日根据地的教育事业有了相当大的进步。根据地的教育包括国民教育和干部教育两大部分。国民教育主要由学校教育和社会教育构成。初小、高小、中学、师范等属于学校教育，识字组、夜

① 《中央宣传部关于党的宣传鼓动工作提纲（1941年6月20日）》，《中共中央文件选集》第13册，中共中央党校出版社1991年版，第135—136页。

② 毛泽东：《为动员一切力量争取抗战胜利而斗争（1937年8月25日）》，《毛泽东选集》第2卷，第356页。

③ 毛泽东：《论新阶段（1938年10月）》，《毛泽东军事文选》，战士出版社1981年版，第173页。

校、扫盲班、读报班、黑板报、冬学、民众教育馆、民众学报等则属于社会教育。各抗日根据地政府克服困难，因陋就简地办了一大批中小学校。各边区都完成了每一个行政村建一个初小的任务，每村都建有冬学、识字组、夜校、读报组、黑板报。在陕甘宁边区，抗战前只有3所中等学校，到1942年发展到11所。小学由1937年春的320所、学生5 000人，发展到1945年上半年的1 377所、学生34 004人。在晋冀鲁豫边区，据1945年上半年统计，六个专区（缺二、八专区）入学儿童125 878人，中等学校达到55所，学生11 715人；华中抗日根据地的苏南、苏中和苏北区，到1944年，苏南区有小学961所，中学、师范39所，苏中区有小学1 548所，中学、师范54所，苏北区有小学1 986所，中学，师范19所。三个区的小学比战前增加了一倍①。抗日根据地还创造发明了与游击战相适应的教学方法——游击教育法。“这种教育方法是熔铸了巡回教学、分组教学、复式教学的各自特点，而配合着游击战争的教育战术，所以我们总称为游击教育法。”②

干部教育分为在职干部教育和干部学校教育。中共中央对干部教育十分重视，曾下发《关于干部教育的指示（1940年1月）》、《关于在职干部教育的决定（1942年2月）》等文件。为实施干部学校教育，根据地创办了一些大学。

抗日军事政治大学　红军长征到达陕北后，中共中央决定将原设在江西瑞金的中国工农红军大学继续办下去，并为适应新的发展形势，于1936年6月在陕北瓦窑堡将其改名为中国抗日红军大学（简称“红大”）。1937年初，又将“红大”更名为中国人民抗日军事政治大学（又称抗日军政大学，简称“抗大”），并将校址迁到延安，后在各地设立分校。抗大校长由林彪担任，后由徐向前接任。

陕北公学　1937年11月在延安成立，校长成仿吾。陕北公学的主要任务是培训政治工作干部，教学计划的安排原则是三分军事、七分政治，以革命的政治教育为主，目的是要在短期内把一个革命青年培养成为具有一定能力的政治工作干部。

1938年4月，在延安成立了鲁迅艺术文学院。1940年5月，又成立了泽东青年干部学校。1939年7月，在晋察冀边区成立了华北联合大学。

---

① 沙健孙主编：《中国共产党通史》第4卷，湖南教育出版社1999年版，第327—328页。

② 新儒：《冀中区的教育工作》，中央教育科学研究所编：《老解放区教育资料》（二）抗日战争时期上，教育科学出版社1986年版，第162页。

抗战最后两年，日寇发起了疯狂的“扫荡”，给根据地带来很大困难。为了战胜困难，中共中央于1943年发动了轰轰烈烈的大生产运动，为高等教育的大发展提供了物资保证。1943年4月至1944年5月，鲁迅艺术文学院、自然科学院、民族学院、新文字干部学校和行政学院先后并入延安大学，使该校成为一所大规模的综合性大学。

各抗日根据地还创办了不少干部学校以及用速成办法培养干部的各种短期训练班。在晋察冀边区，除华北联合大学和抗大二分校外，还办有抗战建国学院、白求恩卫生学校、蒙藏学院、军政干部学校、冀中人民自卫军政工干部学校、冀中民运干部学校、冀中“五一”学院等，短期训练班有游击战争干部训练班、自卫队干部训练班、行政人员训练班、群众干部训练班、税收训练班等。在华中抗日根据地，有新四军教导总队、江淮大学、“抗大”五所分校、皖东北抗日军政干部学校、淮北苏皖边区行政学院、“鲁艺”华中分院、苏中公学、苏北公学等。

抗战期间，各种干部学校培养了大批优秀的干部，其中仅“抗大”就培养干部13万多名，基本满足了各抗日根据地的人才需求。

三、抗日根据地的文艺运动

抗战时期，各抗日根据地的文学艺术在中国共产党的领导下，搞得红红火火，展现了工农兵文艺的独特魅力。

（一）文学

中共抗日根据地的文学创作，以小说的成就最为突出。作家通过深入工农兵的生活，创作出了一批表现民族斗争、阶级斗争和生产斗争的新型小说。

赵树理（1906—1970）是抗日根据地作家的杰出代表，在小说创作方面取得了突出成绩。他的作品善于利用民间文学的表现形式，吸收群众通俗易懂的活泼语言，以生动的故事情节和浓郁的生活气息打动读者。20世纪40年代，他的创作进入巅峰期，先后完成中短篇小说十多部，有《小二黑结婚》、《李有才板话》、《李家庄的变迁》、《孟祥英翻身》、《地板》、《福贵》、《催粮差》、《小经理》、《邪不压正》、《两个世界》、《传家宝》、《田寡妇看瓜》等。这些作品从不同侧面反映了根据地农村翻天覆地的可喜变化。其中，1943年创作的《小二黑结婚》和《李有才板话》，被誉为边区新文艺的代表作。

在根据地中短篇小说创作中，比较突出的还有孙犁、刘白羽等人的作品。孙犁抗战初期在晋察冀边区做记者和编辑工作，他写的《荷花淀》、《芦花荡》、

《嘱咐》、《采蒲台》、《村歌》等，格调清新，语言细腻，形象地反映了冀中地区军民的抗日生活。刘白羽的短篇小说集《草原上》、《五台山下》、《龙烟村纪事》、《幸福》等，贴近群众生活，也广受欢迎。

根据地的文学政策也出现过严重错误，王实味因发表杂文《野百合花》而受到批判和错杀，这是沉痛的历史教训。

(二)艺术

抗战时期，延安成为全国抗战歌咏运动的中心。卢沟桥事变后，大批音乐工作者奔向陕甘宁边区。1938 年春，鲁迅艺术文学院在延安成立，"鲁艺"音乐系共招收五期学员，培养了大批革命音乐干部。它还先后成立"民歌研究会"、"音乐研究室"、"音乐工作团"及合唱队、乐队等，推动了革命音乐事业的蓬勃发展。

抗战时期各根据地创作了大量的群众歌曲。吕骥在抗战前即创作了优秀作品《自由神》、《聂耳挽歌》、《保卫马德里》等，到延安后他又创作了《抗日军政大学校歌》、《武装保卫山西》、《毕业上前线》、《开荒》等革命歌曲。他还为郭沫若的长诗《凤凰涅槃》谱写了一部声乐套曲，并创作了合唱《向着列宁斯大林的道路行进》。他的《中华民族不会亡》被广为传唱，经久不衰。向隅的《打到东北去》、《红缨枪》、《反投降进行曲》，何士德的《新四军军歌》，周巍峙的《子弟兵进行曲》，孟波的《中华民族好儿女》，晓河的《进军曲》等，热情讴歌了伟大的抗日战争和抗日军队。张达观的《军队和老百姓》，杜矢甲的《五枝花》，徐曙的《八路好》，李伟的《行军小唱》，陈强的《提防鬼子来抢粮》，章枚的《黄桥烧饼歌》，联抗的《没有祖国的孩子》，曹火星的《没有共产党就没有新中国》等，则展现了各根据地蓬勃向上的风貌。

在大型声乐作品方面，冼星海借鉴西方音乐的风格，吸收中国民间音乐的元素，创造出《黄河大合唱》、《生产大合唱》、《九一八大合唱》、《牺盟大合唱》四部大合唱作品。其中成就最突出、影响最广大的当属《黄河大合唱》。这部作品于 1939 年 4 月在延安首演。作品以黄河为意象，深情歌颂了中华民族的光荣历史和反抗侵略的英勇斗争。全曲由《序曲》、《黄河船夫曲》、《黄河颂》、《黄河之水天上来》、《黄水谣》、《河边对口曲》、《黄河怨》、《保卫黄河》和《怒吼吧！黄河》等八个乐章组成。首先由乐队奏出简短的序曲，显示作品的基本主题。接着合唱队以石破天惊的声势唱出《黄河船夫曲》，描绘出黄河船夫与惊涛骇浪奋力拼搏这一惊心动魄的情景。男声独唱《黄河颂》，从深沉广阔的乐句开始，讴歌黄河——中华民族的摇篮，热烈颂扬伟大坚强的民族精神。配乐诗朗诵《黄河之水天上来》，以壮丽的词采，酣畅淋漓地抒写黄河的壮阔，历史的沧桑，人民的苦难与英勇的反抗。女声合唱《黄水谣》用凄婉的歌声描绘出日本侵略者奸淫烧杀造成的“一片凄凉”的景象。两个流亡者在黄河相遇，唱起《河边对口曲》（对唱、合唱），互相倾诉各自的苦难，最后相约“一同打回老家去”，音乐质朴，富有乡土风味。女声独唱《黄河怨》表现了一个受害的妇女对着黄河波涛哭诉她的愁怨，令人心碎肠断。《保卫黄河》曲调活泼有力，由齐唱而二部轮唱、三部轮唱，主题此起彼伏，时隐时现，像游击队员活跃在青纱帐里，神出鬼没、飘忽不定。最后的乐章是合唱《怒吼吧，黄河》，以排山倒海般的宏伟气魄发出了战斗的最强音。各个乐章都有相对的独立性，相互之间在表现内容、演唱形式和音乐形象等方面构成鲜明的对比。同时，全曲又由表现中华民族解放斗争的基本主题紧密地联系在一起，整个作品显示出高度的统一性。《黄河大合唱》是一部反映中华民族解放运动的音乐史诗。

各根据地的音乐工作者深入农村，深入部队，将音乐与人民的生活融合到一起。1943 年，延安等地掀起了根据地规模最大的群众文艺运动——“新秧歌运动”。李劫夫的《歌唱二小放牛郎》，徐曙的《晋察冀小姑娘》，安波的《兄妹开荒》，马可的《南泥湾》、《夫妻识字》，王莘的《战斗生产》、《愉快的劳动》，卢肃的《团结就是力量》，杜矢甲的《五枝花》，曹火星的《没有共产党就没有新中国》，刘炽的《翻身道情》、《胜利鼓舞》等，都是脍炙人口的作品。各根据地还涌现了一些根据民歌改编或填词的歌曲，如《东方红》、《解放区的天》、《解放区十

延安文艺工作者大生产运动中演出歌剧《兄妹开荒》

唱》、《军队和老百姓》等。

“新秧歌运动”中出现的新秧歌剧，主要以表演情节性歌舞和歌舞小戏的“小场”为基础发展而成，吸收了民歌、地方戏的曲调，大多反映根据地的生产和斗争生活。如第一个新秧歌剧《兄妹开荒》，根据陕甘宁边区开荒劳动模范马丕恩父女的事迹编写，音乐诙谐明快，既有陕北民间音调的特色，又增添了新的时代感。此后，根据地陆续产生了《夫妻识字》、《货郎担》、《动员起来》等小型秧歌剧，并在此基础上创作了《牛永贵挂彩》、《赤叶河》、《周子山》等角色较多、情节较曲折的大型秧歌剧。

在新秧歌和秧歌剧的基础上，一种新型的歌剧在根据地诞生了。这种新歌剧由简单到复杂，到抗战胜利前夕，终于形成了大型歌剧《白毛女》。《白毛女》的创作是延安文艺座谈会之后音乐创作方面最重要的成果，也是继《黄河大合唱》之后根据地音乐创作的又一个高峰。《白毛女》由贺敬之、丁毅编剧，马可、张鲁、瞿维、李焕之等作曲。剧本情节是地主恶霸黄世仁逼死佃户杨白劳，污辱其女儿喜儿，喜儿被迫逃入深山成了“白毛女”。八路军来到了该地区，喜儿重见天日。《白毛女》运用革命现实主义和革命浪漫主义相结合的创作方法，采用中国北方民间音乐的曲调，吸收了戏曲（主要是河北梆子）和曲艺音乐的音调并加以发展、变化，同时借鉴西方歌剧中重唱、合唱等手法，在刻画人物性格和营造场面的氛围方面取得了显著的成功。1945 年 4 月，该剧为中国共产党第七次全国代表大会演出，受到热烈欢迎，后在解放区各地陆续上演，深受广大人民群众和八路军官兵的喜爱，反响巨大。

抗战期间，大批木刻艺术家来到延安。温涛、胡一川、沃渣、江丰、陈铁耕、罗工柳、马达、陈九、力群、刘岘、张望等人先后来到“鲁艺”美术系执教，创作了大量木刻作品。古元的《离婚诉》、《哥哥的假期》，焦心河的《牧羊女》，力群的《伐木》等，都是这一时期的优秀作品。延安的木刻反映了时代的特点，充满着浓郁的生活气息与战斗气氛，在宣传抗日救亡和反映根据地人民新生活风貌上，功不可没。

根据地的漫画创作也颇为引人瞩目。漫画作者主要来自上海等地，如华君武、蔡若虹、张谔和张仃等人。他们的漫画将讽刺的矛头对准“侵略者、剥削者、压迫者”，中共中央机关报《解放日报》常常在报头旁报耳的明显位置发表他们的作品。华君武的《榜样》、蔡若虹的《新中国的基石》、张谔的《第二战场》是这一时期漫画的代表性作品。

小　　结

日本发动的侵略战争给中国人民带来了深重的灾难，中国文化经历了一场空前的浩劫，在战争波及的地区，教育机构和文化设施受到极大的破坏。日本侵略者在沦陷区推行殖民文化，企图在心理上消灭中华民族。汉奸伪政权从民族失败主义立场出发，也千方百计地迎合侵略者，缪斌、汪精卫等炮制出一整套投降主义理论，幻想以放弃抵抗和与敌合作来实现“和平”。

在深重的民族危机面前，为保持中华民族文化血脉的延续，国民政府及各界人士为中国教育的恢复和发展做出了艰苦卓绝的贡献。高校内迁显示了中华民族的勇气和志气，保卫大武汉的热潮造就了大后方文化的蓬勃发展，文化人在重庆、昆明、桂林的聚集掀起了大后方文化的另一个高潮。

与此同时，抗日根据地的文化建设也搞得红红火火。文化活动从来没有像在抗战时期这样贴近民众的生活，抗战文学艺术在各根据地广泛开展起来。

历史文献

1.《中国国民党抗战建国纲领》，中国第二历史档案馆编:《中华民国史档案资料汇编》第 5 辑第 2 编政治(1)，江苏古籍出版社 1998 年版。

2.《国民党中央宣传部拟定的文化运动纲领宣传及实施办法》，中国第二历史档案馆编:《中华民国史档案资料汇编》第 5 辑第 2 编文化(1)，江苏古籍出版社 1998 年版。

3.《中共中央为公布国共合作宣言》，《周恩来选集》上卷，人民出版社 1980 年版。

4.《中华全国文艺界抗敌协会宣言》，彭明主编:《中国现代史资料选辑》第 5 册(下)，中国人民大学 1989 年版。

5.《中央宣传部、中央文化工作委员会关于各抗日根据地文化人与文化团体的指示》，中央档案馆编:《中共中央文件选集》第 12 册，中共中央党校出版社 1991 年版。

6. 毛泽东:《在延安文艺座谈会上的讲话》，《毛泽东选集》第 3 卷，人民出版社 1991 年版。

7. 冼星海、光未然著，冼妮娜编:《黄河大合唱》，浙江文艺出版社 2005 年版。

论著选读

1. 吴雁南等主编:《中国近代社会思潮(1840—1949)》第4卷,湖南教育出版社1998年版。

2. 孟国祥:《大劫难:日本侵华对中国文化的破坏》,中国社会科学出版社2005年版。

3. 肖效钦、钟兴锦主编:《抗日战争文化史》,中共党史出版社1992年版。

4. 唐正芒等:《中国西部抗战文化史》,中共党史出版社2004年版。

5. 戴知贤、李良志主编:《抗战时期的文化教育》,北京出版社1995年版。

6. 齐红深主编:《日本侵华教育史》,人民教育出版社2002年版。

7. 王向远:《日本对中国的文化侵略》,昆仑出版社2005年版。

8. 闻黎明:《抗日战争与中国知识分子》,社会科学文献出版社2009年版。

研究与讨论

1. 试析国民精神总动员运动的内涵。

2. 论述民族复兴思潮及其影响。

3. 分析中国共产党的抗战文化主张。

第八章　新民主主义文化

抗日战争时期，中国共产党构建起了新民主主义文化体系。新民主主义文化是马克思主义中国化的重要成果，体现了中国民主革命的特点和要求，反映了近代中国文化发展的趋势。它不仅为中华人民共和国的建立奠定了思想基础，也为新中国成立初期的社会文化建设提供了理论指导。

第一节　马克思主义在中国的早期传播

马克思主义在中国的传播始于19世纪末20世纪初，至“五四”时期，已形成一种文化思潮。

一、马克思主义传入中国

晚清时期，马克思主义逐渐传入中国。1871年，王韬等编译的《普法战纪》，介绍了巴黎公社的事迹，成为中国最早介绍西方革命的读物。1899年，上海广学会主办的《万国公报》刊载李提摩太节译、蔡尔康撰写的《大同学》长文，多次提到“马克思”中文译名：“其以百工领袖著名者，英人马克思也。马克思之言曰：‘纠股办事之人，其权笼罩五洲，突过于君相之范围一国。’”[①]同年5

① ［英］李提摩太译、蔡尔康撰文：《大同学第一章：今世景象》，《万国公报》第121卷，1899年2月。

月上海广学会出版的《大同学》一书中，恩格斯的名字也被提及："德国讲求养民学者，有名人焉，一曰马克思，一曰恩格思（即恩格斯）。"[①]显然，那时对马克思主义的介绍十分零碎，理解较为肤浅。

20 世纪初，中国报刊关于马克思主义及社会主义运动的介绍开始逐渐多起来。1902 年，梁启超在《进化论革命者颉德之学说》一文中提到了马克思，他写道："麦喀士，日耳曼人，社会主义之泰斗也。"[②]1903 年，他又在《二十世纪之巨灵托辣斯》中提到，"麦喀士，社会主义之鼻祖，德国人，著述甚多。"[③]由于当时马克思主义在日本的传播已经取得了很大进展，不仅翻译出版了近百种介绍社会主义运动和马克思主义的著作，而且涌现出了安部矶雄、片山潜、幸德秋水等早期马克思主义者。因此，日本便成了这一时期中国人了解马克思主义的主要渠道。1903 年，马君武在留日学生主办的《译书汇编》发表了《社会主义与进化论比较》，认为"马克司者，以唯物论解历史学之人也。马氏尝谓阶级竞争为历史之钥。"1903 年《新世界报》连载久松义典著、杜士珍译的《近世社会主义评论》，对各社会主义流派进行了介绍，认为"近代文明之英华，为欧美现今之最大势力者，社会主义是也。"

与此同时，一些日本的马克思主义著作也被翻译成中文，陆续在国内出版。据统计，从 1900 年至 1906 年，留日中国学生翻译有关马克思主义的日文著作达到 20 种左右。其中较有代表性的著作有：上海广智书局出版的福井准造著、赵必振译的《近世社会主义》，中国达识社译幸德秋水著《社会主义神髓》。

1904 年，幸德秋水和堺利彦将《共产党宣言》由英文译成日文。中国留学生及时地进行了转译和宣传。1905 年，朱执信（署名蛰伸）在《民报》第 2 号上刊登《德意志社会革命家小传》一文，该文将《共产党宣言》译为《共产主义宣言》，就其写作背景、基本思想和历史意义进行了介绍。与此同时，宋教仁、叶夏声、廖仲恺先后在《民报》撰文，介绍《共产党宣言》及共产主义运动。由于这一时期思想界还没有把马克思主义和无政府主义严格区分开来，因此，在介绍和宣传《共产党宣言》方面，早期无政府主义者也发挥了一定作用。1907 年，

① ［英］李提摩太译、蔡尔康撰文：《今世养民策》，见林代昭、潘国华编：《马克思主义在中国——从影响的传入到传播》上册，清华出版社 1983 年版，第 55 页。

② 梁启超：《进化论革命者颉德之学说》，《新民丛报》第 18 号，1902 年 9 月 15 日。

③ 中国之新民（梁启超）：《二十世纪之巨灵托辣斯》，《新民丛报》第 42、43 号，1903 年 10 月 14 日。

何震在东京创办了宣传无政府主义的报刊《天义》，多次述及《共产党宣言》。1908年3月，《天义》登载申叔（刘师培）的《〈共产党宣言〉序》，这是中国人最早为《共产党宣言》所作的译序。

当时，中国学者还对马克思主义、社会主义进行了评说。1904年，梁启超《中国之社会主义》一文认为，社会主义与中国古代的井田制相似。接着，他在《新大陆游记》中，专门讨论了社会主义与中国的关系，认为中国可借鉴和采用社会主义的地方甚多。1911年，宋教仁在《民立报》发表《社会主义商榷》，认为在中国客观条件不具备的情况下，实行社会主义有害无益。孙中山在接触了马克思主义之后，对社会主义也十分赞赏。他在上海中国社会党本部发表演讲时说："考诸历史，我国固素主张社会主义者。井田之制，即均产主义之滥觞；而累世同居，又共产主义之嚆矢。足见我国人民之脑际，久蕴蓄社会主义之精神，宜其进行之速，有一日千里之势也。"他认为"今日之主张社会主义，实为子孙造福计也。"①

当时中国人关注马克思主义，主要是因为它提供了解决社会问题的方案。当然，他们对于马克思主义的认识还十分肤浅、片面。

二、"五四"时期的马克思主义传播

"五四"时期，许多马克思主义著作相继翻译出版。1920年，陈望道译的《共产党宣言》全文出版。在此前后，翻译出版的马克思主义原著有《社会主义从空想到科学的发展》、《雇佣劳动与资本》、《〈政治经济学批判〉序言》、《资本论自叙》、《科学的社会主义与唯物史观》等，列宁著作有《民族自决》、《过渡时代的经济和政治》、《建设中的苏维埃》、《鲍尔雪佛克之排斥与要求》、《国家与革命》等。此外，还翻译出版了考茨基的《马氏资本论释义》、《阶级斗争》，马尔西的《马克思资本论入门》、《马克思经济学说》，克卡朴的《社会主义史》，河上肇的《马克思唯物史观》等。这都为研究和传播马克思主义创造了条件。正是在这种背景下，马克思主义开始在中国迅速传播开来。

报刊也对马克思主义做了大量介绍。其中，《新青年》杂志是宣传马克思主义的主要阵地；《每周评论》摘译了《共产党宣言》的一些段落；《国民》杂志译载过《共产党宣言》第一章全文；《觉悟》、《星期评论》、《建设》等报刊，用很多篇

① 孙中山：《在上海中国社会党的演说》，《孙中山全集》第2卷，中华书局1982年版，第507、522页。

幅介绍马克思主义和十月革命;《湘江评论》认为十月革命胜利必将“普及于世界”,“我们应该起而仿效”;《新社会》宣传“马克思主义派的直接行动”和“根本的改造”的观点,等等。

李大钊是“五四”时期马克思主义传播的先驱和主要代表人物之一。他曾任《新青年》杂志编辑,并与陈独秀一道创办了《每周评论》。1918 年,李大钊任北京大学图书馆主任,开始在进步青年中开展学习和研究马克思主义的活动。同年,他发表《法俄革命之比较观》,分析比较了 1917 年俄国十月社会主义革命和 1789 年法国资产阶级革命的异同,认为“俄国今日之革命,诚与昔者法兰西革命同为影响于未来世纪文明之绝大变动”,并指出俄国革命是“立于社会主义上之革命,是社会的革命而并著世界的革命之采色者也”,是“二十世纪全世界人类普遍心理变动之显兆”。对于俄国十月革命的前途,李大钊也充满信心,认为“吾人对于俄罗斯今日之事变,惟有翘首以迎其世界的新文明之曙光,倾耳以迎其建于自由、人道上之新俄罗斯之消息,而求所以适应此世界的新潮流,勿徒以其目前一时之乱象遂遽为之抱悲观也。”[①]接着,他在《新青年》上发表《庶民的胜利》和《Bolshevism 的胜利》两篇文章,对第一次世界大战的原因和结果进行了深入剖析,认为第一次世界大战实际上“是人道主义的胜利,是平和思想的胜利,是公理的胜利,是自由的胜利,是民主主义的胜利,是社会主义的胜利,是 Bolshevism 的胜利,是赤旗的胜利,是世界劳工阶级的胜利,是廿世纪新潮流的胜利。”他还对十月革命的胜利进行了热情讴歌,认为“俄国的革命,不过是世界革命中的一个,尚有无数国民的革命将连续而起”,“试看将来的环球,必是赤旗的世界!”[②]1918 年 12 月,李大钊和陈独秀一起创办《每周评论》,并在《每周评论》第 16 号发表了成舍我翻译的《共产党的宣言》,对《共产党宣言》进行了较为精确的介绍,认为“其要旨在主张阶级战争,要求各地劳工的联合。”次年 5 月,李大钊主编的北京《晨报副刊》,连载了日本河上肇著、渊泉译的《马克思的唯物史观》。

1919 年 5 月,李大钊在《新青年》“马克思主义研究专号”上发表《我的马克思主义观》,系统地介绍了马克思主义——唯物史观、政治经济学和科学社会主义的基本原理,指出“阶级竞争说恰如一条金线,把这三大原理从根本上联络起来”。之后,李大钊在《新青年》、《每周评论》、《新潮》等刊物上发表了一

① 李大钊:《法俄革命之比较观》,《言治》季刊第 3 册,1918 年 7 月 1 日。

② 李大钊:《Bolshevism 的胜利》,《新青年》第 5 卷第 5 号,1918 年 11 月 15 日。

系列文章，介绍马克思主义，并初步地运用马克思主义观点来解释中国革命和中国思想史上的若干问题。同时，在北京大学、北京女子高等师范学校开设《唯物史观》、《社会主义与社会运动》、《社会主义的将来》等课程，宣传马克思主义，使很多青年人从此走上了用马克思主义改造中国的革命道路。

陈独秀是五四新文化运动的主要领导人，也是马克思主义的积极宣传者。1919年，陈独秀在《〈新青年〉宣言》中明确指出："世界上帝国主义和金力主义，已经造了无穷罪恶，现在是应该抛弃的了。"[①]1920年，他在《社会改造的方法与信仰》中，进一步提出了改造社会的具体方法："（一）打破阶级的制度，实行平民社会主义，人人不要有虚荣心；（二）打破继承的制度，实行共同劳动工作，不使无产业的苦，有产业的安享；（三）打破遗产制度，不使田地归私人传留享有，应归为社会的共产，不种田地的人，不应该享有田地的权利。"[②]此后，他又陆续发表了《劳动者底觉悟》、《谈政治》、《致罗素、张东荪的信——关于社会主义的讨论》、《社会主义批判》、《讨论无政府主义——给区声白的三封信》等系列文章，详细阐述马克思主义关于剩余价值理论、阶级斗争和无产阶级专政学说，有力地批驳了基尔特社会主义和无政府主义的错误观点。

杨匏安是"五四"时期马克思主义传播者之一。1919年，他发表《社会主义》一文，介绍了圣西门、傅立叶、普鲁东和马克思的社会主义学说。同年，又在广东《中华新报》连载《马克斯主义》，对马克思主义产生的历史及马克思主义的唯物史观、阶级斗争、剩余价值进行了详细介绍，在当时产生了广泛影响，致有"北李（大钊）南杨"之说。

李达也是较早接受和宣传马克思主义的重要代表。五四时期，在日本留学的李达翻译了《唯物史观解说》、《社会问题总览》、《马克思主义经济学说》等著作，寄回国内出版。之后，又在上海《民国日报》副刊《觉悟》上发表了《什么叫社会主义？》、《社会主义的目的》等文，对社会主义产生的原因以及社会主义与共产主义、社会主义与无政府主义的区别进行介绍。从日本归国后，李达主编《共产党》月刊，为传播马克思主义做出了重要贡献。

1920年前后，马克思主义宣传团体在全国各地纷纷出现。其中，比较著名的有：李大钊、邓中夏、何孟雄、高君宇等在北京大学秘密成立的马克思学说研究会；陈独秀在上海发起的马克思主义研究会，其成员包括李汉俊、李达、陈

① 陈独秀：《本志宣言》，《新青年》第7卷1号，1919年12月1日。

② 陈独秀：《社会改造的方法与信仰》，《国民新报》1920年2月7日。

望道、俞秀松、沈雁冰等；周恩来、邓颖超、郭隆真等在天津组织的觉悟社；毛泽东在湖南创办的文化书社；恽代英、林育南、李求实等在武昌建立的利群书社；王尽美、邓恩铭等在济南成立的马克思主义学说研究会。这些团体的成立，不仅有力地推动了马克思主义在中国的传播，而且为中国共产党的建立奠定了组织基础。

第二节　新民主主义文化体系的创立

20世纪三四十年代，沿着马克思主义中国化的道路，中国共产党提出了新民主主义理论，并以此为基础构建起了以民族的、民主的、科学的、大众的文化为基本内涵的新民主主义文化体系。

一、“马克思主义中国化”的提出

1930年前后，思想文化界出现了翻译和介绍马克思主义经典著作的热潮。

1928年，中共中央明确提出要“发行马克思、恩格思、斯达林、布哈林及其他马克思主义、列宁主义领袖的重要著作。”[①]1929年，中共中央再次强调：“为要提高党内理论水平线，加强无产阶级的革命理论的教育，党必须有计划的加强马克思列宁主义的理论教育，翻译介绍马克思列宁主义的论著。”[②]为此，中国共产党抽调了一批党员专门从事理论工作，1930年在上海先后成立了中国左翼作家联盟（简称“左联”）和中国社会科学家联盟（简称“社联”）。在此背景下，越来越多的马克思主义著作被翻译介绍到中国。据粗略统计，1930—1936年，文化界共出版马克思主义经典著作20余种，相关的研究著作和教材40多种。

20世纪30年代，伴随着马克思主义著作被大规模翻译介绍到中国，思想界要求将马克思主义“中国化”的呼声随之而起。陈唯实在《通俗辩证法讲话》一书中，率先提出了“辩证法之实用化和中国化”的主张。他认为这是辩证法的先决问题，“最要紧的，是熟能生巧，能把它具体化、实用化，多引例子或问题

① 《宣传工作的目前任务》，中央档案馆编：《中共中央文件选集》第4册，中共中央党校出版社1989年版，第421—422页。

② 《宣传工作决议案》，中央档案馆编：《中共中央文件选集》第5册，中共中央党校出版社1990年版，第270页。

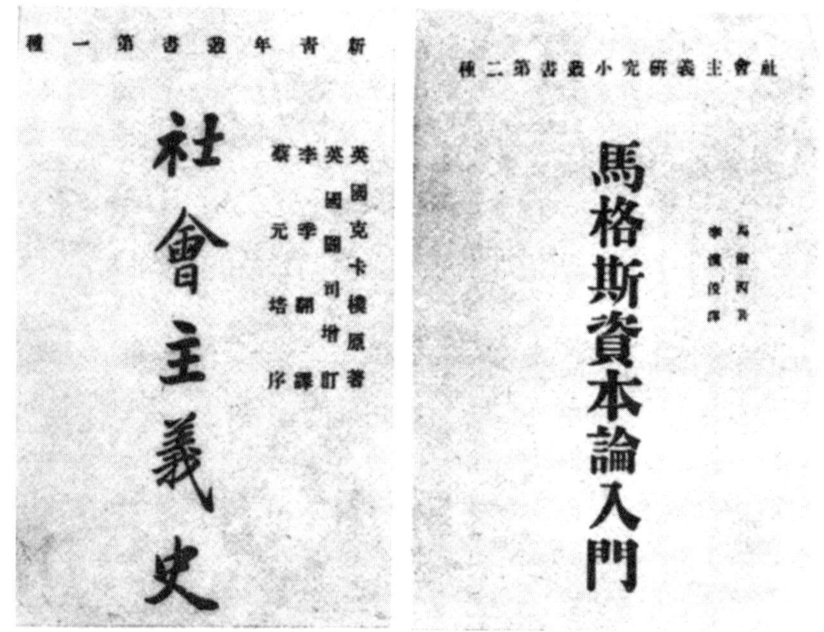

宣传马克思主义的书籍

来证明它。同时语言要中国化、通俗化,使听者明白才有意义”①。30年代中期,新启蒙运动兴起,更多的人开始关注“中国化”问题。1938年,艾思奇在《哲学的现状和任务》中明确提出,“现在需要来一个哲学研究的中国化、现实化的运动。”②

“中国化”概念反映了思想理论界对马克思主义运用于中国实际的期望。张申府、艾思奇等人认为,“改革中国总要就中国找办法”,“许多外来的东西,我们以为,用在中国就应该中国化。而且如其发生效力,也必然地会中国化。”③抗日战争全面爆发之后,以艾思奇为代表的一部分知识分子先后奔赴延安,继续强调文化的民族性和大众性,呼吁理论研究“中国化”、“通俗化”,进一步推动了马克思主义理论与中国实践结合的进程。

中国共产党人在革命实践中,也逐渐意识到将马克思主义同中国实际结合起来的重要性。1930年,毛泽东在《反对本本主义》一文中集中分析了教条

① 陈唯实:《通俗辩证法讲话》,上海新东方出版社1936年版,第7页。

② 艾思奇:《哲学的现状和任务》,《自由中国》创刊号,1938年4月。

③ 张申府:《论中国化》,《战时文化》第2卷第2期,1939年2月。

主义的表现和危害，并在此基础上提出了马克思主义和中国实际相结合的主张，“马克思主义的‘本本’是要学习的，但是必须同我国的实际情况相结合。我们需要‘本本’，但是一定要纠正脱离实际情况的本本主义。”①

1935 年 8 月召开的共产国际“七大”提出，共产国际在决定任何问题时，都要“根据各个国家的具体情况和特殊条件”，避免直接干涉各国的内部的组织事务。这为深入探讨马克思主义中国化问题提供了良好的外部环境。

1938 年 10 月，毛泽东在中共六届六中全会所作的《论新阶段》的报告中，明确提出了“马克思主义中国化”的口号，指出：“离开中国特点来谈马克思主义，只是抽象的空洞的马克思主义。因此，马克思主义的中国化，使之在其每一表现中带着中国的特性，即是说，按照中国的特点去应用它，成为全党亟待了解并亟须解决的问题。”②马克思主义中国化的提出，标志着中国共产党已经开始自觉地按照中国的特点去应用马克思主义。

马克思主义中国化具有两方面内容：一是将马克思主义同中国革命的具体实际相结合；二是将马克思主义同中国的历史文化结合起来，使马克思主义具有中国特点和中国气派。中共领导人注重运用中国的语言形式去解释和概括马克思主义的基本理论，如毛泽东的《矛盾论》和《实践论》就是将马克思主义的辩证唯物论中国化的重要成果。整风运动开始后，中共中央更加强调马克思主义与中国革命实践和中国历史文化的结合。1943 年 5 月，中共中央进一步指出：“中国共产党近来所进行的反主观主义、反宗派主义、反党八股的整风运动，就是要使得马克思列宁主义这一革命科学更进一步地和中国革命实践、中国历史、中国文化深相结合起来。”③

二、新民主主义文化体系的建立

中共六届六中全会后，中国共产党循着“马克思主义中国化”的方向，继续探索，提出了新民主主义理论，并以此为基础构建起了新民主主义文化体系。

---

① 毛泽东：《反对本本主义》，《毛泽东选集》第 1 卷，人民出版社 1991 年版，第 111—112 页。

② 毛泽东：《论新阶段》，中央档案馆编：《中共中央文件选集》第 11 册，中共中央党校出版社 1991 年版，第 658—659 页。后来出版《毛泽东选集》时，“马克思主义的中国化”，改成了“使马克思主义在中国具体化”。见毛泽东：《中国共产党在民族战争中的地位》，《毛泽东选集》第 2 卷，人民出版社 1991 年版，第 534 页。

③ 《中国共产党中央委员会关于共产国际执委主席团提议解散共产国际的决定》，中央档案馆编：《中共中央文件选集》第 14 册，中共中央党校出版社 1992 年版，第 41 页。

中国共产党最初提出新民主主义概念，主要是为了保持在政治和思想上的独立性。第二次国共合作后，中国共产党在思想文化战线面临的一个巨大的挑战，就是如何在抗日民族统一战线的旗帜下，保持中国共产党在思想上和政治上的独立性。为了维护和巩固抗日民族统一战线，进而在更广泛范围内团结抗日民主爱国人士，中国共产党曾表示："孙中山先生的三民主义为中国今日之必需，本党愿为其彻底的实现而奋斗。"[①]因此，国共实现合作后，中共内部很多人在思想上感到很困惑，不知道在三民主义和共产主义之间该如何选择。与此同时，国民党内部一些人也以此为由重弹"一个政党"、"一个领袖"、"一个主义"的老调，要求中国共产党放弃共产主义，实行三民主义。一些民主党派人士也受国民党宣传影响，劝说中国共产党放弃马克思主义。

面对中共内部一些人思想上所出现的困惑，以及国民党逼人的态势，中国共产党理论界进行了反驳。毛泽东的《论新阶段》、《中国革命和中国共产党》、《新民主主义论》，周恩来的《三民主义与共产主义》，张闻天的《拥护真三民主义反对假三民主义》，王稼祥的《关于巩固党的几个问题》，吴黎平的《叶青的假三民主义就是取消三民主义》等，都是这方面的代表性成果。他们一方面对共产主义与三民主义作了区分，指出"共产主义是我们的信仰，三民主义是统一战线的政治纲领"，"三民主义与共产主义不仅在世界观、人生观、社会观及哲学方法论上有基本的不同，即在民族、民主及社会政策上也有许多差异"[②]；另一方面则系统地提出了新民主主义理论。

1939年12月，毛泽东第一次明确提出新民主主义概念，并将资产阶级民主革命区别为旧民主主义革命和新民主主义革命："现时中国的资产阶级民主主义的革命，已不是旧式的一般的资产阶级民主主义的革命，这种革命已经过时了，而是新式的特殊的资产阶级民主主义的革命。这种革命正在中国和一切殖民地半殖民地国家发展起来，我们称这种革命为新民主主义的革命。""所谓新民主主义的革命，就是在无产阶级领导之下的人民大众的反帝反封建的革命。"[③]"新民主主义"概念的提出在当时具有重要的意义。它一方面表明了中国共产党对孙中山新三民主义的认同，维护了抗日民族统一战线的团结；另一方面也向世人表明了中国共产党的基本政治态度，明确了革命目标。

---

① 周恩来：《中共中央为公布国共合作宣言》，《周恩来选集》上卷，人民出版社1980年版，第77页。

② 周恩来：《三民主义与共产主义》，《周恩来统一战线文选》，人民出版社1984年版，第46页。

③ 毛泽东：《中国革命和中国共产党》，《毛泽东选集》第2卷，人民出版社1991年版，第647页。

在论述新民主主义革命的过程中，毛泽东、张闻天等人还提出了新民主主义文化的概念，并进行了较为系统的论述，从而初步形成了新民主主义文化体系。

1939 年 1 月，中共中央政治局召开陕甘宁边区文代会准备工作会议。在这次会议上，中共中央对“新民主主义文化”的内涵问题进行了比较集中的讨论。艾思奇在《关于准备陕甘宁边区文代会的报告》中说：新文化的性质是资产阶级民主主义文化，特殊地说是三民主义文化，还有无产阶级彻底的民主主义和共产主义的文化。对此，毛泽东进行了补充，认为：不提三民主义文化为好，因为三民主义的本质就是民主主义。民主主义有两派，一派是彻底的民主主义，一派是不彻底的民主主义。以提中华民族的新文化为好，即彻底的民主主义文化。在毛泽东看来，新文化宜采用“民族化（包括旧形式）、民主化（包括统一战线）、科学化（包括各种科学）、大众化（鲁迅提出的口号，我们需要的）”这四大口号[①]。这次会议尽管使用了“中华民族的新文化”和“彻底的民主主义文化”等名词，没有使用“新民主主义文化”等概念，但是会议所提出的“民族化、民主化、科学化、大众化”等新文化的四大口号却为之后新民主主义文化体系的建立奠定了基本框架。

1940 年 1 月，根据中共中央政治局会议精神，张闻天在陕甘宁边区文化协会第一次代表大会上，做了《抗战以来中华民族的新文化运动与今后任务》的报告，对新文化的四大口号作了进一步阐述。他认为，中华民族的新文化必须是为抗战建国服务的文化，而要完成这个任务，这种新文化就必须是“民族的”、“民主的”、“科学的”、“大众的”。分析中华民族新文化的内涵和特征，他认为“为抗战建国服务以民族的、民主的、科学的与大众的因素作为自己内容的中华民族新文化的性质，基本上是民主主义的。以马克思列宁主义的科学理论为指导的社会主义文化，在新文化运动中起着最彻底的一翼的作用。”[②]张闻天的报告，较详细地论述了中华民族新文化运动的内容和性质，使新民主主义文化的轮廓进一步显现。

1 月 9 日，毛泽东也在大会上做了关于《新民主主义的政治与新民主主义的文化》的长篇演讲。他主要阐明了新民主主义文化与旧民主主义文化的区

① 中共中央文献研究室编：《毛泽东年谱（1893—1949）》中卷，人民出版社、中央文献出版社 1993 年版，第 149 页。

② 张闻天：《抗战以来中华民族的新文化运动与今后任务》，《张闻天文集》第 3 卷，中共党史出版社 1994 年版，第 38—39 页。

别，对中国文化革命的历史特点及新民主主义文化的内涵进行了阐释和界定。据温济泽的回忆，“这个长篇讲话，从下午一直讲到入夜点起煤气灯的时分”，“拥挤在会场里的五六百听众，被他的精辟见解和生动话语所鼓舞、所吸引，聚精会神，屏息静听，情绪热烈，不时响起一阵阵的掌声”①。毛泽东的这篇演讲，先刊登在1940年2月《中国文化》创刊号上，稍后在《解放》杂志刊登时，题目改成了《新民主主义论》。

新民主主义的政治与新民主主义的文化（节选）

毛泽东

这种新民主主义的文化是民族的。它是反对帝国主义压迫，主张中华民族的尊严与独立的。它是我们这个民族的，带有我们民族的特性。它同一切别的民族的社会主义文化与新民主主义文化相联合，建立互相吸收与互相发展的关系，互相作为世界新文化的一部分。但是决不能与任何别的民族的帝国主义文化相联合，因为我们的文化是革命的民族文化。中国应该大量吸收外国的进步文化，作为自己文化食粮的原料，这种工作过去还做得很不够。这不但是当前的社会主义文化与新民主主义文化，还有外国的古代文化，例如各资本主义国家启蒙时代的文化，凡属我们今天用得着的东西，都应该吸收。但是一切外国的东西，如同我们对于食物一样，必须经过自己的口腔咀嚼与胃肠运动，送进唾液、胃液、肠液，把它分解为精华与糟粕两部分，然后排泄其糟粕，吸收其精华，才能作为自己的营养分，决不能生吞活剥的毫无批判的吸收。所谓“全盘西化”的主张，不过是一种错误观点。形式主义的吸收外国（的东西），在中国过去是吃过大亏的。中国共产主义者对于马克思主义在中国的应用也是这样，必须将马克思主义的普遍真理和中国革命的具体实践完全的适当地统一起来，就是说，取得民族形式，才有用处。决不能主观地公式地应用它。主观的公式的马克思主义者，只是对于马克思主义与中国革命开玩笑，在中国革命队伍中是没有他们的位置的。中国文化应有自己的形式，这就是民族形式。民族的形式、新民主主义的内容——这就是我们今天的新文化。

这种新民主主义的文化是科学的。它是反对一切封建思想与迷信思想，

① 温济泽：《听毛泽东讲新民主主义论》，《征鸿片羽集》，当代中国出版社1995年版，第472—473页。

主张实事求是，主张客观真理，主张理论与实践一致的。在这点上，中国无产阶级的科学思想能够与中国还有进步性的资产阶级的唯物论与自然科学思想，建立反帝反封建反迷信的统一战线。但是决不能与任何反动的唯心论建立统一战线。共产党员可以与某些唯心论者甚至宗教徒建立在政治行动上的反帝的统一战线，但是决不能赞同他们的唯心论或宗教教义。中国的长期封建社会中，创造了灿烂的古代文化。因此清理古代文化的发展过程，剔除其封建性的糟粕，吸收其民主性的精华，是发展民族新文化提高民族自信心的必要条件。但是决不能无批判的兼收并蓄，必须将古代封建统治阶级的一切腐朽的东西和古代优秀的民间文化即多少带有民主性与革命性的东西区别开来。中国现时的新政治新经济是从古代的旧政治旧经济发展而来的，中国现时的新文化也是从古代的旧文化发展而来，因此，我们必须尊重自己的历史，决不能割断历史。但是这种尊重，是给历史以一定的科学的地位，是尊重历史的辩证法的发展，而不是颂古非今，不是赞扬一切封建的毒素。因此，对于人民群众与青年学生，主要的不是要引导他们向后看，而是要引导他们向前看。

这种新民主主义的文化是大众的。它应为全民族中百分之九十以上的工农劳苦民众服务，并逐渐成为他们的文化。要把教育革命干部的知识与教育革命大众的知识在程度上互相区别又互相联结起来，把提高与普及互相区别又互相联结起来。

（选自《中国文化》创刊号，1940年2月15日）

《新民主主义论》集中反映了毛泽东对近代以来中国文化发展历史和趋势的基本认识，在新民主主义文化史上具有不可磨灭的贡献。

第一，毛泽东提出中国革命分“两步走”的思想。他认为：“中国革命的历史特点是分为民主主义和社会主义两个步骤”，因受第一次世界大战和俄国十月革命影响，“其第一步现在已不是一般的民主主义，而是中国式的、特殊的、新式的民主主义，而是新民主主义”。在新民主主义革命时期，革命的领导阶级是无产阶级，革命胜利后所要建立的政治是实行“各革命阶级联合专政”和“民主集中制”的新民主主义的政治，所要建立的经济是实行“节制资本”、“平均地权”的新民主主义的经济，所要建立的文化是“人民大众反帝反封建的文化”，是“民族的、科学的、大众的”的新民主主义文化，而“新民主主义的政治，新民主主义的经济和新民主主义的文化相结合，这就是新民主主义共和国，这就是名副其实的中华民国，这就是我们要造成的新中国。”

第二，毛泽东将新文化运动区分为新民主主义文化和旧民主主义文化两部分。考察中华民族新文化运动的发展历程，他认为五四运动是新民主主义文化和旧民主主义文化的分水岭。在五四以前，中国文化战线上的斗争，是资产阶级的新文化和封建阶级的旧文化的斗争，这一时期中国的新文化，还是旧民主主义性质的文化，属于世界资产阶级的资本主义的文化革命的一部分。五四以后，情形发生了根本变化，“由于中国政治生力军即中国无产阶级和中国共产党登上了中国的政治舞台，这个文化生力军就以新的装束和新的武器，联合一切可能的同盟军，摆开了自己的阵势，向着帝国主义文化和封建文化展开了英勇的进攻。”因此，这时中国的新文化，已是新民主主义性质的文化，属于世界无产阶级的社会主义的文化革命的一部分。

第三，毛泽东专门论述了文化革命的统一战线问题和新民主主义文化的发展。毛泽东认为，“在中国，文化革命，和政治革命同样，有一个统一战线。”而这种文化革命的统一战线，自五四运动至抗日战争共分为四个时期，其中五四运动至中国共产党成立为第一时期；中国共产党成立到第一次国共合作破裂为第二时期；1927 年至 1937 年为第三时期；抗日战争全面爆发后，进入第四时期。这一时期，统一战线的范围进一步扩大，“上层阶级包括了很多统治者，中层阶级包括了民族资产阶级和小资产阶级，下层阶级包括了一切无产者，全国各阶层都成了盟员，坚决地反抗了日本帝国主义。”

第四，毛泽东强调抗战时期国民文化的方针是新民主主义。鉴于新民主主义革命的基本任务主要是反对外国的帝国主义和本国的封建主义，是资产阶级民主主义的革命，还不是以推翻资本主义为目标的社会主义的革命，毛泽东认为，虽然“当作国民文化的方针来说，居于指导地位的是共产主义的思想”，但整个的国民文化，“现在也还不是社会主义的。”他反对行动上超越阶段，更不主张将共产主义和新民主主义混为一谈。“我们既应把对于共产主义的思想体系和社会制度的宣传，同对于新民主主义的行动纲领的实践区别开来；又应把作为观察问题、研究学问、处理工作、训练干部的共产主义的理论和方法，同作为整个国民文化的新民主主义的方针区别开来。”分析当时中国新的国民文化的内容，他认为：“现阶段上中国新的国民文化的内容，既不是资产阶级的文化专制主义，又不是单纯的无产阶级的社会主义，而是以无产阶级社会主义文化思想为领导的人民大众反帝反封建的新民主主义。”①

---

① 毛泽东：《新民主主义论》，《毛泽东选集》第 2 卷，人民出版社 1991 年版，第 677—706 页。

张闻天的《抗战以来中华民族的新文化运动与今后任务》和毛泽东的《新民主主义论》，表明了抗战时期中国共产党对新文化发展的基本认识和态度，涵盖了新民主主义文化的基本内容，标志着新民主主义文化体系初步形成。

三、新民主主义文化体系的基本内涵

新民主主义文化是“无产阶级领导的人民大众的反帝反封建的文化”，其基本内涵主要包括新民主主义文化的领导者、任务、基本原则和特征等方面。

领导权不仅是新民主主义理论着重探讨的一个问题，而且也是新民主主义文化建设过程中必须解决的问题。1940 年，张闻天在《抗战以来中华民族的新文化运动与今后的任务》的报告中，曾谈及五四以后新文化运动的领导权问题，他将工人阶级的领导视为新民主主义文化的重要特征：“‘五四’是新文化运动的转变点。在‘五四’以前，新文化运动是在资产阶级的领导下，‘五四’以后，则一般的在工人阶级的领导之下了。后者与前者的性质，虽同为民主主义的，但后者为彻底的民主主义，即新民主主义。”他认为，五四新文化运动以后，大资产阶级文化人的进步作用已经非常“薄弱”。他们在大革命失败之后，对新文化运动采取了仇视和压迫的态度，“到处以半殖民地半封建的文化对抗新文化”；其中一部分，如周佛海、陶希圣等人，已经变成了“汉奸文化人”。在这种情况下，工人阶级、小资产阶级的文化人以及知识分子，成了新文化运动的决定力量，而工人阶级则在其中起着先锋的作用。

继张闻天之后，毛泽东在《新民主主义论》中，对新民主主义文化的领导权问题，作了更为明确的说明。他说：“在‘五四’以前，中国的新文化运动，中国的文化革命，是资产阶级领导的，他们还有领导作用。在‘五四’以后，这个阶级的文化思想却比较它的政治上的东西还要落后，就绝无领导作用，至多在革命时期在一定程度上充当一个盟员，至于盟长资格，就不得不落在无产阶级文化思想的肩上。”

新民主主义文化是中华民族的新文化，在本质上不同于旧民主主义文化。这种不同除了其领导者是无产阶级之外，还在于其形式是民族的，其内容是科学、民主的，其方向是大众的。

首先，新民主主义文化在形式上是“民族的”。这主要是指新民主主义文化是反抗民族压迫，主张民族解放和独立的。也就是说，“它是反对帝国主义压迫，主张中华民族独立的。它是我们这个民族的，带有我们民族的特性”。

在毛泽东、张闻天等人看来，新民主主义文化之所以能够成为中华民族的新文化，不仅在于它的内容是新民主主义的，而且还在于它有中华民族的民族形式，“民族的形式，新民主主义的内容——这就是我们今天的新文化。”为了更好体现新民主主义文化的民族形式，提高中华民族的自信心，他们主张要尊重和科学评判中国的历史文化：“我们必须尊重自己的历史，决不能割断历史。但是这种尊重，是给历史以一定的科学的地位，是尊重历史的辩证法的发展，而不是颂古非今，不是赞扬任何封建的毒素。”同时，他们主张对中国历史文化采取批判的兼收并蓄的态度，剔除其糟粕，吸收其精华：“清理古代文化的发展过程，剔除其封建性的糟粕，吸收其民主性的精华，是发展民族新文化提高民族自信心的必要条件；但是决不能无批判地兼收并蓄。必须将古代封建统治阶级的一切腐朽的东西和古代优秀的人民文化即多少带有民主性和革命性的东西区别开来。”[①]

其次，新民主主义文化是以科学、民主为基本内容的。新民主主义文化是科学的，是指它是“反对武断、迷信、愚昧、无知，拥护科学真理，把真理当作自己实践的指南，提倡真能把握真理的科学与科学的思想，养成科学的生活与科学的工作方法的文化”[②]。这主要是针对中国历史上的封建迷信思想而言的。考虑到封建迷信思想在中国人的头脑中根深蒂固，影响至深，新民主主义文化“反对一切封建思想和迷信思想，主张实事求是，主张客观真理，主张理论和实践一致的”。同时，新民主主义文化还反对唯心论和宗教教义，认为“共产党员可以和某些唯心论者甚至宗教徒建立在政治行动上的反帝反封建的统一战线，但是决不能赞同他们的唯心论或宗教教义”。

新民主主义文化是“民主的”，不仅指它是“反封建、反专制、反独裁、反压迫人民自由的思想习惯与制度，主张民主自由、民主政治、民主生活与民主作风的文化”[③]，而且是“为一般平民所共有”的文化，而非“少数人所得而私”的文化[④]。因此，新民主主义文化在论述民主时经常与“大众”相提并论。

最后，新民主主义文化的发展方向是“大众的”。鉴于五四乃至以后的新

① 毛泽东：《新民主主义论》，《毛泽东选集》第2卷，人民出版社1991年版，第706—708页。

② 张闻天：《抗战以来中华民族的新文化运动与今后任务》，《张闻天文集》第3卷，中共党史出版社1994年版，第38—39页。

③ 张闻天：《抗战以来中华民族的新文化运动与今后任务》，《张闻天文集》第3卷，中共党史出版社1994年版，第38页。

④ 毛泽东：《论联合政府》，《毛泽东选集》第3卷，人民出版社1991年版，第1058页。

文化运动一直存在着忽视民众的偏向，新民主主义文化特别强调文化的服务对象是人民大众，认为新文化要为“全民族中百分之九十以上的工农劳苦民众服务，并逐渐成为他们的文化”。同时，要求文化工作者深入民间，在民众中寻找文化的力量和源泉。新民主主义文化明确反对特权文化，“主张文化为大众所有，主张文化普及于大众而又提高大众”①。

总之，新民主主义文化体系是一个全新的文化体系。它既延续了五四新文化运动的科学、民主精神，又明确了新文化运动的领导者、形式、内容和方向，实际上构成了抗战时期乃至以后很长一段时间内中国新文化建设的思想指南。

第三节　新民主主义文化的推行

延安整风运动，是中国共产党内的马克思主义教育运动，也是中国近现代史上一次重要的思想解放运动。通过延安整风，中国共产党不仅初步确立了实事求是的思想路线，而且在客观上强化了广大中共党员和知识分子对新民主主义文化的认同。

一、延安整风运动与延安文艺座谈会讲话

1942年初，为了使全党认识到马克思列宁主义普遍真理和中国革命的具体实践相结合的重要性，从而为进一步实现马克思主义中国化创造条件，毛泽东先后写了《改造我们的学习》、《整顿党的作风》、《反对党八股》等文章，对主观主义进行了严厉批判。他说：“这种反科学的反马克思列宁主义的主观主义的方法，是共产党的大敌，是工人阶级的大敌，是人民的大敌，是民族的大敌，是党性不纯的一种表现。大敌当前，我们有打倒它的必要。只有打倒了主观主义，马克思列宁主义的真理才会抬头，党性才会巩固，革命才会胜利。”②他指出：整顿学风、党风、文风是整风运动的重要任务：“反对主观主义以整顿学风，反对宗派主义以整顿党风，反对党八股以整顿文风，这就是我们的任务。”③针对当时党内一些人只是在口头上赞成新民主主义文化，而在思想上

---

① 张闻天：《抗战以来中华民族的新文化运动与今后任务》，《张闻天文集》第3卷，中共党史出版社1994年版，第39页。

② 毛泽东：《改造我们的学习》，《毛泽东选集》第3卷，人民出版社1991年版，第800页。

③ 毛泽东：《整顿党的作风》，《毛泽东选集)第3卷，人民出版社1991年版，第812页。

并没有摆脱教条主义束缚的现象，毛泽东要求全党要在民族化、科学化、大众化的“化”上下功夫。他说：“现在许多人在提倡民族化、科学化、大众化了，这很好。但是‘化’者，彻头彻尾彻里彻外之谓也；有些人则连‘少许’还没有实行，却在那里提倡‘化’呢！所以我劝这些同志先办‘少许’，再去办‘化’，不然，仍旧脱离不了教条主义和党八股，这叫做眼高手低，志大才疏，没有结果的。”以大众化为例，他要求党员干部和广大知识分子要向人民群众学习：“如果是不但口头上提倡而且自己真想实行大众化的人，那就要实地跟老百姓去学，否则仍然‘化’不了的。”①毛泽东对主观主义、宗派主义、党八股的批评，揭示了思想文化领域存在的主要问题，指明了纠正错误思想的方法和原则，不仅标志着整风运动在全党范围内正式展开，而且还为新民主主义文化的传播提供了契机。

整风运动开始后，文艺界的整风十分引人注目。鉴于当时文艺界在文艺的创作方法、服务对象、评判标准等问题上存在分歧，1942 年 5 月，中共中央宣传部主持召开了延安文艺座谈会。与会代表百余名，几乎包括了在延安的所有知名作家和文艺工作者。毛泽东在延安文艺座谈会上发表了讲话，对文艺工作的对象、文艺与社会生活之间的关系、文学艺术遗产的批判与继承、文艺界的统一战线、文艺批评的标准等问题进行了深入论述，全面系统地阐明了新民主主义的文艺方针。

在延安文艺座谈会上的讲话（节选）

毛泽东

一切种类的文学艺术的源泉究竟是从何而来的呢？作为观念形态的文艺作品，都是一定的社会生活在人类头脑中的反映的产物。革命的文艺，则是人民生活在革命作家头脑中的反映的产物。人民生活中本来存在着文学艺术原料的矿藏，这是自然形态的东西，是粗糙的东西，但也是最生动、最丰富、最基本的东西；在这点上说，它们使一切文学艺术相形见绌，它们是一切文学艺术的取之不尽、用之不竭的唯一的源泉。这是唯一的源泉，因为只能有这样的源泉，此外不能有第二个源泉。有人说，书本上的文艺作品，古代的和外国的文艺作品，不也是源泉吗？实际上，过去的文艺作品不是源而是流，是古人和外国人根据他们彼时彼地所得到的人民生活中的文学艺术原

---

①　毛泽东：《反对党八股》，《毛泽东选集》第 3 卷，人民出版社 1991 年版，第 841 页。

料创造出来的东西。我们必须继承一切优秀的文学艺术遗产，批判地吸收其中一切有益的东西，作为我们从此时此地的人民生活中的文学艺术原料创造作品时候的借鉴。有这个借鉴和没有这个借鉴是不同的，这里有文野之分，粗细之分，高低之分，快慢之分。所以我们决不可拒绝继承和借鉴古人和外国人，哪怕是封建阶级和资产阶级的东西。但是继承和借鉴决不可以变成替代自己的创造，这是决不能替代的。文学艺术中对于古人和外国人的毫无批判的硬搬和模仿，乃是最没有出息的最害人的文学教条主义和艺术教条主义。中国的革命的文学家艺术家，有出息的文学家艺术家，必须到群众中去，必须长期地无条件地全心全意地到工农兵群众中去，到火热的斗争中去，到唯一的最广大最丰富的源泉中去，观察、体验、研究、分析一切人，一切阶级，一切群众，一切生动的生活形式和斗争形式，一切文学和艺术的原始材料，然后才有可能进入创作过程。否则你的劳动就没有对象，你就只能做鲁迅在他的遗嘱里所谆谆嘱咐他的儿子万不可做的那种空头文学家，或空头艺术家。

人类的社会生活虽是文学艺术的唯一源泉，虽是较之后者有不可比拟的生动丰富的内容，但是人民还是不满足于前者而要求后者。这是为什么呢？因为虽然两者都是美，但是文艺作品中反映出来的生活却可以而且应该比普通的实际生活更高，更强烈，更有集中性，更典型，更理想，因此就更带普遍性。革命的文艺，应当根据实际生活创造出各种各样的人物来，帮助群众推动历史的前进。例如一方面是人们受饿、受冻、受压迫，一方面是人剥削人、人压迫人，这个事实到处存在着，人们也看得很平淡；文艺就把这种日常的现象集中起来，把其中的矛盾和斗争典型化，造成文学作品或艺术作品，就能使人民群众惊醒起来，感奋起来，推动人民群众走向团结和斗争，实行改造自己的环境。如果没有这样的文艺，那末这个任务就不能完成，或者不能有力地迅速地完成。

（选自《毛泽东选集》第3卷，人民出版社1991年版，第860—861页）

毛泽东指出，在中国共产党为中国人民解放的斗争中要战胜敌人，不仅要依靠手里拿枪的军队，而且还要有文化的军队。其中，文学和艺术是文化军队一个重要部分。抗日战争全面爆发后，根据地文艺工作的主要任务，就是使文艺工作和根据地的人民群众完全地结合起来。文艺工作者应该站在无产阶级和人民大众的立场上，对各种具体事物和不同种类的人，采取分别对待的态度。文艺工作的对象是“工农兵及其干部”，而所谓大众化，就是“文艺工作者的思想感情和工农兵大众的思想感情打成一片”。为了文艺创作更加接近人民群众，文艺工作者要深入实践，深入生活，“必须到群众中去，必须长期地无条件地全心全意地到工农兵群众中去，到火热的斗争中去，到唯一的最广大最丰富的源泉中去”。对于中外文学艺术遗产，应该批判地吸收其中一切有益的东西。文艺的提高要以普及为基础，而文艺的普及要以提高为指导。文艺是从属于政治的，革命文艺是整个革命事业的一部分，是齿轮和螺丝钉。在抗日成为中国政治的第一根本问题的形势下，党的文艺工作者首先应该站在抗日的立场上团结党外的一切文学家艺术家。文艺批评有两个标准，一个是政治标准，一个是艺术标准，但是“任何阶级社会中的任何阶级总是以政治标准放在第一位，以艺术标准放在第二位的”。要兼顾文艺批评的两种标准，就要做到政治和艺术的统一，内容和形式的统一，革命的政治内容和尽可能完美的艺术形式的统一[①]。考虑到文艺界普遍存在空想、空谈、轻视实践、脱离群众的缺点，毛泽东在讲话中还要求文艺工作者要在思想上进行自我改造，要和根据地的群众结合起来。在他看来，尽管文艺工作者和群众结合起来还需要克服很多困难，但是只要有决心还是能够实现的。

解放日報

在延安文藝座談會上的講話

毛澤東

《解放日报》刊发毛泽东《在延安文艺座谈会上的讲话》

由于这些问题的探讨直接关系到文艺运动的根本方向，对新文化的发展影响至深，因此，毛泽东在延安文艺座谈会上的讲话成为新民主主义文化体系形成的重要标志之一。尽管讲话的全文直到鲁迅逝世七周年，即1943年10月

① 毛泽东:《在延安文艺座谈会上的讲话》,《毛泽东选集》第3卷，人民出版社1991年版，第847—877页。

19 日，才在《解放日报》正式发表，但是，讲话的基本内容和精神在座谈会之后已经在文艺界广泛传开，成为文艺界整风运动乃至此后很长一段时期文艺工作的指导思想。

总之，在新民主主义文化体系的形成过程中，延安文艺座谈会是一个重要的里程碑。毛泽东把文艺界长期存在的一些问题摆出来，让大家讨论，并提出指导性意见，把文艺家们的思想引入一个新的境界。特别是毛泽东讲话中对文艺界所存在的各种非无产阶级思想的批评，以及所提出的文艺要为人民大众服务、文艺工作者要和人民群众相结合的要求，深刻触动了延安文艺家们的思想灵魂，使他们开始反省自己。以此为起点，文艺界出现了一种前所未有的自我批判、相互批评的良好风气。当然，在互相批评的过程中也出现了偏激乃至错误的行为，对一些文艺家造成了严重伤害。

二、新民主主义文化的实践

在新民主主义文化的指引下，文艺工作者积极组织各种抗战文艺团体，创办文艺期刊，从民众中汲取文艺创作素材，创作了丰富多彩、各具特色的作品，使根据地的文化建设出现了崭新局面。

中国共产党特别重视文化团体的建设。早在 1936 年 11 月，中国共产党就在陕北成立了中国文艺协会。抗战全面爆发后，又成立了陕甘宁边区文化界救亡协会，统一领导陕甘宁边区文化运动。同时，还陆续成立了边区音乐界救亡协会、边区文艺界抗敌联合会、延安美术工作者协会、边区戏剧界抗敌协会等。在这些协会的领导下，当时的延安还涌现出了许多文艺社团。据不完全统计，抗战时期延安的文艺团体有 70 多个，包括文学、戏剧、音乐、美术、电影等各个方面。这些文艺团体积极开展群众文化活动，配合政治形势、重大节日和各种纪念日，举办各种群众性文化娱乐活动和纪念会、报告会，极大地丰富了延安文化。

同一时期，根据地还先后创办了 20 多种文艺期刊。其中，文学方面的期刊包括《文艺突击》、《文艺战线》、《大众文艺》、《草叶》、《谷雨》、《诗刊》等 10 余种；音乐方面的期刊包括《歌曲月刊》、《民族音乐》、《部队歌曲》、《音乐工作》等；戏剧方面的期刊包括《戏剧工作》、《边区戏剧》等；美术方面的期刊包括《前线画报》、《美术工作》等。此外，《中国文化》、《八路军军政杂志》、《解放》、《中国青年》、《中国妇女》、《中国工人》、《解放日报》等报刊，也刊登了大量文艺作品。

延安文艺座谈会后，文艺工作者深入民间，汲取民间艺术素材，在文艺创作方面取得了引人瞩目的成绩。其中，在新秧歌剧方面，先后创作了《兄妹开荒》、《夫妻识字》、《一朵红花》、《牛永贵挂彩》、《刘二起家》、《红布条》等400多个剧目。这些新秧歌剧易学易唱，贴近民众生活，很受人民群众欢迎。当时，延安所有文艺团体都组织了秧歌队。仅1944年春节期间，延安城就有40多支秧歌队上街演出。在歌剧方面，创作了《白毛女》、《农村曲》、《军民进行曲》等优秀剧目。文艺工作者改革旧戏的思想内容和表现形式，创作了《逼上梁山》、《三打祝家庄》、《血泪仇》、《穷人恨》、《官逼民反》、《放下你的包袱》等剧目。在音乐方面，创作了《黄河大合唱》、《八路军进行曲》、《生产大合唱》、《抗大校歌》、《延安颂》、《南泥湾》、《东方红》、《绣金匾》等歌曲。在文学创作方面，也涌现出了李季的长篇叙事诗《王贵与李香香》，赵树理的《小二黑结婚》、《李有才板话》等一批脍炙人口的新作品。

为了体现新民主主义文化的科学内涵，中国共产党在根据地反复强调自然科学和社会科学的重要性。1940年2月，毛泽东在《在陕甘宁边区自然科学研究会成立大会上的讲话》中，专门阐释了研究社会科学和自然科学的意义，指出："人们为着要在社会上得到自由，就要用社会科学来了解社会，改造社会，进行社会革命。人们为着要在自然界里得到自由，就要用自然科学来了解自然，克服自然和改造自然，从自然里得到自由。自然科学是要在社会科学的指挥下去改造自然界。"并指出："马克思主义包含有自然科学，大家要来研究自然科学，否则世界上就有许多不懂的东西，那就不算一个最好的革命者。"[①]朱德在《科学与抗战结合起来》的报告中则突出了科学对抗战胜利的推动作用："现在中华民族正处在伟大的抗战建国过程中，不论是要取得抗战胜利，或者建国的成功，都有赖于科学，有赖于社会科学，也有赖于自然科学。一切科学，一切科学家，要为抗战建国而服务。"[②]与此同时，中共中央还制定了一些重视科学及科技人才的政策。1941年4月，中央军委发布了《关于军队中吸收和对待专门家的政策的指示》。1942年5月，中共中央书记处制定了《文化技术干部待遇条例》，陕甘宁、晋察冀、晋冀鲁豫等边区政府也都制定了相应的条例。此外，中共中央还十分重视科学知识的普及工作，提倡大张旗鼓地宣传马克思主义自然科学观，主张运用科学知识，破除迷信，提

① 毛泽东:《在陕甘宁边区自然科学研究会成立大会上的讲话》,《毛泽东文集》第2卷，人民出版社1993年版，第269—270页。

② 朱德:《科学与抗战结合起来》,《朱德选集》，人民出版社1983年版，第76页。

高生产能力。

由于对科学的倡导和重视，根据地的科学研究水平总体上有了一定提高，尤其是在农业、工业、医学、军工等领域取得了较大进步。例如，晋察冀的工人学会用化学方法，从植物油中提炼煤油、汽油的代用品；农业专家经过科学实验，小麦、玉米、茄子等增产都在10%；陕甘宁边区的科学工作者解决了磷的试验，使火柴工业原料自给；胶东化学研究室从1941年至1945年，完成了军工、医药、普通工业品等70多种化学原料的试验与生产，能生产硫酸、硝酸、硫磺等化工原料。这些科技进步，推动了根据地的社会经济发展。

抗日战争期间，中国共产党尤其重视边区的民主建设。抗战伊始就宣布要在边区实施普选的彻底民主制度，后又公开表示："我们边区不但要做成抗战的模范区，而且要做成民主的模范区，就是说我们这里实行了彻底的民主，作为全国的榜样。"[①]为了体现普选原则，进而将"三三制"的民主原则贯彻于实践，中国共产党在各级政权的选举中进行了积极探索。1941年5月的《陕甘宁边区施政纲领》还就如何确保民主施政做了具体规定，指出："在共产党员被选为某一行政机关之主管人员时，应保证该机关之职员有三分之二为党外人士充任，共产党员应与这些党外人士实行民主合作，不得一意孤行，把持包办。"同时，还规定了人民的权利："保证一切抗日人民(地主、资本家、农民、工人等)的人权、政权、财权及言论、出版、集会、结社、信仰、居住、迁徙之自由权。"[②]正因为中国共产党在文化上宣传民主，在实践中积极贯彻"三三制"政权建设原则，所以，在当时的中国，边区成了民主的模范和榜样。据统计，在各抗日根据地，参加选举的选民都达到了80%以上，有些地区甚至高达98%[③]。成千上万的知识青年之所以不顾艰难险阻，越过重重封锁线从全国各地奔赴延安，一个重要的原因是为根据地的民主建设所感召。

三、新民主主义文化的传播

新民主主义文化理论一经提出，便在党内外产生了很大反响，并迅速传播

① 于鸣：《陕甘宁边区怎样实现了民主制度》，《群众》第4卷第1期，1940年1月。

② 《陕甘宁边区施政纲领》，中央档案馆编：《中共中央文件选集》第13册，中央党校出版社1991年版，第91页。

③ 宋金寿等编：《陕甘宁边区政权建设史》，陕西人民出版社1990年版，第243—244页。

开来。

1940 年 1 月,《新中华报》所刊登的两篇社论《庆祝边区文协代表大会开幕》和《边区文协代表大会的成就》,简要介绍了新民主主义理论。接着,《中国文化》刊登了毛泽东的《新民主主义的政治与新民主主义的文化》(《解放》杂志转载时题目改为《新民主主义论》)、洛甫(张闻天)的《抗战以来中华民族的新文化运动与今后任务》,详细介绍了新民主主义文化提出的历史背景和基本内涵。此后,《新华日报》刊登的社论《文化界努力的方向》,《群众》刊登的文章《为抗战建国服务的新文化运动》,都反复强调了新文化建设的纲领和方向是建立"民族的、民主的、科学的、大众的"的新民主主义文化。单行本被大量刊行。仅 1940 年,《新民主主义论》就有 30 多家出版单位出版。延安整风运动后,很多干部学校还开设了新民主主义理论的课程。

新民主主义文化作为中国共产党的政治主张和理论基础,不可避免地同其他文化思潮发生冲突。新民主主义文化正是在与其他文化思潮的论争中发展和壮大起来的。其中,"本位文化"论、"全盘西化"论以及蒋介石署名的《中国之命运》,是新民主主义文化批驳和论争的主要对象。

1935 年,王新命、何炳松、武堉干等十位教授发表《中国本位的文化建设宣言》(以下简称《宣言》),正式提出中国本位文化建设论。在当时的马克思主义理论家看来,它与晚清以来的"中体西用"论在本质上没有区别,属于落伍的反动学说。马克思主义者对"马克思主义中国化"同"中体西用"、"本位文化"论作了严格区分。他们认为,"马克思主义中国化"具有开放性,而"中体西用"论实际上是否认人类社会存在着共同的发展规律,否认中国社会和文化发展与全人类社会和文化发展的共同规律。艾思奇指出,"马克思主义中国化"的实质就是在了解人类社会发展的普遍规律的前提下准确把握中国社会的特殊性,而不是过分强调中国的特殊性。"丢开了一般的规律,就无所谓特殊性的把握。"正因为我们要求马克思主义的中国化,所以就尤其要坚持马克思主义的基本原则和基本方法①。

鉴于一些人曲解"马克思主义中国化",进而主张"中国文化本位主义",张闻天明确指出"中国化"与"本位文化"论有着根本的区别。他说:"外国文化的'中国化',不是什么'中国本位文化',而是使外国文化中一切优良的成果,服从于中华民族抗战建国的需要,服从于建设中华民族新文化的需要。"他主张,

---

①　艾思奇:《论中国的特殊性》,《中国文化》第 1 卷创刊号,1940 年 2 月 15 日。

中国人应该敞开胸怀充分地学习和吸收外国文化的一切优秀成果，从而使自己逐渐融入到世界文化中去[①]。

“全盘西化”论在思想界也具有较大影响力。对于“全盘西化”论的偏颇和危害，中共理论界也给予了批驳。他们指出，“全盘西化”论者主张不分良莠地学习西方文化，这对中国是有害无益的。“外国文化中的反动文化（如主张侵略、反对民族解放，主张独裁与法西斯主义、反对民主与自由，主张宗教迷信、反对科学真理，拥护压迫剥削、反对大众，反对社会主义），是我们应该排斥的。而‘全盘西化’论者，却正在把这类反动文化大量输入中国。”但他们并不排斥西方文化：“一切外国的文化，凡是能够满足抗战建国与新文化的需要的，我们均应吸收过来。我们要在大胆吸收外国文化的优良的养料中使我们的新文化长大起来。”[②]为此，他们明确提出了“排泄其糟粕，吸收其精华”的方法，指出：“不但是当前的社会主义文化和新民主主义文化，还有外国的古代文化，例如各资本主义国家启蒙时代的文化，凡属我们今天用得着的东西，都应该吸收。但是一切外国的东西，如同我们对于食物一样，必须经过自己的口腔咀嚼和胃肠运动，送唾液胃液肠液，把它分解为精华和糟粕两部分，然后排泄其糟粕，吸收其精华，才能对我们的身体有益，决不能生吞活剥地毫无批判地吸收。所谓‘全盘西化’的主张，乃是一种错误的观点。形式主义地吸收外国的东西，在中国过去是吃过大亏的。”[③]

1943 年 3 月，蒋介石授意陶希圣执笔撰写了《中国之命运》一书，署名蒋中正。该书将中国历史文化的绵延不绝归因于中国的传统文化和道德，对共产主义与自由主义进行猛烈攻击，指出：“五四以后，个人本位的自由主义与阶级斗争的共产主义二种思想，突然输入于我学术界之中，流行全国。然而一般学术界对于中国的文化，大抵是只求其变而不知其常的。他们对于西洋各种的学说，大抵是只仿其形迹，而不求其精义，以裨益中国的国计民生的。”该书认为，共产主义和自由主义“在客观上是与我民族的心理和性情，根本不能相应的；而在主观上更没有什么根基，不过是人云亦云”。同时，该书把三民主义说成是“国民革命永远不变的最高原则”，把中国国民党说成是“领导革命建设国家的总机关”，认为“如果今日的中国，没有了中国

① 张闻天：《抗战以来中华民族的新文化运动与今后任务》，《张闻天文集》第 3 卷，第 43 页。

② 张闻天：《抗战以来中华民族的新文化运动与今后任务》，《张闻天文集》第 3 卷，第 43 页。

③ 毛泽东：《新民主主义论》，《毛泽东选集》第 2 卷，第 706—707 页。

国民党，那就是没有了中国。简单的说，中国的命运，完全寄托于中国国民党”①。

《中国之命运》集中反映了蒋介石和中国国民党的建国思想和政策，一经出版即被国民党大肆宣传。国防最高委员会通令各级政府机关、党部、社会团体、大中学校及军队全体官兵仔细研读，并要求次长以上官员限期提交读书心得。

为了批判国民党的独裁专制思想，阐明中国共产党的建国理论和文化主张，1943 年 7 月下旬开始，《解放日报》先后刊载了陈伯达《评〈中国之命运〉》、范文澜《谁革命？革谁的命？》、吕振羽《国共两党和中国之命运》、齐燕铭《驳蒋介石的文化观》、艾思奇《〈中国之命运〉——极端唯心主义的愚民哲学》等系列文章，对《中国之命运》展开批判。陈伯达等人指出，《中国之命运》“在实质上说来，即‘一个党、一个主义、一个领袖’。其中心思想，就是国民党即中国，中国即国民党”②。

为了表明中国未来的希望在中国共产党，《解放日报》还发表了题为《没有共产党，就没有中国》的社论。社论针锋相对地指出：“如果今日的中国，没有中国共产党，那就是没有了中国。如果中国共产党革命失败了，那亦就是整个中国国家的失败。简单的说，中国的命运完全寄托在中国共产党。”③时隔一年半，毛泽东再次指出：“在中国人民面前摆着两条路，光明的路和黑暗的路。有两种中国之命运，光明的中国之命运和黑暗的中国之命运。”他认为，抗战胜利后，中国共产党的任务就是领导中国人民争取光明的前途和光明的命运。“我们的任务不是别的，就是放手发动群众，壮大人民力量，团结全国一切可能团结的力量，在我们党领导之下，为着打败日本侵略者，建设一个光明的新中国，建设一个独立的、自由的、民主的、统一的、富强的新中国而奋斗。我们应当用全力去争取光明的前途和光明的命运，反对另外一种黑暗的前途和黑暗的命运。”④

论战扩大了新民主主义文化的社会影响力。许多处于歧路徘徊的知识分子从“本位主义”、“全盘西化”等文化模式中解脱出来，选择了新民主主义。也有一些人看穿了《中国之命运》维护专制独裁的本质，与国民政府分道扬镳，不

---

① 蒋中正：《中国之命运》（增订本），正中书局 1944 年版，第 71—72、83、89—90、205 页。

② 陈伯达：《评〈中国之命运〉》，《解放日报》1943 年 7 月 21 日，第 4 版。

③ 《没有共产党，就没有中国》，《解放日报》1943 年 8 月 25 日，第 1 版。

④ 毛泽东：《两个中国之命运》，《毛泽东选集》第 3 卷，第 1025—1026 页。

辞千辛万苦从国统区辗转到延安，加入了中国共产党的阵营。

第四节　新民主主义文化走向胜利

中共“七大”的召开和“毛泽东思想”的提出，丰富了新民主主义文化的内涵。在此背景下，新民主主义理论成长为中国共产党的指导思想。之后，随着人民民主专政理论和“五种经济成分”理论的提出，新民主主义升华为中国共产党和即将建立的共和国的施政纲领。1949 年，中华人民共和国建立，新民主主义成为社会制度和意识形态。

一、“毛泽东思想”的提出

中共“七大”的召开，特别是“毛泽东思想”的提出，进一步丰富和发展了新民主主义文化体系的内涵。

1945 年 4 月，中共“七大”在延安杨家岭中央大礼堂开幕。中共“七大”是抗战胜利前夕中国共产党召开的一次至关重要的代表大会。在这次会议上，毛泽东作了《论联合政府》的报告，详细阐明了中国共产党在抗战胜利后的各项建国主张，其中包括新民主主义革命时期的文化纲领。除书面报告外，毛泽东还在会上作了口头政治报告。这两个报告互相补充，对中国共产党在新民主主义革命时期的一般纲领和具体纲领进行了系统论述。

关于党在新民主主义革命时期的一般纲领，报告认为抗战胜利后，中国共产党要在政治上建立新民主主义国家制度，即“建立一个以全国绝对大多数人民为基础而在工人阶级领导之下的统一战线的民主联盟的国家制度”。“政权组织应该采取民主集中制，由各级人民代表大会决定大政方针，选举政府”。在经济上，发展新民主主义经济，即不仅实行“耕者有其田”和“节制资本”政策，而且允许国家经济、个体经济和合作社经济多种经济成分同时存在，特别是允许私人资本主义能够在一定范围内自由发展。在文化上，实行新民主主义文化纲领，即所要建立的新民主主义文化是“‘为一般平民所共有’的，即是说，民族的、科学的、大众的文化，决不应该是‘少数人所得而私’的文化”。

值得注意的是，毛泽东谈及发展新民主主义文化教育时，为了彰显其社会基础和服务对象，在“民族的、科学的、大众的文化”概念中间加上了“人民”一词。他指出：“中国国民文化和国民教育的宗旨，应当是新民主主义的;就是说,中国应当建立自己的民族的、科学的、人民大众的新文化和新教育。”毛泽东在“大众”之前加上“人民”一词,不是偶然的。这意味着,毛泽东和中共中央已开始有意识地扩大新民主主义文化的社会基础,即新民主主义文化的服务对象不仅包括“数百万产业工人,数千万手工业工人和雇佣农民”,以及“占中国人口百分之八十”的农民阶级,而且还包括“广大的城市小资产阶级、民族资产阶级、开明士绅及其他爱国分子”①。毛泽东在口头报告中还特别强调了农民的作用,要求文化宣传要重视农民:“人民大众最主要的部分是农民,其次是小资产阶级,再其次才是别的民主分子。中国民主革命的主要力量是农民。忘记了农民,就没有中国的民主革命;没有中国的民主革命,也就没有中国的社会主义革命,也就没有一切革命。我们马克思主义的书读得很多,但是要注意,不要把‘农民’这两个字忘记了;这两个字忘记了,就是读一百万册马克思主义的书也是没有用处的,因为你没有力量。”②将新民主主义文化的社会基础和服务对象由工农贫苦“大众”,扩大到“全国绝对大多数”的“人民大众”,这是抗战胜利前夕毛泽东对新民主主义文化体系的重要完善和补充。

中共“七大”正式确立了毛泽东思想对于全党的指导地位,这是新民主主义文化史上的一件大事。

“毛泽东思想”的提出有一个循序渐进的过程。起初,使用的是“毛泽东同志的理论”、“毛泽东同志的思想”等概念。如1940年5月,在延安“泽东青年干部学校”开学典礼上,副校长冯文彬就要求全体学生必须努力学习“毛泽东同志的理论”③;1941年3月,张如心在《共产党人》第16期上发表的《论布尔塞维克的教育家》使用了“毛泽东同志的思想”。“毛泽东思想”作为一个专有名词,最早由王稼祥提出。1943年7月,王稼祥在《解放日报》发表的《中国共产党与中国民族解放的道路》一文中,首次提到了毛泽东思想:“毛泽东思想就是中国的马克思列宁主义,中国的布尔什维主义,中国的共产主义。”“它是创造的马克思列宁主义,它是马克思列宁主义在中国的发展”,“是马克思列宁主义与中国革命运动相结合的结果”。“毛泽东思想”的提出,预示着马克思主义中国化已经到了一个新的阶段。

---

① 毛泽东:《论联合政府》,《毛泽东选集》第3卷,人民出版社1991年版,第1083、1056页。

② 毛泽东:《在中国共产党第七次全国代表大会上的口头政治报告》,《毛泽东文集》第3卷,人民出版社1996年版,第305页。

③ 《泽东青年干部学校正式举行开学典礼》,《新中华报》,1940年5月7日。

对毛泽东思想的概念和内涵进行系统说明，并明确规定其指导思想地位的，是刘少奇 1945 年 5 月在中共“七大”上所作的《关于修改党章的报告》。

刘少奇在《关于修改党章的报告》中明确提出：“以马克思列宁主义的理论与中国革命的实践之统一的思想——毛泽东思想，作为我们党一切工作的指针。”这标志着毛泽东思想被正式确立为全党的指导思想。刘少奇强调指出，毛泽东思想是“马克思列宁主义的理论与中国革命的实践之统一的思想”，是“中国的共产主义、中国的马克思主义”，是“马克思主义民族化的优秀典型”，是“发展着与完善着的中国化的马克思主义”，是“中国人民完整的革命建国理论”。他认为，毛泽东思想是马克思主义的，又完全是中国的，是被无数历史事实证明了的客观真理。刘少奇对毛泽东思想的总结和解释，涵盖了毛泽东关于中国革命理论和政策的各个方面，成为当时思想文化界宣传和研究毛泽东思想的重要依据。刘少奇还号召全党要学习、宣传毛泽东思想：“现在的重要任务，就是动员全党来学习毛泽东思想，宣传毛泽东思想，用毛泽东思想来武装我们的党员和革命的人民，使毛泽东思想变为实际的不可抗御的力量。”①

新民主主义理论与毛泽东思想联系紧密，中共“七大”确定毛泽东思想为党的指导思想，其实也在一定程度上确立了新民主主义文化在思想文化领域的指导地位。这意味着新民主主义理论开始转变为一个政党乃至普通人民群众的文化信仰和意识形态。

中共“七大”后，党内立即兴起了学习和宣传毛泽东思想的热潮。其间，不仅毛泽东著作成为广大干部学习教育的基本教材，而且新民主主义理论也成为思想文化界关注和研究的重点。据统计，《新民主主义论》单行本 1945 年至少有 15 种，1946 年至少有 10 种，1947 年和 1948 年至少有 25 种，1949 年则多达 100 多种。同时，一些研究新民主主义文化的著作相继出版。如李勉的《新民主主义本质论》(1949)、李黎的《新民主主义问答》(1949)等。在此过程中，新民主主义文化得到了广泛的传播，由精英走向大众，由理论学说化作思想观念。

二、新民主主义的理论纲领

抗战胜利后，中国共产党不断发展新民主主义理论体系，先后提出了“人

① 刘少奇：《论党》，《刘少奇选集》上卷，人民出版社 1981 年版，第 333—337 页。

民民主专政”、“五种经济成分”等理论，解答了中共关于国家的政权性质、经济形态、文化主体等方面的重大问题。新民主主义成长为中共建国的施政大纲。这不仅为中华人民共和国的建立奠定了思想基础，而且也为新中国成立初期的社会文化建设提供了重要的理论指导。

第一，提出人民民主专政理论，使新民主主义政治纲领得以发展和完善。

按照毛泽东的新民主主义建国理论及中共“七大”的设想，中国共产党所要建立的新中国，应该是一个工人阶级领导的“各革命阶级联合专政”的一个国家。但是，鉴于抗战胜利和平、民主为举国上下所渴望，并且和平建国在当时也存在很大的可能，因此，中国共产党一度决定暂时放弃在联合政府的领导权，转而主张参加国民党主导的联合政府，但最终未能如愿。

内战爆发后，中国共产党对其建国主张予以调整，提出了人民民主专政理论。1947 年 10 月 10 日，为了表明与国民党彻底决裂的态度，毛泽东在《中国人民解放军宣言》中明确提出“打倒蒋介石，解放全中国”的口号，重新强调其新民主主义建国主张，呼吁“联合工农兵学商各被压迫阶级、各人民团体、各民主党派、各少数民族、各地华侨和其他爱国分子，组成民族统一战线，打倒蒋介石独裁政府，成立民主联合政府。”①1948 年 4 月 30 日，中共中央在“五一”劳动节口号中，进一步号召“各民主党派、各人民团体、各社会贤达迅速召开政治协商会议，讨论并实现召集人民代表大会，成立民主联合政府”。同年，中共中央宣传部在《关于重印〈左派幼稚病〉第二章前言》中，首先提出“人民民主专政”概念，认为中国革命胜利后“不是建立无产阶级专政，而是建立人民民主专政。这种人民民主专政的内容和无产阶级专政的内容的历史区别，就是：我们人民民主专政是无产阶级领导的、人民大众的、反帝反封建反官僚资本的新民主主义革命，这种革命的社会性质，不是推翻一般资本主义，乃是建立新民主主义的社会，建立各个革命阶级联合专政的国家，而无产阶级专政则是推翻资本主义，建设社会主义”②。中共中央此时提出“人民民主专政”概念，表明了中国共产党联合其他革命阶级的愿望，也揭示了新民主主义社会和社会主义社会的区别。

1948 年 9 月，毛泽东在西柏坡召开的政治局会议上开始正式使用“人

---

① 毛泽东：《中国人民解放军宣言》，《毛泽东选集》第 4 卷，第 1237 页。

② 《中共中央宣传部关于重印〈左派幼稚病〉第二章前言》，中央档案馆编：《中共中央文件选集》第 17 册，中共中央党校出版社 1992 年版，第 190 页。

民民主专政”概念，并提出人民民主专政的国家将实行人民代表大会制和民主集中制。他指出，中国新民主主义革命胜利后所要建立的新政权的性质是“无产阶级领导的，以工农联盟为基础，但不是仅仅工农，还有资产阶级民主分子参加的人民民主专政”。因为所要建立的新国家是人民民主专政的国家，所以，“各级政府都要加上‘人民’二字，各种政权机关都要加上‘人民’二字，如法院叫人民法院，军队叫人民解放军，以示和蒋介石政权不同”[①]。1948年12月30日，毛泽东在为新华社所写的《将革命进行到底》的新年献词中，向全国民众公开宣布了中国共产党建立人民民主专政的共和国的决心。1949年初，毛泽东会见苏共中央政治局委员特使米高扬时，也着重介绍了新政权的性质：“在工农联盟基础上的人民民主专政，而究其实质就是无产阶级专政。”[②]

1949年春，中共中央在西柏坡召开七届二中全会。会上，毛泽东专门谈到了如何巩固人民民主专政的问题。他指出：“无产阶级领导的以工农联盟为基础的人民民主专政，要求我们党去认真地团结全体工人阶级、全体农民阶级和广大的革命知识分子，这些是这个专政的领导力量和基础力量。没有这种团结，这个专政就不能巩固。同时也要求我们党去团结尽可能多的能够同我们合作的城市小资产阶级和民族资产阶级的代表人物，它们的知识分子和政治派别，以便在革命时期使反革命势力陷于孤立，彻底地打倒国内的反革命势力和帝国主义势力。”[③]中共七届二中全会是共和国成立前夜中国共产党召开的最后一次中央全会。会上，中共中央关于人民民主专政及其巩固方法的论述，为共和国的筹建提供了指导方针。

1949年6月中下旬，中国人民政治协商会议第一次筹备会议在北平召开。这标志着新中国中央政府的筹建工作正式启动。在此关键的历史时刻，毛泽东发表了《论人民民主专政》一文，对人民民主专政的性质、内容、作用和历史必然性进行了系统论述。他认为，新中国之所以要实行人民民主专政，这既是五四运动以后中国革命发展的必然结果，也是中国共产党总结历史经验

---

① 毛泽东：《在中共中央政治局会议上的报告和结论》，《毛泽东文集》第5卷，人民出版社1996年版，第135—136页。

② 李海文整理：《在历史巨人身边：师哲回忆录》（增订本），中共中央党校出版社1998年版，第335－336页。

③ 毛泽东：《在中国共产党第七届中央委员会第二次全体会议上的报告》，《毛泽东选集》第4卷，人民出版社1991年版，第1436－1437页。

后得出的重要结论:“总结我们的经验,集中到一点,就是工人阶级(经过共产党)领导的以工农联盟为基础的人民民主专政。这个专政必须和国际革命力量团结一致。这就是我们的公式,这就是我们的主要经验,这就是我们的主要纲领。”在毛泽东看来,“人民民主专政”和“人民”都具有特定的含义:在中国的现阶段,人民是工人阶级、农民阶级、城市小资产阶级和民族资产阶级。这些阶级在工人阶级和共产党的领导之下,团结起来,组成自己的国家,选举自己的政府,“向着帝国主义的走狗即地主阶级和官僚资产阶级以及代表这些阶级的国民党反动派及其帮凶们实行专政,实行独裁。”在人民内部则实行民主制度,人民有言论、集会、结社等自由权。选举权只给人民,不给反动派。“这两方面,对人民内部的民主方面和对反动派的专政方面互相结合起来,就是人民民主专政”①。《论人民民主专政》的发表具有重要的时代意义。它不仅是马克思主义中国化的重要成果之一,标志着人民民主专政理论已经完全形成,而且发展和完善了新民主主义政治纲领,为新中国的建立和政权建设提供了理论指导。

第二,提出“五种经济成分”理论,使新民主主义经济纲领更加完整。

抗日战争时期,中国共产党在阐述新民主主义经济纲领时,一般都用“耕者有其田”和“节制资本”来概括,并认为“在现阶段上,中国的经济,必须是由国家经营、私人经营和合作社经营三者组成的”②。内战爆发后,中国共产党开始对新民主主义经济的纲领、构成和发展任务提出更具体的指导。1947 年底,毛泽东在《目前形势和我们的任务》的报告中,明确提出了新民主主义革命的三大经济纲领:“没收封建阶级的土地归农民所有,没收蒋介石、宋子文、孔祥熙、陈立夫为首的垄断资本归新民主主义的国家所有,保护民族工商业。”他认为,新民主主义革命所要消灭的对象,只是封建主义和垄断资本主义,只是地主阶级和官僚资产阶级(大资产阶级),而不是一般地消灭资本主义,不是消灭上层小资产阶级和中等资产阶级。他指出,广大的上层小资产阶级和中等资产阶级所代表的资本主义经济,即使革命在全国胜利以后,“在一个长时期内,还是必须允许它们存在;并且按照国民经济的分工,还需要它们中一切有益于国民经济的部分有一个发展;它们在整个国民经济中,还是不可缺少的一部分。”考虑到中国社会经济的复杂性,他认为,新民主主义的国民经济将主要

---

① 毛泽东:《论人民民主专政》,《毛泽东选集》第 4 卷,人民出版社 1991 年版,第 1480、1475 页。

② 毛泽东:《论联合政府》,《毛泽东选集》第 3 卷,人民出版社 1991 年版,第 1057—1058 页。

由三部分构成，即：居于领导地位的国营经济；由个体逐步地向着集体方向发展的农业经济；独立小工商业者的经济和小的、中等的私人资本经济。为了使解放区的社会经济能够朝着正确的方向发展，“新民主主义国民经济的指导方针，必须紧紧地追随着发展生产、繁荣经济、公私兼顾、劳资两利这个总目标。”[①]后来在这一方针基础上，中共中央又提出了“公私兼顾、劳资两利、城乡互助、内外交流”的“四面八方”政策。

新民主主义三大经济纲领和新民主主义经济指导方针的提出，推动了解放区社会经济的发展；而解放区经济发展的实践，又为新民主主义经济体系的丰富和完善，提供了鲜活的素材。1948 年 9 月，张闻天在大量调研资料的基础上，起草了《关于东北经济构成及经济建设基本方针的提纲》。他认为，东北解放区的经济基本上由六种经济成份构成，“这就是国营经济、合作社经济、国家资本主义经济、私人资本主义经济、小商品经济、秋林式的社会主义经济（这里苏联国家企业都用‘秋林公司’名称）。”借鉴张闻天对东北解放区经济成分的分析，毛泽东在中共七届二中全会上正式提出了新民主主义经济形态说：“国营经济是社会主义性质的，合作社经济是半社会主义性质的，加上私人资本主义，加上个体经济，加上国家和私人合作的国家资本主义经济，这些就是人民共和国的几种主要的经济成分，这些就构成新民主主义的经济形态。”[②]将国营经济、合作社经济、私人资本主义经济、个体经济和国家资本主义经济确定为新民主主义经济的基本构成部分，表明毛泽东和中共中央对新民主主义的经济形态有了明确的认识和把握。“五种经济成分”理论的提出，回答了新民主主义社会的经济形态问题，为新民主主义社会中多种经济成分的合理并存提供了依据。

新民主主义三大经济纲领、“四面八方”的政策方针及“五种经济成分”理论，是解放战争时期中国共产党对新民主主义体系的丰富和发展。中国人民政治协商会议在制定共同纲领时，吸纳了这些理论和思想。新民主主义又成为共和国初期国民经济恢复和发展的理论指南。

第三，强调“人民”在文化发展中的地位和作用，使新民主主义文化的“人民主体”特征更加鲜明。

---

① 毛泽东：《目前形势和我们的任务》，《毛泽东选集》第 4 卷，人民出版社 1991 年版，第 1253—1256 页。

② 毛泽东：《在中国共产党第七届中央委员会第二次全体会议上的报告》，《毛泽东选集》第 4 卷，人民出版社 1991 年版，第 1433 页。

中共“七大”后，中共理论界在研究和阐释新民主主义文化的内涵时，十分注意突出“人民大众”在新文化建设中的地位和作用。如1946年7月，胡绳在《新文化的方向和途径》一文中指出，“在当前的中国，假如不真正是人民大众的文化，就算不了是民主的文化。”鉴于农民在人民大众中居于多数，他主张文化要和农民结合。总结和反省“五四”以后新文化运动发展的得失，他强调中国新文化运动的方向是“面对实际，走向人民”，“文化运动当前的任务就该是确立了为人民服务的方针，以目前的人民文化水平为基础，先求普及到人民中去，并从人民中吸取健康养料，这样才能求得新文化和人民在一起而共同成长提高起来”①。

受中共影响，一些进步人士也呼吁新文化必须和人民大众结合起来。张申府在《知识分子与新的文明》一文中指出，新文明要“真以人民为主体”，“不但为人民，由人民，而且确属人民，是人民的。”为此他呼吁：“过去一切自外于人民的，超乎人民而上之的，当都跑在人民怀里，伏在人民脚下，不但真乐于为人民服务，而且对人民深爱在心。”②为了体现新民主主义文化的“以人民为主体”的特征，1946年5月15日，晋冀鲁豫解放区创刊《人民日报》，并宣布其办报宗旨和方针是“全心全意为人民服务”。1948年6月15日，晋冀鲁豫《人民日报》与《晋察冀日报》合并为中共华北中央局机关报——《人民日报》。1949年8月，转为中共中央机关报。与此同时，创建于延安时期的新华通讯社逐步升格为国家通讯社，新华广播电台也正式定名为中央人民广播电台。

中国共产党在团结、争取和教育知识分子方面也采取了一系列方针政策。其中，最重要的一个方面，就是把知识分子视为脑力劳动者，并将其归入“人民大众”范围。长期以来，中国共产党对知识分子的定位一直不十分清楚，以至于在民主革命即将胜利的时候，很多知识分子忧虑重重、不知所措。鉴于此，1948年3月，毛泽东在《关于民族资产阶级和开明绅士问题》的指示中，明确指出：“所谓人民大众，是指一切被帝国主义、封建主义、官僚资本主义所压迫、损害或限制的人们，也即是一九四七年十月中国人民解放军宣言上明确地指出的工、农、兵、学、商和其他一切爱国人士。在宣言上所说的‘学’，即是指一切受迫害、受限制的知识分子。”在他看来，劳动人民包

① 胡绳：《新文化的方向和途径》，上海《中国建设》第2卷第4期，1946年7月1日。

② 张申府：《知识分子与新的文明》，上海《中国建设》第6卷第5期，1948年8月1日。

括“一切体力劳动者(如工人、农民、手工业者等)以及和体力劳动者相近的、不剥削人而又受人剥削的脑力劳动者”，而广大知识分子就属于脑力劳动者。分析敌我形势，他还认为，脑力劳动者与体力劳动者共同属于中国革命的主要力量：“我们今天同敌人作斗争的主要力量是占全国人口百分之九十的一切从事体力劳动和脑力劳动的人民。”①在中共七届二中全会上的报告中，他更是把广大知识分子视为人民民主专政的领导力量和基础力量，认为应“认真地团结全体工人阶级、全体农民阶级和广大的革命知识分子，这些是这个专政的领导力量和基础力量。”②视知识分子为脑力劳动者，并将其归入“人民大众”和中国革命的基本力量，在很大程度上打消了广大知识分子的顾虑，从而推动他们积极投身到新中国的文化建设中去。

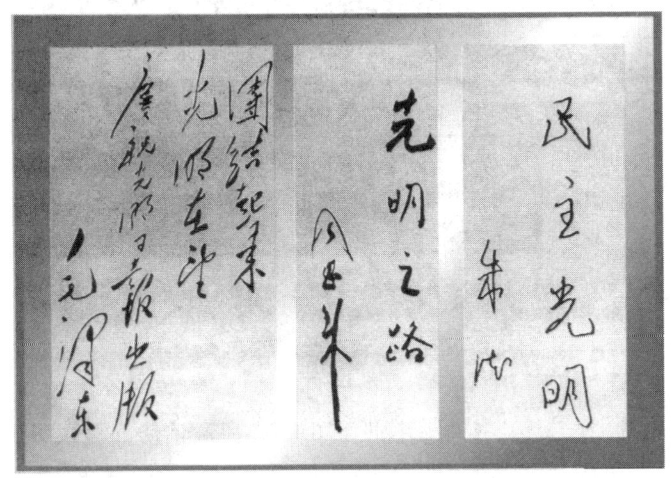

1949年6月，毛泽东、周恩来、朱德为《光明日报》创刊题辞

三、新民主主义文化的胜利和发展

1949年，中国人民解放军以摧枯拉朽之势推翻了国民党政权在大陆地区的统治，新民主主义文化也最终战胜其他思想文化流派，成为当时的主流文化和官方哲学。这不仅体现在《中国人民政治协商会议共同纲领》的制定以及社

① 毛泽东：《关于民族资产阶级和开明绅士问题》，《毛泽东选集》第4卷，人民出版社1991年版，第1287—1288页。

② 毛泽东：《在中国共产党第七届中央委员会第二次全体会议上的报告》，《毛泽东选集》第4卷，人民出版社1991年版，第1436—1437页。

会各界对它的认同，而且还反映在当时思想文化界对新民主主义文化的学习、宣传、研究和实践诸方面。

1949 年 9 月 27 日，中国人民政治协商会议第一次全体会议正式通过了《中国人民政治协商会议共同纲领》(以下简称《共同纲领》)。《共同纲领》是中国共产党领导社会各界代表共同起草的一份极其重要的建国文献。作为中共建国主张的集中体现，新民主主义文化体系的各项纲领及方针政策事实上构成了《共同纲领》的基础和核心。

新政治协商会议筹备会常务委员会合影

《共同纲领》在其序言中明确说明："中国人民政治协商会议一致同意以新民主主义即人民民主主义为中华人民共和国建国的政治基础，并制定以下的共同纲领，凡参加人民政治协商会议的各单位、各级人民政府和全国人民均应共同遵守。"关于国体，即新中国的性质，纲领指出："中华人民共和国为新民主主义即人民民主主义的国家，实行工人阶级领导的、以工农联盟为基础的、团结各民主阶级和国内各民族的人民民主专政，反对帝国主义、封建主义和官僚资本主义。"关于政体，即新中国的政权机关构成，纲领规定，"中华人民共和国的国家政权属于人民。人民行使国家政权的机关为各级人民代表大会和各级人民政府。各级人民代表大会由人民用普选方法产生之。""各级政权机关一律实行民主集中制"。

关于新中国的经济方针和政策，《纲领》指出：中华人民共和国经济发展的目标是"发展新民主主义的人民经济，稳步地使农业国为工业国"；经济建设的根本方针是“以公私兼顾、劳资两利、城乡互助、内外交流的政策，达到发展生产、繁荣经济之目的”。关于新民主主义经济的基本成分，《纲领》列举了国营经济、合作社经济、农民和手工业者的个体经济、私人资本主义经济和国家资本主义经济五种经济成分，并对各种经济成分的性质和地位做了明确的规定：国营经济为社会主义性质的经济，是“整个社会经济的领导力量”；合作社经济为半社会主义性质的经济，是整个人民经济的一个“重要组成部分”；凡有利于国计民生的私营经济事业，人民政府应鼓励其经营的积极性，并扶助其发展；国家资本与私人资本合作的经济为国家资本主义性质的经济；在必要和可能的条件下，应鼓励私人资本向国家资本主义方向发展。

《纲领》对新中国文化教育的性质及政策做了规定：“中华人民共和国的文化教育为新民主主义的，即民族的、科学的、大众的文化教育。人民政府的文化教育工作，应以提高人民文化水平、培养国家建设人才、肃清封建的、买办的、法西斯主义的思想、发展为人民服务的思想为主要任务。”①

《共同纲领》规划和规定了新中国政治、经济和社会文化的各个方面，反映了新民主主义社会的基本特征，是共和国的临时宪法。《共同纲领》得到社会各界和广大民主人士的高度评价和认同。

中华人民共和国建立后，中国共产党在政治、经济和文化等方面努力贯彻落实《共同纲领》的各项规定。

政治方面，政权建设遵照民主建政、施政的原则。

人民代表大会制是新民主主义国家政权形式的重要体现。按照毛泽东和中共中央的设想，新中国中央政府应由全国人民代表大会选举产生。但由于战时条件限制，召开全国性的人民代表大会存在很大困难，因此，经过中国共产党和民主人士协商，由中国人民政治协商会议代行全国人民代表大会的职权。按照民主选举程序，中国人民政治协商会议选举产生了第一届中央人民政府。伴随着各级人民代表会议相继成立，1954 年，全国人民代表大会召开，选出第二届中央人民政府，标志着人民代表大会制度在中国正式确立。

共和国的政权构成充分体现了中国共产党领导的多党合作的特点。很多有名望的民主人士和无党派人士都在新的中央政府中担任了领导职务，具有

---

① 《中国人民政治协商会议共同纲领》，中央档案馆编：《中共中央文件选集》第 18 册，中共中央党校出版社 1992 年版，第 584—594 页。

实职实权。据统计，在新的中央政府中，民主人士和无党派人士人数大约占了一半，其中，中央人民政府副主席 6 人：中共 3 人，党外人士 3 人；政府委员 56 人：中共 29 人，党外人士 27 人；政务院副总理 4 人：中共 2 人，党外人士 2 人；政务委员 15 人：中共 6 人，党外人士 9 人；在政府所辖 34 个委、部、会、院、署、行中，担任正职的中共干部 20 人，党外人士 14 人。这表明中央政府是中国共产党领导下的名副其实的民主联合政府。

经济建设方面，确立了国营经济的领导地位，并注意广泛调动各种经济成分的积极性。

新民主主义经济是以国营经济为领导力量的。共和国成立后，中央政府和各级地方政府一方面加强对原国民政府资产的清查和接收，另一方面大力发展国营经济。到 1952 年，国营工业企业资金总额达到 146.8 亿元，是私营工业资金总额的 5.6 倍①，全面确立了国营经济在国民经济中的主导地位。

愛國公約

一、擁護「懲治反革命條例」，堅決鎮壓反革命份子，積極協助政府檢舉密告，不包庇，不窩藏壞人，但也不誣告好人。

二、不聽信謠言，發現謠言要追根，並及時報告政府。

三、嚴格遵守户口制度，來客及時報告，達到消滅黑人黑户，互相監視。

四、大家共同分工負責，管制特殊人口，強迫其生產勞動，只准許其規規矩矩，不准其亂說亂動，使其變成新人。

五、響應一切號召，以實際行動幫助烈軍屬解決困難問題。

六、積極生產增加收入，按期完成捐獻任務，每月捐獻人民幣　元。

七、作好防空工作，設備防空壕、沙箱、窗簾、燈罩等設備並且個人要經常檢查。

八、作好衛生工作，室內外每日必清掃一次。

街　組

姓名　訂立

一九五一年十一月二十日

《爱国公约》

共和国成立后，国营经济、合作社经济、国家资本主义经济得到了迅速发展，在国民经济中所占的比重日益增加，而个体经济和资本主义经济也有较快增长。这不仅有利于国民经济的恢复，而且为社会主义改造创造了条件。

文化建设方面，确立了马克思主义在意识形态领域的指导地位，初步建成了以为人民服务为宗旨的新的文化教育体系。

---

① 赵德馨：《中国近现代经济史(1949—1991)》，河南人民出版社 2003 年版，第 74—75 页。

中国共产党在对旧文化改造和批判的基础上，加强了新民主主义文化建设的力度。为了扫除非无产阶级思想的影响，1950 年 6 月，毛泽东在中共七届三中全会上号召："有步骤地谨慎地进行旧有学校教育事业和旧有社会文化事业的改革工作，争取一切爱国的知识分子为人民服务。"①他提出要对知识分子进行教育和改造，"要让他们学社会发展史、历史唯物论等几门课程。"②思想文化领域很快便兴起了一场学习马克思主义理论的运动。恩格斯的《从猿到人》、艾思奇的《历史唯物论——社会发展史》、沈志远的《社会形态发展史》、华岗的《社会发展史》等书，成为当时知识分子学习的主要书籍。文化界还陆续翻译出版了《共产党宣言》、《哲学的贫困》、《〈黑格尔法哲学批判〉序言》、《反杜林论》、《费尔巴哈和德国古典哲学的终结》、《自然辩证法》、《哲学笔记》等马列经典著作的单行本，以及《列宁文选》（两卷本）和《马克思恩格斯文选》（两卷本）。为广大知识分子深入学习马克思主义创造条件。

思想文化界在这一时期十分注重学习毛泽东思想。1950 年 12 月、1952 年 4 月，《人民日报》先后发表了《实践论》、《矛盾论》。同时，《毛泽东选集》第一、二、三卷也陆续出版。在此背景下，思想文化界开始集中精力学习毛泽东著作。通过学习，全国广大干部群众及知识分子对中国革命的特点和成功经验有了深刻的认识，比较系统地掌握了辩证唯物主义和历史唯物主义的基本方法，开始尝试使用马克思主义哲学的思想武器来分析、研究历史和现实问题。

对旧有教育制度进行改革，是新民主主义文化建设的重要方面。1949 年底，第一次全国教育工作会议提出教育必须为国家建设服务、为工农服务，吹响了改革教育制度的号角。1950 年 6 月，周恩来在全国高等教育会议上的讲话中，重申"新民主主义的教育是民族的、科学的、大众的教育"，要求新民主主义教育须坚持为人民服务的方向，要有科学的内容，要有民族的形式③。根据这一要求，各级政府对原有教育，尤其是高等教育的布局、院系设置、学校制度和教育内容进行了改革和调整。经过改革和调整，高等院校的数量有了明显增加。到 1952 年底，全国有工业院校 47 所，农林院校 33 所，师范院校 34 所，

---

① 毛泽东：《为争取国家财政经济状况的基本好转而斗争》，《毛泽东文集》第 6 卷，人民出版社 1999 年版，第 71 页。

② 毛泽东：《不要四面出击》，《毛泽东文集》第 6 卷，第 74 页。

③ 周恩来：《在全国高等教育会议上的讲话》，《周恩来选集》下卷，人民出版社 1984 年版，第 15—17 页。

1951年10月,《毛泽东选集》第一卷出版

医学院校有32所,为国家建设和经济发展提供了人才保障。

同时,知识分子思想改造运动在全国范围内逐步开展起来。1951年9月29日,周恩来向京津各大学师生作《关于知识分子的改造问题》,标志着知识分子思想改造运动正式开始。之后,中共中央先后发出《关于在学校中进行思想改造和组织清理工作的指示》和《关于在文学艺术界开展整风学习的指示》,要求有计划、有领导、有步骤地在大中小学的教职员和高中以上的学生中,普遍进行初步的思想改造工作。1952年初,全国政协作出《关于展开各界人士思想改造的学习运动的决定》,并成立学习委员会,指导各民主党派、无党派民主人士、工商宗教界人士开展学习运动,进行批评和自我批评,知识分子思想改造运动进入高潮。至1952年秋改造运动基本结束,全国高校教职员工的91%,大学生的80%,中学教师的75%,先后参加了这次运动。通过参加思想改造运动,大多数知识分子抛弃了旧思想,初步接受了马克思主义的世界观。一些知识分子头脑中曾经存在轻视工农的思想,经过学习教育后,有了根本改变。当然,知识分子思想改造工作也存在一些缺点,如思想批评中有些问题是非界限不清,有些做法过于简单、粗糙,从而给知识分子造成了很大压力,甚至造成了伤害。

共和国成立初期,文化艺术领域呈现欣欣向荣的新气象。1949年7月,第一次中华全国文学艺术工作者代表大会在北平召开。这次会议使解放区与原国民党统治区长期分离的两只文艺队伍汇合在一起,实现了进步的爱国的文艺工作者的胜利大会师。会上,中共中央号召一切爱国的文艺工作者团结起来,广泛地发展为人民服务的文艺工作,以配合人民的文化教育和经济建设工作。为了统一指导和推进人民文艺事业，大会成立了中华全国文学艺术界联合会全国委员会（简称“全国文联”）及下属各类文艺协会。

为了使旧的艺术内容和形式符合时代要求，1951 年春，毛泽东为中国戏剧研究院提出“百花齐放，推陈出新”的方针。5 月 5 日，政务院发布戏曲改革工作指示，提出“改戏、改人、改制”的任务，要求改良传统剧目，改造戏曲艺人、改革旧戏班，加快文艺改革和发展的步伐。由于广大文艺工作者创作热情高涨，一大批优秀的文艺作品脱颖而出，如小说《铜墙铁壁》、《铁道游击队》、《风云初记》、《活人塘》、《五月的矿山》、《在茫茫的草原山》，报告文学集《志愿军一日》，通讯《谁是最可爱的人》，歌曲《歌唱祖国》，话剧《龙须沟》、《考验》、《明朗的天》、《西望长安》、《万水千山》，歌剧《长征》，戏曲《将相和》、《十五贯》、《梁山伯与祝英台》，影片《钢铁战士》、《智取华山》、《渡江侦察记》、《董存瑞》、《上甘岭》、《祝福》、《李时珍》等，都在社会上产生了良好反响。

以民族、科学、大众为主题的文学艺术作品在全国范围内出版传播。其中，至 1949 年底，“中国人民文艺丛书”出版 53 种。该丛书汇集了延安文艺座谈会以来解放区的各类优秀文艺作品，包括歌剧《白毛女》，小说《太阳照在桑乾河上》、《暴风骤雨》等。这一时期，全国新华书店为被统一定为国营书刊发行机构；成立了人民出版社等十余家规模较大的国营出版社及新华印刷厂；将生活、读书、新知等书店合并成三联书店；国家与商务印书馆、中华书局、开明书店等私营出版机构联合经营，逐步实行公私合营。出版事业的改革和调整，为新民主主义文化的传播提供了重要保障。

四、新民主主义文化向社会主义文化过渡

共和国成立初期，新民主主义文化获得了巨大发展。然而，由于对文化建设的规律认识不足，由于不能正确区分敌我矛盾和人民内部矛盾，因此，新民主主义文化的建设道路并非一帆风顺。特别是自 1951 年起，文艺界先后开展对电影《武训传》的批判、对俞平伯《红楼梦》研究观点的批判和对胡风文艺思想的批判，在思想文化领域产生了巨大震荡。

对电影《武训传》的批判，揭开了共和国成立初期文化批判的序幕。《武训传》由孙瑜编导、赵丹主演，是上海昆仑影业公司于 1950 年摄制的一部故事片，主要讲述了清朝末年武训用 30 年时间“行乞兴学”的故事。1951 年初，影片放映后，受到广泛赞誉，很多人对武训给予了很高评价。同时，也有一些人对武训的行为不以为然，特别是《文艺报》刊载了《不足为训的武训》一文，表达

了批评观点。5月20日,《人民日报》发表了《应当重视电影〈武训传〉的讨论》的社论。该社论经过毛泽东审阅和修改,对文化界出现的歌颂武训和《武训传》的倾向进行了批评,认为“电影《武训传》的出现,特别是对于武训和电影《武训传》的歌颂竟至如此之多,说明了我国文化界的思想混乱达到的何等程度!”社论认为,之所以出现这种倾向,主要是因为一些共产党员虽然号称学得了马克思主义,但是并不懂得运用马克思主义,“一遇到具体的历史事件,具体的历史人物(如像武训),具体的反历史的思想(如像电影《武训传》及其他关于武训的著作),就丧失了批判的能力,有些人甚至向这种反动思想投降。”[①]不久,全国各主要报刊都转载了这篇社论,各地文教机关和团体也围绕社论所提出的问题展开了讨论,并在报刊上发表了大量文章。于是,一场针对电影《武训传》及武训其人的批判运动在全国兴起。这场批判运动原本是要帮助人们正确理解近代中国历史的发展趋向,进而区分什么是人民革命,什么是改良主义。但是,由于批判过程中,一拥而上,上纲上线,导致正常的民主讨论根本无法展开,事实上也无法达到分清是非的目的。对《武训传》及武训的批判,在新中国教育文化界开启了用政治批判解决思想问题的先例,对之后文学艺术的发展产生了消极影响,一度使得政治代替艺术成为评价文艺作品的标准。

为了清除文艺界存在的“资产阶级唯心主义思想”,自1954年开始,思想文化界开始对俞平伯《红楼梦》的研究观点进行批判。俞平伯是五四时期兴起的“新红学派”的代表人物之一,著有《红楼梦研究》、《红楼梦简论》等。他认为《红楼梦》是曹雪芹的自传,而“色”与“空”两字贯穿全书,使书中“现实的”、“批判的”和“理想的”三部分内容得以统一起来。1954年9月、10月,山东大学学报《文史哲》和《光明日报》先后发表了文学青年李希凡与蓝翎合作撰写的《关于〈红楼梦简论〉及其他》、《评〈红楼梦研究〉》等两篇文章,对俞平伯的观点进行批评,认为俞平伯“是以反现实主义的唯心观点分析和批评了《红楼梦》”。这两篇文章发表后,因《人民日报》拒绝转载,引起了毛泽东注意和重视,他认为这是有意“阻拦”。10月16日,毛泽东致信中央政治局成员以及中宣部、国务院和有关部委负责人,指出:“这是三十多年以来向所谓《红楼梦》研究权威作家的错误观点的第一次认真的开火”,“这个反对在古典文学领域毒害青年

① 毛泽东:《应当重视电影〈武训传〉的讨论》,《毛泽东文集》第6卷,人民出版社1999年版,第166—167页。

三十余年的胡适派资产阶级唯心论的斗争，也许可以开展起来了”[①]。根据毛泽东的意见，10 月 31 日，中国文联主席团和中国作协主席团联合举行多次会议，对俞平伯及其研究立场、观点和方法进行批判。由于俞平伯与胡适在研究《红楼梦》的思想方法上有一定的渊源关系，因此，在对俞平伯的批判过程中，也展开了对胡适派唯心论思想的批判。12 月 2 日，中国科学院和中国作家协会主席团联合召开批判胡适思想讨论会，并成立专门工作委员会，对胡适各方面的思想主张展开全面批判。批判胡适思想讨论会共举行了 21 次会议，一直到 1955 年 3 月才结束。这期间，全国各报刊发表了 200 多篇批判文章，集中批判胡适的唯心论实用主义哲学，并涉及胡适在政治学、历史学、文学、教育学等方面的思想观点。在当时，无论是批判俞平伯，还是批判胡适，其目的都是要根除资产阶级唯心思想的影响，有其积极意义。但是，批判的过程中，采取批判运动和政治性声讨的形式，却无疑是十分简单和片面的，不利于学术争论和思想争论的健康展开。

1955 年初，对胡风文艺思想的批判也上升到了政治高度。胡风曾长期参加左翼文化运动，是著名的进步文艺理论家、诗人。由于胡风曾经提出过“民族革命战争大众文学”的口号，并在文艺创作上强调主观体验，反对题材决定论，因此，新中国成立前后，文艺界对胡风的文艺思想就一直存在争论和批评。1952 年 9 月到 12 月，中央宣传部召开过四次讨论会，对胡风的文艺思想进行批判。1953 年 1 月 30 日，《文艺报》发表《胡风的反马克思主义的文艺思想》，认定胡风的文艺思想是反马克思主义的、反社会主义现实主义的，并认为“在胡风周围曾结成了一个文艺上的小集团”。对此，胡风难以服从，于 1954 年 7 月 22 日将他所写的长达 30 万字的《关于几年来文艺实践情况的报告》递交给中共中央以及毛泽东等领导人。《报告》反驳了之前报刊对他的各种批判，重申他的文艺观点，并对如何改进文艺领导工作提出了自己的意见。对于胡风在报告中所阐述的文艺观点，中共中央和毛泽东都表示不赞同。1955 年 1 月，中央宣传部发表《关于开展批判胡风思想的报告》，明确认定胡风文艺思想是彻头彻尾的资产阶级唯心论的，是反党反人民的文艺思想。根据中央要求，对胡风文艺思想的批判运动在全国迅速展开。5 月中下旬，这场批判运动又很快演变为揭露所谓“胡风反革命集团”的斗争。5 月 15 日，胡风被逮捕，并

---

① 毛泽东:《关于〈红楼梦〉研究问题的信》,《毛泽东文集》第 6 卷，人民出版社 1999 年版，第 352 页。

被判刑14年。“胡风案”是新中国成立后思想文化领域的一大冤案。由于该案是依据私人信件，而没有核实事实的情况下造成的，因此，凡是同胡风有过接触的人几乎都受到了牵连，共涉及2 100多人，其中有92人被逮捕。这种混淆是非、混淆敌友的做法，严重打击和挫伤了广大文艺工作者的积极性，伤害了一些人的感情。

可见，新中国成立初期，新民主主义文化建设既取得了丰硕成果，也存在着以政治批判代替文艺讨论的倾向。正是在这个曲折发展的过程中，新民主主义文化开始向社会主义过渡。

1953年6月15日，毛泽东在中央政治局会议上首次提出过渡时期总路线。同年12月，他又明确指出：“从中华人民共和国成立，到社会主义改造基本完成，这是一个过渡时期。党在这个过渡时期的总路线和总任务，是要在一个相当长的时期内，逐步实现国家的社会主义工业化，并逐步实现国家对农业、对手工业和对资本主义工商业的社会主义改造。”[①]这是中国进入社会主义过渡阶段的重要标志。

为了贯彻社会主义过渡时期总路线，1953年9月23日至10月6日，中国文学艺术工作者第二次代表大会在北京召开。这是一次贯彻过渡总路线的文化动员大会。会议确定社会主义现实主义是我国文艺创作和批评的基本准则，认为“百花齐放”原则应当成为整个文学艺术事业发展的方针。会上，周扬作了《为创造更多的优秀的文学艺术作品而奋斗》的报告。这一报告成为文艺界的指导思想从新民主主义文化思想向社会主义文化思想过渡的纲领性文件。为了加强对文化艺术工作的领导，1954年1月，中共中央在文化部党组提交的《关于目前文化艺术工作状况和今后改进意见的报告》的批示中，提出了过渡时期中国共产党领导文化艺术工作的任务：今后文化工作的首要任务是积极发展适合群众需要的新的文学艺术和电影创作，对民间原有的各种艺术和文化娱乐形式应广泛地、正确地加以发掘、利用、改革和发展。中央的批示对于在社会主义现实主义创作原则下繁荣中国文化艺术事业具有重要指导作用。1956年1月，中共中央召开关于知识分子问题的会议。周恩来代表中共中央作《关于知识分子问题的报告》，充分肯定知识分子在社会主义建设中的作用，宣布知识分子的绝大多数已经是工人

---

① 毛泽东：《革命的转变和党在过渡时期的总路线》，《毛泽东文集》第6卷，人民出版社1999年版，第316页。

阶级的一部分。

按照毛泽东、刘少奇等中共领导人的设想，新民主主义社会原本要经过较长时间的发展之后，才能过渡到社会主义社会。但是，由于对社会主义的向往和苏联模式的影响，新民主主义社会没有持续多长时间便结束了。

1956 年 9 月，中国共产党第八次全国代表大会举行。大会宣布，生产资料所有制的社会主义三大改造已取得决定性胜利，社会主义的社会制度在中国已经基本建立起来；国内主要矛盾是人民对于经济、文化迅速发展的需要同当前经济、文化不能满足人民需要的状况之间的矛盾，党和全国人民当前的主要任务就是要集中力量来解决这个矛盾。这次大会标志着中国由新民主主义社会过渡到了社会主义社会，由新民主主义文化过渡到了社会主义文化。中国文化从此告别近代，进入一个新的历史时期。

小　结

新民主主义文化主要反映了中国共产党对中国新文化的认识和态度。它既是五四以后新文化运动发展的重要成果，同时也是马克思主义中国化的产物。正是在马克思主义与中国革命实际的结合过程中，中国共产党提出了新民主主义的概念，并对新民主主义文化的内涵进行了逐步完善。新民主主义文化在形式上注重民族特性，在内涵上强调民主、科学，在服务对象上突出人民大众，在文化选择问题上主张批判地继承中外进步文化，“排泄其糟粕，吸收其精华”。这都使得新民主主义文化具有了鲜明的时代特征，体现了近代以来中国文化发展的趋势。在国共合作共同抗日的历史条件下，中国共产党提出新民主主义，重要目的是为了表明政治上的独立性。新民主主义文化与新民主主义政治、经济一起，共同构成了新民主主义社会。从广义上说，新民主主义文化代表了一种新的社会发展道路。

新民主主义文化，为抗战胜利后中国社会文化的发展提供了崭新蓝图。为实现目标，中国共产党对新民主主义文化进行了广泛的宣传。整风运动期间，通过对“左”倾教条主义的批判，以及对“中体西用”论、“本位文化”论、“全盘西化”论的批驳，新民主主义文化在各根据地迅速传播开来。随着解放战争的胜利，新民主主义文化的传播范围扩大到全国，成为指导新中国建立的思想文化基础。新中国成立初期，新民主主义文化进入繁荣发展阶段，大量反映人民生活和社会变迁的新作品涌现。通过知识分子改造运动，以及对各种非无产阶级思想的批判，马克思主义在思想文化领域的指导地位得以确立，并日益巩固。伴随社会主义三大改造的完成，社会主义制度在中国基本建立。从此，新民主主义文化过渡到了社会主义文化。

历史文献

1. 毛泽东：《论新阶段》，中央档案馆编：《中共中央文件选集》第 11 册，中共中央党校出版社 1991 年版。

2. 毛泽东：《新民主主义论》，《毛泽东选集》第 2 卷，人民出版社 1991 年版。

3. 张闻天：《抗战以来中华民族的新文化运动与今后任务》，《张闻天文集》第 3 卷，中共党史出版社 1994 年版。

4.《中国人民政治协商会议共同纲领》，中央档案馆编：《中共中央文件选集》第 18 册，中共中央党校出版社 1992 年版。

5. 周恩来：《关于知识分子问题的报告》，《周恩来选集》下卷，人民出版社 1984 年版。

论著选读

1. 王占阳：《新民主主义与新社会主义》（修订本），中国社会科学出版社 2006 年版。

2. 刘辉：《中国共产党人的文化自觉——新民主主义文化思想再研究》，中国人民大学出版社 2008 年版。

3. 刘晶芳：《毛泽东新民主主义理论研究》，中共中央党校出版社 2009 年版。

4. 王东：《共和国不会忘记：新民主主义社会的历史和启示》，东方出版中心 2011 年版。

5. 郑师渠主编：《中国共产党文化思想史研究》，中共中央党校出版社 2007 年版。

6. 中共中央党史研究室编：《中国共产党历史》第一、二卷，中共党史出版社 2011 年版。

7. 张启华、张树军主编：《中国共产党思想理论发展史》上卷，人民出版社 2011 年版。

8. 张卫波：《抗日根据地文化建设研究》，首都经济贸易大学出版社 2015

年版。

研究与讨论

1. 马克思主义在近代中国的传播及其历史作用。
2. “马克思主义中国化”提出的原因及意义。
3. 阐述新民主主义文化的基本内涵。

第九章　学术与社会文化

近代的历史学、文学、艺术、宗教、民俗等既各有自己的专属学科，具有一定独立性，又是近代文化的重要组成部分。它们在近代文化的形成和发展过程中发挥了不可替代的作用。

第一节　历史学

历史学是中国传统学术文化的一大门类，中国自古就有修史传统。伴随西学东来，中国的传统史学开始发生变化，到20世纪上半期，新史学逐渐取代传统史学，占据主流地位。

一、传统史学在近代的进展

步入近代以后，传统史学整体走向衰落。不过，在边疆史、蒙元史以及清史等研究领域，传统史学仍取得重大进展。

鸦片战争以后，西方列强在中国及周边地区的扩张日益加剧，一些学者改变乾嘉时期的学风，发扬经世致用的传统，把治史与现实紧密地结合起来。边疆史地研究就是在这种境况下开展起来的。晚清时期，边疆史地研究的代表性作品有姚莹的《康輶纪行》、张穆的《蒙古游牧记》、何秋涛的《朔方备乘》、丁谦《蓬莱轩舆地学丛书》等。

丁谦（1843—1919），字益甫，浙江嵊县人。《蓬莱轩舆地学丛书》是他的代表作，全书凡 30 种 69 卷，1902 年由浙江图书馆刊行，又称《浙江图书馆丛书》。该书取《汉书》、《后汉书》以降 17 种正史中的地理加以研究，尤其重视对《西域传》或《地理志》的考证。他在考证中注意运用《元朝秘史》、《长春真人西游记》、《宁古塔纪略》等非正史资料，纠正了正史中的一些讹误。

蒙元史研究是边疆史地研究的一部分，开展蒙元史研究主要是出于"筹边谋防"的目的。《元史》修于明洪武年间，成书仓促，史料、史实错讹之处较多。清代学者的元史研究成就大大超过前人，邵远平、汪辉祖、钱大昕、毕沅、魏源、洪钧、曾廉、屠寄等人都有专门著述。1853 年，魏源撰成的《元史新编》，被视作是一部成功的经世史学。此后，李文田撰《元朝秘史注》、沈曾植撰《元秘史补注》进一步推动了元史研究。19 世纪末 20 世纪初，洪钧的《元史译文证补》、屠寄的《蒙兀儿史记》、柯劭忞的《新元史》，代表了传统史学在这一领域所取得的最高成就。

《新元史》是元史研究领域的杰作。作者柯劭忞(1850—1933)，字凤荪，号蓼园，山东胶州人。光绪进士。历任湖南学使、湖北提学使、贵州提学使、学部左丞、国史馆纂修、京师大学堂经科总监、山东宣抚使等职。他在辛亥革命后以清朝遗老自居，1914 年袁世凯设清史馆时，被推为总纂。他在参与编修《清史稿》的同时，潜心研究元史。1920 年著成《新元史》257 卷，1922 年由徐氏退耕堂刊行。

《新元史》在体例上延续了《史记》、《汉书》以来正史的纪传体例，篇章结构以《元史》为基础，稍有调整。例如，本纪部分增加"昭宗纪"，将"顺帝纪"改为"惠宗纪"；列传部分增加了史家马端临、画家王冕等数十人，将"外夷传"改为"外国传"，补充了"列女传"等内容；表的部分补了"氏族表"，又增补了"宗室世系表"、"行省宰相表"。在内容上积极吸收了魏源《元史新编》、洪钧《元史译文证补》、屠寄《蒙兀儿史记》等近人的研究成果，以及德国学者埃德蒙、日本学者那珂通世、法国学者多桑等人的著述和译著。史料方面，他使用了当时新发现的中西史料，如《元朝秘史》、《元圣武亲征录》、《蒙古源流》、《元经世大典》等。该书史料翔实，内容丰富，受到国内外学者的高度重视。时任大总统的徐世昌明令将该书列为正史，从而成为二十五史之一。日本东京大学因该书的学术成就而授予柯劭忞名誉博士学位。

与边疆史地研究、蒙元史研究情况相近，为总结经验，解决实际问题，早在鸦片战争时期，魏源、梁廷枬、夏燮等人已注意研究当代史。进入民国后，袁世凯继承后世为前朝修史传统，为确立政权的合法性，开馆编修清史。

1914 年，袁世凯政府组织成立清史馆编纂清史，地址设在北京东华门内，馆长为清朝遗老赵尔巽。赵尔巽(1844—1927)，字公镶，号次珊，又号无补，奉天铁岭卫人，隶汉军正蓝旗。同治进士，授翰林院编修，曾官至盛京将军、湖广总督、四川总督、东三省总督等。赵尔巽延聘了上百人参加清史编修工作，其中不乏像柯劭忞、缪荃孙、吴廷燮、王树枏、夏孙桐、马其昶、朱师辙等著名学者。这些人多属清朝遗老，政治上反对共和，修史志在"崇德报功"，宣扬清朝的功德。《清史稿》从开馆纂修到正式出版前后共用了 14 年时间。1920 年写出初稿，1927 年，馆长赵尔巽因身体不佳，该书尚未最后定稿即草草出版，故名《清史稿》。1928 年，清史馆被新成立的故宫博物院接收，《清史稿》一度被查禁。

《清史稿》沿袭《明史》体例，采用传统史书的纪传体。全书分本纪、列传、志、表四部分。所用文献资料主要取材于官方档案文书，如历朝实录、起居注、军机档、会典、各种方略等。全书共 536 卷，现在只保留 529 卷。书稿因作者流品不一，质量参差不齐，有些内容存有较严重的错误。不过，该书为后人提供了比较详细的研究清史的素材，保存了历史资料。正如朱师辙说："综而言之，《清史稿》之价值，纵以后有良史重撰，亦将如《旧唐书》、《旧五代史》而不可废，是可断言。"①

二、新史学的兴起

从清末开始，西方新史学传入中国，逐渐取代传统史学而引领风骚。民国时期，涌现出梁启超、王国维、陈垣、陈寅恪、顾颉刚、傅斯年等众多史学名家。

1. 梁启超与"新史学"

戊戌变法失败后，梁启超东渡日本，接受了西方的社会进化论和文明史理论。1901 年，他在《清议报》发表了《中国史叙论》，次年，又在《新民丛报》发表了《新史学》，向中国传统史学发起全面攻击，要求按照近代学术思想和体例改造传统史学。他说："呜呼！史界革命不起，则吾国遂不可救，悠悠万事，惟此为大。"②这两篇论文，被视作"史界革命的宣言书"，是中国"新史学"诞生的重要标志。

《中国史叙论》和《新史学》两篇文章体现了梁启超新史学的旨趣，说明了

---

① 朱师辙：《清史述闻》，上海书店出版社 2009 年版，第 324 页。

② 梁启超：《新史学》，《饮冰室合集》文集之九，中华书局 1989 年版，第 7 页。

中央研究院第一届院士合影

“新史”与“旧史”的不同。《中国史叙论》说:“近世史家之本分,与前者史家有异。前者史家,不过记载事实;近世史家,必说明其事实之关系,与其原因结果。前者史家,不过记述人间一二有权力者兴亡隆替之事,虽名为史,实不过一人一家之谱牒;近世史家,必探察人间全体之运动进步,即国民全部之经历,及其相互之关系。”①《新史学》表述更为系统、深入,认为中国旧史学存有“四蔽”“二病”。“四蔽”直指史学研究的对象和目标:“一曰知有朝廷而不知有国家”,“二曰知有个人而不知有群体”,“三曰知有陈迹而不知有今务”,“四曰知有事实而不知有理想”。“二病”侧重于史学研究方法:“其一能铺叙而不能别裁,其二能因袭而不能创作。”

关于新史学的内涵和特征,梁启超分三层进行了解释:“第一,历史者,叙述进化之现象也。”用西方进化史观作为历史研究的指导理论,以取代旧史学的循环论和尚古论,这是“新史学”的重要原则之一。“第二,历史者,叙述人群进化之现象也。”梁启超承继社会进化论的观点,认为进化乃人群而非一人之进化,“人群”是历史研究的惟一对象,主张把治史的范围从个人扩大到群体,主张考察历史大势,为民众写史。这对旧史学的“帝王中心论”和“正统史观”是一种否定。“第三,历史者,叙述人群进化之现象而求得其公理公例者

① 梁启超:《中国史叙论》,《饮冰室合集》文集之六,中华书局1989年版,第1页。

也。”[1]梁启超受到西方实证主义史学影响，认为史学不能满足于说明事实本身，还要说明历史进化的规则和规律。治史以国家、民族、群体为对象，写民史，叙述人群进化之现象，相对于中国旧史来说，这些无疑都是划时代的革命。

以梁启超为主帅，20 世纪初年中国出现了一股“新史学”思潮，邓实、马叙伦、汪荣宝、夏曾佑等都是“史界革命”的积极参与者。当时出版的一些教科书，诸如横阳翼天氏的《中国历史》(1903)、涉园主人的《中国历史教科书》(1904)、刘师培的《中国历史教科书》(1905)、夏曾佑的《最新中学中国历史教科书》(1904—1906)、吕瑞廷与赵瀓璧合编的《新体中国历史》(1907)、徐念慈的《中国历史讲义》(1908)等，也受到了新史学影响。新史学对于推动中国史学变革，对于思想启蒙，起了积极作用。

2. 顾颉刚与“古史辨”

顾颉刚(1893—1980)是中国近现代史上重要的史学家之一。他远承郑樵、姚际恒、崔述等旧史家疑古惑经的传统，近受章太炎、康有为、胡适、钱玄同等人思想的影响，积极主张疑古、辨伪。1923 年初，顾颉刚在《与钱玄同先生论古史书》一文中，集中地发表了他的“层累地造成的中国古史”说。其主要观点有三：第一，对传说中的古史演变过程加以考辨，即可发现“时代愈后，传说的古史期愈长”。如，周代人心目中最早的帝王是禹，到孔子时有尧、舜，到战国时有黄帝、神农，到汉以后有盘古。第二，“时代愈后，传说中的中心人物愈放愈大”。如舜，在孔子时只是一个无为而治的圣君，到《尧典》就成为一个“家齐而后国治”的圣人，到孟子时代则成为一个孝子的模范了。第三，“我们在这上，即不能知道某一事件的真确的状况，但可以知道某一件事在传说中的最早的状况”，如我们不知道东周时的东周史，但可以知道战国时的东周史；我们不能知道夏、商时的夏、商史，但可以知道东周时的夏、商史[2]。

顾颉刚的文章发表后，得到了钱玄同、胡适、傅斯年、周予同、罗根泽等人的支持。钱玄同对顾颉刚的学说深表赞同，称其“精当绝伦”。胡适也认为，顾颉刚的观点是对当时史学界的一大贡献。而一些坚守传统的学者如刘掞藜、胡堇人、柳诒徵等人，则对“古史辨”派的观点展开了猛烈的批评，指责顾颉刚歪曲六经，“穿凿附会，牵就己意”。顾颉刚、钱玄同等人对他们的责诘进行了回复和答辩，进一步申明了古史观。1926 年，顾颉刚将这次古史辩论的有关

---

① 梁启超：《新史学》，《饮冰室合集》文集之九，中华书局 1989 年版，第 7—11 页。

② 顾颉刚：《与钱玄同先生论古史书》，《古史辨》第 1 册，上海古籍出版社 1982 年版，第 60 页。

文章、通信编成《古史辨》第1册出版，这标志着在民国学术史上卓有影响的“古史辨”派的正式形成。

以顾颉刚为代表的“古史辨”派主张打破旧的古史体系，是同五四时代反对专制主义的大潮流相一致的，也是推动史学现代化的重要一步。郭沫若曾经明确肯定说：“顾颉刚的‘层累地造成的古史’，的确是个卓识。……到现在自己研究了一番过来，觉得他的识见是有先见之明。……旧史料中凡作伪之点大体是被他道破了。”①

3. 傅斯年与“科学史学”

傅斯年等人因提倡“以自然科学看待历史语言之学”，故有人称之为“科学史学派”。这个学派的主要代表人物是傅斯年（1896—1950），学术中心是傅斯年领导下的中央研究院历史语言研究所。

傅斯年学生时代受过五四运动的洗礼，曾创办《新潮》杂志，宣传新文化。当时，他受科学思潮影响，立下“科学救国”的志向，自称“科学迷”。1927年，他从欧洲留学归国，与顾颉刚等人在中山大学创办了“语言历史研究所”。他的研究目标是“以自然科学看待历史语言之学”，途径有两条：一是“扩充材料”，二是“扩充工具”（研究手段和方法）。他于1928年所写的《历史语言研究所工作之旨趣》集中反映了他的史学主张。他认为，“西方人做学问不是去读书，是动手动脚到处寻找新材料，随时扩大旧范围，所以这学问才有四方的发展，向上的增高”，这是中国人应当效法的。他特别重视运用自然科学的方法来研究历史，认为地质、地理、考古、生物、气象、天文等学问，无一不供给研究历史者以工具。他甚至断言，若干历史学的问题非有自然科学方法之帮助，则无从解决：“近代的历史学只是史料学，利用自然科学供给我们的一切工具，整理一切可逢着的史料。”②就历史学而言，史料无疑十分重要，不考辨好史料的真假，立论就立不住，不去发现新史料，历史学就难以取得长足进展。傅斯年强调史料的重要性，强调史学的实证性、客观性，对于清除旧史家任情褒贬和时人凭主观论史的弊病，意义自然重大。

值得指出的是，傅斯年创立的史语所，不是采取个人孤立的研究，而是“有规模的系统研究”。1929年史语所迁往北平，调整为历史、语言、考古三组。

---

① 郭沫若：《中国古代社会研究》，《郭沫若全集》历史编第1卷，人民出版社1982年版，第304、305页。

② 傅斯年：《历史语言研究所工作之旨趣》，《中央研究院历史语言研究所集刊》第1本第1分册。

历史组对于史事、文献做了大量考证性工作，其成绩反映在《历史语言研究所集刊》发表的数百篇论文和诸多专刊、专著中。语言组对全国各地方言、文字、制度和风俗作调查，还致力于整理明清档案。考古组对安阳殷墟遗址进行了15次发掘，共出土甲骨文约2.5万片。史语所集中了当时一大批著名学者，如顾颉刚、陈垣、徐中舒、岑仲勉、董作宾、李济、罗常培、刘半农等人，又培养出一批史坛新秀，如陈乐素、严耕望、陈述、丁声树等。该所开创了中国历史上集体研究学术的新形式。

4. 王国维、陈寅恪、陈垣与新考证学

新考证学是在继承中国传统史学特别是乾嘉史学考证传统的基础上发展起来的。之所以称为新考证学，是因为它受到了西方史学理论方法的影响。自19世纪末20世纪初、特别是五四新文化运动以来，在史学范围内，西方新学理被广泛输入中国，除进化论外，还有科学主义思潮、实证主义方法、历史演进法、逻辑方法、重视社会学和考据学成果的运用等。这些新学理，经由史学家之手，与中国传统学术（如乾嘉考据学派）相交融，成为民国时期新考据学派实证学风形成的重要因素。再者，20世纪初年四大新史料（殷墟甲骨文、汉晋简牍、敦煌文书、明清内阁大库档案）的发现，也为刚刚形成的新史学提供了丰富的一手资料，形成许多新的研究课题，从而有力地促进了新考证学的发展。

王国维（1877—1927）是新考证学派成就突出的史学家。他在20世纪初年以治文学、哲学为主，1912年以后，转向经史研究。王国维的史学研究方法以他在《古史新证》中所总结的"二重证据法"最为有名。《古史新证》是他在清华国学研究院所开课程的讲义。王国维在其中明确指出，他研究古史的方法是将充足的地上、地下资料结合起来互相印证。他不否认"古史辨派"的疑古思想，但又有所不同："其于怀疑之态度及批判之精神，不无可取；然惜于古史材料，未尝为充分之处理也。吾辈生于今日，幸于纸上之材料外，更得地下之新材料。由此种材料，我辈固得据以补正纸上之材料，亦得证明古书之某部分全为实录，即百家不雅驯之言亦不无表示一面之事实。此二重证据法，惟在今日始得为之。虽古书之未得证明者，不能加以否定，而其已得证明者，不能不加以肯定，可断言也。"[①]陈寅恪曾将王国维的治学方法概括为三条：第一，取地下之实物与纸上之遗文互相释证；第二，取异族之故书与

① 王国维：《古史新证》，谢维扬、房鑫亮主编：《王国维全集》第11卷，浙江教育出版社、广东教育出版社2009年版，第241—242页。

吾国之旧籍互相补证;第三,取外来之观念与固有之材料互相参证。从王国维的治史方法看,他的确做到了中西方法的会通,既以辩证、发展的观点强调有充足资料的互证,又承继传统的考据方法进行考辨,全面地反映了当时新史学的学术水平。

王国维的史学著作除收入《观堂集林》外,还有《国朝金文著录表》、《古史新证》以及与罗振玉合编的《流沙坠简》等。王国维古史成就首先表现在殷商世系研究方面。他写出了《殷卜辞中所见先公先王考》与《续考》,发现"王亥"、"王恒"为殷商先公先王,进而排出殷商世系,说明《史记》、《尚书》、《竹简纪年》等古史不能轻易否定。他对殷周制度也有卓识远见。在《殷周制度论》中,他指出:"中国政治与文化之变革,莫剧于殷周之际",并深刻地分析了殷周制度的变化。[①] 此外,王国维在古代都邑、郡县制度研究领域,在简牍、金文研究领域,在元史研究领域,都做出了重大学术贡献。

清华大学王观堂先生纪念碑铭

陈寅恪

海宁王先生自沉后二年,清华研究院同人咸怀思不能自已。其弟子受先生之陶冶煦育者有年,尤思有以永其念。佥曰,宜铭之贞珉,以昭示于无竟,因以刻石之词命寅恪,数辞不获已,谨举先生之志事,以普告天下后世。其词曰:

士之读书治学,盖将以脱心志于俗谛之桎梏,真理因得以发扬。思想而不自由,毋宁死耳。斯古今仁圣所同殉之精义,夫岂庸鄙之敢望。先生以一死见其独立自由之意志,非所论于一人之恩怨,一姓之兴亡。呜呼!树兹石于讲舍,系哀思而不忘。表哲人之奇节,诉真宰之茫茫。来世不可知者也。先生之著述,或有时而不章。先生之学说,或有时而可商。唯此独立之精神,自由之思想,历千万祀,与天壤而同久,共三光而永光。

(选自《金明馆丛稿二编》,三联书店 2001 年版,第 246 页)

陈寅恪(1890—1969)是 20 世纪学贯中西的史学家。他治学主张顺应时代潮流,曾说:"一时代之学术,必有其新材料与新问题。取用此材料,以研究问题,则为此时代学术之新潮流。"[②]陈寅恪的研究领域与王国维不同,王氏主

---

① 王国维:《殷周制度论》,《观堂集林》卷十,谢维扬、房鑫亮主编:《王国维全集》第 8 卷,浙江教育出版社、广东教育出版社 2009 年版,第 302 页。

② 陈寅恪:《金明馆丛稿二编》,上海古籍出版社 1980 年版,第 236 页。

攻的是上古史。在《元西域人华化考序》中，陈垣称陈寅恪的研究集中于“中古以降民族文化之史”。他的治学既采撷了近代西方学者所重视的语源学、比较研究、民族文化关系、因果关系等“外来观念”和方法，又与本国文献和乾嘉学者的考据方法结合起来；既善于钩稽史料、抉幽阐微，又有超出先辈的学术目光，在比较和联系中探索出一个历史时期带全局性的问题，从而把史学研究推向一个新境地。

1949年以前，陈寅恪的主要学术成就集中在魏晋南北朝隋唐史方面。他于1940年完成的《隋唐制度渊源略论稿》系统论述了隋唐各种制度的来源和演变。他于1941年完成的《唐代政治史述论稿》以大量史料分篇论述了唐代统治集团的形成与贵族集团的升降过程及其内在原因。这两部书是隋唐史研究的开山之作。他的授课记录《陈寅恪魏晋南北朝史讲演录》，从阶级关系、政治集团角度分析魏晋时期的政治状况，深受后世学者重视。

陈垣(1880—1971)是与陈寅恪齐名的学术大师，并称“南北二陈”。他在宗教史、元史、文献学等方面都有重要建树。在宗教史研究方面，陈垣于1917年撰成的《元也里可温教考》是元代基督教史研究的拓荒之作。继此之后，他先后发表了《开封一赐乐业教考》、《火祆教入中国考》、《摩尼教入中国考》等“古教四考”。抗战时期，他撰写了被称作“宗教三书”的《明季滇黔佛教考》、《清初僧诤记》、《南宋初河北新道教考》，以及《中国佛教史籍概论》等论著。在元史研究方面，陈垣于1924年发表《元西域人华化考》，对元代西域人接受儒学的过程进行了考证，受到中外学者称誉。他所著《沈刻元典章校补》、《元典章校补释例》，不但为元史学界提供了高质量的《元典章》校补本，而且为校勘学提供了范例。他在目录学、史源学、校勘学、避讳学、年代学研究方面均卓有成就，所著《元秘史译音用字考》、《二十史朔闰表》、《中西回史日历》、《史讳举例》、《通鉴胡注表微》，对推动中国历史文献学的发展起了重要作用。

三、马克思主义史学的崛起

十月革命的胜利和五四新文化运动推动了马克思主义在中国的传播。1919年，李大钊在《新青年》发表《我的马克思主义观》一文，详细阐述了“马克思独特的唯物史观”，这是中国人系统介绍唯物史观的开始。

从1920年起，李大钊开始运用唯物史观来指导历史研究。他不仅在北京大学等高等院校开设“唯物史观研究”、“史学思想史”、“史学要论”等课程，而且先后发表了《由经济上解释中国近代思想变动的原因》、《原人社会于文字书契上之唯物的反映》、《唯物史观在现代史学上的价值》、《史观》、《今与古》、《研究历史的任务》、《大英帝国主义者侵略中国史》、《马克思的中国民族革命观》等文章，并出版了史学专著《史学要论》。在这些论著中，李大钊认真阐释了唯物史观的基本原理，提出了唯物史观派的治史方法。李大钊的这些论著，为中国马克思主义史学的建立奠定了第一块基石。

20 年代末到 30 年代中期，马克思主义史学独立地登上了学术舞台。1927 年后，中国革命转入低潮。为了探索中国的出路，必须认清中国所处的社会阶段与社会性质，认清中国的历史与现状。1928 年 6 月，中共“六大”指出，现阶段中国是半殖民地半封建社会，革命性质是反帝反封建的资产阶级民主革命。这一论断遭到国民党学者陶希圣、周佛海等人与托派学者严灵峰、任曙、李季等人的强烈反对，于是革命的“中国社会科学家联盟”成员纷纷撰文反驳，从而就中国社会性质问题展开了激烈论争。经过讨论，马克思主义学者基本认同中国社会的半殖民地半封建主义性质，基本认清了帝国主义、封建主义、民族资本主义之间的关系及其在中国经济中所处的地位。

中国社会性质的论战，必然深入到中国历史的讨论才能认清问题，于是，论辩双方又围绕中国社会史问题展开了论战。《读书杂志》从 1931 年至 1933 年 4 月相继出版四辑《中国社会史的论战》专辑，使论战达到高潮。中国社会史论战主要围绕以下三个问题展开。一是关于亚细亚生产方式问题。二是关于中国历史上有没有奴隶制问题。三是关于中国社会性质问题。这场论战不仅解决了长期困扰中国革命的许多现实问题，而且催生了马克思主义史学。通过论战，在马克思主义的指导下，解决了中国古史、近现代史上许多根本性的理论问题；同时，锻炼和培养了马克思主义史学队伍，参加讨论的郭沫若、吕振羽、何干之、翦伯赞等都成为著名马克思主义史学家。

郭沫若是 20 世纪著名的史学家和文学家，马克思主义史学的奠基人之一。他从 20 年代初期开始学习马克思主义。1927 年北伐战争失败后，他流亡日本，开始把史学研究看做是革命事业的重要组成部分。在社会史论战中，郭沫若发表了《〈周易〉的时代背景与精神生产》、《〈诗〉〈书〉时代的社会变革与其思想上的反映》、《中国社会之历史的发展阶段》、《卜辞中之古代社会》、《周代彝铭中的社会史观》等，把唯物史观贯彻到史学研究中，取金文、甲骨文与文献进行互证，根据物质资料的生产方式来阐明古代历史，把鸦片战争以前的中国历史分为原始社会、奴隶社会、封建社会。这些论文结集成《中国古代社会研究》，1930 年在上海出版。这部著作创造出一个唯物史观的中国古代文化

《中国古代社会研究》

体系，证明了在当时的历史条件下，中国社会只有走马克思主义所指明的道路，舍此别无他途。由此不难看出，郭沫若及其《中国古代社会研究》在马克思主义史学史上的地位。郭沫若《中国古代社会研究》的出版，标志着中国马克思主义史学的形成。

吕振羽(1900—1980)也是一位成就卓著的马克思主义史学家。他早期的史学代表作有《史前期中国社会研究》、《殷周时代的中国社会》、《中国政治思想史》。《史前期中国社会研究》出版于中国社会史论战高潮之际，其目的一是要批评否认上古史的疑古派，二是要批评歪曲中国社会性质的“新生命派”和“动力派”。该书认为，尧舜时代为“母系氏族社会”、夏代为“父系本位的氏族社会”，从而填补了中国原始社会史研究的空白。吕振羽对殷代奴隶制的研究成果，对中国历史研究产生了较大影响。《殷周时代的中国社会》出版于 1936 年，该书以马克思主义为指导，先从殷代社会“经济的诸构造”来分析殷的社会性质，说明殷代存在私有制，已产生国家制度，力图证明殷代是具有东方特点的“亚细亚”的奴隶制。这两部书对于马克思主义史学在中国的形成起了重要作用。

20 世纪 40 年代，是马克思主义史学在中国深入发展的十年，形成了区别于其他各种史学流派的基本框架，并逐步走向成熟。

毛泽东虽不是专门从事学术研究的史学家，但他从 30 年代末至 40 年代初发表的一系列有关学习历史遗产、研究历史与现状的重要讲话，对于中国马克思主义史学的发展具有巨大推动作用。1938 年，毛泽东在《中国共产党在民族战争中的地位》一文中明确提出研究历史的目的和意义：“学习历史的遗产，用马克思主义的方法给以批判的总结，是我们学习的另一任务。……今天的中国是历史的中国的一个发展，我们是马克思主义的历史主义者，我们不应当割断历史。从孔夫子到孙中山，我们应当给以总结，承继这一份珍贵的遗产。”接着，他在1939年发表的《中国革命和中国共产党》一文中简明扼要地叙述了中华民族的历史，总结了封建社会的主要矛盾是农民阶级和地主阶级的矛盾，农民起义和农民战争是历史发展的真正动力，并对近百年的中国社会做出了科学的分析。1941年，毛泽东在《改造我们的学习》中又指出：“不注重历史研究”，是“极坏的作风”，批评党内对“鸦片战争以来的中国近百年史，真正懂得的很少”，因此，他号召：“凭客观存在的事实，详细地占有材料，以马克思列宁主义一般原理的指导下，从这些材料中引出正确的结论。”“对于近百年的中国史，应聚集人才，分工合作地去做，克服无组织状态。应先作经济史、政治史、军事史、文化史部门的分析的研究，然后才有可能作综合的研究。”

这一时期，马克思主义史学家撰写出了一批通史性著作。1941年，吕振羽最先出版了《简明中国通史》上册，1944年又写成下册，下限到鸦片战争。这部通史的写法与以前的通史著作不同，以人民为主体，兼顾各个民族，把中国史作为一个发展的过程来把握。该书是最早尝试运用唯物史观编写的中国通史，作者提出的一些编写中国通史的基本原则，积极推动了中国马克思主义史学的发展。范文澜自1940年8月至1941年底，在集体编写的基础上，独自完成了《中国通史简编》上册（五代以前）和中册（宋代至鸦片战争），分别于1941年、1940年正式出版。这两本书运用历史唯物主义的观点和方法给中国古代史划出了一个基本轮廓，着重说明：中国古代社会的发展规律，与世界上其他民族一样，曾经历了原始公社制社会、奴隶社会和封建社会诸阶段，并无亚细亚特殊之说；在明、清时期，中国资本主义的萌芽是存在的，但远不曾发展到足以破坏封建社会的程度。为了把古代史与近代史联结起来，形成真正意义上的通史，范文澜继《中国通史简编》上册、中册之后，于1946年出版了《中国近代史》（上册），时间断限起自鸦片战争止于义和团运动。该书既是范文澜中国通史著述的重要组成部分，又奠定了中国近代史研究的基本格局。这两部通史，代表了40年代中国马克思主义史学通史编写的最高水平，为此后通史的撰写奠定了基础。

这一时期，马克思主义社会史研究也取得了丰硕成果。1938年，何干之出版了《中国社会史问题论战》一书，对论战进行了认真总结。进入40年代，邓初民先后写出了《社会史简明教程》、《中国社会史教程》，把中国社会进化分为原始共产主义社会、古代社会、封建社会、资本主义社会各阶段，在体系上把人类的主要社会生活分为经济的、政治的、精神的意识形态三方面,以探求各个发展阶段的特点。此外,1942 年,吕振羽出版了《中国社会史诸问题》一书。1943 年,侯外庐写了《中国古典社会史论》。他们先后对社会史论战进行了重新审视,从学术上深化了中国古代社会史研究。

进入 40 年代,马克思主义史学在中国思想文化史研究领域也取得了突破。其代表人物是侯外庐(1903—1987)。侯外庐先后撰写了《中国古代思想学说史》(1944 年)、《中国近世思想学说史》(1946 年)、《中国思想通史》第 1 卷(1949 年)等著作。《中国古代思想学说史》起于殷代,止于战国,是一部先秦思想史专著。《中国近世思想学说史》是以马克思主义史学观点为指导研究 17—20 世纪初思想史的拓荒之作。他与杜国庠、赵继彬合写的《中国思想通史》第 1 卷于 1949 出版,第 2、3 卷也于 1949 年前定稿,与 1949 年之后完成的第 4、5 卷,共同形成了一个比较完整的学术体系。此外,郭沫若的《青铜时代》和《十批判书》(1945 年)、何干之的《近代中国启蒙运动史》(1938 年)、《三民主义研究》(1941 年),杜国庠的《先秦诸子思想概要》(1944 年)等,也是这一方面的重要成果。

1949 年以后,马克思主义史学逐步确立在全国的支配地位。不论是来自延安还是国统区的马克思主义史学家走上学术舞台的中心,成为各大学、学术机构和学术刊物的领导者,代表了史学研究的主流。1951 年 7 月,中国史学研究会正式成立,马克思主义史学家郭沫若任主席,吴玉章、范文澜任副主席。1949 年制订的《中国新史学研究会暂行简章》规定:“学习并运用历史唯物主义的观点和方法,批判各种旧历史观,并养成史学工作者实事求是的作风,以从事新史学的建设工作。”在 50 年代初的知识分子学习和思想改造运动中,包括陈垣、顾颉刚等在内的史学家,深刻检讨唯心史观的错误,认真学习马克思主义,接受了唯物史观。马克思主义在史学研究中指导地位的确立,推动了史学工作者重新审视中国的历史进程。史学界试图运用唯物史观全面解释中国历史发展的规律和动力等理论问题,围绕中国古史分期问题、封建土地所有制问题、农民战争问题等相继展开大讨论,出现了“百家争鸣”的景象。马克思主义史学在中国空前活跃起来。

第二节 文学艺术

文学艺术是中国文化的重要组成部分。19 世纪中期以后,除小说、戏剧外，中国传统的文学艺术基本处于衰落态势。受西方文化的影响，中国的文学艺术从内容到形式逐渐发生了变化，出现了新的文学艺术门类、形态和潮流。

一、文学

文学是语言的艺术，它用语言、文字塑造艺术形象以反映社会生活。近代文学约以戊戌变法为界，此前，古典文学处于主流；此后，西方文学大量传入，近代新文学逐渐成长起来。

（一）传统文学的缓慢发展

清政府对小说始终采取限制政策。这种政策一直延续到鸦片战争以后。如1868年，江苏巡抚丁日昌两次奏请禁书，其数量多达269种。《红楼梦》、《水浒传》、《西厢记》、《今古奇观》等皆在毁版、禁售之列。因之，有人把《红楼梦》与《狂人日记》之间的这段时间称作中国小说创作的“低谷时期”。

鸦片战争至戊戌变法的几十年间，小说创作大体可分为四类，包括“禁心”之作、侠义小说与公案小说、狭邪小说、文言笔记小说。

19世纪中期以后，清政府为了维护纲常名教，鼓励“禁心”之作的刊行。俞万春的《荡寇志》是此类小说的代表。

俞万春（1794—1849），字仲华，浙江山阴人。他主张“尊王灭寇”，极端仇视农民起义，道光年间多次参加镇压农民起义。为了抵制《水浒传》的传播，瓦解农民的反抗意识，他创作了《荡寇志》。该书刊行于1853年，凡70回，讲述的是如何把水浒中的人物一一铲尽荡平的故事，当时受到士大夫的吹捧。1860年，太平军攻入苏州，将该书毁版。

侠义小说和公案小说广为流行。这方面的代表作有《三侠五义》、《七剑十八侠》、《儿女英雄传》、《彭公案》、《刘公案》等。它们反映了下层民众备受压迫，却哭诉无门，渴望出现除暴安良的侠士和清官的强烈意愿。特别是由于西方列强入侵、农民起义不断，一些有识之士感受到社会秩序的严重混乱，期望民间更多的“能人侠士”与“清官”联手，拯救危机，从而达到“致君泽民”的目的，于是出现了侠义小说和公案小说合流的现象。鲁迅曾经评价说：“《三侠五义》为市井细民写心，乃似较有《水浒》余韵，然亦仅其外貌，而非精神。”[①]

狭邪小说也广为传播。由于清代官府禁止官吏狎妓宿娼，于是有人转而狎伶，形成一时“变态恋”之风。这种变态“恋情”不是生理学、心理学基础上的

---

① 鲁迅：《中国小说史略》，《鲁迅全集》第九卷，人民文学出版社2005年版，第287页。

“同性恋”，而是一种畸形、不健康的社会现象。如《品花宝鉴》中的不少人物就真实存在。该书作者试图用情的“正”与“淫”来区别人物的善恶。行文狎亵，故事龌龊无聊。此类书稍具影响的还有《花月痕》、《青楼梦》、《海上花列传》等。这些小说是道咸以后中国社会风气恶化的反映。

“国家不幸诗人幸，话到沧桑句便工。”19世纪中期的诗歌与散文，具有强烈的批判现实主义倾向。鸦片战争前，敏感的文人就写出了不少“伤怀忧时”诗，表现出很强的忧患意识。如张际亮、鲁一同、龚自珍等人的诗作。战后，他们“目击疮痍、慷慨悲歌，几于一字一泪”①。从鸦片战争到中日甲午战争的几十年间，涌现出了无数伤怀感时、走笔奔放、歌颂英雄、抨击投降主义、批判腐败政治的写实作品。

咸同年间，宋诗运动兴盛。宋诗派多是博学之士，其诗歌特色是提倡宋代的“学人之诗”和奥衍峭拔的诗词风格。程恩泽、何绍基、曾国藩、郑珍、莫友芝是宋诗派的代表人物。

近代早期散文的代表人物是龚自珍。他的散文既没有桐城派古文的迂拘，又不像文选派散文的偶丽，也不是考据学派的拙朴，而是自成一体，呈现一种汪洋恣肆、豪放跌宕的文风。戊戌维新之前，散文写作稍许融入了西方文化的因子。比较有影响的是冯桂芬《校邠庐抗议》、容闳《西学东渐记》、薛福成《筹洋刍议》、郑观应《盛世危言》等，它们在内容上显示出新的时代气息。

桐城派的散文兴起于清代中叶，晚清时期继续统领文坛。嘉道之际，姚鼐的四大弟子梅曾亮、管同、方东树、姚莹，声名显赫。到曾国藩，桐城派古文处中兴之势。曾国藩主张以义理经济“发为文章”，既强化了桐城派“文贵载道”的特点，又弥补了桐城派古文内容空疏的缺点。曾国藩的弟子较知名者有吴汝纶、张裕钊、黎庶昌、薛福成等。他们的文章特点是要而不繁、讲求气势。

总之，戊戌维新之前，中国文学虽然在内容上出现一些新的因素，但形式一如其旧，仍然处于中国传统文学的延续时期。

（二）近代新文学的发轫

近代文学肇端于戊戌维新。其中，诗歌最先感受到时代变迁和西方文化的影响。

维新运动之初，夏曾佑、梁启超以新名词和俚语入诗，颇具新风。梁启超回忆说：“穗卿和我都是从小治乾嘉派考证学有相当素养的人，到我们在一块

① 林昌彝：《射鹰楼诗话》，上海古籍出版社1988年版，第18页。

儿的时候，我们对于从前所学生极大的反动，不惟厌他，而且恨他。穗卿诗里头‘冥冥兰陵门，万鬼头如蚁。质多举只手，阳乌为之死。’‘兰陵’指的是荀卿。‘质多’是佛典上魔鬼的译名——或者即基督教经典里头的‘撒但’。‘阳乌’即太阳——日中有乌是相传的神话。清儒所做的汉学，自命为‘荀学’。我们要把当时垄断学界的汉学打倒，便用‘擒贼擒王’的手段去打他们的老祖宗——荀子。到底打倒没有呢？且不管，但我刚才说过，我们吵到没有得吵的时候，便算问题解决。我们主观上认为已经打倒了。‘袒裼往暴之，一击类执豕。酒酣掷杯起，跌宕笑相视，颇谓宙合间，只此足欢喜。’这是我们合奏的革命成功凯歌。读起来可以想起当时我们狂到怎么样，也可以想见我们精神解放后所得的愉快怎么样。”[①]至晚在1894—1895年间，梁启超、夏曾佑、谭嗣同就开始写新体诗。对于什么是新体诗，康有为认为，“新世瑰奇异境生，更搜欧亚造新声”，也就是意境和语言的“新”很重要[②]。梁启超则说：“欲为诗界之哥伦布、玛赛朗，不可不备三长。第一要新意境，第二要新语句，而又须以古人之风格入之，然后成其为诗。”[③]比较起来，梁启超重视中国诗词的传统，不能不说是创新的正确方向。但在创作实践中，维新派谁都没有注意到西方文学的各种体裁和形式，而是急功近利地引进“欧亚”新思想、新名词、新意境，将这些融入旧格律，以为这样就是新诗，就是“诗界革命”了。为了求新，他们不惜堆砌俚语、制造新名词，甚至直接用外语造词，结果写出来的诗歌很难让人看懂，难以达到宣传的目的。

在诗界革命中最有成绩的是黄遵宪。他主张“我手写吾口”，提倡以流俗语入诗，实现了“能熔铸新理想以入旧风格”的目的。黄遵宪写了大量叙事诗，反映了国际风云变幻和异国的新鲜事物，加上民间口头文学的滋养，极大丰富了诗歌的艺术表现力[④]。他不仅被维新派“推为大家”，连同光体诗人也赞不绝口。陈三立说他“驰域外之观，写心上之语，才思横溢，风格浑转，出其余技，乃近大家。此之谓天下健者”。

近代小说是在西方翻译文学基础上形成并发展起来的。“自西风东渐以

---

① 梁启超：《亡友夏穗卿先生》，《饮冰室合集》文集之四十四上，中华书局1989年版，第21页。

② 康有为：《与菽园论诗兼寄任公、孺博、曼宣》，《康有为政论集》上册，中华书局1981年版，第643页。

③ 梁启超：《夏威夷游记》，《饮冰室合集》专集之二十二，第189页。

④ “明窗敞流离，高炉爇香烟。左陈端溪砚，右列薛涛笺。我手写吾口，古岂能拘牵。即今流俗语，我若登简编。五千年后人，惊为古斓斑。”黄遵宪：《杂感》，《人境庐诗草》卷一，陈铮编：《黄遵宪全集》上册，中华书局2005年版，第75页。

来，一切政治习尚，自顾皆成锢陋，乃不得不舍此短以从彼长，则固以译书为引渡新风之始也。”[①]戊戌维新前后，翻译西方文学之风逐渐形成。

最早的一部翻译小说是《昕夕闲谈》，出版于1872年。当时的影响并不大。1898年底，梁启超在《清议报》发表《译印政治小说序》，遂形成颇具规模的翻译之风。20世纪初编辑成册的翻译小说在1000种以上。翻译文学大大超过创作文学，几乎占到总数量的三分之二。1907年，商务印书馆、小说林社、新世界小说社、广智书局等15家出版社共计发行122种小说，其中，原创的43种，翻译小说79种。《巴黎茶花女遗事》、《一千零一夜》（另译《天方夜谭》）、《黑奴吁天录》、《绝岛漂流记》、《福尔摩斯再生案》、《撒克逊劫后英雄略》、《几道山恩仇记》、《拜伦诗选》等一大批欧美文学名著都被翻译进来，给中国文坛带来很大震动。当时的翻译手法主要有两种，一种是以鲁迅兄弟为代表的“直译文言”，另一种以林纾为代表的“意译文言”。后者的影响更为深远。

1902年以后，新小说勃兴。

鲁迅指出：“光绪庚子后，谴责小说之出特盛。盖嘉庆以来，虽屡平内乱，亦屡挫于外敌，细民暗昧，尚啜茗听平逆武功，有识者则已翻然思改革，凭敌忾之心，呼维新与爱国，而于富强尤致意焉。戊戌变政既不成，越二年即庚子岁而有义和团之变，群乃知政府不足与图治，顿有掊击之意矣。其在小说，则揭发伏藏显其弊恶，而于时政，严加纠弹，或更扩充，并及风俗。”[②]这一时期的新小说被他称为谴责小说。尽管它还没挣脱传统章回体的束缚，但所涉及内容却从帝王将相、才子佳人转移到社会生活各方面，现实中的各类人物也多有反映。同时，谴责小说的描写手法也明显接受了西方文学影响。此类小说的主要作品是《官场现形记》、《二十年目睹之怪现状》、《老残游记》和《孽海花》。

李宝嘉（1867—1907），字伯元，别号南亭亭长，江苏武进人。清末小说家。曾在上海开办《指南报》、《游戏报》、《海上繁华报》、《绣像小说》。他撰写的《官场现形记》以讽刺的手法、戏剧化的语言，深刻揭露了社会的腐朽与黑暗。

吴沃尧（1866—1910），字趼人，自署“我佛山人”，广东南海人。清末小说家。在上海编辑《月月小说》。他写的《二十年目睹之怪现状》以“九死一生”主人公，串写各章回故事，暴露官场、商场、洋场各种丑恶。其思想倾向于社会改良。

---

① 世：《小说风尚之进步以翻译说部为风气之先》，《中外小说林》第4期，1908年。

② 鲁迅：《中国小说史略》，《鲁迅全集》第九卷，人民文学出版社2005年版，第291页。

刘鹗(1857—1909),字铁云,别署“洪都百炼生”,江苏丹徒人。他注重实学,关心现实,喜欢收藏甲骨,著有《铁云藏龟》。他所写的《老残游记》以江湖医生铁英(号老残)游历途中所见、所闻、所行为主线,重在揭露贪官酷吏的罪恶,批判现实社会的黑暗,反映清末民不聊生的社会现状。

曾朴(1872—1935),字孟朴,笔名“东亚病夫”,江苏常熟人。光绪举人,近代小说家。他曾经参加过张謇的预备立宪公会,主张改良。他的《孽海花》以妓女为线索,描写官僚、文人的日常活动,全书涉及 273 个人物,规模十分宏大。

与此同时,政治小说也很盛行。作者通常把自己的政治理想贯穿其中,视小说为改造社会的良药,创作时甚至不惜违背史实。代表性作品是《洪秀全演义》、《新中国未来记》、《立宪魂》、《女子权》、《卢梭魂》等。政治小说艺术性不强,很少传世之作。

(三)文学革命与革命文学

五四时期的文学革命伴随思想革命而产生。文学革命高张民主与科学的大旗,提倡白话文,提倡写实主义,反映社会生活,从而竖立起古典文学与现代文学的界标。

1917 年 1 月,胡适在《新青年》发表《文学改良刍议》,系统阐述了其文学改良的主张,此举立即得到陈独秀、刘半农、钱玄同等人的赞同和呼应。2 月,陈独秀发表《文学革命论》,提出要革新政治,改造社会,必须革新文学。同年 5 月,刘半农发表《我之文学改良观》,主张打破“崇拜旧时文体之迷信”,更新文学形式。钱玄同在致《新青年》的信中,从语言文字进化的角度,进一步说明白话文取代文言文势在必行,提出打倒“选学妖孽,桐城谬种”。1918 年 4 月,胡适在《建设的革命文学论》文中又提出了“国语的文学,文学的国语”的口号。文学革命的倡导者注重利用新的文学理念进行文学创作,通过小说、诗歌、散文、戏剧等文体实践理论,同时努力建构以白话文为语言基础的“人的文学”。

随着五四新文化的热潮逐渐退去,由于价值取向的差异,五四文学革命所开创的新文学观念逐渐发生新的分化,不仅新文学运动中产生的诸多社团、流派在文学观上不尽相同,即使在同一社团和流派的内部,意见也大相径庭。文学革命运动中的一批激进者要求新文学必须反映时代的风貌,突出“阶级解放”的意识,特别是描绘和表现已经觉醒的无产阶级的斗争生活和革命精神。在这种情况下,文学“为社会”、“为民族”、“为国家”的声音逐渐高涨,而五四新文学中"个性解放"的主题则不断淡化甚至被消解。

1923年,邓中夏、恽代英、肖楚女、沈泽民提出"革命文学"的口号。沈泽民说:"所谓革命的文学,并非是充满手枪和炸弹这一类名辞,并非如像《小说月报》所揭为标语的血与泪","革命,在文艺中是一个作者底气概的问题和作者底立脚点的问题"①。恽代英在《文学与革命》中指出:"要先有革命的感情,才会有革命文学"。他们要求作家和文艺青年关心社会现实,接近劳苦大众,"到民间去","从事革命的实际活动"。"倘若你希望做一个革命文学家,你第一件事是要投身于革命事业,培养你的革命的感情。"②

新文学刊物

南京国民政府建立之后,一批国民革命时期的文化宣传工作者陆续聚集到上海,以创造社、太阳社两大文学团体为主,以《创造月刊》、《文化批判》、《太阳月刊》等杂志为阵地,发起了一个"无产阶级革命文学运动",力图创造一种以"无产阶级阶级意识"为指导,为完成无产阶级历史使命服务的"革命文学"。他们发表了一系列理论文章,从不同角度阐述了无产阶级革命文学的性质、基本要求、题材、内容以及形式等诸问题,要求文学必须以无产阶级的意识为意识,描写和反映无产阶级的生活和理想。

这段时期,中国形成不少文学派别,如乡土派、社会剖析派、京派海派、山药蛋派、新月派等等。这些文学派别往往聚集数人至数十人,标新立异,张扬个性,带有鲜明的政治倾向。其中,左派文艺家主张文学为革命事业服务,认为文学有阶级性,坚持中国文学要为工农大众服务。沈雁冰、周作人等人发起

① 沈泽民:《我们需要怎样的文艺》,《民国日报·觉悟副刊》,1924年4月28日。

② 恽代英:《文学与革命》,《中国青年》第31期,1924年5月17日。

了“文学研究会”，提出“为人生而文学”的主张，他们更强调文学的现实意义。鲁迅说，文学“必须是‘为人生’，而且要改良这人生”。张恨水为代表的“鸳鸯蝴蝶派”则坚持文学是作为消遣而存在的艺术形式，注重文学的娱乐意义。此后，左派文学占据上风。中国文学形成了无产阶级的、革命的、大众的文学特点。

再别康桥

徐志摩

轻轻的我走了，
正如我轻轻的来；
我轻轻的招手，
作别西天的云彩。
那河畔的金柳，
是夕阳中的新娘；
波光里的艳影，
在我的心头荡漾。
软泥生的青荇，
油油的在水底招摇：
在康河的柔波里，
我甘心做一条水草！
那榆荫下的一潭，
不是清泉，是天上虹，
揉碎在浮藻间，
沉淀着彩虹似的梦。
寻梦？撑一只长篙，
向青草更青处漫溯，
满载一船星辉，
在星辉斑斓里放歌。
但我不能放歌，
悄悄是别离的笙箫；
夏虫也为我沉默，
沉默是今晚的康桥！

悄悄的我走了，
正如我悄悄的来；
我挥一挥衣袖，
不带走一片云彩。
（选自《新月》第1卷第10号，1928年12月10日）

20世纪30年代，受国际上无产阶级普罗文学影响，中国左翼文学运动开展起来。

左翼文学运动上承文学革命下启社会主义新文学，是中国近代文学繁荣、鼎盛的标志。它的重要特征是具有鲜明的政治自觉和阶级意识，主张表现阶级斗争、集体主义等重大文学主题。左翼作家自觉地把文学创作与祖国被压迫人们的命运、与世界被压迫人们的命运联系在一起，反映出强烈的人民性、世界性和时代性。他们的创作风格充满激情与豪放，突出革命，有宏大叙事的思想倾向。

左翼作家以苏联的文艺理论为基石构建了"立足于时代并批判之"的优秀文学理论，深刻影响了中国文学的发展。他们推进了中国文学与世界文学的联系，加快了文艺大众化的步伐。他们创作出一大批反映时代风云和现实斗争的优秀作品，成为民国文学宝库中重要的组成部分。其中，鲁迅的杂文，茅盾、蒋光慈的小说，蒋光慈、殷夫的诗歌，田汉、夏衍的话剧，成为这一时期文学的典型代表。《新梦》、《丽莎的哀怨》、《莎菲女士的日记》、《蚀》、《子夜》等则是这一时期文学的代表作。

抗战文学和解放区文学在民国时期占有重要一席。1938年，中华全国文艺界抗敌协会成立，号召全国各地文学工作者结成最广泛的统一战线。这一时期的民族危难把作家的个人命运与祖国命运紧紧联系到一起，救亡主题凸显，表现出文学艺术家强烈的民族责任感。战争进入相持阶段以后，战事愈形残酷，抗战文学的主题遂由鲜明的爱国主义、革命英雄主义转向凝重与博大。郭沫若、茅盾、艾青、巴金、老舍、曹禺、夏衍等是这一时期作家的典型代表。

解放区文学呈现出朝气蓬勃的面貌。大批文艺工作者涌向延安，使这里成为抗战文艺的另一个中心。为了解决革命文学中长期存在的一些认识问题，毛泽东发表了《在延安文艺座谈会上的讲话》，着重解释了"为群众"和如何"为群众"的问题，要求文艺工作者"深入工农兵群众，深入实际斗争"，从而为解放区文学的繁荣奠定了基础理论。光未然、赵树理、周立波、丁玲、柳青、马烽、孙犁、李季、刘白羽等一批红色作家，用现实主义创作手法表现工农兵、表现人民群众，讴歌解放区抗敌斗争生活。他们努力使自己的创作达到鲜明的思想倾向性与艺术真实性统一起来，为现实主义文学的发展提供了有益经验，对中国现代文学起到重要的影响作用。

1949年以后，描写火热斗争、描写广大工农兵群众生活一直是文艺工作者的主导思想。文学创作的主要队伍源于两支，即民国时期的解放区作家和国统区作家。前者延续了以往的创作风格和水平，成为文学创作的核心力量。来自国统区的作家由于政治制度转变导致原有的创作发生一定断裂，艺术成就未能超越以往的巅峰。这些作家努力适应新时代，改造思想，创作出了一批有影响的作品，如老舍的《龙须沟》、《茶馆》，郭沫若的《蔡文姬》，田汉的《关汉卿》等。50年代初，强调文学服从政治斗争需要，文学为人民服务，成为文学创作的主要特征。

总之，从19世纪前期到20世纪中叶这一百多年间，中国近代文学逐渐兴起，并形成了自己的风格，结下了累累硕果，在中国文化史上占据着突出地位。

二、艺术

中国艺术源远流长，门类众多。近代以来，绘画、书法、雕塑、舞蹈等均取得一定进展。

杨柳青年画：《士农工商》

由于篇幅所限，这里只能就戏剧、学堂乐歌、电影艺术三个门类进行简单介绍。

(一)戏剧

呈现于舞台的艺术形式统称为舞台剧。以表现形式而言,它们又可分为歌剧、舞剧、话剧等类型。中国古代的舞台剧以戏曲为主。先秦的傩戏是中国戏剧的源头。汉代的“角抵戏”、唐代的“参军戏”已有了较完备的戏剧元素。宋代城市经济繁荣,“瓦舍”、“勾栏”比比皆是,杂剧应运而生。元代杂剧较为繁荣。明清时期,昆曲艺术逐渐成熟,《牡丹亭》、《长生殿》、《西厢记》、《桃花扇》是其杰出剧目的代表。晚清时期,徽班进京,徽调与皮黄合流,形成京剧艺术并迅速走红,成为流行南北的戏曲形式。

话剧、歌剧、舞剧等剧种是20世纪以后受西方文化影响发展起来的。

话剧是近代西方艺术传输的典型代表。话剧中的对话是经过提炼加工的口语,自然、精炼、生动、优美,既富有表现力,又通俗易懂。较之中国传统戏剧,话剧的表演形式灵活,内容贴近生活。

1907年,李叔同、曾孝谷等留日学生创立“春柳社”,是为中国话剧社团之始。欧阳予倩、吴我尊、马绛士、谢抗白、陆镜若等人先后入社。同年,春柳社在东京上演《茶花女》和曾孝谷根据美国小说改编的《黑奴吁天录》,这是中国较早的话剧演出。后者也是中国话剧演出的第一个剧本。春柳社成员主张借话剧形式改良中国艺术,匡时济世。话剧声形并茂,即使目不识丁的平民百姓也能欣赏,因而弥补了报刊宣传的不足,同时,它的舞台效果又明显优于有声无形的演说及有形无声的图画。1912年春,陆镜若邀欧阳予倩、吴我尊、马绛士成立了“新剧同志会”。1912—1915年,“新剧同志会”以上海为基地,先后在常州、苏州、无锡、长沙、杭州一带巡回演出,继续通过演艺的形式宣传新思想、新观念。他们演出的保留剧目有《家庭恩怨记》、《不如归》、《猛回头》、《社会钟》等。春柳社积极推动了中国话剧的发展。

五四运动后,欧洲戏剧传入中国,中国现代话剧兴起,时称“爱美剧”或“白话剧”。1928年,洪深提议将此种表演形式定名为话剧。30年代,左翼戏剧运动兴起,成为左翼文学运动重要的组成部分。它提倡“戏剧的大众化”,主张“广场戏剧”,以此来宣传、教育民众。

抗战以后,无论国统区还是解放区,戏剧的平民化、大众化不断深入,街头剧、活报剧、新秧歌,歌剧、地方戏十分盛行。这些演出形式成为宣传抗日斗争、宣传民主制度、进行思想启蒙的有力武器,后一直延续到新民主主义文化的终结时期。

(二)学堂乐歌

中国音乐历史悠久。河南舞阳贾湖村、浙江余姚河姆渡发掘出的骨笛和古哨,距今已有七八千年以上的历史。鸦片战争以后,随着西方文化的传入,教会音乐、五线谱、乐理知识、风琴钢琴等在中国传播开来。1898年,康有为在《请开学校折》中提出把"歌乐"列为学校教育的普通课程。变法失败后,梁启超在日本鼓吹现代音乐教育。他说:"今日不从事教育则已,苟从事教育,则唱歌一科,实为学校中万不可阙者。"①

20世纪初年,一些新音乐家开始吸收西乐之长,创作具有时代感、思想内容丰富的新音乐,并主张用音乐改造国家、改造国民性。匪石说:"当博采东西乐经,以为中乐革新之先导。"曾志忞指出,"一方面要提倡中国的古乐,藉以保存固有的国粹;一方面旁采西洋的新乐,藉以吸收外国的文明,融会贯通。"梁启超说得更为具体:"今日欲为中国制乐,似不必全用西谱。若能参酌吾国雅、剧、俚三者而调和取裁之,以成祖国一种固有之乐声,亦快事也。将来所有诸乐用西谱者十而六七,用国谱者十而三四,夫亦不交病焉矣。"②无疑,古为今用,洋为中用,这是中国音乐发展的正确方向。

20世纪初年,新式学堂开设乐歌课在普通教育中很常见。这种以学堂为场所、以学生为主要歌唱者的音乐,被统称为"学堂乐歌"。学堂乐歌参与创作的人数众多,其中的佼佼者有曾志忞、沈心工、李叔同等人,作品数量多达1300首以上。学堂乐歌是新式学堂中兴起的一种歌唱文化。时间可上溯到19世纪末,至20世纪20年代前后衰落。

学堂乐歌作为新音乐形式是从日本传入的。中国留日学生中产生出最早一批音乐人,他们在日本组成各种音乐团体,倡导并创作新音乐。1902年,沈心工创作了《男儿第一志气高》,是为近代新音乐产生的标志。1903年,南洋公学附小创设"唱歌课",这是小学堂开设歌乐之始。李叔同回忆说,当时"学唱歌者,音阶半通,即高唱'男儿第一志气高'之歌;学风琴者,手法未谙,即手弹'5566553'之曲。"③同样广为传唱的还有李叔同用民乐曲调"老八板"填写的《祖国歌》。歌词深情地赞美祖国的古老文化,颂扬国民的进取精神。该歌曲发表后,不胫而走,成为各地学校的唱歌课样本。

① 梁启超:《饮冰室诗话》,《饮冰室合集》文集之四十五,第62页。

② 梁启超:《饮冰室诗话》,《饮冰室合集》文集之四十五,第51页。

③ 李叔同:《昨非录(一)》,载《音乐小杂志》第1期,1906年2月。

学堂乐歌创作主题寓有强烈的爱国主义。它所表现的思想内容与近代中国反对列强侵略、追求国家独立富强的时代课题相一致。在国家民族灾难深重的时代，深情地歌颂祖国，成为人们藉以抒发爱国情操的有力手段。这是学堂乐歌之所以流传甚广、家喻户晓的根本原因。在艺术手法上，学堂乐歌采用外来曲调直接填词而成。从现存歌曲来看，曲调多来自日本和欧美的通俗歌曲。如，《中国男儿》选用的是日本《宿舍里的旧吊桶》；《送别》采用的是美国歌曲《梦想家和母亲》的曲调。多数学堂乐歌是浅显易唱的单声部、齐唱歌曲，这也是学堂乐歌广为传唱的又一原因。20 世纪初，中国人热衷于鼓吹尚武精神，于是，进行曲式、节奏感强烈、雄壮有力的军歌数量最多。沈心工创作的《革命军》，以当时的日本军歌《勇敢的水兵》曲调填写而成，它带有日本歌曲中商调式、附点音符连续出现、节奏感极强的特点，在鼓舞士气、激励民族精神中发挥了积极的作用。李叔同填词的《送别》，文辞秀丽，音乐形象异常鲜明生动，其词其曲和谐到天衣无缝的程度，可以视作学堂乐歌的经典。

20 世纪初年，用民歌曲调填词的学堂乐歌虽然数量不多，但具有一定影响力。除《祖国歌》之外，琵琶曲《思春》被填写成《文明婚》，民歌《凤阳调》改写成反映茶农生活的《采茶歌》，《孟姜女》改写成《缠足苦》，这些都在教育民众中起到了积极的作用。

（三）电影艺术

电影是普通民众喜闻乐见的艺术形式。从它诞生之日，就成为最大众化、平民化的一种艺术，普及化程度颇高。1905 年，《定军山》拍摄成功，是中国电影艺术诞生之元年。

《定军山》由任庆泰导演，刘仲伦摄影，谭鑫培主演。任庆泰是北京丰泰照相馆的老板，他购买了一架法国制造的木壳手摇摄影机和若干胶片，开始了早期中国电影的创作。谭鑫培艺名“小叫天”，是著名的京剧表演艺术家，擅长演老生，如《定军山》的黄忠、《战太平》的花云、《阳平关》的赵云、《战长沙》的关羽等。《定军山》剧情取材于《三国演义》蜀魏用兵的故事。有人回忆当年拍摄时的场景说：当时“廊子下借着两根大红圆柱，挂上一块白色布幔。屋内成了谭老板临时起居的地方，他的跟包、琴师、敲锣鼓家伙的，都来了。屋外院子里，那架号称‘活动箱子’的摄影机，摆在了靠前院后墙边。由照相技师刘仲伦担任拍照（即摄影），他是丰泰最好的照相技师了。虽然前几天练过几回，但真的上阵，仍显得有些紧张。一通锣鼓过后，布幔后闪出一个戴髯口、持大刀的古代武将来，这就是谭鑫培最拿手的《定军山》里的老黄忠，只见他配合着锣鼓点儿，一甩髯口，把刀一横，立成顶梁柱一般，就听旁边有人喊：‘快摇’，刘仲伦便使劲摇了起来，那时的胶片只有二百英尺一卷，很快就摇完了，算告一段落。”[①]《定军山》在拍摄手法上虽受西方影响，但取材却是百姓喜闻乐见的传统戏曲，因而非常符合当时观众的欣赏习惯，据说片子拿到前门大观楼放映，一时间万人空巷。

1913 年，亚细亚影戏公司拍摄了由郑正秋编剧、张石川导演的《难夫难妻》，这是第一部故事短片。1917 年，上海商务印书馆拍摄了时事短片。此后，“活动影戏部”成立，先后拍摄了两部故事片《阎瑞生》、《红粉骷髅》，是为故事长片之始。1922 年“明星电影公司”成立，中国电影规模开始扩大。1923 年，郑正秋编剧、张石川导演的《孤儿救祖记》完成拍摄，该片的表现手法具有较浓的生活气息，演员演技自然、亲切、朴素。

20 年代，中国电影走上繁荣时期，先后成立“大中华百合影片公司”、“神州影片公司”、“长城画片公司”、“民新影片公司”等电影公司。仅上海一地就有大大小小 140 家电影公司，四年间拍摄的故事片达 400 多部。广州、北平、天津等城市也积极投资拍摄影片。1930 年，“明星影片公司”和“友联影片公司”试制成功蜡盘发音有声影片《歌女红牡丹》和《虞美人》。到 1935 年，中国完成了从无声电影到有声电影的过渡。

30—40 年代，在左翼戏剧运动影响下，现实主义题材受到高度重视。抗战期间，无论国统区还是解放区，电影艺术成为宣传抗日、发动人民、教育人民的工具。以《风云儿女》为代表的一批电影影响广泛。

50 年代初期，一批私营电影制片厂联合组建成公私合营的上海联合电影制片厂。中国电影形成长春、北京、上海三足鼎立的格局，年产电影 30—40 部。当时推出的一批歌颂工农兵的故事片，鼓舞了人民当家做主、建设社会主义的热情。由于受左倾思想影响，电影创作存在单一化、教条化问题。尤其是对《武训传》的批判，极大挫伤了电影工作者的积极性。1956 年，毛泽东提出“百花齐放，推陈出新”的文艺方针，一定程度改善了这种局面。

从 1949 年到 1956 年的几年间，中国文化艺术事业的发展态势良好。新民主主义文化追求的大众的、革命的文化艺术基本上代替了旧的、落后的文化

---

① 王越：《中国电影的摇篮——北京丰泰照相馆拍摄电影访问追记》，《影视文化》(一)，文化艺术出版社 1988 年版，第 298—299 页。

艺术。文艺界创作出《铁道游击队》、《五月的矿山》、《志愿军一日》、《西望长安》、《万水千山》、《智取华山》、《渡江侦察记》、《上甘岭》等一批优秀文艺作品，形成百花争艳的景象。新文学作品、新艺术作品在广大人民群众中得到传播，丰富了人民的精神生活，鼓舞了人民生产建设的积极性。

第三节 宗　　教

近代中国社会的剧烈变动，对宗教文化产生了直接影响。伴随西力东来，包括天主教和新教在内的基督教大规模地传入中国，改变了中国既有的宗教格局，形成近代最醒目的文化现象之一。佛教界则出现了经世思潮，强调通过宗教改革，顺应时代潮流，挽救国家危亡。与基督教、佛教相比，中国传统民间宗教——道教明显地衰落了。中国伊斯兰教是中华民族宗教大家庭的重要成员之一，在近代采取了改良宗教政策、发展新式文化教育的措施。

一、基督教

基督教在中国传播的历史，大体可分为唐代景教东来、元代也里可温教兴起、明清之际耶稣会士来华、近代天主教复归与新教输入四个时期。其中，基督教在中国取得长足进展，是在近代。

自鸦片战争起，英国用武力打开了中国的大门，也为西方宗教在中国的传播创造了条件。在不平等条约的庇护下，西方各教派、教团在鸦片战争后纷纷进入中国，发展迅猛。据统计，1839 年，天主教在中国的传教士约 70 人，教徒约 30 万人；到 1910 年，天主教徒已达 129 万多人。新教徒在 1842 年为 150 人左右，到 1910 年已超过 17 万人。20 世纪初年，无论是天主教，还是新教，几乎在中国所有省份都建立了宗教组织。

在近代中国，基督教始终扮演着外来意识形态和政治势力的双重角色，具有强烈的殖民主义色彩。他们一方面配合西方列强的侵略，进行文化渗透，另一方面又插手中国政治，干预中国司法。鸦片战争到义和团运动的六十年间，在中国发生各类教案达 400 余起。这些教案多因传教士凭借不平等条约和列强势力，损害中国人民的利益而引发，最终以清政府赔款、杀国人谢罪而了结。诸如 1870 年的天津教案、1897 年的德州教案等，概莫能外。

当然，其间确有些传教士笃守宗教信仰，真诚地帮助中国人，促进了中外文化交流。他们在中国从事的教育、医疗、出版等活动，有助于推动社会进步。以办教育为例，1875 年，教会学校总数约 800 所(其中新教学校 350 所)，学生约 1 万人(其中新教学校学生约 6 000 人)。1899 年，教会学校的总数增加到 2 000所，学生增至 4 万人。这对中国近代教育的进步和新式教育制度的建立，起了积极推动作用。

20 世纪初外国教会在上海开设的女塾

中华民国成立后，基督教在近代中国的状况开始发生较大变化。1912 年，南京政府颁布的《临时约法》从法理上肯定了公民信教的自由。这是中国国家与宗教关系史上从未有过的事情，极大地促进了教会事业的发展，信教人数迅速增加。1918 年，新教人数增至 35 万人。到 1921 年，天主教人数增至 200 万人。同时，教会大学相继成立，在中国教育界形成了一支特殊的教育力量。

五四运动前后，“科学”“民主”成为知识界的主潮，宗教成为人们怀疑和批判的对象。对宗教特别是基督教的怀疑，与中国人心中积蓄已久的民族主义思想结合起来，终于形成了 1922 年到 1927 年声势浩大的非基督教运动。非基督教运动反映了新知识分子以及政府的反宗教倾向，使得当时的教会在招架之余，不得不深入思考如何调整基督教在中国的发展方向。一部分外籍传教士和中国教职人员开始尝试调整基督教和中国社会的关系。在 1920 年以前，尽管基督教会取得了快速发展，中国籍的神职人员有了显著增加，但外籍的牧师和神父仍然占据着中国教会中的主导地位。他们的神学思想和对各种社会问题的看法，更多地带有西方色彩，有的甚至含有种族歧视成份。1919年特别是非基督教运动以后，人们认识到上述问题并开始谋求出路，力图实现基督教的中国化和“本色化”。

基督教的中国化或“本色化”，简言之，就是与中国风俗习惯相结合，适当调整教仪、教规，增加中国籍神职人员的比例。在中国基督教“本色化”运动中，中国宗教界的有识之士发挥了重要作用。他们顺应宗教变革之需，积极筹划，寻找基督教变革的理论依据和途径。他们认为，基督教要在中国获得发展，就必须改变其“洋教”身份，才能赢得国人的认同，获得广泛的群众基础。为此，他们反复宣传说，中国基督教“并不是帝国主义者的先锋队，也不是资本主义者的附属品”，中国基督教不仅与“洋教”有别，而且有助于中华民族的复兴①。他们指出，民族复兴所要争取的目标是社会的自由、平等、博爱，而这正是基督教所追求的人类社会的最高境界。基督教所主张的“无抵抗主义”只是指教徒的个人修养，指处理人与人之间关系时的宽容与自责，而不是对国家和民族而言的。基督教同样主张爱国家、爱民族的精神，在中国信仰基督、发展基督教非但不和民族复兴相冲突，反而有助于民族复兴。

本色教会与本色著作（节选）

王治心

究竟什么是本色？解答的人已很多。兹节取一二人所下定义：

全国大会报告书里说：“我们所称为本色的基督教会……一方面是要实在适合中华民族本有的文化精神上的经验。”又说：“我们所要讨论中国的教会，就是：因中国种族上遗传上的特性和传说而设的教会。”

刘廷芳先生说：“中国的基督教会，是中华国民的教会……他的计划，当本诸中华民族的精神，当合中华民族的心理。”

赵紫宸先生说：“本色的教会，要把基督教和中华古文化所孕涵的一切真理化合为一，使中国基督徒底宗教生活和经验合中国土风，不至于发生不自然的反应。”

诚静怡先生说：“如何使基督教在东方适合东方人之需要？如何使基督教事业，融洽东方之习俗、环境、历史、思想与其深入人心、牢不可破之数千年结晶文化？”

---

① 吴雷川：《基督教与中国文化》，上海青年协会书局1940年版，第150页。

周风先生说:“本色教会之目的,……在积极方面的,是改良教会的内容,使适合于中国的民族之精神及文化,俾中国民众格外容易进入基督教的门户。”

从上述几位先生所说定义中,可以归纳出一点共同的意思来,就是:所谓本色教会者,即富有中国文化的质素,而适合于中国民族精神和心理的教会也。“本色”Indigenous一名词,原含本地产生的意义,基督教既是由西方输来的东西,如何能变为中国本地的土产?我尝以落花生为喻,今日我们所吃的落花生,本为东洋种,当时称曰东洋果;时未廿年,已无有称之为东洋果者矣。故基督教必植种于中国文化之内,使附带而来的西洋色彩,受自然的淘汰,而由中国文化田中吸收了新养料,所结成的新基督教,这就是本地产生的意义,亦即所谓本色也。本色即白色之别一名称,白之为色,一为不染任何色彩,一为包容各种色素,故基督教在中国,既宜洗涤西洋沾染的各种色彩,亦当容纳中国文化各种“伦理”“宗教”“艺术”“民情”……等精神,如此,基督教既充盈了中国文化的血液,何有于不本色呢?

(选自王治心:《本色教会与本色著作》,载《文社月刊》第1卷第6册,1926年5月)

无论是天主教的中国化,还是基督教新教的“本色化”,其核心问题都是要解决以基督教为代表的西方文化同中国传统文化的关系问题。为此,他们极力论证基督教文化与儒家文化的相融性。方豪认为,基督教与儒家文化都是世界文化的代表,这两种文化不仅并行不悖,而且在宗教思想、伦理思想方面有着许多共通点。方豪还从求真、博爱等方面说明,只看到儒家学说的民族性是片面的,正如天主教具有世界性一样,儒学本身也具有世界性,二者可以互补与会通。

1919年,基督教新教召开“中华归主会议”,中国代表已有所增加,占与会代表总人数的一半。到1920年,受封立的中国牧师人数,首次超过西方在中国工作的传教士人数。1927年,在中国教会自立进程中有重要影响的中华基督教会成立,中国信徒的数量和神职人员的比例进一步增加。

在新教教会中国本土化的同时,天主教会也明显表现出自立的倾向。1922年罗马教廷委派刚恒毅为教廷首任驻华代表。1924年5月,中国天主教历史上第一次全国主教会议正式在上海召开,主题是建立一个“正当的、自由的和中国化的”天主教会。1926年,刚恒毅亲率六名中国主教在罗马祝圣,开创了由中国神父担任主教的先例。同时，中国籍天主教神职人员的比例，也有了明显的增加。如1932年划分给遣使会的华南7个教区中，华籍教士占有196人，外籍教士仅115人；在北平的宗坐代牧区内，外籍神职人员有29人，中国籍的则多达99人。

自20世纪20年代起，不仅中国人建立自己的教会，争取实现自传、自养和自治的目标，而且一些西方的教会人士也主动地倡导中国教会独立。这两股力量相互结合，促进了民国时期中国基督教会的自立。

1937年七七事变后，中国基督教会的自立进程发生了转变。在战乱中，教会和国家遭受到同样的苦难，教会中的爱国人士遭到日寇的迫害和屠杀，很多教会的医院和学校被日军占领和使用。太平洋战争爆发后，在中国的大批西方传教士被日军投入集中营。这一时期，日本为了监视和控制教会，设立了"教团"。该"教团"在上海、山东、汉口、南京、北京、苏州招募教会参加教团，不服从就被解散。有些新教教会为了维持工作和聚会，参加了"教团"。天主教教会的宗座代表，在抗日战争中持独立态度。

日本侵华战争虽然严重影响了中国基督教会的自立运动，但并不能割断中国基督徒的民族情结。早在1931年"九一八"事变后，基督教新教便联合抗议日本的侵略行径，并且把9月27日定为"国难祈祷日"。教会还通过艾迪等西方传教士的联络，致电西方各国政府和新闻机构，揭露日本侵华的滔天罪行，请求国际社会主持公道。战争的残酷唤醒了那些曾持有"唯爱主义"思想的基督徒，他们纷纷投身抗日斗争。基督教新教教徒和天主教教徒积极组织救护团体，上前线抢救和护理伤员，并捐款捐物支援抗日战争。天主教会的著名人士马相伯、陆徵祥、于斌，不断发表支持抗战的爱国言论，雷鸣远还毅然参军上战场抗击日本侵略者。可以说，抗战时期中国基督教充分表现了他们的民族立场和爱国情怀，这大大促进了中国基督教与中华民族的结合，有利于中国基督教的中国化。

抗日战争胜利后，教会有过短暂的复兴，新教教会发起了"三年复兴"运动，天主教则在中国建立了"圣统制"，并任命了中国第一任枢机主教。天主教的中国化和新教的"本色化"继续发展，直到1949年国民政府败退台湾，大批西方传教士撤离中国。

1949年中华人民共和国成立，新教徒约70万人，天主教徒达330万人。宗教界广泛开展自治、自养、自传的"三自"爱国运动，教会摆脱对西方帝国主义的依附，接受了社会主义制度。1954年8月，中国基督教(新教)"三自"爱国运动委员会成立。1957 年 7 月，中国天主教爱国会在北京正式成立，并建立了 200 多个地方性教会组织。

二、佛教

佛教自汉代传入中国，经历上千年的演变，逐渐融化为中国文化的一部分。步入近代后，佛教发生了巨大变化。

（一）建立新式佛教组织

鉴于西方纷纷在华建立基督教会，中国佛教界为有组织地推动佛教复兴，组建了新式佛教组织。

新式佛教组织可追溯至 20 世纪初年。1905 年前，清政府鉴于戊戌变法的教训，不容许民间自建宗教团体。清政府宣布预备立宪后，预备立宪公会、宪政筹备会、宪政公会等带有民间色彩的团体纷纷成立，为建立民间宗教组织提供了契机。1907 年，释觉先以举办僧人教育必须联络寺院与社会各界为理由，首先在北京创办僧教育会。接着，释敬安在宁波、杭州，谛闲在江苏，佛源在四川，月霞在安徽、湖北，栖云在广东等地先后建立了省或地方僧教育会。僧教育会是民国时期佛教组织的雏形之一。它在形式上表现为僧俗合一，在组织上也不同于传统的以子孙制为纽带的佛教宗派内部领导与被领导的关系，不再是单一宗派，成为地域性佛教组织。在俗界，杨文会于 1910 年在南京创立的佛学研究会、吴雁舟创立的湖南佛学会、刘洙源创立的成都佛学会等，也都是具有近代性质的佛教居士团体。

全国规模的近代性佛教团体出现于 1912 年以后。武昌起义的胜利，扫除了成立全国性佛教组织的政治障碍，全国性佛教组织不断成立。

1912 年，杨文会的弟子李证刚、桂伯华、黎端甫等发起组织“佛教会”，谢无量等发起组织“佛教大同会”，释道阶发起组建“中央佛教公会”，释太虚、仁山等也在镇江金山寺组织了规模较大的“中华佛教协进会”。同年 4 月，中华佛教总会在上海正式成立，由释敬安任会长，释道兴、清海为副会长，将原有各省僧教育会改为支部，各县僧教育会改为分部。此后，全国各地共成立了 22 个支部，分部达 400 多个。中华佛教总会办事处设在上海清凉寺，释仁山等留处办理日常事务。同时，其他各全国佛教组织也大都并入其中。会章规定：“本会系中华民国全体僧界共同组织”；宗旨为“统一佛教，阐扬法化，以促进人群道德，完全国民幸福”；基本任务是“昌明佛学”、“普及教育”、“中外布教”、

“组织报馆”、“整顿教规”、”“提倡公益”、“振兴实业”等①。从会章看，该组织已初步体现出近代宗教的特征。

中华佛教总会是第一个近代意义上的全国性佛教组织。它的诞生本应极大促进佛教复兴与佛教近代化，但由于北京政府的粗暴干涉，这一佛教组织如一道闪电，倏亮旋灭。不过，总会下属的省、县一级组织多数却保存下来，从而为再次组建全国性的佛教组织准备了条件。

1929 年 4 月，佛教界 17 省代表聚集上海，召开全国性佛教代表会议。会议决定正式成立中国佛教会，会议选举圆瑛为主席，选举太虚、王一亭等 9 人为常委。中国佛教会的宗旨是：“联合全国佛教徒，实现大乘救世精神，宏宣佛教，利益群众。”在中国佛教会强烈要求下，南京政府废止民国初年制定的《管理寺庙条令》，公布了措辞和缓的《监督寺庙条例》。到 1933 年（东北地区到 1931 年）为止，各省、县、乡佛教会相继健全，形成规模。据统计，全国 21 个省 3 个特别市都成立了省、市佛教会，其影响深入到蒙、藏等区。以江苏省的县级会为例，当时除常熟等四县未报送材料外，全省共辖有寺庙 12814 所，61 个县中三分之一（20 个县）成立了佛教会。以此不难看出，到 20 世纪 30 年代，佛教规模已十分庞大。1937 年全面抗战开始后，中国佛教会连续召开紧急会议，号召全国佛教徒投入到抗日救国运动中去。1938 年 7 月，部分理事、监事决定在重庆设立中国佛教会临时办事处，推选太虚担任主持。该办事处曾筹办僧众救护队、伤兵慰劳队，募捐救济流亡同胞等，为抵抗日本帝国主义做出了很大贡献。抗战胜利后，爱国僧人有感于沦陷区佛教日本化现象严重，专门成立了中国佛教会整理委员会，用来接收、整顿伪日华佛教协会、伪南京佛教会等组织。1947 年 5 月，筹划了六年之久的中国佛教会第一次全国会员代表大会在南京毗卢寺召开，大会盛况空前。至此，中国近代佛教组织的规模达到了顶峰。

（二）佛教改革

近代中国佛教改革的身体力行者首推太虚大师。太虚，俗名吕沛林，1890 年生于浙江省海宁县。他曾就读于杨文会创办的祇洹精舍。他的佛学思想受杨文会、章太炎影响较大。武昌起义后，南京临时政府积极推行各项社会改革，太虚大师随即提出了佛教革命的主张。

1912 年 1 月，太虚与同学仁山对传统佛教论资排辈的子孙制提出异议，

---

① 《佛学丛报》第 1 期，1912 年月 10 月 1 日。

并主导在镇江召开佛教改革会议。大会公推太虚为主席，宣读了佛教革命的宗旨；推选太虚、仁山接管金山寺，作为佛教协进会驻地；筹备成立佛教大学，以培养住持、职事等。后由于守旧势力的反对，太虚组织的佛教协进会被迫中止，成立佛教大学的计划无果而终。

金山改革受挫并没有让太虚失去改革佛教的信心。1913年2月，敬安大师圆寂，上海佛教界在静安寺举行追悼大会。太虚作为敬安的弟子出席追悼会并在大会上发言。借发言之机，太虚再次推出他的佛教革命论。综合起来，他的主张集中在三点：

第一，实行教制革命。太虚认为改革僧伽制度是佛教革新的先决条件。为此，他再次呼吁，废除传统的剃度制与子孙住持制，创办佛教大会，从学僧中选拔僧才，住持寺院。

第二，实行教产革命。他主张寺庙财产为佛教公有，用来兴办佛教教育与社会慈善事业。

第三，实行教理革命。他要求剔除传统教义中的迷信成分，提出"如果发愿成佛，先须立志做人"、"人成即佛教，完成在人格"的著名论断。

此后，太虚主编《佛教月报》，不断著书立说，力图从宣传入手推动佛教改革，后由于经费问题，《佛教月报》的出版被迫中断。

第一次世界大战后，中国民族工商业者及其影响下的市民阶层迅速壮大，受市民文化的影响，不少人皈依佛教。随着信教人数的扩大，寺院外居士需要有自己的组织，也就是信佛的宗教团体，以达到与在华基督教会相抗衡的目的。1918年，太虚大师向章太炎、蒋作宾、陈裕时、张謇等谈了他的改革计划，主张建立居士集团，整理僧伽制度，获得众人广泛支持。不久，上海成立了居士佛学团体——觉社。该社出版专著，编发丛刊，演讲佛学，实行修持，在上海及各地影响很大。这是太虚与居士合作，成功创建佛学团体之始，标志着中国佛教改革事业开始与民族工商业阶层走向联合。此后，在太虚指导下，上海、武汉、北京等地民族工商业者又组织成立了佛教团体"居士林"。各地居士林的成立，奠定了太虚所领导的佛教改革事业的组织基础。

太虚倡导的佛教改革，得到了居士团体、工商业者的支持，规模和影响不断扩大。由于经费充足，太虚在上海出版了《觉社丛书》，后改为《海潮音》月刊，成为民国时期影响最大、维持时间最长的佛教刊物，也是佛教改革的主要宣传工具。1922年3月，湖北居士响应太虚号召，创办武昌佛学院，成为培养新式僧才的基地和佛教改革的大本营。在太虚的带动下，不仅主张革新的青年僧人队伍不断壮大，而且得到了一批高僧大德的支持，各地佛教纷纷实施改革，形成了全国规模的佛教革新运动。

太虚利用国内佛教改革蓬勃兴起的形势，进而提出世界佛教化运动。1924 年，太虚在江西庐山发起世界佛教联合会，中国、日本佛教界代表踊跃与会，在华的美、德、芬兰等国佛教学者也参加了大会。1925 年，为推行世界佛教化，太虚又以中华佛教联合会的名义率代表团参加了在日本召开的东亚佛教大会。1928 年，他远涉重洋，在巴黎、伦敦、芝加哥等地联合诸国学者分别建立世界佛学院通讯处，积极筹措建立世界佛学院。回国后，太虚在国内组织成立世界佛学苑，并在北平、南京设立筹备处，还把武昌佛学院改建成世界佛学苑图书馆，列闽南佛学院为世界佛学苑华日文系，列北平柏林教理院为华英文系，把重庆汉藏教理院列为华藏文系。经过太虚的多方努力，融合佛教北传、南传以及近代西传各大系的世界性佛教组织和佛学体系初具规模。太虚的佛教改革事业走上鼎盛。

就整体说来，太虚为佛教佛学顺应近代社会发展和西学东渐潮流而提出的佛教改革思想，其新义表现在：

1. 提出中国大乘佛教新本位说。他在《新与融贯》一文中指出："所谓中国佛教本位的新，不同于一般人倾于西化，麻醉于日本，推翻千百年中国佛教的所谓新。"他认为中国佛教界亟待解决的，"一是扫去中国佛教不能适应目前及将来的需求的病态。二是揭破离开中国佛教本位而异时异地异代的新谬见。"他主张融贯佛教各宗派，进而适当吸取近代科学、哲学、艺术等因素，汇成新的佛教文化。他的新佛教不仅融贯了大乘、小乘佛教各宗各派，还将统摄世间一切宗教、文化。

2. 对佛教人生观作了新的阐释。太虚主张，人生观既要促使人们从创造性劳动与对社会贡献中获取幸福快乐的生命价值，又要超越于世俗功利之上，不计一时成败。他重视佛法的应用，认为："根据无我原理，应用到人生，就见到人生是最平等了。"他还指出，要"依唯心的宇宙观的原理构成为自由的人生观"。这里的"唯心"并非唯心主义，而是指佛教的"万法唯心"说；自由也并非随心所欲，而是自主的意思。他的人生观既受到近代科学观念的影响，强调人要遵循自然规律，又强调人的主观能动性，要为自身去争得自由、平等。

3. 以整理僧伽制度为目标。太虚一生思想多变，改革的思想也曾多次修正，但他的佛教改革思想万变却有所宗，那就是志在整理僧伽制度，行在瑜珈菩萨戒行。从他早期的《整理僧伽制度论》提出培育 80 万新僧的设想，到《僧制今论》的培育20万，再到后来《建设现代中国僧制大纲》中提出建僧4万的设想，都体现了这一点。

佛教界由太虚为首的主流派领航掌舵，掀起了改革风浪。不久，各派支流随之涌动，渐而波及全国，形成了“一波才动万波随”之势。天台宗、净土宗、禅宗、华严宗、南山律宗等也相继进行了改革，形成了波澜壮阔的佛教改革运动。

（三）佛教教育事业

伴随佛教改革，佛教教育也发生了大的变化。新式佛教教育如雨后春笋，遍及全国。从1912年到1919年，福建、台湾、江苏、四川、上海等地都成立了正规的佛教教育学院和研究机构，初步摸索出一套适应时代要求的教育模式和教学经验。

20世纪二三十年代的佛教教育，不仅吸引了青年学僧，而且为许多贫苦失学的少年提供了受教育的机会。1922年前后，欧阳渐首先在金陵刻经处附设的佛学研究部基础上，筹办成立了支那内学院。欧阳渐继承杨文会“斯世竞争，无非学问”的办学思想，并与大乘佛教的大慈大悲精神、五四时期的爱国主义结合起来，主张“悲而后有学”，“救亡图存而后有学”。支那内学院设学、事两科及学务、事务、编校流通三处。事科下设阅经社、经像图书馆、讲演所、行持堂、传教团等，兼管译经场、流通处。学科设中学、大学、研究、游学四级。大学又分补习班、预科、特科、本科。研究部分设正班与试学班。可以说，支那内学院的学制相当系统，在民国佛教教育中有典范的作用。当时，与支那内学院交相辉映的还有武昌佛学院、闽南佛学院等。这些学院规模、学制、教学皆可与支那内学院相媲美，成为二三十年代佛教教育的中坚。

“九一八”事变后，中国的佛教教育也处于岌岌可危的境地。以华北佛教中心北平为例，从1932年起，太虚及其弟子创办的柏林教理院、中华佛学院、弘兹佛学院、弥勒佛学院都先后被迫停办，一些寺院被侵略者征用或强占，一些佛教界人士被迫西迁。西迁的佛学院虽依然坚持佛教教育，但由于经费经常短缺，时断时续，难有作为。坚守在沦陷区的一些佛学院，坚持抗日立场，勇敢地与日僧周旋，为抗日战争做出了积极贡献。

1945年抗日战争胜利后，东南经济发达地区的佛教教育事业又有所发展，一些专业门类比较齐全的佛学院相继成立或恢复，佛教教育在各地复苏。

三、道教

道教是中国本土宗教，在民间，特别是广大乡村地区拥有很多信众。明代以后，道教不断萎缩、衰落。进入晚清，在社会变动、新旧文化更替的影响下，道教也形成新的特点。道教教相衰落，而它的真精神，即作为整个道教根基的“道”，则凸显出来了。换一句话说，道教表现出“教衰学盛”，由教相转向内学的特点。

近代道教的重要代表是陈撄宁及其创立的仙学派。

陈撄宁(1880—1969)，原名志祥、元善，字子修、撄宁，道号圆顿子，安徽怀宁人。陈撄宁是北宗全真道邱处机所创龙门派的第19代传人。他精研《道藏》，并精通儒、佛典籍，对中医也有很深造诣。他兼修道教的内外丹道，曾于1922—1932年间，数百次进行外丹实验，证明了古代传留下来的外丹口诀大多信而可行。30年代后，陈撄宁在上海主办了《仙学月刊》、《扬善半月刊》，创办了“仙学院”，大力宣传道教丹学，并公开倡导把神仙家与道家、儒家、佛学区分开来，主张“仙学”独立形成一门学术。因此，有人称之为“超人哲学”、“仙学”。

陈撄宁的《众妙居问答》一文回答了什么是仙学思想这一问题。他说：“所谓仙学，即指炼丹术而言，有外丹、内丹二种分别。”也就是说，仙学的内容即道教的丹道。不过，陈撄宁在更多情况下所说的仙学则指内丹术。仙学派所说的内丹术，以人的生命为主要研究对象，以抗争自然造化、超脱人类生命死亡现象为目的。内丹术以人体的阴阳二气模拟天道运行，提倡“炼精化气、炼气化神、炼神合道”三关修炼，将人体的物质由粗化细，然后凭借这种精微的物质达到与终极的实体“道”合二为一。

仙学以物质作为超越根基的思想含有一定科学性。陈撄宁一再强调仙学是一种高级科学，他在《与朱君亚医师论仙学书》中说：“顿研究仙学已三十余年，知我者，固能完全谅解；不知者，或疑我当此科学时代，尚要提倡迷信。其实我丝毫没有迷信，唯认定仙学可以补救人生之缺憾，而能力高于世间一切科学之上。凡普通科学所不能解决之问题，仙学皆足以解决之，而且是脚踏实地，步步行去。”从总体上说，由于受时代思潮特别是五四以来的科学思潮影响，陈撄宁的仙学尽量向科学靠拢，但是，仙学并未从根本上跳出道教的范围。他将物质与精神混为一谈，进而打算超越物质实体、超越死亡境界的思想是典型中国式的，是新的历史条件下对传统道家思想的发展。

陈撄宁创立仙学正值中华民族多灾多难，救亡图存成为时代主题之时。陈撄宁的仙学关心现实，希图以仙学来抵抗列强的侵略。为此，他甚至主张将仙学合于道教，以中华民族本土的宗教来抵御西方的文化侵略特别是宗教侵略。他对文化侵略有着深刻的认识，曾说："武力侵略，不过裂人土地，毁人肉体，其害浅；文化宗教侵略，直可以夺人思想，劫人灵魂，其害深。武力侵略我者，我尚能用武力对付之；文化宗教侵略我者，则我之武力无所施其技矣。若不利用本国固有之文化宗教以相抵抗，将见数千年传统之思想，一朝丧其根基，四百兆民族之中心，终至失其信仰，祸患岂可胜言哉！"①他认为提倡道教，能够振起民族精神，结成抵御外侮的钢铁长城。"须知信仰道教，即所以保身；弘扬道教，即所以救国。"②这些言论虽夸大了道教的地位和作用，但生动表达了以陈撄宁为代表的仙学派学以致用的救世情怀。

仙学学派以陈撄宁为核心，主要成员有汪伯英、常遵先、张化声、张竹铭等人。这一学派的代表性著作，有陈撄宁的《〈黄庭经〉讲义》、《〈孙不二女功内丹次第诗〉注》和《〈灵源大道歌〉白话注解》，汪伯英的《谭紫霄真人〈化书〉浅注》、《〈金丹四百字〉注》和《〈心印妙经〉通俗注解》，常遵先的《吕祖诗解》和《秘藏〈钟吕传道集〉注解》等。

总体上说，近代道教不甚活跃。一些道观成为专门赚钱的场所，很多道士通过为信徒做功德谋生。尽管"教门"门前冷落，但从上述看，学理却有走向深化的趋势。

第四节　社会文化

社会文化包括民众生活、社会风尚、人口变迁、社会运行、社会交往等众多方面。这里主要阐述民众生活和社会风尚的近代变迁。

一、民众生活

中国地域辽阔，不同地区的自然地理、气候物产条件差异较大，民众生活的变迁幅度和发生时间也各不相同。但就整体而言，近代民众生活在衣、食、住、行诸方面均受到西方文化的强烈影响，表现出明显的"从西从新"特征。

（一）服饰

清代男女服饰与历朝历代相比显现很大差异。大体说，满汉男子服饰基

---

① 圆顿子：《论〈四库提要〉不识道家学术之全体》，见张广保编：《超越心性——20世纪中国道教学术文化论集》，中国广播电视出版社1999年版，第343页。

② 圆顿子：《论〈四库提要〉不识道家学术之全体》，见张广保编：《超越心性——20世纪中国道教学术文化论集》，中国广播电视出版社1999年版，第343页。

本相同，满族女子保持满族的衣着习惯，汉族女子则沿袭明代穿衣传统。

男子通常穿马褂、长袍，辫发。所谓马褂，是塞北游牧民族为适应马背生活而形成的一种便于骑射、前短后长的服装。入关以后，男子长袍的马蹄袖主要是做为装饰，象征意义大于生活需要。清代的官服继承明代传统，以“补子”纹样代表品级，以飞禽走兽来分别文武。色彩以天青、玄青、绛色、紫、灰、大红为主，绣以各种纹样。官靴呈黑白两色。官帽分冬夏两种。燕居之时，人们喜戴“六合一统帽”，俗称“瓜皮帽”。民间男子也穿长袍、马褂，戴瓜皮帽，只是色彩、布料远不及官服。满族男子辮发的传统由来已久，入关后，清统治者强迫汉族男子一体遵行，甚至采取“留发不留头，留头不留发”的政策。

与上流社会有别，民间男子，甚至包括衙门杂役人员在内，除发辫归顺满族之外，衣服的形制与前代并无明显区别。乡下青壮男子则主要穿着短衣短袄，以方便耕作。

清代满族女子多穿旗装，形制为窄袖长袍、外罩坎肩；发式为长发髻(俗称两把头)。晚清时期，宫中盛行高髻，佩戴扇形头冠，号“旗头”或“大拉翅”。女子的窄袖长袍形同男子衣制，四面开衩，宽腰大袖；后流行左右开衩，甚或不开；再后来又趋向合体。满族女子天足，年长者着花盆底鞋。

清代汉族妇女的穿着打扮沿袭明制。通常梳发髻，随岁月更替尚高低肥瘦不同样式。衣长过膝，腰身宽大，饰以各种镶绣花边，一度夸张到“十八镶”地步。清中期以后妇女流行“云肩”。鸦片战争前后，江南特别是沿海沿江发达地区，一度盛行外国衣绦，号“鬼子栏杆”。汉族妇女多缠足(家贫或岭南劳动妇女除外)，穿弓鞋(又称菱鞋、金莲)。

19 世纪 80 年代以后，在西方传教士和维新志士的倡导下，妇女放足渐次形成运动。行之千年的缠足风尚以及由此形成的审美观念发生动摇。

清末，受西洋服饰风格及归国留学生的影响，一些人的服饰逐渐变化。一些买办商人、留学生、革命党人，开始剪辫易服，这些变化虽带有一定政治色彩，但以时尚变迁为主。上海青楼中人，热衷于改良服饰，流行起瘦衣高领，称“朝天马蹄袖”。“海上妇女时装竞尚紧小，窄袖细腰，伶俐可喜”①。有人形容说：“衣瘦如竹管，后露臀，前露乳，丑态难遮。”②

在辛亥革命狂飙中，剪辫易服势如暴风骤雨，甚至成为“排满革命”的标

① 陈无我：《少见多怪》，《老上海三十年见闻录》，上海书店出版社 1997 年版，第 274 页。

② 陈无我：《少见多怪》，《老上海三十年见闻录》，上海书店出版社 1997 年版，第 274 页。

志。不少认同革命的青年学生，兴高采烈地剪去辫子，甚至施放鞭炮以示庆贺。他们对“保存发辫者，非讥之为豚尾，即詈之为满奴，甚欲削夺其选举权，以实行强迫手段”[①]。普通百姓，一时还不适应剪去发辫。不少被迫剪辫的百姓，经常遭人围观和嘲笑。一些外国驻华使节观察到，驻守南京的革命军“带着剪刀做武器在各主要街道上游行，对他们所遇到的所有那些仍然蓄辫的中国人，一律用剪刀剪去辫子”，“他们不分老幼贫富，所有人的辫子都遭到同样的命运”。然而，事先并没有“给予他们正式的或其他方式的剪辫通知，所以他们完全是遭到突然袭击，没有机会避免士兵们在旁观者的嘲笑声中当众强迫剪辫所带给受害人的那种侮辱”[②]。

中华民国建立后，在中国行之数千年的衣冠服饰制度被彻底打破。人们可以根据自己的喜好和经济能力穿着。翎顶补褂废弃之后，有人主张恢复汉服，有人心仪武生打扮，有人乐意明代装扮，甚至“去辫之后，亟于易服，又急切不能得一适当之服式以需应之，于是争购呢绒，竞从西制”[③]。1912年，民国政府一度颁布的服饰制度中，一种模仿“西式大衣”的长款制服成为民国政府的办公用服。虽然这一制度没有正式实施，但衣制从西已成为不可逆转之大势。1913年，钱玄同在浙江就任教育司长，报到之日身着深衣玄冠，古韵盎然。显然，长裾雅步已经不能适应现代文明，复古作秀的成分远远大于现实的需要。

民国时期，男子在日常生活中以中式长袍为“常服”。实际上，即便在官场，男子穿用中式服装也是主流。男子中式服装分长款、短款。长款继承中国深衣传统，取对襟(或斜襟)斜肩袍式，下摆至脚踝，足登步鞋。用料基本是棉布、丝绸等中国传统布料。长袍外可加马甲，或外罩短款中式服装。着此服装，人们生活起来十分方便，不像西装束缚感强。剪辫后，帽子流行起来，男子最常见的帽子是西式礼帽。

中山装是辛亥革命后中国男装的一种新创制。因为西装用料比较讲究，以当时的中国经济发展水平，不可能普及大众。于是，孙中山在给“中华国货维持会”复函中明确提出，要创制一种以中国传统布料为原料、方便卫生适用的大众服装。由于孙中山参与研制，这种服装被称为“中山装”。中山装在日本士官生服装基础上做了调整，如单层立领改为下翻双层立领。有趣的是，中

---

① 《闲评》(一)，《大公报》1912年11月20日。

② 胡滨译：《英国蓝皮书有关辛亥革命资料选译》下册，中华书局1984年版，第447—448页。

③ 孙中山：《复中华国货维持会函》，《孙中山全集》第2卷，中华书局1982年版，第61—62页。

山装后来被赋予了一些文化意味，如衣襟缀以五粒纽扣寓意“五权分立”；衣袖上的三粒纽扣暗指“三民主义”；四个明贴衣袋代表“国之四维”，上缘的翻盖似倒悬笔架山，蕴含文官治国的基本方针。这些寓意反映了中国服饰文化的近代特色。

民国时期，妇女服饰继承清末的风格，流行东洋装、西式服装以及裁剪合体的中式衫袄裤褂。其中符合中国传统、极具东方神韵的创制是改良旗袍。这种旗袍在剪裁手法、整体风格、讲究曲线等方面吸收了西装剪裁技巧，是一种新式裙装，不再有旗装余韵。

放足虽经历届民国政府提倡，但真正实行起来却困难得多。一方面旧的审美观念仍居主流，另一方面放足实际是对已缠足女性的第二次肉体摧残，因此，很多女性并不愿放足。直到抗日战争全面爆发后，妇女缠足现象才明显减少。

（二）饮食

清代饮食依然保持“南米北面”的基本主食格局。甘薯、玉米成为支撑中国庞大人口生存的主要粮食作物。北方地区的饮食融合了满、蒙民族的饮食风味，形成以满汉全席为最高水平的饮食文化。

晚清时期，饮食习俗的变化十分缓慢。因为一个民族的饮食习惯与该民族自然物产条件紧密相连，经过长期发展，形成本民族特有的饮食习惯和食谱菜系，外来饮食文化很难渗透进来。中华民族特别是汉民族在几千年文明发展中，形成了一套独具特色的饮食文化传统，很难适应西式饮食。

19 世纪 40 年代，上海开始设立外国租界，一些西式饮食逐渐渗透到上海人的日常生活。如啤酒、葡萄酒、冰激凌、汽水、机制糖果点心甚或西餐，但影响力有限。一些接触洋务的士大夫在笔记、日记中记录了西餐及西式食品，但褒扬不多。

1903 年《大公报》报道：庚子之后，京津地区西餐馆多有兴建。风气所染，“满清贵族，群学时髦，相率奔走于六国饭店”①。北京的六国饭店、德昌饭店、长安饭店等，以经营西餐为主，在当时颇有名声，成为官商各界趋新达人聚会的场所。南北各大城市西餐的流行，除了新奇，还有一部分原因是西餐馆大多环境典雅、屋舍洁净。20 世纪初年，青岛、哈尔滨等城市开办了啤酒、葡萄酒酿造厂，用机器生产果酒、啤酒，使中国的酒类生产进入了新的时期。与此同

---

① 《大公报》1903 年 6 月 21 日、8 月 10 日。

时,机器制造糖果、点心的工厂以及机器卷烟业也在各地相继兴建。这些大众化食品对民众的日常生活的影响相对大一些。以卷烟为例,因为它便于携带,相对卫生,迅速取代旱烟叶成为吸烟人的"必需品"。为了占领中国卷烟市场,外国商人制造的各种香烟不仅以低廉的价格倾销,而且在包装上下功夫,一盒烟有 20 支装、10 支装,还有 5 支装,甚至还可以拆开来一支支零售,使香烟迅速打进了中国市场。即便在习惯吸食旱烟的东北地区,也发生了变化。"县人无论男女老幼,嗜叶子烟者颇多,虽盛夏亦终日不去口。近则多用纸烟,亦如之,盖成习癖矣。"①另外,街头小摊小贩卖汽水也成了常见的之物,各种罐头果品,洋式点心也不再稀罕。尽管西餐大菜没有进入民众生活,但机器制造的其他食品却影响了一部分百姓的生活,使生活方式趋于便捷。

民国以后,饮食继续朝着科学、营养的方向发展。传统饮食逐渐开始讲究营养成分,不再刻意追求口味;肉类、副食、牛奶等比重有所增加。到 20 世纪 30 年代,来自西方的西红柿、土豆、生菜、洋白菜、洋葱等菜肴开始进入中餐馆,西餐的常见调味品咖喱酱、番茄酱、味精等也被民众所接纳。就整体而言,碍于经济发展水平的低下,饮食习俗的变化并不显著。

(三)建筑

近代广大内地乡村、中小城市,民居建筑没有多大变化。北方的四合院、南方的三坊一照壁、西北的窑洞、西南的土楼、民族地区的毡房等传统砖木结构的民居依然占据主流。19 世纪末,在商品经济比较发达的通商口岸与都会,一批高大建筑拔地而起,这些建筑多属于公共建筑或达官贵人高等级的居住场所。同时,西式建筑的主体结构、建筑材料、设计理念不断引进,使中国大城市外貌变新。

1. 民居

19 世纪 40 年代中期,上海形成租界区。从此,在中国各通商口岸陆续出现西式建筑群,甚至形成"万国建筑博览"。它与中式建筑迥然有别,改变了中国城市外貌。

19 世纪 70 年代开始,上海租界内营造出中西合璧的里弄房屋,这是中国民居受西方文化影响而发生变动之始。早期的里弄房屋为老式石库门住宅,它是在租界住房用地紧张的条件下,模仿西方联排式住宅建造的一种砖木立帖式住宅组群。其单体平面脱胎于南方传统的三合院,以天井为中心,北、东、

① 《义县志》,1931 年铅印本。

西三面为二层楼房，南面为砖墙和石框大门，保持着中国传统住宅内向封闭的基本特征。各单体采取横向或纵向联列形成联排房屋。此后，为适应人口飞速增长，少数城市出现了这种里弄房屋，多数城市民居由独门独院式民居发展成居住大院，以适应地少人多、生存空间相对紧张的城市新环境。联排房屋的出现改变了中国传统建筑的木构架，开始向现代建筑结构过渡。

19世纪末，上海已变为繁华城市，有人形容说："穷奢极丽筑洋楼，亘古繁华第一州"、"四达通衢同白昼，红男绿女逐宵行。"[①]北方的天津、北京也都相继开始近代城市建设。清末民国时期，一些大城市在交通便利、环境上佳地段，出现高等级公寓、花园洋房或别墅式民居。诸如上海麦琪公寓、峻岭寄庐、霞飞路盛宅；天津张园；南通濠南别业；南京中山陵延晖馆；哈尔滨通江街43号住宅等。这些建筑从外形到内部装修皆为西式，个别建筑风格点缀了一些中式元素。1843—1919年间，上海租界内的居住建筑多属于四坡顶的简单洋房，此后，风格各异的西洋建筑日益增多。西式建筑的引进，不仅使中国的建筑思想、建筑的主体结构有了根本改变，而且极大地改变了城市的外观，城市外貌焕然一新。以上海为例，1910—1918年新建4 000幢建筑，从式样到结构全部采用了西洋风格。

与此同时，在大中城市的城乡结合部，出现大片棚户区。时人描述说："其门高不及肩，察其外观，席草为盖，粪土为墙，瓮牖绳枢。支木为床，筑土为灶，空气污浊，黑暗无光。斗室之内，聚居者七八口，少亦二三口。室之外，沟渠纵横，粪污狼藉……每数十户，一遇火灾，顷刻延燃。"[②]下层市民的居住环境与城市的现代化建筑形成鲜明的反差。棚户区在上海、南京、北京等地皆有。至20世纪40年代，仅上海一地，居住人口在200人以上的棚户区就达322片。

2. 公共建筑

晚清民国时期，大中城市中西式公共建筑十分显眼。此类建筑以宗教建筑最为普及，19世纪50年代以后，一些天主教、基督教教堂，遍布中国各地，延及穷乡僻壤。著名的有上海徐家汇天主堂、金山天主教堂，北京西什库天主堂、宣武门天主堂，天津望海楼教堂、西开教堂，哈尔滨圣索菲亚教堂等。至于那些形制小，遍及广大乡村的无名小教堂，却以哥特式、罗马式建筑风貌，在村落的传统民居中分外瞩目。

---

① 陈无我：《老上海三十年见闻录》，上海书店出版社1997年版，第96、97页。

② 《无锡市政筹备实录》，民国刊本。

与近代商品经济发展密不可分的银行，是晚清民国时期西式公共建筑的重要组成部分。这类建筑一般有层高、耐火、坚实、美观等特点。它多为钢筋混凝土结构，外观装饰则以新古典主义、新巴洛克、浪漫主义风格为代表。这种建筑讲究体量雄伟规整，构图严谨稳定，外立面多作三段式：底层是粗大的石料，中段为古典廊柱，上层是巨大的檐部。上海的中国银行、中国通商银行、汇丰银行、华俄道胜银行，天津的盐业银行、横滨正金银行等，是突出的代表。

此外，火车站、工业厂房、现代企业、饭店也是近代公共建筑的典型。这些建筑"以钢铁为骨干，以水泥为材料……故能峥嵘璀璨，式壮观瞻"。[①] 1863年，上海自来火厂房采用了中国第一个铸铁房架；1913年，上海阜新面粉厂营造6层车间，使用的是钢筋混凝土结构。这些新结构保证了近代工业厂房的稳定与耐火，为中国工业化的发展奠定了坚实基础。这一方面的代表性建筑有1929年的上海沙逊大厦、1933年的永安公司、1934年的大新百货公司、1936年的国际饭店（24层84米）等。类似的建筑物遍布哈尔滨、长春、沈阳、大连、天津、南京、武汉、广州等城市。

20世纪初年的上海外滩

（四）交通

交通是各种运输和邮电通讯的总称，包括人员、货物、语言文字、符号图像的传递。

中国传统陆路交通起源甚早。道路分青石板路和土面路两种规格。北方以土面路为主，故有"晴天三尺土，下雨一街泥"的说法。传统的陆路运输工具分别是驮（人、牲畜驮运），轿、车等形式。水上交通工具比较庞杂，有竹筏、羊皮筏、牛皮筏、独木舟、帆船等。这些交通工具的特点之一是完全借重自然力。这种状况一直持续到晚清，基本没有变化。

道路交通在近代发生了翻天覆地的变化。许多交通工具、道路设施从无

① 《上海县志》，1936年铅印本。

到有，成为近代交通之始；有些则在古老交通基础上进行现代化改造，不断适应着时代的发展需要。与衣、食、住的情形一致，交通的变化多发生在受西方物质文化影响程度较深、范围较广的大中城市，广大内地乡村少有变化。

马路 19 世纪 60 年代中期，上海修筑了碎石子马路，形成四通八达的城市道路系统。时人称："以中华省会大镇之名分识道里"，"街路甚宽广，可容三四马车并驰。地上用碎石铺平，虽久雨无泥淖之患。"[①]碎石子路面的出现是中国道路交通系列变革之始。《北京条约》约定天津开埠，天津的市政现代化建设由此展开。1861 年，第一条碎石子马路出现天津租界。北京近代道路起步较晚，直到 1903 年才在东交民巷附近落成。民国初年，北京开始道路系统的统一规划，1913 年始逐步拆除旧皇城，开辟了多条贯通南北、东西的大道，道路两旁筑以暗沟排水。1916 年修筑了第一条沥青马路，至 1949 年，全市道路总长为 330 公里。这些道路依然以土面路为主。至 1937 年，全国公路里程达到 10 万公里，初步形成全国性路网。

铁路 洋务运动时期，民用工业兴起，运力大、费用廉的铁路运输引起了中国人的兴趣。1865 年，一位叫杜兰德的英国商人，在北京宣武门外修建了一条 500 多米长的窄轨观赏性小铁路，但影响甚微。铁路在中国正式运营始于 1874 年，上海至吴淞口之间铁路开通。不过，这条铁路第二年就因为轧死人而被迫中止，由清政府花费 28 万两白银买断拆解后扔进了吴淞湾。随着洋务运动的展开，中国铁路建设事业不断改善。1881—1911 年的 30 年间，全国共建成铁路约9 000公里，包括东北地区的京奉(关外段)、滨绥、长滨、长大、安奉等线路；华北地区的京奉(关内段)、京汉、京张、津浦、胶济、正太、汴洛等线路，华东地区的沪宁、沪杭等线路；华南地区的株萍、潮汕、广九等线路；西南地区铁路最少，仅有滇越线(滇段)一条。1928—1937 年的 10 年间，民国政府在关内修建了3 600公里铁路。1928—1931 年，东北三省地方当局修建 900 公里铁路。抗战期间，国民政府在西南、西北大后方，修建了1 900公里铁路。至此，中国铁路总里程达到15 400公里左右。不过，这些铁路中能够维持通车的只有 1 万多公里，主要分布在东北和沿海地区。西北、西南地区加起来只有1 000多公里，仅占全国铁路的 6%左右。况且，这些铁路标准杂乱无章，轨距宽窄不一。30%的车站没有信号机，70%的线路没有闭塞设备。设备质量差，行车安全很难得到保障。

---

① 黄懋材：《沪游胜记》卷一，沔阳李氏铁香室本。

船舶　19 世纪 40 年代，中国近代船舶工业初现端倪。在香港、广州等地，有外资船厂经营修理业。60 年代洋务运动中，一些科学家利用蒸汽机原理制造了中国第一艘蒸汽动力船“黄鹄号”。以后江南造船厂、马尾造船厂陆续建造了一批舰船，到 1907 年，自建的舰船达 40 余艘。20 世纪 40 年代，仅卢作孚民生公司一家，便拥有轮船 140 多艘，经营的航线遍及中外。

人力车　人力车又称东洋车。19 世纪 70 年代，上海率先从日本引进人力车。最早的人力车为木制轮，后来依次为铁轮、胶皮轮所替代。人力车很快成为中国城市中重要的交通工具。1900 年以后，京师人力车勃兴，“无业者俱购一二辆出赁，每日可入当十钱三四吊”[①]。民国初年，北京的“胶轮之车居然盈街皆是”。20 世纪 30 年代，北平的人力车数量在 7—8 万辆之间。抗战前，首都南京的人力车更是多达 11 万辆。

与此同时，脚踏车（自行车）也传输进来。时人称：“快若马车，然非习练两三月不能纯熟。”[②]只是因为价格昂贵，一直未能成为大众交通工具。汽车、电车也是这一时期相继引进的，到 20 世纪 20 年代中期，拥有电车的城市包括上海、香港、天津、北京、大连、抚顺等，列入发展计划的有广州、沈阳、哈尔滨、常州、杭州等地。

邮政　中国古代没有专门的邮电通讯，只是借助四通八达的道路系统和驿站传递公文和公私邮件。因为通讯极其不便，故俗语中有“家书抵万金”之说。19 世纪中期以后，外国人在华设立了“领事邮政代办所”，在通商口岸之间开通邮路。1866 年，清政府在海关总税务司设邮务办事处，主管邮政。1896 年，李鸿章奏请，中华大清邮政正式成立。1904 年前后，各省纷纷成立邮务分局，初步形成了全国邮政网络。1906 年，清政府成立邮传部，中国邮政获得有序发展。

电信　1862 年，俄国公使提出架设恰克图到北京、天津之间的电线，开启列强抢夺在华办邮电通讯事业特权之争。清政府一开始认为电线、电报同铁路一样会“惊民扰众、变乱风俗”，后来实践中体会到它的便利和快速传输作用，才变得积极起来。1879 年，李鸿章主持架设了大沽北塘海口炮台至天津之间的电线并当年使用，成为中国自办电线通讯之始。1912 年，丹麦人在天津至北京间架设单铁电报线路，首次使用莫尔斯人工发报机拍发电报成功。

---

① 《大公报》1903 年 9 月 4 日。

② 葛元煦：《沪游杂记》，上海书店出版社 2009 年版，第 70 页。

1916 年,丹麦人通过电报线路使用磁石电话实现通话。至此,中国电信正式形成。

社会生活变化的这种态势基本上维持到新民主主义文化终结时期。1949—1956 年,国民经济得到恢复,并成功实施了第一个五年计划,国人的社会生活大为改善。1949 年后的三年间,中华人民共和国政府新建线路1 320公里,修复和加强旧线路 1 万多公里。1952 年,全国通车里程达24 500公里。1956 年,通车里程达29 000公里。至 1957 年底,中国公路通车里程达到254 600公里,中国通邮的乡镇达到 99%,并增辟了国际航空线路。服装受社会政治变化和革命思潮的影响,呈现出学习借鉴苏联服装为主,继承民国服装为辅的多样化局面。列宁装、坦克服、布拉吉等款式颇为流行。由于进城的共产党干部多穿中山装,于是形成群体效应,从此,中山装进入黄金时代。

二、社会风尚

近代以来各阶层、各地区社会生活水平的巨大差异、西方物质文化影响的程度差距,酿就了各地悬隔的社会风尚。

(一)古风依旧

费正清《剑桥晚清中国史》描述说:“中国从南到北延伸得如此辽远,气候的差异使得南北两地的生活方式迥然有别。”[①]晚清民国时期,北方、西北、西南以及广大内地乡村,不具备沿海沿江地区得天独厚的自然条件,加上西方物质文化的影响时间晚,程度轻,使得这些地域的风气变化相当缓慢。

迟至 19 世纪 60—70 年代,北方及内地的社会风习鲜有变化。据记载,1869 年,外国商人在山东烟台发现,“外国毛织品在本省居民中现在还没有销路,中国人本质上是崇尚节俭的人民,常常满足于最普通的和最节俭的食品和衣着”,以至于“毛织品进口贸易的任何巨大增长的前景是极其遥远的”[②]。同时期,“距京师数十里”,便满目“栖茅啜菽,一如穷乡僻壤”[③]。安徽城乡衣饰近古,冠、履不甚趋时。徽州民风尚淳朴,“千年之家不动一抔,千丁之族未尝散处,千载之谱丝毫不紊,主仆之严虽数十世不改,而宵小不敢肆焉”[④]。“力于南亩,不务商贾”、“民俗醇漓本乎政教”之类的记载在东北三省、湖北、湖南、

① [美]费正清:《剑桥中国晚清史》上卷,中国社会科学出版社 1985 年版,第 9 页。

② 姚贤镐:《中国近代对外贸易史资料》第 3 册,第 1371 页。

③ 胡朴安:《中华全国风俗志》上篇卷一,中州古籍出版社 1990 年版,第 1 页。

④ 《祁门县志》卷五,同治十二年刻本;《安徽通志》卷三十四,光绪四年刻本。

陕西、山西、贵州、四川等省方志中俯拾即是。70 年代中期的北京，民居残破不堪，遍地污秽，人民"形容憔悴，衣履破烂，气象衰颓，直成荒凉世界"[①]。作为"首善之地"的京师尚且如此，其他地区民生的落魄更可以想见。

翻开中南、西南、东北、西北、华北等地区的近代方志不难看到，人民的衣食住行水准、婚丧嫁娶等各项生活礼仪与上百年前没什么两样。即便是发达省份的农村地区，民生和社会风气也缺少变化。1881 年的九江乡下，"一个普通农民的生产工具不过是一头水牛、一具木犁、一把耙和几把鹤嘴锄和锄而已，总共也许值三四镑钱，全都是很粗糙的东西。他和他的家庭成员就用这些东西耕种着一英亩或半英亩的土地。他们就靠这些东西过生活，没有其他。他们几乎没有见过银圆。有点节余时，就购买一点很可怜的奢侈品——一点猪肉、一点海带或咸鱼作为下饭的珍品，这就是他们最大的奢望了。他们当中有许多人自己栽种棉花，家庭里的妇女们把棉花纺织成布。他们的衣服要穿到破烂为止，而这种家织的布又非常耐穿：一件衣服，经过补缀，可以穿上三四年"[②]。1886 年，一位在镇江的外国人观察到："城市是(洋货的)主要消费者，农民只大量购买煤油、针、火柴、糖和旧铁。"[③]这还是沿海、沿江较为发达的开埠地区。英国传教士麦高温看到，在广大内地乡村，"他们的饮食习惯既少变化又缺营养。在缺少足够食品的情况下，他们的一日三餐都是同样的食物——煮开了的米粥，外加咸萝卜或洋白菜调味，有时也变换成更为大众化和便宜的咸鱼、豆腐乳、腌豇豆和泡黄瓜。在这个国家的许多地区，大米对穷人而言是一种奢侈品，一年中他们也就只能吃到十几次。甘薯是他们不得不依赖的主要食品，外加腌咸白菜和萝卜作为调味菜。很容易想象得到，这样一餐饭是远远无法满足健康人的需要的。这就是中国劳动阶层的现状，尤其是在农村，身体健康、体格强壮的人根本就是不存在的"[④]。

北方的一些内地城乡，至 20 世纪 30—40 年代，人们还依然保持着淳朴的古风。

民国时期的济南，"食品寻常为馒头、大饼、猪羊肉"，穿衣风格即使是"中上社会之新人物，亦不十分华丽，男子夏布白长衫，加黑纱马褂。女子着白女

---

① 《申报》1874 年 3 月 3 日。

② 姚贤镐：《中国近代对外贸易史资料》第 3 册，第 1338 页。

③ 姚贤镐：《中国近代对外贸易史资料》第 2 册，第 824 页。

④ [英]麦高温著，朱涛、倪静译：《中国人生活的明与暗》，时事出版社 1998 年版，第 293—294 页。

衫，下围黑裙”。“各大铺户所陈列奢侈品一类”，多为“山东本地出品，若蚕绸、若草帽，绝鲜消耗物品”[①]。

物质生活方式缺少变化，社会风气自然无法形成新趋向。以北京为例，据梁启超回忆，1895 年成立强学会时，为了让与会者长见识、开眼界，准备购置图书仪器邀人参观，为一张世界地图，“曾在京师费一二月之久，遍求而不得，后辗转托人，始从上海购来”[②]。可见，此时的北方包括京师，书肆内还没多少时务书。1899 年，守旧派把持了中央政权，除了在政治上倒行逆施，还极力阻止生活中新风气的流行。有报道说：“右翼澜公每日巡行街道，遇有高领者必褫之，窄袖者必剪之，吸卷烟者必夺之。”[③]这些情况反映出风气与观念的落后。1907 年，南方新式学堂毕业的学生被政府部门想当然地认为都是革命党[④]，从另一个角度说明北方思想观念的落后。民国临时政府宣布去除官场中“大人、老爷”的称谓，南方沿海发达地区由于长期受进步与革命思想的浸染，故而很快响应，“同志”、“君”、“先生”等体现民主、体现新时代的称谓流行起来。而在北方官场，直到 20 世纪 20 年代“大人”、“老爷”的称谓依然。文献记载，30—40 年代甚至更晚一些时候，边陲内陆、广大乡村，“僻处山隅，交通隔绝，几如世外桃源，故民智暗陋，盲于时势”，“风俗极敦朴”[⑤]。“自由结婚、自由恋爱，更非梦想所能及”[⑥]。素朴、守成、俭约的风气是这些地区广大民众的主流风尚，与大中城市流行的风气相距甚远。乡村社会呈现一种近乎于静止的状态。乡村的年节赛会、演戏、赶集、赌博，重复着千百年来的旧样式，几乎看不见近代元素。

有人说，“以北五省视青浦以南，风气差数迟五十年，以江北视吴越繁盛之区，风气差数又迟五十年”[⑦]。这里风气的含义不仅包含着衣、食、住、行等物质生活，而且包括了思想观念、行为主张、价值取向等因素。民国时代有人惊异道：“不意一国之内，其南北程度之相去竟若是也。”[⑧]物质生活是社会风气变化的基础，物质匮乏之地不可能出现新的生活方式，更不可能孕育出新的社

---

① 胡朴安：《中华全国风俗志》下篇卷二，第 13—14 页。

② 梁启超：《莅北京大学欢迎会演说辞》，《饮冰室合集》文集之二十九，第 38 页。

③ 《中外日报》1899 年 8 月 13 日。

④ 孙宝瑄：《忘山庐日记》下册，上海古籍出版社 1983 年版，第 1057 页。

⑤ 胡朴安：《中华全国风俗志》下篇卷五，第 47 页。

⑥ 胡朴安：《中华全国风俗志》下篇卷四，第 50 页。

⑦ 孙宝瑄：《忘山庐日记》上册，第 352 页。

⑧ 胡朴安：《中华全国风俗志》下篇卷二，第 15 页。

会风气。对晚清民国时期的广大乡村而言，如果不发生经济结构发生了变化，农业和非农业之间不发生广泛的联系，城乡间的价值观是不可能接近或缩小，乡村中社会风尚的变化就不可能发生。

（二）崇洋趋新

在中国城市现代化进程中，随着西方物质文化的传入，人们目之所及、耳之所闻，多为西方“洋”、“新”的生活方式。感官上的刺激，不能不触及人们的思想，影响人们的行为。晚清民国时期，大中城市一部分人的行为方式形成了相当明显的崇洋趋新风气。

19世纪50—60年代，上海“其俗喜夸诈，尚奢靡……仆隶舆台，凌轹士类，尊卑之等已紊。自西人寄居于此，闽粤之悍风愈炽，劫夺打降，掳人勒赎，靡事不为”。“近来风俗日趋华靡，衣服僭侈，上下无别，而沪为尤甚。洋泾浜负贩之子，猝有厚获，即御狐貉，炫耀过市。真所谓彼其之子，不称其服也。厮养走卒，稍足自赡，即作横乡曲。衙署隶役，不着黑衣，近直与缙绅交际，酒食游戏征逐，恬不为怪”①。在这里，受西方文化的直接影响，中国固有的社会生活方式发生动摇。

上海十里洋场一派繁华，碎石子马路、煤气路灯（以后变为电灯）、电线、西式马车、洒水车、照相馆、跑马场、高大洋房、彩票、梨园、西餐馆、铁路、汽车等公共设施及近代娱乐场所接踵而来。类似的场景在其他开埠地区也先后出现。物质生活的变化影响了这些地区的民众风气。有人评论说：“百年以内，滨江海诸省，受欧渐之文明，尤腾绝奢侈，与内地隔若霄壤。”②

同时期的福州，“居民一半以上都染上了鸦片嗜好，甚至最下层的苦力和乞丐，有时也要牺牲一部分生活必需品来享受这种贵重的奢侈品。福州城内共有烟馆百余家，其外表为私宅，里面则备有吸食鸦片的一切陈设及烟具”。“对于外国棉织品，主要是质地较粗的棉织品的消耗量”巨大，说明吸食鸦片、消费洋布逐渐形成风气③。一些青少年不再把科举考试当成唯一的进身之阶，开始寻求新的出路。他们就学于教会学校，上洋务学堂，以科技、实务登进，或者到船政派生出的种种新行业中谋生。据当时人估计，仅造船一项，“仰食者不下万家”，这还不包括学堂、制造、驾驶、轮机等附属行业所能吸纳的就业人口。

---

① 王韬：《瀛壖杂志》，上海古籍出版社1989年版，第9—10页。

② 黄濬：《花随人圣庵摭忆》，上海古籍出版社1983年影印本，第27页。

③ 姚贤镐：《中国近代对外贸易史资料》第1册，中华书局1962年版，第595、603页。

19世纪70年代以后，各口岸城市在商业经济的带动下发展很快，城市人口迅速增加。1872年，广州人口超过100万、天津93万、福州60万、汉口60万、厦门35万、上海25万、镇江13万、宁波11.5万、牛庄6万、淡水5万、汕头4.5万、九江4万、烟台2.6万。城市商业经济的发展，为迅速增加的人口提供了就业机会和谋生之路。这一时期的城市人口的生活节奏、收入水平以及生活样态发生了明显的改变。大中城市里，茶楼、酒肆、书场、戏园十分红火，不仅流行着中国传统的文化娱乐方式，而且接受了外国的马戏、戏剧、音乐会、幻灯、体育运动会等新文体形式。另外，带赌博色彩的跑马、赛狗、台球等娱乐方式也很有市场。

19世纪80年代前后，沿海沿江地区民众生活中洋货比重增大，许多商品均冠之以"洋"。上海的货架可以看见西式什锦饼干、酸果、洋蜡、吕宋烟、白兰地、小镜子、日本竹篮；广州可以买到欧洲鞋、曼彻斯特头巾，外国糖果、蜜饯、香槟酒、饼干、沙拉油、牛肉精、各种肉汁，美国的面粉、炼乳；汉口可以看到"瓶装的外国糖果"。郑观应《盛世危言》提到的几十种洋货，差不多都能找到①。史料表明，连这里的农民也需要购入"煤油灯"、"洋火"之类的生活物品。

首都杂咏

张笑我

文明戏

歇却梨园弦管声，时行新剧号文明。
铃声一振忙开幕，不听歌喉看表情。

电影

百怪千奇电影开，虚无缥缈起楼台。
世间万事原如此，那个繁华梦觉来。

结婚马车

嫁娶而今尚改良，从今从古费思量。
辉煌花轿车中载，不用人抬用马将。

---

① 郑观应说："如洋药水、药丸、药粉、洋烟丝、吕宋烟、夏湾拿烟、俄国美国纸卷烟、鼻烟、洋酒、火腿、洋肉脯、洋饼饵、洋糖、洋盐、洋果干、洋水果、咖啡……、洋布之外，又有洋绸、洋缎、洋呢、洋羽毛、洋漳绒、洋羽纱、洋被、洋毯、洋毡、洋手巾、洋花边、洋钮扣、洋针、洋线、洋伞、洋灯、洋纸、洋钉、洋画、洋笔、洋墨水、洋颜料、洋皮箱箧、洋磁、洋牙粉、洋胰、洋火、洋油，其零星莫可指名者亦伙。"《盛世危言》卷三，光绪间刻本。

电车

电车一动响郎当，来往行人上下忙。

乘客不分男女座，可怜坐下挤非常。

（选自雷梦水等编：《中华竹枝词》一，北京古籍出版社 1997 年版，第 429—430 页）

19 世纪末，中国城市居民原来的土布衣衫、土布袜子多被机织品所取代，上海、江苏、浙江、天津、山东、四川、辽宁、湖北等地都有了针织工业，城市居民用起了机织线袜、毛巾。沿海地区以及东北、华北、湖南、四川、云南等地开办了机制面粉业。火柴、烟草、榨油、酿酒、食品加工、制糖、造纸、印刷、制药、肥皂制造、化妆品、制革、玻璃、油漆等行业也有了程度不等的发展。随着这些生产部门的出现和发展，城市日常生活中许多用品从无到有，从粗到精，生活质量发生了显著的变化。各种洋货，比如电气灯、自来水、照相、进口家具、外国钟表、寒暑表，甚至"香冰、红酒价值虽贵，销路日增，近且行销中国海疆，浸淫内地，岁值华银千余万两"[①]。

礼仪风俗也从洋趋新。以婚俗为例。民国时期，民国政府包括苏区政府十分注意新式婚姻立法，分别在 1915、1928、1930、1946 年颁行新的婚姻法，广为推行新式婚俗。1936 年，北平市公安局通令取缔旧婚姻仪仗，有报道说："该局昨特抄取缔婚丧仪仗执事名单"。被明令取缔的仪仗包括"坐都马、后护旗、日正伞、如意轿、小算盘、彰库刀、拉都桶、弓箭撒带、诰封黄亭、曲黄伞、提炉御杖、龙幡、黄牌、龙扇……"[②]。婚俗从简，文明结婚，甚至集体结婚等形式方兴未艾。1942 年初，湖南省新生活运动促进会还制订出《湖南省新生活集团结婚办法》，倡导这种新风尚。国民政府内政部援引此例，发布《集团结婚办法》，一时间集体结婚风气大盛。包括新式礼俗、新式丧葬方式、新式节假日等社会新风也都逐渐流行起来。中国社会数千年的旧传统一点点消退，社会风貌不断趋新。

1949 年 10 月以后，中国进入新民主主义社会。全国广大工人、农民、知识分子和爱国工商业者以及其他爱国人士，怀着对革命胜利的无比喜悦，对社会主义未来的美好憧憬，以主人翁的姿态和高度的政治热情积极投入国家建

---

① 陈炽：《续富国策》卷一，光绪二十三年刻本。

② 《公安局取缔旧式婚丧仪仗，令区队认真执行》，《北平晨报》1936 年 1 月 22 日。

设。这一时期，由于政权初步稳固、经济刚刚恢复，整个社会依然处于低水平、百废待兴的阶段。在这种条件下，艰苦朴素、艰苦奋斗成为全社会共同遵循的时代风尚。人们相信，要想彻底改变中国“一穷二白”的落后面貌，尽快把国家建设成为一个现代化强国，就必须继续发扬克勤克俭、艰苦奋斗精神。各行各业不断开展增产节约运动，先进生产者、先进工作者大量涌现。民众社会生活以及风尚长时期、最大限度地诠释了“朴素为美”、“革命为美”的审美标准。积极向上、一心为公、集体主义和革命理想主义的风气在全社会盛行，整个国家呈现出一种蓬勃向上的精神风貌。

1949 年起，各地相继取缔卖淫嫖娼、禁止贩毒吸毒、打击聚众赌博，向种种传统社会恶习开战。到 1952 年末，危害中国达一个多世纪的烟毒，基本被清除；长期以来蹂躏和摧残妇女的妓院，被彻底根治；各种恶霸分子和黑恶势力遭到严惩。

与此同时，改革旧的婚姻制度，实行新婚姻法。1950 年 5 月颁布实施的《中华人民共和国婚姻法》规定，废除包办强迫、男尊女卑、漠视子女利益的婚姻制度，实行男女婚姻自由、权利平等、一夫一妻、保护妇女和子女合法利益的新民主主义婚姻制度。禁止重婚、纳妾、童养媳，禁止干涉女子婚姻自由。婚姻法的颁布，为广大妇女从不合理的婚姻制度束缚下解放出来，投入革命和生产建设事业，提供了法律保障。

经过一系列民主改革，到 1956 年新民主主义社会结束，中国人的精神面貌、社会风尚和社会生活，发生了前所未有的变化。

小　　结

中国文化各具体门类在近代发生了剧烈变化。近代中国史学成就辉煌。中国传统史学在边疆史、蒙元史、清史研究方面取得了重大突破。进入 20 世纪后，经梁启超、夏曾佑等人倡导，西方近代文明史理论传入中国，引发“史界革命”。民国时期，顾颉刚、傅斯年、王国维、陈垣、陈寅恪、钱穆等众多史家，如群星闪耀，不仅取得了骄人的学术成就，而且极大地促进了民族认同和文化重建。马克思主义史学为中国革命提供了强有力的理论武器，1949 年后成长为中国史坛的主力军。

近代文学艺术自诞生之日起，无论外在形式、思想内容、宗旨、题材、体裁，都发生了明显变化，与旧文学艺术形成巨大差异。一些文艺门类在西方文化影响下从无到有，进展快速；一些则走出庙堂，成为民众欣赏的娱乐方式；一些则成为启蒙的重要武器。新民主主义文学艺术不仅成为一个时代的重要标志，而且影响了中国文化此后数十年的发展走向。

在宗教文化领域，基督教借助西方的坚船利炮，大规模传入中国，一方面促进了中国的教育、医疗、慈善事业的现代化，另一方面又参与殖民侵略，严重阻碍了中国的民族独立和社会进步。佛教受民族危机刺激，主张经世济民，积极进行改革，寻找救国之策。道教虽然力图吸收一些近代科学知识，但就整体趋向而言，理论上没有大的突破，逐渐走向衰落。

近代社会生活与社会风尚在西方器物文化与精神文化影响下变化明显。衣食住行、礼仪风俗都围绕着从西、向新的这个方向发展。传统的生活印迹被西式的、工业文明带来的种种新生活所浸染或替代，形成了全新的社会生活方式。不过，由于中国各地社会经济发展水平的巨大差距与不平衡，这种变化主要表现在商品经济发展程度较高的大中城市，而广大内地乡村的变化并不十分显著。

历史文献

1. 梁启超：《新史学》，《饮冰室合集》文集之九，中华书局 1989 年版。

2. 傅斯年：《历史语言研究所工作之旨趣》，《国立中央研究院历史语言研究所集刊》第一本第一分，1928 年 10 月。

3. 郭沫若：《中国古代社会研究》之《自序》、《导论》，《郭沫若全集》历史编第一卷，人民出版社 1982 年版。

4. 太虚：《我的佛教改进运动史》，收入王守常、钱文忠编：《人间关怀——20 世纪中国佛教文化学术论集》，中国广播电视出版社 1999 年版。

5. 可权：《改良风俗论》，《东方杂志》第一年第七、八期。

6. 吴汝伦：《天演论序》，严复译述：《天演论》，商务印书馆 1981 年版。

7.《中华全国文艺界抗敌协会宣言》，《文艺刊·战时特刊》第 9 期，1938 年 4 月 1 日。

8. 王实味：《野百合花》，朱鸿如编选：《王实味文存》，上海三联书店 1998 年版。

论著选读

1. 顾卫民：《基督教与近代中国社会》，上海人民出版社 1996 年版。

2. 许冠三：《新史学九十年》，岳麓书社 2003 年版。

3. 陈子展:《中国近代文学之变迁》,上海古籍出版社 2000 年版。

4. 李何林:《近二十年中国文艺思潮论(1917—1937)》,陕西人民出版社 1981 年版。

5. 孙燕京:《晚清社会风尚研究》,中国人民大学出版社 2002 年版。

6. 严昌洪:《20 世纪中国社会生活变迁史》,人民出版社 2007 年版。

研究与讨论

1. 分析中国近代史学革命的特点。

2. 评价西方传教士在近代中国的作用。

3. 如何理解近代大众文化与精英文化的关系。

后　　记

本教材系集体合作成果，作者由从事中国近代文化史教学和科研的中青年教师组成。具体分工如下：

导言，张昭军、孙燕京。

第一章第一、二节，张昭军；第三、四节，魏永生。

第二章第一节，张昭军；第二、三、四、五节，张艳。

第三章，程二奇、王学斌。

第四章第一、二、四、五节，张小莉；第三节，张昭军。

第五章，吕厚轩、王建伟。

第六章第一、三、四、五、六节，王建伟；第二节，张昭军。

第七章，齐春风。

第八章，张卫波。

第九章第一、三节，张昭军；第二、四节，孙燕京。

全书由张昭军和孙燕京拟定提纲、统改、定稿。

本教材倘若有一定价值，全是建立在吸收和借鉴学界同仁既有研究成果的基础之上，限于体例，恕未能一一注明。龚书铎先生生前十分关心这本教材的编写，并就写作提纲提出了指导意见。罗哲文先生生前为教材题写了书名。博士生张文涛、周增光等协助做了些校对工作。责任编辑欧阳红编审付出辛苦劳动。北京师范大学历史学院、史学理论与史学史研究中心给予支持。在此一并表示感谢！

教材中肯定存在缺失和讹误之处，敬请读者不吝赐教。

2012 年 9 月

又记：

本教材出版后，被海内外一些高校文史哲专业选为本科生教材或研究生教学推荐用书，并先后入选北京市高等教育精品教材和“十二五”普通高等教育本科国家级规划教材。这次修改得到了庞冠群、周庆许等的帮助。

2018年6月